HEYNE BÜCHER
SACHBUCH

Wolfgang Bauer/Irmtraud Dümotz
Sergius Golowin

Lexikon der Symbole

Mythen, Symbole und Zeichen in Kultur, Religion, Kunst und Alltag

WILHELM HEYNE VERLAG
MÜNCHEN

HEYNE SACHBUCH
Nr. 19/43

5. Auflage

Früher als Heyne Taschenbuch unter der Nummer 01/7285 erschienen
Lizenzausgabe des Gebrüder Weiss Verlages, Dreieich

Printed in Germany 1989
Umschlaggestaltung: Atelier Adolf Bachmann, Reischach
Gesamtherstellung: Presse-Druck Augsburg

ISBN 3-454-03397-3

Inhalt

Vorbemerkung und Danksagung

In der Bemühung, eine einheitliche Gestaltung für das qualitätsmäßig oft sehr unterschiedliche Bildmaterial zu finden, mußten immer wieder Kompromisse eingegangen werden.

Die den Texten beigefügten Bilder sind deshalb mehr als Belege und Exempel zu verstehen, ihre Darstellung ist nicht alleiniger Zweck des Buches.

Für die Erstellung von Textvorlagen zu Einzelthemen sowie für das Umzeichnen von Symbolen danken wir Engel Schramm und Rainer Dobramysl.

Inge Wolfhardt sei herzlicher Dank für das Tippen der schwierigen Manuskripte, ebenso Eberhard Kasperzack, Rolf Damrau und Katja Redemann für das mühevolle Korrigieren.

Für inhaltliche Hinweise, Hinweise auf Literatur, Überlassung von Material und das liebevolle Diskutieren von Ansätzen zu diesem Band danken wir allen Mitgliedern der Golowin-Sippe. Dr. Michael Mandel (Bielefeld), Dr. Volkert Haas (Berlin), Dr. Thomas Hausschild (Hamburg), Dr. Hans Jürgen Zabarowski (Hünfelden), Alexa von Streit, Carola Iven, James vom Middle-Earth-Bookshop (Frankfurt), Rainer G. Feucht (Allmendingen) und Hum. Immer wieder zu Höhenflügen angeregt worden zu sein, verdanken wir den Bass(et)-ilisken Voudoo und Jeykill.

Ein ganz besonderes Dankeschön aber geht an Abraham Melzer, ohne dessen kreative Ideen, Humor und nimmermüden Einsatz das Wunder der Herstellung dieses Buches nicht möglich gewesen wäre.

Wolfgang Bauer und Irmtraud Dümotz

»Ich bin die Edamer-Katze: manchmal strecke ich alle viere von mir und lasse Fünfe gerade sein...«

Einleitung

»You real-eyes, what you in-habit«

(T. Leary, Games of Life, 1980)

Bei der Konzeption des ›Lexikons der Symbole‹ in seiner jetzigen Gestaltung lagen uns mehrere Punkte am Herzen: Zum einen war es unser Ziel, keine bloße Symbolaufreihung (links die Abbildung des Symbols, rechts einen das Symbol beschreibenden Satz) zu geben und damit einem dogmatisch-pragmatischen Lexikalismus Priorität einzuräumen. Eine Form, wie sie sich in neueren Symbollexika noch häufig findet – dabei aber unseres Erachtens den stärker interessierten Leser mit den Symbolen doch wieder nur allein lassend und ihm nicht ermöglichend, über weitergehendere Angaben und Deutungen hilfreiche Assoziationen und Anregungen zu bekommen, um sich »die verlorene Sprache der Symbole« (Erich Fromm) gleichsam spielerisch wieder selbst anzueignen.

Im Gegenzug dazu wollten wir in einer eher einem breiten Publikum zugedachten Publikation auch vermeiden, dem Riesenberg[1] akademischer, oft nur einem Fachpublikum verständlichen Symbolbearbeitungen noch eine weitere – mit all ihren die Phantasie des Lesers einschränkenden oder einseitig in die eine oder andere Richtung lenkenden, allzu rigiden Gestaltungsmöglichkeiten – hinzuzufügen.

Ganz zu schweigen von der Gefahr, einzelne Symbolgruppen bzw. Symbolkreise in einer solchen Darstellung überzubetonen und unbegründet überzugewichten.

Schon die Besonderheit des Themas scheint eine solche allzu akademisch (oder auch einseitig esoterisch) ausgerichtete Bearbeitungsweise zu verbieten: Entstammt doch das Wissen um Symbole und mythische Figuren vor allem dem Brauchtums- und Überlieferungsschatz des ›einfachen‹ Volkes; wesentlich auch den oft lange Zeit geheimgehaltenen Traditionen nomadisierender Stämme und Sippen, den ›Himmel- und Höllenfahrten‹ von Schamanen, Visionären und Mystikern sowie den Erzählungen, Gesängen, Mysterienspielen und kultischen Bräuchen von allerlei fahrendem Volk.

Nicht immer gingen Volkskundler – wie es etwa die Gebrüder Grimm und der Ire James Joyce taten – verständig und liebevoll mit dem ihnen Anvertrauten um. Altes Wissen und weise Überlieferungen wurden oftmals wenig oder überhaupt nicht verstanden, als ›Aberglaube‹ mißgedeutet und verzerrt, verstümmelt und rational verwässert aufgezeichnet. Fremde Symbol- und Mythensysteme, Bräuche und magische Praktiken wurden so banalisiert, zu Kuriosa abgemindert oder in fragwürdiger Weise aus einem kultisch-rituellen Ansatz heraus oberflächlich systematisiert. Zwar versuchte der Fachmann, ›dem Volk aufs Maul‹ zu schauen, stolperte dabei aber oft über die eigene Ausbildung, die vielfach nur eine Verbildung war[2].

Ohnehin – hier sind die Theologen, Psychologen, Symbolisten und Ethnologen zumeist mit einer Definition C. G. Jungs einig – ist ein Bild nur dann (noch) ein Symbol, wenn in ihm noch etwas mehr mitschwingt als seine bloße

Die Welt besteht aus einem Urwald von Symbolen: Die Kunst dabei ist – vermittelt über das Wissen der ›Alten‹ –, die ›goldenen‹ Äpfel darin zu finden und zu pflücken

augenfällige und unmittelbare Bedeutung: »Es besitzt einen weitergehenden ›unbewußten‹ Aspekt, der niemals genau definiert oder erklärt werden kann.«

Um dem verborgenen, ›göttlichen‹ Sinn eines Symbols näherzukommen, muß es tiefer erfahren werden. Jung[3]: »Wenn die Seele das Symbol erforscht, wird sie zu Vorstellungen geführt, die jenseits des Zugriffs des Verstandes liegen.«

In diesem Sinn dienten Psychonauten aller Zeiten magische Sigillen, die Bilder des Tarot, die komplexe Symbolik östlicher Mandalas (eingewebt auch auf orientalischen Teppichen) oder die farbige Ornamentik und Bilderflut abendländischer Kathedralenfenster als auslösendes Moment, Reisen in andere psychische Räume und Wirklichkeiten zu unternehmen und die ›Welten des Unbewußten‹ zu erforschen. Es war deshalb besonders das Verdienst des englischen Magiers Aleister Crowley (und seines Schülers, des mystisch-surrealistischen Malers Austin Osman Spare), dem Abendland diese bereits verlorengegangenen Techniken über das Experimentieren mit entsprechenden Praktiken[4] wieder bewußt gemacht zu haben.

Psychonautische Reiseführer waren auch die orientalischen Märchenerzähler in den Karawansereien, auf den Bazaren und an den abendlichen Lagerfeuern. Erzähler, die es noch vermochten, ihre Zuhörer sich wundern zu lassen, indem sie sie in die Länder der Vision, des Traums, der Phantasie und der Mythen auf dem ›Teppich ihrer Erzählungen‹ mitfliegen ließen – die Zuhörer so auf andere Ebenen des Bewußtseins entführend[5].

Als ›einen zusammenführenden Ausdruck einer wunderbaren Wissenschaft‹ definierte der französische Symbolforscher Marc Saunier einmal die charakteristische Funktion von Symbolen: »Sie zeigen uns alles, was war und was sein wird – in einer unveränderbaren Form.«

Die Inhalte, die in dieser Form gefunden werden können, sind allerdings von Person zu Person und von Kultur zu Kultur verschieden: mag z. B. das vom Ursprungssinn her vor Dämonen schützende Hakenkreuz auf dem Gewand eines griechischen Jünglings des 2. Jahrhunderts diesem Glück gebracht haben, wie heute noch den Schiffen skandinavischer Reedereien (auf deren Bug es prangt), so konnte es – auf die Mitra des heiligen Thomas Beckett gestickt – diesen nicht vor seinen dämonischen Mördern retten. Viele führende Nationalsozialisten, die es regelrecht rituell verehrten, ließ es gleich selbst zu ›Dämonen‹ werden. Der Punker dagegen, der es heute auf seine Lederjacke steckt, signalisiert mit dieser provokanten Geste den Wunsch nach gesellschaftlicher Auseinandersetzung und Beachtung[6].

Die Suche nach dem Sinn der uns in dieser Welt begegnenden Symbole läßt uns immer auch notwendig zu unseren genetischen Wurzeln hinabsteigen

Dennoch: Mögen auch die einem Symbol von den Betrachtern zugeschriebenen Bedeutungsinhalte und Bezüge wechseln, das zugrunde liegende archetypische Grundmuster, das als Auslöser dient, bleibt – auf welche Ebene es auch immer gehoben wird – gleich: So ›wanderte‹ beispielsweise der Dreizack als Symbol göttlicher und königlicher Macht vom indischen Gott Shiva über die hethitischen Wettergötter, den griechisch/römischen Poseidon-Neptun und den, ein dreifaches Blitzebündel tragenden Jupiter-Zeus bis in die nördlichsten Meere, wo der keltisch-irische Meeresgott Manannan Mac Lir schließlich das dreifache Szepter seiner angelsächsischen, die Weltmeere beherrschenden Schwester Britannia weitergab.

Die Philosophen-Götter Böhme, Hegel und Marx brachten den Dreizack als These, Antithese und Synthese in die Geisteswissenschaften des Westens ein, wo auch die Naturwissenschaften schon längst in der Dreidimensionierung von Raum und Zeit – als Grundannahmen aller wissenschaftlicher Deskription – denselben Dreizack schon lange schwangen.

Spiegelt sich nicht auch noch dieses dreifache Zeitkonzept in der christlichen Vorstellung von Hölle (Vergangenheit), irdischem Dasein (Gegenwart) und Himmel (Zukunft) wider?

Diese Beispiele machen vielleicht eines klar: Das Deuten von Symbolen ist mit der Person des Deuters, seinen sozialen, geographischen und kulturellen Hintergründen und seinem aktuellen Bewußtseinsstand eng verbunden, ganz besonders aber abhängig von der jeweiligen Intention des Beschauers: man kann z. B., in dem man – wie es die Bauern in Österreich tun – die 22 großen Arkanen des Tarotspiels wegläßt, dieses zu seinem Spaß als einfaches Kartenspiel spielen. Es kann aber auch Spaß machen, mit dem vollständigen Spiel zu wahrsagen oder sich wahrsagen zu lassen. Wer will, kann in der Bilderwelt dieser Karten aber auch ein uraltes esoterisches Lehrsystem sehen, und – wieder zu seinem Spaß – darüber spekulieren, wie das Tarot mit kabbalistischen, astrologischen und anderen okkulten Lehren zusammenhängt.

Gerade diese Lust an der (wie es der Hinduphilosoph H. Coomaraswamy nennt) »Kunst des Denkens in Bildern« ist die unverzichtbare Grundlage für jedes kreative Denken und Handeln: unsere vielleicht einzige Chance, nicht in leerer Routine zu erstarren und zu Robotern in einem gigantischen, toten Uhrwerkuniversum zu werden.

Denn das Schöpfen aus dem unerschöpflichen Brunnen der Mythen und Symbole allein scheint es zu sein, was uns befähigt, uns und unsere Welt zu verwandeln und uns und die Welt immer wieder neu sehen, begreifen und bestaunen zu können. Nicht zuletzt war es der Physiker Wolfgang Pauli, der explizit auf die unbedingte Wichtigkeit der archetypischen Bilder für den Bereich der wissenschaftlichen Forschung hingewiesen hat: »Bei der Entwicklung wissenschaftlicher Ideen ist jedes Verstehen ein langwieriger Prozeß, der schon lange vor der rationalen Formulierbarkeit des Bewußtseinsinhaltes durch Prozesse im Unbewußten eingeleitet wird. Als anordnende Organisatoren funktionieren die Archetypen als eben die gesuchte Brücke zwischen den Sinneswahrnehmungen und den Ideen und sind demnach auch eine notwendige Voraussetzung für die Entstehung einer naturwissenschaftlichen Idee.« Zwischen dem Bestreben, Symboldeutungen auf der einen Seite nicht zu sehr zu simplifizieren, andererseits den Leser auch nicht einem Urwald von Deutungen auszusetzen (und ihm so die Lust an der eigenen Beschäftigung mit Symbolen und Mythen zu nehmen), ist das vorliegende Buch ein Kompromiß; dabei unvermeidlich die subjektive Sicht und Schau sowie den individuellen Standpunkt der Autoren wiedergebend, so besonders bei den griechischen Symbolen und den symbolhaften Strukturen des Alltags: Bei dem Kapitel ›Symbolik und Mythologie der Griechen‹ war es das Ziel der Autoren, diese aus einem in den Deutungen des 18. und 19. Jahrhunderts übergestülpten Klassizismus herauszulösen und stärker unter der These aufzuarbeiten, daß der Vielzahl der verschiedenartigsten Gestalten *auch* symbolische Kräfte und

Konflikte in der menschlichen Seele selbst entsprechen – Mythen also auch therapeutische und bewußtseinsalchimistische Bedeutung haben können, für die, die sie erzählen, und für die, die sie hören.

Fast völliges Neuland betreten die Autoren im Fall der ›Alltagssymbole‹: entzieht sich doch die uns ›hautnah und allzu dicht‹ umgebende alltägliche Welt erst einmal einer Analyse aus symbolhaften und mythischen Aspekten heraus. (Traditionell haben sich Symbolik und Mythologie auf Himmel und Hölle, Vergangenheit oder Zukunft zu beschränken!)

In anderen Kapiteln dagegen war es dem Autor/den Autoren wichtig, einmal bestehenden Darstellungsdefiziten entgegenzutreten (indische/indianische Symbole) oder bestimmte Vorurteile abzubauen: »Tarot und Astrologie sind reiner Aberglaube« / »über Grundsymbole und alchimistische Symbole kann man gar nichts sagen« (wissenschaftlich betrachtet) / »christliche Symbole sind historisch ausgelaugt und deshalb langweilig« usf.

Die sorgfältige Heranführung des Lesers an den Symbolkreis / die Symbolgruppe sowie das vorsichtige Herausheben und Verdeutlichen des archetypischen Wesens der jeweiligen Symbole unter Verwendung antiker und mittelalterlicher Quellen war uns – wie oben schon betont – dabei weitaus wichtiger als das monotone Referieren aller möglicher Deutungen und Deutungssysteme:

Schneewittchen z. B. ist als ›Schlafende Schöne‹ (sleeping beauty) ein

Der Zauber der Musik wie der Zauber der Liebe enthüllen eine Welt voller Wunder und Symbole

›ewiges‹ Motiv – ausdeuten kann man diesen Archetyp in vielfältiger Weise: nach verhaltenspsychologischen und/oder psychoanalytischen Kriterien, in soziologischer und ethnologischer Hinsicht, literaturkritisch usw. Bewiesen wird damit allenfalls die Vielschichtigkeit und ›Durchschlagskraft‹ des Archetyps auf den verschiedensten Ebenen; ein ›Wissen‹ wird dadurch nicht vermittelt. Die ›Bälle‹, die wir werfen, aufzufangen und weiterzuwerfen, selbst mit Spaß und Freude, verwundert und erstaunt, mit den Symbolen weiterzuspielen, ist Sache des Lesers:

Sollte es gelingen, den Leser durch Texte und Bilder zu motivieren, mit wacheren Augen mehr spannende Geschichten aus dem ›Abenteuer aller Abenteuer‹ – seinem eigenen Leben – den ihn umgebenden Menschen zu erzählen (und zwar unter Wiederverwendung von zeitlos gültigen Chiffren, Bildern, Überlieferungen und Symbolen, wie sie seine Vorfahren schon gekannt und beachtet haben), wäre unser wichtigstes Ziel eigentlich erreicht.

In diesem Sinn sind auch die den Texten beigefügten Bilder mehr nur als ›zufällige‹ Belege und Exempel zu verstehen. Sie bedürfen der (buchstäblichen) Ausmalung, Ergänzung und Erweiterung durch den Leser. (Die in der Neuzeit so sehr ästhetisierten Statuen und Abbildungen der griechischen Götter waren, wie wir heute wissen, strahlend bunt und wahrscheinlich ziemlich kitschig, aber lustig bemalt.)

Wolfgang Bauer

Alice läßt die Welt der normalen Vorstellungen hinter sich und betritt die Vorstellungswelt hinter dem Spiegel, sozusagen die ›andere‹ Seite der altvertrauten Realität, wo sie – wie der Held/die Heldin vieler Märchen – alles finden, alles tun, alles sein kann, was sie will und was sie sich vorstellt: Riesin, Zwergin, Königin – Schachfigur oder selbst die Spielerin, die die Figuren bewegt

1 Die seit 1968 von Manfred Lurker herausgegebene, jährlich erscheinende ›Bibliographie zur Symbolik, Ikonographie und Mythologie‹ listet in ihren abstraktartigen Einträgen bisher zirka 7000 im In- wie im Ausland erschienene Facharbeiten auf.

2 Mindestens ebenso tödlich für einen Mythen- oder Symbolkreis war es schon immer, wenn dieser von den Dienern einer herrschenden Gruppe innerhalb eines geographischen Großraums offiziell kanonisiert, zentralisiert und seinem ursprünglichen Spannungsfeld – und damit seinen Entwicklungsmöglichkeiten – beraubt wurde. Was blieb, war wie bei einer Jagdbeute nur noch die mehr oder weniger repräsentative Trophäe, die dem Betrachter naturgemäß nur noch einen schwachen Eindruck von der Schönheit, Kraft und Einmaligkeit des lebendigen Tiers geben kann.

3 C. G. Jung: Man and his Symbols, London 1964.

4 A. Crowley: The Vision and the Voice, Sangreal Foundation, 1972. (In diesem Buch beschreibt Crowley die Ergebnisse von Anrufungen, Beschwörungen und Meditationen, die er zusammen mit Victor Neuburg 1909 in der algerischen Wüste durchführte. Neben der Beschwörung des ›Dämons des Chaos‹, Choronzon, versuchte Crowley dabei auch, den Kontakt zu den dreißig Aethyren, den ›Welten der Engel‹, wiederherzustellen, dabei an Versuche anknüpfend, die der englische Magier, Dr. John Dee, zum Ende des 16. Jahrhunderts unternommen hatte.) Das Imaginieren von Bildern aus ›dem Unbewußten‹ mit Hilfe von Methoden der ›magischen‹ Invokation hat heute längst schon unter verschiedensten Etiketten Eingang sowohl in die psychotherapeutische Methodik wie in die psychohygienische Prophylaxe gefunden. Vergleiche u. a.: J. H. Schultz: Das autogene Training, Stuttgart 1964; Roy Eugene Davis: Schöpferische Imagination, Frankfurt/Main 1978, Hans Carl Leuner: Katathymes Bilderleben, Basel 1977; Eugene T. Gendlin: Focusing, New York 1978.

5 Eine gute Vorstellung davon, welche Wirkung solche Märchenerzähler auf ihre Zuhörer haben, gibt der Märchenforscher van der Leyen: »Diese Erzählungen können den, der sie hört, vor Unheil bewahren; durch Geschichten retten oder fristen Verurteilte ihr Leben, sie sind die größte und reinste Freude der Monarchen und erleichtern ihnen die Schwere ihres Berufes, und der geringste Lastträger will lieber von allem irdischen Glück ausgeschlossen sein, als eine dieser Erzählungen vermissen... Wenn eine Geschichte bevorsteht, ist keiner, der sich etwa fortschleicht, auch Geister schütteln sich vor Freude, wenn sie ein Märchen hören dürfen. Wie kritisch, wie gefahrdrohend, wie dringend zum raschen Handeln eine Lage auch sein mag, für eine Geschichte vergißt der Araber das ganze andere Leben, seine ganze Gefahr« (zit. bei: Hans Dieckmann: Gelebte Märchen, Hildesheim 1978).

6 Die so immer vieldeutige Möglichkeit, auf *ein* Symbol einzuschwingen, zeigt der amerikanische Fantasydichter F. Leiber in seinem neuesten Roman ›Die Herrin der Dunkelheit‹ gerade am Beispiel des Hakenkreuzes sehr exemplarisch auf, wo der haßbesessene ›Magier‹ Thibaut de Castries mit einem ausgeklügelten schwarzmagischen Hakenkreuzritual ein Hochhaus zum Einsturz bringen will. Sein böser Wille scheitert aber daran, daß seine, das Ritual ausführenden Akolyten das Ganze zu einem riesigen Spaß für sich selbst umfunktionieren.

Zur Einführung zu empfehlende Literatur, Lexika, Reader und zusammenfassende Darstellungen

Donald Attwater: The Penguin Dictionary of Saints, Middlesex 1965
Hans Bächthold-Stäubli: Handwörterbuch des deutschen Aberglaubens, 10 Bände, Berlin 1927
Francis Barret: The Magus, A complete System of occult Philosophy (Vorwort von Timothy d'Arch Smith), Secaucus 1967 (Nachdruck der Ausgabe von 1801)
Kurt Baschwitz: Hexen und Hexenprozesse. Die Geschichte eines Massenwahns, München 1966
Gaby Becker (u. a.): Aus der Zeit der Verzweiflung. Zur Genese und Aktualität des Hexenbildes, Frankfurt/Main 1977
Werner F. Bonin: Lexikon der Parapsychologie, Bern 1976
Ernst Bloch: Das Prinzip Hoffnung, 3 Bände, Frankfurt/Main 1976
Joseph Campbell: Myths to live by, New York 1978
Wilhelm Capelle (Hrsg.): Die Vorsokratiker. Die Fragmente und Quellenberichte, Stuttgart 1968
Arkon Daraul: A history of secret societies, New York 1962
Dictionare des Sociétés Secrétes en Occident, Paris 1971
Reinhard Federmann: Die königliche Kunst. Eine Geschichte der Alchemie, Wien 1964
Karl R. H. Frick: Licht und Finsternis. Gnostisch-theosophische und freimaurerisch-okkulte Geheimgesellschaften bis an die Wende zum 20. Jahrhundert, 2 Bände, Graz 1978
Sergius Golowin: Hexen, Hippies, Rosenkreuzer. 500 Jahre magische Morgenlandfahrt, Hamburg 1977
J. R. Grigulevic: Ketzer – Hexen – Inquisitoren, 2 Bände, Berlin 1976
G. W. F. Hegel: Werke (Band 18), Frankfurt/Main 1971
Hans Hümmeler: Helden und Heilige, Siegburg 1954
Francis King: Magic, the western Tradition, London 1975
Warren Kenton: Astrologie, Frankfurt/Main 1976
Detlef-Ingo Lauf: Symbole. Verschiedenheit und Einheit in östlicher und westlicher Kultur, Frankfurt/Main, 1976
Timothy Leary: The Intelligence Agents, Culver City, 1979
Carl G. Liungmann: Der Intelligenzkult. Eine Kritik des Intelligenzbegriffs..., Hamburg 1973
REL Masters/J. Houston: Mind Games. The guide to inner space, London 1972
Horst E. Miers: Lexikon des Geheimwissens, Freiburg 1970
Elaine Pagels: The gnostic Gospels, London 1979
Kurt Seligmann: Das Weltreich der Magie, Stuttgart 1958
Keith Thomas: Religion and the decline of magic, Middlesex 1973
Lynn Thorndike: A history of magic and experimental science, 4 Bände, New York 1929
Sphinx Magazin, No 1–8, Basel
Paul Watzlawick: Die Möglichkeit des Andersseins. Zur Technik der therapeutischen Kommunikation, Bern 1978
Colin Wilson: The occult, Frogmore 1973
Robert Anton Wilson: Cosmic Trigger, Basel 1979
T. H. White: Der König auf Camelot. Band 1, Stuttgart 1978
Benjamin Lee Whorf: Sprache – Denken – Wirklichkeit. Hamburg 1963
Wörterbuch der deutschen Volkskunde, Stuttgart 1974
Zolar: The encyclopaedia of ancient and forbidden knowledge, London 1973

URSYMBOLE

Die heilige Silbe Aum

Einleitung zu den Ur- oder Grundsymbolen

Eine Kultur entsteht aus den Bemühungen ihrer wachsten Geister, den tieferen Sinn ihrer Welt zu erforschen und zu deuten:

Dies ergibt jedesmal, da dabei eine Auseinandersetzung mit den Kulturen der Vergangenheit wie der übrigen Welt stattfindet, einen Versuch der Synthese, der Zusammenfassung der verschiedenartigen Mythen und Symbole mit dem Ziel, für sie einen gemeinsamen verständlichen Nenner, sogar nach Möglichkeit einen einheitlichen Ursprung herauszufinden.

Luftfahrt Fausts und der drei Edelleute (L. Richter)

Die ›Fahrten‹ des Griechen Odysseus oder der Argonauten, die Abenteuer des orientalischen Urzeit-Helden Gilgamesch, die kosmischen ›Flüge‹ des Magier-Königs Salomo in den liebsten Sagen der Orientalen, die Reisen des arabisch-iranischen Seehelden Sindbad, der großen europäischen Ritter wie Ogier dem Dänen und der Ritter von Arthus' Tafelrunde: Mögen alle diese Geschichten wirkliche lebendige Vorbilder besessen haben – jedesmal fanden sich in einem solchen Kreis der Dichtungen, die die Gebildeten an den Höfen ebenso begeisterten wie das Volk in deren Umkreis, alle Menschen vieler Geschlechter wieder.

In den wunderbaren Erlebnissen, die diese Lieblingshelden ganzer Rassen durch wirkliche und jenseitige Reiche führte, fand jedermann Anregung und Deutung für den eigenen Erdenwandel: Hier entstand eine Fülle der Bilder und Symbole, die nun jedermann im betreffenden Kulturkreis auf seine Weise verstand, sie in seiner Kunst für Fest und Alltag verwendete.

Neuentdeckte Beziehungen

Von den Herrschern des mittelalterlichen Chazarenreichs, das vom Ural bis an die österreichischen Alpen gereicht haben soll, erzählen die Überlieferungen, daß sie nach einer Dikussion mit den Vertretern der verschiedenen Religionen sich zum Judentum entschlossen. Ähnlich handelt dann der Erbe ihrer Macht, der russische Großfürst Wladimir im 10. Jahrhundert – und entscheidet sich dann, wegen der Schönheit des Gottesdienstes, für das byzantinische Christentum. Von den späteren mächtigen Bünden der verschiedenen Stämme im gleichen Raum die sogenannten ›Tataren‹ im 13. Jahrhundert beherrschen ein Imperium (von Wien bis zum Stillen Ozean!) erzählt zumindest eine Huzulensage, »sie hätten die Religionen gewechselt, nach den Stimmungen ihrer Fürsten (Khane) bei ihren Gelagen«.

Feindliche Deuter sahen hier gern eine oberflächliche, launische Beziehung zu den weltanschaulichen Wahrheiten der Religionen. Gebildete Menschen aus den verschiedenen östlichen Kulturen, wie ich sie noch nach den Katastrophenketten der beiden Weltkriege (1914–1945) vor allem zwischen Tessin und Südfrankreich, Genf und Paris kennenlernen durfte, sahen es aber sehr häufig anders: Slawische Russen, Georgier, Tataren, Kalmücken, Karaim-Juden der Krim erzählten gleichermaßen von großen Häuptlingen, Gelehrten, Dichtern ihrer Völker, die die Kunst besaßen, in den Religionen der anderen Volkskulturen, also hinter den anderen Sinnbildern, Bräuchen, Ausdrücken, die gleichen Grundvorstellungen zu erkennen.

Fast bei allen den angeführten mittelalterlichen Reichsgründungen finden wir tatsächlich später fast unverständliche Anzeichen der gegenseitigen Duldsamkeit: Die Tatarenherrscher sollen, unabhängig von ihrer eigenen Grundhaltung, schamanistische, buddhistische, islamische, christliche, jüdische Berater in ihrer Umgebung besessen haben.

In der Chazaren-Hauptstadt soll es gar besondere Richter für die Anhänger jeder Religion gegeben haben, also Christen, Juden, Mohammedaner, ›Heiden‹.

Die christlichen mittelalterlichen Astrologen und Alchimisten verwendeten fortlaufend islamisch-arabische (und persische) Quellen. Die mohammedanischen Gelehrten bewunderten auf Schritt und Tritt die tiefen ›magischen‹ Kenntnisse der alten Griechen und der Inder: die Beschäftigung mit den Symbolen und Mythen zeugt uns von den Bemühungen der Weisen aller Zeiten und Völker, über alle Grenzen hinweg, Mittel zum Verständnis und der Wissensvermittlung zwischen den Völkern zu erschaffen.

Seine berühmte ›Okkulte Philosophie‹ beginnt der Renaissance-Gelehrte Heinrich Cornelius Agrippa von Nettesheim mit einer Widmung an den Abt

Paracelsus, aus L. Bechstein, ›Bildnisse und Lebensrisse berühmter deutscher Männer‹, Berlin 1890

Tritheim. Bezeichnenderweise erinnert er sich dabei, wie sie beide im Kloster bei Würzburg freundschaftlich und tiefsinnig die Welt der großen europäischen Überlieferung beredet haben: »... wir viel über chemische, magische, kabbalistische und sonstige geheime Wissenschaften und Künste gesprochen haben ...«

Wappen des Paracelsus

Theophrastus Bombastus von Hohenheim (1493–1541), der meistens nach der lateinischen Form seines alten Geschlechtsnamens Paracelsus genannt wird, ist im Gebiet des berühmten Klosters Einsiedeln geboren – wo schon sein hochgebildeter Vater als Arzt wirkte. Die Herren von Hohenheim und Nettesheim, denen wir vor allem die Zusammenfassung der Symbolik in den alchimistischen, astrologischen und anderen Lehren des Mittelalters verdanken, haben also etwas ungemein Gemeinsames: Sie haben eine ungebrochene Beziehung zu den Gelehrtenkreisen, wie sie vor allem in den ruhigen Bibliotheken und Studierstuben der berühmten Klöster seit dem Altertum die großen Überlieferungen am Leben erhielten.

Beide aber üben in einer Zeit, als viele der schöpferischsten Kulturen unserer lebendigen Vergangenheit dem endgültigen Verfall entgegengehen, wiederum vergleichbare Taten aus: Sie durchziehen den ganzen, von Kämpfen um oberflächliche Macht geschüttelten Erdteil. Was sie aus Geheimarchiven und magischen Lehrbücher herauslasen, prüfen sie bei ihren Abenteuern an den Höfen, bei hoch und niedrig, unter dem Fahrenden Volke auf den zeitlosen Gehalt.

Volkskultur in Europa

Erst in der sehr zweckbestimmten Propaganda während dem Parteiwesen des 19. Jahrhunderts wurde alles getan, die alten Schlösser und Burgen ›als Zeugnisse der mittelalterlichen Unterdrükkung‹ darzustellen. Sie wurden damit zu den dankbaren Mittelpunkten der schundigen ›gotischen Horrorgeschichten‹ und der entsprechenden einträglichen Fremdenindustrie: Viele harmlose Gemächer in romantischen Ruinen wurden nun in ›erschreckliche Folterkammern‹ verwandelt, und es bildete sich ein fast industrielles Unternehmen, dazu noch irgendwelche Ketten, Folterbänke, Keuschheitsgurte aus Metall usw. zu schmieden.

Unabhängig von diesen sado-masochistischen Erzeugnissen der entfremdeten Ängste und eher pathologischen Wunschträume waren viele der Burgen vor allem Aufbewahrungsorte für die Überlieferung und Kultur-Eigenart von Geschlechtern, ganzen Stämmen und mit ihnen verbundenen Landschaften, oft viele Jahrhunderte hindurch: Also von Bräuchen, geistigen und politischen Sonderheiten, die den aufsteigenden zentralistischen Reichen, die ein gefügiges Untertanentum, eine einheitlich geprägte ›Staatsnation‹ planten, immer mehr ein lästiges Hindernis geworden waren.

In seinem ziemlich streng autobiographischen ›Grünen Heinrich‹ (Braunschweig 1854) schildert Gottfried Keller, wie sehr noch das Volk der kleinen mitteleuropäischen Städte des 18., 19. Jahrhunderts, also Handwerker, Fahrende Händler usw. von der mittelalterlichen Überlieferung geprägt wurde.

Ausführlich beschreibt er eine Trödlerfamilie in der Nachbarschaft seines Heimathauses, die eigentlich Tag um Tag der Mittelpunkt des neugierigen Volks von nah und fern war: »Mit Ausnahme einiger weniger heuchlerischer Schmarotzer hatten sonst alle ein aufrichtiges Bedürfnis, sich durch Gespräche und Belehrungen über das, was ihnen nicht alltäglich war, zu erwärmen und besonders in betreff des Religiösen und Wunderbaren eine kräftigere Nahrung zu suchen als die öffentlichen Kulturzustände ihnen darboten.«

»Es wurden Bücher über das Hellsehen, Berichte über merkwürdige Reisen durch verschiedene Himmelskörper und andere ähnliche Aufschlüsse gelesen...« Von »gewaltigen Bauernfamilien, welche alte Heidenbücher besaßen«, wurde erzählt, angeblich alle geheimnisvolle »verbauerte Nachkommen der einstigen Geschlechter, deren vielen Burgen und Türme im Lande zerstreut waren«. Von Hexensalbe und den Reisen an den Bergsabbat wurde noch wie von einer Tatsache berichtet, und der Dichter fand hier in seiner Kindheit die Tafeln der Symbole einer »verrückten, marktschreierischen Theosophie« und darin auch die von ihm später fleißig benützten »Anweisungen, die vier Elemente zu veranschaulichen«.

Kellers Erinnerungen zeigen uns, gleich zahllosen anderen Quellen, wie falsch es ist, die Bildung des Volkes der Vergangenheit vollkommen von der der Gebildeten zu trennen. Von der Trödlerin, dem eigentlichen Herz des großen Kreises, vernehmen wir, wie sie phantastische einheimische Volksüberlieferungen und Nachrichten aus den entferntesten Zeiten oder Räumen folgerichtig zu einer lebendigen Einheit zu vereinigen wußte: sie liebte unter den

Faust studiert die Magie (Abbildung aus einem alten Volksbuch)

Büchern, die fortlaufend durch ihre Hände gingen, »vorzüglich nordische, indische und griechische Mythologien aus dem vorigen Jahrhundert mit großen zusammengefalteten Kupferstichen«. »Alle die Götter und Götzen der alten und jetzigen heidnischen Völker beschäftigten sie durch ihre Geschichte sowohl wie durch ihr äußeres Aussehen in den Abbildungen...«

Volkskultur und die Bildung des Kreises von ›Wahrheitsfreunden‹ in den verschwiegenen Bibliotheken der Schlösser und Klöster überschnitten sich, nach hundertfachen Zeugnissen der schriftlichen und mündlichen Quellen, fortlaufend: Paracelsisten suchten unermüdlich nach dem Sinn in Volksüberlieferungen; wiederentdeckte Mythologien anderer Zeitalter drangen gleichzeitig dauernd ins Volk und regten fast vergessene Märchenglauben wieder zu neuem Leben an.

Ich sah beispielsweise 1967 noch einen Bauernschrank aus dem ausgehenden 18. Jahrhundert, der einen jungen Mann zeigt, der sein Mädchen in ländlicher Tracht verläßt, um in den Orient auf Abenteuer zu ziehen: Die Bilder bestätigten, fast zwei Jahrhunderte später, einen Kreis von einheimischen ›Hippies‹, ihrerseits ebenfalls ins Morgenland zu wandern, dort Erfahrungen zu suchen!

Jugendbewegung zur Überlieferung

Aus dem Chaos der Folgen der Weltkriege und der Drohung noch schlimmerer Auseinandersetzungen in der nahen Zukunft entstanden in den sechziger Jahren die großen Jugendbewegungen von Kalifornien bis Katmandu in Nepal, mit dem Versuch, wieder Beziehung zu den großen Kultur-Überlieferungen zu finden: Der umstrittene irisch-amerikanische Wissenschaftler und Dichter Timothy Leary deutete die Hippies fast wie eine Art ›Keltische Renaissance‹.

Unter der gebildetsten Jugend der Vereinigten Staaten, in denen man seit dem 19. Jahrhundert alles tat, die ›Alte Welt‹ als ›verbraucht und überwunden‹ zu erklären, wandte sich sein Kreis zur ernsten Beschäftigung mit so zeitlosen Dingen: wie den ›zigeunerisch-alchimistischen Bilderreihen der Tarot-Magier‹ und zum Weltbild des Herrn Paracelsus von Hohenheim, »dem weisesten und einflußreichsten Bewußtsein, das Europa hervorbrachte« (the wisest and the most influential mind that Europe produced). Der englische Buddhist Alan Watts stellte ähnlich fest: »Das ist übrigens faszinierend an der Kunst dieser Jugend: Die Rückkehr zum Raffinement des echten Handwerks. Man entdeckt Farbe, Üppigkeit, Präzision und Sinn des Details wieder, wie in den Zeiten der persischen und keltischen Miniaturen...«

Schon in den fünfziger und den beginnenden sechziger Jahren zogen oft verkannte europäische Gammler zu den Raststätten der durch die Erschütterungen des Erdteils herumgehetzten Zigeunernomaden in Camargue und Pyrenäen. Staunend sahen sie hier gelegentlich Symbolik, die daheim oft ›als Aberglauben des Mittelalters‹ folgerichtig verdrängt wurde und höchstens Spezialisten bekannt war, noch als lebendige

Wirklichkeit: Man benutzte sie bei der in Frankreich und Spanien (oft bis in die Oberschicht hinein!) verbreiteten Kunst des Wahrsagens und der handwerklichen Herstellung von Glücksbringern; ›als Verständigungsmittel zwischen Analphabeten‹, sogar auch ›nur‹ zur Verschönerung des eigenen Lebensstils am Rande der großstädtischen Zivilisation.

Diese Vorstufen der einheimischen Jugendbewegung erzeugten dann, als entsprechende Zeitschriften, Filme und besonders die Musik von Amerika und Indien nach 1966 zu ›Moden‹ wurden, erstaunliche Erscheinungen. Einzigartige ›Hippietagungen‹, etwa auf den Waldbergen bei Burg Waldeck im Hunsrück (1969) oder in der entsprechenden Landschaft bei Ascona (1978), sind dann für die siebziger Jahre bezeichnend: In den beiden Fällen kamen fast ohne jede Propaganda ungefähr 3000 Menschen aus dem ganzen deutschen Sprachraum zusammen (genaue Schätzungen sind in ursprünglicher Naturumgebung selbstverständlich fast unmöglich!).

Fast allen jungen Menschen ging es bei beiden, von uns nur als gute Beispiele genommenen Ereignissen um einen neuen und gleichzeitig zeitlosen Lebensstil: Die Hälfte (!) war schon ›auf den Wegen der alten Gammler‹ gereist, um die Kulturen der ›Unterentwickelten‹ aus unmittelbarer Anschauung kennenzulernen. Alle (!) waren überzeugt, daß diese Kulturen auf vielen Gebieten Werte enthielten, die wir in den letzten Jahrhunderten vermehrt einbüßten.

Fast alle versicherten, ihre Überzeugung wieder in ihrer Umgebung, ihrem ganzen Stil des Alltags leben zu wollen. Sie wünschten gemeinschaftlich zu wohnen, wieder Wohnungen, die sich in eine grüne Umwelt einfügen, zu besitzen. Alle suchten, um sich die geistigen Grundlagen dafür zu erarbeiten, nach einer erneuerten Beziehung zu den Hochkulturen der Vergangenheit und der außereuropäischen Welt – von deren wiedergeweckten Überlieferungen sie allerdings viel zu lernen hofften: Vergleiche zwischen der einheimischen Symbolik wurden in diesen Kreisen gewöhnlicher als unter den Dichtern der Romantik von Novalis bis etwa Hermann Hesse.

In einer solchen Zeit des Überganges kann jede Beschäftigung mit Sinnzeichen und Mythen nicht mehr der Ausdruck von Gelehrsamkeit als Selbstzweck sein: Alle alten Symbole finden wir, dutzendfach verschieden erneuert und umgestaltet, als Inhalt der neuen Dichtung, in der Volkskunst der Jugend im Umkreis wieder vermehrt geschätzter Jahrmärkte und sogar auf geradezu magisch wirkenden bunten Hüllen der wichtigsten Schallplatten. Selbstverständlich auch im Reich der Massenmedien wie Comics und Film.

Überlieferte Sinnbilder verweisen uns nicht mehr, wie im 19. Jahrhundert, allein auf Überreste der Vergangenheit. Sie zwingen uns, uns auch mit dem Geheimnis des zunehmenden Zaubers zu beschäftigen, die sie auf die Gegenwart ausüben. Sie sind ein Mittel, uns zu Gedanken über die Entwicklungen der Zukunft anzuregen.

Der stehende Strahl
Nach dem Shiva-Purana, dieser bewundernswürdigen Zusammenfassung der Mythen von Jahrtausenden, erscheint Gott Shiva in seiner Urgestalt als Lichtstrahl ohne Anfang und Ende: Nicht einmal die anderen Götter besitzen die Fähigkeit, den Beginn und das Ziel dieses Wunders auffinden zu können.

Der Strahl, damit die aufrechte, stehende Linie ist hier das einfachste Bild des aktiven, tätigen, handelnden Grundelements der Schöpfung. Aus diesem Urstrahl entwickelt die Phantasie der Kunst eine unendliche Zahl der natürlichen und von ihnen abgeleiteter Sinnbilder für die männliche Kraft.

In der Wappen-Wissenschaft, der Heraldik, kann man mit vertikalen, ›stehenden‹, aufrechten Linien die rote Farbe bezeichnen, da diese auf die emporzüngelnden, nach oben zeigenden Flammen verweisen.

In der Zeichensprache des mitteleuropäischen Fahrenden Volkes (Jenische Zinggen) bedeutet der stehende Strich ebenfalls eine männliche Haltung – er wird etwa als Aufforderung an die Sippengenossen verwendet, in jedem Fall bei seiner Überzeugung zu bleiben, sich nicht zu ergeben.

Hier müßte man auch auf eine Reihe natürlicher Gegenstände verweisen, die als Sinnbilder verwendet werden: So gelten in Indien beispielsweise aufrechte Steinmale und auch Tropfsteine, sogar die Kristalle, in Höhlen als Symbole der männlichen Zeugungskraft und sind

Verehrung von Shiva im Lingham

meistens ebenfalls Shiva heilig. Der Zepter der Fürsten und der Zauber- und Marschallstab, die Lanze als Abzeichen der Macht des Häuptlings oder des Königs sind nach der indischen Überlieferung sprechende Darstellungen der männlichen schöpferischen Energie.

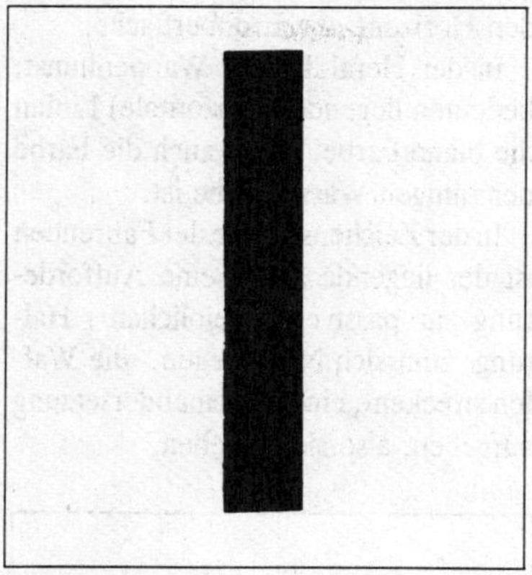

Kultischer Lingham

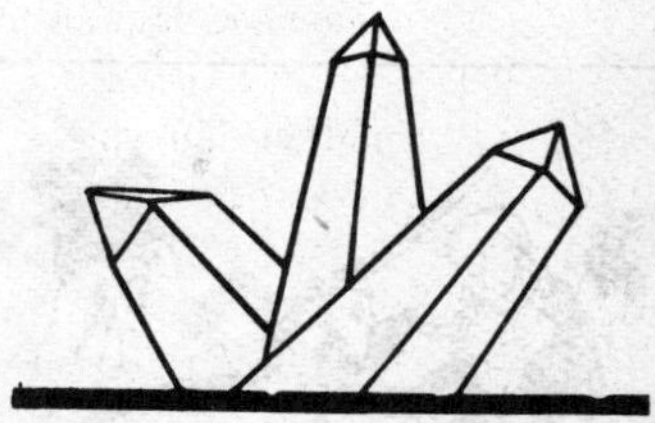

Kristall

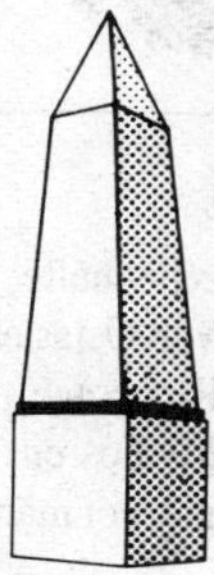

Obelisk

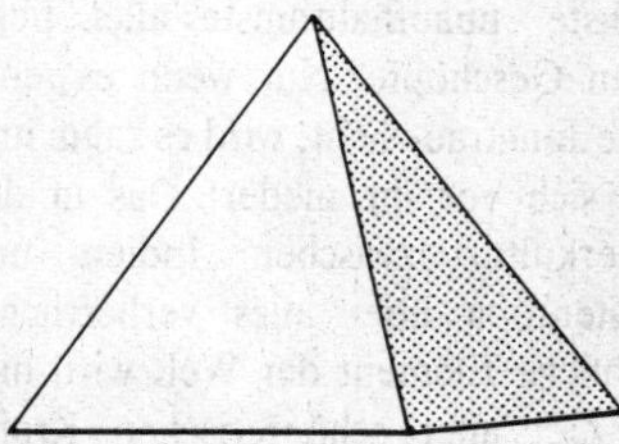

Pyramide

Dazu würden, zumindest für das Geheimwissen des Mittelalters, auch viele der kultischen Steinbauten gehören: So etwa die Pyramiden und Obelisken, die für Agrippa von Nettesheim Feuersymbole sind.

Das Einhorn

Auch das märchenhafte Wesen Einhorn, bekannt von Ostasien bis zur mittelalterlichen Rittersage, ist im Licht des indischen Mythos ein Sinnbild der Lingham-Energie, der männlichen Zeugungskraft.

In der Minnedichtung und der damit verbundenen Malerei ist ›das Roß mit dem mächtigen Horn auf der Stirn‹ das stärkste, unaufhaltsamste aller tierischen Geschöpfe. Nur wenn es ›eine reine Jungfrau‹ sieht, wird es zahm und legt sich vor ihr nieder: Das in der Ritterkultur zwischen Indien und Westeuropa über alles verherrlichte weibliche Element der Welt wird hier als Ziel aller schöpferischen Kräfte des männlichen Bewußtseins angenommen.

Die liegende Linie

Das Gegenstück zum stehenden Strahl, der im Shiva-Purana ›alle Welten‹ zeugt, ist zweifellos die liegende, waagerechte Linie, das uralte Zeichen für den Horizont, die Erdoberfläche.

In der Heraldik, der Wappenkunst, bedeuten liegende (horizontale) Linien die blaue Farbe, die ja auch die Farbe der ruhigen Wasserfläche ist.

In der Zeichensprache der Fahrenden ist der liegende Strich eine Aufforderung zur passiven (›weiblichen‹) Haltung, zum sich Niederlegen, ›die Waffen strecken‹, eine Auseinandersetzung aufgeben, also sich ergeben.

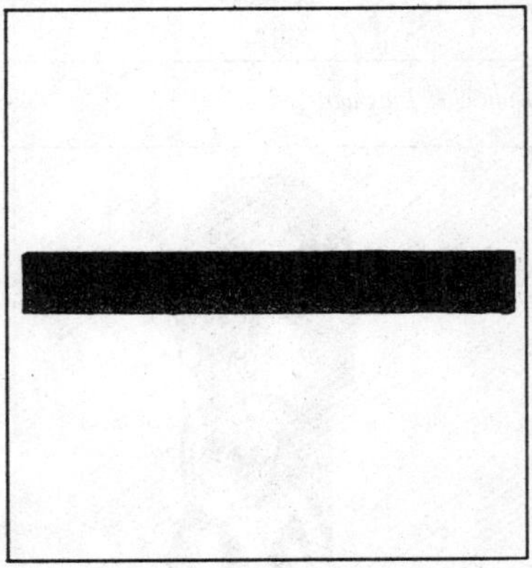

Das Kreuz der Welt

Kreuzen wir beide Linien, die ›stehende‹, ›die die untere und die obere Welt vereinigt‹ – und die weibliche, die waagerechte, ›die die Erdoberfläche und den Wasserspiegel darstellt‹: Dann haben wir das einfachste Bild der Welt.

Wir erhalten hier die Darstellung der Vierheit, die immer die materielle Welt (›den Stoff‹) darstellt: unsere Erde mit den vier Weltgegenden, gebildet aus vier Elementen usw. Schon in der vorchristlichen Symbolik kann dies ein Sinnbild des Leidens sein, da schließlich die Ursache aller Qualen ›die Wirklichkeit der Welt‹ ist, die man nicht annehmen (akzeptieren) will.

Die byzantinisch-russische Ostkirche und viele ihrer Hauptsekten vermeiden nach Möglichkeit die Darstellung des Christus am Kreuz, »weil er uns den Weg gezeigt hat, fröhlich zu sein und die Qualen der Materie zu überwinden«: Viele bekannte Kreuzformen sollen ihre Gestalt tatsächlich der Bemühung der Künstler verdanken, diese noch

deutlicher als Folterinstrumente darzustellen.

Mystiker und die lebendige Volkskunst neigten dazu, den Kreuzesstamm in Blumen oder Blätter übergehen zu lassen, ihn also aus dem Sinnbild des Leidens in den Stamm des Lebensbaums, das Zeichen des ewigen Wachstums, des Frühlings, der österlichen Auferstehung zu verwandeln.

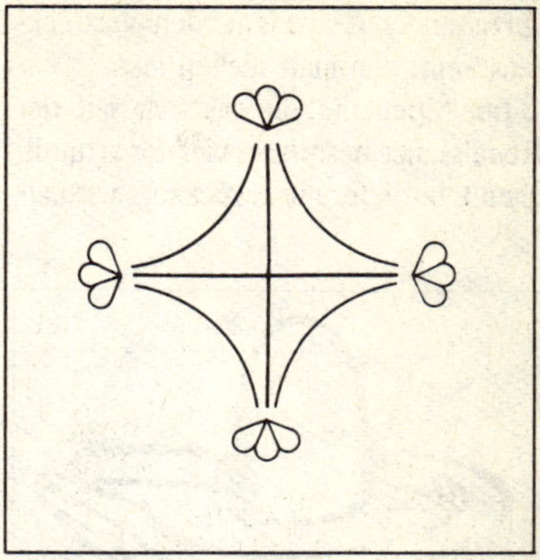

Lingham im Yoni-Gefäß

Die künstlerische, religiöse indische Darstellung des männlichen und weiblichen (aktiven und passiven, tätigen und empfangenden) Elementes der Welt ist der stehende Lingham, das Sinnbild der Zeugungskraft Shivas, und die Yoni, der weibliche Schoß, die Schale, das Gefäß, in dem er steht.

Als englische Morgenlandfahrer wie Sellon dieses Bild und die es umgebende Mystik in Indien kennenlernten, führte es über Jennings, der nun von hier die Symbolik der Alchimisten und Rosenkreuzer erklärte, zu einer Welle der neuen Beschäftigung der europäischen Gebildeten mit den erhaltenen Geheimlehren. Es ist kaum zu bezweifeln, daß all die ›Jugendbrunnen‹, die die Kunst des Mittelalters dank Alchimie und Minnedichtung so gern zeigt, aus ähnlichen Vorstellungen entstehen: Das heißt, daß sie eine Verschmelzung der magisch-erotischen Sinnbilder für das männliche und weibliche Geschlecht sind. Gelegentlich sind diese Brunnen mit einem Mäuerlein umgeben – dem sprechenden Hinweis auf den ›versteckten‹ Sinn, den man suchen muß.

Im Alpenland, in das sich seit der Renaissance besonders viel der urtümlichen Überlieferung zurückzog, wird als

›Lingham und Yoni‹ auf einer Briefmarke

Brunnen im ummauerten Garten (Boschius: ›Ars Symbolica‹)

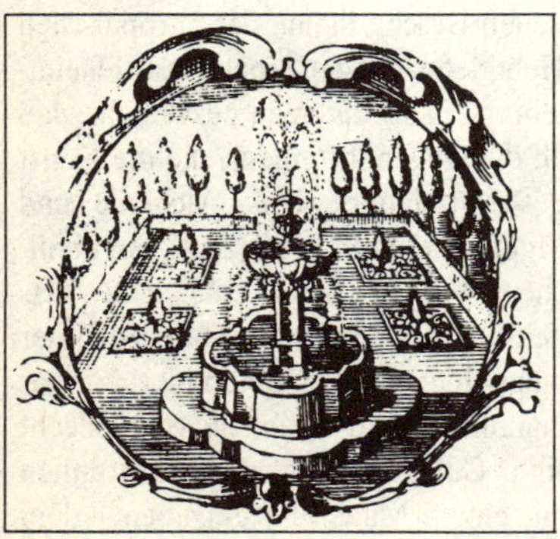

Brunnenfigur über dem Wasserbecken besonders gern eine ›marsische‹ Gestalt geschätzt, die mit männlich-kriegerischen Sinnbildern geradezu überladen erscheint:

»Das am häufigsten behandelte Thema ist der Bannerträger... Dieses Standbild, das sich mit oder ohne Banner in der Mitte der Stadt erhob, symbolisiert Mut, Ausdauer und Tapferkeit... Er trägt manchmal einen Teil seiner Rüstung, hat jedoch immer sein Schwert oder seinen Dolch zur Seite... In seiner Rechten hält er die Standarte, Fahne oder Flagge oder schwingt bedrohlich sein großes Schwert« (Bouffard/Creux).

›Hartmann von der Aue‹ (L. Richter)

Die Schale, der Bogen

›Teile des Kreises‹ bedeuten nach Agrippa von Nettesheim in den Zeichnungen der magischen Überlieferung die Mondgöttin (Luna), also das weibliche Element in der Schöpfung überhaupt.

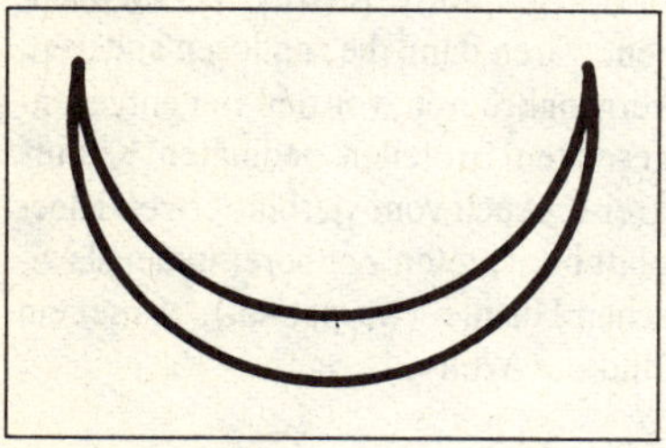

Die indische Dichtung sieht den Mondbecher als deutliches Vorbild der ritterlichen Mythen um die Gralsschale, als Behälter der Lebensflüssigkeit, des ›Soma‹: Von hier strömt dieser auf die Erde, gibt allem Dasein Erneuerung und Kraft und kann in besonders heiligen Pflanzen von den Menschen als Saft wiedergewonnen und auch genossen werden.

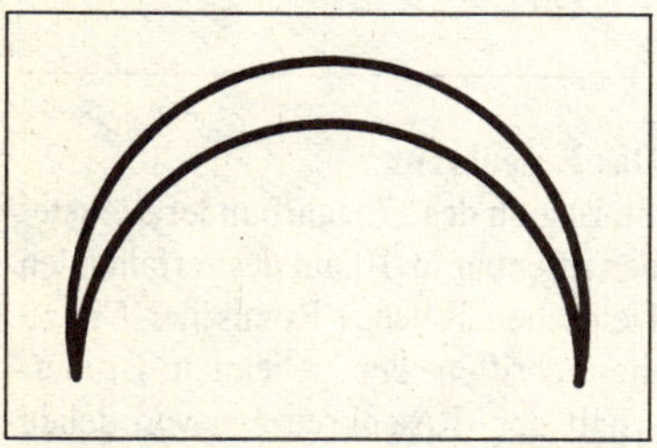

Der umgekehrte Halbkreis wird in der Regel ebenfalls als weibliches Symbol verstanden: Eine liegende Linie unter einem Bogen bedeutet südrussischen Zigeunern einen toten Menschen, also das Ruhen im Grab.

In der Ukraine nannte man die alten Grabhügel (kurgani), auch wenn keine menschlichen Steinmale darauf standen, ›Babi‹ – von ›Baba‹, Weib, Großmutter, Hebamme. Von den ›alten tatarischen Helden darin‹ nahm der Volksglaube gelegentlich an, »sie würden nach der Ruhe in der Mutter, der feuchten Erde (mat syraja zemlja) wieder lebendig hervorkommen«. (Hier wird der Bogen also zum Zeichen der Wiedergeburt!)

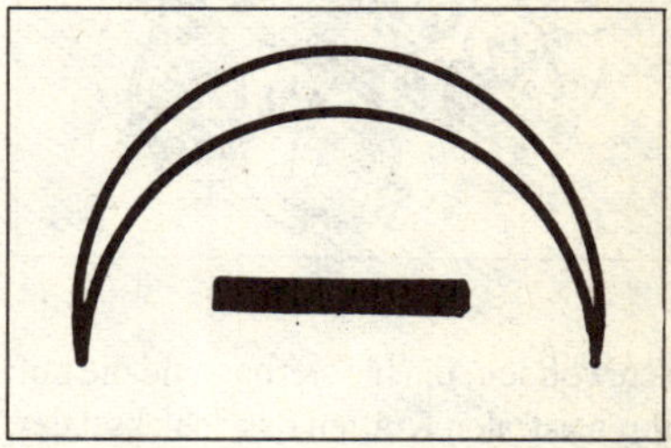

Kreuz (Lotus) als Welt-Bild

Unter dem Bilde des Lotus stellt die mystische Geographie der Inder die Erde dar, die gleich der Wasserblume auf dem Ozean schwimmt. Die Pistille, genau in der Mitte, stellt den Götterberg Meru dar, der auch nach der Vorstellung des heutigen Hinduismus irgendwo im Himalaya sein soll: Auch die Theosophen um Frau Helena Petrowna Blawatsky, die sich im 19. Jahrhundert bildeten und die in Dutzenden von Geistesrichtungen in Nordamerika und Europa ihre Anhänger besitzen, sind überzeugt, daß »irgendwo in Hochland-Tälern zwischen Nepal und Mongolei We-

sen wohnen, die nie sterben und die mit ihren astralen Kräften das Schicksal der Welt steuern« (die sogenannten Mahatmas).

Darum herum sind die anderen gewaltigen Berge als die Staubfäden – und dann kommen die vier Blütenblätter der Blumenkrone, als die vier Haupt-Erdteile: Einige Brahminen, die nach der Übereinstimmung ihrer Überlieferung mit der modernen Geographie suchen, versichern, damit seien eigentlich die vier großen Kulturzentren um ›das Dach der Welt‹ gemeint:

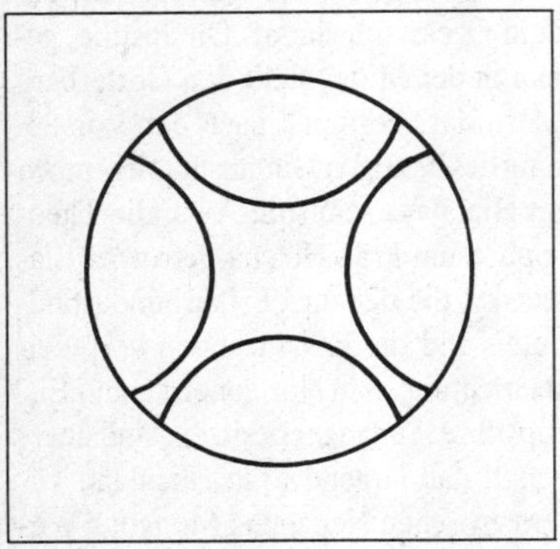

Also etwa das eigentliche Indien im Süden, die griechisch-europäischen Reiche des Mittelmeeres und vor Nordeuropa im Westen, die tatarisch-mongolischen Herrschaftsgebiete im Norden, China im Osten. Die ›anderen Reiche‹, die im Kranz zwischen und um diese Hauptorte (Lokas) hervorwachsen, wären dann die zahllosen anderen, vergänglicheren, von den vier entgegengesetzten Erdteilen bedingten Kulturkreise. Auch vom vierblätterigen Kleeblatt berichteten Zauberer in der slawischen Huzulei (Karpathen), »es sei ein Bild der Welt«.

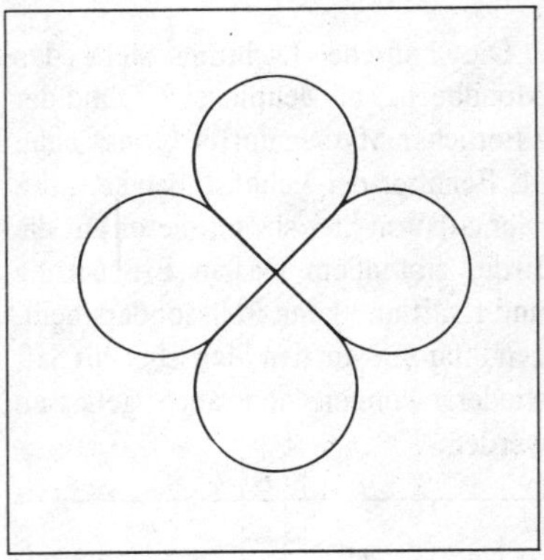

Das Rosenkreuz

Zu Beginn des 17. Jahrhunderts entstehen offenbar im Raum des zerfallenden Deutschen Reiches Römischer Nation die Schriften der geheimen Bruderschaft der ›Rosenkreuzer‹, von denen man bis heute bestreitet, ›ob es sie wirklich gegeben hat‹: Die ganze oft oberflächliche Diskussion ruht in der Auffassung, daß man sich später unter ›Bruderschaft‹ eine wohlorganisierte

Gemeinschaft in der Art unserer Vereine und Parteien, mit Mitgliederlisten, Vorstand usw. vorstellen wollte.

Unter Bruderschaft verstand man aber am Anfang die innere Gemeinschaft von Menschen, die eine Wesensverwandtschaft empfanden und einander darum gegenseitig halfen, die Not der Welt möglichst erträglich zu erleben: Die Rosenkreuzer verlangten ganz offensichtlich von einem ›Bruder‹ hohe Bildung und führten sich überhaupt auf ›Christian Rosencreutz‹ zurück, einen edlen deutschen Ritter des ausgehenden Mittelalters, der zwischen seiner Heimat und dem Orient lange die Wahrheit suchte.

Die Ideen der Rosenkreuzer halfen auf alle Fälle den gebildeten Menschen Mitteleuropas sogar im Chaos des 30jährigen Krieges, den Zukunftsglauben zu finden: Es ist auch sehr bezeichnend, daß dann (jedesmal wenn Kriegselend und geistige Krisen drohten!) im Europa vom 17.–20. Jahrhundert offenbar zahlreiche Bruderschaften entstanden, die sich als ›wahre Nachkommen der alten Rosenkreuzer‹ bezeichneten.

›Das Geheimnis der Rosenkreuzer‹ lag auf alle Fälle in ihrem (in den Jahrhunderten allerdings sehr verschieden gezeichneten!) Sinnbild und im Namen ihres mythischen Gründers selber: Es ist das Kreuz, das mit Rosen umwunden ist.

Man hat dies gelegentlich als den Hinweis auf die Weisheit verstanden, die der sagenhafte Ordensgründer aus dem Orient mitbrachte, wie es ganz sicher unzählige einigermaßen ge-

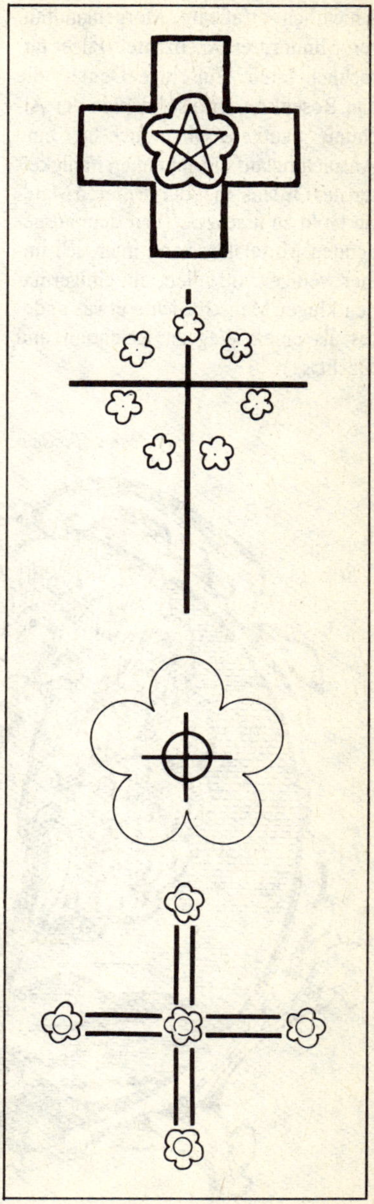

schichtlich erfaßbare Morgenlandfahrer, Minneritter, Kreuzritter, Pilger tatsächlich taten. Einseitige Deuter, die alle Rosenkreuzer als Adepten der Alchimie glaubten, sahen auch hier eine Anspielung auf die geheimen Fähigkeiten des Ordens, ›aus der niederen Materie Gold zu machen‹. (Seit dem ausgehenden Mittelalter kann man sich immer weniger vorstellen, ein einigermaßen kluger Mensch suchte etwas anderes als einen Weg zu Reichtum und Macht...)

Für das Altertum, aber auch für die großen Astrologen wie Agrippa von Nettesheim ist nun die Rose die eigentliche Blume der großen Göttin Venus, damit zugleich auch Sinnbild der glücklichsten Zeit des Jahres, der Liebe, der Schönheit.

Daß die Welt für die Liebe geschaffen ist, bezeugen nach dem iranischen Dichter Hafis die Rosen und die Nachtigallen. Der ebenfalls iranische Dichter Mewlana Dschellaledin Rumi singt darum: »Wenn der Frühling entflohen und

Pfauenrad (Boschius: ›Ars Symbolica‹, 1702)

die Rosenzeit vorüber ist, hört man die Nachtigall nicht mehr kosen.« Hier wird die Rose den mystischen und erotischen Richtungen des Islam zu einem Symbol von kosmischer Kraft:

»Der vollen Rose gleicht an Pracht die Sonne und alle Blättchen siehst du Monden gleich.«

Wie die Monde eben um die Sonne kreisen, von dieser das Licht empfangen, so ist nach der orientalischen (auch in unserem Minnesang treu übernommen) Philosophie der Sinn der vergänglichen Zeit – die Liebe in deren möglichst hohen, gesteigerten Gestalt zum anderen Geschlecht, zu allen Wesen, im mystischen Sinne schließlich zu Gott. »Die ausgezeichnete Schönheit, der Wohlgeruch sowie überhaupt der Totaleindruck haben die Rose bei allen Völkern zum Sinnbilde der erheiternden und beglückenden Sphäre des Lebens gemacht... Auch die schönste Zeit des Tages symbolisiert die Rose, daher sinnreich Eos (die Göttin der Morgenröte) von dem ionischen Sänger die

(Aus: Basilius Valentinus, ›Zwölf Schlüssel der Philosophie‹, 1660)

rosenfingrige genannt wird« (Friedreich).

Christliche Mystik und auch die Mystik vorangegangener – und dank anderen Religionen entstandener – Kulturkreise stimmen in der Verehrung der Rose erstaunlich überein:

Im Volkslied wie auch in der frommen Legende oder auf mittelalterlichen Gemälden sitzt Maria, ›die Mutter Gottes‹, im ›Rosengarten‹ oder im ›Rosental‹.

Das Kreuz der Welt wird durch die Verbindung mit der fünfblätterigen Rose zum Sinnbild der Auferstehung und der Freude:

Wenn drei Rosen im oberen Teil des Kreuzes stehen und vier mehr unten, also nicht über dem Querbalken, dann deutet man dies als das Glück der Vereinigung der geistigen (himmlischen, göttlichen) Welt, deren Sinnbild die Dreiheit ist, mit der unteren, ›sterblichen‹, irdischen Welt, die man gern mit einer Vierheit bezeichnet.

Anker

Der Anker ist in zahlreichen Darstellungen, besonders in denen des frühen Christentums, schon von seinem Aussehen her eng verwandt mit den Symbolen Kreuz und Dreizack: Er ist zusätzlich ein Hinweis auf die ›Verankerung‹ der neuen religiösen Gemeinschaften (damals sicher winzigen Minderheiten innerhalb des Römischen Weltreichs!) im festen Grund ihrer geistigen Werte mitten im Sturm der chaotischen, von rasch vergänglichen Moden durchtobten Umgebung.

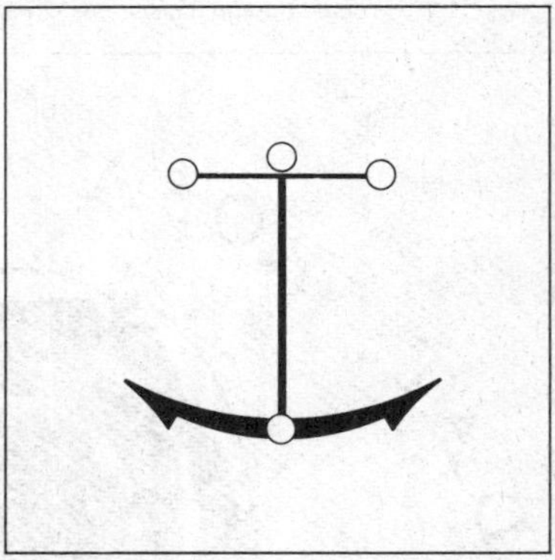

Der obere Teil des Zeichens kann, wie bei dem Familiensymbol einer Sippe von bessarabischen Zigeunern, als der Mensch verstanden werden, der aufrecht steht und seine Hände nach oben reckt, also mit dem Himmel verbunden ist. (Die Punkte um ihn werden auch als Sterne erklärt, ›nach denen man sich in der Nacht richten und so seinen Weg finden kann‹.)

Unten steht der Halbkreis, der Bogen wohl wieder für die materielle Welt; die Erde, die den Menschen stets neu gebiert.

Der Dreizack Shivas (Trishula)

Dieses Sinnbild des indischen Gottes Shiva kennt in der Volkskunst der aus dem Himalaya-Raum ausgewanderten Stämme so viel voneinander verschiedene Stilisierungen, daß die Zigeuner in Europa geradezu alle Kreuzformen mit ihrem Wort für Dreizack bezeichnen (Trischul)!

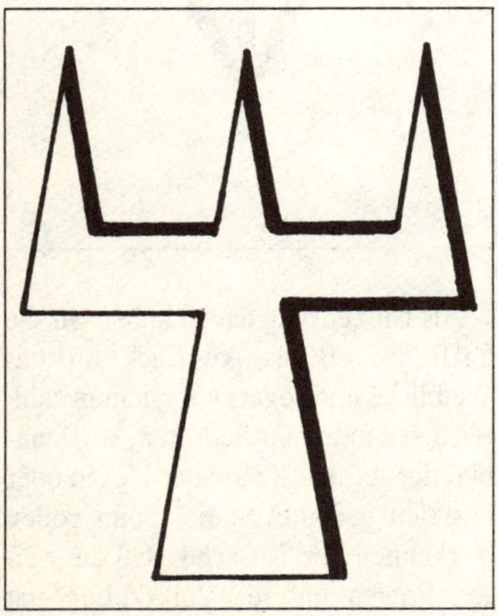

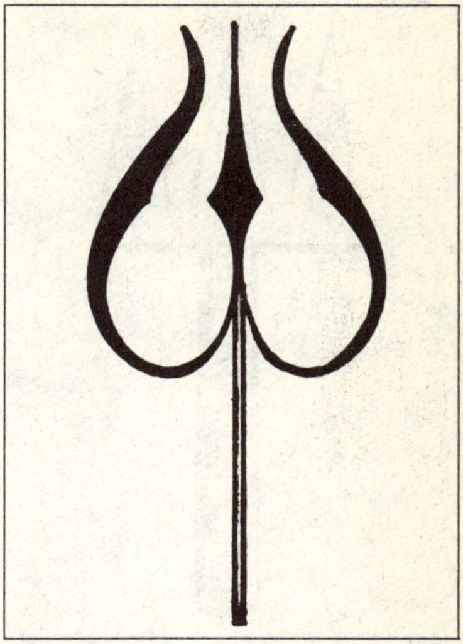

Die drei Spitzen bedeuten in den Händen ›des Wandlers der Welt und des Zerstörers des Scheins‹ die drei Grundmöglichkeiten unseres Denkens und Tuns, die Gunas: die Passivität, Trägheit – die Aktivität, das leidenschaftliche, zweckbestimmte Wirken – die Erkenntnis des wahren Wesens der Welt (dieses letztere bedeutet die mittlere, gerade Zacke!).

Man versteht auch unter den drei Spitzen ›die Dreiheit der Zeit‹ (trikala): Von hier kommt auch in Indien ›die heilige Bewegung‹ – das Emporheben von drei Fingern der rechten Hand (trishula-hasta).

Möglicherweise stammt auch der Dreizack des antiken Meergottes Poseidon oder Neptun aus dem Kreis der gleichen Vorstellungen: Für die klassischen Griechen, das Volk der Inseln und der entsprechenden Seeabenteuer,

mußte das Bild des ›Zerstörers und Wandlers‹ zwangsweise Züge eines Meergottes annehmen.

Der Dreizack im Abendland

»In der allerersten Zeit (des Ur-Christentums)... war der Dreizack ein verschleiertes Zeichen Christi«: »Später bezeichnete er mit drei gleichen Armen die Anhänger der orthodoxen Dreifaltigkeitslehre« (Urech).

Dreizack-ähnlich sind in Osteuropa gewisse Kreuzzeichen der Zigeuner, dann von abergläubischen Menschen als Dreizahn (trizub), ›Zigeuner-Kreuz‹ und ›die Gabel des Schwarzen‹, also des nächtlichen Herrn des Hexensabbats bezeichnet (tschortowa wila).

Wie wir von Paracelsus wissen, benützten auch die europäischen Magier, statt dem Zauberstab auf vielen alten Bildern, gern den Dreizack, der auch nach den sehr ausführlichen Erklärungen des Eliphas Lévi »ein Bild der Dreiheit ist«. Der ›Dreizack des Paracelsus‹ ist ihm vor allem ein Bild ›der Dreiheit des menschlichen Lebens‹: »Der Archäus oder der Geist, das Od (die feinstoffliche Lebenskraft) oder der plastische Vermittler, und das Salz (im Sinn der Paracelsisten, Alchimisten und Rosenkreuzer! S. G.) oder die sichtbare Materie.«

Der Lebensbaum

Unter den germanischen Runen, die auf den Schamanen-Gott und mythischen König Odin selber zurückgeführt wurden, bedeutet die Man-Rune den Mann, den Menschen, der seine beiden Hände zu den göttlichen Mächten emporhebt.

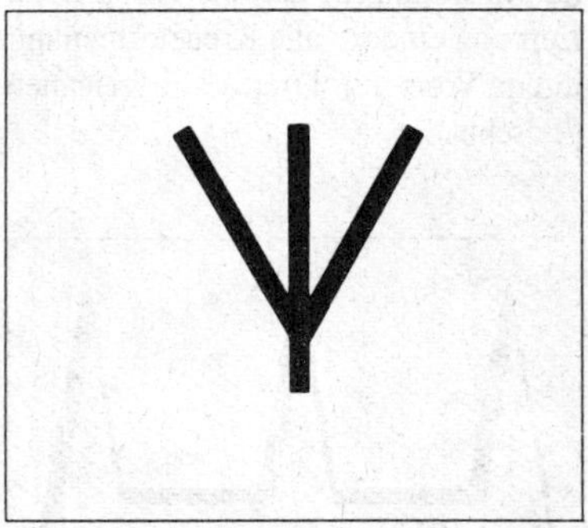

Als Umkehrung davon haben wir die Yr-Rune, oft als Ausdruck für das Weibliche und sogar, vor allem in zahlreichen modernen Schriften, als Sinnbild der ›bösen‹ Kräfte der Hexen oder Druiden gedeutet – dies beim vollen Verkennen der Tatsache, daß die weisen Frauen unserer Volkskultur erst

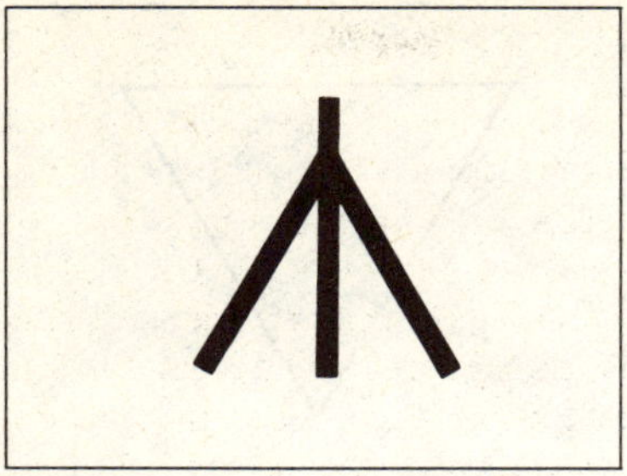

nach Ende des Mittelalters ausschließlich als Ausdruck des Schlechten, des Teuflischen gelten mußten...

Yr heißt eigentlich Eibe, und dies war der Name eines der heiligsten Bäume der germanischen Stämme. Die Yr-Rune wurde sogar in einem Merkvers mit »Yr enthält alles« erklärt: Die Rune weist auf die Wurzeln, also auf das ganze unbewußte, von den Ahnen überlieferte Wissen.

Die Vereinigung beider Runen ergibt schließlich den Lebensbaum, der ›aus den Kräften von oben und unten‹ entsteht und das Sinnbild des ewigen Daseins ist.

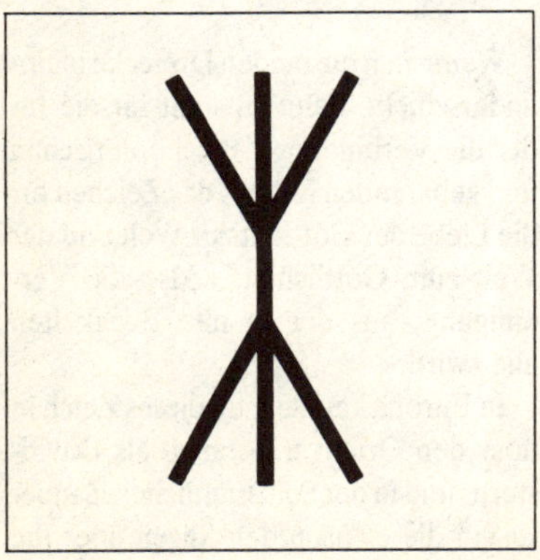

Der Man-Rune und ihrem Vorstellungskreis wesensverwandt scheinen die deutlich dreigestaltigen, aus Gefäßen hervorwachsenden Blumen in der bäuerlichen Volkskunst, aber auch an alten Zigeunerwagen, wie man sie noch vereinzelt in Mitteleuropa bis in die dreißiger Jahre sah: Hier wurden sie ausdrücklich als Zeichen für Gedeihen im Leben, Glück in allen Dingen, Fruchtbarkeit gedeutet.

Das Dreieck

Dieses gilt, genau wie der Lingham in der indischen Religion, als Bild der männlichen Zeugungskraft, damit der schöpferischen Kraft Gottes. Umgekehrt ist dann das Dreieck, dessen Spitze nach unten gerichtet ist, das Zeichen für das weibliche Element der Welt, den gebärenden Schoß: Auch der großen Göttin Juno wurde nach Agrippa von Nettesheim »des weiblichen Geschlechts wegen die Figur des Dreiecks zugelegt«.

In der europäischen Alchimie ist das Dreieck nach oben die emporzüngelnde

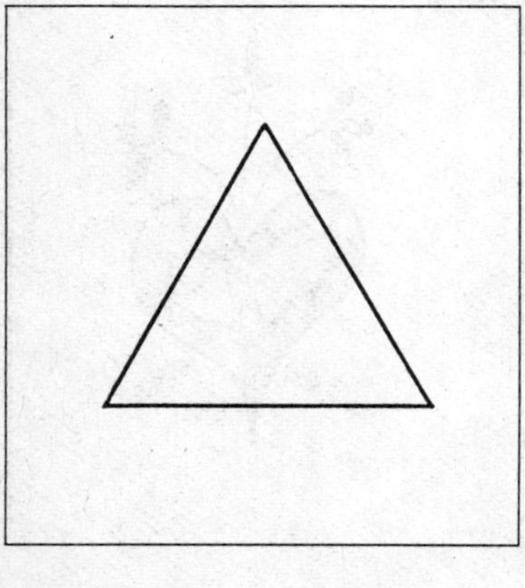

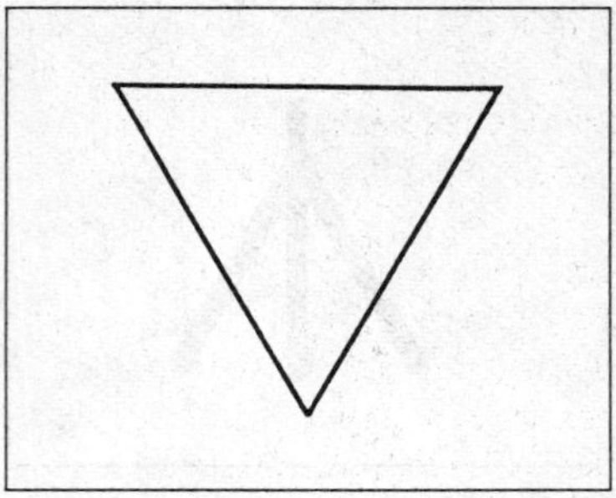

Flamme, das ›männliche‹ Feuer. Das Dreieck mit der Spitze nach unten ist dagegen das von den Höhen, den himmlischen Wolken, den Bergen zur Erde niederrinnende Wasser.

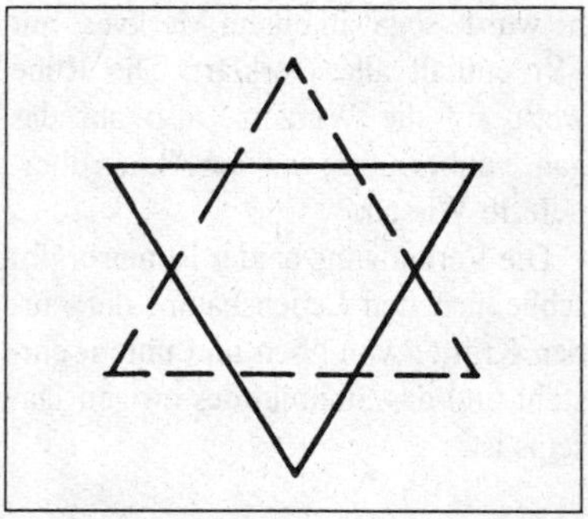

Wenn man die beiden Dreiecke ineinanderschiebt, dann entsteht für die Inder die Verbindung der schöpferischen und gebärenden Kräfte, das Zeichen für die Liebe der Gottheit zur Welt und der Welt zum Göttlichen: »Also die Vereinigung, aus der in alle Ewigkeiten alles wird.«

In Europa kannte man dieses Zeichen über den Orient u. a. auch als Davidstern, und in der volkstümlichen Zauberei, in die es nach den Sagen über die

Juden wie über die Zigeuner gelangte, wird es anscheinend fast überall zur Abwehr gegen alle bösen Mächte verwendet.

Das Viereck

Es wird gern verwendet als das Zeichen der materiellen Welt, zusammengesetzt aus den vier Elementen, die wiederum den vier Weltrichtungen entsprechen: Das Bild einer so aufgefaßten Materie wird noch verstärkt, indem man ein Kreuz hineinzeichnet. In dieser Form erinnert das Symbol dann an die Vergänglichkeit aller Dinge, den Grabstein mit dem Kreuz darauf, das Fenster des Gefängnisses: »Unsere Erde wäre nichts als ein düsterer Kerker, wenn wir nicht von der Macht unseres Geistes wüßten.«

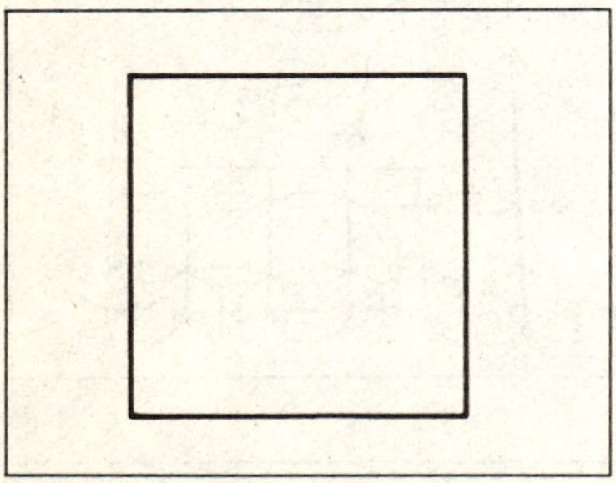

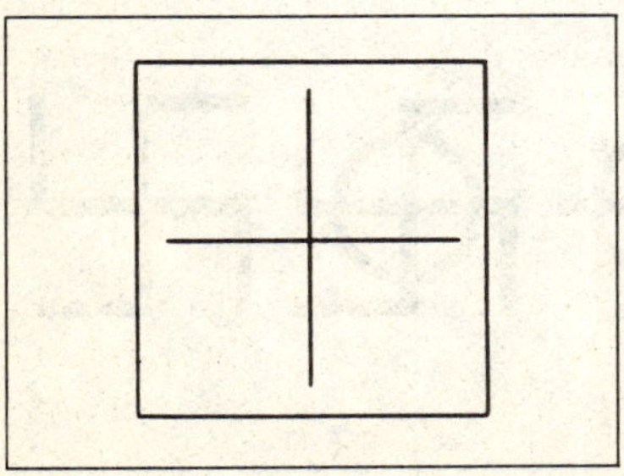

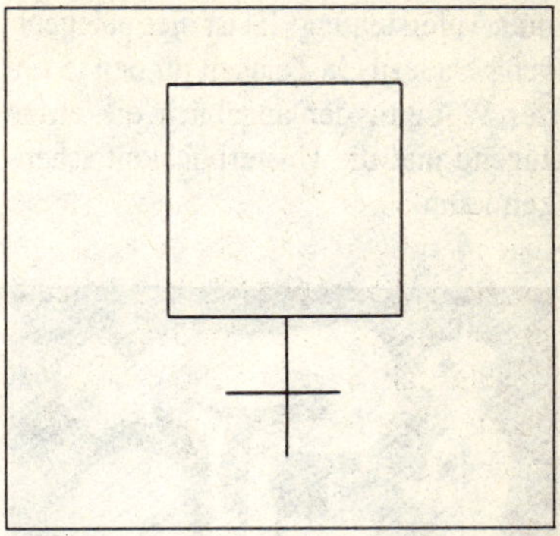

Aus dem Stein, mit dem Kreuz darunter, wird das Symbol der Erdenschwere; des Glaubens, daß es nichts Höheres als das Zusammenspiel der Elemente gibt: Wir haben dann hier also die Auffassung der Welt als einer Hölle, eines hoffnungslosen Abgrundes, ›des Tartarus‹.

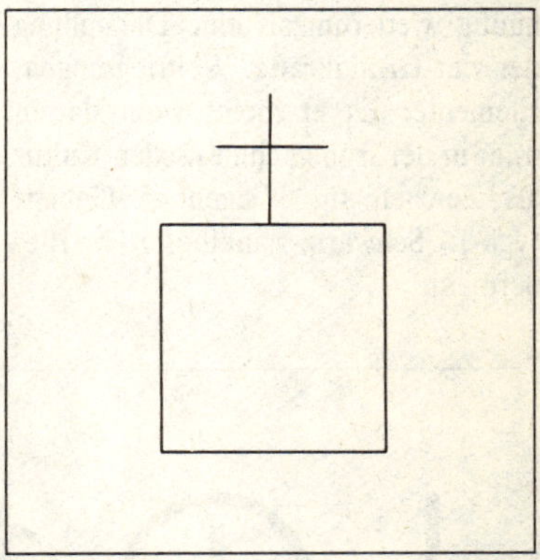

Das Kreuz ›auf dem Stein (dem Viereck der Welt) oben‹ ist dagegen das Sinnbild der Hoffnung; es ist der Lebensbaum, der aus dem Grab emporwächst, die Möglichkeit der Erlösung und Auferstehung: Es ist dies gelegentlich geradezu ein Zeichen für den ›Stein der Weisen‹, der angeblich die ewige Jugend und die Unsterblichkeit schenken kann.

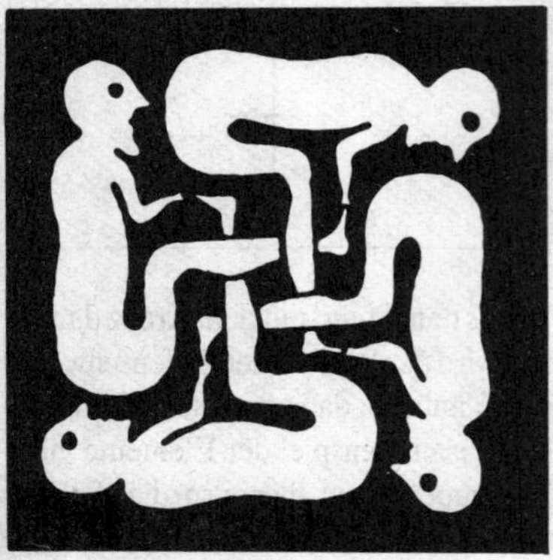

Das Hakenkreuz

Das Hakenkreuz verstand man sehr häufig wiederum als eine Darstellung der vier Grundkräfte, Weltrichtungen, Elemente: Es erscheint wohl darum u. a. in der frühen chinesischen Kultur als Zeichen für ›Gegend‹, ›Gebiet‹ (vgl. I. Schwartz-Winklhofer/H. Biedermann).

Während aber das Viereck als Zeichen der Materie sie (im Gegensatz zur Vorstellung des Lebens!) als etwas Totes, Starres auffaßt, ist im Hakenkreuz eher schon die Vorstellung des Rades, also des Kreisens, der Bewegung, damit der Wandlung der Elemente oder der Jahreszeiten.

Fußabdruck Buddhas

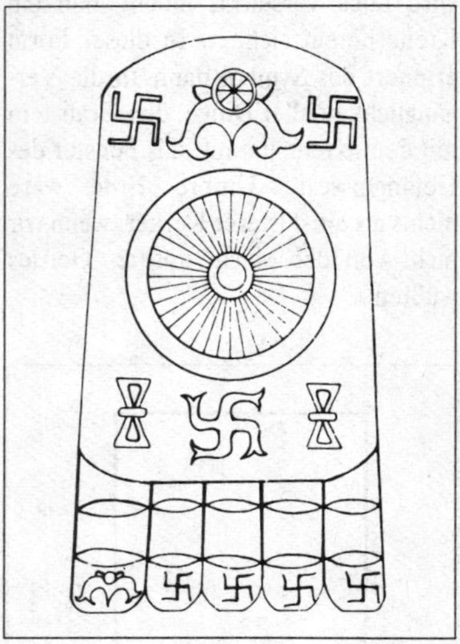

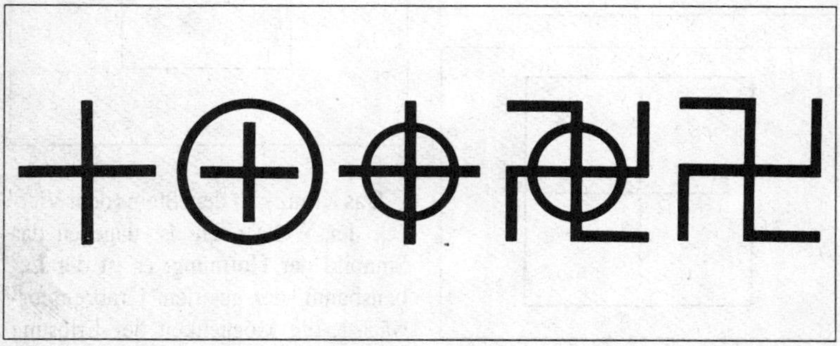

Die Anziehungskraft des Hakenkreuzes auf die Massen erklärte der Psychoanalytiker Wilhelm Reich 1933 aus seiner Wirkung ›auf das unbewußte Gefühlsleben‹ der Betrachter: »Die Hakenkreuze enthüllen sich uns als die Darstellung zweier ineinander geschlungener menschlicher Gestalten, schematisiert, aber deutlich als solche zu erkennen. Das erste Hakenkreuz stellt einen Geschlechtsakt in liegender, das andere in stehender Stellung dar. Es ist also anzunehmen, daß dieses Symbol (...) auf tiefe Schichten des Organismus einen großen Reiz ausübt, der um so stärker ausfallen muß, je unbefriedigter, sexuell sehnsüchtiger der Betreffende ist. Wird das Symbol noch dazu als Sinnbild von Ehrenhaftigkeit und Treue präsentiert, so trägt es auch den abwehrenden Strebungen des moralischen Ichs Rechnung und kann um so leichter akzeptiert werden.«

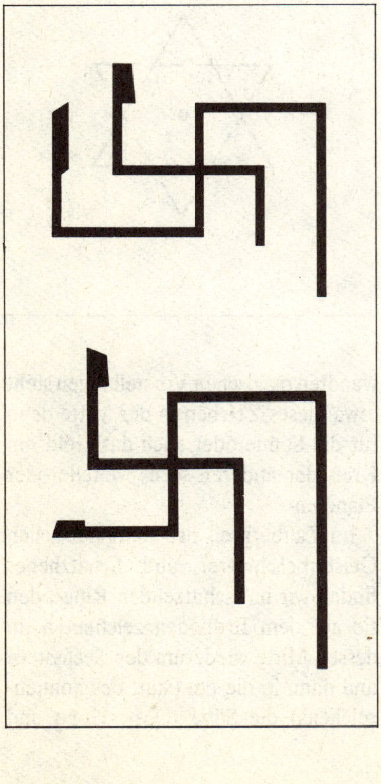

Der Fünfstern (Pentagramm)

Im Volksmund auch Drudenfuß genannt, wohl ›der Fuß‹ (also das Grundzeichen ihrer Wissenschaft!) der Druden oder Hexen: Vereinzelte Gelehrte versuchten in diesem Wort sogar den Namen der keltischen Priester, der Druiden, zu finden.

Die Magier, wie beispielsweise Agrippa von Nettesheim, zeichneten in den Fünfstern die Gestalt des bewußten Menschen: In die vier unteren Strahlen (Dreiecke) Arme und Beine, so ausgebreitet, als wolle der Dargestellte die Welt umfangen, in den Spitz nach oben – das Haupt. Der Stern wird darum zum Zeichen der ›Adepten‹ – ›dem Stern der Magier‹, die durch ihr Wissen um die Gegebenheiten und Gesetze der meistens als Vierheit dargestellten Welt einen Weg zum glücklichen Dasein gefunden glauben.

Lévi faßte zusammen: »Das Pentagramm, das man in den gnostischen Schulen den flammenden Stern nennt, ist das Zeichen der Allmacht und der

geistigen Selbstherrschaft... Das G, das die Freimaurer in den Mittelpunkt des flammenden Sterns anbringen, bezeichnet Gnosis und Generatio, die zwei heiligen Worte der alten Kabbala. Es heißt auch der ›Große Architekt‹; denn das Pentagramm, von welcher Seite man es auch betrachtet, stellt ein A dar.«

Verwandte Zeichen für die Überwindung der Materie durch den ›erwachten‹ Menschen bieten, wie wir schon sahen, fünfblättrige Pflanzen (Rose, Lilie, Weinstock). Hierher gehört auch nach der Überlieferung der Heraldiker, daß die Krone, wie wir sie über den Wappen der geborenen Edelleute (Ritter, Chevaliers) sehen, fünf Zacken haben muß.

Die Siebenheit

Bezeichnenderweise ist der Sechsstern nicht nur ein Zeichen für die Sechsheit, sondern auch für die Siebenheit: Dann besitzt er in der Regel einen Punkt in der Mitte – in der Alchimie und verwandten magischen Vorstellungen steht etwa dieses Zeichen in der Mitte dann für die Sonne oder auch das Gold ›im Kreis der anderen sechs Metalle oder Planeten‹.

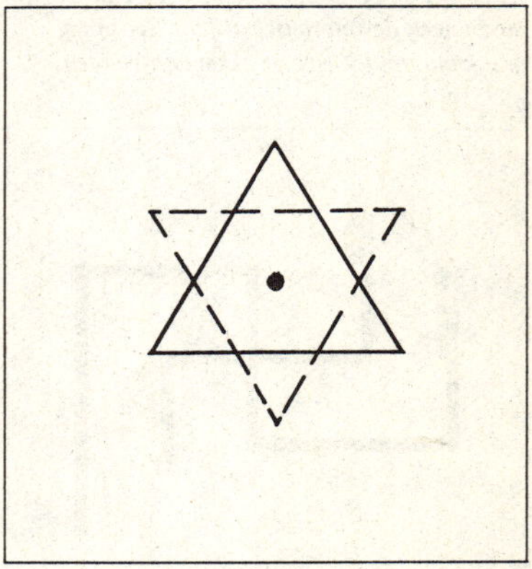

Im Zauberkreis der abergläubischen Geisterbeschwörer und Schatzheber finden wir im ›schützenden Ring‹, den sie auf dem Erdboden zeichneten, in dessen Mitte wiederum den Sechsstern und dann in diesem (statt des Sonnenzeichens) die Silbe ›OM‹: Horst und

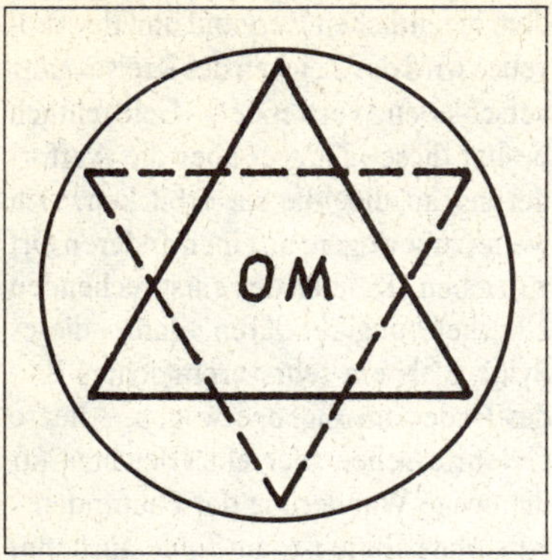

andere Herausgeber der Zauberbücher des 15.–18. Jahrhunderts sahen in diesem magischen Wort das (über die Orientalen in den deutschen Sprachraum gelangte) indisch-tibetanische OM, OUM, AUM, womit die Mystiker die Urkraft Gottes, die das Universum hervorbrachte, verstehen.

7armiger Leuchter aus dem Tempel von Jerusalem

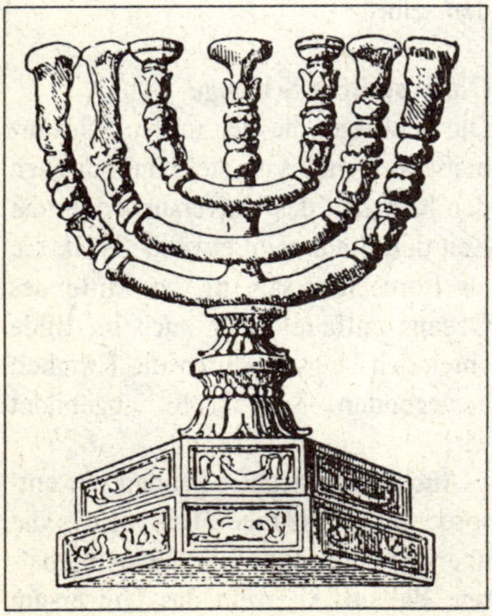

Auch der siebenarmige Leuchter der Juden bedeutet die sieben Urkräfte des Göttlichen, die im biblischen Bild von den sieben Schöpfungstagen ihren Ausdruck finden: Möglicherweise über das jüdisch-chazarische Großreich im Mittelalter drang dieser Leuchter in verschiedene russische Volkssekten ein und wurde auch recht häufig von den west- und mitteleuropäischen Magiern für ihre heiligen Sitzungen verwendet.

Der Kreis

Die Alten hätten, so erklärt auch Agrippa von Nettesheim, »in heiligen Schriftzügen große Geheimnisse niedergelegt..., indem sie z. B. alles Kugelförmige und Runde der Welt, der Sonne, ...der Hoffnung und dem Glücke beilegten; den Kreis dem Himmel; die Teile des Kreises (also etwa, wie heute in den Kinderzeichnungen, den Halbkreis oder auch eine Schale! S. G.) dem Monde...«

Die Null, dieses wunderbare Sinnbild unserer Mathematik, die im Mittelalter über die Islam-Völker (die Russen behaupten etwa, schon über die jüdischen Chazaren) nach Europa kam, ist ein Kreis, der die Leere, das Nichts umgibt: Entsprechend ist der Ring mit dem Punkt darin das Symbol, das in der Astrologie die Sonne, in der Alchimie das Gold (Aurum), bei den Rosenkreuzern des 18. Jahrhunderts dann sogar die Kaisermacht bedeutet – das Bild der schöpferischen Kraft in der Mitte, ›die allem in ihrer Umgebung erst den Sinn gibt‹.

Unter dem Fahrenden Volk im Alpenland, also etwa zwischen Bayern,

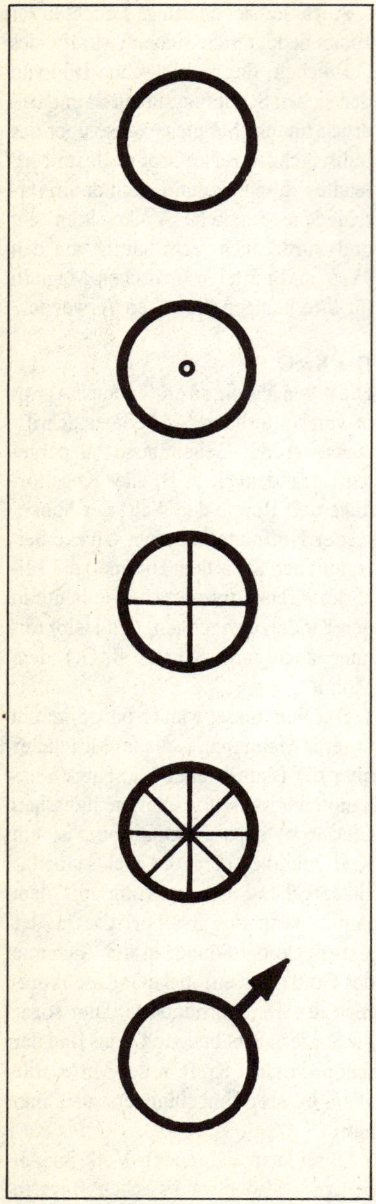

dem eigentlichen Burgund und der Provence wird das Zeichen des Kreises ganz verschieden verwendet. Gelegentlich besitzt diese ›Zingge‹ aber die Aufforderung an die, die sie erblicken, sich weiterzubewegen, an einen anderen Ort zu ziehen: Kenner der entsprechenden Überlieferung erklären dann dieses Symbol als ein sehr vereinfachtes Bild des Rades am Zigeunerwagen. Andere Gelehrte sehen hier ein Gleichnis für die ewige Wanderung der Fahrenden – »die ohne Ende ist, am Ende auch einmal wieder an den gleichen Ort führt, also eigentlich eine Bewegung im Kreis ist«.

Ein Kreis mit einem Pfeil, an einer Ruine oder einem Baumstamm, zeigte dem Fahrenden, in welcher Richtung sein übriger Stamm weiterzog! Es ist hier das sprechende Bild des Willens, der einer Bewegung die Richtung gibt: Das Zeichen des Mars, Symbol für das Männliche überhaupt, mag einst aus ähnlichen Grundüberlegungen entstanden sein.

Die kosmische Schlange

Die Schlange, die sich in den Schwanz beißt, also endlos ist, stellt im Indischen den Kreislauf des Universums oder die Zeit dar: Sie umgibt etwa die Welt, die als Lotusblüte sich in der Mitte des Ozeans entfaltet oder auch im Bilde einer sich langsam durch die Ewigkeit bewegenden Schildkröte abgebildet wird.

Auch die Griechen kennen die entsprechende Schlange (Ourboros), die über die Gnosis, also die Gemeinschaften, die im Altertum das Universum

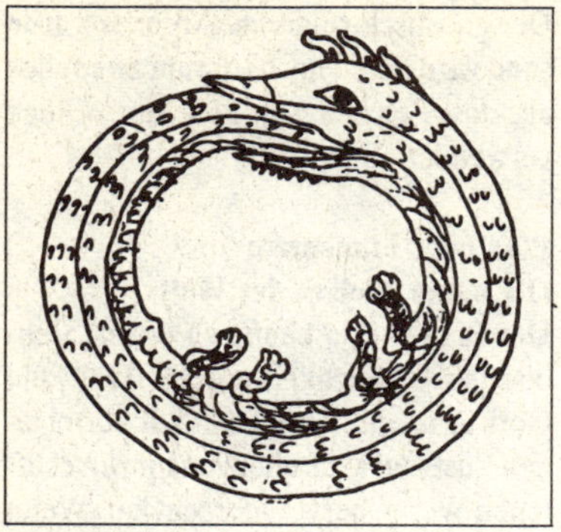

durch ihre orientalisch-europäischen Mythen zu begreifen versuchten, in die Mystik der Alchimie eindrang: Die Schlange der Ewigkeit hat gelegentlich vier Tatzen, die als die vier Elemente verstanden werden. Manchmal besitzt sie Flügel, was auf die dauernde Bewegung der Energien der Welt anspielt.

Eigentlich haben wir hier schon das Bild des Drachens: Dessen Besiegung durch den mythischen Helden wird darum für die mystischen Philosophien zu einem Sinnbild der Erkenntnis der Welt und damit des Sieges an sich – ›da jede Macht aus dem wahren Wissen entsteht‹.

Helden können auf alchimistischen und rosenkreuzerischen Symbolbildern auf dem Drachen stehen oder ihn sogar reiten: In Ritterdichtungen bewegen sie sich auf Greifen, Mischwesen aus Adler und Schlange, mit traumhafter Geschwindigkeit zwischen ihren Heimatburgen und den orientalischen Feenreichen.

Im Tantrismus erscheint die Lebenskraft im Menschen als Schlangenkraft (Kundalini): Nicht nur ihre Fähigkeit, sich zu einem Ring zusammenzulegen, sondern auch ihre Eigenschaft, sich durch den Hautwechsel zu erneuern, ließ dieses Tier zum Sinnbild für den ewigen Kreislauf der Energien in der Welt und im Menschen und damit zugleich auch für den Kreislauf der Zeitalter werden.

(Also auch des Kreislaufs der Sonne jährlich durch den Tierkreis oder der Welt in der indischen Brahminengelehrsamkeit durch die kosmischen Zeitalter.)

Abraxas
Noch seltsamer als die Ourboros-Bilder ist die gnostische, offenbar aus antiken und orientalischen Ideen entstandene Darstellung des ›Abraxas‹: Er taucht auf spätrömischen Amuletten und Gemmen auf, wird im Mittelalter nicht vergessen, in der Renaissance wieder beliebt und spielt heute noch eine gewisse Bedeutung in der Symbolik nordamerikanischer und französischer Okkultisten.

Auf Beinen, die zwei gewundene Schlangenleiber sind, ist der Oberkörper eines Kriegers in Rüstung, der eine Peitsche als Zeichen seiner Macht in der einen Hand und den runden Schild in der anderen hält. Das Haupt ist der Kopf eines Hahns: Diesen finden wir seit jeher als Verkünder des neuen Taglichts, darum des Sieges und des Morgens.

Der Sinn der Abraxas-Amulette, wie wir sie heute nachgemacht wieder in der Hippiekultur finden, scheint übereinstimmend denen der Drachenbesieger auf alchimistischen Bildern oder den ›Reitern auf dem Greif‹ in der Ritterdichtung:

Wir haben hier die Darstellung des Helden, der den Reigen der zeitlosen Kräfte erkennt und sich am Morgen des neuen Tages, also in seiner unmittelbaren Gegenwart, durchzusetzen vermag. Der gnostisch-römische Abraxas wurde (und wird heute noch) darum zweifellos als das Zeichen für Sieg und Glück verwendet.

**Pfau oder Pfauenrad:
Die bunte Vielfalt der Welt**

Der Pfau wurde häufig zu einem Sinnbild der Göttlichkeit unserer Welt, die Gott in unendlicher Buntheit zur eigenen Lust und auch aller von ihm erschaffenen Wesen hervorgebracht hat: Wenn beispielsweise im Indischen Krishna und Radha, beide Gestaltwerdungen des Gottes Vishnu, miteinander tanzen und in ewiger Liebesfreude spielen, dann schauen Pfauen ihnen bei ihrem Treiben zu.

Auf bekannten kultischen Spielsachen sehen wir Krishna und Radha auf einer Schaukel sitzen – auf den beiden Pfeilern, die ihren Sitz halten, sehen wir wiederum je einen Pfau hocken: In allen Gegensätzen (Polaritäten) des Daseins erkennen dank diesem Sinnbild die Krishna-Anhänger Notwendigkeiten, die es geben muß, damit das Lebensspiel überhaupt entsteht und immer möglichst vielseitig und verwirrend bunt ist.

Der Pfau wurde darum in der Kultur der indischen Minnehöfe, die im Paar Krishna und Radha ein Leitbild des vorbildlichen Daseins in Liebe und Schönheit fand, das verständliche Bild eines möglichst hohen Lebens: Ganz ähnlich war auch der Pfau, gelegentlich die Pfauenfeder an den Kopfbedeckungen, in der mit dem Orient verbundenen Kultur der europäischen Ritter ein Symbol der edlen, ›hohen‹ Gesinnung.

Daß der indische Mars, der Kriegsgott Karthikheya, der Sohn des weisen Shiva, auf einem Pfau reitet, bietet nur einen Widerspruch, wenn wir die Bücher über das alte indische Kriegswesen vergessen: Kriege waren, wie in entsprechenden Zeitaltern der verwandten europäischen Hofkulturen, weniger Massengemetzel im Sinn der Weltkriege der Neuzeit, sondern eher Turniere zwischen Vertretern der königlichen Rittersippen (Kshatrijas).

Alles wurde getan, auf daß die Auseinandersetzung möglichst glänzend, prächtig aussah. Wie nach einem genau vorausgeplanten Spiel enden auch plötzlich die furchtbarsten Feindschaften in glücklichen Eheschließungen zwischen den Familien der scheinbar für alle Zeitalter zerstrittenen Feinde, und in Festen, die häufig ganze Wochen andauern.

Der Pfau wurde zu einem negativen abschreckenden Symbol höchstens für die Auffassung von weltfeindlichen Asketen, die die Welt endgültig als Jammertal und ›Sündenpfuhl‹ sehen wollten und für die jeder Versuch, das diesseitige Dasein schön zu sehen, lediglich als eine List ›des Bösen‹, des Teufels erschien.

Auch die Gnostiker, die während dem ausgehenden Altertum und dem Beginn des Mittelalters die Schöpfung zu verstehen versuchten und damit fast alle späteren Ketzereien begründeten, wählten den Pfau, das Pfauenrad zu einer Veranschaulichung ihrer mystisch-philosophischen Überlegungen: »Man unterschied 365 Farben in seinem Gefieder. Er war also ein kosmologischer Vogel. 365 Himmel (die Zahl der Tage des Sonnenjahres!) hat Basilides unterschieden...

Nun sind in dem Pfauenei weder die Farben vorhanden noch ein Licht, aus dem sie hervorgehen könnten: trotzdem stellen sie sich (wenn der Vogel geboren ist und wächst) ein. Aus Nichtvorhandenem also wird ein Licht und die Mannigfaltigkeit der Farben in dem Gefieder des Pfauen, indem es von dem Samen, der in seinem Ei liegt, den Ausgang nimmt.

Und so wie das Pfauenei der Befruchtung durch den Samen des Pfauenhahnes bedarf, bedarf auch die Welt der Befruchtung durch den Samen Gottes« (W. Schultz).

Literatur

A. Afanassiew: Poetitscheskija wozzrenija... (Die dichterischen Naturanschauungen der alten Slawen), Moskau 1868ff.
H. C. Agrippa von Nettesheim: De occulta philosophia, Hrsg. K. A. Nowotny, Graz 1967
J. V. Andreae: Fama fraternitatis..., Hrsg. R. v. Dülmen, Stuttgart 1973
F. Barrett: The Magus, London 1801
H. Bayley: The Lost Language of Symbolism, London 1912
R. R. Beer: Einhorn, München 1977
J. G. Bennet: Gurdjieff..., Freiburg 1976
Bhagwan Shree Rajneesh: The Book of the Secrets, Poona 1975ff.
P. Bouffard/R. Creux: Brunnen, Genf 1973
J. Brengues: La Franc-Maçonnerie du bois, Paris 1973
J. Chevalier: Dictionnaire des symboles, Paris 1968
J. E. Cirlot: A. Dictionary of Symbols, 2. Aufl., London 1976
J. Ennemoser: Geschichte der Magie, Leipzig 1844
W. Y. Evans-Wentz: The Fairy-Faith in Celtic Countries, London 1911
W. Y. Evans-Wentz: Tibetan Yoga und Secret Doctrines, 2. Aufl., London 1965
K. R. H. Frick: Die Erleuchteten, Graz 1973ff.
A. Friedrich/G. Budruss: Schamanengeschichten aus Sibirien, München-Planegg 1955
F. Fritz: Khajuraho: Die Götter, Böbingen 1971
St. Germain: The Most Holy Trinosophia..., Hrsg. M. P. Hall. Los Angeles 1963
A. Gichtel: Theosophia practica, Neudruck, Schwarzenburg 1979
B. Z. Goldberg: The Sacred fire, London 1931
S. Golowin: Frei sein, wie die Väter waren, Hirten, Dichter, Philosophen..., Bern 1979
W. Gorodzow: Dako-sarmatskie religioznye motiwy... (Religiöse Motive der Dako-Sarmaten in der russischen Volkskunst), Moskau 1926
A. Govinda: Grundlagen tibetanischer Mystik, 3. Aufl., Weilheim 1972
K. Grant: The Magical Revival, N. Y. 1973
H. Jennings: Die Rosenkreuzer, Hrsg. A. v. d. Linden, Berlin 1912
A. Kalyanaraman: Aryatarangini, The Saga of the Indo-Aryans, Bombay 1969–1970
R. Koch: Das Zeichenbuch, Leipzig 1936
T. Leary: Future History Series, Los Angeles 1976ff.
T. Leary: Was will die Frau? Basel 1980
E. Lévi: Dogme et rituel de la haute magie, 3. Aufl. Paris 1894
E. J. Lindner: Die königliche Kunst im Bilde, Graz 1976
J. Matter: Histoire critique de gnosticisme..., Paris 1828
H. E. Miers: Lexikon der Geheimwissenschaften, Freiburg 1970
A. Mookerjee: Tantra-Kunst, Basel 1967
A. Mookerjee: Tantra Asana, Basel 1971
A. Mookerjee: Yoga Art, London 1975
Papus: Traité élémentaire de magie pratique, Paris 1893
Paracelsus: Sämtliche Werke, Hrsg. B. Aschner, Wien 1926–1932
L. Pauwels: Monsieur Gurdjieff, Paris 1954
A. J. Pernety: Les fables egyptiennes et grecques..., Paris 1786
Picatrix..., *Hrsg. H. Ritter/M. Plessner,* London 1962
P. Rawson: The Art of Tantra, London 1973
W. Ruben: Krishna, Istanbul 1944
H. Schick: Die geheime Geschichte der Rosenkreuzer, Schwarzenburg 1980
W. Schultz: Dokumente der Gnosis, Jena 1910
E. Schuré: Die großen Eingeweihten, mit Vorwort v. Rudolf Steiner, 11. Aufl., Leipzig 1925
I. Schwarz-Winklhofer/H. Biedermann: Das Buch der Zeichen und Symbole, Graz 1972
E. Sellon: Annotations on the Sacred Writings of the Hindus..., London 1865
E. Urech: Lexikon christlicher Symbole, Konstanz 1974
A. Viatte: Les sources occultes du romantisme français, Paris 1928
W. Wegmüller: Zigeunertarot, Basel 1975
H. Wirth: Aufgang der Menschheit, Jena 1928
O. Wirth: La franc-maçonnerie, Mayenne 1973–1974
J. Woodroffe: Shakti und Shakta, 3. Aufl., Madras 1920
J. Woodroffe: Principles of Tantra, 4. Aufl., Madras 1970

INDISCHE SYMBOLE

Brahma, Shiva, Vishnu und ihre Kulturkreise

Schon im Altertum sah man offenbar die Religion und die in ihr enthaltene Weisheit Indiens als so alt an wie die für ihre urtümlichen Überlieferungen berühmten Kulturen von Babylon, Syrien und Ägypten: Doch während wir die Vorstellungskreise dieser östlichen Reiche nur noch aus unsicheren Sagen und umstrittenen Altertümern kennen, lebt die Götterwelt Indiens noch heute.

Griechische Morgenlandfahrer fanden dort besonders den Rauschgott Dionysos und den wunderbaren Helden Herkules verehrt: Wir erkennen darin die noch immer weiterbestehenden Götter Shiva, den Herrn der Ekstase, und Vishnu, der in der Gestalt gerechter irdischer Fürsten wie Rama, Krishna und Buddha alle Ränke der dämonischen Gewaltherrscher, der Asuras, für ganze Zeitalter beendet.

Die Urverwandtschaft der indischen und europäischen, so auch besonders griechischen Götter wird heute vermehrt angenommen, und sie wurde offenbar von den wachen und gebildeten Menschen des Altertums bereits bewußt erkannt.

Doch während zahllose Mythenkreise aus den Zeiten der Alten, der Jahrhunderte von Homer und Alexander, Pythagoras und Megasthenes verloschen und zu fast vergessenen Sagen wurden, behielt die indische Kultur eine ungebrochene Kraft: Nicht nur erfaßt sie noch immer gut eine halbe Milliarde Menschen, denen es heute vermehrt gelingt, sich gegen die Räume der islamischen und christlichen Eroberer durchzusetzen und nun ihrerseits wieder in Afrika, Südsee, Karibik, Südamerika wachsende Kolonien zu begründen: Es gibt auch kaum eine Philosophie und Religionsgründung der Gegenwart, die nicht dem indischen Gedankengut wichtige Anregungen verdankt.

Der Zusammenhang der Grundschichten unserer Kulturen, des Mittelmeerraumes und auch der Länder nördlich der Alpen, mit der Gesittung um die höchsten Berge der Welt, die Himalayas, herum, scheint immer ein Bestandteil der tieferen Bildung gewesen zu sein: Im Umkreis von Indien suchen die alten Karthographen das irdische Paradies und lassen dort auch den Priester Johannes Hausen, den geheimnisvollen Oberherrn und das Ideal aller

Hari Hara

irdischen Kaiser und Könige. Von Indien her sollen auch die weisen drei Magier, die das Christkind als erste begrüßten, gekommen sein.

Mythische Vorbilder des Rittertums wie Arthus, Ogier der Däne, Parcival, Lohengrin sollen mit asiatischen Helden verwandt gewesen sein und sich sogar, samt der Schale des Grals, in deren Reiche zurückgezogen haben. Mittelalterliche Chronisten, noch beim Bayern Aventin finden sich genug Hinweise davon, wissen viel von den Wanderungen europäischer Urstämme am Schwarzen Meer, Kaukasus, sogar in Indien:

Die Suche ›nach dem Licht, das von Osten kommt‹, ›nach dem Wissen vom Menschheitsursprung‹, bei Paracelsisten, Rosenkreuzern, Romantikern, Hegelianern, Theosophen, zuletzt der Hippies unserer sechziger und siebziger Jahre – es ist dies in unseren Ländern eine Überlieferung, die nie abriß und immer neue Wellen der Jugend zu geistigen Abenteuern in Bewegung brachte.

Die indischen (und alle mit ihnen weltanschaulich verbundenen Gebiete oft bis in die sogenannten mongolischen und tatarischen Reiche hinein!) besaßen nie einen einheitlichen gesteuerten Glauben: Doch im Gegensatz zum Abendland wirken sie trotzdem auf dem geistigen Gebiet endlos geschlossener als Europa – was wohl das Geheimnis ihres durch Jahrtausende nie gebrochenen Einflusses ist.

Der Mitteleuropäer glaubt, seine Ideen und die mit diesen zusammenhängenden Symbole seien aus den verschiedensten Quellen gekommen und schwankt in seinen Philosophien oft peinlich zwischen diesen: Das Christentum ist ihm orientalisch, die Märchen einheimisch-heidnisch, die Heldendichtungen keltisch und griechisch.

Für den gebildeten Inder bildeten die entsprechenden Elemente seiner Phantasie, so sehen wir es in der glänzenden Dichtung seiner mittelalterlichen Königshöfe und so ist es eigentlich noch (oder wieder) heute, eine Einheit durch alle Zeiten! In den Geschichten über die Urwelt, wie sie in den Veden und Puranas zu finden sind; in den Volksmärchen um Feen und Zauberer; in den großen Ritterepen, die zu Ilias und den Geschichten um die Tafelrunde des Königs Arthus deutliche Verwandtschaft zeigen; in den Geschichten um Gott Vishnu, der menschliche Gestalt annimmt, um die Menschen von unerträglichen Unterdrückern zu erlösen; im wildesten Aberglauben der Massen und in den erhabensten Philosophien der Weisen: Überall sieht der Inder den Ausdruck der gleichen Götter-Vorstellungen. (Sogar die moderne marxistische Dialektik führt er über Hegel auf den frommen Shankaracharija zurück, der im übrigen als eine Offenbarung Gott Shivas gilt...)

Aus Platzgründen versuchen wir nur auf einige der Symbole einzugehen, die die großen indischen Götter umgeben: Um die drei Wesenheiten der Dreieinigkeit kreisen dann erst all die bunten Gestalten der Götterwelten von Kaschmir bis Bali, die teilweise sehr genau vielen der Engel, Feen, Heiligen, Elfen unserer Volkslegenden entsprechen.

Saddhus: die heiligen Männer Indiens

Dort, wo dieser einheimische Glaube der europäischen Stämme noch lebendig ist, entsteht auch heute eine enge Beziehung zur indischen Kultur: Nicht weniger als vor einem Jahrtausend, in den Tagen, als der große mohammedanische Reisende Al-Beiruni Griechen und Inder verglich und überall Übereinstimmungen fand.

Trimurti

Die drei indischen Hauptgötter bilden eine Dreieinigkeit und werden entsprechend dieser Auffassung als ein Wesen mit drei Köpfen, drei Gesichtern dargestellt: Die drei Grundkräfte des Weltalls bedingen sich gegenseitig; kein Dasein ist ohne Schöpfung (des Neuen) und Zerstörung des Abgelebten denkbar. Das Erhalten, das notwendige kosmische Gleichgewicht steht dazwischen und sorgt dafür, daß keiner der beiden anderen entgegengesetzten Vorgänge überwiegt.

Hegel erkannte im indischen Symbol eine Entsprechung zu seiner philosophischen Lehre von These, Antithese, Synthese: Da er während einer wichtigen Zeit seiner Entwicklung in Bern war (1793–1796), Hauslehrer einer noch auf die fortlebende ritterliche Kultur stolzen Familie mit einer Riesenbibliothek und einer engen Verbindung zu gebildeten Asien-Söldnern und ihren Bücherschätzen, ist auch hier eine unmittelbare Anregung durch die damaligen Morgenlandfahrer sehr wahrscheinlich.

Aus dieser Dreiheit entwickelten dann Karl Marx und Friedrich Engels, die als ›Jung-Hegelianer‹ begannen, ihre Auffassung der geschichtlichen Ent-

Shiva, Vishnu und Krishna

wicklung: Der Mensch beginnt in der indischen Urzeit mit dem Dasein in naturverbundenen Gemeinschaften. Er verläßt diesen Zustand für die gegenwärtigen Formen der gegenseitigen Ausbeutung des Menschen durch den Menschen. Er wird am Ende zur Synthese gelangen. Sozusagen auf eine neue, höhere, bewußte Art, indem er bei seinem Weg durch die Geschichte alle möglichen Sackgassen erkannt hat und sie nun meidet.

Die brahmanische Trimurti, darunter die Zeichen der Sekten von Vishnu (1–12), Shiva (13–30), Durga (31/32), Trimurti (33–35) und Rama (36)

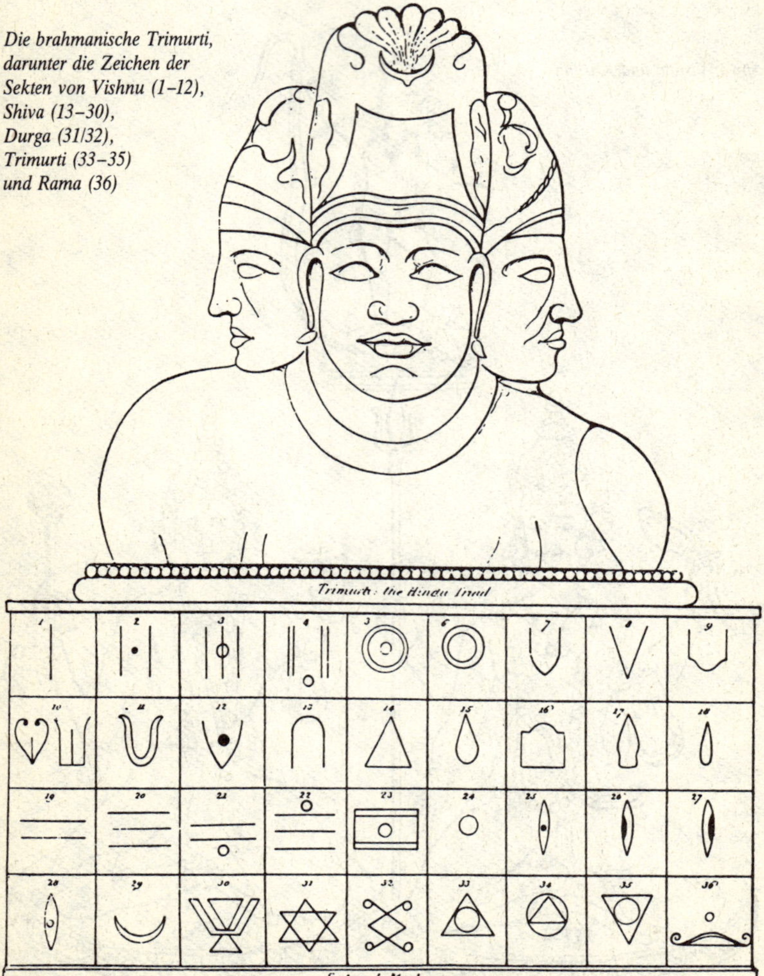

Sehr gern erklären verschiedene indische (und davon abhängige moderne Systeme europäischer und amerikanischer Okkultisten-Logen) die Trimurti-Dreiheit aus den Gunas, den drei Grundursachen all unserer Wirkungen und Tätigkeiten. Rot dargestellt, meistens mit Brahma in Verbindung gebracht, ist der Guna der Leidenschaft, des Begehrens: Radjas.

Dann kommt der schwarze Guna der Dumpfheit – Tamas, und endlich der weiße der Erkenntnis, Sattwa. Der Mensch handelt nie ganz aus einem Guna heraus, da er, um sich zu einer Handlung zu entscheiden, immer zwischen zwei Triebfedern schwankt und sie dann auch immer untereinander verbindet. Es gibt demnach in unserer erschaffenen Welt eine Vierheit der Möglichkeiten, tätig zu sein: Aus Tamas-Radjas, Radjas-Tamas, Radjas-Sattwa und endlich aus Sattwa-Radjas heraus. (Die beiden letzten noch denkbaren Verbindungen, Tamas-Sattwa und Sattwa-Tamas, sind nach der indischen Psychologie unmöglich, da Dumpfheit, Trägheit und Erkenntnis sich nun einmal gegenseitig ausschließen und sich aus diesem Grunde auch nicht im gleichen menschlichen Wesen begegnen können.)

Shiva dem Zerstörer ist die schwarze Farbe zugeordnet: Er selber ist aber in der Regel strahlend weiß dargestellt, weil er der ist, der ›die Zerstörung zerstört‹; weil er dort, wo die (aus der Beschränktheit, entarteten Gewohnheiten, dem Vergessen der Weisheit entstehenden) Leiden sind, auftaucht, »und den Wesen die Entwicklung zu

Trimurti

höheren Zuständen wiederermöglicht«. Vishnu, die Seite des Trimurti als ›Erhalter‹, entspricht nach den meisten Lehren dem Zustand der höchsten Erkenntnis, dem Sattwa, also der weißen Farbe: Wie Shiva aber das Licht ist, das in der Dunkelheit leuchtet, so wird Vishnu und seine Hauptverkörperung als Held und König Krishna meistens dunkel, dunkelblau, gelegentlich sogar schwarz dargestellt: Vieles, was der Erhalter auf der Erde ›erhalten‹ muß, erscheint dem beschränkten, ›einseitigen‹ Menschenverstand oft gerade zu böse, schädlich, nutzlos.

Und doch muß eben alles bestehen, damit die Welt in ihrer Vielfalt, Buntheit, ihrem Reichtum so bleibt, wie sie nun ist.

So entsteht aus der urindischen Trimurti-Religion, die im Himalayaraum deutlich gleichzeitig die Grundkulturen der weißen, gelben und schwarzen Rassen beeinflußte, der gleiche auch Ost-

Das chinesische Yin-Yang-Symbol

asien beherrschende Grundgedanke der Gegensätze, die sich gegenseitig bedingen: Das chinesische Yin-Yang-Symbol läßt in der Mitte des schwarzen Halbkreises einen weißen Punkt sichtbar sein und in der Mitte des schwarzen einen weißen.

Das Trimurti-Bild in Tempeln hat auch die meisten indischen Religionen daran gehindert, sozusagen eine Macht des Ur-Bösen anzunehmen, einen Teufel, der mit Gott um die Welt kämpft: Alle göttlichen Wirkungen gehen von einer Einheit aus, dienen also gemeinsam der Vervollkommnung und der Entwicklung der Gesamtheit.

Die drei höchsten Götter, Brahma, Shiva und Vishnu, sind nur verschiedene Äußerungen des gleichen geheimen Urgrundes. Sogar die Versuchung von Sekten, eine Seite der göttlichen Wesenheit über die beiden anderen zu stellen, wird etwa vom Hinduismus durch einen schönen Satz widerlegt: »Shiva ist in seiner dunklen Welt weiß, weil er immer über das Wesen Vishnus nachdenkt. Vishnu ist in seiner reinen und hellen Welt dunkel, weil er immer über Shiva nachdenkt.«

Im Mahabharata begrüßen sich gerade diese beiden Ur-Götter fortlaufend gegenseitig als den Höheren. »Shiva ist der beste Vishnu-Anhänger und das unerreichbare Vorbild von all dessen Verehrern. Vishnu ist dagegen der treueste Shivaist.«

Brahma der Schöpfer

Für die indische Lehre von den Zyklen, den Kreisläufen des Universums, schläft Brahma, der Schöpfer-Gott, jedesmal 4320000000 Jahre, dann erwacht er und bildet in einem gleichen Zeitraum alle Welten – um dann wieder einzuschlafen, worauf sie dann wieder verschwinden, um an einem neuen Brahmamorgen von neuem zu erscheinen...

Als die europäischen Wissenschaftler, vor allem durch kühne Söldner, die Nachkommen der ritterlichen ›Morgenlandfahrer‹ des Mittelalters, im 17.–18. Jahrhundert von den Weltenzyklen vernahmen, galten sie in der Regel als ein Beweis für das närrische und maßlose Wesen der heidnischen Religionen. Männer wie Bailly oder Voltaire bewunderten aber gleichzeitig einige der astronomisch-astrologischen Grundlagen solcher Phantastereien: So lieferten die indischen Mythen während des Zeitalters der Aufklärung, der Französischen Revolution und Romantik einen Teil der (gern mißverstandenen) Grundlagen für die neue Auffassung der Welt als eines ewigen Kreislaufs von Energie und Stoff und der stufenweisen Entwicklung aller Lebensformen durch wieder nach Jahrmilliarden berechnete Zeitalter.

Am Anfang der Schöpfung entsteigt Brahma einem aus dem Schoß der Urwasser sich entfaltenden Lotus (Abja-Yoni). Er kommt als strahlender Keim der Welten aus dem goldenen Ur-Ei (Hiranya-garbha), was im indischen Volksbrauch sehr häufig die Heiligkeit des Elements Gold und des Eies erklären soll und wahrscheinlich auch an der Wurzel der alchimistischen Denksysteme steht.

Er hat vier Arme und vier Köpfe, und er hält die vier Bücher des ewigen Wissens, die Veden, in den Händen: Die Welt hat eben vier Grundelemente und vier Grundrichtungen. Es gibt bei den Indern auch ›vier Zwecke des Daseins‹. Dharma, das Befolgen des Lebensge-

Brahma

Brahma mit Vishnu auf dem Lotusblatt

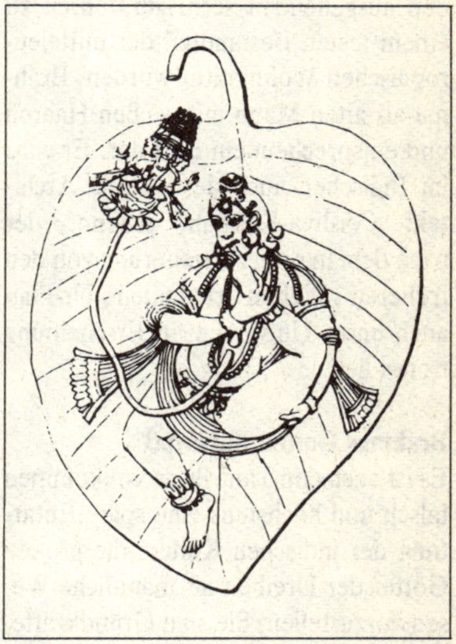

setzes; Artha, das Erwerben der Fähigkeiten, die jede gesellschaftliche Geltung, damit Reichtum und Machtgewinn verschaffen; Kama, das Verfeinern der Fähigkeit, Lebenslust gleich Feenwesen zu genießen; endlich Moksha, die Befreiung aus den Verhaftungen der Welt, also die innere Seligkeit. (In jedem der vier Alter, in das die

Inder im großen die Weltgeschichte, im kleinen das Leben des einzelnen einteilen, kann man einen dieser vier Zwecke besonders gut begreifen lernen. Auch die Philosophie jeder der vier Kasten beschäftigt sich vor allem mit einem der vier ›Ziele des menschlichen Daseins‹.)

Brahma ist der Urerzeuger der Welt (Prajapati) und der große alte, der Urahn (Pita-maha). Gern stellt man ihn darum, besonders auf den volkstümlichen indischen Götterbildern, wie sie seit der Gammler- und Hippie-Zeit in den ausgehenden sechziger Jahren zu einem festen Bestandteil der mitteleuropäischen Wohnkultur wurden, Brahma als alten Mann mit weißen Haaren und entsprechendem Bart dar. Er wird im Indischen auch der ›Große Architekt‹ (Vishva-Karman) genannt, der nach dem in seiner Erinnerung von den früheren Welten ruhenden Ur-Plan auch unser Universum in Erscheinung treten ließ.

Brahmas Gattin: Sarasvati

Es ist nach den Tantrikern vollkommen falsch und höchstens eine späte Entartung der indischen Kultur, die großen Götter der Dreiheit als männliche Wesen vorzustellen. Sie sind Grundkräfte, die jeder in sich eine männliche und weibliche Seite enthalten (shakta, shakti), aus deren Zusammenspiel immer erst ihre endlose magische Macht über unsere Welt entsteht: Wenn sie in der Gestalt von scheinbar sterblichen Wesen den begnadeten Menschen erscheinen, tun es die Götter in der Regel nicht allein, sondern als ein geheimnisvolles Ehepaar, von dem aller denkbare Segen ausgeht. (So löst sich in der entsprechenden Ikonographie die Dreiheit in eine Sechsheit der Gestalten auf, wobei die Zahl sieben ihren gemeinsamen Ursprung, also die einheitliche Urkraft in allen Trimurti-Göttern bedeutet.)

Sarasvati, der Name der Gattin des Schöpfers, ist auch der eines im ältesten Indien heiligen Stromes, der nach den Veden ›rein von den Bergen zum Ozean strömt‹. Saras in ihrem Namen bedeutet eigentlich ›Flüssigkeit‹: »Das Wort bezieht sich auf alles, was strömt, auf die menschliche Rede (Sprache) und das Denken wie auch auf die Gewässer« (Danielou).

Sarasvati bedeutet neben ihrem kosmischen Architekten-Gatten die Schönheit der Harmonie von dessen Schöpfung. Sie wird meistens als eine wunderbare weiße Frau dargestellt, die auf einer Lotosblüte sitzt und als ihre Hauptbeschäftigung das wichtigste (angeblich am Anfang der Zeiten von den Göttern erschaffene!) Saiteninstrument Vina spielt. In den siebziger Jahren hat übrigens auch dieses einen Einzug in den neuen europäischen und nordamerikanischen Wohngemeinschaften gehalten: Frauen spielen es etwa bei Geburten – dies soll alle Anwesenden in den Zustand bringen, die Schöpfung als eine ewige Harmonie, ein Kunstwerk Gottes zu erleben. Dies kann anscheinend auch bei den Gebärenden den Zustand der Verzückung entstehen lassen, der sie das Erscheinen des Kindes ›schmerzlos‹ sogar als mystische Lust, gleichsam als ein ekstatisches Fest erleben läßt.

Sarasvati erscheint als die eigentliche Begründerin aller echten Künste und Wissenschaften, die die Weisheit Gottes im Rahmen der erschaffenen Welten erkennen und entsprechend preisen. Von Sarasvati soll alle Sprache, also das Wort, kommen, selbstverständlich auch die Schrift, die Fähigkeit, gelehrte und weise Bücher zu schreiben, die Dichtung, die Musik und die bildenden Künste.

Wenn sie mehrhändig dargestellt wird, hält sie etwa neben der Vina noch ein Buch (jede Dichtung und Wissenschaft ist für ihre Anbeter ein Wiederfinden und Neugestalten der Überlieferungen oder Erinnerung aus früheren Welten!), dann noch etwa den Rosenkranz, die aufgereihten Kugeln, Zeichen für Frömmigkeit, wie auch für den Weisen der Hinweis auf den endlosen Kreislauf all der früheren und kommenden Schöpfungen. Auch einen Haken, wie ihn die Treiber für die Lenkung der Elefanten verwenden: Es ist die Erkenntnis der göttlichen Harmonie, die nach den Mythen der schönen Sarasvati ermöglicht, durch ihre heilige Kunst und ihr in der Urreligion wurzelndes Wissen die Welt zu bewegen und zu ihrem Ziel zu lenken.

Das Reittier des Götterpaars Brahma/Sarasvati

Der Schöpfergott reitet, genau wie seine Gattin, meistens auf einem Wasser-

Brahma mit seiner Gattin Sarasvati

Brahma auf dem Schwan

vogel, einer Gans oder einem Schwan. Auch für die Antike ist schließlich der Schwan wegen seiner Schönheit und Reinheit das Tier der Venus, die ihn ebenfalls reitet oder in einem Wagen dahinfährt, den Schwäne ziehen.

Daß Brahma auf dem kosmischen Schwan sitzt, »erklärt sich daraus, weil man glaubte, die Erde schwimme auf Wasser, und durch die Vereinigung des Brahma mit dem Wasservogel Hamsa ist die zum Gedeihen und Wachstum notwendige Vereinigung der Erde mit Wasser symbolisiert« (Friedreich): Wie in der Bibel ist hier der Ausdruck der Schau, die die Erdteile und auch alle Lebewesen den Fluten des Urmeers entsteigen läßt.

Die der Gans oder dem Schwan verwandte Ente »ist in der Poesie der Hindu, weil diese Vögel am Tage meistens paarweise beisammen sind und sich gewöhnlich nur des Nachts trennen, das Symbol der Treue und der ehelichen Liebe«: Die Wasservögel als ›Reittiere‹ der eigentlichen Schöpfungsgötter sollen nach einigen aus dem Hinduismus entstandenen Lebensphilosophien ›den Sinn der Welt‹ als den des Auffindens der Schönheit und der Liebe auf allen Gebieten einkreisen.

Shiva der Zerstörer

Obwohl Shiva alles Abgelebte zerstört, überwiegen seine Darstellungen als schöner, ewig junger, die Ruhe des Bewußtseins verkörpernder Gott über alle Vorstellungen eines erschreckenden Dämons, als der er gelegentlich als Rudra oder auch Bhairava erscheint.

Ob er auf hohem Berge sitzt und über das Wesen der Schöpfung Brahmas nachsinnt, ob er tanzt, ob er sogar, umgeben von wilden Gestalten, unter seiner Gattin Kali liegt – in der Regel zeigt sein Antlitz die Züge der tiefen Weisheit und der vollkommenen Aus-

Mahadeva und Bhawani

geglichenheit: Als Gott der Zeit (Maha-Kala) weiß er selbstverständlich von allen Gesetzmäßigkeiten des Universums und vom göttlichen Plan, der allen Wesen die Vervollkommnung und damit auch das Erreichen ihrer höchsten Ziele gewährt.

Aus diesem Grunde sehen seine Anhänger in ihm den Meister und Lehrer (Maha-Guru, Gurudeva, Maha-Rishi, Maha-Sidha) der Erkenntnis: Ob sie ihm durch Vertiefung in die magischen Wissenschaften der Tantras, durch ekstatische Tänze oder die Meditationen zu folgen suchen, sie sind überzeugt, daß dank seiner Weisheit am Ende ihres Wegs ein inneres Gleichgewicht der geistigen Kräfte und damit das wahre Glück steht.

Shivas Gattin Kali

Shivas Tigerfell

Shiva irrt in den indischen Sagen oft nackt durch Gebirge und Wälder oder er ist mit Raubtierfellen bekleidet. Er steht im Mythos geradezu für den Urmenschen, in dem das Bewußtsein, die Erkenntnis der Welt erwacht und der alle Mittel des Fortschritts entwickelt (von denen natürlich jeder einen vorherigen Seins-Zustand auflösen, also zerstören muß!): Das Feuer, die ersten Waffen und Werkzeuge, die magisch-chemischen Wirkstoffe der Kräuter.

Seine Gattin, die Shakti, reitet geradezu auf einem Tiger – es sind dies die männlichen Leidenschaften, die sie mit den Hexen-Künsten, die sie die Frauen lehrt, zu entfesseln und zu steuern versteht. Im Mythos erschaffen die Weisen der Urzeit, maßlos eifersüchtig in die sinnliche Liebe, die all ihre Gattinnen dem Hexenkönig Shiva entgegenbringen, einen Ungeheuer-Tiger.

Shiva tötete das mächtigste der Raubtiere und verfertigte daraus seine Bekleidung oder auch das Fell, auf dem er sitzt. Sein innerer Zustand ist darum der einer leuchtenden Stadt Kashi-puri, von kash, glänzen, also der einer vollkommenen Überwindung aller niedrigen Raubtiergier, die sonst alle Menschen meistens beherrscht.

Shiva: der Erwecker wie auch der Zerstörer allen Lebens. Ein Widerspruch, der sich nach hinduistischer Auffassung dadurch auflöst, daß eigentlich keine wirkliche Vernichtung stattfindet, sondern alles nur Verwandlung, Übergehen aus einer Gestalt in die andere ist. Durch die Zerstörung der Welt wirkt Shiva immer auch für das Wohl der Welt (Abbildung nach einem volkstümlich-indischen Poster)

Rechts: Shiva und Kali

Shiva in der Darstellung eines indischen Comic-Books für Kinder:
Das Feuer, in dem der Gott erscheint, symbolisiert seine zerstörerischen Aspekte

Adda-Nari

Shivas Totenköpfe

Ewig jung und schön, zusammen mit seiner lieblich dargestellten Gattin, sitzt Shiva häufig auf einem Friedhof, eigentlich in Indien (wo die Leichenverbrennung vorherrscht!) auf einem Haufen Asche. Er, gelegentlich auch seine Shakti, also die weibliche Seite seines Wesens, hat einen Schmuck, eine Kette, einen Rosenkranz aus Totenschädeln: Diese ›Kette ohne Ende‹ gilt als ein Bild all der Zeitalter, die schon vergingen, der alten verloschenen Menschenrassen und ihrer Reiche. Das ist auch der sprechende Hinweis, daß alles, was heute mächtig und blühend ist, also all die Herrscher und ihre Welten, ebenfalls schon bald der Vergänglichkeit, Zerstörung und dann dem Vergessen geweiht sind.

Wilde Tiere von überschäumender Gier und Lebenskraft, die Shiva umgeben, mit ihm in Beziehung stehen (Tiger, Schlange, Löwe, Stier) bedeuten, wenn man nicht mit ihnen umzugehen versteht, die Vernichtung. Das gleiche aber auch der Kult des Todes, die Erkenntnis, daß alles vergänglich ist, die Melancholie, die Schau der Welt als Feld von Ruinen, Schädelstätte und Aschenfeld.

Shiva zerstört durch seine Weisheit beides – die Überbewertung und die Verachtung des Daseins. Er ist darum der Gott der indischen Alchimie (Rasayana), die das Geheimnis der sich ewig aus sich selber ergänzenden Lebenskräfte der Welt und in uns selber zu begreifen suchte.

Shivas Trommel

Die sichtbare Welt wird als der Tanz Shivas verstanden, den er bald allein,

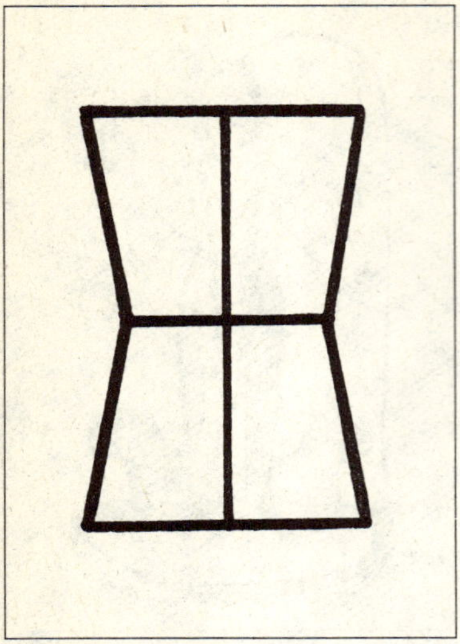

Shivas Trommel

dann wieder mit seiner Gattin Parvati vollführt. Er tanzt in einem Flammenkreis, von dem dann endlos Flammenzungen, Energien, Feuer, Strahlen ausgehen: Möglicherweise das Urbild aller Heiligenscheine und Zauberringe in der indischen Kunst.

Manchmal deutet man die Trommel, womit er sich und allen Wesen den Rhythmus gibt und die er selber beidseitig spielt, als die ewige Spannung zwischen dem männlichen und dem weiblichen Pol des Seins: Man gewinnt (nach Danielou) den Umriß dieses uralten Symbols, wenn man zwei Dreizacke (den feurigen, männlichen Dreizack mit der Spitze nach oben, und den weiblichen Wasser-Dreizack mit der Spitze nach unten) – einander berühren läßt:

»Diese Trommel, Damaru, ist häufig hergestellt aus zwei Menschenschädeln, bedeckt mit gespannten Häuten und zusammengehalten mit Schnüren.«

Dies ist das Sinnbild der zusammenwirkenden Gegensätze, des Yin-Yang im Chinesischen, aber sicher auch das Fortwirken der steinzeitlichen Schamanentrommeln, deren gleichmäßiger Klang den Menschen in Ekstase zu versenken vermag.

Shivas Gattin Parvati

Shiva sitzt auf dem höchsten Berg im Mittelpunkt der Welt, von wo er die Übersicht aller Erdteile und aller Zeiten hat.

Seine Gattin heißt auch entsprechend die Bergfrau (Parvati) und gilt als Tochter des Königs der allerhöchsten Gebirge, des Himalayas.

Während die weiblichen Seiten des Wesens der beiden anderen großen Göttinnen der Dreieinigkeit (trimurti), Sarasvati und Lakshmi, immer eine Einheit mit ihren Gatten bilden, gibt es eine Unzahl von indischen Sekten, die nur Shivas Frau als höchste Gottheit verehren. Sie wird dann zur ›Schwarzen‹ (Kali), zur allmächtigen Herrin der Urnacht, der Welt, der Materie.

»Die vier Arme der Kali stellen die vier Richtungen des Weltraumes dar, die dem vollkommenen Kreislauf des Daseins gleichgesetzt werden... Kali erhebt sich mit ihren vier Armen als das Bild der Vollendung aller Dinge und ihres grenzlosen Reiches, das alles umfaßt, über alles, was besteht. In der engen Sprache des Symbolismus bedeuten die vier Arme immer die Herrschaft. Das ist auch der Sinn des Kreuz-Symbols« (Danielou).

Einseitige Kali-Kulte haben anscheinend schon im vorchristlichen Indien dazu geführt, nur die ›Große Mutter‹, die Welt, die Materie als den einzigen Ursprung und das Ende aller Wesen anzusehen. Die Folge war ein Glaube an die einzige Wirklichkeit des ›mütterlichen‹ Stoffes: Die Rechtfertigung des tückischen Mordes zum Zweck der maßlosen Bereicherung führte im 18. und 19. Jahrhundert zu Millionen (!) von Kali-Opfern und ermöglichte den Engländern, die sich in Indien als Friedens- und Ordnungsbringer anpriesen, ihre Herrschaft aufzubauen.

Kali ist in der Regel von unzähligen Frauen umgeben, die von ihr Lehren in den magischen Künsten erhalten und die ziemlich in jeder Beziehung den Hexen unserer Sagen entsprechen (Dakhinis, Yoginis, Bhairavis, Shakinis): Sie leben gleich der Himalayatochter Parvati in den Bergen und werden dort von den Tantrikern aufgesucht, die ihrerseits durch sie zu den Wissenschaften kommen.

Auf vielen Bildern hat Kali als eins der wichtigsten Zeichen ihres göttlichen Wesens eine nach oben erhobene Hand offen: Das ist nach den Indern und noch nach den Fahrenden in Europa das uralte Symbol, ›daß man keine Furcht haben soll‹: Wie beim Darreichen der rechten Hand zeigt so der Mensch, daß er keine Waffe hält und damit dem Entgegentretenden ganz sicher nicht schaden will.

Die andere Hand ist ebenfalls offen und weist auf den Boden: Dies zeigt, daß die Göttin den Segen endlos auf den Boden, auf ihre Verehrer niederströmen lassen will.

Shiva und Parvati

Die Sippe Shivas: Ganesha
Erschaffen von seinem Elternpaar Shiva und Kali besitzt er einen Elefantenkopf: Mythiker sehen hier ein Smybol für die Einheit der kleinen sterblichen Welt, in der der Mensch lebt, mit dem Universum der großen kosmischen Gesetzmäßigkeiten, die unser menschlicher Kopf nicht voll begreifen kann.

Wie der Delphin im Wasser, ist der Elefant für die Inder das weiseste Landtier, besonders berühmt durch sein gutes Gedächtnis. Ganesha reitet auf einer Maus, diesem Symbol des oft unterschätzten, geheimen, nächtlichen Wirkens – mit seinen vier Armen beherrscht er aber die Welt: Er gilt als Herr der ewigen Überlieferung, die sich ewig durchsetzt.

Ganesha auf seinem Reittier

Kartikeya
Als von Shiva unmittelbar erschaffen gilt auch der Kriegsgott Kartikeya, Skanda oder Kumara (der Jüngling): Er heiratet nie, weil das Heer der Götter seine Shakti, seine weibliche Hälfte (Kaumari) ist. Er reitet auf dem Pfau, dem Sinnbild der Pracht, und hat einen Hahn, der den neuen Morgen grüßt, auf seiner Fahne.

Der Kriegsgott Kartikeya auf dem Pfau

Im Sanskritwort Skanda, einem Namen des Kriegsgottes, von dem die Inder gern die Bezeichnung des nordeuropäischen Skandinavien ableiten, steckt der Begriff des Spritzens, Ergießens des männlichen Samens, des Begattens, Bespringens, endlich daraus abgeleitet auch des erotischen und kriegerischen Anfallens, des Überfallens und Angreifens.

Gegen das Versinken der Menschheit in die Langweile der Dummheit und Dumpfheit (Tamas) sahen die indischen Weisen die Möglichkeit von zwei Auswegen: Die Bewegung, das Erwachen der Welt durch die kriegerischen Scharen Skandas und die Besinnung der Kulturen auf die kosmischen Weisheiten des im Gegensatz zu Skanda eher friedliebenden Ganesha.

Nandi, Shivas Reittier

Gott Shiva reitet auf einem titanischen Stier. Dieser ist das verständliche Sinnbild der männlichen Zeugungkraft, durch die das Dasein der Erde (indisch Go – Kuh genannt!), dauernd neu erschaffen wird. Denn alle Wesen der Welt sind durch den Sinnestrieb der Fortpflanzung in all ihren Handlungen gesteuert.

Nandi wird etwa auch als stämmiger Mann mit einem Stierkopf dargestellt: Dies erklärt wahrscheinlich auch die antiken Mythen um den Minotaurus, den Stiermenschen, der in einem Irrgarten (dem Bild der verwirrenden Erscheinungen der Welt!) auf die Helden lauert, um sie zu vernichten.

Shiva gilt als der Meister fast aller tantristischen Lehren und auch der indischen Alchimie (rasayana): Er lehrt seine Anhänger, Bewunderer und Verehrer, wie man den Stier meistert, also die sinnlichen Grundtriebe, die sonst das Bewußtein überschwemmen, zu höheren Zielen lenkt.

In Shiva-Anrufungen (angeführt bei Danielou) heißt es etwa: »Unter all denen, die den Stier gemeistert haben, bist du allein der Herr des Stieres, Herr! Reitend auf dem Stier beschützest du die Welten.«

Shivas Stier Nandi

Vishnu der Erhalter

Ruhig und schön ›ruht‹ dieser Gott in den indischen Darstellungen auf der kosmischen Schlange der Ewigkeit oder er sitzt auf einem Goldthron: Er ist mit allen Zeichen der Königswürde geschützt, mit Schmuck von Edelsteinen und der goldenen Krone, selbstverständlich besitzt er auch häufig den zur Würde in der indischen Hitze gehörenden Sonnenschirm: Gelegentlich wird dieser für die mystischen Deuter zum Bild des Kosmos – der Stab des Schirms

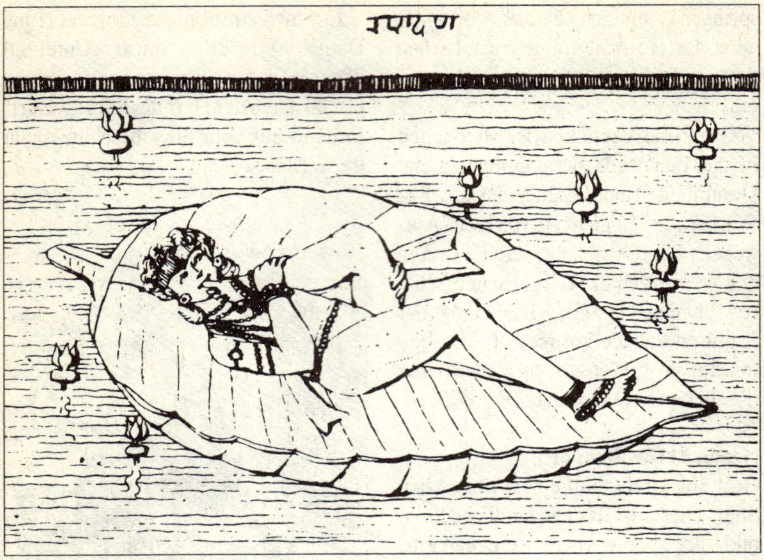

Vishnu auf dem Lotus

zum Symbol des Weltberges (Meru), das Schirmdach ein Gleichnis des Sternenhimmels mit den einzelnen Tierkreiszeichen.

Er hat die Zeichen der Königswürde, weil er im scheinbaren Chaos der Schöpfung und Zerstörung die Zuflucht aller Wesen ist und für sie die Ordnung der Dinge erhält, oder wenn sie einmal zusammenbricht, wieder aufrichtet. In seinen vier Armen hält er die vier heiligen Gegenstände: die Keule (Kaumodaki), das Bild der Urkraft der Welt; die kreisrunde Wurfscheibe (Chakra), das Bild seiner Macht über den Kreis des Universums; das Muschelhorn, für das Wissen über die Urzeit; die Lotusblüte, für das Wissen um den ewigen Sieg des Wachstums und des Lebens. Gelegentlich besitzt er auch ein Schwert (Nandaka) und wird zum Vorbild der indischen Ritter, die sich ebenfalls als Erhalter der kosmischen Ordnung ansahen.

Vishnus ewige Gattin: Lakshmi

Sie ist die endlose Fülle von allem Glück und, wie in den antiken Mythen Venus die Mutter des Eros (Amor) ist, hat sie als Kind den Liebesgott Kama. Als Göttin der Schönheit lautet ihr Name auch Shri.

Wenn Vishnu als Avatar die Welten vor den tyrannischen Ausbeutern rettet und einen sichtbaren menschlichen Leib annimmt, wird Lakshmi ebenfalls als Weib geboren und folgt ihm treu in alle seine unzähligen Abenteuer: Sie ist die

Lotus-Dame (Padma, Kamala), wenn er als Zwerg den Asura-Herrscher mit seinen drei Schritten überlistet. Sie ist für König Rama die treue Sita. Sie versteht die wunderbare Kunst, endlos liebreizende Gestalten anzunehmen – so ist sie, wenn Vishnu als der ritterliche Krishna auf Erden weilt, seine zahllosen Gattinnen, nicht weniger die Hirtin Radha wie gleichzeitig auch die Prinzessin Rukmini.

Lakshmi, die Göttin der Schönheit

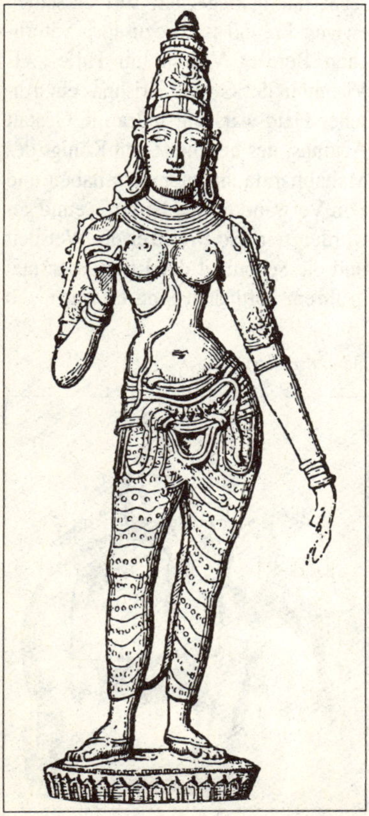

Die indische Dichtung wird darum nie müde, die Liebe der beiden Seiten des göttlichen Wesens Vishnus zueinander zu preisen. Der Vishnu Purana veranschaulicht: »Lakshmi ist das Licht – und Hari (Vishnu oder Krishna), der alles und der Herr von allem ist, die Lampe... Govinda (wiederum ein Name von Krishna oder Vishnu) ist die Liebe – und Lakshmi, seine liebliche Gattin ist die Freude... Es ist abschließend möglich, kurz zu sagen, alles, was unter Göttern, Tieren und Menschen männlich genannt wird, ist Hari, und das weibliche ist Lakshmi. Es ist dem gar nichts mehr beizufügen.« Die Liebe des Gatten und der Gattin, überhaupt jede Liebe zu anderen Wesen wird sehr häufig als eine Spiegelung des Verhältnisses des großen Erhalters aller Lebensfreude zu seiner ›Lotus-Herrin‹ angesehen.

Die Sippe Vishnus: Kama

Der Gott der Erotik, Kama, gilt als Sohn der großen Göttin Lakshmi, und er wird auch von Vishnu als der Prinz Pradyumna gezeugt, als dieser in der Gestalt von Krishna ein irdischer König ist.

Kama reitet auf einem Papagei, der bei den Indern häufig als Sinnbild der Minnekultur galt – man lehrte ihn darum endlos den Namen der Geliebten, mit Götteranrufungen gemischt, wiederholen.

Kamas Pfeile sind die verschiedenen Blumen, die in Indien als Liebessymbole gelten. Auf der roten Fahne des Gottes sehen wir den Delphin (Makara). Seine Gattin ist Rati, das Liebes-Begeh-

Kama, der Gott der Erotik

ren. Tänzerinnen und Musiker aus dem Feengeschlecht folgen ihm in großen Scharen. Oft gilt Kama nur als die geistigere Gestalt des uralten Feuergottes Agni – er weckt die Liebesenergie in allen Wesen, gelegentlich sogar auch im Zerstörer-Gott Shiva, und bringt darum den Völkern immer neues ›Feuer‹, neuen Lebenswillen und damit den Welten-Frühling.

Indra, der Götter-König

Vishnu sehr nah steht Indra, der König der Götter (Devas). Gelegentlich gilt dieser Blitzgott und große Gegner der Gewaltherrschaft der Asuras – sozusagen als ein Vishnu für das Volk: Der Erhalter der Welten kann in seinem ›wahren Wesen‹ fast nicht begriffen werden. Indra haust dagegen in einem prächtigen Hof, umgeben von schönen Feenwesen, den Elfenmusikanten (Gandharven) und den Himmelstänzerinnen (Apsaras) – indische Könige und ihre Nachahmer im uns näheren Orient und damit bis nach Europa hinein taten alles, die Wunder der Indra-Welt (Indra-Loka) um sich herum wirklich werden zu lassen.

Wenn Indra in seinem Götterreich von den Asuras gestürzt wird, was ihm im Laufe der mythischen Jahrtausende recht häufig begegnet, ruft er seinen ewigen Freund und sozusagen väterlichen Berater Vishnu um Hilfe. Als Vishnu in der Gestalt Krishnas ein irdischer Held war, soll Indra die Gestalt Arjunas, des berühmtesten Königs des Mahabharata angenommen haben und sein Verwandter und bester Freund geworden sein: So wollte er die Weisheit und die Schönheit der Rittersitten neu in ihrem göttlichen Sinn erlernen und

Indra, der Blitzgott

Indra, der König der Götter

seinen mächtigen Flügeln kann er die Drehung der Welten anhalten. Garuda hat den Kopf eines Adlers, und er raubt für die Götter den Trank, der ihnen die Unsterblichkeit verleiht (Amrita).

Garuda tötet die ›Schlange des Ichs‹

damit den menschlichen Geschlechtern weitervererben.

Indra hält den Blitz, als Vorbild der asiatischen Zepter in den Händen. Er reitet den Elefanten, oft Sinnbild der unaufhaltsamen Kraft und des Gedächtnisses in der Völkerüberlieferung. Er ist häufig der Bewahrer des Soma, des Gottes, Trankes oder Krauts der Unsterblichkeit, der ewigen Jugend und Weisheit.

Vishnus Reittier: Garuda

Der Wundervogel Garuda ist leuchtend wie die strahlendsten Flammen, so daß ihn die Götter, als er geboren wurde, für den Gott des Feuers Agni nahmen. Er fliegt schnell wie das Licht, und mit

Auf ihm reitet Vishnu zu seinen Kämpfen mit den bösen Dämonen (Asuras), oder er unternimmt mit seiner schönen Gattin Lakshmi endlose Lustfahrten durch seine unvorstellbaren Sternenweiten. Der Garuda ist wahrscheinlich das gewaltige Urbild all der orientalischen Wundervögel, wie beispielsweise dem Simurgh, auf dem die Könige und Helden der Urzeit durch die Lüfte und sogar die Himmel reiten, um die großen Geheimnisse zu ergründen und dann übermenschliche Aufgaben zu lösen.

Auch der jüdisch-arabische König Salomo reitet in den orientalischen Märchen auf einem Wundervogel, und wir haben hier das Bild des Magiers, dessen

Gedanke in wenigen Augenblicken ihm die Übersicht über das Geschehen der Erde und die großen Zusammenhänge zu geben vermag: Die Schamanen Nordamerikas rufen, um ihre Gesichte zu gewinnen, den als Adler gedachten göttlichen Donnervogel, und sogar noch von Doktor Faust, dem Magier der deutschen Volksbücher seit dem 16. Jahrhundert, heißt es, er habe ›Adlerflügel‹ genommen, um mit ihrer Hilfe die Geheimnisse der Welten zu ergründen.

Die Schlange ohne Ende

Im Gegensatz zu den anderen großen Göttern wird Vishnu und seiner Gattin Lakshmi noch ein zweites ›Reittier‹ zugeschrieben: Die Schlange, die ohne Ende ist (Ananta).

Wenn die ganze Welt am Ende eines Zeitalters verschwindet, dann ruht und schläft der große Gott auf den Ur-Wassern, wobei die Ringe des Königs der Schlangen (Shesha Naga) sein bequemes Bett bilden. Manchmal hat das geheimnisvolle Wesen zahllose Häupter, die die Welten bedeuten, manchmal ›nur‹ sieben, die dann Sinnbilder der Grundkräfte der Schöpfung sind.

Die Schlange bedeutet die Ewigkeit, den kosmischen Kreislauf der Kräfte und damit aller Erscheinungen. Der Garuda ist Vishnus Handeln, seine willensmäßigen Eingriffe in das Geschehen der Welt, ›um das Gute nicht untergehen zu lassen‹, die Unterdrücker und Ausbeuter des Lebens zu zerstören, Reiche der Gerechtigkeit und der Freude entstehen zu lassen.

Vishnu und Lakshmi auf der Schlange

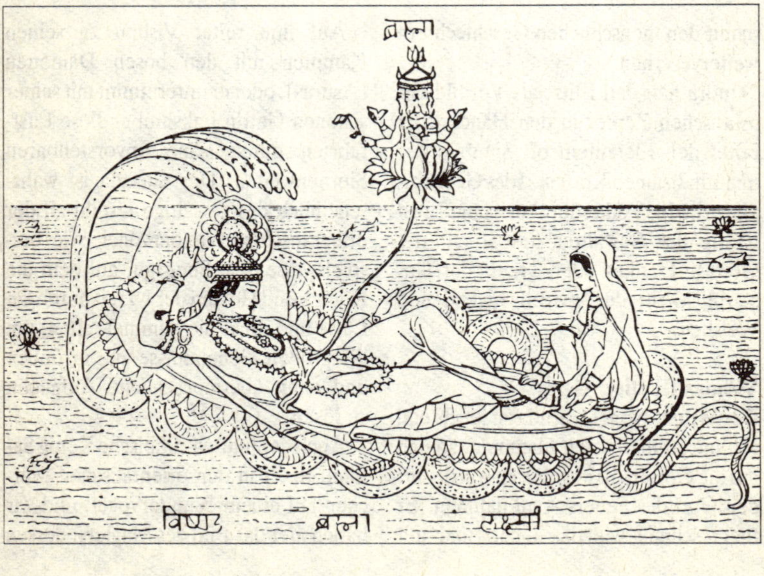

Beide Auffassungen der Welt, die der ewigen Wiederkehr und die der Notwendigkeit der dauernden Tat, bilden für die Sterblichen jedoch einen Widerspruch:

Man erzählt darum, daß Shesha und Garuda aufeinander eifersüchtig sind und daß ihre Anbeter einander bekämpfen.

Vishnu liebt beide Sinnbilder seines Wesens: Ruhen und Handeln bilden für sein Bewußtsein keinen Widerspruch. Er ruht und träumt in einem Zustand, der völlig außerhalb all unserer Zeitbegriffe ist, und läßt gleichzeitig aus seinem ewigen Geist seine Avatare ausgehen, eben Heldengestalten wie Rama, Krishna und Buddha, die in den Welten, »die nur seine Träume sind, zum Heil all der Wesen die gute Ordnung wiederherstellen«.

Die zehn Avatare

Die Verkörperungen des Erhalters sind tatsächlich zahllos: »Zähle die Sandkörner an den Ufern des Ozean«, soll er künden, »du wirst eher an ein Ende kommen als beim Berechnen all meiner Gestalten, die ich durch alle Welt-Zeitalter annehme.«

Ähnlich wie der lebendige indische Volksglaube lehrt das Bhagavata Purana: »Wie aus einem See, der nicht zu erschöpfen ist, nach allen Richtungen Flüsse strömen – so gehen von dem, der alle Leiden auslöscht und der die Gesamtheit aller Wirklichkeiten ist, zahllose Verkörperungen aus. Die Seher, die das göttliche Gesetz, die Götter, die sich den Rassen der Menschen offenbaren, sind alle Teile seines Wesens.«

Die indische Überlieferung nennt häufig 22 wichtige Gestaltwerdungen des ewigen Erhalters, und die Übereinstimmung dieser heiligen Reihe mit derjenigen der Trümpfe (großen Arkanen) unter den Tarotkarten der Zigeuner-Wahrsager ist möglicherweise kein Zufall. Gewöhnlich redet man aber, damit die Wichtigkeit dieser Zahl begründend, von zehn Haupt-Verkörperungen (Maha- oder Yuga-Avataras), die sich alle 4320000 Jahre wiederholen (1000 solcher Kreisläufe bilden dann zusammen die 4320 Millionen Jahre, die schließlich einen ›Brahma-Tag‹ ausmachen sollen...)

»Zum Ziel, die Erde, die Priester, die Götter, die Heiligen und die Schriften der heiligen Überlieferung zu retten, und um jedem Wesen die innere und äußere Vollkommenheit seines Wesens zu verwirklichen, nimmt der Herr die Gestalt eines irdischen Lebewesens an« (Bhagavata Purana).

Der Fisch-Avatar

(Matsya-Avatara)

Brahma, der Schöpfergott, schläft in der Brahma-Nacht, in der es kein bewußtes Dasein gibt – die nach dem Ende einer Schöpfung und vor der nächsten ist: ein kosmisches Alter, für das, wie wir sahen, häufig die Dauer von 4320000000 Jahren gesetzt wird.

Nach einer Vorstellung raubt ihm in dieser Zeit ein Dämon die Veden, die heiligen Bücher des Wissens, die Gott braucht, eine neue Weltordnung zu erschaffen: In Fischgestalt besiegt Vishnu, der Erhalter der Welten, in den Urwassern den Dämon und gibt dem

Fisch-Avatar

erwachten Brahma seine Handbücher zurück: Auf den beliebten indischen Bildern erhebt sich Vishnu als schöner Mann hoch aus dem Meer in die Luft, der untere Teil seines Leibs steckt dagegen im Fischkörper.

Gelegentlich stellt man den bösen Dämon als in einem gewundenen Schneckenhaus halbverborgen, also als ein Meertier, dar: Aus dieser urweltlichen Schale habe dann der Sieger Vishnu sein Muschelhorn, das als eines seiner vier Hauptzeichen gilt, hergestellt.

Das Bild kann man selbstverständlich astrologisch verstehen: Die ›absteigende‹ Jahreshälfte, während der die Sonne ›in die Tiefe sinkt‹, beginnt auch in unserem Tierkreis mit einem oft recht dämonisch dargestellten Meertier (Krebs) – die Jahreshälfte, in der die Helle und Wärme zunimmt, fängt noch bei uns mit Wesen an, die gern als Fischmenschen dargestellt werden (Wassermann, Fische, der häufig mit einem Fischschwanz gezeichnete Steinbock!) Der Kampf der beiden ewigen Widersacher wäre demnach die jährliche Auseinandersetzung zwischen den Mächten der dunklen und der lichten Zeit, die schließlich über das Leben auf der Erde entscheidet.

Der Fachpaläontologe Edgar Dacqué, übrigens stark von der Theosophie der Frau Blavatsky-von Hahn angeregt, versuchte den Beweis zu erbringen, daß wir in den großen Menschheitsmythen die Erberinnerung an Zeitalter vorfinden, die nach der modernen Geologie Jahrmilliarden zurückliegen: In den Sagen fand er überall Schilderungen von Lebewesen, die in erdgeschichtlichen Epochen bestanden, als die Ahnen des Menschen noch tierische Gestalt besaßen, sogar noch als fischähnliche Geschöpfe in den Ozeanen der Urzeit schwammen.

Er führt im übrigen u. a. das Bild aus einer Maya-Handschrift an, die uns tatsächlich an den indischen Göttermythos erinnert und im Wasser ein Wesen zeigt, das (wie der dämonische Gegner Vishnus!) aus einer gewundenen Riesenmuschel herauskommt – wie es sie, ganz ähnlich in ihrer Gestaltung, nach dem Hinweis von Dacqué einst tatsächlich gab...

Der Kampf zwischen Vishnu und den Meermächten wäre auch nach zeitgenössischen Indern, die ihre Mythologie mit der heutigen Erdgeschichte in Übereinstimmung zu bringen versuchen, ein

Hinweis auf die Entwicklung der Urzeit: Fischähnliche Vorfahren der heutigen Landtiere verließen damals, wie wir nun aus der Naturwissenschaft wissen, die feuchte Welt der Muscheln und Krebse und stiegen auf die sich langsam aus den Meeren erhebenden Ufer der ersten Erdteile.

Vorderasiatische Götter, wie Dagon oder Oannes, besitzen ebenso die Gestalt halb menschlicher, halb fischähnlicher Geschöpfe und sind offensichtlich ebenfalls mit Mythen verbunden, die die Sintflut oder auch den Anfang der menschlichen Kultur behandeln: Eine wichtige Fassung der Geschichte über den Fisch-Avatar läßt einen Urahnen der Menschheit (Manu) einen kleinen Fisch fangen und zum Dank, daß er ihn beschützt, den Hinweis auf die kommende Riesenflut erhalten. Zu einem gewaltigen Fisch herangewachsen, zieht dieser dann das Schiff Manus in Sicherheit und ermöglicht, ähnlich wie in der biblischen Noah-Sage, der Menschheit einen Neubeginn.

Der Schildkröten-Avatar
(Kurma-Avatara)
Diese Verkörperung Gott Vishnus wird von den indischen Weisen viele Jahrmillionen oder sogar Jahrmilliarden (!) später als die Zeit des kosmischen Fisches gesetzt: Der Erhalter der Welten erscheint als gewaltige Schildkröte. Auf seinem Rücken hält er den Berg Mandara. Vishnus Schlange Ananta wird als Seil um diesen titanischen Felsen geschlungen, und an je einem Ende ziehen die Götter (Devas) und die Dämonen (Asuras).

Nun wird das Milchmeer ›gequirlt‹, Berge und Kräuter des sich immer rascher drehenden Gebirges fallen in den Ozean, und in einem kosmischen Alchimie-Vorgang entstehen nun in diesem die Wunderdinge, die alle Wesen für die Entwicklung in späteren Zeitaltern dringend benötigen: so beispielsweise den Trank der Unsterblichkeit (Amrita), den Baum des Paradieses, die Kuh der Fülle, die Göttin des Glücks (Lakhshmi), das Roß der Himmlischen, die Feen usw.

Die Inder und auch die Europäer des 18.–19. Jahrhunderts, die hier eine Bestätigung (und vielleicht erste Anregung) ihrer Vorstellung von der stufenweisen Entwicklung des Lebens fanden, sahen nun einen geologischen Mythos:

Schildkröten-Avatar

Auf die Zeit des Urmeeres mit den Schnecken und Fischen käme dann das Erdalter der noch nicht festen Erdteile, in denen das entwicklungsgeschichtlich fortgeschrittenste Wesen ein gepanzertes Reptil war.

Für die mystische Schau ist hier ein ewiger Vorgang, der Kampf zwischen zwei Auffassungen des menschlichen Daseins: Die Devas stehen für die Idee der Kultur als ein Ausdruck göttlicher Gesetze. Die Asuras, deren Namen die Inder gern als die Nicht-Suras (A-Suras) lesen, wären Geschöpfe, die die Welt nicht ekstatisch, nur verstandesmäßig zu verstehen versuchen: Sura scheint ein sehr alter Ausdruck für den Rauschtrank zu sein! (Bezeichnenderweise heißt in Indien eine Eheschließung, bei der vor allem das Geld die entscheidende Rolle spielt, ›eine Eheschließung nach Asura-Art‹.)

Die sehr alt werdende, ihrem Panzer nach fast runde, langsame Schildkröte steht einer solchen Schau für eine Welt, auf der eigentlich durch sehr lange Zeiträume immer ähnliche Vorgänge stattfinden: Die indische Geschichtsphilosophie zweifelt schon zur Zeit der Entstehung der großen Heldenepen auf sehr tiefsinnige Art den Fortschritt der Menschheit an. Sie sieht ein Pendeln der Kulturen zwischen verschiedenen Arten, die Welt zu sehen, was sie sehr häufig als den in jedem Zeitalter neu entbrennenden Kampf zwischen den Devas und Asuras darstellt. (Man vergleiche die wesensverwandten Kriege zwischen Göttern und ihren ›titanischen‹ Gegnern bei Griechen, Germanen, Kelten.)

Eber-Avatar

Der Eber-Avatar
(Varaha-Avatara)
In diesem Mythos, bei dem es ebenfalls schwer ist, nicht ein Bild der Urzeit der Welt zu sehen, versinkt die Erde wiederum in den Wassern. Vishnu nimmt daraufhin die Gesalt eines Ebers, des berühmten und mächtigen Sumpftieres, an und hebt die Erde mit seinen Hauern in die Höhe. »Erst jetzt bilden sich die sieben Erdteile, wie wir sie seither kennen.«

Der Löwen-Avatar
(Nara-simha-avatara)
Ein furchtbarer Dämonenkönig hat nach dieser Geschichte die Macht über die Welt und verfolgt seinen frommen Sohn, der an das Göttliche, also an Vishnu glaubt.

Da der Asura weder am Tag noch in der Nacht, weder von einem Menschen noch von einem Tier, weder in seinem Schlosse noch außerhalb von diesem getötet werden kann, vernichtet ihn Vishnu als ein Wesen, das es eigentlich nicht gibt: Als Mannlöwe (Nara-simha) kommt er in der Dämmerung aus einer Säule heraus, die sich weder draußen noch drinnen der Dämonen-Behausung befindet.

Besonders die indischen Ritter und Könige sind die Verehrer dieser Erscheinungsgestalt Gottes: Der Mannlöwe soll bedeuten, daß ein Mut, der sein Vertrauen auf Vishnu, den Erhalter der kosmischen Ordnung, setzt, immer Hilfe findet – auch wenn die Lage verstandesgemäß hoffnungslos erscheint.

Löwen-Avatar

Der Vishnu-Löwe, als Sinnbild für den Stolz, die Ehrbegriffe, den Mut, die Stärke im Menschen, dies jedesmal im allerbesten Sinn dieser Worte, erklärt deshalb auch vieles im Löwenkult der orientalisch-vorderasiatischen Völker und auch der europäischen Morgenlandfahrer.

Der Zwerg-Avatar
(Vamana-Avatara)
Während die vier ersten, die tierischen Verkörperungen Vishnus in der Regel als Sinnbilder der fernsten Urzeit angesehen werden, gelten seine menschlichen Gestalten als geschichtliche Ereignisse der neueren Zeitalter.

Ein Dämonenherrscher hat seine Macht über Unterwelt, Erde und Himmel (die drei Welten!) errichtet. Als er bei einer Übung, mit dem Zweck, seine Kräfte noch zu vermehren, ist, kommt zu ihm Vishnu als Zwerglein und bittet ihn um drei Schritte Land. Als dies der schreckliche Asura gewährt, nimmt Vishnu seine kosmische Gestalt an und durchmißt mit diesen Schritten das ganze Universum: Die Welt gehört nun für alle Zeiten dem Göttlichen.

Mystiker sehen hier das tiefsinnige Gleichnis, nach dem Unterwelt (Hölle), Menschenwelt und Götterhimmel nur verschiedene Anschauungsmöglichkeiten der gleichen Erde sind. Der Zwerg kann all diese Universen mit drei Schrittchen durchmessen: Das würde dann bedeuten, daß man am gleichen Platz bleiben kann, sich nur innerlich umstellen muß, um seine Umwelt als Tummelplatz der Dämonen, als endlose Auseinandersetzung von guten und bösen Kräften und endlich als Bühne der ewigen göttlichen Ordnung zu erblicken.

Die indischen Bildkarten, die man häufig genug mit den europäischen (Tarotkarten) verglichen hat, zeigen die Bilder der zehn Avatare: Dies gilt den Weisen als alles andere denn eine Entweihung der Mythen ihrer Religion! Auch der Spieler, der in der Leidenschaft seiner Betätigung kaum an die Bedeutung der Symbole denkt, nimmt sie nach indischer Auffassung mit seinem Unterbewußtsein auf und tut auf diese Weise bei seinem Spiel ein gottgefälliges Werk für die Entwicklung seines Bewußtseins.

Der Schirm, ein asiatisches Zeichen der Herrschaft

Während die vorhergegangenen Avatare auf den entsprechenden Karten meistens durch Fisch, Schildkröte, Eber, katzenartige Wesen dargestellt werden, steht für den Zwerg als Symbol vielfach sein runder Schirm, den er auch auf den Tempelbildern meistens in der Hand trägt.

Zwerg-Avatar

Dies wird (wie auch das Wassergefäß, das Vishnu während diesem Avatara in den Händen hält) als das Abzeichen der indischen Priester (Brahminen) gedeutet: Es erinnert uns aber auch ›an den Zwerg (den Erdmann) unter dem Pilz‹, den eurasische Schamanen als Sinnbild der magischen Kraft unter ihren heiligen Pilzen zu sehen glaubten. (Wir erinnern auch, als an einen verwandten Ausdruck von Märchenvorstellungen, an die Zwerge in unseren Kinderbüchern, die Pilze als Schirme herumtragen!)

Der Götter-Zwerg, der mit drei Schritten alle drei Welten in einem Augenblick durchmißt, würde dann dem kleinen Däumling unserer Märchen entsprechen, der ›Siebenmeilenstiefel‹ besitzt und auch alle bösen Mächte besiegt:

Wir hätten dann hier ein Bild aus schamanistischer Urzeit, in der der Mensch die gefährliche Kunst der Ekstase und der mystischen Weltschau gewann und damit, trotz seiner körperlichen Schwäche und Kleinheit, sich für mächtiger ansah als alle ihm leiblich überlegenen Mächte der Umwelt.

Rama mit dem Beil
(Parashu-rama-avatara)
Während es bei den vorherigen Avataras um die Entstehung der Erde, des Lebens, des Urmenschen geht, handelt es sich bei der sechsten Verkörperung Vishnus um die Errichtung der göttlichen Ordnung.

Rama mit dem Beil

Die Edelleute, die Ritter (Kshatriyas) werden übermütig, wollen die Priester verjagen und sogar die Götter im Himmel stürzen: Rama tötet sie mit seiner berühmten Axt – was das Fällen ihrer Stammbäume bedeuten soll.

Völlig ausrotten kann sie sein Beil nicht, weil damit die ritterliche Gesinnung, der Schutz der Schwachen und Armen, die Großzügigkeit und der schöne Brauch von der Erdoberfläche verschwinden würden. Also läßt Rama ihre Nachkommen wieder neue Kraft gewinnen und ihre Kaste erneuern.

Nach indischen Mythen vernichtet er die Edelleute 21mal: Deuter sehen in diesem Kampf einen sozusagen endlosen Vorgang – die Ritter entarten, wenn sie ihre Aufgabe nicht mehr als den Ausdruck einer göttlichen Ordnung sehen. Sie bilden sich neu, wenn sie sich fromm als Diener der göttlichen Ordnung erkennen: Nicht einmal das mystische Beil Ramas kann sie dann noch vernichten.

Rama
Um ihn von seinem Vorgänger, Rama mit dem Beil, zu unterscheiden, gilt als Abzeichen des siebenten Avatara dessen Lieblingswaffe – der Pfeil (Bana), der Bogen (Dhanu). Gelegentlich auch ein Affe (Kapi), weil der Affenkönig Hanuman in den Rama-Mythen als Gottes treuer Verbündeter erscheint.

Geht es dem ersten Rama um die auf kosmischen Vorstellungen errichtete Gesellschaftsordnung, so kämpft der zweite Rama um die Geltung der Ehe, als dem Ausdruck einer ewigen Verbindung zwischen Mann und Frau: Noch heute sagen die Inder ›das Reich Ramas‹ (Rama raja), wenn sie von einer Goldenen Zeit der Fülle und des Friedens für das Volk reden wollen.

Der Feind der menschlichen Kultur, der Dämonenherrscher Ravana, raubt Ramas Gattin Sita, die selbstverständlich niemand anders ist als die verkörperte große Göttin des Glücks Lakhshmi. In einem furchtbaren Krieg erstürmt Vishnu, in der Gestalt des größten menschlichen Helden, die Burg des Asura-Fürsten: Über die unglaublichen Abenteuer, die er dabei erlebt, berichten einige der wichtigsten indischen Epen.

Oben: Rama mit dem Affen

Rechts: Hanuman baut mit seinen Affen die Brücke zwischen Ceylon und Indien

Unten: Hanuman berichtet Rama und Sita seine Abenteuer

Sein Hauptverbündeter dabei ist der Menschenaffe Hanuman. »Wenn ich vergesse, wer ich bin, bin ich mich«, sagt Hanuman zu Vishnu-Rama: »Wenn ich mich aber erinnere, wer ich bin, bin ich dich.«

Er gilt häufig als Sinnbild des menschlichen Wesens, das genug der tierischen Anlagen in sich besitzt, das aber durch das Erkennen des Göttlichen in Liebe, Freundschaft und Treue selber zu Rama, zu einer Verkörperung Vishnus, zum irdischen Ausdruck der höchsten Ideen der Schöpfung wird.

Krishna

Der achte Avatar des Gottes Vishnu wird kurz vor den Anfang unseres Zeitalters des Kali-Yuga, also in das vierte Jahrtausend vor den Anfang des christlichen Zeitalters, gesetzt. In den indischen Bildkarten wird für diese Verkörperung gern das Bild eines Rinds gesetzt: Man sieht hier den Hinweis, daß Krishna in einem Zeitalter kam, da die Menschen vorwiegend Hirten waren (genau wie der Bogen des Schützen Rama noch für eine Jäger-Epoche steht!). Andere, Anhänger des astrologischen Weltbildes, finden hier die Anspielung darauf, daß im dritten und vierten vorchristlichen Jahrtausend die Stier-Zeit war.

Ein weiteres Sinnbild der Bildkarten ist die kreisrunde Scheibe, der Diskus (Chakra) des Vishnu: Chakra, der Kreis, kann auch die Gemeinschaft bedeuten – Krishna erscheint uns in seinen zahllosen Mythen vor allem schön und liebenswürdig. Überall wo er hinkommt, erschafft er eine Gesellschaft, deren Sinn die Lust und die Lebensfreude sind.

Die Zeit, in der er geboren wird, ist äußerlich die einer gewaltigen Machtentfaltung und Pracht, in Wirklichkeit die einer scheußlichen Entartung. Das an sich unbesiegbare Volk der Yadavas wird vom unbarmherzigen Herrscher Kamsa regiert, der aus dem geheimen Fehltritt seiner Mutter mit einem Asura stammt. Kamsa erobert die Welt, verfolgt überall die Vertreter der großen Überlieferung, entehrt die Stellung der Frauen, läßt die Kühe für Fleischgenuß schlachten, versucht in seinem ganzen Weltreich jede Erinnerung an die Trimurti-Götter, vor allem an Vishnu den Erhalter, auszurotten.

Krishna-Avatar

Die Nachkommen der edelsten Geschlechter, die nicht an den gottlosen Festen des Herrschers teilnehmen wollen, fliehen zu abgelegenen Hirtenstämmen, bei denen noch eine gewisse fromme Naturverbundenheit weiterbesteht. Vasudeva und seine Gattin Devaki, selber aus dem uralten Königsgeschlecht der Yadavas, bekommen den Sohn Krishna und verbergen ihn ebenfalls bei einem Hirtenstamm.

Kamsa, von den Prophezeiungen seiner asurischen Berater beunruhigt, will in seinem Reich alle Knaben töten, um damit auch den Prinzen Krishna zu erwischen. Gelegentlich beabsichtigt er auch, durch seine Schergen alle noch nach alten Bräuchen lebenden Hirten auszurotten.

Durch göttliche Wunder wird aber Krishna dauernd gerettet und lebt als Kind und als Jüngling in glücklichen Liebesspielen, für die Anhänger seiner Religion noch immer ein Sinnbild des höchsten Zustandes der Seligkeit für den Menschen überhaupt, mit der schönen Hirtin Radha und den anderen Kuhhirtinnen (Gopis). Sein berühmtes Flötenspiel wird zum Symbol der Harmonie zwischen allen Wesen: Raubtiere und grasfressende Geschöpfe legen sich nebeneinander nieder, um seinem Spiel zuzuhören. (Es ist kaum anzunehmen, daß ähnliche Mythenbilder der iranischen oder europäischen Kunst ganz

Unten: Krishna, getragen von Gopis. Oben: Krishna als Kind

ohne indische Erinnerungen oder später neugeknüpfte Verbindungen entstanden: Wir erinnern nur an die antiken Geschichten um Orpheus, den göttlichen Musiker, die Kinderliebe von Daphnis und Chloe, die Hirtenromantik in Provence, Burgund, im Abendland des Barock und Rokoko, sogar noch die deutlich vom Orient beeinflußte ›Zauberflöte‹ von Mozart.)

Später stürzt Krishna den grausamen Kamsa, wird selber König und bringt dank seinem eigenen Hof von Dvarka den Vishnukult zu einem neuen Glanze. Überall in der weiten Welt befreit er, ein Vorbild aller Märchenprinzen, die schönen Prinzessinnen aus der Gewalt der noch überlebenden Asuras.

Krishna, der göttliche Hirte

Buddha-Avatara

Während die meisten Verkörperungen Vishnus in endlos zurückliegende Urzeiten gesetzt werden, gilt doch bereits Krishna auch für die Geschichtsschreibung des 19. Jahrhunderts ›als möglicherweise einigermaßen geschichtlich‹, als die Erinnerung an einen großen, aus dem Hirtentum hervorgegangenen Krieger.

Ganz sicher geschichtlich ist aber Buddha, dessen Leben etwa 500 Jahre vor unserem Zeitalter stattgefunden hat:

Seine Anhänger scheinen kurz vor dem Beginn des christlichen Zeitalters das Mittelmeergebiet, Ägypten, Vorderasien erreicht zu haben, und heute noch gibt es buddhistische Sekten von Ceylon im Süden, bis zu den Mongolen im Norden, von den Kalmücken im russischen Westen über Tibet und China bis nach Japan im Westen.

Krishna lebt beim ursprünglichen Volk und bringt dann, wieder zur gesellschaftlichen Macht emporgestiegen, den durch die Annahme der gottlosen Asuralehren entarteten Königshöfen eine neue Lebensfreude. Buddha wird dagegen als Königssohn geboren, und die indischen und anderen buddhistischen Quellen sind zu keinem Zeitpunkt müde, seine Körperschönheit, seinen Reichtum, seine Unübertreffbarkeit in jedem Kampfsport, sein Wissen um die Geheimnisse der Mathematik und aller Wissenschaften, oder die Herrlichkeit seiner Gemahlinnen zu preisen.

Er will aber nicht alle Freuden der Welt genießen, wenn es Wesen gibt, die leiden müssen: Er verläßt sein glänzendes Dasein, das er als Schein entlarvt, und zieht sich von der Pracht der Königshöfe zurück, um in der Einsamkeit den Weg zur Befreiung von allen Verhaftungen der materiellen Wirklichkeit zu suchen.

Buddha-Avatar

Auf den indischen Spielkarten ist das Zeichen für diesen Avatara etwa die Lotusblüte, das Symbol für die Schöpfung und für das Erkennen ihrer Gesetzmäßigkeit, ihres wahren Wesens. Gelegentlich ist es auch die Darstellung eines Kopfes, also des Haupts des erleuchteten Prinzen: Die einen sehen hier den Hinweis, daß Buddha und seine philosophischen Lehren bei seinen Anhängern als die höchste und edelste Entfaltung der menschlichen Geisteskräfte gilt.

Verehrer der Astrologie verweisen darauf, daß der Buddha-Avatara in das Zeitalter des Tierkreiszeichens Widder (Mesha) kommt, dem nach indischen wie nach europäischen Lehren am menschlichen Körper meistens der Kopf zugehören soll.

Kalki-Avatara

Nach Buddha, dem neunten Avatara, gibt es für die Inder nur sogenannte ›Teil-Avatare‹: Die Erinnerungen an Rama, Krishna und Buddha wandern noch immer durch die Welt, begeistern Menschen zu deren Nachahmung und lassen dadurch in diesen etwas von deren göttlichem Wesen wiedererwachen: Außer den vergänglichen Kulturinseln, die dann auf diese Weise um solche Erben der Hochkulturen entstehen, nimmt aber sonst das Kali-Yuga, die Anbetung der Materie und die Anbetung der Dämonen des äußeren Reichtums und der entsprechenden Machtfülle dauernd zu.

Zum Schluß wird dreistes Auftreten als Beweis der Gelehrsamkeit genommen. An die Stelle der Ehe tritt kurzer,

Weißes-Pferd-Avatar

später bereuter Genuß. Die Herrschenden versuchen gar nicht mehr, ihre Völker zu regieren, sondern nur noch, aus ihren Stellungen den größten Gewinn zu ziehen. Die Priester (Brahmanen) nennen sich nur noch so, da sie ungebildet sind und als ihre einträgliche ›Arbeit‹ nur den rasch wechselnden Gewalthabern und der verworrenen Masse schmeicheln. Alle Errungenschaften der Kultur, die Bildung, die Schönheit der menschlichen Sitten, alles geht nach und nach verloren.

Am Ende des Zeitalters, also in der Zukunft, kommt Vishnu als der Reiter auf dem weißen Pferd (Kalki). Er verjagt die asurischen Mächte und ermöglicht die Auferstehung der ewigen Weisheit und der Tugend: Ein neues Zeitalter (Mahayuga) mit einem neuen Kreislauf der Avatare kann dann wiederum beginnen.

Auf den Bildkarten sehen wir als Sinnbilder des zehnten (und damit letzten) Avatars das Roß oder auch das ›feuerstrahlende‹ Schwert Vishnus: Beides sind Symbole der aktiven, tätigen, für das Gute kämpfenden, eine neue Welt hervorbringenden, männlichen Kraft des Gottes – und damit des Besten im Bewußtsein der ganzen Menschheit.

Bildnachweis

Die Abbildungen zu dem Teil ›Indische Symbole‹ wurden folgenden Büchern entnommen:
M. Göll: Illustrierte Mythologie, 1878
Dr. Vollmer's Wörterbuch der Mythologie aller Völker, Stuttgart 1874
Systematische Bilder-Galerie, Freiburg 1825/27
Paul Carus: The History of the Devil, 1900

Literatur

Arya: Pondichery 1914–1921
Bhagavata Purana: Hrsg. E. Burnouf, Paris 1840–1898
G. Bühler: The Laws of Manu, Oxford 1886
G. Bühler: The Sacred Laws of the Aryas, Neudruck, Delhi 1969
F. Creuzer: Symbolik und Mythologie der alten Völker, Leipzig 1810–1812
E. Dacqué: Urwelt, Sage und Menschheit, München 1924
A. Danielou: Le pantheisme hindou, Paris 1975
M. Eliade: Le Yoga..., Paris 1954
J. Goerres: Mythengeschichte der asiatischen Welt, Heidelberg 1810
S. Golowin: Hexen, Hippies, Rosenkreuzer, 500 Jahre magische Morgenlandfahrt, Hamburg 1977
H. v. Glasenapp: Indische Geisteswelt, Wiesbaden o. J.
S. Gupta: Lakshmi Tantra, Leiden 1972
J. Herbert: Ganesha, Lyon 1946
Harivamsa: Hrsg. *S. A. Langleis,* London 1834–1835
J. Herbert: Narada, Lyon 1955
W. D. P. Hell: The Holy Lake of the Acts of Rama, London 1952
J. Herbert: Le yoga de lamour, La geste de Krishna, Paris 1973
H. Jakobi: Das Ramayana, Bonn 1893
J. Jolly: The Institutes of Vishnu, Neudruck, Delhi 1965
A. Kircher: China monumentis..., Amsterdam 1967
W. Kirfel: Die Kosmographie der Inder, Hildesheim 1967
E. Lamarisse: Le Prem sagar, Paris o. J.
Markan deya Purana, Hrsg. F. E. Pagiter, Calcutta 1888–1904
S. Mazumdar: Ramayana, Calcutta 1958
L. v. Schroeder: Indiens Literatur..., Leipzig 1887
M. L. Sen: Lord Sreckrishna, Calcutta 1954
The Siva-Purana, Delhi 1970
Vamana Purana: Hrsg. *A. S. Gupta,* Varansi 1968
V. G. Vitsaxis: Hindu Epics, Myths and Legends in Popular Illustrations, Delhi 1977
H. H. Wilson: The Vishnu Purana, London 1840
H. Zimmer: Indisches Leben, Berlin 1879

INDIANISCHE SYMBOLE

Indianer

Die ersten Indianerbilder, die wir aus der Jugendliteratur bezogen, waren, wie wir jetzt wissen, falsch, waren eher Projektionen europäischer Träume als indianische Realität. Und doch blieb etwas hängen, was nie ganz aus unseren Köpfen verschwand, Visionen vom freien Leben in und mit der Natur, einfache ehrliche Beziehungen, Menschen mit Würde... – vielleicht blieb es hängen, gerade weil die Bilder europäische Träume waren, entstanden in einer Gesellschaft, die solche Bedürfnisse kaum befriedigen, sie aber doch nie abzuschaffen vermag, so daß die Alternative immer noch erspürt, erhofft werden kann.

Was wir später von Indianern erfuhren, hatte mehr mit Realität zu tun, und doch auch wieder mit einem Traum. In einer Situation, in der es uns klar wurde, daß wir in einer Zivilisation leben, die dabei ist, ihre eigenen Existenzgrundlagen zu zerstören, die ihre Vergangenheit verleugnet, ihre Gegenwart in Beton und Bürokratie erstickt und an ihre Zukunft nicht mehr denken mag, fanden wir Antworten in der indianischen Philosophie. Sie ist die Philosophie der Stammesgesellschaft, in der die Menschen sich als eins begreifen mit der Welt, die sie umgibt, die dann nicht mehr das Gegenüber ›Natur‹ ist (die es zu unterwerfen gilt), sondern ein Universum mit uns Verwandtem: Mutter Erde, Vater Sonne, Großmutter Mond; Mais, Spinne, Fluß als Wesen mit eigenem ›spirit‹, den es zu respektieren gilt, den man nicht zerstören kann, ohne die Balance des Universums und damit sich selbst zu zerstören. Stammesgesellschaften mit überschaubaren sozialen Strukturen, wo Macht nicht Herrschaft bedeuten muß, halten auch hier die Balance: Männer, Frauen, Alte, Junge, alle haben ihren Platz, ihre Aufgabe, sind unentbehrlich, werden respektiert. Eine Gesellschaft, die zwar keine heile Welt ist, in der es auch Aggressionen und Krieg gibt, jedoch keine Gefängnisse und Irrenanstalten, in der die Kinder nicht geschlagen werden und, in einigen Fällen, politische Entscheidungen in ihren Konsequenzen für die nächsten sieben Generationen durchdacht werden.

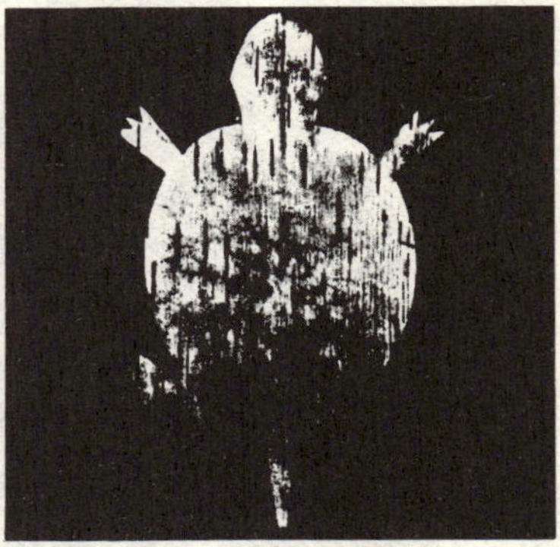

Das ist nicht mehr die indianische Realität von heute, auch für die Indianer ist das etwas, was erst wieder erkämpft werden muß. Und auf dieser Ebene treffen wir uns, wenn wir auch nicht alles von ihnen übernehmen können, eigene Lösungen finden müssen. Doch wir haben von ihnen gelernt. »Vielleicht sind wir doch Brüder (und Schwestern. U. W.). Wir werden sehen.« (Chief Seattle)

Vier – Erde – Weltall – Manitu
Vier Punkte, Kreise, Ringe oder Kugeln, die sich quadratisch um einen fünften in ihrer Mitte gruppieren *(Abb. 1)*, stellen bei den Mayas das Universum dar, ja sind das Weltall selbst. Jeder einzelne Ring symbolisiert eine Sonne. Die vier Götter der Ecken der Welt vereinigen sich in ihrem Mittelpunkt

Abb. 1

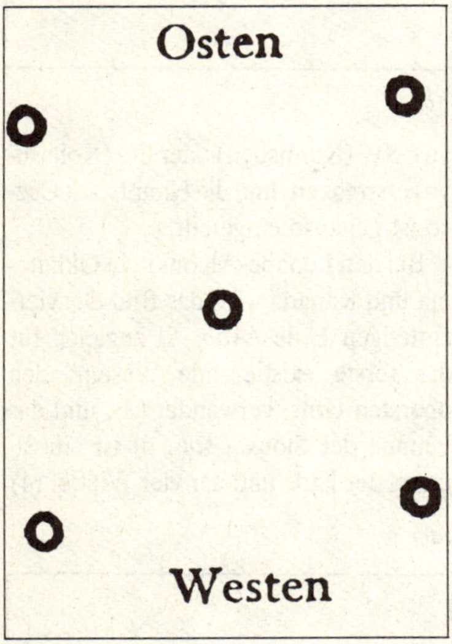

und sind ihrerseits nichts anderes als abgespaltene Teile der Gottheit im Zentrum. (1)

Das Popol Vuh, das heilige Buch der Quiché-Mayas, berichtet: »... wie alles im Himmel und auf Erden geschaffen, wie es geformt und in vier Teile geteilt wurde, wie es angeordnet und der Himmel ausgemessen und die Meßschnur im Himmel und auf Erden in den vier Winkeln, in den vier Ecken ausgespannt wurde nach den Weisungen Tzakols, Bitols, Aloms und Cajoloms... Und als die Linien und Parallelen des Himmels und der Erde gezogen waren, hatte sich alles vollendet, und es war gut gemessen und viereckig.«

Nach Auffassung der heutigen Chorti-Mayas entsprechen die vier Ecken des kosmischen Quadrats den äußersten

Abb. 2

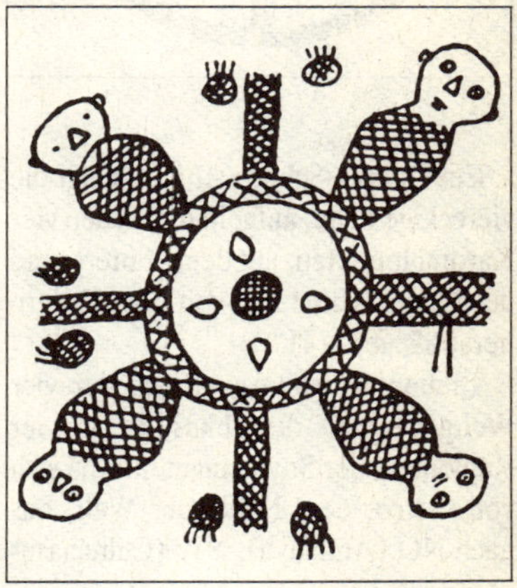

Punkten des sichtbaren Horizonts, an denen sich die Sonne auf ihrer Bahn während des Jahres aufhält, den Sonnwendpunkten, und die Kardinalpunkte (Ost, West, Süd, Nord) den Schnittpunkten des kosmischen Kreuzes mit seinen Seiten.

Für die Odjibwa in Minnesota sieht der Erdkreis im Anfang der Welt aus wie auf *Abb. 2*, während die Welt sich für die Hopis in Arizona darstellt wie auf *Abb. 3*: »Vier Nationen oder Rassen sind auf die Welt gesetzt und halten sie im Gleichgewicht.« (3)

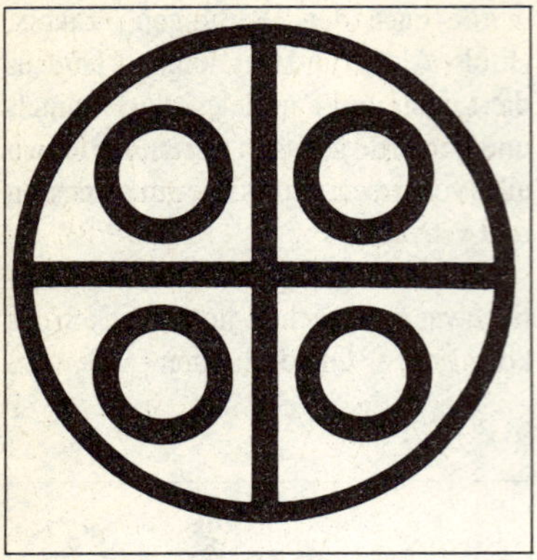

Abb. 3

Ein Dakota-Schild *(Abb. 4)* zeigt die viereckige Erde, aufgehängt an den vier Kardinalpunkten, auf dem Hintergrund des blauen Himmels, von dem Federn herabhängen. (4)

Tahuantinsuyu, das ›Reich der vier Weltgegenden‹ der Inkas, ist in vier Regionen oder Suyu eingeteilt, die sich von Cuzco, dem Nabel der Welt, aus nach NO (Antisuyu), NW (Chinchasu-

Abb. 4

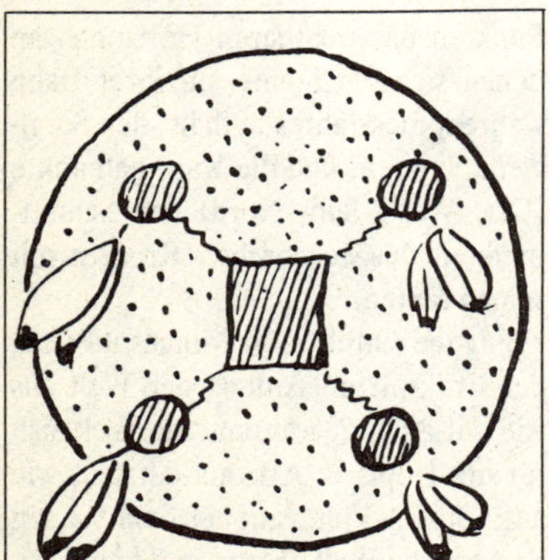

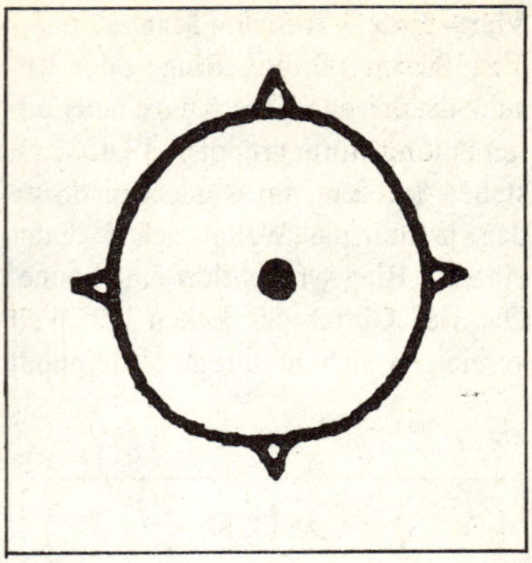

Abb. 5

yu), SW (Kuntisuyu) oder SO (Kollasuyu) erstrecken, und die Hauptstadt Cuzco ist genauso eingeteilt.

Bei den Lenape-Algonkin in Oklahoma und Kanada wird das Bild der vierzipfeligen Erde *(Abb. 5)* zugleich für das ›erste existierende Wesen‹, den obersten Gott, verwendet (2), und das Umane der Sioux *(Abb. 6)* ist ein Signum der Erde und der vier Winde. (4)

Abb. 6

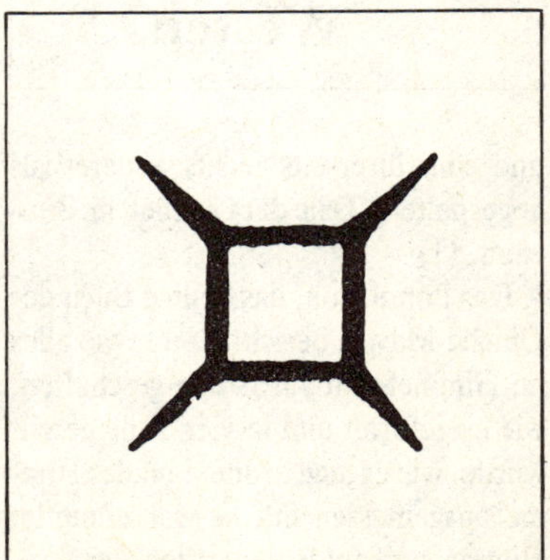

Oberster Gott (manitu), Weltall und Erde fallen für die Indianer nahtlos ineinander.

Die Chorti-Mayas stellen *(Abb. 7)* in die Mitte eines von vier Opferschalen gebildeten Quadrats auf dem Altar,

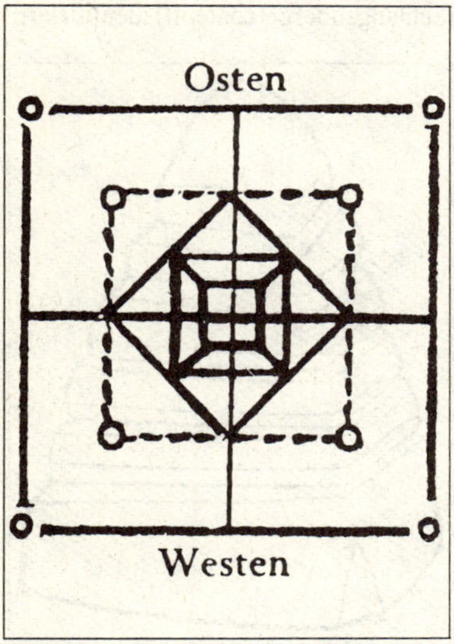

Abb. 7

dem ›Erdentisch‹, ein großes, mit grünen Blättern verkleidetes Kreuz. Vier möglichst kugelförmige Steine werden zu Füßen des Altars in den Tempelboden gesteckt. Dieser Akt hat nach Aussage des Priesters den Zweck, »die Stelle zu umringen, d. h. das kosmische Quadrat, das dabei gebildet wird, dient als Schutzgürtel«, als magischer Wall für Altar und Idol. Denselben Schutzcharakter haben vier Holzkreuze, die an den vier Ausgängen des Dorfes aufgestellt und mit Blumen und buntem Papier geschmückt werden. Die Dorfausgänge entsprechen den vier Wegen, die vom Zentrum in die Haupthimmelsrichtungen verlaufen.

Und es gibt noch ein weiteres imaginäres Quadrat, das das ganze Gemeindegebiet in sich beschließt und von vier, über aufgeschichteten Steinen errichteten Grenzkreuzen markiert wird; indem sie annähernd die Grenzen der Gemeinde umreißen, bezeichnen sie zugleich theoretisch die vier Ecken der Welt *(Abb. 7)*. – Denkt man sich das Diagramm auf dem Tempelboden mit dem auf dem Altar durch Linien verbunden, so erhält man die Figur eines Pyramidenstumpfes, der seine Spitze durch das Idol erhält. Auf diese Weise wird der Altar einer Pyramide ähnlich, deren Grundfläche auf der Erde ruht. Projiziert man das aus konzentrischen Quadraten bestehende Diagramm in vertikaler Projektion, so erhält man schließlich eine gigantische Stufenpyramide; sie repräsentiert den gesamten Kosmos, denn für den Indio beschränkt sich dieser ja ausschließlich auf das Gemeindegebiet, seine Welt. Und jeder Teil, jede Stufe versinnbildlicht eine magische Barriere, die das Idol vor unheilvollen Einflüssen schützt.

Felsen – Berg – Pyramide

In der Mythologie der Omaha-Sioux kamen die Winde aus allen Himmelsrichtungen – von Osten, Norden, Süden und Westen –, bliesen das Wasser von dem Urfelsen, dem Zentrum des Kosmos, und legten den Boden frei.

Suchen die Sioux nach einem Signum der Mitte, so verfallen sie in erster Linie auf den Felsen. Der Stein verkörpert

Festigkeit und Dauer, er vertritt das Erste und Älteste, er setzt den Anfang der Schöpfung. Er steht auf dem Dorfplatz, er blickt von Hügelkuppen und unterbricht die flache Prärie mit seiner ungefügen Gestalt, Opfer empfangend und auch mit prophetischen Gaben versehen.

Abb. 8

In ältester Zeit wird man in vielen Teilen Mexikos die Kultstätten auf Berggipfeln angelegt haben, bis man schließlich alle Tempel auf ›künstlichen Bergen‹ errichtete: sorgfältig aufgeschichteten und ummantelten Stufenpyramiden *(Abb. 8)*. Während wir den Himmel als ein ›Gewölbe‹ betrachten, ist er für andere Völker ein Berg, den die Sonne am Vormittag hinauf- und am Nachmittag hinabsteigt, dessen Abhänge aber stufenförmig wie die Absätze eines Riesenbaus ansteigen. So wurde der ›künstliche Berg‹, die Stufenpyramide, bei vielen mittelamerikanischen Völkern zu einem Symbol des Himmels. Die alten Mayas und die modernen Huichol stellten bei bestimmten Festen in ihren Tempeln Miniaturpyramiden aus Holz auf, die sozusagen ›Sonnenleitern‹ waren *(Abb. 9)*. Die Hauptpyramide Tenochtitlans wurde mit dem ›Schlangenberg‹ (coateptl) identifiziert,

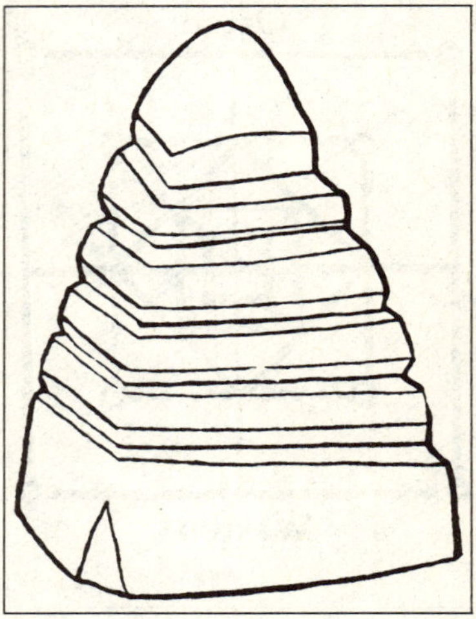

Abb. 9

auf dem einst Huitziopochtli als junger Sonnengott geboren wurde und seinen Kampf mit Mond und Sternen ausfocht. (7)

Baum – Pfahl – Kreuz

In Riesenform erscheint der Felsen als Berg in der Mitte der Welt. Auf ihm stand während seiner großen Vision der Oglala-Sioux Schwarzer Hirsch und »sah unter sich den Erdkreis, den heiligen Ring seines Volkes, in der Mitte den blühenden Baum«. Diesen Baum, »den

Weltenbaum, den lebendigen roten Stab, der mächtig sproßte und trieb, bis die Geschlechter der Menschen unter seinen Zweigen wohnen konnten«, hatte Schwarzer Hirsch von den sechs »Großvätern der vier Weltpunkte, des Oben und Unten« zum Geschenk erhalten. »Er stieß den rot glänzenden, blühenden Stab in die Mitte, die vier in vier Farben leuchtenden Pferdegruppen um sich geschart. Der Stab entfaltete sich zum raschelnden Baum, voller singender Vögel.«

Bei den Omaha wurde unter einem kosmisch verflochtenen Ritual ein Baumwollbaum gefällt, entlaubt und zum Lager getragen. Dort bemalten ihn zwei Männer mit roten und schwarzen Ringen, d. h. mit Tag und Nacht, was sich aber auch auf Donner und Tod, auf Himmel und Erde, auf die belebenden und bewahrenden Kräfte bezog *(Abb. 10)*. Anschließend wurde dann der Baum in der Mitte des Lagers aufgestellt. (4)

Seit unvordenklichen Zeiten ist die Ceiba, der heilige Baumwollbaum der Mayas, Mittelpunkt des Dorfplatzes, auf dem Märkte, Volksbelustigungen und rituelle Tänze stattfinden. Dieser Baum, der erste Baum der Welt, Mutterbaum der Menschheit und kosmisches Symbol, hat eine mehr als tausendjährige Tradition, genau wie die mit göttlicher Macht ausgestatteten Steine.

Die Chortis zelebrieren ihre Riten vor dem ›Baum des Kreuzes‹, dem blätterverkleideten Kreuz, Replik des Urbaumes, der sich durch das göttliche Opfer auf wunderbare Weise mit Laub und Früchten schmückt. Sie nennen es auch den ›gesegneten Pfahl‹ und ›Pfahl der Gnade‹ (Regen und Saatkörner), denn es ist nicht nur eine symbolhafte Repräsentation des ersten Baumes – es zeichnet sich durch dieselbe Kraft aus: wie er bewirkt es die Regenfälle, die pflanzliche Wiedererschaffung, die Fruchtbarkeit der Erde und die Fruchtbarkeit der Frauen.

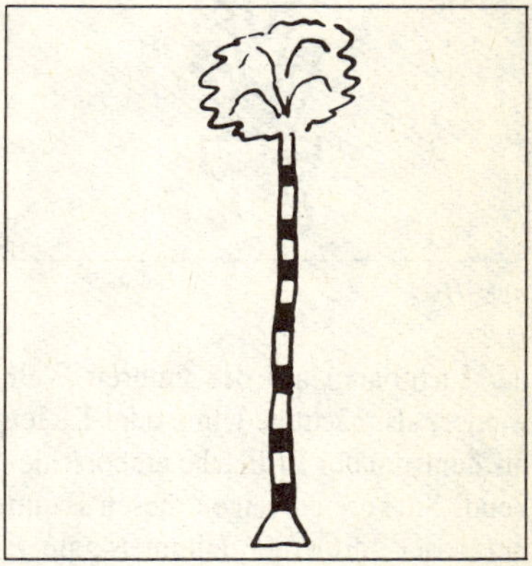

Abb. 10

Der gleiche Lebensbaum ist in mexikanischen Codices anzutreffen. *Abb. 11* zeigt eine kreuzförmige Ceiba, deren Zweige sechs Blüten, drei auf jeder Seite, an den Spitzen tragen. Oben auf dem Baum sitzt ein Vogel. (1)

Nach irokesischer Ansicht sind die Ongwe, die die uns abgekehrte feste Fläche des Himmelsgewölbes bewohnen, die Urbilder aller irdischen Wesen. In der oberen Welt gab es weder Sonne noch Mond; Helligkeit empfing sie allein von dem Lichtbaum und seinen Blüten. Außer den Ongwe kehrt auch

Abb. 11

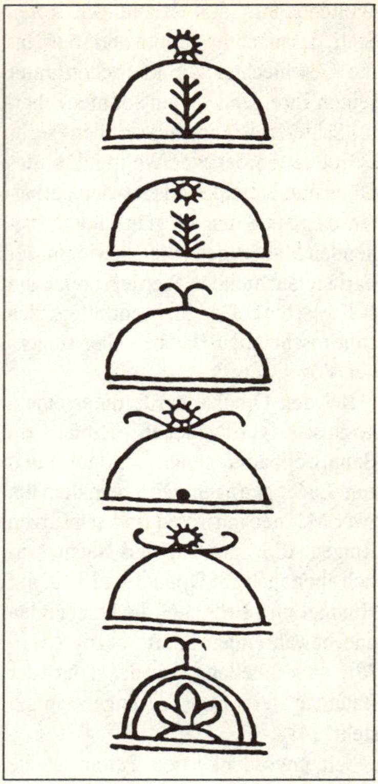

Abb. 12

der Lichtbaum auf der unteren Welt wieder, als mächtige Ulme oder Kiefer im Zentrum der Erdfläche emporschießend. Stickereien zeigen diesen Baum unter der Mitte der Himmelskuppel, bald realistisch, bald lediglich als Dreiblatt dargestellt, in jedem Fall aber den Fußboden des Kosmos halbierend. Von oben strahlt die Sonne auf ihn herab.

Andere Muster zeigen nur den Lichtbaum des Himmels, auf dem Bogen des Firmaments stehend, mitunter mit der Sonne in seinen Zweigen. Und schließ-

Abb. 13

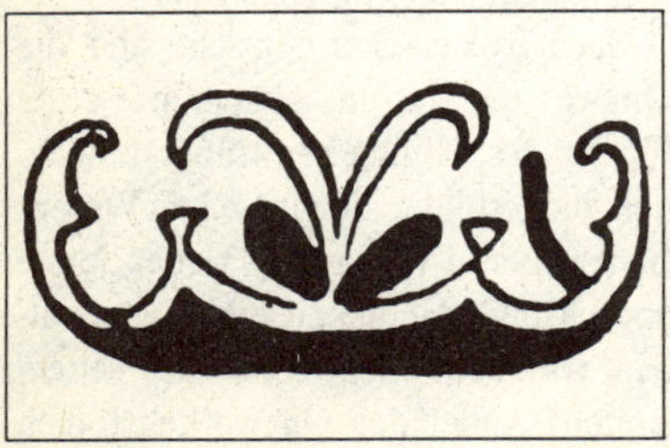

Abb. 14

lich vereinigen sich auch beide Bäume, das deutlichste Zeugnis von der Wiederkehr des Ongwelandes auf der unteren Welt *(Abb. 12)*. (2)

Bei vielen Stämmen im NO der USA und in Kanada taucht als hervorstechendes Motiv die Doppelkurve auf, deren beide Enden nach innen gekrümmt sind. Bald linear abstrakt, bald in Blätterform reckt ein Baum seine Äste aus der Kurve empor, gleich weit von der rechten und linken Krümmung entfernt *(Abb. 13)*. (2)

Ein Penobscot-Algonkin interpretiert das nebenstehende Muster *(Abb. 14)*: »Wigwam in der Mitte eines Tals zwischen zwei bewaldeten Hügeln mit Sonne darüber; links und rechts Tag und Nacht.« (2)

Sonne – Mond

Im Mittelpunkt der aztekischen Religion steht die Sonne; das Sonnenbild war daher eines der häufigsten Motive der aztekischen Kunst. Es ist eine runde Scheibe, deren Rand aus stilisierten Federn, hervorschießenden Strahlen und Ausschnitten aus der Hieroglyphe ›Edelstein‹ besteht.

Abb. 15 zeigt »die Quetzalfedersonne, eine Sonne aus Gold, in der Mitte einer aus Quetzalfedern gebildeten Scheibe«, die von den Spaniern in einer Schlacht erbeutet wurde. (8/II)

Die Vier- bzw. Achtteilung nach den Solstitial- und den Kardinalpunkten, die sich auch auf vielen anderen Sonnenbildern findet, so beispielsweise auf dem Fries eines Tempels in der Totonakenhauptstadt Cempoallan *(Abb. 16)*, deutet darauf, daß in der indianischen Vorstellungswelt die Sonne ebenso wie die Erde mit dem gesamten Kosmos und dem obersten Gott ineinanderfällt.

Die Maya-Hieroglyphe kin für den Zeitraum ein Tag zeigt z. B. das Sonnenbild in seiner einfachsten Stilisierung *(Abb. 17)*.

Abb. 15

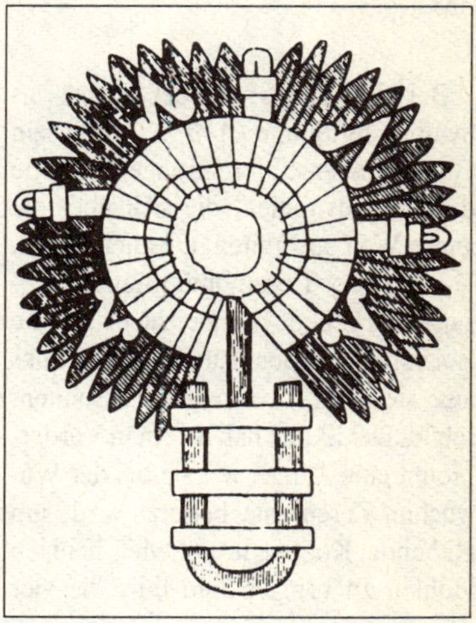

Abb. 16

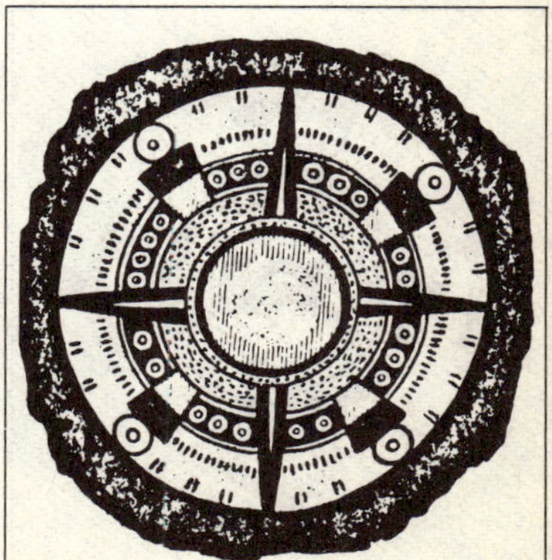

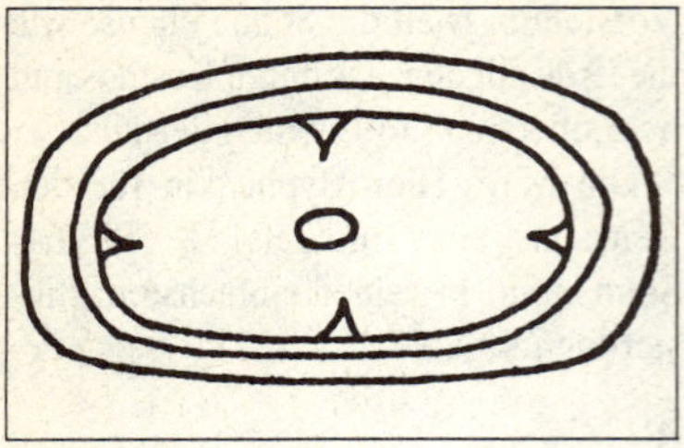

Abb. 17

Bei den Hopis gilt der Skunk als Symbol der Sonne *(Abb. 18)*, weil sein Gestank ebenso durchdringend ist wie die Sonnenstrahlen, die sich über die ganze Welt ausbreiten, um allen Wesen – Pflanzen, Tieren und Menschen – Leben zu geben. Das gleiche drückt die Zeichnung auf dem Rücken des Skunks aus; sie heißt Tuvottaot oder Sonnenschild. Der Skunk hält in seinen Vorderpfoten eine Zange, wie sie bei der Wuwuchim-Zeremonie benutzt wird, um glühende Kohlen in die vier heiligen Höhlen zu bringen und dort die vier Feuer zu entzünden. Diese vier Feuer werden durch die vier kleinen Auswüchse aus dem dunkelroten äußeren Ring dargestellt, der seinerseits abermals die Sonne symbolisiert. Der orangefarbene Ring innerhalb des dunkelroten symbolisiert die lebensspendende Wärme, der innerste weiße Ring die reine Weißglut der Sonne. Die Adlerfedern, die von den vier ›Feuern‹ in die vier Himmelsrichtungen zeigen, symbolisieren die gewaltige Macht der Zeremonie; von dort gehen nach allen vier Seiten die Strahlen der Sonne aus, die auch die vier Feuer erzeugen. (10)

Abb. 18

Eines Tages kletterte Tschikapis, der jugendliche Heros der Naskapi in Labrador, auf einen Baum. Er blies ihn an, und der Baum begann zu wachsen, bis der Wipfel an den Himmel stieß. Tschikapis stieg ab und fand einen wunderschönen Pfad, auf dem die Sonne jeden Tag durch den Himmel wanderte. Tschikapis wunderte sich über den schönen Weg und legte sich auf die Lauer. Sogleich kam die Sonne daher und meinte: »Geh mir aus dem Weg!« Tschikapis versetzte: »Steig über mich!« Die Sonne weigerte sich, tat es dann doch und verbrannte dabei Tschikapis Karibufelldecke. Der Geschädigte wurde ärgerlich und legte der Sonne eine Schlinge. Am nächsten Tag fing sich das Gestirn und arbeitete gewaltig, um freizukommen. Breite Blitze und finstere Schatten oder Tag und Nacht schlugen auf. Das ging natürlich nicht, und so ließ Tschikapis von der Spitzmaus die Fessel durchnagen.

Ebenso bekommt Tschikapis den Mond in seine Gewalt. Der Mythos

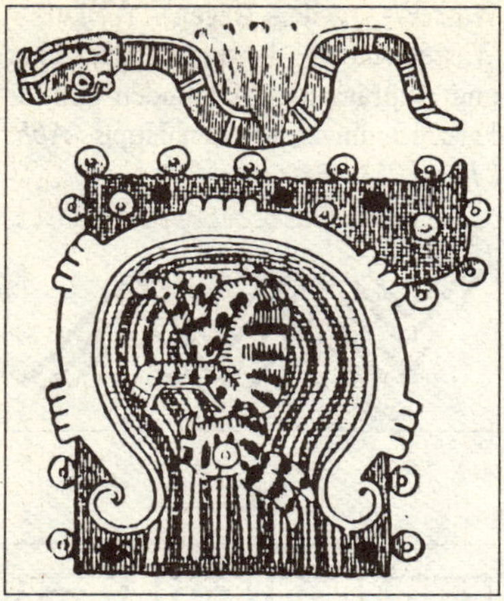

Abb. 19

bemerkt, vorher hätte es keine Nacht gegeben, eines der Gestirne schwebte stets über dem Horizont; erst nach dem Eingreifen von Tschikapis wären Tag und Nacht in ihrer heutigen Abfolge reguliert worden. Im indianischen Bewußtsein nämlich stellen Sonne und Mond eine zweiseitig entfaltete Einheit vor. Beide Gestirne bilden zusammen ›die Sonne‹, in eine Tages- und eine Nachtsonne zerfallend, wobei der Mond die ›Nachtsonne‹ repräsentiert.

Wie der Sonne das Feuer, ist das Wasser dem Mond zugeordnet.

Die Azteken zeichneten den Mond als einen mit Wasser gefüllten Knochenhalbmond, der die Gestalt eines Kaninchens umschließt. Denn sie glaubten in den Mondflecken ein Kaninchen zu erkennen. In *Abb. 19* unterstreicht die Schlange darunter ausdrücklich die Verbindung zum Wasser und zu Quetzalcóatl. (7)

Auf dem Fries im Tempel von Cempoallan umschließt das Wasser in der Mondschale statt des Kaninchens ein Steinmesser *(Abb. 20)*.

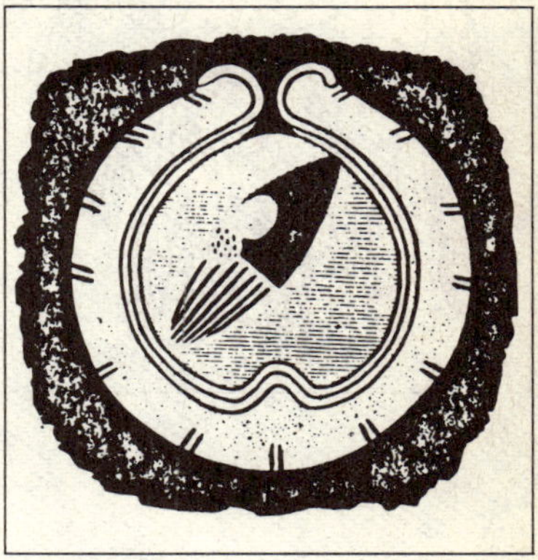

Abb. 20

Die Maya-Hieroglyphe zeigt, wieder in einfachster Stilisierung, die Mondsichel *(Abb. 21)*.

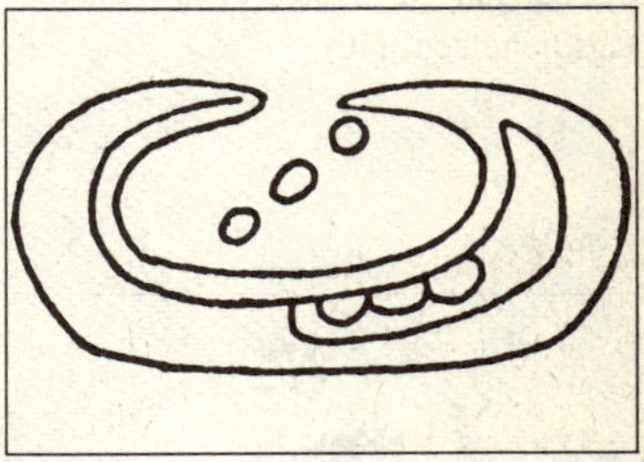

Abb. 21

Auf einem Dakota-Schild sieht man unter der Mondsichel einen Reiter, von vier äquidistanten Kreisen umgeben *(Abb. 22)*, und auf einer Mochica-Vase

Abb. 22

des vor-inkaischen Peru ein Raubtier in der Mondsichel *(Abb. 23)*. Der Mondgott scheint die vornehmste Gottheit der Mochica gewesen zu sein. Bald erscheint er wie die irdischen Fürsten auf einer Sänfte getragen; bald segelt er auf einem Binsenfloß dahin, wie sie die Fischer der Nordküste noch heutigentags benützen. (10)

Abb. 23

Wasser – Quelle – Regen – Wolke

Wassersymbole besonders einfacher und einprägsamer Art finden sich als Felszeichnungen bei den Hopis *(Abb. 24 und 25)*.

Abb. 24

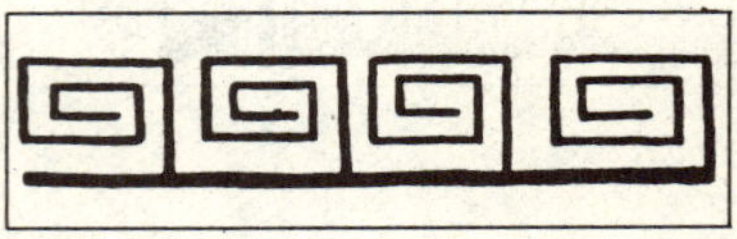

Abb. 25

Das fließende Wasser wird von den Azteken häufig mit runden Tropfen und weißen Schneckengehäusen am Ende der Teilströme versehen *(Abb. 26)*. (4/III)

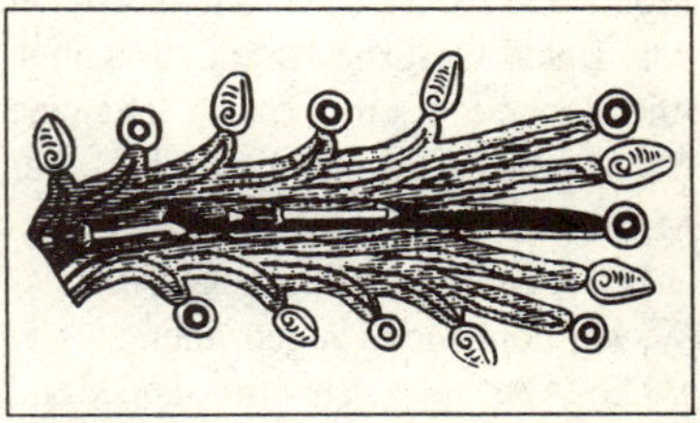

Abb. 26

Im aztekischen Codex Borgia entströmt das Wasser einer Quelle *(Abb. 27)*, während es auf einer olmekischen Felszeichnung *(Abb. 28)* als Regen aus einer Wolke herabfällt.

Wie sehr Nahrung und Gesundheit, die Hauptanliegen aller alt-indianischen Völker, vom Wasser abhängen, zeigt ein toltekisches Felsrelief *(Abb. 29)*, das die Wasser- und Maisgöttin darstellt, die sich von einer durch Wellenlinien, Wirbelornamente und Schneckengehäuse charakterisierten Wasserfläche abhebt. (7)

Für die heutigen Chorti-Mayas ist die bedeutendste Zeremonie des Jahres das Schlangenfest zu Beginn der Regenzeit.

An der heiligen Quelle, dem Nabel bzw. dem Herz der Welt, das ›bis in die Unterwelt reicht‹, wird das mit Blättern verkleidete Kreuz inmitten des kosmischen Ideogramms der vier Steine errichtet.

Ein Truthahnpaar wird sodann mit einer langen Schnur an das Kreuz gebunden und vollzieht immer wieder den Begattungsakt, bis es schließlich geopfert wird.

Der Priester lädt die Götter des Himmels ein, zur Erde herabzukommen, um die dargebrachten Speiseopfer entgegenzunehmen. Anschließend erfleht oder bittet er um baldige Entsendung des Regens, ›neue Nahrung, neue Speise‹, Kindersegen und Gesundheit für die ganze Gemeinde, denn der große Gott des Zentrums der Welt ›gibt alles‹.

Der Truthahn wird daraufhin geköpft, die Henne lebend in das sprudelnde Wasser der ›das Wasserauge der Ché Ké‹ genannten Quelle (Ché Ké ist der Name des mythischen Vogels) geworfen und dort dann von der ›Großen Schlange‹ Noh Chih Chan verschlungen.

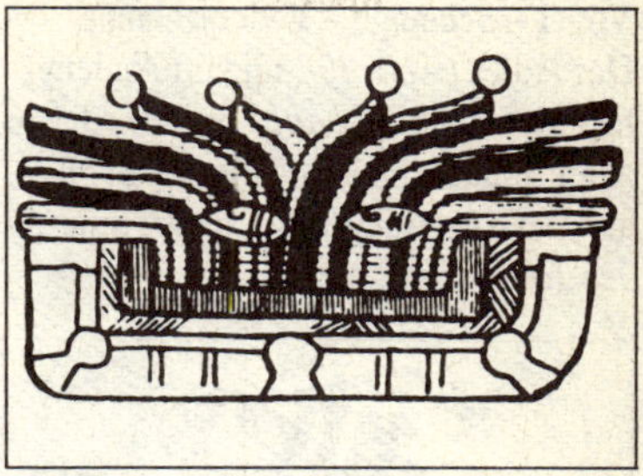

Abb. 27

Abb. 28

Abb. 29

Vogel – Schlange – Federschlange

Der Adler *(Abb. 30)*, und im Andengebiet der Condor *(Abb. 31)*, wird von allen Indianern als kosmisches Symbol, als Verkörperung des Lichts/Himmels verehrt. (7)

Abb. 30

Abb. 31

Bei den Azteken war das Herzopfer seinem ursprünglichen Sinne nach ein Opfer für die Sonne, den ›Adler‹. »Sie schneiden ihm die Brust mit dem dikken, breiten Feuersteinmesser auf; das Herz des Gefangenen nennt man die kostbare Kaktusfrucht des Adlers. Sie heben es weihend zur Sonne empor, zum Türkisprinzen und Aufsteigenden Adler, geben es ihr und ernähren sie damit... Und die Gefangenen, die geopfert werden, nennt man Adlerleute.«

›Adler‹ hießen auch alle Krieger; ihr Tod auf dem Schlachtfeld oder auf dem Opferstein des Feindes war eine Ehre, die die Tapferen zu Halbgöttern erhob und ihnen die Teilnahme an den himmlischen Freuden erwirkte.

Neben dem Adler, dem Sonnenvogel, wird allenthalben in der indianischen Welt als Regenbringer der mythische ›Donnervogel‹ verehrt. Auf einem Dakota-Schild *(Abb. 32)* schwebt ein Donnervogel zwischen vier Sternen und vier Federbüscheln – den vier Kardinalpunkten. (4) Für die Algonkin ziehen im Gewitter die Donnervögel herauf, und in den Wellen toben die schlangengestaltigen Wassergeister.

Abb. 32

Abb. 33 zeigt die Gewitterschlange der Tewa (aus dem Südwesten der USA), *Abb. 34* eine Schlange aus vorinkaischer Zeit in Peru.

Abb. 33

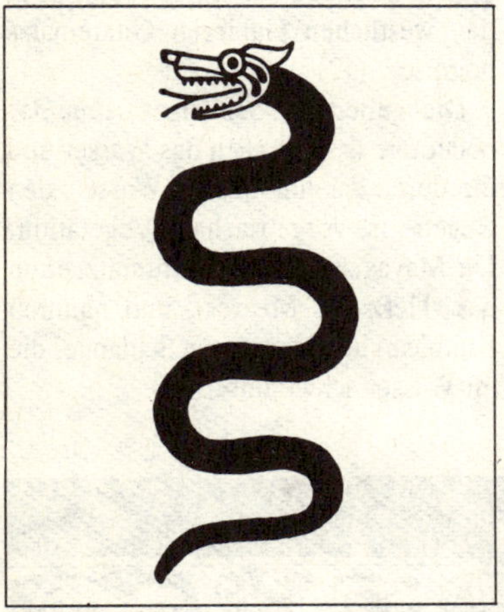

Abb. 34

Die ›Große Schlange‹ der Chortis, die während des Sommers auf dem Grunde der Quelle, mit einer goldenen Kette an einen silbernen Pfahl gefesselt, schläft, erwacht, wenn unter den Anrufungen der Priester die Opfergaben zu ihr herabsinken. Sie ist ›die Herrin des Wassers, die das Wasser freigibt oder zurückhält‹.

Abb. 35 zeigt ein Schlangenwesen aus einem Maya-Codex, dessen Leib in Wasser getaucht ist und dessen Haupt den Kopfputz des Maisgottes aufweist. (1)

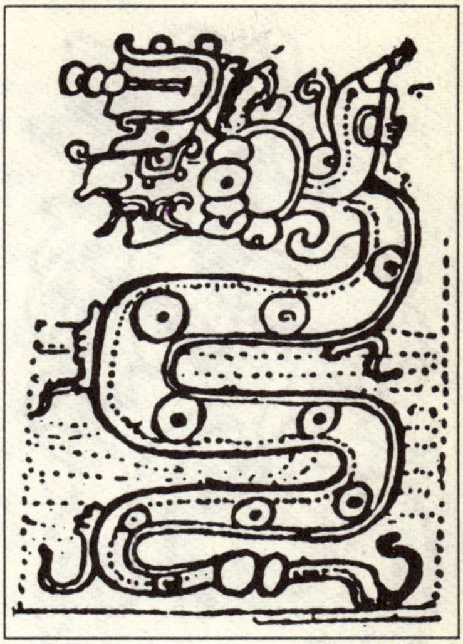

Abb. 35

Die Chorti-Priester glauben, daß der Regengott zwei Wesen in sich vereint, die streng unterschieden werden: den Geist der Wolke, den eigentlichen Gott des Gewitters und des Regens, und sein Reittier, die Schlange, die der Wolke selbst entspricht *(Abb. 36)*.

»Er hat Flügel und ist Herr der Vorräte. Er macht Ernten und Viehbestand reich und gibt viele Söhne, er ist sehr wohltätig. Er muß die Wolke unter sich haben, damit er sie beherrschen und die Erde beregnen kann.« (1) In einem alten Maya-Mythos heißt es: »Die Himmel tränkten sich mit Regen, die Himmel hallten wider von den Schauern, prasselnd fiel der Regen, der göttliche Regen, auf die Erde herab.«

Die Verbindung Vogel – Schlange hat ihr mythisches Ur-Vorbild im K'ukumatz der Mayas (bei den nörd-

Abb. 36

lichen Mayas Kukulcan, bei den Tolteken Quetzalcóatl): der Vogelschlange. Unter diesem generischen Namen treten, dem Popol Vuhl zufolge, alle schöpferisch tätigen Gottheiten auf. (1)

Der Name bedeutet ›Die mit grünen Quetzalfedern bedeckte Schlange‹. Der Quetzalvogel, ›der schönste aller Vögel‹, mit seinen prächtigen metallischgrünen Schwanzfedern *(Abb. 37)*, ist in den westlichen Gebirgen Guatemalas heimisch. (12)

Die gefiederte Schlange *(Abb. 38)* bedeutete ursprünglich das Wasser und die durch das himmlische Wasser, den Regen hervorgebrachte Vegetation. Die Mayas sagten von K'ukumatz, er sei das ›Herz des Meeres‹, und nannten Kukulcan in Chiapas ›die Schlange, die im Wasser schwimmt‹. (7)

Abb. 37

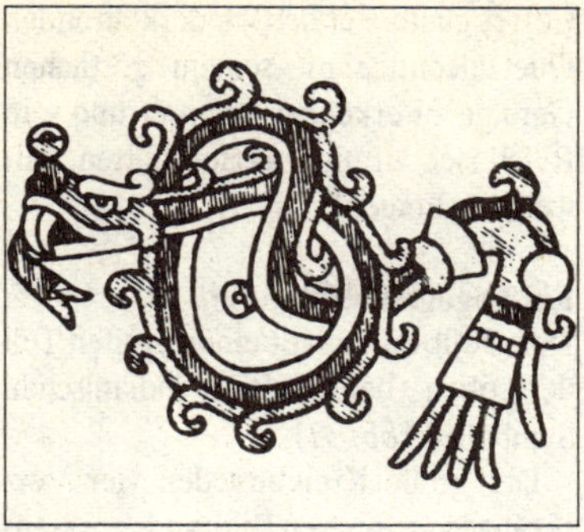

Abb. 38

In toltekischer Zeit dagegen war die gefiederte Schlange das allgemeine Himmelssymbol. Hier finden sich Bilder der gefiederten Schlange, wie sie ein Kaninchen, das Tier des Mondes, verschlingt *(Abb. 39)*. (7)

Abb. 39

So sind in Quetzalcóatl mit dem Federschlangensymbol *(Abb. 40)*, dem populärsten aller altmexikanischen Götter, verschiedene Göttergestalten zusammengeflossen.

Als Windgott ist ihm alles Runde und Gedrehte, spiralig sich Einrollende, Wirbelnde geweiht. Die ihm als Windgott geweihten Tempel waren kreisförmig angelegt, denn als Gott der Winde konnte er in jede Richtung blasen oder atmen und ließ sich daher nicht auf einen viereckigen Bau beschränken, der nur in die vier Hauptrichtungen blickte. Im Wiener Codex stützt Quetzalcóatl als Windgott den Himmel mit seinen Händen. Der Himmel ist der Himmel der Wasser, und so hält Quetzalcóatl die Regenwolken über der Erde und läßt ihr Wasser niederregnen, die vor dem Winde von Ort zu Ort getrieben werden.

Als Gott des Nachthimmels und des Morgensterns, der am Morgen die Sonne in den Himmel holt, wird er zum

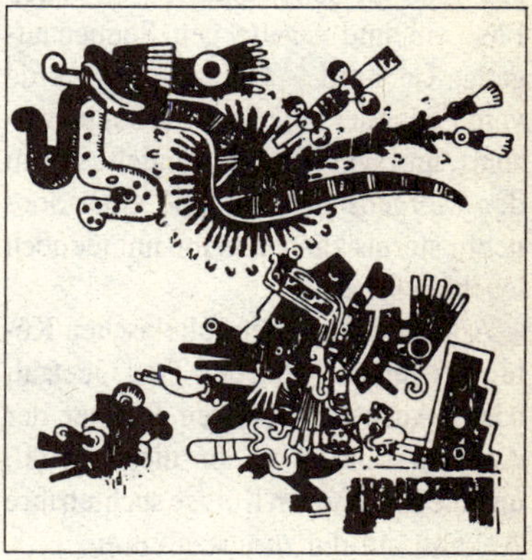

Abb. 40

Begründer aller Priesterweisheit und Erfinder aller Kultübungen, kurz zum Urpriester schlechthin.

Als Herr des Heilens und der Zauberkräuter, Symbol der Gelehrsamkeit, der Dichtkunst und aller schönen Dinge wird er zudem mit dem mythischen Urherrscher der Tolteken, dem bärtigen Priesterfürsten Ce acatl, identifiziert. Diese erlebten unter ihm ihr Goldenes

Zeitalter; doch wurde er das Opfer einer Versuchung durch die Hexengöttin, die von seinem Widersacher Tezcatlipoca dazu aufgestachelt worden war. Er ließ sich von dem Zauberpilz berauschen, den sie hütete, und verkehrte in euphorischer Benommenheit geschlechtlich mit ihr. Als er zu sich kam, wußte er, daß er die geheiligten Überlieferungen gebrochen hatte und Tollan verlassen mußte. Ce acatl – Quetzalcóatl vergrub seine Schätze und nahm seine Diener mit sich, die schließlich alle auf der Reise zugrunde gingen. Als er ans Meer gelangte, schiffte er sich auf einem aus Schlangenhäuten gefertigten Floß ein und segelte gen Sonnenaufgang. Ce acatl – Quetzalcóatl wurde vom Feuer der aufgehenden Sonne verzehrt, und sein Herz verwandelte sich in den Morgenstern; während einer Sonnenfinsternis kann man ihn immer noch leuchten sehen.

Alle nachfolgenden toltekischen Könige trugen nach ihm den Titel Quetzalcóatl. Auch die obersten Priester der Azteken führten später diesen Titel, und die aztekischen Könige suchten ihre Abkunft auf ihn zurückzuführen.

Nach einer anderen Überlieferung ist der bärtige Gott Ce acatl – Quetzalcóatl nicht von der Sonne verzehrt worden, sondern wird eines Tages aus dem Lande der aufgehenden Sonne zurückkehren, wird der Macht des blutgierigen Gottes Tezcatlipoca – Huitzilopochtli ein Ende bereiten und ein neues Goldenes Zeitalter heraufführen. Diese Erwartung ist dem letzten Aztekenkönig Montezuma zum Verhängnis geworden: in den bärtigen Spaniern unter Cortés glaubte er den wiederkehrenden Quetzalcóatl samt seinem göttlichen Gefolge zu erkennen, dem er und sein Reich sich zu unterwerfen hatten. Mit welchen Folgen!

Ein Logogramm

Der Odjibwa umfaßt einen großen Teil der oben behandelten indianischen Symbole *(Abb. 41)*.

Der große Kreis mit den vier Vorsprüngen am oberen Bildrand repräsentiert Kitche Manitu, den Schöpfer. Ein Kreis bedeutet Geist; um die Bedeutung ›Großer Geist‹ darzustellen, wurde einem kleinen Kreis ein großer umschrieben. Die vier Vorsprünge, die in die vier Himmelsrichtungen weisen, bedeuten Allgegenwärtigkeit.

Abb. 41

Der umgekehrte Halbkreis unter dem Symbol für Kitche Manitu steht für Himmel und Universum. Unmittelbar darunter befindet sich das Symbol der Sonne; mit seinen linearen und zyklischen Anteilen verdeutlicht es Leben und Zeit.

Unter der Sonne ist das Bild eines Mannes in einem Kreis. Mann und Kreis verkörpern zusammen das menschliche Dasein.

Die Linie des Lebens und der Kraft verbindet das Symbol des Lebens mit dem Symbol Kitche Manitus; die beiden bogenförmigen Abzweigungen stehen für den Baum des Lebens, für die Pflanzenwelt, auf die alle anderen Lebewesen angewiesen sind.

Die Basis der Lebenslinie und des Lebensbaums, die aus einer geraden waagerechten Linie besteht, symbolisiert Erde und Gestein, die Substanz, aus der Mutter Erde besteht. Die verschiedenartigen Tipis stehen für Stämme, Gemeinschaften und Familie und weisen auf die unterschiedlichen Lebensweisen hin.

Neben der Figur des Mannes im Kreis finden sich auf jeder Seite zwei weitere Männer und eine Frau. Die beiden Männer, von deren Lippen Wellenlinien ausgehen, repräsentieren Sprache, Geschichte und Geschichten. Daneben steht jeweils eine Frau, Symbole der Ursprünglichkeit und Beständigkeit des Weiblichen. Die beiden äußeren Figuren bedeuten Versorgung. Die vier Grundarten der Tiere, der Baum des Lebens, die Erde und Männer und Frauen repräsentieren zusammen Dasein und Zeit. (16)

Literatur

(1) *Rafael Girard:* Die ewigen Mayas, Vollmer, Wiesbaden o. J.

(2) *Werner Müller:* Die Religionen der Waldlandindianer Nordamerikas, Reimer, Berlin 1956

(3) Hopi – eine indianische Botschaft von *Dan Katchongwa,* Arbeitsgruppe für nordamerikanische Indianer, Düsseldorf o. J.

(4) *Werner Müller:* Glauben und Denken der Sioux, Reimer, Berlin 1970

(5) *Abdon Yaranga Valderrama:* La concepción del mundo o cosmovisión andina, Sonderdruck, Université des Langues et Lettres, Grenoble 1973

(6) *Horst Hartmann:* Die Plains- und Präriendianer Nordamerikas, Museum für Völkerkunde, Berlin 1973

(7) *Walter Krickeberg:* Altmexikanische Kulturen, Safari-Verlag, Berlin 1956

(8) *Eduard Seler:* Gesammelte Abhandlungen zur amerikanischen Sprach- und Altertumskunde, Bd. I-V, Akademische Druck- und Verlagsanstalt, Graz 1960/61

(9) *Michael D. Coe:* The Maya, Pelican Books 1971

(10) *Frank Waters:* Book of the Hopi, Penguin Books 1977

(11) *Theodor-Wilhelm Danzel:* Mexiko I, Folkwang-Verlag, Hagen und Darmstadt 1922

(12) *Hans Dietrich Disselhoff:* Geschichten der altamerikanischen Kulturen, Oldenbourg, München 1953

(13) *Hans Biedermann:* Altmexikos heilige Bücher, Akademische Druck- und Verlagsanstalt, Graz 1971

(14) *Herbert J. Spinden:* A Study of Maya Art, Dover Publications, New York 1975

(15) *Cottie Burland:* Werner Forman, Gefiederte Schlange und Rauchender Spiegel, Herder, Freiburg 1977

(16) *Basil Johnston:* Und Manitu erschuf die Welt, Diederichs Gelbe Reihe, Düsseldorf 1979

(Auf Bücher, denen Abbildungen als Vorlagen entnommen wurden, wurde im Text durch eine Klammer mit der entsprechenden Zahl hingewiesen)

Crazy Horse

Seinen Namen bekam Crazy Horse in einer Vision, die er einmal als Kind hatte: er träumte, in der Welt der Geister aller Dinge zu sein, selbst Geist zu sein. »Sein Pferd stand still da«, erzählt Black Elk (der mit Crazy Horse verwandt war), »und doch tanzte es herum wie ein Pferd, das nur aus Schatten besteht.«

Die Aura des Magischen haftete Crazy Horse bis zu seinem Tod an. Von allen Führern der Lakota (Teil der Sioux) in den letzten Jahrzehnten des vorigen Jahrhunderts war er vielleicht der charismatischste. Sein kompromißloser Kampf gegen die Weißen, seine Tapferkeit, seine unbeirrbare Integrität gegenüber allen Korrumpierungsversuchen und seine besondere Macht, die ihn, wie es hieß, unverwundbar im Kampf machte – das alles ließ ihn zu einem Mythos werden, der auch heute noch nichts von seiner Anziehungskraft auf die Lakota verloren hat.

Zu Beginn der zweiten Hälfte des 19. Jahrhunderts waren die Cheyenne und Sioux in den nördlichen Prärien (im heutigen Montana und den umliegenden Gebieten) noch unbesiegt, ihr Territorium erschien wenig attraktiv, war nur Durchgangsstation auf dem Weg in den Westen, vor allem zu den Goldminen in Montana und Idaho. Doch die Durchreisenden wurden nun mehr und mehr zur Bedrohung: Als 1866 eine neue Kette von Forts entlang dem Boseman Trail in Montana gebaut und eine Eisenbahnlinie geplant wurde, als immer mehr Soldaten, Siedler und Goldsucher kamen, gerieten die Jagdgründe der Indianer in Gefahr. Es kam zum Kampf, und bei Fort Phil Kearney erlitt die US-Armee eine vernichtende Niederlage. Weitere Auseinandersetzungen folgten, und schließlich zogen sich die Soldaten vom Boseman Trail zurück und gaben ihre Forts auf. 1868 wurde in Fort Laramie ein Friedensvertrag geschlossen.

Bei näherem Hinsehen...
taucht im linken Felsen...
das Profil von Crazy Horse auf!

Crazy Horse war zu dieser Zeit um die 20 Jahre alt. Er stammte aus einer Familie von Medizinleuten, nicht von Häuptlingen, doch die besondere Macht, die er in seiner Vision erhalten hatte, machte ihn zu einem der Anführer der Oglala, und schon jetzt sprachen seine Leute mit Bewunderung von seinen Aktionen. Black Elk, damals 12 Jahre alt, erzählt, wie er ihn erlebte: »Ich glaube, ich hatte ein bißchen Angst vor ihm. Ich fürchtete nicht, daß er mir weh tun könnte, ich fürchtete mich einfach. Alle hatten dieses Gefühl, denn er war ein eigenartiger Mann. In seinem eigenen Tipi-Zelt, und wenn er mit einer kleinen Gruppe auf dem Kriegspfad war, scherzte er, damit sich seine Krieger wohl fühlten; doch im Dorf nahm er kaum jemanden wahr, außer kleinen Kindern. Alle Lakota tanzen und singen gern, doch er nahm nie daran teil. Doch alle mochten ihn und taten alles, was er sagte, und gingen mit ihm, wohin immer er wollte. Crazy Horse beanspruchte wenig für sich selbst und hatte auch nicht so viele Ponys wie ein Häuptling. Man sagt, daß er, als es wenig Wild gab und die Leute hungerten, überhaupt nichts aß. Er war ein eigenartiger Mann. Vielleicht war er immer mit einem Teil seiner Person in der Welt seiner Vision.«

Der Vertrag von Fort Laramie brachte den Lakota keinen Frieden: Als Gold in den Black Hills gefunden wurde, kamen die Goldsucher, Siedler und Soldaten in Strömen in dieses heilige Land der Sioux, Cheyenne und Arapaho, das laut Vertrag nie ein Weißer betreten sollte. Viele Lakota, darunter der Oglala-Häuptling Red Cloud, lebten mittlerweile im Reservationsgebiet im Nordwesten Nebraskas und bemühten sich, eine bewaffnete Auseinandersetzung mit den Invasoren zu vermeiden, doch Crazy Horse ließ sich nicht ›befrieden‹. Ebenso wie der Hunkpapa (Teil der Lakota) Tatanka Yotanka/Sitting Bull zog er sich in den Norden zurück, bereit, für das Lakota-Land zu kämpfen. Die Regierung forderte diese ›feindseligen‹ Indianer auf, sich in kürzester Zeit in den Reservationen einzufinden, doch Crazy Horse ließ höflich ausrichten, ein solcher Marsch sei seinen Oglala erst im Frühjahr möglich. Auf der Suche nach ihm überfielen die Truppen im März 1876 ein friedliches Indianerlager. Crazy Horse nahm die Überlebenden bei sich auf und zog zum Lager der Hunkpapa. Er hatte die Kampftechniken der weißen Soldaten nun seit längerem studiert, und mit einer geschickten Taktik führte er die Krieger am 17. Juni 1876 zum Sieg über die Gegner unter General Crook. Nach diesem Kampf zogen sie zum Little Big Horn, um dort zu jagen, und viele andere Sioux und Cheyenne schlossen sich ihnen an. Bis zu 10000 Indianer, darunter 4000 Krieger, waren am Little Big Horn versammelt, als Soldaten, geführt von General Custer, anmarschierten. Sie marschierten in ihre totale Niederlage, und auch General Custer blieb auf dem Schlachtfeld.

Die US-Regierung verkündete das Kriegsrecht auf allen Reservationen und zwang die dort lebenden Häuptlinge mit der Drohung, alle Rationen einzustellen und ihnen Gewehre und Pferde wegzunehmen, dazu, die Black Hills aufzugeben und in ein neues Reservat am Missouri zu ziehen. Dann machten sich die Soldaten auf, die letzten freien Indianer, die unter der Führung von Crazy Horse und Sitting Bull im Norden lebten und Büffel jagten, zu unterwerfen. Sitting Bull wich schließlich mit seinen Leuten nach Kanada aus, doch Crazy Horse wollte sein Land nicht verlassen.

Die Soldaten suchten ihn; wieder überfielen sie ein friedliches Dorf, und wieder fanden die Flüchtenden Zuflucht bei Crazy Horse. Crazy Horse selbst fanden die Soldaten nicht. Doch seine Lage wurde immer schwieriger, es war Winter, und Nahrung und Munition wurden zunehmend knapper.

Black Elk berichtet, Crazy Horse sei zu dieser Zeit ›seltsamer denn je‹ gewesen. Oft zog er sich aus dem Lager zurück in die Kälte draußen, und manchmal kam er mit Rat für seine Leute zurück. Er habe wohl seinen baldigen Tod vorausgeahnt, bemerkte Black Elk dazu, und für die Zukunft seines Volkes vorsorgen wollen. Als ihm die Regierung ein Reservat im angestammten Lakota-Territorium zusicherte, führte Crazy Horse seine halbverhungerten Leute und Pferde zur Regierungsagentur im Süden. Man lud ihn ein zu einer Unterredung mit dem ›Großen Weißen Vater‹ nach Washington, doch er lehnte ab mit der Begründung: »Es gibt keinen Großen Vater zwischen mir und dem Großen Geist.«

Schließlich wurde er aufgefordert, zu einer Besprechung mit General Crook nach Fort Robinson zu kommen, aber als er dort ankam, übergab man ihn der Polizei. Beim Anblick des Gefängnisses versuchte er sich loszureißen, doch ein Polizist (Little Big Man, der früher mit ihm gekämpft hatte) hielt ihn fest, und ein Soldat stieß ihm sein Bajonett in den Körper. »Sie hätten ihn nicht in der Schlacht töten können. Sie mußten ihn anlügen und ermorden« (Black Elk). Crazy Horse starb noch am selben Abend, nicht viel älter als 30 Jahre. Seine Eltern begruben ihn an einem unbekannten Ort. Es war der 5. September 1877.

1977 reiste ein italienisches Fernsehteam zum Mount Rushmore in den Black Hills. Als man zu Hause die Filme entwickelte, entdeckte man, daß die in den Fels gehauenen Köpfe der vier US-Präsidenten überragt wurden vom Kopf eines Indianers, der in den Jahren von Wind und Wetter so geformt wurde. Für die Oglala war sofort klar, daß dies nur Crazy Horse sein könne, denn sein Geist ist es, so sagen sie, der in den Black Hills lebt.

Geronimo/Goyathlay

Sein Bild grüßt mittlerweile von zahlreichen Wohngemeinschaftswänden: Geronimo, Führer der Apachen, Guerillakrieger, das Gewehr in der Hand; ein Gesicht, das viel ausdrücken kann: Härte, Entschlossenheit, Verzweiflung, Trauer, Wut. Als er so fotografiert wurde, war er 57 Jahre alt und hatte 30 Jahre lang gekämpft, gegen die amerikanische und mexikanische Armee und gegen ›Zivilisten‹, für die er die Personifizierung des blutrünstigen Wilden wurde. Er war verfolgt, verwundet, gefangengenommen und verraten worden, und immer wieder war er entkommen und hatte sich, verborgen in den Bergen des amerikanischen Südwestens und Mexikos, gegen eine erdrückende militärische Übermacht behauptet. Seit dem Ende seiner Kindheit, in der er noch keinen Weißen zu Gesicht bekommen hatte, hatte er keine friedlichen Zeiten mehr erlebt, und das freie und unbeschwerte Leben seiner Kindheit sollte es für ihn bis zu seinem Tod nicht mehr geben.

Als die weißen Amerikaner sich für den Südwesten und seine Bodenschätze zu interessieren begannen, hatten die Apachen schon 250 Jahre Guerillakampf gegen die Spanier hinter sich. Mit den neuen Eroberern schlossen sie nun 1862 in Santa Fé einen Friedensvertrag, doch der Frieden währte nicht lange. Die Regierung versuchte, die Apachen in verschiedenen Reservationen anzusiedeln, in denen die meisten von ihnen nicht leben wollten; für die Siedler und Goldsucher waren sie Wilde, die es zu bekämpfen galt, und in Mexiko, wo viele Apachen immer einen Teil des Jahres verbrachten, wurden sie von der Armee verfolgt (die mexikanische Regierung setzte 100 Dollar für jeden Apachenskalp aus). Bei einem dieser Überfälle durch mexikanische Soldaten (1858) verlor Geronimo, damals 29 Jahre alt, Mutter, Frau und Kinder. Er und andere Apachen führten daraufhin längere Zeit Kriegszüge in Mexiko durch, in deren Verlauf er zum Kriegshäuptling wurde.

In den USA kämpfte Geronimo unter Mangas Colorado (Bedonkohe-Apache

wie er) und Cochise (Chiricahua-Apache) gegen die amerikanischen Soldaten. In seiner Biographie erzählt er warum: »Von Anfang an fügten die Soldaten... und die Offiziere an ihrer Spitze den Indianern ohne Skrupel Unrecht zu.« Die Erfahrung, immer wieder betrogen zu werden, führte dazu, daß sie »den US-Truppen nie wieder vertrauten«. Nach dem Ende der Kämpfe, als viele Apachen sich auf den Reservationen niederließen, zogen sich mehrere Gruppen nach Mexiko zurück, unter ihnen auch Geronimos Leute. Sie stahlen dort von den Mexikanern Rinder und Pferde und tauschten sie in New Mexico bei weißen Ranchern gegen Gewehre, Munition, Kleidung und Whisky ein.

Die amerikanische Armee war nicht willens, das freie Leben dieser Apachen zu tolerieren. 1877 wurde Geronimo gefangengenommen und zur San-Carlos-Indianeragentur auf der White Mountain Reservation gebracht. In dieser Reservation sollten nach den neuen Plänen der Regierung, die jahrelang die einzelnen Apachengruppen von einer Reservation auf die andere verschoben hatte, alle Apachen zentriert werden, der Rest des Landes sollte Siedlern und Goldsuchern überlassen werden. Doch die Zustände auf der Reservation waren nicht dazu angetan, die Indianer dort zu halten:

Die chaotische Organisation der Regierungsbürokratie und die betrügerischen Machenschaften einzelner Regierungsbeauftragter und Händler führten dazu, daß viele Apachen die ihnen zustehenden Regierungsrationen nie zu Gesicht bekamen; die Goldgräber weigerten sich, das Reservationsland zu verlassen, und viele Weiße, die sich das Indianerland aneignen wollten, versuchten immer wieder, Apachen in gewalttätige Aktionen zu verwickeln.

Für die Regierung waren bei allen Zwischenfällen ausschließlich die Indianer die Schuldigen, und sie stellte deren Führer wiederholt unter Anklage. Der Häuptling der Mimbres-Apachen, Victorio, hatte schließlich von all dem genug und ging, 1879, nach Mexiko, entschlossen, nie wieder auf einer Reservation zu leben und einen ›ewigen Krieg‹ gegen die Weißen zu führen. Nach seinem Tod setzte sein Stammesgenosse Nana, schon 70 Jahre alt, den Guerillakampf fort.

Auch Geronimo fühlte sich bald auf der Reservation nicht mehr sicher: »Im Sommer des Jahres 1883 ging das Gerücht um, daß die Offiziere wiederum planten, unsere Führer einzusperren. Wir erachteten es für männlicher, auf dem Kriegspfad zu sterben, als im Gefängnis ermordet zu werden.« Zusammen mit 250 Apachen ging er nach Mexiko und schloß sich dort bald Nana an. Im Jahr darauf ließen er und Nana sich überreden, nach San Carlos zurückzukehren, doch als Geronimo erfuhr, daß seine Verhaftung bevorstehe, verließ er zusammen mit 400 Männern, Frauen und Kindern wieder die Reservation, um nach Mexiko zurückzugehen. Die Presse versetzte die Bevölkerung in Angst und Schrecken, und General Crook erhielt die Anweisung, die Flüchtenden zu stellen, sie zu töten oder zur bedingungslosen Kapitulation zu zwingen. Als die Apachen hörten, daß in ihrem traditionellen mexikanischen Zufluchtsort die mexikanischen Truppen auf sie warteten, ergaben sie sich. Doch Geronimo wollte nicht zurück nach San Carlos: Er wußte, daß er als Gefangener nach Florida gebracht oder getötet werden würde, und floh. Die US-Armee sowie Tausende von mexikanischen Soldaten verfolgten ihn und seine Leute zunächst ohne Erfolg. Geronimo kämpfte bedingungslos: »Wir scherten uns nicht viel um unser Leben, da wir spürten, daß jedermann gegen uns war.«

Die USA rüsteten zum Endkampf: Eine Armee von 5000 Soldaten, mehreren Tausend bewaffneten Zivilisten und über 500 Apachenkundschaftern wurde aufgestellt, um die 34 Krieger Geronimos zu bezwingen. Geronimo kam schließlich ins Lager dieser Truppen, um ein Abkommen zu erreichen. Es wurde ihm zugesichert, er würde Land und Vieh bekommen, seine Familie bald wiedersehen und nie mehr verhaftet werden. Als er sich daraufhin ergab, wurde er gefangengenommen und nach Florida ins Militärgefängnis transportiert, mit ihm auch viele Apachen, die friedlich auf der Reservation gelebt hatten. Nach Arizona durfte er nicht mehr zurück. Schließlich boten die Kiowas und Comanchen, früher Feinde der Apachen, ihm und den Chiricahua an, auf ihrer Reservation bei Fort Sill, Oklahoma, zu wohnen, und dort lebte Geronimo bis zu seinem Tod 1894 als Kriegsgefangener. Er arrangierte sich so gut es ging, trat zum Christentum über und reiste sogar – unter Bewachung – zur Weltausstellung nach St. Louis, wo er seine Fotografien verkaufte (einen Teil des Erlöses durfte er behalten), Autogramme gab und an Lassowettbewerben teilnahm. Er zeigte sich recht beeindruckt und meinte, die Weißen seien doch »ein sehr freundliches und friedfertiges Volk«. Doch die weiße Regierung hatte keinen Frieden mit ihm geschlossen: Seine Bitte, ihn und sein Volk in ihr Land zurückkehren zu lassen, wurde abgeschlagen. Er starb 1909 mit 80 Jahren im Reservationskrankenhaus von Fort Sill und wurde dort beigesetzt. Doch seine Gebeine, so sagt man, wurden wieder ausgegraben und irgendwo im Südwesten oder Mexiko beerdigt.

Literatur

S. M. Barrett (Hrsg.): Geronimo.
Ein indianischer Krieger erzählt sein Leben, München 1979

Anna Mae Pictou / Aquash

Anna Maes Leben begann 1945 wie das sehr vieler Indianer und Indianerinnen: auf einer öden Reservation (der der Micmac in Nova Scotia) mit heruntergekommenen Häusern und unasphaltierten Straßen, mit hoher Arbeitslosenquote und hoher Sterberate. Wäre sie für den Rest ihres Lebens hier geblieben, hätte sie vielleicht einen Job bei der Stammesverwaltung finden oder Schmuck an Touristen verkaufen können, oder hätte, was wahrscheinlicher war, Sozialhilfe beziehen müssen. Daß sie ihre Ausbildung abbrechen mußte, als ihre Mutter sie und ihre Geschwister verließ, paßte in dieses Schema, und es war auch nicht ungewöhnlich, daß sie schließlich mit ihrem Freund wie so viele ihrer Stammesgenossen und -genossinnen nach Boston ging, um dort Arbeit zu bekommen. Sie fand einen schlechtbezahlten Job, bekam mit 19 ihr erstes Kind, mit 20 das zweite, lebte dann von der Sozialhilfe. Doch ihr Leben sollte nicht so ›typisch‹ weiterverlaufen. Mit 28 Jahren war sie eine der Hauptaktivistinnen der Indianerbewegung, der Prototyp der ›Kriegerin‹: eine Frau, die sich bedingungslos für ihr Volk einsetzte, immer in Verbindung zur ›Basis‹, den einfachen Leuten auf den Reservationen, und ohne die diversen ›Ego-Trips‹, die manche männliche Führer an den Tag legten; mit auffallendem Talent für Planung und Organisation und mit einem scheinbar unerschöpflichen Vorrat an Phantasie, Ideen und Konzepten für neue Projekte. Mit 30 Jahren wurde sie zur Märtyrerin für die Bewegung.

Anna Maes politische Aktivitäten begannen in Boston: Auseinandersetzungen mit Polizei und Verwaltung, Beratung anderer Indianer über die zahlreichen Probleme des Lebens in der Stadt, Demonstrationen, Arbeit als Lehrerin an einem kulturellen Zentrum, dann an einer Kindertagesstätte. Ihr Mann konnte diese politische Entwicklung nicht mitvollziehen: Er ging eine andere Beziehung – zu einer weißen Frau – ein; Anna Mae trennte sich von ihm und ließ ihre Töchter selbst entscheiden, bei welchem Elternteil sie leben wollten. Daß sie die äußerliche, materielle Sicherheit des väterlichen Haushalts wählten, war für Anna Mae allerdings ein Schmerz, den sie bis an ihr Lebensende nicht überwand.

1972 organisierten mehrere indianische Organisationen, darunter das 1968 gegründete American Indian Movement (AIM) den ›Zug der Gebrochenen Verträge‹ nach Washington D. C., wo es dann zur Besetzung des Büros für Indianische Angelegenheiten (BIA) kam. Anna Mae nahm daran teil, und als im Frühjahr 1973 auf der Pine Ridge Reservation der Oglala Sioux in South Dakota der Ort Wounded Knee besetzt wurde, fuhr sie dorthin. Wie für so viele der Beteiligten war dies ein Wendepunkt in ihrem Leben. Daß das traditionielle indianische Wertsystem nun das Primäre in ihrem Leben war, demonstrierte sie auch dadurch, daß sie sich mit ihrem zweiten Mann Nogeeshik Aquash während der Besetzung von einem Medizinmann trauen ließ.

Auch für die Indianerbewegung insgesamt war die Besetzung von Wounded Knee ein Wendepunkt. Sie verschaffte ihr die Aufmerksamkeit der Öffentlichkeit in vorher nicht gekanntem Ausmaß und ebenso die erhöhte Aufmerksamkeit von FBI und CIA. Die bei der Bekämpfung von schwarzen und sozialistischen Organisationen wohlerprobte Bürgerkriegstaktik fand nun auch auf AIM Anwendung. Das FBI versorgte die Gerichte mit Bergen von meist zweifelhaftem Beweismaterial gegen die AIM-Führer – darunter Zeugenaussagen, die mit handfester Bedrohung der ›Zeugen‹ gewonnen worden waren – und infiltrierte die Organisation mit Spitzeln, von denen es einer, Doug Durham, bis zum Nationalen Security Director brachte. Seine Entlarvung erschütterte die Organisation bis in ihre Grundfesten und schuf ein Klima, in dem schließlich jeder jedem mißtraute. Auch Anna Mae sollte davon betroffen werden.

Im Jahr nach der Wounded-Knee-Besetzung wurde Anna Mae immer aktiver in AIM und spielte bald eine führende Rolle. Sie gewann den Respekt und die Zuneigung von sehr vielen, mit denen sie arbeitete. »Sie konnte 100 Jahre vorausdenken«, sagte eine Mitarbeiterin über sie, »und sie konnte sehen, was geschehen mußte, um von hier dorthin zu gelangen.« 1975 zog sie auf die Pine Ridge Reservation, wo sie sich in erster Linie um die Organisierung der Frauen bemühte, zu denen sie sehr viel besser Zugang fand als die männlichen AIM-Führer.

Für AIM-Leute war die Pine Ridge Reservation seit der Besetzung ein gefährlicher Aufenthaltsort: Bis in die Anfangsmonate von 1975 waren 40 von ihnen ermordet worden. Im Sommer 1975 erreichte die Eskalation der Gewalt ihren vorläufigen Höhepunkt: Am 26. Juni wurden bei einem Angriff von FBI-Spezialeinheiten auf ein Indianisches Camp bei Oglala zwei FBI-Beamte und ein junger Indianer getötet, und die Polizeibehörden nahmen dies zum Vorwand für eine massive Einschüchterung der Reservationsbevölkerung, die einen mehrwöchigen quasi militärischen Belagerungszustand über sich ergehen lassen mußte und eine rücksichtslose Verfolgung von AIM-Angehörigen, die unter Mordanklage standen. Auch Anna Mae Aquash geriet ins Visier des FBI, sie wurde verhaftet, bedroht (ein Beamter kündigte ihr den baldigen Tod an, falls sie nicht kooperationswillig sei), wieder freigelassen und wieder festgenommen. Sie wurde mehr und mehr zur Gejagten und war nahezu überzeugt davon, getötet zu werden – vielleicht eine Vorahnung. Trotz dieser Verfolgung arbeitete sie weiterhin für AIM, doch bekam sie von der Organisation wenig Unterstützung: Statt dessen war sie Gerüchten ausgesetzt, selbst FBI-Agentin zu sein. Obwohl es keinen Anhaltspunkt für diese Verdächtigungen gab, konnte sie das Mißtrauen nicht zerstreuen, und ihre Warnung, AIM würde sich durch diese Gerüchtepolitik selbst zerstören, fand bei den Mitgliedern wenig Beachtung. AIM war an einem Tiefpunkt seiner kurzen Geschichte angelangt.

Am 24. 2.1976 wurde in einem trokkenen Flußbett in der nordöstlichen Ekke der Pine Ridge Reservation Anna Mae Aquashs Leiche gefunden. Die Polizeibehörden behaupteten zunächst, die Identität der Toten nicht zu kennen, gaben als Todesursache Erfrieren an und ließen sie rasch begraben. Zur Identifizierung schickten sie ihre abgetrennten Hände nach Washington, und dann ließ es sich nicht länger verheimlichen, wer sie war. Ihre Verwandten und Freunde setzten die Exhumierung durch, und es stellte sich heraus, daß sie durch einen Kopfschuß aus nächster Nähe getötet worden war.

Ein Schneesturm tobte durch die Reservation, als Anna Mae an einem Märztag auf traditionelle Weise beerdigt wurde. Vier junge Oglala-Frauen hatten in der Nacht zuvor ihr Grab geschaufelt: Es hatte sich kein AIM-Krieger gefunden, der ihnen geholfen hätte. Auch bei der Beerdigung fehlten die bekannten AIM-Führer: Sie waren im Gefängnis, auf der Flucht oder blieben einfach fern – vielleicht aus Schuldgefühlen, oder vielleicht paralysiert durch die Vorstellung, daß vielleicht ein Mitglied der Organisation Anna Mae als vermeintliche Agentin getötet haben könnte.

Der Mord an Anna Mae Aquash wurde nie aufgeklärt. Der offensichtliche Widerstand der Behörden gegen eine Aufklärung unterstützte den Verdacht, daß die Täter wohl eher in den Reihen des FBI zu suchen seien, und AIM erholte sich langsam von seiner Krise. Das FBI benutzte Anna Maes Tod zu einer Reihe von Verhören, um kooperationsunwilligen Indianerinnen durch die Drohung mit einem ähnlichen Schicksal Angst einzujagen; doch für die Frauen der Bewegung war Anna Mae kein abschreckendes Beispiel, für sie und anschließend auch für die Männer wurde sie zur Heroin der Indianerbewegung.

Literatur

Johanna Brand: The Life and Death of Anna Mae Aquash, Toronto 1978

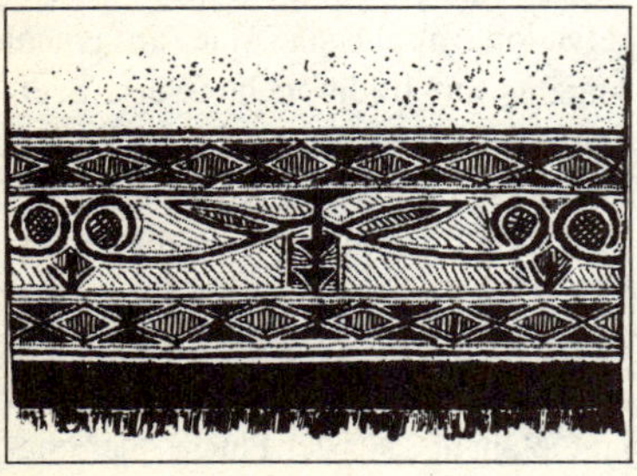

Maria Sabina

Als die Spanier im 16. Jahrhundert Mexiko eroberten, fanden sie manches, was ihr christliches Gemüt entsetzte. Eines dieser Dinge waren die heiligen Pilze, die die Indianer bei Zeremonien verwendeten, die ihnen Visionen und die Macht zu heilen gaben. Die Spanier verboten dieses ›Teufelswerk‹, und die Zauberer und ›Weisen‹ gingen damit in den Untergrund. Erst ab der Mitte dieses Jahrhunderts wurde die westliche Welt wieder auf sie aufmerksam: zunächst die Anthropologen, dann die Hippies und andere Flüchtlinge der westlichen Zivilisation, die sich von indianischen Medizinleuten Hilfe auf ihrer Suche nach einer ›anderen Realität‹ versprachen. So wurden die heiligen Pilze Mexikos wiederentdeckt, und die Mazateken sahen sich plötzlich im Mittelpunkt des Interesses einer Öffentlichkeit, die sie bewunderte und glorifizierte, doch oft auch ohne Rücksicht auf Verluste nahm, was sie von ihnen wollte. Bei diesem Boom kam eine Frau zu unerwartetem und schließlich oft unwillkommenem Ruhm: die Mazatekin Maria Sabina, eine chotá-a tchinée (weise Person) aus Huautla de Jiminez in den südlichen Bergen Mexikos im Staat Oaxaca.

Maria Sabina ist eine einfache Frau. Sie lernte nie lesen und schreiben, und sie spricht kein Wort Spanisch: »Ich wußte nicht, was die Schule war, noch wußte ich, daß es sie gab. Und wenn es sie gegeben hätte, wäre ich nicht hingegangen, weil wir gar keine Zeit hatten. Früher hat man viel gearbeitet.« Hart gearbeitet hat sie ihr Leben lang. Als

Kind paßten sie und ihre Schwester auf die Hühner und Ziegen der Familie auf und sammelten Brennmaterial für das Feuer, auf dem gekocht wurde, während die Männer der Familie für einen Großgrundbesitzer arbeiteten und die Frauen webten und nähten. Beim Pflanzen und Ernten von Mais und Bohnen, den Hauptnahrungsmitteln, arbeitete die ganze Familie zusammen.

Mit 14 Jahren heiratete Maria Sabina, doch nach sechs Jahren Ehe verließ ihr Mann sie und ihre drei Kinder und starb bald darauf. zwölf Jahre später heiratete sie noch einmal und bekam sechs Kinder, von denen fünf starben. Auch dieser Mann betrog sie, er starb schließlich nach 13 Jahren Ehe. Danach ging Maria Sabina keine Beziehung mehr ein. Sie fühlte, daß sie zur ›Weisen‹ bestimmt war wie so viele ihrer Vorfahren, und machte dies nun zu ihrem zentralen Lebensinhalt: »Ich gab mich für immer der Weisheit hin, um Menschen von ihren Krankheiten zu heilen und um immer in der Nähe Gottes zu sein. Den Pilzen soll man Ehrfurcht erweisen. Im Inneren fühlte ich, daß sie mit mir verwandt waren. Sie waren wie meine Eltern, sie waren mein Blut. Es ist wahr, ich bin mit meinem Schicksal geboren, dem Schicksal, eine Weise zu sein. Ich bin die Tochter der Niños santos.«

Ihre erste Bekanntschaft mit den Niños santos (= ›heilige Kinder‹; der Name der Pilze soll nicht ausgesprochen werden) hatte Maria Sabina mit sechs Jahren gemacht, als sie bei einer solchen Heilungszeremonie (velada) zusah. Einige Tage später entdeckte sie durch Zufall einige dieser Pilze, sie und ihre Schwester aßen sie, und sie erkannte: »Das war eine neue Kraft für unser Leben.« Die Pilze gaben ihr Visionen, und sie spürte, daß sie zu ihr sprachen mit »Stimmen, die von einer anderen Welt kamen«.

Während ihrer Ehe nahm sie keine Pilze, denn »wenn man mit einem Mann schläft, zerstört man die Reinheit der Pilze«, doch danach wurde sie zur Heilerin. Maria Sabina heilte ihre Schwester, die vorher schon erfolglos viele Wunderärzte aufgesucht hatte, mit den Pilzen, und daraufhin kamen immer mehr Leute zu ihr, um sich von ihr helfen zu lassen.

Für Maria Sabina ist es klar, daß nicht sie es ist, die heilt, auch nicht die Pilze als Pflanzen, sondern die Macht, die hinter ihnen steht. Wenn sie die Pilze nimmt, kann sie mit dieser Macht in Verbindung treten, kann die Ursachen der Krankheiten erkennen, kann die ›Sprache der Weisheit‹ sprechen und singen und damit und mit ihren Händen heilen. Die Niños santos und andere spirituelle Wesen offenbaren sich ihr in den Visionen und lehren sie; Tiere, Pflanzen, Wind und Elemente und Gestirne zeigen sich, aber auch Benito Juarez (der indianische Präsident Mexikos im 19. Jahrhundert) und die Figuren der christlichen Lehre, Maria, Jesus, die Heiligen – für sie ist das kein Widerspruch, denn Gott hat viele Gesichter. Sie sieht sich nicht in Opposition zur Kirche, und die Kirche toleriert sie.

1955 kam ein amerikanisches Ehepaar zu Maria Sabina, das sich von allen bisherigen Besuchern unterschied: »Sie waren auf der Suche nach den Niños santos. Aber sie haben sie nicht gegessen, weil sie krank waren... Sie wollten Gott finden. Die beiden, Pawlovna und Wasson, waren Forscher, und sie publizierten ihre Erfahrungen. Maria Sabina fand nichts Schlimmes dabei, doch manche ihrer Stammesgenossen nahmen ihr übel, daß sie den Fremden von den Pilzen erzählt hatte, und als ihr Haus mit ihrer ganzen Habe von Unbekannten niedergebrannt wurde, mutmaßte sie, daß vielleicht das der Grund gewesen sei.

Mit den Veröffentlichungen der Forscher wurden die ›Weisen‹ bekannt. Nach und nach kamen mehr Ausländer, aus den USA, Argentinien, Frankreich, Italien, Japan. Maria Sabina wurde fotografiert (1979 spielte sie dann sogar in einem Film die Starrolle), eine Zeremonie wurde auf Schallplatte aufgenommen, die Pilze wurden chemisch analysiert. Viele Merkwürdigkeiten dieses Tourismus ertrug sie mit Gleichmut, doch dann kamen immer mehr Leute, für die die Pilze nur noch eine neue aufregende Droge waren, und »es war schwer für mich, ihnen klarzumachen, daß man eine Velada nicht einfach aus dem Wunsch heraus macht, Gott zu suchen, sondern daß der Zweck dabei ist, Krankheiten zu heilen«. Einige mazatekische Bauern hatten jedoch die Marktlücke entdeckt und verkauften die Pilze an die Besucher, um ihr spärliches Einkommen aufzubessern. Huautla wurde zu einem Treffpunkt von Drogeninteressenten: »Die blonden und dunkelhaarigen jungen Leute beachteten unsere Bräuche nicht. Ich kann mich nicht erinnern, daß die Niños santos jemals mit so wenig Respekt gegessen wurden wie damals.« Schließlich griffen die Behörden ein, schoben die unwillkommenen Besucher ab und verboten schließlich im Jahre 1971 den Handel mit und auch Gebrauch von Halluzinogenen.

Die Zerstörung war nicht wiedergutzumachen: »Seit damals, als die Fremden kamen, um Gott zu suchen, haben die Niños santos ihre Kraft verloren... Man hat sie zerstört. Jetzt und in Zukunft werden sie nichts mehr wert sein... Bevor Wasson kam, spürte ich, wie mich die Niños santos emporhoben. Jetzt fühle ich nichts mehr. Die Kraft ist geschwunden.« Und ein anderer Weiser sagte: »Heute sprechen die Pilze englisch... Nicht nur der göttliche Geist wurde entweiht, sondern auch der unsere, der der Mazateken.«

Literatur

Alvaro Estrada: Maria Sabina, Botin der heiligen Pilze (Vorwort Dr. Albert Hofmann), München 1980

Doug Boyd: Rolling Thunder, München 1978

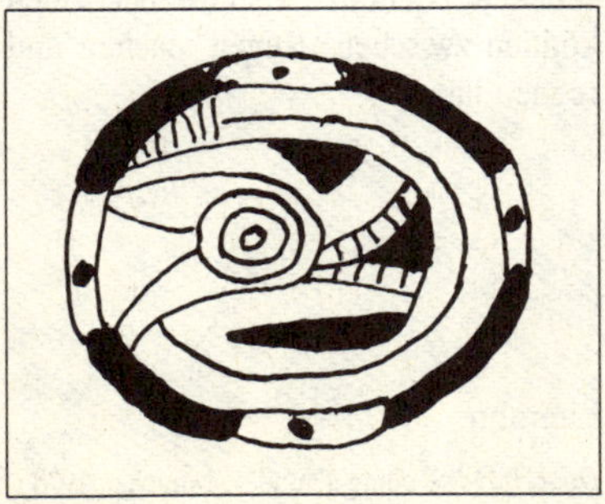

Rolling Thunder

Rolling Thunders Biographie auf einige wenige Daten und Fakten festlegen zu wollen, hieße, eine Unzahl von divergierenden Mutmaßungen, Ahnungen und positiven wie negativen Verdachtsmomenten zu seiner Vergangenheit und Gegenwart auf einen sich deckenden Nenner bringen zu wollen, denn keiner derer, die seinen bisherigen Weg kreuzen durften, wohl guten Gewissens unterschreiben könnte. Rolling Thunder bleibt eine Gestalt, die man belächelt und dennoch fürchtet, die man in Frage stellt und dennoch ehrt. Tatsache ist – oder vielmehr das, worauf sich die Mehrzahl der Aussagen einigen –, daß Rolling Thunder in den amerikanischen Akten als Johne Pope geführt wird, ein Mann indianischer Abstammung, dessen Alter sich zwischen 40 und 50 Jahren bewegt, verheiratet, drei erwachsene Kinder, wohnhaft in Carlin, Nevada, Bremser bei der Southern Pacific. Das zur offiziell anerkannten Wirklichkeit. Seine andere Realität, jene, die immer wieder von weißen wie indianischen Kritikern angezweifelt und angefochten wird: Er ist geistiger Führer, Philosoph und anerkannter Sprecher der Cherokee und Shoshone, er ist Medizinmann und Schamane und Hüter eines reichhaltigen, überlieferten Wissens um die Geheimnisse des Universums, die sich ebensowenig wie seine Person auf leblose Zahlen und Fakten reduzieren lassen, die sinnlich und instinktiv erlebt und erfahren werden müssen, nicht jedoch bloß mit seelenlosen technologischen Hilfsmitteln erforscht werden können.

Will man das Wesentliche an Rolling Thunders Philosophie und Botschaft zusammenfassen, dann vielleicht in jenem Satz, der immer wieder in Zusammenhang mit seiner Person in Erscheinung tritt und der einen ganzen Erdrutsch von Gedanken und Assoziationen in Bewegung bringt: »Es gibt für alles den richtigen Zeitpunkt und den richtigen Ort« – d. h. der Mensch wird wieder Teil des natürlichen Lebensflusses, erkennt seine Bestimmung auf dieser Erde an und versucht ihr gerecht zu werden, was jedoch nicht heißt, daß er sich passiv in ein vorprogrammiertes, unabänderliches Schicksal ergibt, an dem weder er noch andere rütteln können, sondern wachsam und mit geschärften Sinnen die Zeichen der Zeit und des Ortes erkennt, in denen es richtig ist, das innere Wissen in die äußere Tat umzusetzen. Mit dieser Philosophie des äußeren und inneren Handelns, dem Pfad der geistigen und gesellschaftlichen Annäherung, setzte Rolling Thunder zum richtigen Zeitpunkt und am richtigen Ort Zeichen.

Der Zeitpunkt: die Endstufe des technologischen Dilemmas der menschlichen Entwicklung von ihrer Basis, ihrem geistigen wie materiellen Nährboden, der Erde, weg. Der Ort: Amerika-Hippie-Bewegung und Vietnam-Unruhen. Europa-Studentenrevolten der späteren 60er Jahre.

Und alle auf der Suche nach neuen Werten, die es wert wären, die alten Begriffe auf den Kopf zu stellen. Und während sich der aufkommende indianische Widerstand gegen amerikanische Lebensnormen der weißen Welt, die, am Ende ihrer Allmacht angelangt, sich für die Überreste indianischer Lebensphilosophie zu interessieren beginnt, verschließt, tritt Rolling Thunder nun plötzlich nach außen. In seinen Worten und Taten finden sich Pilger und Abtrünnige aller Schattierungen wieder, entdecken die Hoffnung auf ein längst verspieltes Gleichgewicht zwischen Geist und Seele, zwischen Mensch und Kosmos.

Rolling Thunder erweist sich als Brückenbauer zwischen weißen und roten Menschen, zwischen Hoffnung und Wirklichkeit, Wort und Tat, zwischen der natürlichen Ordnung der Dinge und einer gesellschaftlichen Ordnung, in der Menschsein, Tiersein... alle Seinsformen dieser Welt einen gleichwertigen und unangefochtenen Platz nebeneinander finden.

Ob er nun Regen macht oder gegen die wahnwitzige Zerstörung unserer natürlichen Lebensressourcen ankämpft, Rolling Thunder nützt stets das Zusammenspiel von richtigem Ort und richtigem Zeitpunkt, um die inneren und äußeren Grenzen zu sprengen.

Neue Pfeiler des Menschseins zu setzen. Der Zeitpunkt – das Hier. Der Ort – das Jetzt, und wir, die entscheiden können zwischen ›Regen machen und regnen lassen‹.

Literatur

Doug Boyd: Rolling Thunder, München 1978

SYMBOLIK UND MYTHOLOGIE DER GRIECHEN

Einleitung

Seltsame Verbindungen hat die vergleichende Mythologie aus der Nacht unserer Vorgeschichte zutage gefördert. Wer die unendliche Vielfalt der Kosmologien, Kulturen und Götterwelten nebeneinanderstellt, entdeckt zahlreiche Entsprechungen und Bezüge. An den voneinander entferntesten Punkten der Welt treten Bilder, Systeme, Riten, Tänze und Personen auf, die sich so gleichen, daß sie kaum aus der Geburt des Zufalls hervorgegangen sein können. Die Ergebnisse sind so verblüffend, daß die vergleichende Religionswissenschaft, gepaart mit einem detektivischen Forscherdrang und einem gewissen Dilletantismus, einen populärwissenschaftlichen Höhepunkt erreicht hat. Die Suche danach, ob die Götter und Mythen einen gemeinsamen Ursprung haben, schlägt zur Zeit Millionen von Lesern in Bann. Dänikens Übermenschen, die aus dem Raum und von den Sternen kommen, wurden wohl die bekanntesten Gestalten im Spektrum der Spekulationen. Bei aller Fraglichkeit für seine Thesen haben seine Bücher und Vortragsreisen dazu beigetragen, wieder das Interesse für die ewige Frage zu wecken:

Wo kommen wir her, und was sind die Grundmuster, die unser menschliches Verhalten, Fühlen und Denken bestimmen?

In Deutschland wurden die Grundlagen der vergleichenden Religionswissenschaften erst möglich mit der Bekanntschaft der Rigveda, einem der ältesten philosophisch-mythologischen Denkmäler Indiens. Nun ist das indische Pantheon so vielgestaltig, so unendlich ist die Zahl seiner Götter, so buntschillernd sind die Ereignisse, daß es ein leichtes ist, in außerindischen Mythologien Entsprechungen zu finden. Auch die keltischen und griechischen Götterwelten können ihren indischen Ursprung nicht verleugnen: Erinnert nicht der Name Prometheus an das Sanskritwort *pramatha*, das sowohl An-sich-reißen als auch der Feuerreiber bedeutet?

Den Dreizack Shivas finden wir wieder bei Poseidon, dem keltischen Seegott Mananan Mac Lir, aber auch in der Hand des christlichen Teufels; der heilende Gott Apollon-Äskulap zeigt auffallende Ähnlichkeiten mit dem indischen Rudra: die Jünglingsweihe, die Krankheitspfeile und die Heilkunst; man erzählt sich in Indien die Sage, in der der Gott der Lufterscheinungen mit den Dämonen, welche die Kühe gefangenhalten, kämpft.

Erinnert das nicht wiederum an den griechischen Apollon, als er nach den entführten Kühen sucht? Der Kampf von Herakles und Geryones scheint in Indras Kampf mit Vitra seine Entsprechung zu haben. Wenn die alten Germanen vom wilden Jäger und dem wütenden Heer berichten, wenn die griechische Klassik voller Schauern und Abscheu von den orgiastischen Umzügen des Dionysos erzählt, dann denken wir ebenfalls an Indra, der auf weißem Roß mit dem Götterhund Sarameja durch die Lüfte sprengt. Gleich Jupiter und Wotan läßt er Donner und Blitz erscheinen, und als er die Schlange Ahi tötet, wird er zum Vorläufer aller Drachen-

und Riesenhelden, mögen sie nun Perseus, Tristan oder ganz einfach ›tapferes Schneiderlein‹ heißen.

Welche Völker kennen nicht den Liebesgott und die Liebesgöttin, den Sonnengott und den Kriegsgott, die große Mutter und die Göttin der Unterwelt? Aber nicht nur die Gestalten, sondern auch die Riten, Gebete, Tänze und Kulte zeigen auffallende Ähnlichkeit. Eines der auffallendsten Grundmuster spielt sich so ab: Ein Held oder ein Heiliger meistert zahlreiche schwierige Aufgaben. Er kämpft mit Dämonen und Ungeheuern – mögen sie nun Ausdruck seiner gequälten Seele oder reale Erscheinungen sein –, und wenn er diese Taten durch Geschick, Heldentum, Selbstkasteiung oder Frömmigkeit bewältigt, erwarten ihn Erkenntnis und Unsterblichkeit. Diese Struktur, die die Initiationswege vieler Religionen und Mysterien beschreiben, finden wir keineswegs nur in Hochkulturen, sondern wir entdecken sie ebenso bei den Prärieindianern wie bei den Turgiesen und den Ureinwohnern Zentralaustraliens. Vor allem in den Studien Eliades und dem breiten und umfangreichen Material, das er zusammengetragen hat, wird auf diese mitunter verblüffenden Parallelen hingewiesen.

Im Gegensatz zur Theologie erscheint uns die Götterwelt nicht allein als die Erfüllung eines kosmischen Gesetzes, als Ausfluß einiger Grundprinzipien oder platonischer Ideen, sondern in der Pracht und Buntheit einer Vielzahl von Personen und Ereignissen. Sie ist von ihrem Erscheinungsbild her sinnlich und von ihrer Anschauung her äs-

thetisch. Somit verbindet die Götterwelt Reales und Geistiges, Spirituelles und Materielles, Seele und Welt. In der indischen Religionsgeschichte finden wir diese Kombination am ausgeprägtesten im Tantrismus – denn auch er sucht den Ausgleich von Geist und Materie.

Tantra, so sagen seine Anhänger, heilt den Zwiespalt zwischen der physischen Welt und der inneren Wirklichkeit. Für den Tantriker steht das Geistige nicht im Widerspruch zum Organischen. Tantra, abgeleitet von der Sanskritwurzel *tan,* bedeutet ›erweitern‹. So erweist es sich als die Methode, das menschliche Bewußtsein weiterzuentwickeln, damit die im Individuum schlummernden geistigen Kräfte verwirklicht, d. h. in die Wirklichkeit umgesetzt werden können. Dementsprechend hat Tantra eine Theorie und Praxis entwickelt, die das Spirituelle und Physische als Einheit sieht und von der Erfahrung ausgeht, daß Bewußtsein und Sein zusammen die einheitliche Kraft des Werdens darstellen.

Die Lehrinhalte können sich von unten nach oben oder umgekehrt verwirklichen: Vom Gipfel der kosmischen Ebene kann man hinabsteigen in die

Vielfalt der Schöpfung – oder der Mensch kann aufsteigen aus dem Reich unmittelbarer Sinnlichkeit, um zu kosmischem Bewußtsein zu gelangen. Mit dieser Doppelbewegung ist ein wesentliches Charakteristikum der Götterwelt angesprochen: denn in ihnen erkennen wir sowohl die abstrakten Prinzipien als auch eine plastische Fülle menschlicher Gefühle. Hades, Poseidon und Zeus repräsentieren nicht nur die Vergangenheit, Gegenwart und Zukunft, sondern durchleben auch handfeste Liebes- und Kriegsabenteuer. Sie sind Shiva-Shakti: Als Shiva das in sich ruhende Prinzip – als Shakti die schöpferische Kraft, die Entfaltung des Selbst und damit des Seins und der Natur. In ihrer schillernden Doppelgestalt repräsentieren sie die Totalität.

Ebenso wie die griechische Götterwelt beruht die Lehre des Tantra auf einem grundsätzlichen Dualismus: einem männlichen Prinzip, bekannt als Purusa (kosmisches Bewußtsein) und einem weiblichen Prinzip, genannt Prakriti (kosmische Kraft der Natur). Purusa wirkt statisch und stellt die transzendentale Ebene dar. Prakriti dagegen ist die kinetische Energie, die Bewegerin der Schöpfung, aus der sich die Sinnenwelt entfaltet. Das Ziel der Tantriker ist, die integrale Ganzheit der Polaritäten herzustellen, um die Einheit des Spirituellen mit seiner Realisierung in Freude zu erfahren. Die Sinneslust der griechischen Götter und Göttinnen, ihre Bejahung der kosmischen Vielfalt und vor allem ihre unzähligen Liebesabenteuer könnten darauf hinweisen, daß die Geheimnisse der indischen Liebeskunst bis nach Griechenland gedrungen sind. Der Eros ist die bindende Kraft, die das unbewegliche Transzendentale in Bewegung setzt, die den meditierenden Shiva zum Vibrieren bringt, der Urheber und Mutterschoß, die die Ewigkeit schaffen. In der Vereinigung der zunächst gegensätzlichen männlichen und weiblichen Prinzipien entsteht schließlich die Welt in ihrer unendlichen Fülle.

Dieses Ergebnis wird durch die Entfaltung der im menschlichen Körper gründenden kosmischen Kraft, mit dem Namen Kundalini, erreicht. Sie gilt als die in den unteren Regionen des Körpers gespeicherte Energie, auf der unsere psychophysische Struktur beruht. Ihr Erwecken geschieht durch vorbestimmte Rituale und durchläuft dann die in unserem Leib angelegten psychischen Zentren (Chakren), um aufzusteigen bis zur höchsten spirituellen Ebene der vollkommenen Entfaltung und eröffnet uns damit die Möglichkeit, unsere Vorstellungen bewußt zu realisieren. Es ist ihr Ziel, die schlafenden Zonen unseres

Gehirns wachzurütteln, eines Speichers von Gedanken und Bildern, der nur zu einem geringen Teil ausgenutzt ist. Als *sahasrara* bezeichnet man das höchste psychische Zentrum, in dem die Kundalini ihre volle Blüte erreicht. Der Prozeß des Aufstiegs vollzieht sich durch Asana, die Vereinigung von Mann und Frau. Ihre sexuelle Kraft wird in einen Strom umgewandelt, der kosmisches Bewußtsein entstehen läßt; bildlich ausgedrückt: Das Dritte Auge wird geöffnet. So wird die Lust zu einem Akt der Spiritualität und die lustbetonte Lebensweise der griechischen Götter zur Grundlage ihrer geistigen Erfahrung. Symbolisch wird die Kundalini als Feuerschlange dargestellt, welche im Normalfall unaufgerollt in den unteren Regionen des Körpers verharrt. Einen Vergleich mit dem Phallus oder Lingam herzustellen ist nicht schwer. Phallus- und Schlangen-Mysterien finden sich auch im alten Griechenland zahlreich: Athene, Demeter, Dionysos, Zeus Meilichios, Sosipolis, Asklepius tragen Schlangenembleme. Der Caduceus, der Stab des Hermes, wird von zwei Nattern umringelt, und die Pythia in Delphi war ebenso eine Schlangengottheit wie Kychreus auf Salamis. Auch die Anhänger des Dionysos waren mit Schlangen umrankt und trugen einen Stab, der mit dem an der Spitze angebrachten Pinienzapfen einem Phallus gleicht. Als der geschickte Prometheus das göttliche Feuer stiehlt, bringt er es freudestrahlend in einem hohlen Ast hin- und herschwingend aus dem Olymp. Nach *Robert von Ranke-Graves* waren die männlichen Gottheiten im vorklassischen Griechenland der Muttergöttin untergeordnet. Doch hatte sie einen Liebhaber, ihren Sohn, der alternativ die Schlange der Weisheit und den Stern des Lebens darstellte.

Erinnert nicht auch Quetzalcóatl, die gefiederte Schlange der Azteken und Mayas, an die Kundalini? Auch den Ägyptern war der Schlangenkult nicht unbekannt. In ihrem Totenbuch heißt es:

»Und Seth, er webet in meinem Rückgrat. Mein Phallus, ein Leibesglied von Osiris.« (Die Schlangenkraft steigt im Rückenmark von unten nach oben.)

Das Henkelkreuz, das zwischen den Augen des Pharaos gezeichnet ist, stellt das Dritte Auge dar und weist in seiner Verbindung der Vertikalen und des Kreises auf die Vereinigung des Männlichen und Weiblichen. Es bedarf kaum eines komplizierten Beweises, daß die Uräus-Schlange auf dem Haupte der ägyptischen Könige einen Bezug zur Kundalini hat.

Auch die Gnostiker und zahlreiche Ketzer des Mittelalters verehrten die Schlange. Für die ersteren repräsentiert sie das Universum und den kontinuierlichen Zyklus, der vom Einen ins Alles sich entfaltet und wieder zurückkehrt. Im Gegensatz zur christlichen Mythologie setzten die Gnostiker die Schlange der Genesis gleich mit der Erleuchtung, welche Adam und Eva befreit – so wird sie damit auch zum ersten Rebellen der Weltgeschichte, welche dem Menschen die Erkenntnis bringt und sich damit das von Gott gehütete Geheimnis aneignet.

Denn gehütet werden die Geheimnisse und Mysterien nicht selten von Schlangen, welche ja nicht nur als aufsteigende Energie zu deuten wären, sondern sehr naheliegend auch als dämonische, giftspuckende Ungeheuer. Zahlreiche Gegenstände, die symbolisch für Erkenntnis und kosmisches Bewußtsein stehen, werden in der griechischen Mythologie von Schlangendämonen bewacht: die goldenen Äpfel der Hesperiden, die Herakles stiehlt, oder das Goldene Vlies, das die Argonauten rauben. Als Hüter des Heiligtums von Olympia erscheint Zeus Sosipolis in Schlangengestalt, um den Arkadereinfall abzuwehren. Auch der Höllenhund Cerberus hat einen Schlangenschwanz. So vereinigen sich in der Feuerschlange Dämonie und Erleuchtung aufs engste, und es fällt nicht schwer, sie auch als das Symbol für den verschlungenen Initiationsweg zu deuten, den der Held zu durchlaufen hat, um zur höchsten Erkenntnis zu gelangen – denn darin besteht in der Wissenschaft Einigkeit, daß die griechischen Heldenepen wie beispielsweise die Theseus-, Perseus-, Herakles- und Argonautensage Initiationsstadien sind, bei denen die Adepten äußere und innere Ungeheuer besiegen, um eine Stufe höheren Bewußtseins zu erreichen.

Der Tantrismus scheint aber auch verbunden gewesen zu sein mit dem Gebrauch bewußtseinserweiternder Drogen, welche den Weg durch die verschiedenen aufsteigenden Chakren erleichtern. *Wasson* hat versucht, den berühmten Göttertrank der Inder, *soma,* auf den Fliegenpilz *(amanita muscaria)* zurückzuführen. Während bestimmter Rituale verwenden die Tantriker bewußtseinserweiternde Stoffe: Sie trinken *bharig,* ein Gemisch, das aus Hanfblättern bereitet ist, oder sie rauchen *ganja,* ein anderes Rauschmittel, oder bedecken ihren Körper mit einer zu diesem Zweck besonders präparierten Asche.

Die griechische Mythologie, insbesonders in ihren verschiedenen Mysterien, ist voll von Zaubertränken und Hexenkesseln. Auch Ranke-Graves vermutet, daß die Mitglieder des Ziegenclans (Satyren) und des Pferdeclans (Kentauren) *amanita muscaria* kauten. Der Gebrauch rufe Halluzinationen, prophetische Sicht, sexuelle Energie und bemerkenswerte Muskelstärke hervor. Auf einem etruskischen Spiegel ist der Fliegenpilz zu Füßen Ixions eingraviert. Ixion war jener thessalische Held, der sich in der Gesellschaft der Götter an Ambrosia ergötzte. Auch ein kleiner, schlanker Pilz, der auf Kuhdung wächst, ist auf einer attischen Vase mit dem Kentauren Nessos abgebildet. Die Götter, denen allein Ambrosia und Nektar zustanden, bestraften mit ewigem Hunger den König Tantalos, der das Tabu brach, indem er Ambrosia verteilte. Schon im Jahre 1960 vermutete Robert von Ranke-Graves, daß Ambrosia »das geheime Element der Eleusischen, Orphischen und anderer Mysterien wurde, die mit Dionysos verbunden waren«. Die Kultteilnehmer mußten allerdings über alles, was sie aßen, Stillschweigen bewahren. Sie erlebten unvergeßliche Bilder, und ihnen wurde Unsterblichkeit versprochen. Diese Vermutung wurde jetzt von Hofmann und Wasson in ihrer detaillierten Untersuchung des Demeterkultes bestätigt, wo unter anderem auch das LSD-haltige Mutterkorn verwendet worden sein soll.

Wie wir die Feuerschlange oder gefiederte Schlange bei den Hochkulturen der Indianer wiederfinden, so auch den Gebrauch des kleinen, oben erwähnten Dungpilzes, des *psilocybe.* Die Experimente Huxleys, Hofmanns, Jüngers und Gelpkes gehören mittlerweile zum Allgemeinwissen. Ranke-Graves' Versuche sind weniger bekannt. Sie bringen eine verblüffende Ähnlichkeit indianischer Kulte mit den Mysterien des alten Griechenlands zutage. Der Mythologe und Historiker selbst hörte nach Einnahme der Droge eine Priesterin den

Pilzgott Tlaloc anrufen. Tlaloc wurde vom Blitz erzeugt, ebenso wie Dionysos. Ebenso wie in der griechischen Mythologie sind in der mazatekischen Folklore alle Pilze dem Blitz entsprungen. Die dionysische Schlangenkrone schmückte auch das Haupt des Tlaloc, und ebenso wie sein griechischer Bruder hatte er einen Zufluchtsort am Meeresgrund. Der grausame Brauch der Mainaden, ihren Opfern den Kopf abzureißen, könnte sich allegorisch darauf beziehen, die Köpfe der heiligen Pilze abzureißen, denn die Stämme werden in Mexiko nie gegessen. Oft wurde der Pilz als der Ruheplatz der Kröte gesehen, und so war das Emblem des Tlalocs eine Kröte.

Erotik und psychedelische Drogen sind also die beiden Grundsäulen, auf denen sich eine weltweite Götterwelt aufbaut, denn beide Elemente lassen sich bei allen Völkern nachweisen. Nur in der materialistischen Welt des Westens scheinen sie ein apokryphes Dasein gefristet zu haben, insbesondere in den Bohemezirkeln des 19. Jahrhunderts. Erst in den Sechzigern wurde diese Kombination erneut entdeckt, und derjenige, dem das Verdienst zukommt, die Verbindung von Tantrismus und bewußtseinserweiternden Drogen am klarsten gesehen zu haben, ist T. Leary.

Erinnern wir uns noch einmal daran, daß der Tantrismus den Versuch macht, den Zwiespalt zwischen der physischen Welt und der inneren Wirklichkeit zu heilen. Entsprechend gibt es auch bei der Interpretation der Mythen zwei Ansätze: eine psychologische, bei der C. G. Jung und Kerényi hervorragen, und eine historische, für die hier Ranke-Graves genannt sei. Die Tiefenpsychologie erkennt in den Mythen die Urgründe der Menschenseele, ja die Urnormen und Urformen des Lebens. Aus dem Mythos entsteht die psychologische Welt des Menschen: »Er ist das zeitlose Schema, die fromme Formel, die in das Leben eingeht, indem es aus dem Unbewußten seine Züge reproduziert« (Thomas Mann). So stellt das Mythische ein überindividuelles archetypisches Reservoir von Bildern dar und eine die Seele des Menschen mit Gestalten und Ereignissen füllende Macht. Es ist der Stoff, aus dem unsere Träume gemacht sind, und wer die Seele des Menschen entschlüsseln will, muß dessen Mythen entschlüsseln. Die Mythologie wird hier als eine ›Kollektivpsychologie‹ bezeichnet, »als ein gemeinsames Beherrschtsein durch Überindividuelles in erfahrbaren Bildern« (Kerényi).

Ranke-Graves hingegen, der, wie er schreibt, aufgrund seiner bewußtseinserweiternden Experimente durchaus einen Einblick in die Mysterien erhielt, behandelt die griechische Mythologie als politisch-religiöse Geschichte. Für ihn läßt sich die Götterwelt nur eingebettet in die große geschichtliche Auseinandersetzung zwischen dem patriarchalischen und dem matriarchalischen Europa begreifen. Das alte Europa kannte, nach seinen Forschungen, keine Götter. Die ›Große Göttin‹ allein wurde als unsterblich, unveränderlich und allmächtig verehrt. Ihre Macht zeigt sich darin, daß die Bedeutung der Vaterschaft noch nicht in die religiösen Vorstellungen einging. Zwar verfügte sie über Liebhaber, doch nur zu ihrem Vergnügen. Die Menschen fürchteten die Stammutter, opferten ihr und beteten sie an. In den Hütten und Höhlen war ihr Zentrum der Herd, ebenfalls der Mittelpunkt des damaligen Lebens, der Nabel der Gemeinschaft und Symbol für das Urmysterium der Mutterschaft. Auch Ranke-Graves wagt einen Blick auf Indien, wo sich bis heute noch matrilineare Gesellschaften, die Nagas, im Süden erhalten haben. Bei ihnen gebären die Prinzessinnen ihre Kinder von Liebhabern ohne Rang und ohne Namen. Der griechische Mythos ist also vor allem eine Kampfgeschichte zwischen dem zurückgedrängten Matriarchat und den neu aufkommenden Kräften der patriarchalischen Eroberer aus dem Norden. Robert von Ranke-Graves fällt es deshalb nicht schwer, jeden der griechischen Mythen auf diese historische Auseinandersetzung zurückzuführen.

Die historische und die tiefenpsychologische Schule haben beide recht, würde ein Tantriker sagen, denn in der Geschichte spiegelt sich unsere Seele,

ebenso wie sich die Geschichte in unserer Seele spiegelt. Subjektives und Objektives sind nur Ausdruck des All-Einen und nur – getrennt voneinander – zwei verschiedene Blickwinkel auf denselben Gegenstand geworfen. Das Verständnis für eine solche Position ist im Sinne des europäischen Geistes kaum zu erlangen, geht doch die abendländische Tradition von der prinzipiellen Getrenntheit von Subjekt und Objekt aus. Seit Sokrates auf der Agora in Athen den Mythos lächerlich machte, wird er von den herrschenden Kräften der Scholastik, des Positivismus und des Marxismus allenfalls in den Bereich einer wuchernden Phantasie verwiesen. In diesem Jahrhundert geriet der Mythos insbesondere im Zusammenhang mit der Erfahrung des Faschismus in den dreißiger Jahren in Mißkredit. Die zerstörerische Machtgier der Nationalsozialisten versteckte sich hinter einem nur in der Phantasie ihrer Ideologen existenten Germanenmythos, der jeder historischen Tradition bar war. Runen und Germanen, wie sie vermeintlich in den dreißiger Jahren wiederentdeckt wurden, hatten historisch so nie bestanden. Nach dem Zusammenbruch des ›Tausendjährigen Reiches‹ schlug der falsche Mythos um in den Versuch, die Haltung einer makellosen Rationalität einzunehmen. Aber bannt man die Ungeheuer, indem man sie einfach leugnet? Immer wieder wird versucht, das Leben nach rein rationalen Erklärungen einzuordnen – von denen wohl kaum behauptet werden kann, daß sie zur Interpretation unserer Massengesellschaften hinreichen. Die Geschichte des zwanzigsten Jahrhunderts und ihre politischen Figuren wurden ebenso von Mythen bestimmt wie die frühe Welt der Griechen. Die modernen Mythen, die Welt der Atomkraftwerke, Biocomputer und Raumstationen, spiegeln sich ad-äquater wider in den Science-fiction-Romanen als in den Lageberichten zur Nation. Wenn wir den Menschen als ein Mischwesen zwischen Sinnlichem und Geistigem sehen, bleibt ihm gar nichts anders übrig, als mit dem Mythos zu leben, denn in ihm wird die Geschichte in ihrer spirituellen und sinnlichen Form aufgeschrieben. Er kann zwar verleugnet werden, wie vom Positivismus und Linksliberalismus, aber erst mit der Vernichtung des Menschen würde auch er verschwinden. In dem Falle, daß der Mythos politisch verwertet wird, geht es darum, die Frage zu stellen, welche Mythen man bejaht, die paranoid-hybriden oder die arkadisch-liebevollen. Aber bevor dieser Schritt getan wird, gilt es erst einmal aus den Mythen zu lernen, um die Welt zu verstehen, damit man sie verändern kann. In diesem Sinne werden dann auch im folgenden einige griechische Göttergestalten interpretiert.

Der Versuch, die psychologische und historische Seite des Mythos, seine Aktualität und seine Zeitlosigkeit, seine Herkunft und seine Richtungweisung darzustellen, ist ein schwieriges Unterfangen, steckt die Erforschung solcher Zusammenhänge doch noch in den Kinderschuhen. Die Kinder dieser Erde aber haben sich schon auf den Weg gemacht, uralte Liebeskünste, den Gebrauch von Hexenkräutern und bewußtseinserweiternden Drogen wiederzuentdecken.

Janus/Dianus

– der römisch-italische Gott der Türen und des Anfangs. Alle Türen und Tore waren ihm geweiht, ebenso jeder Beginn. In der Kunst wird er mit zwei Gesichtern dargestellt, die in entgegengesetzte Richtungen blicken. Frazer, in seinem Buch ›Der goldene Zweig‹, erkennt in ihm das Urbild des Wald- und Vegetationsgottes. Er war auch unter dem Namen Dianus bekannt und wurde im Eichenhain zu Nemi verehrt. Dort diente ihm ein Priester, dessen Amt mit der Königswürde verbunden war. Er hatte die seinem Kult geweihte heilige Eiche Tag und Nacht zu bewachen, denn derjenige, der einen Zweig des Baumes abbrach, erhielt das Recht, ihn zu töten und seinen Platz einzunehmen.

In der alten italischen Mythologie soll eine heilige Vermählung zwischen Dianus und Diana, der Göttin des Waldes und der Fruchtbarkeit, stattgefunden haben. Da dem Janus, ebenso wie dem Jupiter, die Eiche geweiht war, sieht Frazer zwischen beiden eine Identität, der die weibliche Identität von Juno und Diana entspricht.

Janus ist eine der rätselhaftesten Göttergestalten des alten Roms. Er wird Schöpfer, Gott der Götter und Ursprung der Götter genannt. Das erinnert an den indischen Gott Vayu, der auch in den Aufzählungen als erster erwähnt wird, und den iranischen Vayu, der als Doppelgestalt, als gut und böse dargestellt wird. Als Gott des Anfangs und Beginnens hatte er große magische Bedeutung, denn für die Römer war der erste Schritt für den Erfolg aller Entscheidungen ausschlaggebend; bestimmte er doch den weiteren Weg. Wenn der Mensch etwas Neues beginnt, dann tritt er gleichsam durch ein Tor und begibt sich in einen anderen Raum; das gilt sowohl für das Raum-Zeit-Geschehen als auch für Seelenwanderungen.

So wird Janus zum Gott der Schwelle, und wir finden ihn am Eingang zahlreicher römischer Häuser und Stadttore. Darüber hinaus soll er den ihm anvertrauten Raum schützen, feindliche

Fremde und Dämonen abhalten, aber ebenso wohlgesinnte Gäste einladen. Entsprechend drückt seine Physiognomie nicht wie bei vielen bekannten Türhütern etwas Dämonisches aus, sondern Stärke und Bestimmtheit auf der einen Seite, Freundlichkeit und Weisheit auf der anderen. Seine Bedeutung als Torhüter und seine Doppelköpfigkeit ist auch bei anderen Kulturen insbesonders in Afrika verbreitet: So hat er eine Parallele in einem zweiköpfigen Gott, den die Buschleute Surinams stets als Wächter am Eingang ihres Dorfes aufstellen.

Die rituelle Tötung seines Priesters zu Nemi und seine Verehrung als Naturgott gliedert ihn ein in zahlreiche Vegetationskulte, nach denen der Frühling, der junge Gott den Winter bezwingt. Sie ist Grundlage vieler Mysterien, der Dionysos-, Attis-, Adonis- und Osiriskulte, nach Frazer ganz allgemein das Wesen eines magisch religiösen Weltbildes, das Tod und Wiederauferstehung zum Inhalt hat.

Eine schier unbegrenzte Deutung ergibt sich sicher aus seiner künstlerischen Darstellung als Doppelkopf. Damit wird er zum Symbol aller Gegensatzpaare: innen und außen, Seele und Körper, Mythos und Vernunft, rechts und links, konservativ und progressiv, Materie und Antimaterie, ja für die Dialektik schlechthin, die in der Gesamtfigur ihre plastische Synthese findet. Doch erst in der Doppelgeschlechtlichkeit wird dem Kunstwerk sein höchster Ausdruck gegeben.

Es ist verständlich, daß das patriarchalische Rom ihn fast ausschließlich in seiner männlichen Physiognomie darstellt, schließlich hatte der Pater familias auch das absolute Hausrecht. Die italischen Naturvölker, die die heilige Vermählung von Dianus und Diana verehrten, werden ihn dagegen als männlich und weiblich gesehen haben. Dem Kunstwerk gelingt es dann, den Gegensatz der beiden Pole in ihrer Einheit darzustellen. Damit symbolisiert der doppelgeschlechtliche Dianuskopf einen sozialen und psychischen Zustand, der jenseits von matriarchalischen und patriarchalischen Bewußtseins- und Gesellschaftsformen steht. Doch das jeweils spezifische Charakteristikum von Mann und Frau wird nicht aufgehoben. Die Plastik erscheint vielmehr als ein Vibrationsfeld, wo sich die Trennung zur Einheit zusammenschließt, um sich dann wieder zu dissoziieren. Diese Doppelgeschlechtlichkeit erinnert an die Gottheit des neuen Aeons, wie sie Crowley im ›Book of Thoth‹ charakterisiert und mit der Tarotkarte des Narren gleichsetzt.

Als soziales Symbol hat der Dianuskopf eine Entsprechung in der Realität. So kann er als Bild für eine gesellschaftspolitische Tendenz genommen werden, die zurückschauend das Alte erkennt, um es für die Zukunft fruchtbar zu machen und zu aktualisieren. Ihren eindruckvollsten Ausdruck findet diese Strömung im europäischen Regionalismus, der sich mit der Ökologie- und Jugendbewegung verbindet. Es ist gerade die junge Generation der Basken, Bretonen, Waliser und Elsässer, die an ihre alte Kultur anknüpfen, um sich aus der technokratischen Bevormundung des Staates zu lösen.

Auch in der bundesrepublikanischen Ökologiebewegung schließen sich zum ersten Mal Elemente aus dem konservativen und anarcholinken Lager zusammen, die in der sozialen und geistigen Geschichte Deutschlands nur selten zum Vorschein kamen. Wenn Vine Deloria in seinem Buch ›Nur Stämme werden überleben‹, das Scheitern der amerikanischen Hippiebewegung darauf zurückführt, daß sie weder über eine Tadition noch über rituelle Erfahrungen verfügte, so kann man umgekehrt schließen, daß die traditionellen Stammesreste der Indianer und die Restbestände alter Bauernkultur versiegen, wenn sie sich nicht mit den Impulsen zusammenschließen, die aus der Jugend kommen. Der doppelgeschlechtliche Dianuskopf könnte zum Symbol dieser Synthese werden.

Literatur

F. Börtzler: Janus und seine Deuter, Bremen 1930

James George Frazer: Der goldene Zweig, Frankfurt 1977

L. A. Mac Kay: Janus, Berkeley 1956

Chronos

Den Anfang und Urgrund aller Dinge fanden die Griechen im Chaos, der mit Nebel und Finsternis erfüllten Urkluft. Aus ihrem Schoß schied sich zuerst das feste Land, die breitbrüstige Gaia, die Erde, und ihr Gegensatz, der leere, finstere Tartarus. Als drittes entstand Amor, der Gott der Liebe, der die Gegensätze vereinte. Gaia, in ihrem blühenden Schaffensdrang, ließ den weiten Sternenhimmel aus sich entstehen: Uranos, den Sitz der zukünftigen Götter. Das Finstere, Irdische, Tiefe war die Mutter des Himmlischen, Hohen und Leuchtenden.

Die Erdmutter Gaia vermählte sich mit Uranos, und aus dieser Verbindung entstanden die Titanen. Den Vater selbst grauste es vor ihrem Anblick, und er stieß seine Kinder in den Tartarus. Gaia aber seufzte in ihren innersten Tiefen über das Schicksal ihrer Kinder. Rachesinnend schmiedete sie die erste Sichel und gab sie ihrem jüngsten Sohn, dem Titanen Chronos, der das verschlagenste ihrer Geschöpfe war. Dieser entmannte seinen Vater mit der Sichel, als Uranos Gaia begattete. Die Blutstropfen, die auf die Erde fielen, wurden zu den Furien, den Rachegöttinnen, den Giganten und den Bergnymphen. Der Same des Uranos aber fiel ins Meer, und aus ihm entstand Aphrodite, die Schaumgeborene, die Göttin der Liebe.

Wie sein Vater vermählte Chronos sich mit seiner Schwester, der Rhea, und vernichtete seine Kinder, indem er sie verschlang. Sein jüngster Sohn, Zeus, sollte später ihn entmachten, wie er seinen Vater entmachtet hatte.

Chronos, der Sohn des Uranos, also der Verkörperung des Sternenhimmels und der Gaia, der Mutter Erde, stellt das Prinzip der Zeit dar: Die frühen Bestimmungen der Zeit wurden anhand von Sternenbeobachtungen festgestellt. Häufig wird er mit einem Stundenglas als seinem Symbol dargestellt; die Uhr, der Chronometer, erhielt ihren Namen in Gedanken an Chronos, den griechischen Titanen. Als allesverschlingende Zeit, vor der nichts Bestand hat, verschlingt er seine Kinder, kaum daß sie ihm geboren wurden. Die Sichel, ein anderes seiner Symbole, verdeutlicht diesen Aspekt und gelangte wohl auf verschlungenen Pfaden in den Volksglauben, der den Schnitter Tod mit einer Sichel in der Hand als Sensenmann sieht.

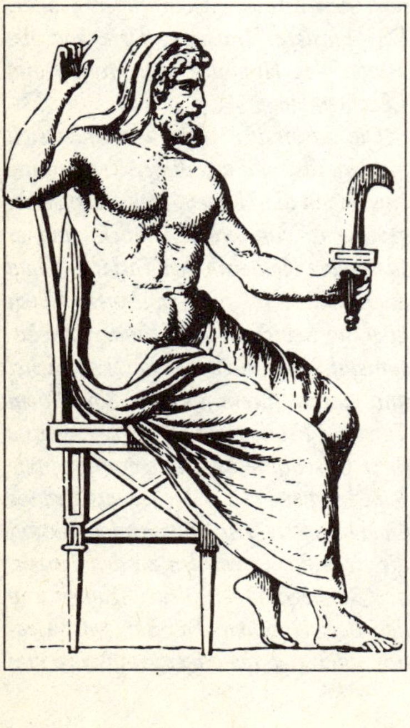

Im Sinne des griechischen Mythos über die Entstehung der Welt bezeichnet Chronos die dritte Stufe der Entwicklung nach der des Chaos und der des ursprünglichen Gegensatzes von Finsternis und Licht sowie der sie verbindenden Liebe. Keine dieser Stufen aber verschwindet völlig; zwar empört sich Macht gegen Macht, Macht siegt über Macht, aber die besiegte Macht bleibt selbst in ihrem Sturz noch groß. Chronos als das Ordnungsprinzip der Zeit, das die Erscheinungen in eine unaufhörliche Reihenfolge bringt und ihre Endlichkeit demonstriert, wird zwar überwunden von Zeus, dem *ewigen* Geist, aber, so berichtet der Mythos, Chronos gelangte nach Elysium, wo er sich in unendlichen Spielen ergötzt.

Einer anderen Version der Mythe nach floh Chronos nach Italien, und unter seiner Herrschaft stellt sich dort das Goldene Zeitalter ein: Die Menschen lebten, gleich den Göttern, ohne Sorgen in steter Glückseligkeit, in Gesundheit und Stärke; wenn sie endlich doch starben, verfielen sie nur in einen Schlummer, welcher sie des Daseins überhob, indem er sie zu Dämonen machte. In Erinnerung an dieses Paradies wurden in Rom jährlich vom

17. Dezember an die Saturnalien (nach dem römischen Namen des Chronos, Saturn) gefeiert. Den Sklaven wurden alle möglichen Freiheiten gestattet, der Unterschied zwischen Herr und Sklaven verwischte sich: Die Sklaven saßen an reich gedeckten Tischen, und die Herren mußten sie bedienen. Anfangs dauerte dieses heitere Treiben nur einen Tag, bis es sich schließlich auf den Zeitraum einer Woche ausdehnte.

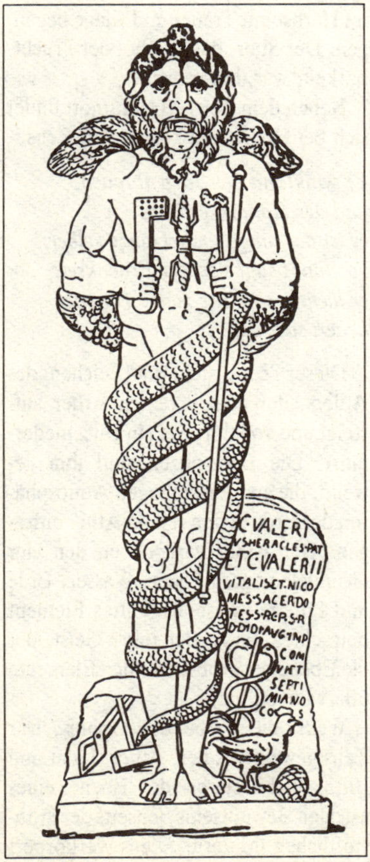

Zeus

Zeus, der dritte Sohn des Chronos und der Rhea, wurde von seiner Mutter sorgfältig vor dem Vater verborgen, da dieser all seine Kinder verschlang: Uranos, sein Vater, den dieser entmannt hatte, sagte ihm sterbend voraus, er werde von einem seiner eigenen Söhne entthront werden. Von Nymphen gepflegt, wuchs Zeus heran und schlich sich mit Hilfe seiner Mutter bei Chronos als Mundschenk ein. Er mischte den Honigtrunk des Chronos mit Senf und Salz, und dieser erbrach die älteren Geschwister. Sie machten Zeus zu ihrem Anführer im Kampf gegen die Titanen.

Der Kampf dauerte zehn Jahre, und schließlich riet Rhea ihren Kindern, sich mit den Kyklopen, den aufständischen Söhnen Uranos, die dieser in die Unterwelt verbannt hatte, zu verbinden. Zeus befreite sie und erhielt von ihnen den Blitz als Waffe, Hades gaben sie eine Tarnkappe und Poseidon den Dreizack. So gewappnet, besiegte Zeus mit Hilfe seiner Geschwister den Vater und wurde selbst zum Obersten aller Götter. Poseidon, Hades und Zeus losten die Herrschaft über den Himmel, das Meer und die Unterwelt unter sich aus, und Zeus gewann den Himmel, Poseidon das Meer, Hades die Unterwelt, die Erde aber ließen die Götter als gemeinsamen Besitz.

Zeus freite um seine Zwillingsschwester, die ihn aber nicht erhören wollte, so daß er sie mit einer List gewinnen mußte. Er verwandelte sich in einen zerzausten Kuckuck, und als sie ihn wärmend an ihren Busen drückte, nahm er wieder seine ursprüngliche Gestalt an und ver-

gewaltigte sie. So zwang er sie, ihn zu heiraten, um ihrer Schande zu entgehen.

Dieser Bund war gezeichnet von unaufhörlichen Hadern zwischen den beiden Gatten. Zeus' unzählige Liebesabenteuer und Heras unermüdliche Eifersucht und Rache sind fester Bestandteil der griechischen Sagen. Mit Hilfe seines Donnerkeils hielt er die streitlustige Familie der olympischen Götter zusammen, selbst nur in einer Hinsicht besiegbar: durch die Pfeile der Liebesgöttin Aphrodite.

Zeus, der jüngste der Chroniden, ist in der griechischen Mythologie der helle Himmel selbst. Schon sein Name weist darauf hin, er bedeutet: der Lichte. Seiner List und Klugheit verdankten die olympischen Götter den Sieg über ihre Ahnen, die Titanen. Diese ungebändigten, maßlos und blind waltenden Naturmächte werden von Zeus zwar überwunden, aber nicht von ihm vernichtet. Er verbannte sie in den Tartarus; dieser Akt symbolisiert den Sieg des lichten Geistes über die dunklen Kräfte der Natur.

In der Form des auf Kreta und in Dodona verehrten Zeus' wird er selbst noch als Naturgott verstanden: Er ist der befruchtende, nährende Gott, der im Sommer die lechzende Erde tränkt. Er offenbart sich im Rauschen der heiligen Eiche oder im Fluge der geweihten Tauben, schickt aber auch die dunklen Kräfte des Donners und die zerstörenden des Blitzes den Sterblichen. Sowohl in Dodona wie auf Kreta, wo er, der Mythe nach, aufgewachsen sein soll, wurde seine Geburt im Frühling mit Musik und orgiastischen Tänzen gefeiert, sein Herabsinken in die Unterwelt im Herbst mit Trauer und Klage begangen. Der Stier, das Symbol der Fruchtbarkeit, war ihm geweiht.

Neben dem Zeus als Naturgott findet sich bei Homer ein kosmischer Zeus:

Er winkt mit den Augenbrauen,
und der Himmel erbebt,
er ist das umgebende Ganze selber;
vor ihm beugt sich der Erdenkreis,
er lächelt, und der ganze Himmel
heitert sich auf.

Dieser Zeus steht im Zeichen des Adlers, der in den reinen Äther aufsteigt und von dort wie ein Blitz niederfährt. Die Bergspitzen sind ihm geweiht, die aus den wolkigen Atmosphären der Erde in den reinen Äther aufragen. Der Äther wird neben den vier Grundelementen Feuer, Wasser, Erde und Luft zeitweise als fünftes Element betrachtet. Es ist der reine Geist, der die Ebene der grobstofflichen Elemente überwunden hat.

Weiß, die Farbe des Lichtes, war Zeus geweiht; Adler, Äther, Licht und Blitz symbolisieren die Ebene eines astralen Bewußtseins, jenseits der grobstofflichen Materie. Zeus verkörpert

Pallas Athene von Phidias

die Mitte des Weltalles als eines universellen Bewußtseins, von dem alle Bewegungen ausgehen. Er ist allwissend, kein Ereignis in der Zukunft bleibt seinem Blick verborgen, selbst Apollo, der Herr des Orakels, wird der Prophet des Zeus genannt. Über ihm steht nur noch die Moira, die Schicksalsmacht, das Verhängnis, das alle Ereignisse aneinanderkettet.

Zeus ist aber auch der ›Große Vater‹, Menschen wie Götter sind seine Kinder. Immer wieder steigt er, der Geist, auf die Erde herab und vereinigt sich mit ihren Töchtern. »Mit seiner Macht und Hoheit vereint sich die ganze Fülle der Jugendkraft, welche durch nichts gehemmt wird. Der Himmel faßt die Fülle seines Wesens nicht. Auf die Töchter der Sterblichen richtet er seine Blicke« (aus einer Götterlehre aus dem Jahr 1795). Die Geliebten des Zeus sind eigentlich mit verschiedenen Namen und Eigenschaften ausgestattete Gestaltungen der einen Himmelsgöttin, der Hera, die nur vom monotheistischen Eifer der Hera-Diener zu sterblichen Kebsweibern degradiert wurden.

Im Gegensatz zu den anderen Göttern und Göttinnen des griechischen Pantheons, von denen dieser nur bestimmte menschliche Tugenden und Untugenden verkörpert, ist Zeus der Vollkommene, in dem die sich widersprechenden Prinzipien vereint sind. Sein Zepter, der Blitz, verkörpert zugleich das Licht, das die Finsternis zerreißt, wie die todbringende Zerstörung. Adler und Stier symbolisieren spirituelle wie irdische Schöpferkraft. Als Prinzip des Geistes, des universellen Bewußtseins, ist er der Herr der Welt, keinen besonderen Leidenschaften mehr unterworfen als der der unendlichen Liebe. Es ist der Geist, der sich vermählt mit der Materie, sich ohne Unterlaß verkörpernd.

Wotan, der dem Zeus entsprechende Donnergott der germanischen Mythologie

Literatur

H. Diels: Zeus, in: Archiv für Religionswissenschaften 22, 1926

J. Fink: Der Thron des Zeus in Olympia, München 1967

H. v. Hülsen: Zeus, Vater der Götter und Menschen, Mainz 1967

S. Mariantos: Die Wanderung des Zeus, in: Archäol. Anz. 77, 1962

Apollo
– Gott der Jugend, der Musik und der Heilkunst. Er ist der Zwillingsbruder der Artemis. In Delphi tötete er schon in frühester Jugend die Pythonschlange und übernahm das dortige Orakel. So galt er als Gott der Weissagung und der Mäuse, weil diese Tiere die Fähigkeit besitzen sollen, weiszusagen.

Als Gott der Musik entwickelte er große Fähigkeiten im Spiel der Leier. Nachdem der Satyr Marsyas ihn zu einem Wettstreit herausgefordert hatte, gab er sich nicht mit einem Sieg zufrieden, sondern enthauptete seinen Gegner bei lebendigem Leibe. Einen ähnlichen Wettkampf gewann er in Phrygien gegen Pan. Zum Opfer wurde dieses Mal der König Midas, dem Eselsohren wuchsen, weil er Pans Flöte vorzog.

Von Apollo sind zahlreiche Liebschaften bekannt, die aber offensichtlich nicht immer erfolgreich waren. Weder gelang es ihm, seine Tante Hestia, die Jungfrau bleiben wollte, zu verführen, noch die Liebe der Nymphe Sinope zu gewinnen. Diese erklärte sich zwar nach längerem Drängen bereit, ihm nachzugeben, wenn er ihr einen Wunsch erfülle. Als er einwilligte, bat sie ihn, daß sie ihr ganzes Leben Jungfrau bleiben dürfe. Ein neues Liebesabenteuer brachte dem Gott wieder eine Enttäuschung. Die Nymphe Daphne, der er nachstellte, ließ sich lieber in einen Lorbeerbaum verwandeln, als sich ihm hinzugeben.

Auch seine homoerotischen Absichten wurden keineswegs immer erfüllt: Seinen Liebling Hyakinthos tötete er aus Versehen mit einem Diskus, und der Knabe Kyparissos fiel in solche Trauer, daß er die Liebe des Gottes nicht erwidern wollte. Am liebsten scheint Apollo mit seiner Zwillingsschwester Artemis auf die Jagd gegangen zu sein.

Im klassischen Griechenland wird Apollo als der mächtigste der Götter neben Zeus gesehen. Er gilt als die Verkörperung des verfeinerten Stils, der männlichen Schönheit und der adeligen Größe. Als Gott der Musik repräsentiert er Kunst, Mäßigung, Gesundheit und das Recht; damit gilt er als der griechischste aller Götter, dem Handwerk und Kunst unterstellt sind – zumindest hat ihn das 19. Jahrhundert und die deutsche Klassik so gesehen. Unter Hunderten von Namen wurde er verehrt, und einer seiner Beinamen lautet *Phoebus,* der Lächelnde. Er war der Gott der Jugend. Die Jünglinge opferten ihm ihre langen Haare, wenn sie in die Mannbarkeit überwechselten.

Seine beeindruckendste plastische Darstellung findet sich am Westgiebel des Zeustempels zu Olympia. In der Mitte einer Szene sich gegenseitig bekämpfender Lapithen und Kentauren, die beide die wilde und barbarische Natur darstellen, repräsentiert er die Zivilisation und das Gesetz. Das aber macht ihn im negativen Fall zum Staatsgott par excellence, der sich gegen die alten, in die Natur eingebetteten Volksreligionen wendet, und Nietzsche z. B. hat ihn so gesehen. Der Gott gilt ihm als die mythische Verkörperung des hellenischen Geistes oder der griechischen Klassik im Gegensatz zur archaischen und dionysischen Strömung des Hellenismus.

Apollo, das Sinnbild des Menschen, der sich aus seiner Abhängigkeit von der Natur gelöst hat, wird nichtsdestotrotz von dieser unwiderstehlich angezogen. Er stellt den Nymphen und Dryaden nach, aber ohne Erfolg, er weiß mit den weiblichen Naturgottheiten nicht mehr umzugehen. In dieser Beziehung ist er seinen Rivalen, dem bocksbeinigen Marsyas und dem großen Vegetationsgott Pan, die er mit verbissener Eifersucht und Grausamkeit verfolgt, unterlegen. Als Verkörperung einer Staatsreligion bekämpft er die Naturreligion und den anarchistischen Taumel der Lust.

Doch der Gott Apollo lebte schon Jahrtausende vorher in Thrakien. Eine großartige Bronzestatue des Gottes stand in Apollonia, dem heutigen Sozopol am Schwarzen Meer, und ein Kultwagen aus dem 2. Jahrtausend v. Chr. weist auf seine Spur: Ein Dreirad aus Ton, das von Vögeln gezogen wird und auf dem sich eine menschliche Figur befindet. Siegert vermutet, daß es sich um den hyperboräischen Apollo handelt, der auf einem von Schwänen gezogenen Wagen jeden Herbst von der Griecheninsel Delos, wo er der Sage nach geboren wurde, über Wasser, Land und Lüfte nach Norden in das Reich des Gottes Boreas (Nordwind) zog, um im Frühling wiederzukehren.

Der Name Hyperboräer wird abgeleitet vom griechischen ›Jenseits des Nordwind Wohnenden‹ oder vom thrakischen ›Hinter den Bergen Lebende‹. Sie sind das sagenhafte Volk ›im äußersten Norden des Erdkreises‹, das bei Herodot im Gebiet der ungarischen Tiefebene und im heutigen Siebenbürgen vermutet wurde, und das nach griechischer Auffassung in ewiger Glückseligkeit lebte und somit ein irdisches Paradies darstellte. Für die Thraker war Apollo ein Sohn des Vegetations- und Hirtenlebens – unter anderem schützte er den lebenswichtigen Weizen vor Mäusen. Als Gott des Lichts galt Apollo den Thrakern ebenfalls als Heilender, der jedoch mit seinen Sonnenpfeilen auch Schmerz und Tod auslösen konnte. Siegert nimmt an, daß sich in seinem Kult »Musik, Tanz, Weissagung und Ekstase... zu einem Instrumentarium für Diagnosen und Therapien (verbanden), die wir heute der psychosomatischen Therapie zurechnen würden und die bei den Thrakern mit Dionysos, Orpheus und Zamolxis ihren Höhepunkt erreichten.«

So stand Apollo keineswegs im Gegensatz zu Dionysos, wie ihn Nietzsche, der aber sehr wohl das Wechselspiel von Dionysischem und Apollonischem kannte, unter dem Einfluß einer spießigen griechischen Philologie des 19. Jahrhunderts herausstellte. Der thrakische Apollo lebte in Harmonie mit den weiblichen Naturgottheiten; die nebenstehende mittelalterliche Darstellung erinnert an ein thrakisches Steinrelief, das Maria Zontschewa beschreibt. Die drei Nymphen vereinigen sich »in seltsamer Harmonie... dargestellt in einem melodischen Rhythmus, mit tanzenden Händen und Köpfen, Schönheit der nackten Körper, vollkommen und harmonisch. Die thrakischen Nymphen sind keine Engel, die Götter begleiten, sie sind irdisch und erdverbunden.« Alexander Fol, Direktor des thrakologischen Instituts in Sofia, vermutet gemeinsame Wurzeln der thrakischen und griechischen Mythologie in der Minoischen Kultur, was die unkriegerischen Aspekte des Apollo mehr betonen würde, denn Kreta gilt als Land des Spiels und Tanzes. In jüngster

Apollo, der Herr der Sphären und der Herr der Zeit, dargestellt mit den Musen, Planeten und den drei Grazien. Die drei Tierköpfe der Schlange symbolisieren die uns bekannten drei Aspekte der Zeit: Löwe gleich Gegenwart, Wolf gleich Vergangenheit, Hund gleich Zukunft

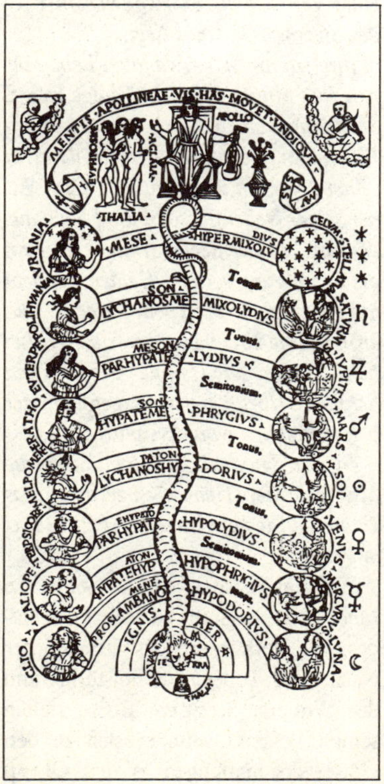

Zeit wurden jedoch die Einflüsse noch weiter zurückverfolgt. Auffallende Ähnlichkeiten gibt es mit dem indischen Rudra: die Jünglingsweihe, die Krankheitspfeile, die Heilkunst.

Von großer Bedeutung für die griechische Religion und Politik war das dem Apollo in Delphi geweihte Orakel. Auf einem Dreifuß sitzend über einem Spalt, aus dem betäubende Gase aufstiegen, wurde die Pythia, die Orakelpriesterin Apollos, in ekstatische Zustände versetzt. Sie stammelte dabei Worte, welche ihre Priester als Antwort auf die gestellte Frage in Verse umsetzten. Die neuesten Arbeiten von Wasson und Hofmann über die eleusischen Mysterien lassen vermuten, daß auch bei diesem Kult bewußtseinserweiternde Drogen verwandt wurden.

Auf einer orphischen Sakramentalschale aus dem 4. Jahrhundert v. Chr. wird der hyperboräische Apollo dargestellt mit der Lyra in der Hand und einem Greif zu seinen Füßen. Die Schale zeigt die verschiedenen Stadien eines Initiationsweges durch Figuren. Die Gestalt des Apollo bedeutet nach Campbell, daß sich der Schüler jetzt im Besitz des Wissens über den Beweger hinter dem Bewegten befindet. Die Lyra erinnert an die Pythagoreische *Harmonie der Sphären*, und der Greif zu seinen Füßen verbindet die Formen des Sonnenvogels und Sonnentieres, des Adlers und des Löwen, als Gegenspieler zum symbolischen Mischwesen aus Tier und Fisch. So bewahrt Apollo auf dem Berg Helicon mit der Lyra in der Hand die ewigen Formen, die sich in allen Phänomenen manifestieren, und die Platon die ›universalen Ideen‹ nennt.

Die drei Grazien, welche wir neben Apollo sehen, stammen aus einem neuplatonischen Werk des Gafurius, ›Practica musice‹, über die Sphärenmusik und stellen die drei Aspekte der nackten Seele vor Gott dar: Euphrosine, ›Die Freude‹, wendet sich weg von der Gegenwart und repräsentiert das göttliche Wohlwollen, das die Welt bewegt. Aglaia, ›Der Glanz‹, sieht in das Antlitz des Gottes und verweist darauf, daß die menschliche Seele in Anmut zurückkehrt, und Thalia, ›Der Überfluß‹, repräsentiert den Ausgleich zwischen beiden. Campbell vermutet, daß die drei Grazien und der hyperboräische Apollo die drei göttlichen Personen in einer göttlichen Substanz darstellen, welche dann nach der christlichen Doktrin auf rein maskuline Masken des einen Gottes reduziert werden. Im Mittelalter wurde Apollo vor allem als Gott der Dichtkunst sehr verehrt, und Wolfram von Eschenbach behauptet, daß er ihm und den Musen alles verdanke. Er wurde als das ›Licht der Lichter‹ gesehen, das als heidnische Tradition in der Minnedichtung aufleuchtete.

Literatur

P. Amandry: La mantique apollonienne à Delphes, Paris 1950

F. G. Jünger: Griechische Götter – Apollo Pan, Dionysos, Frankfurt 1943

O. Panagl: Apollos Pythonkampf und die Delphische Orakelgründung im Spiegel antiker Mythenkritik (Kairo, NF XII/1970)

W. Stechow: Apollo und Daphne, Leipzig/Berlin 1932

Hades

– ist der Bruder von Zeus und Poseidon und kämpfte mit ihnen gegen den Vater Chronos. Von den Kyklonen erhielt er eine Tarnkappe für diesen Kampf, und nachdem die Brüder gesiegt hatten und Himmel, Meer und Unterwelt unter sich verlosten, gewann er die Herrschaft über die Unterwelt. Mit Hilfe seines dreiköpfigen Wachhundes Kerberus achtete er darauf, daß keiner seinen Herrschaftsbereich verlassen konnte.

Die Toten stiegen als Schatten und Phantome in das Reich der Unterwelt hinab, deren Haupteingang in einem Hain von schwarzen Pappeln am Ufer des Stromes Okeanos liegt.

Ihre frommen Verwandten haben ihnen eine Münze unter die Zunge gelegt. So können sie Charon, den geizigen Fährmann, bezahlen, der sie dann in seinem Nachen über den Styx setzt. Einer seiner Nebenflüsse ist die Lethe, aus der ein Teil der Seelen trinkt und dann die Erinnerung verliert. Helden wandeln auf den asphodelischen Feldern und erörtern die Ereignisse des früheren Lebens, wenn auch ohne Freude und Schmerz. Übeltäter wurden gefoltert, der bekannteste ist wohl Sysiphos.

In der Dunkelheit waren auch die Mehrzahl der Titanen eingesperrt; das Chaos wurde als weiterer Teil des Hades angesehen.

Weit im Westen, wo die Sonne ins Meer sinkt, beginnt das Reich des Hades. Er verkörpert das Prinzip der Nacht, des Todes, der Finsternis und des Winters. Schwarze Rosse ziehen seinen Wagen, wenn er sich zu den Götterversammlungen in den Olymp begibt. Sein Symbol, der Zweizack, weist auf seine Macht über Leben und Tod hin. Sein Element ist die Erde, die ihre Kinder wieder zu sich nimmt; in ihrem Schoß liegen aber auch die Keime des neuen Lebens. Er stellt die Antithese zu seinem Bruder Zeus dar: Dem Licht ist die Finsternis entgegengesetzt, dem Leben der Tod, der aktiven Schöpferkraft des himmlischen Gottes Zeus die passive Kraft der Erde. Zeus herrscht über die Zukunft, Hades ist der Herr der Vergangenheit.

Sein Name bedeutet ›der Nichtsichtbare‹ im Gegensatz zu Helios, dem Sonnengott, dem ›Sichtbaren‹. Er wird mit rückwärts gewandtem Kopf dargestellt. So war er der Nicht-Anzuschauende, der schreckeneinflößende Todesgott, der alles Lebendige verschwinden ließ und unsichtbar machte. Mit abgewandtem Gesicht opfert man deswegen den Unterirdischen. Die Griechen zögerten aus Furcht, seinen Namen auszusprechen, um nicht seine Aufmerksamkeit auf sich zu ziehen. Deswegen nannten sie ihn allgemein Plouton (lat. Pluton), was soviel wie Reichtum bedeutet und darauf hinweist, daß er als Gott unter der Erde Ursprung alles Wohlergehens war.

Die Erzählungen über die Unterwelt werden gewöhnlich mit Geschichten einer Fahrt in das Totenreich verbunden, die eine Gottheit oder ein Held, Eingeweihte, aber auch Uneingeweihte unternahmen. Götter und Helden konnten zurückkehren, Eingeweihte und Uneingeweihte erwartete dagegen nicht immer dasselbe Los. Odysseus wurde von Circe in den Tartaros geschickt, um die Seele des Sehers Tireisias über seine Heimfahrt zu befragen. Er opferte zwei Schafe in einer Felsengrotte am Ende der Welt. Sowie das Blut aus den Gurgeln in die Grube floß, tauchten tief aus den Abgründen die Seelen derjenigen auf, die von dem Blut der Schafe getrunken hatten, konnten sich mit Odysseus unterhalten, ihm ihr Schicksal erzählen und seine Fragen beantworten. Doch auch er schreckt letztendlich zurück. Die schwirrenden Stimmen aus dem unzähligen Totenvolk grausen Odysseus, und schließlich ergreift ihn Furcht, die dämonische Königin Persephone könne ihm höchstpersönlich das schreckliche Gorgonenhaupt entgegenschicken.

Neben der allgemein geläufigen Vorstellung, die Unterwelt sei der Aufenthaltsort der Verstorbenen, deren Seelen sich von ihren Körperhüllen gelöst haben, liegt noch eine andere Interpretationsmöglichkeit nahe: Während das Christentum den Teufel ebenso wie Gott als unabhängige Personen betrachtete, die außerhalb unserer Existenz bestehen, wurde zum Beispiel in den orphischen Mysterien gelehrt, daß Hades als *tremendum* in dieser Welt einen Aspekt der eigenen Person darstelle. Das entspricht der indischen Tradition des Tantra, wo Götter und Dämonen, Himmel und Hölle ebenfalls entdeckt werden als die Spielwelt unserer eigenen Psyche.

Diese Bedingung allen Seins, die die Erscheinungen in Raum und Zeit sowohl schafft als auch zerstört, kann nicht als böse gesehen werden, sondern als notwendig für die Bewegung der Erscheinungswelt. Die Lehre des Hades-Pluto behauptet deswegen, daß die unsterbliche Person, welche die Christen in Gott und Teufel aufsplitten, in uns selber zu finden ist. Da die Verstorbenen in der Erinnerung weiterleben und selbst, wenn sie vergessen werden, in der Schatzkammer des menschlichen Unterbewußtseins aufbewahrt werden, läßt sich die Unterwelt auch verstehen als das Unterbewußte im Menschen selbst. Wer also sich seiner bewußt werden wollte, mußte nach den Unterweisungen der Orphiker aus der rechtsfließenden Quelle, Mnemosyne, ›das Gedächtnis‹, trinken und die links fließende Lethe, das ›Wasser des Vergessens‹, mit der weißen Zypresse daneben vermeiden.

Diese mythologische Vorstellung deckt sich mit den neuesten Forschungen über die beiden Gehirnhälften, wobei in der rechten Gehirnhälfte die Bilder und Mythen der Vergangenheit gespeichert sein sollen, welche in unserem Alltagsleben allerdings nicht zum Tragen kommen.

Das Beschwören der Verstorbenen, in unterschiedlichen Kulturen praktiziert, um Wissen und Macht der Toten zu erlangen, kann deswegen auch gesehen werden als innerpsychischer Prozeß, in dem der Adept, hier Odysseus, die vergessenen Schatten seiner eigenen Geschichte heraufbeschwört, ihnen Blut, das heißt Leben, gibt und sich mit ihnen auseinandersetzt, um sich selbst zu finden. Die Reise ins Jenseits ist also eine Zeitreise in die Vergangenheit. Längst vergessene Gestalten tauchen auf aus dem Reservoir der eigenen Vergangenheit. Aber nicht nur quälende Bilder bietet der Tartarus. Es gibt auch farbenreiche Erzählungen von den Inseln der Seligen. Da herrscht Chronos mit den von den Göttern geliebten Helden, oder man berichtet von Gegenden, wo immer die Sonne scheint: Die Wiese, auf der sich die Verstorbenen mit Reiten und Turnen, mit Würfel und Lautenspiel vergnügen, blühte – so hieß es – voller roter Rosen, beschattet von Weihrauchbäumen; schwer hingen darüber die goldenen Früchte herab. Kerényi vermutet, daß solche paradiesischen Schilderungen aus dem Erbe der Kreter stammen.

Literatur

Karl Kerényi: Die Mythologie der Griechen, München 1966

Poseidon

– Gott des Meeres, der Erdbeben und der Pferde. Er war der Bruder des Zeus und des Hades und damit Sohn der Rhea und ihres Gatten Chronos. Er wurde von seinem Vater verschlungen und später wieder ausgewürgt. Poseidon, der sich mit seinen Brüdern die Herrschaft über die Welt teilte, war in zahlreiche Streitigkeiten verwickelt. Eine der bekanntesten war die Auseinandersetzung mit Athene um die Herrschaft über Attika. Um seine Gunst für das Gebiet anzuzeigen, ließ er mit seinem Wahrzeichen, dem Dreizack, auf der Akropolis eine Quelle mit Meerwasser entspringen. Athene dagegen pflanzte in der Nähe der Quelle den ersten Ölbaum.

In einem Schiedsgericht wurde entschieden, daß das Geschenk der Göttin nützlicher sei, und so sprach man ihr das Gebiet zu.

Poseidon verbrachte die meiste Zeit im Meer, besaß einen Wasserpalast und führte einen von zwei Pferden gezogenen Wagen über die Wellen. Er gebot aber auch über die Quellen und Süßwasserflüsse. Seine Liebesgeschichten sind, wie bei allen griechischen Göttern, zahlreich. Als Demeter auf der Suche nach ihrer Tochter durch Arkadien wanderte, verfolgte er sie voller Lüsternheit. Sie verwandelte sich in eine Stute, um ihm zu entkommen, aber auch der Gott verwandelte sich in einen Hengst und konnte sie so besiegen. Er verführte auch Medusa, die damals noch ein schönes Mädchen war, in einem Tempel der Athene. Aus dieser Verbindung ging unter anderem das Wunderpferd Pegasus, der Liebling der Musen, hervor. Seine Liebe zu Pferden bezeugt auch seine Freundschaft zu den Kentauren. Poseidon hatte unzählige Kinder von Nymphen und sterblichen Frauen. Er war der Vater von mehreren Argonauten, sein berühmtester Sohn unter den Sterblichen war sicher Theseus. Sein Groll gegen Odysseus, der seinen Sohn Polyphemos geblendet hatte, schien fast unversöhnlich. Nie hätte der Irrfahrer Ithaka erreicht, wären ihm schließlich nicht andere Götter zu Hilfe geeilt.

Auf der anderen Seite zeichnet er sich durch Sanftmut aus. In diesem Sinne verlieh er den Dioskuren die Macht, Seeleuten in Not zu helfen.

Während die Brüder des Poseidon, Zeus und Hades, die unwandelbaren Prinzipien von Licht und Finsternis verkörpern, ist das Element des Poseidon das Wasser: die nie zur Ruhe kommende Bewegung des Wassers als Bild des unendlichen Flusses des Lebens. Poseidon tritt der entfesselten, tobenden Naturgewalt bändigend entgegen. Mit seiner ungeheueren Kraft beruhigt er die aufgebrachten Wogen des Meeres. Aber wieder und wieder erhebt sich das Element gegen seinen Meister. Dieser endlose Kampf spiegelt sich in den Zügen des Meeresgottes, wird er doch häufig dargestellt als zorniger, unholder und ziemlich leicht aufbrausender Koloß.

Poseidons Gattin heißt Amphitrite, das bedeutet im homerischen Epos einfach ›Meer‹. Ihr Zögern, Poseidon zu heiraten, deckt sich mit Heras Zögern, Zeus zu erhören und Persephones Zögern, Hades zu heiraten. Ranke-Graves deutet dieses Verhalten als einen Übergang ins Patriarchat, wo durch Heirat die Autonomie des Weiblichen aufgegeben wird. Die Verbindung mit Demeter, die wahrscheinlich auch im Namen Poseidon oder Poseidan, ›Gatte der Göttin Da‹ zum Ausdruck kommt, setzt eine frühere enge Verbundenheit mit dem Festland und dem Erdboden voraus – denn die Erde war schließlich das Gebiet, das sich die drei Götterbrüder teilten.

Sein Dreizack, das Zeichen seiner Macht über das Meer, findet seine Entsprechung sowohl im indischen als auch christlichen Kulturraum: Der christliche Teufel trägt den Dreizack genauso wie der indische Gott Shiva, der ihn als Waffe benutzt.

In der hellenistischen Zeit unter Alexander dem Großen finden sich häufig ähnliche Vermischungen zwischen östlicher und westlicher Religion und Philosophie.

Die drei Zacken symbolisieren die Stellung des Meeresgottes zwischen seinen Brüdern als Zeitenabfolge von Vergangenheit, die dem Hades geweiht war, Zukunft, der Dimension, in der Zeus herrschte, und der Gegenwart als dem Reich des Poseidon. Als Herrscher über das Meer und die Flüsse verkörpert er den Meister über das Auf und Ab der Wellen, verstanden als das Auf und Ab des menschlichen Lebens. Der Sturmflut des Wassers entspricht die Flut der menschlichen Leidenschaften, der Liebe und des Zornes. Die sich immer wieder aufbäumenden Wogen des Meeres und der Leidenschaften zu beruhigen, ist seine ewige Aufgabe. Poseidon ist auch der Herr der Pferde. Alles, was sich rasch bewegt, ergötzt den Herrscher über die Wogen. Die Bewegung eines galoppierenden Pferdes ähnelt der der sich aufbäumenden, schäumenden Wogen, und in seiner Nähe finden sich zahlreiche roßähnliche Gestalten: Hippokamponi – ›Roßungeheur‹, halb Pferde, halb schlangenförmige Fische –, Seekentauren, die an ihrem tierischen Hinterleib Roß und Fisch vereinigten, Okeaninen und Nereiden mit Namen, die die Stutennatur verraten, wie Hippo, Hipponoe und Hippothoe. Einer seiner lieblichsten Söhne war das geflügelte Pferd Pegasus, das die menschliche Phantasie und Kreativität repräsentiert: die Flüge des menschlichen Geistes in unbekannte Welten.

Literatur

F. Schachermeyer: Poseidon und die Entstehung des griechischen Götterglaubens, Salzburg 1950

Hephaistos

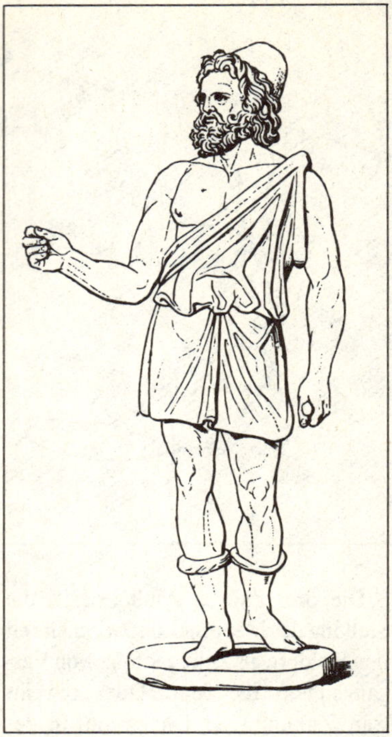

– Sohn des höchsten Götterehepaares Zeus und Hera. Eine spätere Sage indessen berichtet, Hera habe aus Eifersucht wegen der Geburt der Athene aus dem Kopf des Zeus den Hephaistos ohne Zutun ihres Gatten durch den Genuß eines Krautes gezeugt. Der Gott hatte einen hinkenden Gang und wurde deswegen von seiner Mutter so gehaßt, daß sie ihn vom Olymp stürzte. Die Meeresgöttinnen zogen ihn auf, und aus Dankbarkeit schmiedete er ihnen den schönsten Schmuck. Um sich an seiner Mutter zu rächen, schmiedete er einen Sessel, der die Eigenschaft besaß, daß jeder, der sich auf ihm niederließ, darauf haften blieb. Hera war begeistert von der Schönheit des Thrones, setzte sich darauf und verfiel dem Zauberbann. Erst nachdem Dionysos den Hephaistos in einen Rausch versetzt hatte, konnte der Götterschmied veranlaßt werden, seine Mutter zu befreien. Als Preis verlangte der Berauschte aber die offiziell abgesicherte Heirat mit Aphrodite.

Bei Homer hatte er eine von ihm selbst gebaute Werkstatt auf dem Olymp und fertigte die wunderbarsten Waffen und Gegenstände. Später befinden sich seine Werkstätten in den Vulkanen, worauf sich auch sein römischer Name ›Vulkanos‹ bezieht. Seine Gehilfen waren die Zyklopen.

Das Element des Hephaistos ist die zerstörende und auch die bildende Flamme, das verzehrende Feuer, das alles schmilzt und zugleich in eine neue Form bringt. Unter den olympischen Göttern ist er der Handwerker, bärtig, verrußt, von kleiner Statur, mit muskulösen Armen und verkrüppelten Beinen. Im Gegensatz zu seiner wenig liebenswürdigen Gestalt stehen die Kunstwerke, die er verfertigte: merkwürdige Automaten, die sich auf Rädern wie von selbst bewegten, wunderbaren Schmuck, das Zepter des Zeus, den Sonnenwagen des Helios und das Schild des Achilles.

In den nordischen Mythen wird häufig von verkrüppelten und zwergenhaften Schmieden erzählt. Zeitweise verkrüppelte man sie auch mit der Absicht, sie in ihren dunklen Schmieden festzuhalten, damit sie Waffen schmiedeten und ihre Kunst nicht eventuellen Feinden verrieten. In den Vorzeiten wurde allen Waffen ein magischer Zauber zugesprochen, und so war der Schmied auch ein dunkler Magier. Die geheimnisvollen Transformationsprozesse, die sich unter der Gewalt des Feuers vollzogen und über die der Schmied herrschte, waren dem Uneingeweihten unerklärlich.

Neben der Seite des dunklen Schmiedes verkörpert Hephaistos den Künstler, der seine Phantasie sich materialisieren läßt in seinen Kunstwerken; die goldenen Automaten, die Idee des Roboters, die doch erst viel später verwirklicht wurde, zeugt davon. Der hinkende, wegen seiner Häßlichkeit vom Himmel geschleuderte Sohn der Juno schmiedet auch die schönsten Schmuckstücke. Die Griechen vermählten in dieser Figur die Häßlichkeit mit der Schönheit: Hephaistos erbat sich von seinem Vater Zeus die Göttin Aphrodite zur Gattin. Die Göttin der Schönheit aber war zugleich die Göttin der Liebe, der Vereinigung; sie hinterging, ihrer Natur entsprechend, Hephaistos mit seinem Bruder, dem Kriegsgott Mars, denn der Widerpart der Liebe ist der Streit, der Kampf, den Mars verkörpert.

Im Olymp spielte Hephaistos zuzeiten auch die Rolle des Hofnarrs: Er übernimmt dann das Amt Ganymeds, des schönsten der Sterblichen, den die Götter in den Olymp entführt haben, damit er Zeus den Becher reiche. Über sein Gebrechen scherzend, reichte er,

der Hinkende, den Göttern dann den mit Nektar gefüllten Becher, und die seligen Götter gerieten darüber in ein unendliches Gelächter.

Als einen Aspekt seines Vaters Zeus verkörpert er das Feuer, das mit dem Strahl des Blitzes auf die Erde kam. In seiner römischen Ausprägung versinnbildlicht er die Feuersglut, die im Inneren der Erde glüht. Seine Heiligtümer errichtete man vor den Toren der Städte, denn obwohl man ihn als Schutzpatron gegen Feuersbrünste verehrte, so schien man ihm doch nicht getraut zu haben: Das Spiel mit dem Feuer kann dem Unkundigen zum Verhängnis werden.

Literatur

M. Delcourt: Hephaistos ou la légende du magicien, Paris 1957
L. Malten: Hephaistos, in: Jahrbuch des Deutschen Archäologischen Instituts 1912
M. Stein: Hephaistos

Artemis/Diana

– die jungfräuliche Göttin der Geburt und der wilden Tiere, Tochter des Zeus und der Leto, Schwester des Apollo. Als Göttin der Jagd durchstreifte sie mit einem Gefolge von Nymphen die Wälder. Bei ihren Streifzügen geriet ihre Jungfräulichkeit mehrmals in Gefahr. Die bekannteste Geschichte ist die Affäre mit Aktaion. Als der König zufällig bei einer Quelle vorbeikam, wo Artemis mit ihren Gespielinnen badete, belauschte er sie und war von ihren körperlichen Reizen entzückt. Von der Göttin entdeckt, verwandelte sie ihn zur Strafe in einen Hirsch. Seine Jagdhunde erkannten Aktaion nicht und zerrissen ihn auf der Stelle.

Artemis, die ›Unverletzte‹, die sich von ihrem Vater Zeus erbeten hatte, ihren jungfräulichen Stand nie aufgeben zu müssen, steht in enger Beziehung zum Mond. Ihr Zwillingsbruder, Apollo, ist die Verkörperung der Sonne, und so repräsentieren Apollo und Artemis Elemente eines Astralkultes in der griechischen Mythologie. Als nächtlich Leuchtende, Munychia, wurde sie in Athen im Monat Munychion mit einem großen Opferfest gefeiert. Dem leuchtenden Mond, der kalt und keusch sein Licht in der nächtlichen Stille ausbreitet, entsprach die Keuschheit der Artemis.

Als eine ihrer Priesterinnen ihren Tempel entweihte, indem sie einen geliebten Jüngling dort empfing, strafte Artemis das ganze Land mit Pest und Seuchen. Jungfrauen, die das Gelübde der Keuschheit wählten, verehrten sie als Schutzgöttin.

Mit einem goldenen Bogen und einer Fackel, die Artemis am Blitzstrahl ihres Vaters Zeus entzündete, töten ihre sanften Pfeile die Alten und die Kranken, damit die Gattung sich in ewiger Jugend erhalte. Die Göttin der Jugend ist in der griechisch-homerischen Mythologie zugleich auch die Göttin des Todes. »Unter den Dichtungen der Alten ist diese eine der erhabensten und liebenswürdigsten, weil sie selbst den Begriff der Zerstörung, ohne davor zurückzubeben, in den Begriff der Jugend und Schönheit wieder auflöst, und auf diese Weise dem ganz Entgegengesetzten dennoch einen harmonischen Einklang gibt«, merkt Karl Philipp Moritz in einer Götterlehre aus dem Jahr 1795 dazu an.

Ursprünglich scheint Artemis jedoch keine jungfräuliche Göttin gewesen zu sein. In kleinasiatischen Kulten war sie die Schützerin des neugeborenen Lebens von Tieren und Menschen. In Ephesus, wo ihr Tempel zu den sieben Weltwundern zählte, wurde sie als Göttin der gebärenden und schwangeren Frauen verehrt und mit zahlreichen Brüsten dargestellt.

Bis nach Thrakien lassen sich ihre Spuren verfolgen. Dort wurde sie Bendida genannt; sie reitet mit dem Bogen in der Hand, begleitet von einem Hirsch oder Hund, einem Wildschwein nach. Sie war die Muttergöttin der Thraker, die Menschen und Tiere erschaffen hat, der sich die gesamte Natur unterstellte, und sie war es auch, die alle ernährte. Die Schwester des thrakischen Apollo wird auch mit Äskulap, dem Gott der Heilkunst, in Verbindung gebracht. Als für den Kult der Großen Mutter typisches Opfer brachte man ihr Schweine dar. Während die Griechen der Artemis Tempel errichteten, feierten die Thraker ihre Göttin unter freiem Himmel, meist in der Nähe von Grotten und Quellen.

Es ist ziemlich schlüssig, daß ihre beiden Aspekte auf ihren minoischen Ursprung verweisen, denn die in Kreta vorgefundenen Götterbilder, welche fast ausschließlich weiblich sind, repräsentieren zwei Typen: einmal die *Herrin der Natur,* die sich an einen Baum lehnt oder von Tieren umgeben ist. Sie kommt besonders in Verbindung mit Schlangen, Vögeln und Fabeltieren vor, die sie oft auf symmetrische, fast heraldische Weise flankieren. Dann, als *die Große Mutter,* eine nackte oder halbnackte Frau, mit betont weiblichen Formen, strotzenden Brüsten und schwellenden Hüften. Als griechische Artemis hatte sie ausschließlich weibliche Begleiter, die aus Berg-, Baum- und Quellennymphen bestanden.

Als italienische Diana, die spätere römische Mondgöttin Jana, vermählte sie sich nach Frazer in der vorrömischen Mythologie mit dem Vegetationsgott Dianus und wird auf diese Weise zur höchsten Göttin des damaligen Naturpantheons.

Neben ihrer Rolle als Frauen-, Fruchtbarkeits- und Jagdgöttin wurde sie auch als Schutzpatronin der Sklaven verehrt. Dieser Kult scheint sich bis ins 19. Jahrhundert fortgepflanzt zu haben. Der Zigeunerforscher Leland findet bei norditalienischen Hexen einen Kult, wo Diana als die Göttin der Entrechteten, des niederen Volkes, aber auch der Gesetzlosen verehrt wird. In seinem Buch: ›Aradia, die Lehre der Hexen‹, zitiert Leland eine Beschwörungsformel:

Große Diana du,
Die du die Königin des Himmels und auf Erden bist,
Und der gesamten Unterwelt – ja, du, die du
Beschützerin aller unglücklichen Menschen bist,
Der Diebe und Mörder, und auch der Frauen
Die ein schlimmes Leben führen, und doch hast du
Gewußt, daß ihre Arbeit nicht böse ist, du, Diana,
Hast trotzdem noch etwas Freude in ihr Leben gebracht.

Das Bild der Diana hat sich wie kaum ein anderes Götterbild im Wechsel der Zeiten immer wieder verändert: in den alten kleinasiatischen Kulturen als Fruchtbarkeitsgöttin verehrt, wurde sie vom puritanisch-hellenistischen Geist zur ewigen Jungfrau und Jagdgöttin gemacht. Die Kälte des Mondes, den sie repräsentierte, findet ihre Entsprechung in der immer jungen Todesgöttin, dem Todesengel mit den sanften Pfeilen.

Schließlich nimmt sie in norditalienischen Hexenkulten die Gestalt der Mutter der Diebe, Mörder und Huren an; sie ist zugleich die Mutter Maria des Volkes und zugleich das Symbol der Ewigen Stadt Rom.

Das Bild der mittelalterlichen Hexe findet sich in all seinen Aspekten wieder in der Diana, wie sie sich als Summe der sich in ihr überlagernden historischen Bedeutungen darstellt: Sie ist die Hebamme, die große Mutter, die Jungfrau, die den männlichen Aspekt in sich selbst trägt (sich, wie die Pharaonentöchter, nur mit dem Bruder verbindend), der Todesengel, und schließlich die milde Mutter der Unglücklichen.

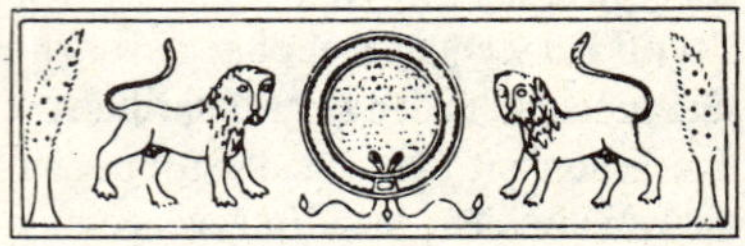

Literatur

K. Hoenn: Artemis – Gestaltwandel einer Göttin, Zürich 1946
Ch. Picard: Die Ephesia von Anatolien, in: Eranos-Jahrbuch 1938

Dionysos
– der Gott des Weines und der Vegetation, auch bekannt unter dem Namen Bacchus. Es gibt viele Versionen über seine Geburt. Die bekannteste sagt, daß Zeus Semele verführte. Als die eifersüchtige Göttermutter Hera von der Schwangerschaft erfuhr, nahm sie die Gestalt von Semeles Amme an und überredete die Geliebte, sie solle darauf bestehen, daß ihr Zeus in seiner wahren Göttergestalt erscheine. Nach längerem Zögern ließ sich der Olympier überreden und besuchte sie in der Gestalt eines Blitzes. Semele verbrannte unter der Gewalt des Feuers. Zeus rettete das ungeborene Kind aus dem Mutterleibe, legte es in seinen Schenkel und trug es auf diese Weise aus. Hermes brachte das Kind zu den Nymphen, von denen es in Mädchenkleidern aufgezogen wurde.

Nach einer anderen Erzählung ergriffen die Titanen auf Befehl Heras den neugeborenen Sohn, rissen ihn in Stücke und kochten die Reste in einem Kessel. Ein Granatapfel entsprang dem Boden an der Stelle, wohin sein Blut getropft war. Aber seine Großmutter Rhea sammelte alle Teile und fügte sie wieder zusammen.

Aus der Jugend des Dionysos wird folgende Geschichte erzählt: Die Seeleute eines Schiffes, welche ihn nach Naxos übersetzen sollten, kidnappten ihn, um Lösegelder zu erhalten, da sie ihn für ein Kind aus reicher Familie hielten. Trotz verstärkter Brise machte das Schiff plötzlich keine Fahrt mehr. Es erklang Flötenmusik, Efeuranken umschlängelten die Masten, und die Ruder verwandelten sich in Schlangen.

Voller Entsetzen irrten die Seeleute auf dem Deck umher, als wilde Tiere, Löwen, Panther und Bären an Bord erschienen. Zitternd vor Furcht sprangen sie ins Meer, wo sie in Delphine verwandelt wurden.

Aber Heras Rache ließ nicht locker: sie belegte Dionysos mit Wahnsinn. Er soll in Ägypten, Syrien und anderen kleinasiatischen Ländern umhergeirrt sein. In Phrygien wurde er von der Göttin Kybele geheilt. Von ihr übernahm er die orientalische Kleidung und führte zahlreiche orientalische Riten in Griechenland ein. Sein Gefolge bildeten Mainaden, Satyrn und Silenen; Männer und Frauen trugen während ihrer Feste Tierfelle. Die orgiastischen Riten fanden nachts auf den Bergen statt. Einmal in einen religiösen Ausnahmezustand versetzt, sollen seine Anhänger den Gott als Ziegenbock oder Stier gesehen haben. Oft brachen die Riten in Raserei aus, und man erzählt von Mainaden, daß sie Tiere, aber auch Kinder, manchmal ihre eigenen Söhne, zerrissen. Als wichtigste Waffe galt ihm der Wahnsinn, mit dem er seine Gegner belegte. Auf den zahlreichen Reisen soll er bis zum Ganges vorgedrungen sein. Nachdem Dionysos seinen Kult schließlich bis nach Indien ausgedehnt hatte, holte er seine Mutter aus dem Tartaros, zog sich von der Erde zurück und nahm einen festen Platz im Olymp ein.

Dionysos soll phrygischen Ursprungs sein. Dio bedeutet im Phrygischen ›Zeus‹ und Nyos ›Jüngling‹ – also Sohn des Zeus. Er war ein Fruchtbarkeits- und Vegetationsgott. Seine Riten schlossen die Zeremonie der mystischen

Vereinigung ein: so identifizierten sich seine Verehrer im Augenblick höchster religiöser Ekstase mit der Figur des Gottes.

Während für den homerischen Helden die Entfernung zwischen Sterblichen und Göttern unüberbrückbar war, ließ der dionysische Kult den Menschen die unmittelbare Gottwerdung erleben. Bocks- und Stiergestalt oder das Kind mit Hörnern und Schlangenkrone erinnern an den Wald- und Korngeist der nördlichen Mythologie.

Dionysos war auch der Gott der Bäume: er wurde häufig dargestellt als aufrecht stehender Pfahl, behangen mit einer Maske; die ihm geweihte Farbe war Grün, Wachstum und Lebenskraft der Natur symbolisierend. Wie auch der Demeter brachte man ihm Opfer, damit er das Wachstum der Früchte des Feldes fördere. Er sei es gewesen, so erzählt die Mythe, der den Menschen den Wein brachte. Dieser Wein war wilder Wein, dessen Saft ungegoren getrunken wurde und der einen Rauschzustand erzeugte, der allerdings nicht zu vergleichen ist mit dem des heute bekannten Weinrausches.

Man benutzte den wilden Wein in religiösen Zeremonien, um auf diese Weise den Zustand der Einheit von irdischem Mensch und angebetetem Gott zu erreichen.

Der Dionysoskult stand im Widerspruch zur griechischen Staatsreligion: der Naturgott mit deutlich erotischen und hermaphroditischen Zügen wurde vom offiziellen Denken eines zentralistischen Staates, der fast bürgerliche Züge trug, erbittert bekämpft.

Überdies wurde der Vegetations- und mystische Lebenskult, den Dionysos nach Hellas brachte, zu einer Provokation für das griechische Heldentum. Die Frauen allerdings, ohnehin von ihren Helden über Gebühr gelangweilt, liefen in Scharen zu ihm über. Andererseits hat der in die Enge gedrängte Kult nicht vor Racheakten zurückgeschreckt: Pentheus, der Repräsentant der antierotischen Kriegerkaste, wird zerrissen, und Theben öffnet sich dem Tanz und der Heiterkeit.

Die Erziehung des Dionysos als Mädchen, ebenso wie die des Achilleus, erinnert an die kretische Sitte, Knaben bis zur Pubertät in Dunkelheit, das heißt in Frauengemächern, aufwachsen zu lassen.

Dionysos erschien als Stier, Löwe oder Schlange. Das waren die Kalenderembleme des dreigeteilten Jahres. Er wurde im Winter als Schlange geboren; im Frühjahr wurde er zum Löwen und als Stier, Ziege oder Bock zur Sommersonnenwende getötet und verzehrt. Der Granatapfel, der seinem Blute entsprang, war auch der Baum des Tammuz-Adonis-Rimmon. So ist sein Kult einer der vielen Vorläufer des sterbenden und wiederauferstandenen Gottes, aus denen sich dann das Christentum entwickelte.

Die Bacchantinnen, seine Priesterinnen, waren mit dressierten Schlangen bekränzt, was auf die in Indien praktizierten mystischen Schlangenkulte und die Feuerschlange, Kundalini, schließen läßt. Am Hofe der Makedonier galt sein Kult als Staatsreligion. Von dort wird folgende Anekdote erzählt: Philipp der Zweite soll seine Frau manchmal mit einer ausgestreckten Schlange im Bett liegen gesehen haben. Er nahm an, daß die Schlange die Gestalt sei, die Zeus selbst angenommen habe, und hielt sich diskret zurück. Das Schlangenverhältnis seiner Mutter blieb auch Alexander nicht verborgen, und so diente diese Geschichte als Legitimation, um seine göttliche Herkunft zu begründen.

Nach Nietzsches Darstellung in der ›Geburt der Tragödie‹ will uns die dionysische Kunst von der ewigen Lust des Daseins überzeugen: nur sollen wir diese Lust nicht in den Erscheinungen, sondern hinter den Erscheinungen suchen. Wir sollen erkennen, wie alles, das entsteht, zum leidvollen Untergang bereit sein muß; wir werden gezwungen, in die Schrecken der Individualexistenz hineinzublicken, und sollen doch nicht erstarren. Ein metaphysischer Trost reißt uns momentan aus dem Getriebe der Wandelgestalten heraus. Wir sind wirklich in kurzen Augenblicken das Urwesen selbst und fühlen dessen unbändige Daseinsgier und Daseinslust.

Der Kampf, die Qual, die Vernichtung der Erscheinungen dünkt uns jetzt als notwendig bei dem Übermaß von unzähligen sich ins Leben drängenden und stoßenden Daseinsformen, bei der überschwenglichen Fruchtbarkeit des Weltwillens; wir werden durchbohrt, wo wir gleichsam mit der unermeßlichen Urlust am Dasein eins geworden sind, und wo wir die Unzerstörbarkeit und Ewigkeit dieser Lust in dionysischer Entzückung ahnen.

Nietzsche suchte durchaus den Ausgleich zwischen dem Apollinischen und dem Dionysischen. Er sah in seiner Zeit, der 2. Hälfte des 19. Jh., ein starkes Übergewicht des Apollinischen und wollte diesem begegnen, indem er die verteufelte und unterdrückte Kraft des Dionysischen wieder zu erwecken versuchte. Die inzwischen erstarrten Züge einer Staatsreligion, puritanisch und korrupt, sollten durch die Lebenskraft und Heiterkeit des Kindgottes Dionysos, des Frühlings, wieder zu neuem Leben erweckt werden.

Aktualisieren ließe sich der Dionysosmythos durch eine naturverbundene, grüne Bewegung, der als Gegnerschaft die titanischen Kräfte einer übertechnokratisierten Gesellschaft gegenüberstehen.

Literatur

F. G. Jünger: Griechische Götter, Apollon, Pan, Dionysos, Frankfurt 1943

K. Kerényi: Der frühe Dionysos, Oslo 1960

K. Kerényi: Die Herkunft der Dionysos-Religion nach dem heutigen Stand der Forschung, Köln/Opladen 1956

M. P. Nilsson: The Dionysiac Mysteries of the helenistic and roman age, Lund 1957

W. F. Otto: Dionysos, Myth and Cult. Transl. by R. B. Palmer, Bloomington 1965

Priapus

Der phrygische Fruchtbarkeitsgott Priapus wurde in Griechenland erst zu einem späteren Zeitpunkt als Gott der animalischen und vegetativen Fruchtbarkeit verehrt. Der griechischen Mythe nach war er der Sohn des Dionysos und der Aphrodite. Hera, wie immer eifersüchtig, hatte mit zauberischer Hand den Leib der schwangeren Aphrodite berührt, so daß sie ein Kind mit riesigen Genitalien zur Welt brachte. Herangewachsen, ließ sich Priapus auf einen Wettstreit mit einem Esel, dem Symbol erotischer Potenz, ein. Er zog den kürzeren und tötete aus Zorn darüber den Esel. Sein Vater Dionysos machte das Tier unsterblich, indem er es als Sternbild in den Himmel versetzte.

Als Sohn des Dionysos repräsentiert Priapus den Aspekt der männlichen Potenz des Dionysos. Seine Stele in Form eines Phallus wurde überall in Kleinasien verehrt, später in Griechenland in Gärten und Weinbergen als Fruchtbarkeitssymbol aufgestellt. Das Geheimnis der Zeugung und Fortpflanzung war den Griechen ein göttliches Mysterium, wodurch die Gattung bei dem immerwährenden Verfall durch Alter und Krankheiten sich in ewiger Jugend erhielt.

Der Platz, an dem man die Phallusstele errichtete, wurde bezeichnet als Ort des Lebens und des Todes: *mortis et vitae locus*. Im Akt der Zeugung entsteht das neue Leben, und gleichzeitig geht die alte Lebensform in ihm unter. Leben und Tod sind so unmittelbar in ein und demselben Akt in eine Form zusammengeflossen. Neben dieser Bedeutung des Priapus als Symbol der Einheit von Leben und Tod wurde in ihm auf einer profanen Ebene die

männliche Potenz verehrt: man gab ihm den Beinamen ›der Treffer‹.

Phallusnachbildungen als Fruchtbarkeitssymbole waren wohl bei allen alten Völkern bekannt, auch die Kelten sollen aufrechtstehende Natursteine, Menhire, umtanzt haben. Nach einem bretonischen Märchen geht von diesen Menhiren eine solche Kraft aus, daß Jahrhunderte, nachdem diese Steine verehrt wurden, in ihrer Nähe spontane orgiastische Tänze beobachtet wurden.

Literatur

M. Coulon: La póesie priapique, Paris 1932
J. J. Dulaure: Les cultus priapiques, Paris 1953
H. Herter: De Priapo, Gießen 1932
Th. Vanggaard: Phallos – Symbol und Kult in Europa, München 1971

Athene

Nachdem Zeus die Titanin Metis verführt hatte und diese schwanger war, weissagte ein Orakel, daß, wenn Metis noch einmal schwanger werden sollte, sie einen Sohn gebären würde, der Zeus zu stürzen in der Lage sei. Zeus verschlang die Metis, noch bevor das erste Kind geboren war. Bald darauf erfaßte ihn ein rasender Kopfschmerz. Es war ihm, als würde der Schädel ihm bersten. Das Firmament erbebte unter seinem Schmerzensgeheul. Hermes eilte herbei und sah sofort, was zu tun sei. Er rief Hephaistos, oder, einer anderen Fassung nach, Poseidon herbei, der dann den Schädel des Zeus mit einem Hammer und einem Keil ein wenig spaltete. Diesem Spalt entsprang nun in voller Bewaffnung und mit einem mächtigen Schrei Athene.

Athene oder, in der römischen Mythologie, Minerva, die ›Geistbegabte‹, war die Lieblingstochter des Zeus. Die merkwürdigen Umstände ihrer Geburt weisen darauf hin, daß sie einen bestimmten Aspekt seiner allumfassenden Persönlichkeit darstellt. In ihr ist das Prinzip weiblicher Weisheit verkörpert, das später unter dem Namen Sophia in der christlichen Mystik verehrt wurde. Während das Element des Zeus der Äther, der reine Geist, ist, wurde der Athene die Luft zugeordnet: sie ist die Gebieterin im Luftkreis.

Im Akt ihrer Geburt läßt sich unschwer die asiatische Vorstellung des Öffnens des dritten Auges wiederentdecken. Der Spalt, den der hilfreiche Hephaistos auf den Rat des Hermes in den Schädel des Zeus schlägt, mag dem-

entsprechend zwischen den Augen gelegen haben. Auch die Tatsache, daß Athene nicht wie andere Götterkinder großgezogen wird, sondern in voller Größe mit einem mächtigen Schrei in die Welt springt, deutet an, daß sie das Symbol der Erleuchtung des Zeus ist.

Die Weisheit der Athene liegt allerdings nicht so sehr auf spiritueller Ebene, diese ist nach wie vor Zeus vorbehalten, sondern eher im praktischen, alltäglichen Leben, das sich in den griechischen Sagen häufig auf dem Schlachtfeld abspielt. Sie rät und beschützt viele der griechischen Helden, macht ihnen Mut oder bremst ihre Unbeherrschtheit. Ihre kühle Überlegtheit überwindet das ungebändigte Feuer der Kriegslust: Im Kampf um Troja tritt sie dem entflammten Kriegsgott Mars entgegen und schleudert einen ungeheuren Grenzstein gegen dessen Stirn, so daß dieser niederfällt und sieben Joch des Landes bedeckt.

Sie ist aber auch die Lehrmeisterin der Menschen; sie galt als Erfinderin des Webstuhls und der Wollfärberei und lehrte die Menschen, Öl aus den Früchten des Olivenbaumes zu pressen, weshalb ihr das Öl als Opfergabe dargebracht wurde. Als Symbol bedeutet das Öl wiederum Weisheit und Licht, wurde es doch in den Öllämpchen verbrannt und brachte so Licht in die Dunkelheit der Nacht, der irdischen wie der geistigen. Wie in so vielen der mythologischen Gestalten der Griechen ist auch in ihr ein Gegensatz vereint: die Göttin, die das Schlachtengetümmel lenkt, lehrt auch die Menschen als Erfinderin der Künste (wie sie genannt wurde), ihr Dasein leichter und bequemer einzurichten.

Auf ihrer Brust trägt Athene auf den meisten der Abbildungen das Medusenhaupt, häufig von Schlangen umringelt. Die Schlange als uraltes Symbol des Wissens – auch die biblische Tradition

in der Geschichte der Vertreibung aus dem Paradies stellt sie so dar – mag im Zusammenhang mit Athenes Geburt noch eine weitere Bedeutung haben. Der asiatische Schlangenkult verspricht seinen Adepten die Erleuchtung, wenn es ihnen gelingt, den Akt der Vereinigung der Geschlechter in vollem Bewußtsein zu vollziehen.

Im Rat der olympischen Götter ist die Stimme der Athene das Zünglein an der Waage: Sind die Stimmen der Götter gleich verteilt, so gibt ihr Votum den Ausschlag. Athene aber entschied sich immer zugunsten des Angeklagten, ein Grundsatz, der ins römische Recht, auf dessen Grundlage noch heute die kontinentale Rechtsprechung beruht, übernommen, wenn auch nicht immer respektiert wurde. Wie jede wahre Weisheit ist auch die griechische eine gütige Weisheit.

Literatur

F. Brommer: A. Parthenos, Bremen 1957
S. Kauer: Die Geburt der Athena im altgriechischen Epos, Würzburg 1959
K. Kerényi: Die Jungfrau und die Mutter der griechischen Religion. Eine Studie über Pallas Athene, Zürich 1952
M. Müller: Athene als göttliche Helferin in der Odyssee. Untersuchungen in der epischen Aristie, Heidelberg 1966

Geburt der Athene aus dem Haupt des Zeus, aus: Meier, Atalanta Fugiens..., Oppenheim 1618

Eros und Psyche

Psyche wurde wegen ihrer Schönheit allerorten und in dem Maße verehrt, daß man sie die zweite Aphrodite nannte. Die eifersüchtige Liebesgöttin Aphrodite befahl ihrem Sohn Eros, sie mit einem Pfeil so zu verletzen, daß sie sich in den häßlichsten und verworfensten aller Menschen verliebe. Doch Eros ist verzückt von dem Liebreiz der Psyche und entführt sie in seinen Palast, wo er sie nur des Nachts und unsichtbar besucht. Angestiftet von ihren mißgünstigen Schwestern, die behaupten, der unsichtbare Gott sei ein Ungeheuer, will sie diesen eines Nachts erdolchen. Da erkennt sie den schönsten aller Jünglinge, der sie erzürnt verläßt. Sie muß zahlreiche und erschreckende Abenteuer erleben, und Aphrodite schickt ihr eine Qual nach der anderen.

Doch Eros, dessen Liebe nicht versiegt, rettet sie aus aller Not und bittet zuletzt Zeus, sie im Olymp unter die Unsterblichen aufzunehmen.

Die folgende Interpretation folgt in den Grundzügen einer Studie von E. Neumann, ›Amor und Psyche‹: Psyche soll auf den Befehl Aphrodites mit dem verworfensten aller Menschen vermählt werden. Damit setzt das uralte Motiv der Todeshochzeit ein. In matriarchalischen Kulturformen hat jede Hochzeit in gewisser Hinsicht einen Todescharakter, denn die Grundsituation des Weiblichen ist die Identitätsbeziehung von Mutter und Tochter, die Hochzeit aber wird aus diesem Blickwinkel als Raub, Aneignung, ja Vergewaltigung gesehen. Psyche wird aber nicht vergewaltigt, sondern von Eros in einen Märchenpalast entführt und verbringt die angenehmsten Nächte.

Neumann deutet ihr Lager als einen schmelzend umstrickten Ort, wo sie im dunklen Paradies der Sexualität und der anonymen Lust lebt. Die Nachtlieben der Psyche erfüllen ein Grundgesetz des Matriarchats, das die individuelle Liebesbeziehung zum Mann verbot. Er war nur als anonyme Macht in Vertretung der Gottheit zugelassen. Gleichzeitig aber ist Psyche dem Männlichen verfallen, d. h. sie hat sich seiner Herrschaft unterworfen. Darauf gibt es von matriarchalischer Seite nur eine Antwort: Tötung und Kastration – das ist es, was die beiden Schwestern fordern. Tiefenpsychologisch gedeutet, sind die Schwestern die Schattenseiten der Psyche selbst.

Ein weiterer Konflikt ist in ihr angelegt: »Im selben Körper haßt sie die Bestie und liebt den Gemahl.« Diesen Konflikt, den die Schwestern weiter schüren, kann Psyche nur dann lösen, wenn sie ihren Liebespartner erkennt. In diesem Erkennen tritt sie aus dem Dunkel des Unbewußten und der Härte ihrer matriarchalischen Gebundenheit hervor in eine individuelle Begegnung mit dem Männlichen: »... sie tritt ein in ihr Schicksal als Liebende, denn sie ist Psyche, das heißt, ihr Wesen ist ein Seelisches, dem das dunkle Paradiessein nicht genügt. Aber erst, indem Psyche Eros nicht nur als den dunkel Umstrickenden erfährt, sondern ihn sieht..., begegnet sie ihm wirklich, und da, gerade in diesem Moment des Verlustes und der Entfremdung, liebt sie ihn und erkennt Eros bewußt.«

Psyche hat nach der Trennung vier Aufgaben zu lösen, die Aphrodite als die Große Mutter und erbittertste Gegnerin stellt. Diese Aufgaben werden als weibliche Initiationsstadien gedeutet: Sie hat Eros zu erobern, ja erst zu entwickeln, um den archetypischen Sohngeliebten der großen Muttergöttin aus dem transpersonalen Herrschaftsbereich in den persönlichen Bereich der individuellen Liebe hinüberzuretten. Als erste Aufgabe sollen Tausende von durcheinandergewürfelten Samen aussortiert werden, ein Motiv, das später wieder im Aschenbrödel auftritt. Neumann interpretiert diesen Haufen als eine »ouroborische Mischung des Männlichen« und als Symbol der Promiskuität, dem ein matriarchalischer Hetärenkult entsprach. Psyche gelingt die Aufgabe mit Hilfe der Ameisen, dem Symbol der Instinktwelt. Als zweite Aufgabe hat sie von wilden, angriffslustigen Schafen eine goldene Wollflokke zu pflücken. Die Widder mit dem goldenen Fell repräsentieren das männliche Sonnenelement und stellen die männliche Aggressivität schlechthin dar. Psyche gelingt die Tat erst in der Nacht, in der die Sonnengewalt von der Milde des Mondes verzaubert wird. Als dritte Aufgabe befiehlt ihr Aphrodite, die Wasser aus den Unterweltströmen Styx und Cocythos zu schöpfen. Die beiden Flüsse sind Symbole der männlichen Lebensenergetik, deren ewige Veränderung, Zeugung, Geburt und Tod von Psyche in einem Gefäß eingefaßt werden sollen. Zeus, der anfängt, ihre Beharrlichkeit in der Liebe zu bewundern, schickt seinen Adler, der die unmögliche Tat vollbringt. In der letzten Aufgabe wird sie jedoch direkt mit den chtonischen Kräften des Matriarchats konfrontiert, mit Persephone in der Unterwelt.

Das viril Negative, als männliche Promiskuität, als tödliches Männliches und als unfaßbar Männliches, hatte sie bereits besiegt. Nun sollte sie die Schönheitssalbe der Persephone holen. In diesem Fall scheint sie zu scheitern, denn sie nimmt die Salbe für sich selbst und stirbt. Aber so absurd es klingen mag, gerade in dem Fehlverhalten liegt ihr Sieg – denn sie erweist sich hier ihrem ganzen Wesen nach als Frau und stiehlt die Salbe, um Eros zu gefallen, von dem sie dann auch wieder zum Leben auferweckt wird. Damit gelang ihr im Prozeß der Selbstbewußtwerdung die Überwindung von drei Komponenten männlich archtetypischen Verhaltens und die Beibehaltung ihrer Weiblichkeit. Auch Eros erfährt eine Wandlung und wird aus der matriarchalisch festverankerten Mutter-Sohn-Beziehung erlöst und steht wiedergeboren als Mann seinem Weibe gegenüber. Das Ergebnis, in dem sich Männliches und Weibliches bewußt begegnen – wie wir es dann später in der Minne- und Ritterdichtung des Mittelalters finden –, mußte auch den an den Naturrhythmen orientierten Göttern und Göttinnen so liebreich erscheinen, daß sie es vergöttlichten und Psyche den Zugang zum Olymp öffneten. Von einer anderen Warte aus gesehen, ist aber dem Verhalten der Götter eine gewisse Schlitzohrigkeit nicht abzusprechen. Die individuelle, d. h. menschliche Liebe erwies sich nämlich im Herzen und in den Taten der Psyche als eine Kraft, die dem Olymp gewachsen war und auf diese Weise eine Bedrohung seiner archetypischen Welt darstellte. Indem Psyche nun durch Vergöttlichung in den Kosmos eingegliedert wurde, machte man sie selbst zu einem Archetyp, gab ihr somit einen gleichberechtigten Platz im Pantheon der Erotik und bändigte so ihren revolutionären Charakter.

Literatur

A. Dyroff: Das Märchen von Amor und Psyche. Köln 1941.
Erich Neumann: Amor und Psyche, Frankfurt 1926
R. Reitzenstein: Das Märchen von Amor und Psyche bei Apuleius, Leipzig/Berlin 1912

Jason

– Sohn des Königs Aison, nach dessen Tod sein Bruder Pelias unberechtigterweise den Thron besteigt. Um die Erbansprüche des Jason zu verhindern, verlangt Pelias von ihm, das Goldene Vlies zu erobern, das in Kolchis von einem feuerspeienden Drachen bewacht wird. Mit den berühmtesten Helden Griechenlands, unter anderem Herakles, Orpheus und Theseus, besteigt er das Schiff Argo, um diese Aufgabe zu lösen. Nach dem Schiff nennen sich die Helden Argonauten.

Nach zahlreichen Abenteuern gelingt es ihnen mit der Hilfe von Medea, die sich in Jason verliebt, nach Kolchis vorzudringen. Jason hat nun folgende Aufgaben zu lösen: das Feld des Ares mit zwei Stieren, die eherne Beine hatten und Feuer spien, umzupflügen sowie Drachenzähne zu säen. Aus den Drachenzähnen entstehen zahlreiche riesenhafte Krieger. Medea gibt ihm eine Wundersalbe, die ihn gegen Feuer und Eisen sicher macht, und rät ihm, unter die starken und gewappneten Riesen, die aus der Saat emporwachsen würden, sogleich einen Felsstein zu schleudern. Nachdem er das getan hatte, kehrten die Riesen ihre Wut gegen sich selbst und kamen durch eigene Hand ums Leben.

Jason kehrte mit Medea nach Griechenland zurück, wo er sie später verstieß. In ihrem Zorn tötete sie ihre beiden Kinder und die neue Geliebte des Helden. Heimatlos, gehaßt von den Menschen, wanderte Jason von Stadt zu Stadt. In hohem Alter kam er wieder nach Korinth, wo er mit Medea gelebt hatte, setzte sich in den Schatten der

Argo nieder, erinnerte sich seines vergangenen Ruhmes und beklagte sein Unglück. Er wollte sich gerade am Schiffsbug erhängen, als dieser plötzlich vornüber fiel und ihn tötete.

Jason und die Argonauten wurden zu den europäischen Urbildern der Helden, die nach der Wahrheit suchen, welche hinter den sichtbaren Dingen steht. Die Suche nach dem Goldenen Vlies wird als Suche nach dem alchimistischen Gold und dem Stein der Weisen gedeutet. Der Sonnenwidder, dessen Vlies Jason nachjagte, gilt als eindeutig männliches Symbol, für Neumann geradezu als die destruktive Kraft des Männlichen, die dem negativen virilen Todesprinzip entspricht, wie es vom Matriarchat gesehen wird. So wird Psyche von der eifersüchtigen Aphrodite damit beauftragt, die Wolle der goldenen Widder zu pflücken, um in der zerstörerischen Mittagsglut der Sonne, dem Symbol männlicher Energie, zu vergehen. Auf die betont männliche Komponente in der Argonautensage verweisen auch die homoerotischen Beziehungen der Helden untereinander: das Verhältnis des Herakles zu seinem Knappen Hylos, die Tatsache, daß Orpheus wegen seiner Homosexualität von den Mänaden zerrissen worden sein soll und vieles mehr.

Tatsächlich wissen wir, daß die Mysterien von Samothrake, wo sich die Argonauten auf den Rat des Orpheus hin einweihen ließen, einem stark männlich zentrierten Kult geweiht waren. Die Kabiren, die Götter, die im Mittelpunkt dieser Kultur stehen, sind nach Herodot betont männlicher Natur: in ihrem Mysterienheiligtum stand ein ithyphallisches Paar. Der Kult ließ eine männliche Geburt und Abstammung zu. Deshalb galt es für *Goethe* als blindphallisch und nur-dranghaft. Die Kabiren seien Götter, »die sich immerfort selbst erzeugen und niemals wissen, was sie sind«. Dennoch scheinen die Kabirenmysterien ihren Ursprung abzuleiten von der großen Seelenmutter und Herrin der Gespenster: Hekate. Damit wird ein neuer Bezug zu Medea deutlich, denn sie ist Priesterin der Hekate und in einem weiteren Verständnis deren Verkörperung. Nur aus dieser hervorragenden Stellung heraus hatte sie letztlich auch die Verfügungsgewalt über das Symbol männlicher Aggressivität, das goldene Widderfell. In ihrer extremsten Form gilt Hekate auch als männervernichtend und als Befürworterin der Selbstbefruchtung.

Jason, der Repräsentant einer männlich aggressiven Kultur, und Medea, Priesterin der Hekate und somit Vertreterin einer weiblich aggressiven Kultur, finden nicht zueinander: Es fehlt zwischen beiden das vermittelnde, nach Kerényi das hermetische Prinzip: »Der Urbote und -mittler bewegt sich zwischen dem absoluten Nein und dem absoluten Ja, oder noch richtiger zwischen zwei gegeneinander gerichteten *Nein*, zwischen zwei Feinden, zwischen Weib und Mann. Er steht da auf einem Grund, der keiner ist, und schafft den Weg. Aus einer Welt der Wegelosigkeit, des Ungebundenen, Fließenden und Gespensterhaften zaubert er die Neugeburt hervor.« Eine einfachere, deswegen nicht weniger einleuchtende

Deutung sagt, daß Jasons erotische Beziehung zu Medea und später zu Glauke machtpolitischen Überlegungen untergeordnet zu sein scheint. Da er das Mysterium der Liebe nicht erfaßt, bleibt er ein kleiner Duodezfürst und wird deswegen nicht von den Göttern mit Unsterblichkeit beschenkt.

Ähnliche Motive wie in der Argonautensage finden wir auch in dem Mythenkreis der Kelten. Kilwych, der keltische Held, erhält von seinem Vater den Befehl, einen gelben und gestreiften Bullen einzuspannen, um einen Hügel von Dornen und Buschwerk umzupflügen. – Oder auch Peredur, der mit Hilfe der Herrscherin von Kristinabyl wie die Argonauten ein Seeungeheuer erlegt. Um diese Aufgabe zu vollenden, gibt sie ihm einen magischen Stein, der es ermöglicht, »alles Gold, das sich ein Mensch wünschen könnte«, zu erlangen. Eine andere Parallele zur Eroberung des Goldenen Vlieses besitzt auch der Sagenkreis um Herakles, der die goldenen Äpfel der Hersperiden erkämpft, welche durch einen niemals schlafenden Drachen bewacht werden.

Literatur

J. R. Bacon: The Voyage of the Argonauts, London 1925

Volkert Haas: Magie und Mythen im Reich der Hethiter, I. Vegetationskulte, Pflanzenmagie, Hamburg 1977

K. Kerényi: Hermes der Seelenführer, in: Das hermetische Prinzip, Zürich 1943

K. Meuli: Odyssee und Argonautika, Berlin 1921

H. Venske: Die orphischen Argonautika in ihrem Verhältnis zu Apollonios Rhodios, Berlin 1941

Medea

Als die Argonauten nach Kolchis kamen, verliebte sich Medea in Jason und verhalf ihm mit ihren Zauberkünsten zum Goldenen Vlies. Sie tötete ihren Bruder, der die Argonauten verfolgte, und warf seinen Leichnam ins Meer. An Pelias, dem Jason das Goldene Vlies übergab und der sein Versprechen nicht einlöste, nahm sie grausame Rache: Sie zeigte seinen Töchtern die Verjüngung eines Widders, den sie vorher zerstückelte und dann in einem Zauberkessel kräftig zusammengebraut neu entstehen ließ. Die Frauen, fasziniert von diesem Zauberakt, töteten ihren Vater und zerlegten ihn. Medea aber wendete diesmal ihren Verjüngungszauber nicht an.

In Korinth lebte sie mit Jason und gebar ihm zwei Söhne. Als sie später von Jason verstoßen wurde, weil er Glauke, die Tochter des Königs Kreon, heiraten wollte, rächte sie sich an Glauke: Unter dem Vorwand der Versöhnung schickte sie ihr ein Gewand, das in Flammen aufging und den Körper der Königstochter verbrannte. Danach tötete Medea ihre beiden Kinder und floh mit Hilfe des Sonnengottes nach Athen. Nachdem sie dort vergeblich versucht hatte, Theseus zu vergiften, mußte sie auch von dort fliehen.

Medea gilt als die größte Zauberin der griechischen Mythologie. Als kolchische Medea steht sie der thrakischen Mondgöttin Hekate nahe, deren Priesterin sie gewesen sein soll. Die Geheimnisse der Kräuter, der heilenden, der giftigen und der berauschenden, waren ihr vertraut. Ihr Schicksal wurde, daß sie die große kosmische Kraft der

Liebe nicht zu respektieren wußte. Ihre unbegrenzte Hingabe an Jason, die vor Verrat und Brudermord nicht zurückschreckte, verkehrte sich in dem Moment, wo sie sich verlassen glaubte, in ebenso grenzenlose Rache.

Als Priesterin der Hekate, Vertreterin einer zu dieser Zeit untergehenden matriarchalischen Kultur, tötete sie zwei Söhne: Nach Ranke-Graves war in der nicht unblutigen Spätphase des Matriarchats das Opfer männlicher Nachkommen weit verbreitet. So wird sie zum Urbild der Kindesmörderin und der grenzenlosen Rache. Das Motiv, das sich hinter der Kindestötung versteckt, kann im übertragenen Sinn bedeuten: Sie tötet ihre Vergangenheit, um einen neuen Anfang zu machen. Genau wie Ariadne wird Medea zu einer Verräterin aus Liebe, denn sie verläßt ihre Sippe und ist Ursache für den Tod ihres Bruders. Doch ebenso wie ihre kretische Schwester kehrt sie am Ende in den Schoß ihres Clans zurück und wird mit der Unsterblichkeit beschenkt, denn die Liebe scheint diejenige Macht zu sein, der auch die Götter alles verzeihen.

Der eindrucksvolle Film, den Pasolini über das Thema mit Maria Callas gedreht hat, läßt auch eine sozialpolitische Deutung zu: Während in der Antike – und auch in zahlreichen späteren Bearbeitungen der Argonautensage – Medea stets als die grausame Barbarin verurteilt wurde, ergreift Pasolini gerade für sie Partei. Polemisch, mit irritierenden und phantastischen Bildern, verteidigt er ihre mythisch-barbarische Welt und macht die alte Sage zu einer Parabel für die Geschichte der Dritten Welt im Kontakt mit den materialistischen westlichen Technokratien.

Der Kessel der Wiedergeburt, wie ihn Medea verwendet, wird auch in der irischen Geschichte von Peredur erwähnt. Sehr oft kommen solche Kessel im keltischen Mythos vor. Daher vermutet Ranke-Graves, daß Medea eine hyperboräische, das heißt nach seinem Verständnis, eine britische Göttin gewesen sein muß.

Literatur

H. Friedrich: Medeas Rache, in: Nachr. der Akad. d. Wiss. Göttingen 1960/Nr. 4

K. Fritz: Die Entwicklung der Jason-Medea-Sage und die Medea des Euripides, in: Antike und Abendland 8, 1959

K. Kerényi: Töchter der Sonne, Zürich 1944

Theseus, Minotaurus und Ariadne
– *Theseus wurde der attische Herakles genannt. In seiner Jugend besteht er zahlreiche Abenteuer mit Riesen und Ungeheuern. In Athen will ihn seine Stiefmutter Medea vergiften, er kann jedoch die Mordpläne aufdecken und die Zauberin außer Landes jagen. Als eines der 14 Opfer (sieben Jünglinge und sieben Mädchen), die alle neun Jahre dem Minotaurus in einem Labyrinth vorgeworfen werden, segelt er freiwillig nach Kreta. Dort verliebt sich Ariadne, die Tochter des Minos und Schwester des Minotaurus, in ihn. Vom Kunstschmied und Architekten Dädalus erhält sie ein magisches Wollknäuel, mit dem es Theseus gelingt, aus dem Labyrinth herauszufinden, wo sich Minotaurus aufhält. Zurückgekehrt und befleckt mit dem Blut ihres Bruders, umarmt ihn Ariadne voller Leidenschaft. Theseus verläßt daraufhin Kreta und segelt mit ihr nach Dia. Dort läßt er die Schlafende an der Küste zurück.*

Ariadne erwacht, sieht sich allein und bricht in bittere Klagen aus. Sie beschwört die an ihr von Theseus begangene Schmach, welche sie veranlaßte, ihre Sippe zu verraten. Da erscheint Dionysos mit einem Gefolge von Satyren und Mainaden und macht die Klagende zu seinem Weibe. Theseus vergißt auf der Heimfahrt, wie abgemacht, weiße Segel zu hissen. Sein Vater, der an seinen Tod glaubt, stürzt sich daraufhin ins Meer. Theseus übernimmt die Herrschaft. Während seiner Regierungszeit wird er weiterhin in zahlreiche Abenteuer verwickelt, unter anderem in einen Kampf gegen die Amazonen, deren Königin Antiope er zur Gattin nimmt. Am Ende seines Lebens wird er von einem königlichen Gastfreund zunächst freundlich aufgenommen, dann aber von einem Felsen gestürzt.

Theseus symbolisiert den strahlenden Nationalhelden, der zahlreiche Abenteuer sucht und besteht. Sein wesentli-

ches Spiel und der Antrieb seiner Motivationen ist die politische Macht: Eine Frau wird verlassen und ein Thron gewonnen, wie in der Legende von Dido und Aeneas, die Virgil beschrieben hat. Aeneas geht den harten Weg als Gründer Roms, tauscht *Roma* gegen *Amor*, die politischen Tagesaufgaben gegen die Mysterien der Nacht. Schon seit seiner frühesten Jugend ist Theseus Hofintrigen ausgesetzt. Alles ordnet der attische Herakles dem Ziel unter, die Seeherrschaft des aufstrebenden Athens auszubauen und zu festigen. Auch scheinen in seine Heiraten staatliche Überlegungen einzufließen: mit Phädra, der Schwester Ariadnes, um zu einer endgültigen Teilung mit der Seemacht der Kreter zu kommen, und mit Antiope, um die Nordregionen Athens vor Überfällen zu schützen. Negativ könnte man ihn durchaus als politischen Karrieristen und Imperialisten bezeichnen, letzteres insbesonders deswegen, weil er die männlich harten Vorstellungen des neuen griechischen Weges gegen die erotisch-minoische Kultur der Kreter durchzusetzen sucht.

Als Glanzfigur des männlichen Heldentums ist er der archetypische Gegenspieler des Minotaurus. Dieses Ungeheuer mit Stierkopf und Menschenleib wird allzu leicht als das Dämonische und Böse schlechthin dargestellt. In seiner ›Minotauromachia‹ hat Picasso ihm ein modernes Denkmal gesetzt. Für den Maler waren die Stiere »nur Tiere, massakrierte Tiere. Das ist alles, was mich betrifft«. Das Mischwesen aus den Abgründen stellt aber mehr dar und ist, nach Campbell nicht aus einer historischen, ja nicht einmal einer Traumwelt zu erklären. Es kommt aus dem Schattenreich einer Kultur, die uns gänzlich fremd geworden ist und nach deren archaischer Anschauung es als die Verbindung von Spirituellem und Tierischem angesehen wurde und somit göttlichen Charakter trug. Der Stier war ein im Mittelmeerraum weit verbreitetes Fruchtbarkeitssymbol. Als Variation der obengenannten Bedeutung könnte man den Minotaurus deswegen auch als die Verbindung von sinnlich-körperlicher und spiritueller Erotik deuten. Sein Vater Poseidon trägt als Symbol einen Dreizack. Das Bild des Minotaurus findet im Indischen seine Entsprechung in Nandi, dem Stier Shivas.

Ariadne steht in der Beziehung zu Theseus als die enttäuschte Geliebte. Sie verkennt, daß das rein Männliche, das Theseus repräsentiert, wesentlich sich anderen Zielen als der Erotik verschrieben hat. In dieser Verblendung tötet sie ihren Bruder und verläßt die Sippe. Damit wird sie auch zu einer der in der griechischen Mythologie nicht selten auftretenden Verräterinnen aus Liebe. Sie nahm in der minoischen Kultur offensichtlich eine hohe Stellung ein, denn ihr ursprünglicher Name *Ariadne* bedeutet ›die Heilige‹, ›die Reine‹ – Beinamen der höchsten Unterweltskönigin. Auf Dia wird sie zum Urbild der verlassenen Geliebten, die in unendlicher Qual ihr Schicksal beweint. In Nietzsches schönem Gedicht ›Die Klage der Ariadne‹ treibt sie ihren Schmerz und ihre Qual bis zur Lust. Dann erscheint Dionysos, um sie zu ehelichen.

Das Labyrinth hat eine doppelte Bedeutung, eine kosmische und eine erotische. Es gilt im ersten Fall als der Verlust des Geistes im Prozeß der Schöpfung, im neuplatonischen Sinne als der Sündenfall, und konsequenterweise ist das Herausfinden aus dem Zentrum die Rückkehr zur geistigen Erkenntnis. Bei den Ausgrabungen in Knossos auf Kreta fand man eine verwirrende Anzahl von Zimmern und Korridoren. Außerdem entdeckte man auf einem offenen Platz einen Tanzboden, der ein Labyrinthmuster aus Mosaikarbeiten trug. Es stand in Bezug zu rituellen erotischen Frühlingstänzen.

Im Verlaufe des kreisförmigen Tanzes wurden in der archaischen Zeit männliche und weibliche Initianden eingeweiht. Nach Eliade ist der Gang durch das Labyrinth ein Initiationsakt zur Gewinnung von Unsterblichkeit, ähnlich wie der mythologische Kampf mit dem Drachen. Insofern ist der Tod auch als ritueller Tod zu verstehen, den jeder Eingeweihte zu durchlaufen hatte; die sieben attischen Jünglinge und Mädchen wurden vielleicht gar nicht getötet, sondern in einen Kult eingeweiht. Die unblutige Geschichte der minoischen Kultur könnte durchaus für diese Interpretation sprechen.

Der Ariadnefaden, der Theseus aus den Irrgängen zurückführt, ist sicher zu verstehen als *roter Faden*, der sich durch zahlreiche Gedankengänge ziehen soll. Damit wird aber nur auf seine technische Bedeutung verwiesen. Er stammte aus der Hand des bedeutendsten minoischen Technikers: Es war Dädalos, der sowohl das Labyrinth baute als auch den Zauberfaden spann. Gleichzeitig war der Faden eine Liebesgabe, den die besorgte Ariadne ihrem Liebsten mitgab. So symbolisiert er die Verbindung von esoterischer Technik und kosmischer Liebeskraft, die besonders im indischen Tantrismus von zentraler Bedeutung ist. Die Verbindung mit den kretischen Mysterien könnte sogar auf die Tatsache hinweisen, daß mit ihm die Kundalini, die aufsteigende Schlange der Lust und der Erkenntnis, gemeint ist.

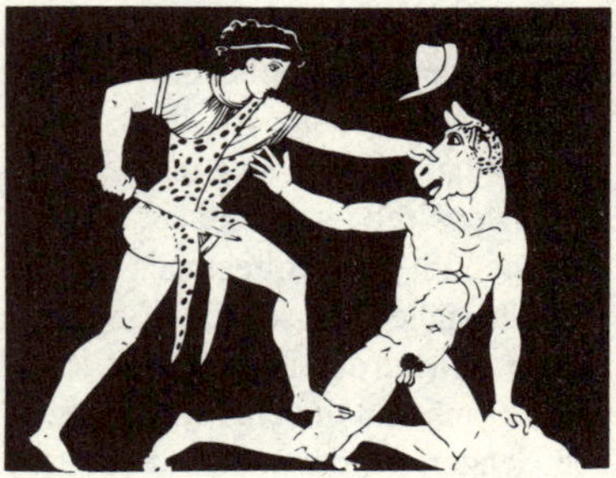

Ariadne wird erlöst, als Dionysos erscheint und sie zur Frau nimmt. In diesem Zusammenhang ist es bemerkenswert, daß der Minotaurus mit seinem anderen Namen *Asterios* genannt und von seinen Anhängern als Stern verehrt wurde. Das ist aber wiederum der Name, unter dem Dionysos selbst als Kind und Knabe in den Mysterien angerufen wurde. In Dionysos entsteht ihr der Bruder wieder, damit auch die verlassene Sippe. Auf einem bekannten Wandgemälde in Rom wird das deutlich. Hier begegnet der Gott seiner Braut, keinem irdischen Mädchen, sondern der aufgetauchten Persephone oder Aphrodite.

Er findet sie weder im Schlaf noch verlassen. Die Göttin empfängt den jungen herannahenden Gott mit einer dienenden Begleiterin, sitzend auf einem Felseneiland. Sie hält ihm eine Schale hin, auf das Dionysos sie fülle und die Epiphanie des Weines aus seiner Hand erfolge.

Die Reise des Theseus stand unter dem Schutz der Aphrodite, aber er versagte der Göttin den Dienst, als er deren Magd, Ariadne, verließ, und Aphrodite nahm schrecklich Rache an ihm. Sie soll den Tod seines Vaters bewirkt haben und die Ursache dafür gewesen sein, daß seine spätere Gattin Phädra sich in seinen Sohn Hippolyte verliebte und den gesamten Hofstaat in Verwirrung versetzte. So mußte Theseus, wie Jason, eines gewaltsamen Todes sterben, weil er die Mysterien der Liebe nicht erkannte. Ariadne dagegen wurde in den Olymp aufgenommen.

Literatur

L. Cottrell: The Bull of Minos, London 1954
H. Lucas: Der Tanz der Kraniche und die Hochzeit auf dem Meeresgrund, Emsdetten 1971
E. Meinschad: Die Ariadnesage in der Literatur des 18. Jahrhunderts, Diss., Wien 1941
A. v. Salis: Theseus und Ariadne, Berlin 1930
F. Weißengruber: Labyrinthus. Hic habitat Minotaurus, in: Festschrift zum 400jährigen Jubiläum des humanistischen Gymnasiums Linz, Linz 1952

Odysseus

– einer der ersten Kriegsdienstverweigerer, denn er soll versucht haben, sich mit allen Mitteln dem trojanischen Feldzug zu entziehen, wo er die Kriegslist (Trojanisches Pferd) und Verhandlungstaktik einführte. Von allen Heimkehrern aus Troja besteht er später die verwirrendsten Abenteuer, die in Homers Odyssee aufgezeichnet sind. Nur einige seien hier genannt.

Der Aufenthalt bei den Lotophagen, von denen er nach Genuß von Lotosblüten die Gefährten kaum losbringen kann. Auf der Insel der Zyklopen wird er in der Höhle des Polyphem, eines einäugigen Riesen und Sohnes des Poseidon, eingeschlossen. Als der Riese nach dem Namen ihres Anführers fragt, antwortete ihm Odysseus, sein Name laute Niemand (Utis). Darauf macht er ihn mit Wein trunken, härtet die Spitze eines Pfahles im Feuer und stößt ihn in das Auge des schlafenden Zyklopen. Dieser erwacht mit einem fürchterlichen Brüllen. Als sich dann seine Brüder vor der Höhle einfinden und fragen, wer ihm denn Leid zufüge, schreit er, Niemand tue ihm Leid an. Lachend ziehen die Brüder von dannen. Während dessen hat Odysseus je drei Schafe zusammengebunden, um unter das Mittlere einen Gefährten zu verstecken. Nachdem der Zyklop den Felsbrocken, der seine Behausung versperrte, fortgewälzt hatte, tastete er die herausdrängende Herde ab. Er konnte aber weder die Griechen noch Odysseus, der sich unter den Leitbock klammerte, entdecken. So gelangten Odysseus und seine Gefährten in die Freiheit und eilten mit den fettesten Schafen zum Schiff.

Voll Wut schleuderten die zusammengelaufen Zyklopen dem davonsegelnden Schiff riesige Felsbrocken nach.

Nachdem er seine Heimat endlich erreicht hat, wird er durch eine Unvorsichtigkeit, die seine Gefährten begehen, wieder zurückgetrieben. Die Irrfahrt beginnt von neuem. Er begibt sich in die Unterwelt, lebt mit Circe, die seine Gefährten in Schweine verwandelte. Auch bei der Hexe Kalypso verbringt er sieben Jahre. Obgleich sie ihm Unsterblichkeit und Ehe verspricht, schlägt er beides aus, um seine Gattin, Penelope, wiederzufinden. Endlich erreicht er Ithaka. Als Bettler verkleidet trifft er seinen Sohn Telemachos. Unerkannt und verhöhnt betritt er den Palast, wo die Freier um Penelope herumlungern und sein Gut verprassen. Mit seinem Bogen, den nur er zu spannen weiß, tötet er alle anwesenden Schmarotzer und beendet damit seine Reise.

Die Odyssee ist ein Navigationsmythos wie seine orientalische Entsprechung, die Abenteuer Sindbads des Seefahrers. In ihm werden die beiden grundsätzlichen Gefahren der Seefahrt besiegt: der Ozean, der das Unbewußte symbolisiert, und die Windstille, die für seelische Resignation und Stagnation steht. Das Ziel der Irrfahrt ist die Rückkehr Odysseus' zu seinem Weib, seiner *anima,* und seinem Heim. Um dieses Ziel zu erreichen, muß er zahlreiche Todesgefahren überstehen. Die Odyssee ist in einer griechischen Version die Geschichte der Vertreibung aus dem Paradies, aber sie verdeutlicht die Notwendigkeit, an diesen Ausgangspunkt zurückzukehren – ein Mysterium, daß sich im platonischen Idealismus, insbesonders bei Plotin, wiederfindet. Doch stellt es im Gegensatz dazu nicht einen nur geistigen Prozeß dar, sondern einen sehr handfesten, sinnlichen, denn Penelope und Telemachos sind aus Fleisch und Blut. So wird in der Odyssee das geschlossene Universum von Abenteuer, Reise und Rückkehr in die reale Welt verlagert.

Es wäre aber verkürzt, das Epos nur von seinem Ausgangs- und Endpunkt aus zu betrachten. Immerhin erlebt Odysseus neben zahlreichen erschreckenden und quälenden Abenteuern die vielen schönen und wunderbaren Seiten der Fremde. Was könnte ihn sonst veranlaßt haben, jeweils jahrelang mit den Hexen Kalypso und Circe zusammen zu verbringen und mit ihnen mehrere Kinder zu zeugen? So steht seine Person sicher auch für die Lust am Abenteuer, wenn auch nicht in dem Maße wie bei Sindbad, den es immer nur kurze Zeit zu Hause hält, bis ihn wieder die Fremde und das außergewöhnliche Erlebnis reizen.

So verläßt auch der Vater Parzivals, Gahmuret, die schöne Curneval wieder, um neue Abenteuer zu suchen; schließlich stirbt er in einem Zweikampf. Der unerschütterliche Glaube an die Rückkehr aber macht Odysseus zum Reisenden und nicht zum Wanderer, wie es Kerényi dargestellt hat. Der Wanderer haftet trotz seiner Fortbewegung am Boden, nur nicht an einem engbegrenzten. Mit jedem Schritt ergreift er von einem Stück Erde Besitz. Dieses Besitzergreifen ist zwar auch ein seelisches, aber zugleich bleibt der Wanderer dem festen Boden unter den Füßen stets verbunden und sucht die menschliche Gemeinschaft. Der Zustand des Reisenden hingegen ist das Schweben. Dem anderen, dem tiefer Verwurzelten erscheint er so, als flüchte er sich fortwährend. Er geht in seiner Fortbewegung gleichsam auf, nie aber in einer menschlichen Gemeinschaft, die ihn binden würde. Der schwebende Zustand macht ihn deswegen zu einem Ausdruck des *hermetischen Prinzips*. So fragt und antwortete Kerényi: »Ist nicht eben diese Reise als Heimführung zugleich Entführung und auch darin ›hermetisch‹? Reisen ist die gegebene Situation zum Lieben. Die Schlünde, über welche der Verflüchtigte wie ein Geist dahin schwebt, können die Abgründe von unglaublichen Liebschaften, Circe- und Kalypso-Inseln und -Höhlen, sein: Abgründe auch in dem Sinne, daß es da kein Stehen gibt auf festem Boden, sondern nur Weiterschweben zwischen Leben und Tod.«

Odysseus ist aber vor allem zum Synonym der List und der geistigen Geschicklichkeit geworden, eine echte Trickster-Figur. Während sein Gegenspieler, der kannibalische Kyklop Polyphem, die rohe Gewalt repräsentiert, glänzt er durch seine Schläue. Er wird somit zu einer Person, welche die Lebensaufgaben weniger durch offenen Kampf und Konfrontation, sondern durch Überredungskunst und Tricks bewältigt.

Andererseits macht ihn das nicht gerade zum klassischen Heroen, und in den Epen des Kyklos erscheint er denn auch als rein negative Gestalt: als Meisterdieb, Kuppler, Kriegsdienstverweigerer, Intrigant und Betrüger. Eine an kämpfenden Helden orientierte Mentalität konnte ihm nichts Positives abgewinnen. Dennoch war er den Griechen, diesem Händler- und Seefahrervolk, ein Ideal.

So schreibt Nietzsche: »Was bewundern die Griechen an Odysseus? Vor allem die Fähigkeit zur Lüge und zur listigen furchtbaren Wiedervergeltung; den Umständen gewachsen zu sein; wenn es gilt, edler erscheinen als der Edelste; sein können, *was man will*; heldenhafte Beharrlichkeit; sich alle Mittel zu Gebote stellen; Geist haben – sein Geist ist die Bewunderung der Götter, sie lächeln, wenn sie daran denken.« Wer es versteht, die Götter zum Lächeln zu bringen, kann kaum als Antiheld gedeutet werden.

Witz und Schläue hat schon viele Olympier entwaffnet, und Kerényi bringt deswegen den trickreichen Odysseus auch mit Hermes in Verbindung, dessen Diebstähle und Betrügereien nicht nur geduldet, sondern auch belächelt wurden.

Es scheint fast so, als wäre die Schläue, neben der Liebe, die einzige Waffe, die Menschen gegen Götter einsetzen können. Und Mensch ist Odysseus mit seinem ganzen Herzen – lehnt er doch die Unsterblichkeit, die ihm Kalypso anbietet, ab, um zu Penelope und ihrem Sohn zurückzukehren. Nach Kerényi ist die Odyssee deswegen nicht »das Gedicht vom heroischen Leben, das sich vom einmaligen, unabwendbaren Tod als seinem polaren Gegensatz abhebt, sondern das Gedicht vom Leben, das vom fortwährenden, überall gegenwärtigen Tod durchdrungen ist. Hier fallen die beiden Gegenpole zusammen. Die Welt des Odysseus ist jene schwebende Lebenswelt, die sich mit dem Tode berührt, wie die rechte Seite eines Gewebes mit seiner Kehrseite. Sie besteht ebenso aus ihren Hinter- und Untergründen, den hinter und unter ihr gähnenden Schlünden, wie aus sich selbst. Über diesen schwebt fortwährend Odysseus.«

Wie stark seine Reisen auch heute noch die Literatur und damit das Leben beeinflussen, hat James Joyce in seinem berühmten Werk ›Ulysses‹, den Irrfahrten des Annoncenakquisiteurs Leopold Bloom, gezeigt, und damit auch, wie sich die abenteuerlichsten Seelenwanderungen auf engstem Raum, nämlich in der Stadt Dublin, abspielen können. Penelope wird zu der Frau, die da wartet – die auch die matzatekische Schamanin Maria Sabina in ihren Hymnen beschworen hat.

Literatur

E. Bradford: Reisen mit Homer. Wiedergefundene Inseln, Küsten und Meere der Odyssee, Bern/München/Wien 1964

H. Friedrich: Odysseus in der Hölle, in: Geistige Überlieferung. Das 2. Jahrbuch Berlin 1942

G. Germain: Genèse de Odyssée, Paris 1954

A. Herrmann: Die Irrfahrten des Odysseus, Berlin 1927

K. Kerényi: Hermes der Seelenführer, in: Das hermetische Prinzip, Zürich 1943

K. Kerényi: Die Mythologie der Griechen, München 1966

R. Merkelbach: Untersuchungen zur Odyssee, München 1951

Circe und Odysseus

Odysseus segelt mit dem einzig übriggebliebenen Schiff nach Osten und landet auf der Insel der Morgendämmerung, die von der Göttin Circe regiert wird, der Tochter des Helios und der Perse. Circe war in allen Zauberkünsten bewandert. Um ihren Palast schlichen Wölfe und Löwen. Statt aber die Männer des Odysseus anzugreifen, richteten sie sich an ihnen empor und ließen sich hätscheln, denn sie waren in Wirklichkeit menschliche Wesen, die von Circe verwandelt worden waren.

Nach einem ausgiebigen Mahl, das Circe den Genossen des Odysseus bereitete und das ein Zaubermittel enthielt, nahmen sie alle die Gestalt von Wildschweinen an.

Odysseus, der bei der Mahlzeit nicht anwesend war, erfuhr durch einen Gefährten, der Circe entkommen konnte, von dem Zauber. Es gelang ihm, die Hexe zu überwältigen. Sie bat um ihr Leben, und er nahm ihr den Eid ab, ihren Zauber rückgängig zu machen, wenn er in ihrem Palast lebe.

Nach dem Besuch der Unterwelt kehrte er zur Circe zurück: »Was für ein hartes Schicksal, das Land des Hades besucht zu haben. Ein Tod ist genug für die meisten Männer; du aber wirst nun zwei erleiden.«

Die Gefährten des Odysseus verlieben sich in Circe, sie lassen sich von ihr ›becircen‹ und bieten vermutlich den Anblick verliebter Narren, die mit sich spielen lassen, wie die Angebetete es will.

Odysseus, von Hermes in Liebesabenteuern beraten, tritt dagegen Circe wohlgewappnet entgegen. Nach Einnahme des Zauberkrautes *moly* reißt er das Schwert von der Seite und rennt mordgierig auf die Zauberin los. Da schreit sie laut auf, wirft sich zu Boden und umfaßt seine Knie, indem sie jammernd ausruft: »Weh mir! Wer bist du, Gewaltiger, den mein Trank nicht zu verwandeln vermag? Bist du vielleicht der erfindungsreiche Odysseus selbst, dessen Ankunft mir schon

lange geweissagt ist? Wenn du es bist, so stecke dein Schwert in die Scheide und laß uns Freunde werden.« (Die hier berichtete Version stammt aus einer Schwab-Ausgabe, ›Bearbeitung für die Jugend‹, und läßt leichte Zweifel an der Durchgängigkeit der Interpretation der Wissenschaftler des 19. Jahrhunderts über die griechischen Helden als prüdes Völkchen zu.) Die Bezwingung der Circe beschert Odysseus und den Seinen ein angenehmes Jahr auf der Insel der Göttin der Morgendämmerung, im Verlaufe desselben Circe dem Odysseus und den Seinen ›viel Liebes‹(-dienste) tat.

Nach Ablauf dieser Zeit rüsten sich die Helden für die Heimkehr. Zuvor aber schickt Circe Odysseus in die Unterwelt, um dort ein Orakel einzuholen. Symbolisch gedeutet, schickt sie ihn in seine eigene Unterwelt, um da den Weg zu sich selbst zu finden. Ursprünglich jedoch dürfte sie, als Muttergöttin, die ihren Sohn ewig gebiert, liebt und dann wieder verschlingt, die Unterwelt und den Tod selber dargestellt haben, denn Aiaia, die Insel der Morgendämmerung, ist die typische Todesinsel, wo die Todesgöttin beim Spinnen singt. Circe bedeutet Falke. Sie hatte in Kolchis einen Friedhof, der, mit Weiden bepflanzt, der Hekate, der Mondgöttin, geweiht war. Die in Tiere verwandelten Gefährten Odysseus' erinnern an die Metampsychose, doch sind die Schweine insbesondere der Todesgöttin geweiht, und auch Circe füttert die Tiere mit den wilden Kirschen des Chronos, der roten Nahrung der Toten. Im keltischen Mythenkreis gilt das Schwein oder der Eber als das heilige Tier der großen Göttin.

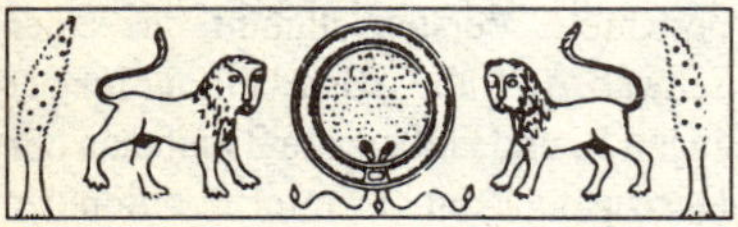

Literatur

K. Kerényi: Töchter der Sonne, Zürich 1944
B. Paetz: Kirke und Odysseus, Berlin 1970
A. Strassinopoulou-Skiadas: Der Kirke-Mythos – Dichterische Behandlung und allegorische Deutung, Diss. Kiel 1962

Ödipus und die Sphinx

Nachdem Ödipus seinen Vater erschlagen hatte in dem Glauben, es handle sich um einen Wegelagerer, kommt er nach Theben. Vor den Toren der Stadt lag die Sphinx, ein Wesen, halb Jungfrau und halb Löwe. Sie stellte den Bewohnern der Stadt Rätsel, und der, der sich bereit erklärte, sie zu lösen und dann doch nicht dazu in der Lage war, den zerriß sie. Auch den Sohn des neuen Königs hatte sie getötet, und der König ließ bekanntmachen, daß, wer die Stadt von der Würgerin befreie, das Reich und die Hand der Königin Iokaste, des Ödipus' Mutter, erhielte.

Ödipus löste das Rätsel der Sphinx (was geht morgens auf vier, mittags auf zwei und abends auf drei Füßen? – der Mensch), heiratete seine Mutter und wurde König. Erst viel später, nachdem er mit ihr vier Kinder gezeugt hatte, erfuhr er, wen er geheiratet hatte. Iokaste erhängte und Ödipus blendete sich und zog als Bettler umher.

Nach vielen Bitternissen und Leiden hatte er seine Schuld gebüßt. An einem Erdschlund wartete er auf seinen Gott, der ihn rief mit einer Stimme, »von der man nicht wußte, ob sie vom Himmel herab oder aus der Unterwelt heraufönte«. Lautlos und sanft verschwand der Greis, wie auf Geisterflügeln zur Tiefe hinabgetragen. Theseus aber, der als einziger ihn bis an die Schwelle begleiten durfte, überschattete mit der Hand die Augen, als hätte er ein göttliches, überwältigendes Gesicht gehabt.

Die allgemein geläufige Interpretation des Ödipusmythos sieht in der Tragödie eine Erfahrung, die jedes Kind in der Phantasie durchläuft. Freud, der ihm in seiner Sexualtheorie einen zentralen Platz einräumt, hat ihn zum Mythos des zwanzigsten Jahrhunderts gemacht.

In einem größeren Zusammenhang betrachtet, durchlebt Ödipus drei typische Erfahrungen des Menschseins. Zuerst unwissend, tötet er den Vater und heiratet die Mutter. Er löst das Rätsel der Sphinx, die uralte Frage: »Wer bin ich?«, und wird damit ein Mensch. Als er aber die Größe des menschlichen Schicksals begreift, erträgt er dieses Wissen nicht. War er am Anfang unwissend blind, so blendet er sich jetzt selbst, erkennt seine eigene Fehlbarkeit und wird zum Bettler.

In der neuen Gestalt trägt er seine tragische Vergangenheit, sein Karma, ab und wird zum Schluß erlöst in einer für die griechische Mythologie außergewöhnlichen Art und Weise. Weder wird er als Unsterblicher in den Götterhimmel aufgenommen, noch wandert er eindeutig in das Reich des Hades. Die Geisterflügel tragen ihn zwar in die Tiefe, gleichzeitig aber beschattet Theseus seine Augen, so als wäre er geblendet von einem unbegreiflichen überirdischen Licht.

Der Tod des Ödipus erinnert an den Weg östlicher Weiser, die das Rad des Lebens durchbrochen und die Seelenwanderung abgeschlossen haben, um ins Nichts, ins Nirvana einzugehen.

Literatur

E. Dirlmeier: Der Mythos von König Ödipus, Mainz 1948

C. Robert: Oedipus, Berlin 1915

Herakles und Cerberos

Die letzte und schwerste Arbeit des Herakles bestand darin, den dreiköpfigen Hund Cerberos aus dem Tartaros zu holen. Vor der Tat ließ er sich in die eleusischen Mysterien einweihen. Nach seiner rituellen Reinigung stieg er in die Unterwelt. Charon, von seinem finsteren Blick eingeschüchtert, führte ihn über den stinkenden Fluß Styx. Als Herakles den Cerberos von Hades verlangte, antwortete dieser voller Grimm: »Er soll dein sein, wenn du ihn ohne Gebrauch deiner Keule oder deiner Pfeile meistern kannst.« Mit seiner ungeheuren Kraft konnte er das Ungeheuer fast ersticken und somit besiegen. Ans Tageslicht gezerrt, leistete Cerberos erneut heftigen Widerstand und bellte wild mit allen drei Mäulern. Sein Geifer sprühte über die grünen Felder und ließ die giftige Pflanze Eisenhut entstehen, die auch Hekateis genannt wird, weil Hekate sie als erste verwendete. Akonit, das lähmende Gift des Eisenhutes, wurde von den thessalinischen Hexen bei der Herstellung einer Flugsalbe verwendet: Es betäubte die Hände und Füße und gab ihnen auf diese Weise das Gefühl, vom Boden losgelöst zu sein. Herakles bringt den Höllenhund zum Schluß wieder zurück in die Unterwelt.

Der Höllenhund Cerberos ist der Wächter des Styx, der Grenze zwischen der Welt der Menschen und der Unterwelt.

Auf einem Bild in Gafurius' ›Practica musice‹ sehen wir eine Schlange mit drei Köpfen: einen Löwen in der Mitte, den Wolf auf der linken Seite und den Hund auf der rechten. Gafurius identifiziert das Mischwesen mit Cerberos, dem griechischen Höllenhund, der ebenfalls drei Köpfe und einen Schlangenschwanz aufwies. Die drei Häupter symbolisieren die alles verzehrende Zeit in ihren drei Aspekten: Gegenwart, Vergangenheit und Zukunft, durch die sich die unveränderte Existenz des in sich ruhenden Gottes auf Erden manifestiert. So lesen wir in den Saturnalien des Macrobius (15. Jahrhundert): »Der Löwe, gewaltsam und unberechenbar, drückt die Gegenwart aus; der Wolf, der seine Opfer wegschleppt, wird zum Bild der Vergangenheit, der unsere Erinnerungen raubt; der Hund, der seinen Herrn winselnd umschleicht, verweist uns auf die Zukunft, die uns unaufhörlich mit falschen Hoffnungen betrügt.«

In der Grafik des Gafurius entsprechen die drei Köpfe des Cerberos am Ende seines Schlangenleibes den drei Grazien, den Göttinnen der Anmut, die eine weibliche Trinität bilden. So wird aus dem Schrecken der Liebreiz, wenn er die Schlange durchläuft. Damit ist aber ein eindeutiger Hinweis auf die Feuerschlange, die indische Kundalini, gemacht, die auch von unten nach oben steigt.

Leicht ist in dem Cerberos nun auch die umgekehrte Trinität zu erkennen, und damit verweist er wiederum auf die trismegistische Formel, ›Unten ist gleich Oben‹. So gewinnt der Hund, als das niedrigste aller Tiere, in der mystischen Symbolik einen besonderen Stellenwert. Tristan schenkt Isolde ein Hündchen aus dem Lande Avalon, das so glänzt und schillert und den Ritter so entzückt, daß er zeitweise seinen Liebesschmerz vergessen kann. Im englischen Oxymoron *dog* und *god* finden wir eine sprachliche Entsprechung der mystischen Inversion.

Die Heraklessage selbst zeigt den Mysterienweg, den der Held zu durchlaufen hat, indem er die Ungeheuer der eigenen Seele besiegt. Der dreiköpfige Hund, als die extremste Kehrseite des Göttlichen, ist denn auch der letzte Schrecken, der dem Mysten begegnet. So finden Virgil und Dante in der untersten Tiefe der Hölle ein tricephales Ungeheuer vor, und erst, als sie es passiert haben, beginnt der Aufstieg in die höheren Sphären.

Das Ziel des Herakles ist die Unsterblichkeit und damit die Überwindung der Zeit. Wie wir gesehen haben, symbolisieren die drei Köpfe des Cerberos Vergangenheit, Gegenwart und Zukunft. Die Zeit ist aber nicht durch Waffengewalt zu besiegen. Deshalb fordert Hades, daß Herakles den Cerberos nur mit seinen Körperkräften, also seinen inneren Kräften, überwinde. Damit öffnet er die Unterwelt, sein Unterbewußtsein, was in der indischen Mythologie als die Öffnung des dritten Auges beschrieben wird.

Das Gift des Höllenhundes, das Herakles aus der Unterwelt mit heraufbringt, ist das Gift des Phantastischen, der Irrationalität, und wenn sich in der griechischen Sage der Geifer des Cerberos als die Pflanze Eisenhut materialisiert, so wird dieser, als alkaloidhaltiges Kraut, selbst wieder zur Eintrittskarte in die Unterwelt. Daß Herakles den Höllenhund zurück an seinen Platz bringt, bedeutet, daß die einmalige Überwindung der Grenze zwischen Bewußtsein und Unbewußtem nicht die Auflösung dieser Grenze nach sich zieht. Im Gegenteil ist anzunehmen, daß die Auflösung in der Welt der irrationalen Kräfte für den Menschen genauso tödlich sein kann wie das Erstarren in Realitätsstrukturen. Der Weg zur Unsterblichkeit führt durch beide Welten.

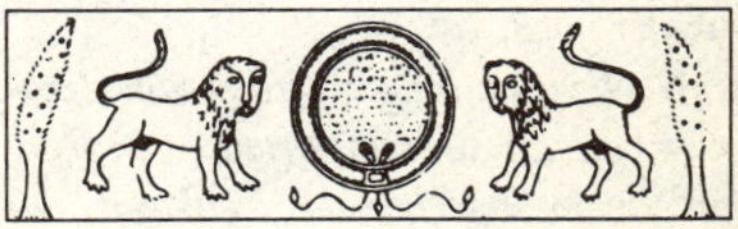

Literatur

F. Kretschmar: Hundestammvater und Kerberos, Stuttgart 1938
Manfred Lurker: Hund und Wolf in ihrer Beziehung zum Tode, 1909
H. Scholz: Der Hund in der griechisch-römischen Magie und Religion, Diss. Berlin 1937

Prometheus

– hat den Menschen geschaffen. Er wird zu den Titanen gezählt. Die Erhebung des Zeus gegen Chronos sah er voraus und zog es deshalb vor, an der Seite der Götter zu kämpfen. Bei der Geburt der Athene aus dem Kopf des Zeus spielte er Geburtshelfer. Zum Dank dafür lehrte ihn die Göttin Architektur, Astronomie, Mathematik, Navigation, Medizin und Metallurgie.

Zeus neidete den Menschen, deren Herausforderung er spürte, die Beherrschung des Feuers. Mit Hilfe der Athene wird Prometheus der Zugang zu dem feurigen Wagen der Sonne verschafft. Er entzündet daran eine Fackel, bricht ein glühendes Stück Holzkohle ab und schenkt es den Sterblichen.

Aus Rache schmiedet Zeus den nackten Rebellen an die Säule der kaukasischen Berge. Jeden Tag, jahraus – jahrein, frißt ein Adler von seiner Leber. Der Schmerz war grenzenlos, denn jede Nacht, wenn Prometheus schneidender Kälte ausgesetzt war, wuchs die Leber wieder nach.

Nach vielen Jahren wird er von Herakles befreit und trägt fortan einen Ring mit einem Steinchen des Kaukasus, damit das Urteil des Zeus nicht unvollzogen bleibe.

Prometheus, der ›Vordenkende‹, war ein Titanensohn, voller Weisheit, Kunst und Stärke; die Götter liebten ihn, und er kämpfte mit ihnen gegen die Titanen in der großen Götterschlacht. Er wagte es jedoch, die Allwissenheit des Zeus anzuzweifeln, was ihn allerdings den Göttern, insbesondere Zeus, verhaßt machte.

Aus feuchter Erde formte er den Menschen nach dem Bild der Götter. Der Künstler, als der er oft dargestellt wurde, hauchte seinem Werk den göttlichen Funken ein und wurde damit zum Schöpfer: Sein Werk wurde ihm selbst gleich. Damit zog er sich den Neid der Götter zu. Er verkörpert den emporstrebenden Menschengeist, der Meister über die Elemente ist und die mit dem ›Samen des Himmels‹ geschwängerte Erde mit Hilfe des Elementes Wasser zum Leben erweckt und die Flamme des Geistes ihr einpflanzt.

Der sprichwörtliche Neid der Götter aber trifft den, der versucht, mit den Göttern, d. h. den kosmischen Kräften in sich und um sich herum, mit gezinkten Karten zu spielen: der erboste Zeus verbannt Prometheus erst, nachdem dieser versucht hatte, Zeus hinters Licht zu führen und ihm den schlechteren Teil des ihm gebührenden Opfers als den besseren zu verkaufen.

Die Strafe, die Prometheus ereilt, besteht darin, daß er das Schicksal seiner Geschöpfe teilen muß: Er fällt zurück in den Kreislauf von Tod und Wiedergeburt: der Adler, das Symbol des Zeusschen Geistes, frißt seine Leber, die in jeder Nacht wieder nachwächst. In der Leber sehen die Griechen den Sitz der Leidenschaften und Begierden, die zwar vom Geist bezwungen werden können, aber immer wieder gegen diesen sich erheben. Immerwährende Unruhe und die rastlos stets unbefriedigte Begierde der Sterblichen ist nun sein Los.

Im Prometheusmythos aber überwindet der menschliche Geist die ihm auferlegte Strafe: Herakles tötete mit einem Pfeil den Adler und befreite Prometheus. Ein Sterblicher, denn die Unsterblichkeit mußte Herakles sich erst in seinen Abenteuern verdienen, bahnte sich durch seine Tapferkeit und seinen unüberwindlichen Mut den Weg zu den Göttern und söhnte so das Menschengeschlecht mit dem der Götter wieder aus. Herakles aber verkörpert einen anderen Aspekt des Menschen als Prometheus: Nicht nur sein Mut, sondern auch seine Gewitztheit erlösen den übermütig gewordenen Schöpfergeist Prometheus: Er rät dem Gestraften, einen Stein vom Kaukasus, gefaßt in einen Ring, zu tragen, damit die Strafe, die Zeus über ihn verhängt hatte, ewig an die Felsen gekettet zu sein, doch erfüllt würde. In diesem Akt wird die Illusion einer realen Welt voller Strafen, die die unglücklichen Sterblichen ertragen müssen, überwunden. Zwar verbindet der Stein den Prometheus mit seinem vergangenen Schicksal, zugleich ist er aber Symbol dafür, daß der Menschengeist seinen Fatalismus aufgegeben hat und sein Schicksal nicht mehr als einen von ihm selbst unbeeinflußbaren Tatbestand auffaßt.

Literatur

J. Fränkel: Wandlungen des Prometheus, Berlin 1910
K. Kerényi: Prometheus, das griechische Mythologem von der menschlichen Existenz, Zürich 1946
R. Trousson: Le Thème de Prométhée dans la littérature européenne, Genéve 1964

Atlas

Atlas, seiner Herkunft nach ein Titan, schloß sich Chronos und den übrigen Titanen an im Kampf gegen die Götter. Sie wurden von den Olympiern besiegt, und Zeus verurteilte Atlas dazu, in alle Ewigkeit den Himmel auf seinen Schultern zu tragen. Ein einziges Mal ist es ihm vergönnt, der schweren Last zu entfliehen: Herakles bittet ihn, anstatt seiner die goldenen Äpfel der Hesperiden zu rauben, und stellt sich selbst unter das mächtige Himmelsgewölbe. Atlas aber will, nachdem er die Freiheit empfunden, den Himmel nicht weiter tragen. So ist Herakles gezwungen, zu einer List zu greifen und verlangt, sich erst einen Bausch aus Stricken um den Kopf winden zu dürfen, damit die schreckliche Last ihm nicht das Hirn sprenge. Atlas stellt sich in gutem Glauben für einen kurzen Moment wieder unter den Himmel, Herakles aber macht sich aus dem Staube.

Am nordwestlichen Ende der den alten Greichen bekannten Welt soll Atlas, so berichtet die Sage, die ganze Last des Himmels tragen. Dies war ein sagenumwittertes, den Griechen fremdes Land, wo sich auch der höchste der damals bekannten Berge befand, der so ausgesehen haben mag, als stütze er den Himmel. In der hethitischen Mythologie findet sich eine ihm verwandte Gestalt, der Urweltriese Upelluri, der Erde, Himmel und Meer trägt.

Verlorengegangene Sagen, die sich um Atlas rankten, machten ihn zum Vater verschiedener Naturgöttinnen, wie der Hesperiden, der Maia und der Pleiaden. In der griechischen Mythologie verkörpert er titanische Kräfte, die Himmel und Erde trennen, und die Naturkräfte der Materie, die mit dem Sieg der olympischen Götter schließlich unterworfen werden und die Grundlage der Welt bilden, in der das Spiel der Götter, ihr erotischer Reigen stattfinden kann.

Im übertragenen Sinne ist die Gestalt des Atlas, der den Himmel trägt, zu vergleichen mit dem Menschen, der im Gegensatz zu den Tieren seinen Kopf frei und aufrecht trägt. Die unerfüllten Träume der Menschen, ihr eigener kleiner Himmel, belastet sie zuzeiten. Diese Last aber kann jeder nur selbst abwerfen, wie die Geschichte von Atlas und Herakles zeigt: Atlas muß die Erfahrung machen, daß die Last des Himmels, also die Last des eigenen Kopfes, jeder selbst tragen muß und kein anderer ihn davon befreien kann.

Literatur

E. Tièche: Atlas als Personifikation der Weltachse, in: Museum Helveticum 2, 1945

Chiron

– war ein Kentaur, stammte von dem Titanen Chronos und der Philyra ab. Von der Wildheit und ungestümen Naturverbundenheit der anderen Kentauren unterschied er sich durch seine Weisheit und Gelehrsamkeit. Deshalb galt er als Erzieher mehrerer bedeutender griechischer Helden, unter anderem Jason, Asklepios und Achilleus. Er war berühmt wegen seiner Kenntnisse in der Heilkunst und war außerdem ein begabter Bildhauer. Als Herakles Prometheus' Fesseln löste und ihn von den Felsen des Kaukasus befreite, wird Chiron sein Ersatzmann, der für ihn stirbt.

Chiron war ein menschenfreundlicher, heilkundiger Kentaur im Gegensatz zu der eigentlichen Natur der Kentauren, der Berg- und Walddämonen, die von wildem, ungestümem, übermütigem Wesen waren. Ursprünglich waren die Kentauren Verkörperungen von Wildbächen und Gewitterfluten. Ihre Naturverbundenheit kommt dadurch zum Ausdruck, daß sie als Wesen, die halb Mensch und halb Pferd sind, dargestellt wurden.

Als Sohn des Chronos sind ihm die Geheimnisse der Heilkunst, also des dem Menschen hilfreichen Umganges mit der Natur, vertraut. Als Titan gehört er zu dem von Zeus gestürzten Geschlecht, dem der ungebändigten Naturgottheiten, und verfügt so über die Weisheiten aus der alten Zeit; er selbst steht aber nicht mehr im Zentrum der Macht. Diese Konstellation bestimmt ihn zum Heldenerzieher.

Nachdem er ganze Generationen von griechischen Helden großgezogen hat, wird er von einem vergifteten Pfeil des Herakles verletzt. Das uralte Titanengeschlecht wird von dem jungen Heldengeschlecht besiegt, allerdings, so schildert es die Mythe, durch einen unglücklichen Zufall: ein verirrter Pfeil des Herakles traf Chiron. Der Wechsel der Geschlechter findet hier sein Bild, das Jüngere löst das Ältere ab, nachdem es ihm zuvor sein Wissen abgelauscht hat.

Der unsterbliche Kentaur erbittet von Zeus seinen Tod und tritt an die Stelle des Prometheus, dem geweissagt war, er werde erst erlöst, wenn sich ein Wesen bereit erklärte, seine Strafe freiwillig auf sich zu nehmen. Zeus versetzt Chiron unter die Sterne des Himmels, dem uralten Astralmythos folgend, die Sterne seien die strahlenden Seelen der Unsterblichen.

Literatur

W. R. Dawson: Chiron the Centaur, in: Journal of the History of Medicine and allied Sciences, 1949

Sirenen

Als sich das Schiff des Odysseus dem Lande der Sirenen näherte, sangen sie so süß und versprachen ihm das Wissen über alle künftigen Geschehnisse auf Erden. Odysseus aber hatte den Rat der Circe befolgt: »Verstopfe deine Ohren, wenn du ihre Musik hören willst, laß dich von deiner Mannschaft mit Händen und Füßen an einen Mast binden und sie schwören, dich nicht loszulassen, wie grausam du ihnen auch drohen würdest.« So schrie er nach seinen Gefährten und drohte ihnen mit dem Tod, wenn sie ihn nicht losbänden. Sie aber gehorchten seinem ersten Befehl und banden ihn um so fester an den Mast. So passierte das Schiff sicher die Insel, und die Sirenen sollen aus Ärger Selbstmord begangen haben.

Der Sage von den Sirenen liegt der verlockende, schmeichelnde Reiz der blauen Flut, verbunden mit den Gefahren der klippenreichen Ufer, zugrunde. Der süße Gesang der Sirenen ist zwar verführerisch, aber die Seligkeit, die sie versprechen, ist der Tod. Auf Grabmälern wurden sie deshalb als Todesengel dargestellt. In der griechischen Mythologie war die Heimat der Sirenen die klippenreichen Inseln zwischen Sizilien und Italien, wo gebleichte Menschenknochen ihrer Opfer um sie herum verstreut lagen. Besonders bei windstillem Wetter, wenn die Schiffer ihre Siesta hielten oder sich auf dem gleißenden Meer einen Sonnenstich zugezogen hatten, so berichtet die Mythe, waren die Sirenen äußerst machtvolle, den Menschen bedrohende Kräfte. Einst ließen sie sich auf einen Wettstreit mit den Musen ein. Sie unterlagen diesen himmlischen Wesen, die Verkörperung der Künste, der Freude, des Tanzes, des Gesanges und der Liebe waren. Auf einem alten Denkmal, berichtet Karl Philipp Moritz, ein Altertumsforscher aus dem 18. Jahrhundert, wird eine Sirene dargestellt, bis auf die Mitte des Leibes eine Jungfrau, nach unten zu wie ein Vogel gestaltet, mit großen Flügeln auf dem Rücken, zwei Flöten in den Händen und sich betrübt nach der Muse umsehend, welche, stolz auf ihren Sieg, mit der einen Hand den Flügel der Sirene hält, indes sie mit der anderen ihr die Federn ausrupft. Die Vermessenheit dieses weiblichen Dämons der Unterwelt und des Todes wird bestraft, die Sirene wird gerupft, denn in der griechischen Mythologie steht die Kraft des Lebens und der Kunst über der Macht des Todes.

Im übertragenen Sinne stellen die Sirenen die unerfüllte Sehnsucht dar; ihre Beinamen lauten: die mit der sehnsuchtserweckenden Stimme, die Bezaubernden, die mit der hellen Stimme und die Betörenden. Das honigsüße Versprechen, das die Sirenen geben, können sie nicht einlösen: Sie sind Zwitterwesen, halb Mensch, halb Vogel. Wie die Wassernixen in den Märchen haben sie als Verkörperung von Naturkräften keine Seele, aber wenn ein Menschenmann sie liebt, werden sie erlöst. Als Sirenen würden sie damit freilich sterben, denn ihrem Wesen nach stellen sie eben die *unerfüllbare* Sehnsucht dar.

Als Symbol der Untiefen des Meeres verkörpern sie auch die Untiefen der Seelen der Helden, die ihnen widerstehen müssen. Es sind dann die seelenlosen Begierden des Menschen, die ihn in seine eigenen Tiefen hinabziehen. Die Sirenen wurden dementsprechend der Unterweltskönigin Persephone zugeordnet; sie nehmen die Neuankömmlinge in ihrem dunklen Reich in Empfang. Odysseus kann ihnen widerstehen, indem er sich von seinen Gefährten fesseln läßt, d. h. er fesselte seine eigenen destruktiven Kräfte, die ihn auf immer in die Unterwelt der bewußtlosen Begierde ziehen wollten.

Literatur

C. Picard: Néréides et Sirènes, in: Annales de l'Ecole des Hautes Etudes de Grand, 1938

J. R. T. Pollard: Muses and Sirens, in: The Classical Review, 1952

Pandora

Zeus neidete den Menschen das Feuer, das Prometheus ihnen gebracht hatte. Zur Strafe schickte er Pandora, ein von Hephaistos und Athene erschaffenes, schamhaftes Mädchen. Trotz der Mahnungen des Prometheus nahmen die Menschen es auf. Alle Übel der Welt hatte sie in einem Kästchen verborgen. Als sie es öffnete, entstanden: Alter, Wehen, Krankheiten, Wahnsinn, Laster, ungehemmte Leidenschaften, Tod… – sie entflohen in einer Wolke und fielen über sämtliche Sterbliche her. Nur Elpis, die Hoffnung, die ebenfalls in dem Kästchen verborgen war, blieb den geplagten Menschen als Trost in ihrem Jammertal.

Die Büchse der Pandora, gefüllt mit allen Übeln der Welt, steht als Symbol dafür, daß die Menschen mit dem Feuer in seiner mystischen Bedeutung, als Licht der Erkenntnis, nicht umzugehen wußten. Qual und Plage aus der geöffneten Büchse repräsentieren die unkontrollierten Kräfte im Unbewußten der

Menschen selber. Daß die Büchse von einem sehnsuchtserweckenden Mädchen gebracht wird, verweist auf die Gefahr, die von der Schönheit, dem äußeren Schein oder dem ›Maya‹ ausgeht. Das schöne Übel war mit Blumenkränzen umwunden und in ein weißschimmerndes Gewand gehüllt, aber Hermes hatte das Geschöpf mit hündischer Schamlosigkeit und Betrügerei versehen und in seine Brust Lügen, Schmeicheleien und Mißgunst gepflanzt.

Das Mißgeschick der Menschen in dieser Parabel besteht darin, daß sie trotz der Warnung des Prometheus, von den Göttern nichts anzunehmen, unvorsichtig und respektlos ihre Nase in die Büchse stecken und von ihren eigenen kosmischen Kräften überrollt werden. Die daraus entstehende Not projizieren sie in die Welt und machen sich zu Sklaven derselben. Die Hoffnung aber besteht darin, die eigenen Kräfte kontrollieren zu lernen, sie zu benutzen, anstatt sich von ihnen versklaven zu lassen.

Literatur

O. Lendle: Die Pandorasage bei Hesiod, Würzburg 1957

H. Türck: Pandora und Eva, Menschwerdung und Schöpfertum im griechischen und jüdischen Mythos, Weimar 1931

CHRISTLICHE SYMBOLE

»Es kostet viel, ein Christ zu sein!«

Einleitung zur Symbolik in der frühchristlichen Lehre

Das zur Verfügung stehende Quellenmaterial über die Entwicklung des frühen Christentums ist zum einen nicht sehr umfangreich, zum anderen vermittelt es mit Sicherheit ein leicht verzogenes Bild von der frühen christlichen Lehre, da die nachfolgenden Generationen es entsprechend ihrer eigenen Interessen auswählten und aufbewahrten. Aus den überlieferten Schriften läßt sich entnehmen, daß das frühe Christentum ein Sammelbecken für sehr unterschiedliche religiöse Strömungen gewesen ist, die eigentlich erst im Laufe der Zeit zu einer in sich geschlossenen Lehre zusammengeschmolzen wurden.

Wie auch das Judentum stand das frühe Christentum in Beziehung zu astralmythischen Kulten der Babylonier und der Zahlenmystik des Pythagoras. Aus den sieben Planeten wurden in der Bibel die sieben Erzengel, aus den vier Elementen des Vorsokratikers Empedokles wurden die vier Evangelisten Matthäus, Markus, Lukas und Johannes, und die zwölf Jünger Jesu Christi versinnbildlichen die zwölf Tierkreiszeichen. Die Geburt Jesu Christi fällt mit dem Beginn des Fischezeitalters zusammen, eine Vorstellung, die ebenfalls der astrologischen Weltsicht entnommen ist, nämlich, daß verschiedene Epochen der Weltgeschichte von unterschiedlichen Tierkreiszeichen geprägt werden. Die Geburt Jesu wurde als Geburt eines neuen Aion, eines neuen Zeitalters, gefeiert, weswegen man ihn auch ›den großen Fisch‹ nannte.

Das neue Zeitalter sollte, wie jedes herbeigewünschte neue Zeitalter, die Welt vollständig verändern. Oberflächlichkeit und Gedankenlosigkeit, Machtgier und Lieblosigkeit in der Welt wollte Jesus überwinden, und seine Lehren fielen bei seinen Jüngern auf fruchtbaren Boden. Es scheint allerdings, daß die Lehre Christi vom neuen Reich, das da kommen sollte, schon früh profani-

Eine das Dogma der Dreieinigkeit betonende Darstellung

siert wurde. Das Jenseits, das Reich Gottes, das nach Jesu Worten jeder Mensch in sich trägt, wurde vielfach aufgefaßt als eine Art Paradies, das jedem offen stünde, der dem Herrn blind folgte. Damit aber schloß sich der Kreis, und die Gedankenlosigkeit des einzelnen hatte sich wieder durchgesetzt. Die zahllosen Märtyrertode, die die frühen Christen starben, um eine Schnellfahrkarte in den Himmel zu erwerben, zeugen davon.

Das bunte Gemisch der frühen Christen, bestehend aus bekehrten Juden, gelehrten Griechen, Orientalen und nach und nach den Römern, hatte es nicht leicht, sich in seinen kleinen Gemeinden, die vielfach in großer geographischer Distanz zueinander lagen, gegen andere religiöse Strömungen zu behaupten. Erst im 4. Jahrhundert n. Chr. wurde der erste römische Kaiser zum Christentum bekehrt. Vor einer ziemlich aussichtslos erscheinenden Schlacht soll der Kaiser Konstantin den Gott der Christen um einen Sieg angefleht haben. In der Nacht erschien ihm ein Traumgesicht, in dem er ein Kreuz erblickte mit der Umschrift: ›In diesem Zeichen siege‹. Wirklich gewann er die Schlacht und trat zum Christentum über.

Das universale Christentum sollte zur Grundlage des universalen Römischen Reichs werden. Die Christen, so scheint es, zahlten denjenigen, die sie bis zum Übertritt des Kaisers verfolgt hatten, ihre Leiden in unverhältnismäßigem Ausmaß zurück. Ungefähr in diesem Zeitraum beginnt auch ein Säuberungsprogramm der christlichen Lehre von bestimmten Anteilen, die zu Häresien (Irrlehren) abgestempelt und aus dem Schoß der Kirche ausgeschlossen wurden. Gnostische Sekten, die den asketischen Weg des Christentums nicht für den allein seligmachenden hielten und das Prinzip der Liebe, agapé, auch im gegenständlichen Sinne verstanden, wurden ebenso verdammt wie bestimmte Sekten, die in Gott Vater eine Union von Gott Vater und Gott Mutter sehen wollten, wie die in der ägyptischen Wüste in der Nähe von Nag Hammadi gefundenen Schriften beweisen. Daß eine solche Meinung selbst heutzutage mitunter gefährlich sein kann, zeigt der frühe Tod Papst Johannes' Paul I. kurze Zeit nachdem er behauptet hatte: »Gott ist Vater. Noch mehr ist er Mutter.«

Auch die Liebesmahle, die im Neuen Testament erwähnt werden und im Sinne der orthodoxen Interpretation nur symbolisch vollzogen werden, sind in bestimmten Sekten real vollzogen worden. Der Altorientalist Allegro berichtet von Quellen, die darauf schließen lassen, daß der Akt der Taufe in bestimmten Fällen mit einem erotischen Ritual verbunden gewesen sei. Alte Naturreligionen lebten hier im frühen Christentum fort und wurden erst sukzessive ausgeschlossen. Es zeigt sich

Die Schlange am Kreuz: ein bei den Urchristen anfänglich verbreitetes geheimes Zeichen. Die Gnostiker (die ›anderen‹ Christen) setzten ohnehin bei ihren kultischen Handlungen die Schlange mit Jesus Christus gleich

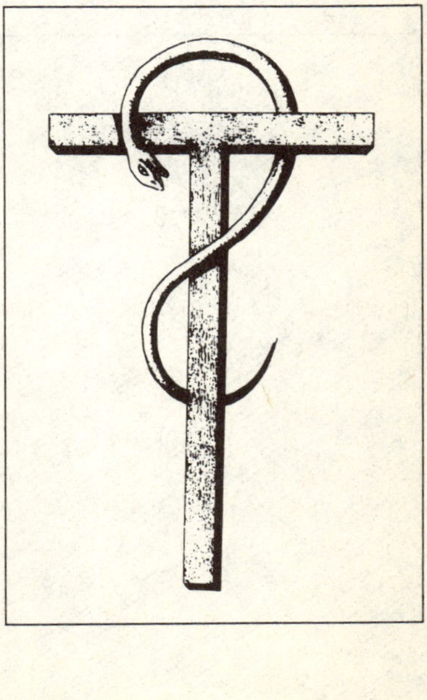

hierin eine Auseinandersetzung um die Wege, die der Erlösung und der Erleuchtung des Menschen dienlich sind: Zum einen der asketische Weg, der sich in der Lehrmeinung der christlichen Kirche als der einzig gangbare durchsetzte, zum anderen der erotische und den Praktiken der Naturreligionen näherstehende Weg, der aus der Weisheit der christlichen Lehre ausgeschlossen wurde. Eine ähnliche Auseinandersetzung hat es im indischen Kulturraum gegeben um den rechten und linken Pfad, wobei ersterer die Askese und nur rein symbolische Handlungen forderte, letzterer aber die allseitige Entwicklung der menschlichen Kräfte, einschließlich der Erotik, zur Bedingung der Befreiung der Seele erhob. Auch in Indien

In der christlichen Lehre wurden unter dem Zeichen des Kreuzes viele Wurzeln zu einem neuen blühenden Ganzen zusammengefaßt

waren die Anhänger des linken Handpfades eine der übelsten Ausschweifungen verdächtigte Minderheit, die allerdings nie in einer mit der christlichen Praxis zu vergleichenden Weise verfolgt wurde.

Überdies steht zu befürchten, daß die Obszönitäten, derer man die Gnostiker wie auch die Anhänger des linken Handpfades verdächtigte, sich eher in der Phantasie der Orthodoxen abspielten, deren unterdrückte Phantasie tatsächlich weit mehr Grund hatte, sich in Alpträumen Luft zu machen, als die der Menschen, die sich ohnehin nichts verboten. Die sogenannten schwarzen Messen des Mittelalters mögen deshalb auch ihrer Struktur nach demselben Phänomen einer aufs äußerste geknebelten Phantasie und Sinnlichkeit zuzuschreiben sein.

Der fortwährende Ausgliederungsprozeß bestimmter Elemente aus der christlichen Lehre, der diese grundsätzlich unterscheidet von der indischen Religion oder selbst der Praxis im Römischen Reich – in beiden Kulturformen wurden die fremden Götter nicht verteufelt, sondern integriert –, ließ die christliche Religion langsam zu einem äußerst abstrakten und volksfremden System erstarren. Im frühen Mittelalter war man dann schließlich gezwungen, die Götzen der fremden Religionen, die man aus dem christlichen Himmel herausgeworfen hatte, in der Form der Heiligen durch die Hintertür wieder einzuführen. Der zentrale Gedanke des Christentums, daß es einen vollkommenen Gott gebe, der, weil er alles umfasse, eben auch keinen Namen mehr habe

– eine Vorstellung, die die Christen von den Juden übernommen hatten –, taugte deshalb nur wenig zur Volksreligion, in der es doch zu allen Zeiten bunter und lebendiger zugehen mußte als beispielsweise in der Einsamkeit der Klosterzellen und der Strenge des geistlichen Studiums auf dem Weg zur Erlösung der Seele.

Volksreligion und esoterische Lehre aber standen im Christentum nicht in jener freundschaftlichen Beziehung zu-

Schon in den ersten Jahrhunderten sah die christliche Kirche den Menschen mehr und mehr in den Krallen des Teufels, wobei der Teufel zumeist in den Anderen (Christen mit anderer Auffassung, Andersgläubige usw.) gesehen wurde (Dict. Infernal)

einander wie in den asiatischen und orientalischen Religionen. Obwohl das einfache Volk eingestandenermaßen die esoterische Lehre Christi, den asketischen Weg der Loslösung des Geistes von der materiellen Welt nicht verstehen konnte, versuchte man über Mittelsmänner, die Priester nämlich, dem Volk einen verdünnten Trank der christlichen Weisheit einzuflößen, statt ihm das Vergnügen zu gönnen, mit seinen volkstümlichen Götzen glücklich zu werden. Der Prozeß der Läuterung der Seele wurde stellvertretend von den geweihten Priestern fürs Volk vollzogen. Zu bestimmten Zeiten war es sogar verboten, eine Bibel zu besitzen. Der Stellvertretungsanspruch der christlichen Priester hatte die üble Konsequenz, daß fast jedes Wissen um menschliche Erfahrungsprozesse im allgemeinen Bewußtsein verschüttet und das Volk dumm gehalten wurde.

Der im Christentum immer wieder dogmatisch gewordene Zug zur Askese ließ die christliche Lehre beim Volk nie so richtig Wurzeln schlagen (›Nonne am Grab ihres Geliebten‹: Zeichnung von L. Richter)

Ein geöffnetes Fischmaul: Die ›Mitra‹, die Kopfbedeckung der Bischöfe, hat sich bis heute erhalten

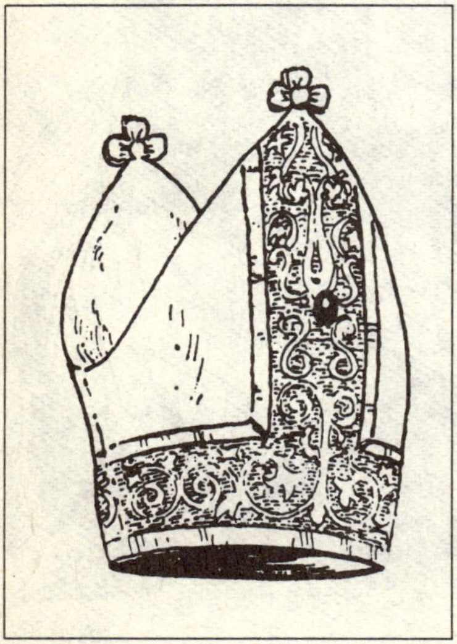

Zwar wurde auch in anderen Religionen ein bestimmtes Wissen geheimgehalten, weil es nämlich nur aus eigener Erfahrung, die meist jahrelange Übungen voraussetzte, verständlich war. Der Unterschied ist aber der, daß z. B. die Asiaten nicht auf die Idee kamen, ihre Schriften und ihr Wissen einerseits geheimzuhalten, andererseits aber darauf zu bestehen, daß die einfachen Leute das, was sie nicht verstehen konnten, nichtsdestotrotz glauben mußten. Aus dieser absurden Situation der Wissensvermittlung in der christlichen Kirche erwuchs eine Struktur, die Jung wie folgt beschreibt:

»Die christliche Kultur hat sich in erschreckendem Ausmaß als hohl erwiesen: sie ist äußerliche Politur; der innere Mensch aber ist unberührt und darum unverändert geblieben. Der Zustand der Seele entspricht nicht dem äußerlich Geglaubten. Der Christ hat in seiner Seele mit der äußerlichen Entwicklung nicht Schritt gehalten. Ja, es steht äußerlich alles da in Bild und Wort, in Kirche und Bibel. Aber es steht nicht innen. Im Inneren regieren die archaischen Götter, wie nur je; d. h. die innere Entsprechung des äußeren Gottesbildes ist aus Mangel seelischer Kultur unentwickelt und darum im Heidentum steckengeblieben. Die christliche Erziehung hat zwar das Menschenmögliche geleistet; aber es genügte nicht. Zu wenige haben es erfahren, daß die göttliche Gestalt innerstes Eigentum der eigenen Seele ist. Ein Christus ist ihnen nur außen begegnet, aber nie aus der eigenen Seele entgegengetreten…«

Das Reich Gottes auf Erden wurde schon in den ersten Jahrhunderten nach Christi Geburt z. T. nicht mehr im Sinne der spirituellen Entwicklung des Menschen verstanden, sondern, spätestens mit der Bekehrung des römischen Kaisers Konstantin, im machtpolitischen Kalkül der Zeit als Anspruch der Christen auf die Weltherrschaft interpretiert. Dank ihrer eisernen Disziplin überlebte die Papstkirche den Zusammenbruch des Römischen Reiches und begann bereits im frühen Mittelalter zentralistisch strukturierte Organisationen aufzubauen, wie z. B. die Inquisition, die vermutlich unübertroffene Ahnherrin aller nationalen Geheimdienste späterer Jahrhunderte.

Auch das Armutsgelübde, das Jesus seinen Jüngern auferlegt hatte, wurde von der Kirche als Institution völlig aufgegeben, wenn auch immer wieder sogenannte Bettelorden gegen den offensichtlichen Reichtum der Kirche, die immerhin der größte Feudalherr des Mittelalters war, sich auflehnten. Die esoterische Botschaft der frühen Christen, das Reich Gottes auf Erden zu errichten, wurde in weiten Teilen der Kirche zur Legitimation, die weltliche Macht zu beanspruchen. Der jahrhundertelange Streit zwischen deutschen Kaisern und römischen Päpsten zeugt

Das Christusmonogramm ist das am häufigsten verwendete Symbol der frühen Christen. Im Kreis stehend das Monogramm für das ewige (Kreis!) Königtum Jesu Christi. Die griechischen Buchstaben Alpha und Omega betonen den Anspruch Gottes, »Anfang und Ende aller Dinge zu sein«: das, was ist, das, was war, und das, was kommen wird. Die beiden Tauben stehen als Symbol des Hl. Geistes für den ›himmlischen Frieden‹

Die Schlüssel zum Himmelreich im Wappen der Päpste: Symbol für das esoterische Wissen, das Jesus seinen Jüngern lehrte. Mit diesem geheimen Wissen gab er den Aposteln und ihren Nachfolgern in übertragenem Sinn die ›Schlüssel‹ für ein ›höheres‹ Verständnis vom Sinn und Zwecke des Lebens

von dieser Einstellung. Zerstört wurde damit die ›frohe Botschaft‹ Jesu Christi, der gerade aus dem Zirkel von Machtgier und Gewalt ausbrechen wollte zugunsten einer Welt, in der die Versöhnung und die Liebe das höchste Prinzip sein sollten.

Nachdem im Rahmen der Aufklärung der unbegreifliche Gott der Christen vom Himmel geholt worden war und im 18. Jahrhundert in den Kräften des Menschen gefunden wurde, und das 19. Jahrhundert mit Friedrich Nietzsche proklamierte ›Gott ist tot‹, lehrt heute ein Blick in die gähnend leeren Kirchen, daß die Beschwörung Nietzsches sich bewahrheitet hat. Die Überlegungen auf den nächsten Seiten sind deshalb der Versuch, anhand von einigen zentralen Geschichten und Symbolen der christlichen Lehre unter dem Berg von Schutt und Asche, den die Geschichte und nicht zuletzt auch die Kirche selbst über die christliche Lehre gehäuft hat, alte Weisheiten über die Erlösung der menschlichen Seele wieder auszugraben.

Die Vertreibung aus dem Paradies

Als Adam und seine Gefährtin von den Früchten des Baumes der Erkenntnis gegessen hatten, entdeckten sie, daß sie Menschen waren: »Da wurden ihrer beider Augen aufgetan, und sie wurden gewahr, daß sie nackt waren.« Sie wurden sich ihrer eigenen Körper bewußt, und damit war die Trennung von Bewußtsein und Körper vollzogen. Zugleich erkannten sie, daß sie Mann und Frau waren, und bedeckten ihre Blöße mit Feigenblättern. Der weibliche Aspekt Adams, des androgynen, engelhaften Wesens, hatte sich verselbständigt im Weibe. Dieser Gegensatz – von Mann und Frau und von Geist und Körper – steht in der Bibel am Anfang der Menschheitsgeschichte.

Gott hatte dem Menschen verboten, vom Baum der Erkenntnis des Guten und des Bösen zu essen: »... denn welchen Tages du davon issest, wirst du des Todes sterben.« Die Früchte vom Baum der Erkenntnis bergen ein ähnliches Gift in sich, wie die Büchse der Pandora, die in der griechischen Mythologie den allzu neugierigen Griechen alle Übel, Krankheiten und das Bewußtsein des Todes bescherte.

Die eher volkstümliche Interpretation dieses mythologischen Motivs sieht den Neid Gottes als Ursache der Bestrafung der Menschen an. In der Haggada, einer Sammlung jüdischer Schriften, die ungefähr zur gleichen Zeit wie das Alte Testament entstand, ist die Vorstellung des Neides Gottes auf die Menschen so ausgeprägt, daß der Gott Jachwe Moses eigenhändig begräbt, damit niemand sein Grab finden kann und das Volk nicht Moses anstelle Jachwes verehrt. Die Gottähnlichkeit des Menschen bringt ihm den Zorn der Götter ein – wie auch in der griechischen Mythologie.

Eine andere Erklärung für die Vertreibung aus dem Paradies ergibt sich, wenn der dem Menschen angedrohte Tod nicht im physischen, sondern im spirituellen Sinne gedeutet wird. Dann stirbt nur der Adam, der als bewußtloser Mensch sich noch kaum von den Tieren unterschied und in der allumfassenden Einheit mit der Natur und mit Gott sich befand. Sein Tod ist zugleich unmittelbar die Geburt des Menschen. Wie das Kind sich aus der ununterschiedenen Einheit mit der Mutter im Geburtsakt löst, so hat sich der hermaphroditische Engel Adam aus der Einheit mit der Natur gelöst. Die Erkenntnis, die er gewinnt, nämlich die Unterscheidung zwischen Gut und Böse, ist dann weniger zu verstehen als die Aufrichtung bestimmter Moralvorstellungen, sondern beinhaltet das den Menschen vom Tier unterscheidende Vermögen, überhaupt Unterscheidungen zu treffen, sich seiner selbst bewußt zu sein als ein Wesen, das nicht wie die Tiere vollständig determiniert ist, sondern aus freier Wahl so oder so handeln kann. Das Wissen um die eigene Besonderheit aber zieht Leid und Schmerz nach sich. Der Tod des Engels, der gleichbedeutend mit der Geburt des Menschen ist, ist damit verbunden, daß der Mensch fortan im Schweiße seines Angesichts seine Äcker bestellen muß und unter Schmerzen seine Kinder gebären wird.

Adam und Eva erkennen sich als Menschen (aus: M. Engels, Darst. d. Gestalten Gottes..., Luxemburg 1894)

Die verlorene Einheit wiederzugewinnen, ins Paradies zurückzukehren, dem gilt die Sehnsucht der Verstoßenen: der Fremden in einer fremden Welt. Der christliche Weg, diese ursprüngliche Einheit wiederzufinden, also ›in Gott einzugehen‹, besteht in der Aufgabe all der verführerischen Bande an die materielle Welt. Gott hatte den Menschen die Früchte des Baums des

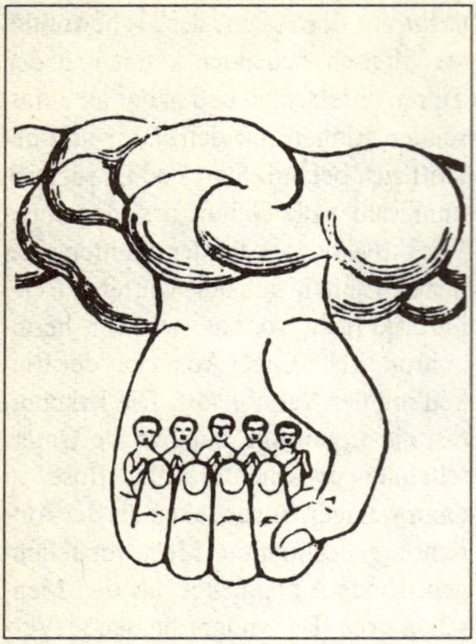

Die Hand Gottes (aus den Wolken) beschützt die (Ge-)Rechten – hält sie aber andererseits auch davon ab, sich selbst zu finden und den ›verborgenen Gott‹ in ihrem Inneren zu entdecken

Lebens, der auch im Paradies stand, verwehrt. Das Bewußtsein ihrer selbst, das ihnen die Früchte des Baumes der Erkenntnis gewährt hatten, hatte ihnen das Wissen um ihren Tod beschert. Sie wurden zwar wissend, aber sie wurden zugleich Sterbliche. Die göttliche Unsterblichkeit zu gewinnen, den Tod zu überwinden, steht in der christlichen Mystik gleichbedeutend für die Überwindung des Fleisches und der Erlösung des Geistes.

Das weibliche Prinzip, im Buch der Genesis, Eva, die ›Mutter alles Lebendigen‹, verführte Adam, angestachelt von der Schlange, von den verbotenen Früchten zu essen. Das listigste Tier im Paradiesgarten hatte Eva versprochen: »Ihr werdet mitnichten des Todes sterben; sondern Gott weiß, daß, welchen Tages ihr davon esset, so werden eure Augen aufgetan, und werdet sein wie Gott, und wissen, was gut und böse ist.« Die Schlange steht hier als Symbol der Weisheit der Mütter, ihr Gift bedeutet zugleich Tod oder Heilung bestimmter Krankheiten, ihr Körper, arm- und beinlos, so daß sie nur am Boden sich fortbewegen kann, ist der einzige Tierkörper, der sich selber in den Schwanz beißen kann und so zum Symbol der Ewigkeit wurde. Die Schlange verliert ihre Haut und ist in diesem Zustand dann völlig schutzlos, bekommt aber eine neue Haut und ist so das Zeichen der ewigen Erneuerung und Wiedergeburt geworden.

Mit gespaltener Zunge hat die Schlange auch im Buch der Genesis geredet: zwar werden Adam und Eva gottähnlich, sie wissen, was gut und böse ist, aber zugleich verlieren sie mit dem Bewußtsein ihres Todes die göttliche Unsterblichkeit.

Ihr Element ist die Erde, die Materie, die im Sinne der christlichen Lehre der Erlösung des Geistes aus dem Kerker der Dualitäten, in dem er sich selber gefangen hat, entgegensteht. »Der Körper ist das Gefängnis der Seele«, hatten die Orphiten, eine aus Indien nach Griechenland eingewanderte Sekte, gelehrt. Die Auflösung des Körpers, also sein Tod, mußte demnach die Befreiung des Geistes bewirken, nicht aber die Sexualität als Verewigung der körperlichen Existenzen. Das sich selbst Gebärende, die Urmutter Eva, die sich häutende Schlange, mußte überwunden

Die Versuchung des hl. Antonius (Zeichnung nach Martin Schongauer): Die leiblichen Begierden und Bedürfnisse als ein unterdrückter und vernachlässigter Teil des Menschen plagen den nach transzendenter Geistigkeit strebenden, die Askese suchenden, anderen Teil des frommen Mannes

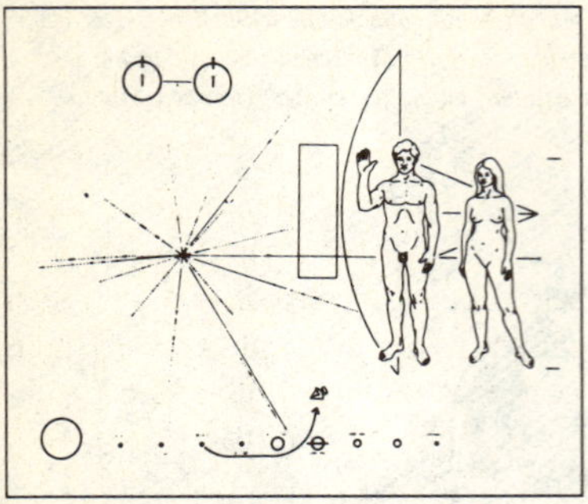

Plakette auf Raketen der amerikanischen Weltraumbehörde NASA, die unser Sonnensystem verlassen: zeigt ein Menschenpaar symbolisch für die Menschen als Bewohner des Planeten Erde

werden, damit der Geist erlöst werden kann. Die Rückkehr in die Einheit mit Gott wäre einem Zustand gleichzusetzen, in dem die Realität all der Gegensätze, die das menschliche Leben beherrschen, als Illusion durchschaut wäre.

Ein weiterer Beweis für die Existenz bestimmter, allerdings schwer faßbarer, archetypischer Grundvorstellungen der Menschen liegt darin, daß die Geschichte der Vertreibung aus dem Paradies sich auch lesen läßt als Parabel für die indische, tantristische Weltauffassung. Auch hier steht am Anfang eine unterschiedslose Einheit von Mann und Frau, von Körper und Geist. Diese Einheit löst sich auf in die Polarität der Geschlechter, und das weibliche Prinzip produziert die Welt der Erscheinungen, das vergängliche Maya, ähnlich wie Eva, die Mutter alles Lebendigen aus der Bibel. Bestimmte Formen der indischen Yogatradition lehren die Überwindung des Gegensatzes von Mann und Frau, Geist und Materie als ein Hinaufsteigen der Stufen des Schöpfungsprozesses, der Umkehrung des Prozesses der Entfaltung der Welt zur ursprünglichen Einheit zurück im Akt der körperlichen Liebe.

In der christlichen Mystik wird dieser Weg, vor dem im übrigen auch andere esoterische Lehren warnen, abgelehnt. Die Rückkehr in die Einheit mit Gott ist der christlichen Lehre nach ein Prozeß, der in der Askese, der Aufgabe aller Fesseln an die irdische Welt, besteht, und den jeder Mensch allein zu gehen hat.

Die Kreuzigung Christi

Der Tod des Menschen
ist die Geburt des Gottes

Gott sei als Mensch in der Gestalt seines Sohnes Jesus Christus erschienen, glaubten die Jünger Christi. Der namenlose Gott der Juden, Jachwe (d. i. eine Buchstabenkonstellation, die keinen Sinn ergibt), hatte sich inkarniert in der Form eines gewöhnlichen Menschen. Zwar wird berichtet, Jesus habe Wunder vollbracht, aber in dieser Beziehung unterscheidet er sich eigentlich nur wenig von Propheten und Wunderheilern, die zu seiner Zeit zum Bild des gewöhnlichen Alltags gehörten. Das Mysterium Jesu Christi ist sein Tod am Kreuz. Der als Mensch inkarnierte Gott durchlief den Zyklus des menschlichen Daseins bis zu seiner bittersten Konsequenz: Er starb den Tod eines Missetäters, den Tod der Schmach und Schande am Kreuz.

Jesus am Kreuz: Der Gott, der den Kreislauf des Lebens mit all seinen Höhen und Tiefen als Mensch durchläuft

Für sich genommen ist die Kreuzigung Jesu ein ungerechter, sinnloser Akt der Willkür, in bezug auf das Mysterium Christi steht sein Märtyrium für den Prozeß der vollständigen Ablösung des Menschen von den irdischen Fesseln. Die Schmerzen des Gekreuzigten sind nicht nur die sinnlosen Qualen eines zu Unrecht Bestraften, sondern der Schmerzensweg ist zugleich der Weg der Läuterung, der Wiederauferstehung des unendlichen Gottes aus dem endlichen Menschen.

Die ›Fünf Wunden Christi‹, die Stigmata an beiden Händen und Füßen und in der Brust symbolisieren den Tod der fünf Sinne, mit deren Hilfe der Mensch die Verbindung zur materiellen Welt herstellt. Sie können auch gedeutet werden als die fünf Finger der Hand, die die Welt begreifen wollen. Um die Trennung zwischen Mensch und Gott aufzuheben, muß der Mensch Jesus seine

Die fünf Wunden Christi, ein Symbol der Herrschaft des Geistes über den Körper

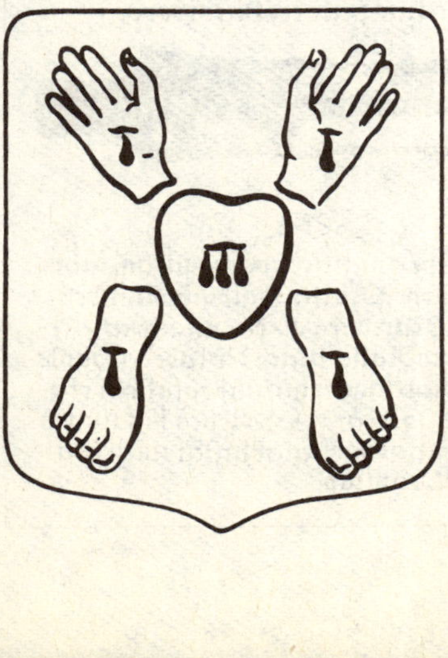

Das von Pfeilen durchbohrte ›Herz Jesu‹ (Emblem des Kirchenvaters Augustinus)

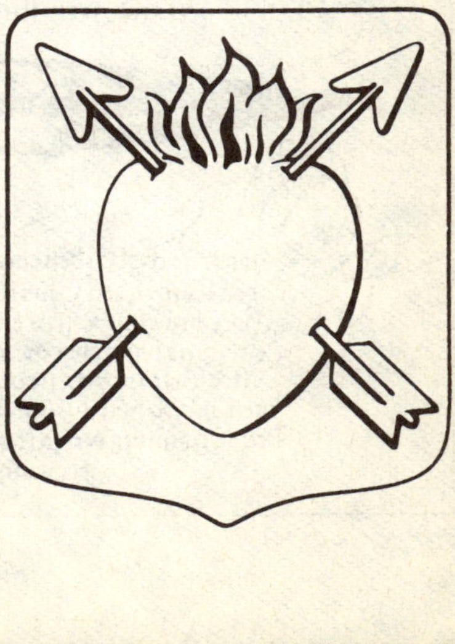

Empfindungen, symbolisiert durch seine Sinne, seine Egospiele und die Illusion, er sei eine von der Welt getrennte Person, aufgeben, um in Gott eingehen zu können, d. h. wieder Gott werden zu können. Der alte Mensch, das Ego, wehrt sich mit all seiner Kraft dagegen, zu sterben, und die Schmerzen symbolisieren genau diesen Widerstand. Die Überwindung des Egos wird beispielsweise in der indischen Tradition u. a. dargestellt als Kette kleiner abgeschlagener Dämonen- oder Menschenköpfe, die die Göttin Kali um ihren Hals trägt zum Zeichen, daß sie sich von ihnen befreit hat.

Die Wiedergeburt des Gottes, des Unendlichen, Allumfassenden, Vollkommenen setzt in der christlichen Mystik den Tod des Endlichen, des Begrenzten, des Menschen voraus. Die innere Umkehr, die Abwendung des Menschen von der Äußerlichkeit einer illusionären Welt, wird ausgedrückt im Symbol des Todes. Die jüdische Ansicht dieses Prozesses nennt den reuigen Sünder den ›Meister der Umkehr‹ und stellt diesen in der Hierarchie noch über den vollkommenen Gerechten. Die christlichen Märtyrer, die ihrem Herrn aufs willigste ans Kreuz folgten, scheinen das Symbol des Todes allzu wörtlich genommen zu haben, so als würde die Aufgabe des Körpers quasi automatisch die Erlösung des Geistes nach sich ziehen. Im Sinne der Aussagen von Christus selbst kann der physische Tod allein aber kaum als gültige Eintrittskarte in

Die Hl. Lanze, mit der der Legionär Longinus die Seite Jesu durchstoßen haben soll

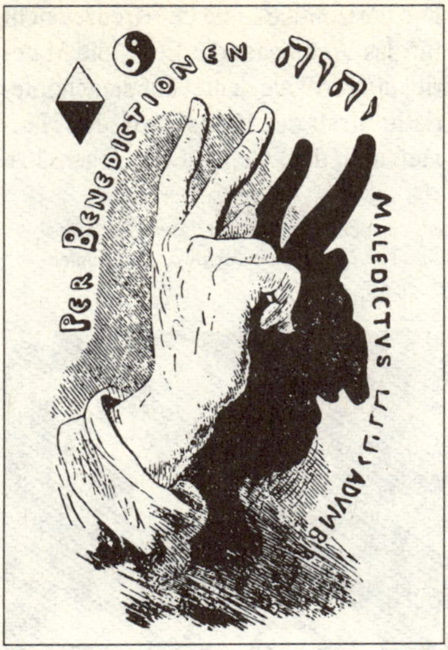

Die segnende Hand des Priesters verwandelt sich in ihrem Schattenbild in die Fratze des Teufels. Auch dies ein weiteres Symbol für den ewigen Gegensatz zwischen Gut und Böse, Licht und Finsternis (Zeichnung von Eliphas Levi)

die Welt des Geistes angesehen werden, lehrte er seine Jünger doch: »Lauft nicht dahin und dorthin, das Reich Gottes ist in euch.«

Die Geringschätzung, die Jesus dem ›Diesseits‹ entgegenbrachte, dem haltlosen Getriebe der Welt, wird deutlich in dem Gebot an seine Jünger, ihr Hab und Gut an die Armen zu verschenken, Frau und Kinder zu verlassen und ihm nachzufolgen: »Mein Reich ist nicht von dieser Welt«, beschied er ihnen, und es ist nicht auszuschließen, daß spätere Generationen der frühen Christen daraus schlossen, das ›Jenseits‹ müsse sozusagen geographisch sich unterscheiden von der irdischen Welt und nicht eben im spirituellen Sinne, der doch wohl gemeint war.

Wie er seine Jünger bewog, sich von den Banden, die sie an die sie umgebende Welt fesselten, zu trennen, so trennte sich Jesus am Kreuz von seinem Körper, indem er seine Schmerzen überwand und auf diese Weise die Herrschaft des Geistes über die Materie demonstrierte. Indische Fakire gehen denselben Weg.

Die Menschen des Mittelalters sahen schließlich die Kreuze schon aus den Wolken fallen

Das Kreuz selbst symbolisiert die Vereinigung der Gegensätze, die Überwindung der dualen Weltsicht, die seit der Vertreibung aus dem Paradies das Schicksal der biblischen Menschen war. Die horizontale Linie des Kreuzes steht für das Weibliche, die Erde, die Materie, die vertikale deutet auf die schöpferische Kraft des Männlichen, den Himmel und den Geist. Die Gegensätze

Auferweckung des Lazarus: Die Auswertung der essenischen Schriftrollen am Toten Meer läßt vermuten, daß es sich eher um eine Auferweckung vom ›Tod im Sinn des Nichtwissens‹ handelt, um einen Initiationsritus also, dem Lazarus sich unterzog

können auch gefaßt werden als Einheit von Zeit, symbolisiert als waagerechter Linie, und Ewigkeit als senkrechter Linie, wobei die Ewigkeit die Zeit in jedem beliebigen Punkt schneidet. Der

Die Dornenkrone, die die römischen Soldaten Jesus aufsetzten, ist das Symbol für die Krone des Märtyriums, das Jesus als Mensch durchlitt

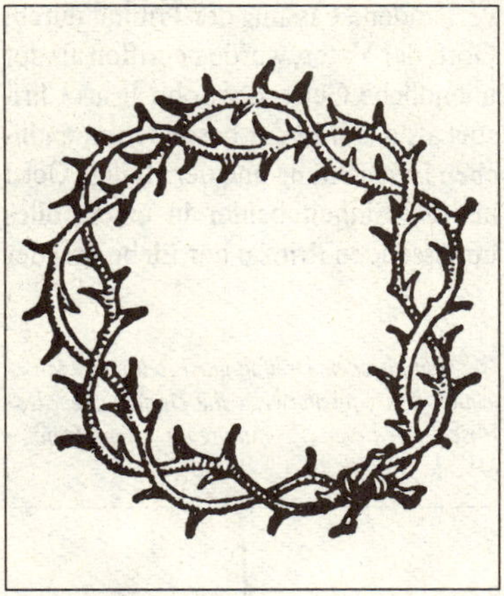

Schnittpunkt der beiden Linien, in dem sie eins werden, ist dann zugleich auch der Kraftpunkt, aus dem die ganze Welt sich entfaltet in die vier Himmelsrichtungen.

Die Rose in der Mitte des Kreuzes symbolisiert diese ursprüngliche Einheit, aus der die Welt sich entfaltet ähnlich wie aus der Lotusblüte in der indischen Religion.

Das Prinzip, das hinter dem Prozeß der Vereinigung der Gegensätze im Zeichen des Kreuzes steht, ist das der Versöhnung der Dualitäten, im Zeichen der Liebe, *agape*: »Dem Menschen können alle Sünden vergeben werden, nur nicht die gegen den Geist«, lehrte Jesus. Diese Sünde wider den Geist liegt darin, den Glauben an die eine, einzige Wahrheit im Sinne der christlichen Lehre zu verlieren und die Idee der Vereinigung der Gegensätze im Geiste anzuzweifeln. Der grenzenlose Schmerz des Vereinzelten, Einsamen, des Fremden, des Menschen wird aufgehoben im Prinzip der unendlichen Liebe, das die unvereinbaren Gegensätze von Mensch und Gott vereint. Das Symbol dieser unendlichen Liebe ist die Taube, als Friedenstaube das Bild der Versöhnung und zugleich das alte Zeichen der Liebesgöttin Venus.

Die Versöhnung von Ewigkeit und Endlichkeit im menschlichen Geist im Prinzip der Liebe, *agape*, ist die Erlösungsformel der christlichen Mystik. Der Mensch muß zweimal geboren werden, einmal in seiner physischen Geburt und ein zweites Mal in einer spirituellen Geburt, in der er seine Einheit mit Gott wiederfindet.

Trinität

Ende des 2. Jahrhunderts n. Chr. begannen innerhalb der frühchristlichen Kirche die Auseinandersetzungen um das Verhältnis von Gott Vater, Jesus Christus und dem Heiligen Geist. Die Aussagen der Heiligen Schrift erwiesen sich als dunkel und interpretationsbedürftig. Insbesondere das Gottmenschentum Jesu Christi und die Rolle des Heiligen Geistes in der christlichen Trinität gab den frühen Kirchenvätern einige Rätsel auf, und die ersten sechs Konzilien waren der Klärung dieser Fragen gewidmet.

Symbolhafte Darstellung der Dreifaltigkeit

Die Kirchenväter befanden sich in einer keineswegs beneidenswerten Lage: In der christlichen Trinität waren Momente der asiatischen, ägyptischen und hellenistischen Dreifaltigkeitsvorstellung eingegangen und hatten sich zu einem nur schwer entwirrbaren Knoten verschlungen. Die hinduistische Trinität umfaßte Brahma als Schöpfer, Vishnu als Erhalter und Shiva als Zerstörer, eine Konstellation, die auf das Christentum übertragen bedeutet hätte: Gott der Schöpfer, Jesus als Vermittler und der Teufel als Zerstörer. Die ägyptische Fassung der Trinität bestand aus Osiris, Isis und Horus, die in die christliche Terminologie übersetzt folgende Bedeutung hätten: Osiris, der Gott der untergegangenen Sonne, als Gott Vater, Maria als Isis, die die in alle Winde zerstreuten Glieder ihres Bruders und Gatten Osiris aufsammelt und mit ihm Horus, die aufgehende Sonne, oder Jesus Christus, zeugt.

Bekehrte griechische Juden, die insbesondere die im frühen Christentum äußerst bedeutsame Theologenschule von Alexandria lenkten, setzten im Laufe des 5. Jahrhunderts n. Chr. eine dem hellenistischen Gedankengut eng verbundene Fassung der Trinität durch. Gott, der Vater, wurde begriffen als der unendliche Geist, der Sohn Jesus Christus als das Bild der besonderen, endlichen Erscheinung und der Heilige Geist als die Einheit beider in einem alles umfassenden Prinzip der Liebe und der

Der himmlischen Dreifaltigkeit stellte das Mittelalter konsequenterweise die Dreieinigkeit des Bösen gegenüber (Zeichnung aus einem franz. MS. des 15. Jhs.)

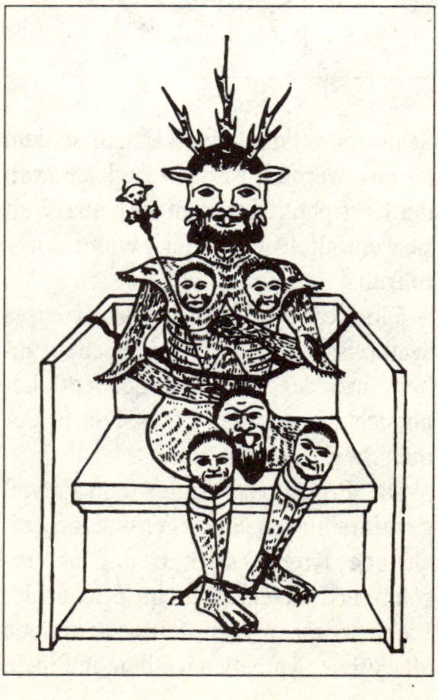

Versöhnung. Offensichtlich hatte man hier Anleihen bei Pythagoras aufgenommen, dessen Zahlenmagie die ersten drei Zahlen ungefähr in diesem Sinne bestimmt hatte.

Zu dem Problem, das Verhältnis von Gott Vater, Gott Sohn und Heiligem Geist zu bestimmen, kam für die frühen Kirchenväter noch die Schwierigkeit, sich sowohl von der jüdischen monotheistischen Lehre wie von der dualistischen persischen Lehre des Zoroaster abzugrenzen.

Erklärte man Jesus Christus nicht zum Gott, sondern zum Menschen, war nicht mehr einzusehen, was das Christentum von der jüdischen Religion grundsätzlich unterscheiden würde. Erklärte man Christus zum Gott, so hatte man strenggenommen zwei Götter, und der monotheistische Anspruch wäre nicht mehr aufrechtzuhalten. Zudem wäre in diesem Falle abzusehen gewesen, daß der Gott Jesus Christus dem Gott Vater in irgendeiner Weise entgegengesetzt werden müsse und man sich dann der dualen Konzeption des Zoroaster nolens volens angenähert hätte. Zwischen dem 4. und 7. nachchristlichen Jahrhundert setzte sich dann die Vorstellung durch, daß Christus sowohl Gott wie auch Mensch gewesen sei: »Entsprechend den zwei Naturen, die unvermischt und ungetrennt in der gottähnlichen Person Christi verbunden sind, gibt es auch zwei Willen und zwei Energien, eine göttliche und eine menschliche, die unvermischt und untrennbar zum Heile des Menschengeschlechts zusammenwirken.« Um Gott als unendliches Prinzip von aller irdischen Endlichkeit rein zu halten, hatte man Jesus Christus als Vermittlungsinstanz zwischen Gott und Mensch eingeschaltet, der beide Momente in sich trägt.

Symbol der ewigen Herrschaft des dreifaltigen Gottes über den Erdkreis

Symbol des im christlichen Glauben dreieinigen Jehova

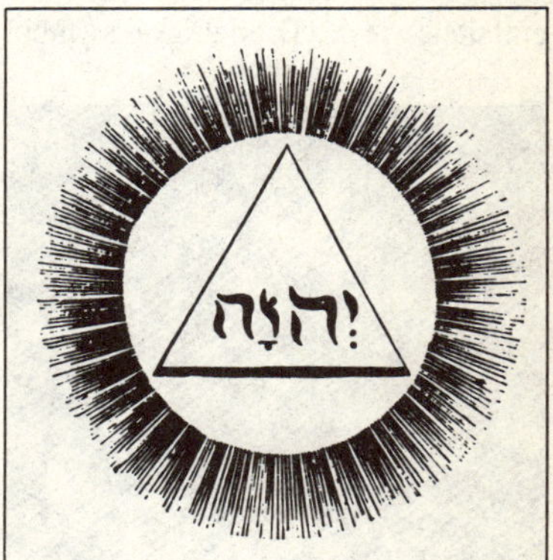

Das weibliche Element, in der ägyptischen Trinität die Isis, gewinnt im frühen Christentum keine größere Bedeutung. Erst im Mittelalter und in Verbindung mit der Minnekultur wird Maria der Platz eingeräumt, den bis dahin ihr Sohn eingenommen hatte: Sie wird die Vermittlerin zwischen Mensch und Gott. Kirchen werden nach ihr benannt wie beispielsweise die Notre-Dame-Kathedralen von Reims und Paris, sie wird als Madonna-della-Pièta dargestellt, und in vielen Kirchen finden sich Marienaltäre.

Die Heilige Trinität symbolisiert die drei Dimensionen von Ort, Zeit und Raum. Sie ist die vollkommene Beschreibung einer alles umfassenden Welt im Sinne der christlichen Lehre. Ihre drei Momente bestehen unabhängig voneinander, und sind doch der eine Gott, der sich in diese drei Momente entfaltet, wie das Dreifaltigkeitssymbol

Emblem Thomas' von Aquin: Der Kirchenlehrer Thomas von Aquin und ›Erfinder‹ der Scholastik glaubte, daß die Inspiration zu seinem philosophischen Werk direkt von Gott-Vater (hier als Auge in der Sonne) gekommen sei

Links: Die Taube, das Symbol des Hl. Geistes, war in der Antike sowohl das Symbol der babylonischen Liebesgöttin Anna-Ischtar wie auch der Aphrodite-Venus

Darstellung der Dreieinigkeit im Fenster von Kirchen. Sehr wahrscheinlich sarazenischen Ursprungs

zeigt: Gott ist der Vater, Gott ist der Sohn und Gott ist der Heilige Geist. Der Vater ist nicht der Sohn, der Sohn nicht der Heilige Geist und der Heilige Geist nicht der Vater.

Das Symbol des Gottvaters ist die Hand, seine schöpferische Kraft, oder auch das Auge, das alles sieht. Das Zeichen Christi ist das Kreuz, die Einheit von Mensch und Gott, das Lamm, d. h. das Opfer, das um die Erlösung der Menschheit willen gebracht wurde, und der Fisch.

In der frühen christlichen Kirche wurde Jesus der große Fisch genannt, da seine Geburt den Beginn des Fischezeitalters im Sinn der durch die Tierkreiszeichen aufgegliederten Epochen ankündigte. Das Zeichen des Heiligen Geistes ist eine glühende Taube oder eine Flamme. Mit dem Kopf nach unten gerichtet, fliegt die Taube aus der Ewigkeit des Geistes in die begrenzte Zeit der Erde und verbindet so Mensch und Gott. In anderen Worten bedeutet das: der Heilige Geist symbolisiert die Erkenntnis der Einheit von Mensch und Gott in unendlicher Liebe.

Die Erzengel

Als Boten Gottes sind die Engel die Vermittler zwischen Himmel und Erde. Sie sind Zwischenwesen, die nicht an die irdischen Gesetze von Zeit und Raum gebunden sind und deren Körper nicht ›von Fleisch und Bein‹ ist. Sie

Der Engel Gabriel kündigt Maria die Geburt Christi an

Die drei heiligen Erzengel Michael, Raphael und Gabriel leichtgeschürzt in einer etwas lasziven Darstellung von Gian Francesco Caroto (15. Jahrhundert)

gleichen den Elementargeistern des Mittelalters, den Sylphen, Undinen, Salamandern und den Gnomen, die die Elemente beherrschen, aber keine Seele haben.

In der christlichen Lehre stehen die Engel in der Hierarchie dem Menschen näher als Gott. Als in der Offenbarung des Johannes ein Engel dem Evangelisten erscheint und ihm in einer Vision die Herrlichkeit der Stadt Jerusalem, der ›Braut Christi‹, zeigt, und Johannes niederfällt, diesen Engel anzubeten, spricht der Engel zu ihm: »Tu es nicht! Denn ich bin dein Mitknecht und der deiner Brüder, der Propheten, und derer, die da halten die Worte dieses Buches. Bete Gott an!« Vor Gott sind Menschen wie Engel unvollkommene Wesen.

Berichtet wird in der Bibel von sieben Erzengeln, obwohl nur vier Erzengel namentlich erwähnt werden und eine deutlichere Gestalt annehmen. Die im Alten wie im Neuen Testament äußerst bedeutungsvolle Zahl sieben (in sieben Tagen schuf Gott die Welt / sieben Siegel mußten gelöst werden am Buch der Offenbarung / die sieben fetten und die sieben dürren Jahre etc.) steht in Verbindung zu den damals bekannten sieben Planeten. Jedem dieser Planeten wurde ein bestimmter Einfluß auf die Erde zugesprochen, eine Planetenintelligenz oder ein Engel zugeordnet,

Agrippa von Nettesheim bezieht sich auf Hermes Trismegistos, der die sieben Erzengel »die sieben Regenten der Welt« nennt, »die durch die Himmel, wie durch Werkzeuge, die aufgenommenen Einflüsse aller Sterne und Himmelszeichen in diese untere Welt verteilen.«

Jedem der Planeten wohnt ein Engel bei: Dem Saturn der Engel Oriphiel, dem Jupiter der Engel Zachariel, dem Mars der Engel Zamael, der Sonne Michael, der Venus Anael, dem Merkur Raphael und dem Mond der Engel Gabriel. Die Vorstellung der Engel als Planetenintelligenzen (→ astrologische Symbole) wird im Mittelalter ergänzt durch die eher volkstümliche Vorstellung, die vollkommenen Kreise der Gestirne seien nichts anderes als das Sphärenballett der Engel, die die Sterne bewegten.

Die vier in der Bibel namentlich erwähnten Erzengel sind Michael, Gabriel, Raphael und Uriel. Als Boten Gottes sind sie die Herrscher über die vier Winde und symbolisieren zugleich die vier Himmelsrichtungen. Diese vier stehen um den Thron Gottes und verkünden, jeder auf seine Weise, den Willen des Allmächtigen.

Michael, der streitlustigste der vier, kämpft unablässig gegen Drachen, Schlangen und Dämonen. Er verteidigt das Reich Gottes gegen alle, die sich wider Gott erheben und dessen Allmacht anzweifeln. Sein Name bedeutet wörtlich aus dem Hebräischen übersetzt: Wer ist wie Gott? Alle Frevler, die sein wollen, wie Gott, verfallen seinem Schwert. Die göttliche Gerechtigkeit ist sein Prinzip, weswegen er häufig dargestellt wird mit der Waagschale in der Hand, die Seelen der Menschen am Jüngsten Tag abwägend. Die spirituelle Bedeutung des Erzengels Michael ist

Der Erzengel Michael triumphiert über den Widersacher Gottes, den Erzengel Luzifer. Allerdings: Michael braucht den Kampf mit Luzifer genauso wie der Schmied das Feuer, denn nur durch den ewigen Kampf mit Luzifer gewinnt er seine eigene Identität

die des wahren Selbst, das im Kampf liegt mit den Dämonen der Selbstsucht und Eitelkeit, dem anderen Aspekt der menschlichen Seele.

Der Erzengel Gabriel ist der Engel der Verkündigungen, er prophezeit die Geburt des Johannes des Täufers und kündigt Maria die Geburt Christi an. Auf vielen Bildern wird er dargestellt mit einer Lilie in der Hand, dem Symbol der Vereinigung von Himmel und Erde, von Mensch und Gott. Auch sein Name enthält eine Botschaft, er heißt: Gott ist allmächtig. Der allmächtige Gott versöhnt sich mit den Menschen, indem er ihnen seinen Sohn schickt, um sie zu erlösen. In Christus hat die Vereinigung von Gott und Mensch stattgefunden, so will es die Bibel. Die spirituelle Bedeutung Gabriels ist die der Wiedergeburt des göttlichen Geistes im irdischen Menschen. Gabriel verkündet die zweite, die innere Geburt des Menschen, der sich als Wesen göttlichen Ursprungs begreift.

Raphael ist der mildeste und gütigste der Erzengel, der Tröster und Arzt der Menschen. Er ist es, der den Hirten in der Christnacht erscheint und sie mit dem »Fürchtet euch nicht!« beruhigt. Sein Zeichen ist der Fisch, das Symbol Christi, und seine Aufgabe ist eng verbunden mit dem Erlöseraspekt Jesu Christi. Sein Name bedeutet: Das Heil Gottes, und wie Jesus wandert er durch die Welt, angetan mit Sandalen und einem Pilgerstab, um die Menschen aus ihrem zerrissenen Zustand zu führen, sie wieder ganz zu machen, sie ›heil‹ zu machen. Seine Botschaft ist die des Mitleids, das der weisere Teil des Menschen mit seinem am Dasein verzweifelnden Teil hat. Insofern verkörpert er auch das Prinzip der Hoffnung.

Uriel, der vierte der Erzengel, gewinnt in der Bibel keine deutlichen Züge. Auch auf religiösen Abbildungen ist er selten zu entdecken. Sein Name ist: Die Flamme Gottes, und so ist anzunehmen, daß er dem Prinzip des Heiligen Geistes zugeordnet ist, dessen Zeichen ebenfalls die Flamme ist. Zugleich verbindet ihn allerdings die Flamme mit dem gefallenen Engel Lucifer, dessen Nachfolger im christlichen Himmel Uriel ist. Die vier Erzengel verkörpern somit bestimmte Aspekte der christlichen Trinität: Gabriel entspricht dem Prinzip des Gott-Vaters, Michael und Raphael symbolisieren den kämpferischen und den heilenden Aspekt in Jesus Christus, und Uriel ist dem Heiligen Geist zugeordnet.

Im Volksglauben beschützen die Engel Kinder, hilflose Wesen und Menschen, die in Gefahr geraten sind. Der Schutzengel, der den Menschen in höchster Not die rettende Idee eingibt, stellt eine höhere Bewußtseinsstufe des

Der Schutzengel: wir selbst in einem höher bewußten, höher-intelligenten Zustand...

Die ›gefallenen‹ Engel wurden entsprechend mit den Attributen der Nacht und der Tiefe dargestellt: Fledermausflügel, eine Schlange als Zepter, eine Wolfsschlange als Reittier!

Menschen dar, die die meiste Zeit vor sich hin dämmert. Der strahlende, immaterielle Körper der Engel, von dem in der Bibel berichtet wird, weist verblüffende Ähnlichkeiten auf mit einem Phänomen, das in anderen Kulturen als der Astralleib des Menschen beschrieben wird. Der Astralleib ist das genaue Ebenbild des physischen Körpers, sein Doppelgänger, auf einer spirituellen Ebene. Asiatische und indianische Mythen lehren, daß zwar jeder Mensch einen solchen Astralleib habe, jedoch nur Weise und Zauberer durch bestimmte Übungen in der Lage seien, den jenseits der Ebene der Alltagserfahrungen sich befindenden Astralkörper eines Menschen wahrzunehmen.

Ein anderer Volksglaube rankt sich um den Todesengel, der den Sterbenden sanft in eine andere Welt geleitet. Menschen, die bereits klinisch tot waren und aus dem Zwischenreich von Leben und Tod wieder zurückkamen, berichteten von einer weißen Gestalt, die sie auf ihrem Weg begleitet habe. Asiatische esoterische Lehren verfügen über gewisse, weitaus entwickeltere Praktiken, wie die Ablösung der Seele vom Körper zu vollziehen sei, und haben mit den Todesengeln zweifellos mehr Erfahrungen als ihre christlichen Brüder. Die Verbindung zwischen Sternen, Engeln und der menschlichen Seele scheint zu den Grundvorstellungen der Mythologien und Religionen zu gehören:

»Die Geister kamen von den Sternen und gingen dorthin wieder zurück, die Sterne verkehrten auf magische Art mit den irdischen Geistern, die Geister glichen den Sternen, die Sterne den Geistern – weil man sie beide als von gleicher Wesensart empfand« (S. Golowin, Götter der Atomzeit).

Der Teufel

Mephisto:
Ich bin ein Teil von jener Kraft,
die stets das Böse will
und stets das Gute schafft.

Ubique daemon – der Teufel ist überall, so jedenfalls sah es das Mittelalter: Wünscht jene arme Klosterfrau eine Staude Endivie? In dieser Staude ist der Satan. Freut sich der Mönch, daß in seiner einsamen Zelle ein Vögelchen singt? In diesem Gesang ist der Teufel. Vielfältig sind die Versuchungen des großen Verführers und für den Mensch nur schwer zu durchschauen.

Der Teufel bietet Jesus die Herrschaft über die Welt an (aus: M. Engels, Darst. d. Gestalten Gottes..., Luxemburg 1894)

In keiner anderen Religion ist das Bild des Negativen, des Bösen, so konzentriert zusammengefaßt wie in der Gestalt des Teufels in der christlichen Lehre: Bocksbeinig wie der griechische Gott Pan, geflügelt und gehörnt, nach Pech und Schwefel stinkend, als listige Schlange und als furchterregender Drache, mit dem der Erzengel Michael in endlosem Streit liegt. Aber auch als kleine dunkle Gestalt, die dem Menschen auf der Schulter sitzt und ihm unablässig böse Gedanken eingibt, so spukt der Teufel durch die christliche Mythologie.

Einst war er ein Engel, der schönste aller Engel, die Gott geschaffen hatte: Lucifer, das heißt der, der das Licht bringt. Er fiel von Gott ab und wurde verbannt, ob auf die Erde oder in die Hölle wird nicht so recht klar in den biblischen Texten. Auch darüber, was genau sein Vergehen war, sind sich die Kirchenväter nicht einig. In der ›Göttlichen Komödie‹ von Dante wird berichtet, er habe in anmaßendem Stolz »die Wimper gegen seinen Schöpfer gehoben«. Einer anderen Fassung zufolge wollte Lucifer nicht gerade sein wie Gott, aber »er wurde auf den Menschen eifersüchtig, rebellierte und wurde den göttlichen Gesetzen abtrünnig«.

Luzifer als rattenschwänziger Herr ›der Kröten‹ am Eingang der Hölle thronend (aus M. Engels, Darst. d. Gestalten Gottes..., Luxemburg 1894)

In der Apokalypse wird von einem Kampf zwischen den Engeln berichtet: Der Erzengel Michael, der ewige Streiter für Gott, warf sich dem Aufstand im Himmel entgegen:

»Und es war Kampf im Himmel; Michael und seine Engel kämpften mit dem Drachen; auch der Drache kämpfte und seine Engel und sie siegten nicht, und ihre Stätte ward nicht mehr im Himmel gefunden. Und der große Drache, die alte Schlange, die Teufel und Satan heißt, der Verführer der ganzen Welt, ward geworfen und auf die Erde geschleudert, und seine Engel wurden mit ihm geworfen.«

Der Kampf im Himmel erinnert an die Götter- und Titanenschlachten im griechischen Himmel. Auch mag das Hinkebein, das dem Teufel zugesprochen wird, hier seinen Ursprung haben. Während aber in der griechischen Mythologie sich das jüngere Geschlecht am Ende doch immer gegen das ältere durchsetzt – Chronos besiegt seinen Vater Uranos und wird selbst von seinem Sohn Zeus besiegt, die Besiegten aber in die Unterwelt verbannt werden –, behält in der Bibel der allmächtige Gott die Oberhand: Lucifer wird aus dem Himmel verbannt.

Gott selbst also hat den Teufel geschaffen: erstens, weil es nichts geben kann, das *nicht* von Gott erschaffen wurde – denn Gott ist vollkommen und nichts geschieht ohne seinen Willen – und zweitens, weil in Gott die reine Liebe und Güte ist und somit das Böse aus ihm ausgeschlossen werden mußte. Wie leicht ersichtlich, sind diese beiden Begriffe Gottes, des Einen, Allumfassenden und des einen, gütigen Gottes, nicht zu vereinbaren. Ist Gott Alles, so muß er auch das Böse umfassen, ist Gott aber reine Liebe, so kann der Haß nicht in Gott sein. Dies ist eins der zentralen Probleme der mittelalterlichen Scholastik, die versuchte, Gott von allen negativen Elementen frei zu halten. (Mystiker wie Jacob Böhme entschieden sich für die andere Lösung des Problems und sahen in Gott Licht und Finsternis vereinigt.) Wenn das Böse doch in der Welt ist und nicht von Gott kommen kann, dann muß das Böse eben einen anderen Ursprung haben: Es kommt vom Teufel.

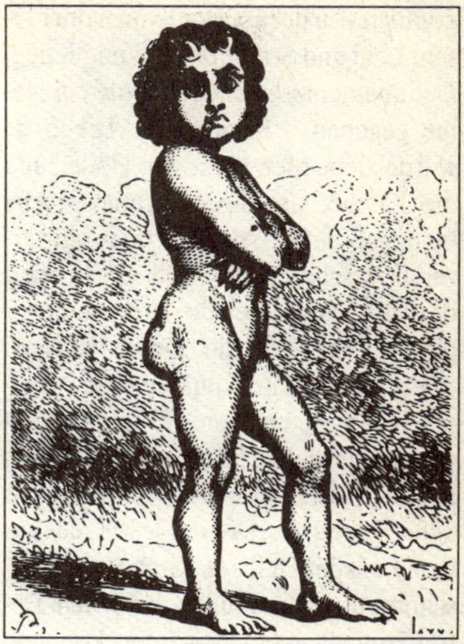

Luzifer, wie ihn sich das 19. Jahrhundert vorstellte (Dict. Infernal)

Die Erfahrung des mittelalterlichen Menschen, Hungersnöte, Glaubenskriege, die Pest und soziale Umwälzungen, überzeugte diesen nur gar zu handgreiflich von der Existenz von namenlosem Leid und Schmerz, Haß und Krieg. Dem namenlosen Elend wurde ein Name gegeben – Satanswerk. Die Erde wurde dem Menschen zur Hölle, und die Kirche, um ihre Machtansprüche bangend, befand, der Herr der schwarzen Heerscharen habe sich aufgemacht, die Herrschaft über die Erde zu erringen. Je finsterer die Zeiten wurden, desto mehr Teufelsspuk erschien. Zwischen dem 15. und dem 17. Jahrhundert wurden unzählige Frauen jedes Standes auf dem Scheiterhaufen verbrannt als »vom Teufel besessenes Fleisch, das aus dem Leib der Heiligen Kirche herausgeschnitten werden mußte, damit dem Bösen Einhalt geboten werden konnte«. Und je mehr Frauen die Inquisitoren als Hexen verbrennen ließen, desto mehr Hexen erschienen: »Es wollte einfach kein Ende nehmen«, schreibt kopfschüttelnd ein Aufklärer aus dem letzten Jahrhundert, der das Licht der Vernunft im dunklen Mittelalter aufspüren wollte.

Ein Teufelssiegel von einem mittelalterlichen Mysterienspiel

›Robin-Good-Fellow‹, der phallische Teufel des Tanzes und Herr des Sabbaths

Ist der mittelalterliche Teufel eher Symbol des unstrukturierten Chaos, des namenlosen Schreckens, so nähert sich der bürgerliche Teufel wieder dem Luciferischen Prinzip des Lichtbringers an. Wie schon im Buche Hiob liegt dieser Teufel zwar mit Gott in einem endlosen Kampf um die Seele des Menschen, wird aber von Gott in dieser Rolle durchaus unterstützt. Es ist der lachende Teufel, der mit seinem Herrn, dem Gott, in einem ewigen Kampfe liegt, der sich im Menschen selbst abspielt. Goethe läßt seinen Gott in der Tragödie ›Faust‹ Mephisto wie folgt anreden: »Du darfst auch da nur frei erscheinen; ich habe deinesgleichen nie gehaßt. Von allen Geistern, die verneinen, ist mir der Schalk am wenigsten zur Last. Des Menschen Tätigkeit kann allzuleicht erschlaffen, er liebt sich bald die unbedingte Ruh; drum geb ich gern ihm den Gesellen zu, der reizt und wirkt und muß als Teufel schaffen.«

Der Teufel, der ewige Widersacher Gottes, ist Gottes Antithese. Jede Bewegung entsteht nur aus dem Widerstreit entgegengesetzter Prinzipien, und die Güte Gottes könnte so betrachtet ohne die Bosheit des Teufels gar nicht ins Bewußtsein der Menschen kommen. Das Prinzip des Teufels umfaßt eine doppelte Antithese zu dem des Gottes: Die Schlange als Symbol der Kraft der Materie steht der Kraft des Geistes in Gott gegenüber und der Tod als Zeichen der Endlichkeit widersetzt sich der in Gott seienden Ewigkeit.

Der Teufel als ewiger Zerstörer, als Schnitter Tod, wie der Volksmund ihn sieht, versinnbildlicht das Prinzip der Zeit als Ausdruck der Endlichkeit aller irdischen Erscheinungen. Daher wird die Hölle oft als riesiger Schlund dargestellt, der alles Lebendige verschlingt. Mephisto stellt sich Faust mit folgenden Worten vor: »Ich bin der Geist, der stets verneint! Und das mit Recht, denn alles was entsteht, ist wert, daß es zugrunde geht; drum besser wär's, daß nichts entstünde. So ist denn alles, was ihr Sünde, Zerstörung, kurz, das Böse nennt, mein eigentliches Element.«

Wie Gott als Prinzip der Schöpfung bezeichnet wird, so der Teufel als Prinzip der Zerstörung. Keines der beiden Prinzipien kann aber am Ende über das andere siegen, würde das doch den totalen Stillstand bedeuten. So müht Mephisto sich unablässig, der Schöpfung ein Ende zu machen: »Was sich dem Nichts entgegenstellt, das Etwas, diese plumpe Welt, so viel als ich schon unternommen, ich wußte nicht, ihr beizukommen, mit Wellen, Stürmen, schütteln, Brand – geruhig bleibt am Ende Meer und Land! Und dem verdammten Zeug, der Tier- und Menschenbrut, dem ist nun gar nichts anzuhaben. Wie viele hab ich schon begraben! Und immer zirkuliert ein neues, frisches Blut. So geht es fort, man möchte rasend werden! Der Luft, dem Wasser wie der Erden, entwindend tausend Keime sich, im Trocknen, Feuchten, Warmen, Kalten! Hätt ich mir nicht die Flamme vorbehalten, ich hätte nichts Aparts für mich.«

Das Volk sah den Teufel immer schon als den eigentlichen Geprellten, den ewigen Verlierer, eben als ›armen Teufel‹ (Zeichnung von L. Richter: Der geprellte Teufel)

Bis in die jüngste Gegenwart hinein üben sich kath. Priester im Exorzismus, der von Jesu überlieferten Austreibung des bösen Geistes

Das teuflische Moment der Zerstörung symbolisiert die Vorstellung der Zeit und der Endlichkeit. Der Teufel als Sensenmann ist der saturnische Aspekt des Satans. Die Zeit bereitet ein Ende allen Dingen und hat ihren Widerpart in der Ewigkeit, die in Gott liegt. Der andere Aspekt des Teufels liegt in eben jener Lust der Materie, sich in unendliche Formen fortzupflanzen. Die Natur, die sich in jeder ihrer Gestalten neu gebiert, den Menschen eingeschlossen, wurde der christlichen Lehre deshalb zu einer ungeheuren Obszönität. Die Dämonen des Teufels aus dem Mittelalter stellten sich vor als *incubi* und *succubi*, den Menschen zur Fleischeslust verführend.

Das Christentum selbst hatte sich als Antithese zu den alten Naturreligionen verstanden und die Herrschaft des Geistes über die Materie gelehrt. Der Teufel der Lust aber demonstrierte, gleich ob in der Stille der Klöster oder in den Ehebetten des braven Volkes, den Widerstand des Fleisches gegen die Vergeistigung. In den Hexensabbaten lebten uralte Fruchtbarkeitsriten fort, und so wurde der Teufel zum Symbol der Natur, der Materie, der Fleischeslust und – des Weibes. Bis ins vierte Jahrhundert wurde die Schlange, die die ersten Menschen verführte, mit einem weiblichen Gesicht abgebildet.

Der christliche Weg der Erlösung lehrt die Überwindung des Fleisches. Die Flamme, das Symbol des Teufels, ist zugleich das Symbol des Heiligen Geistes, des Prinzips der alle Widersprüche versöhnenden Liebe. Die reine Liebe hat die Fesseln der Materie, des

Fleisches, hinter sich gelassen und ist eingegangen in den reinen Geist – die Lust und der Tod aber liegen in der Hand des Teufels.

Die vier Evangelisten

Wisse. Wolle. Wage. Schweige.

Die vier Evangelien des Neuen Testaments wurden von Matthäus, Markus, Lukas und Johannes verfaßt. Jeder von ihnen verkündet auf seine Weise die Wiedergeburt Gottes als Mensch in Jesus Christus. Die Inkarnation des Gottes als des allumfassenden Geistes, der sich in der irdischen Sphäre materialisiert hat, unterliegt den Gesetzen der vier Elemente: Feuer, Wasser, Luft und Erde. Jeder der vier Evangelisten repräsentiert deshalb eines dieser Elemente, die die Manifestation des Gottes ermöglichten.

Matthäus wird in Bezug zu dem Element Luft gesehen, das ihm zugeordnete Tierkreiszeichen ist das des Wassermannes, dargestellt durch einen geflügelten Menschenkopf. Er ist derjenige unter den Evangelisten, der den menschlichen Ursprung Christi betont, die einzigartige Fähigkeit des Menschen, sich zu erinnern und viele Gedanken zu einem Ganzen zusammenzufassen. Die Aufgabe des Menschen ist es, zu erkennen, daß die unendliche Vielfalt der Welt einen gemeinsamen Ursprung hat. Damit verschwinden auch die Unterschiede zwischen den Menschen und es entsteht die Möglichkeit, daß der Mensch aufhört, sich als Einzelner und Einsamer zu begreifen, und, die Geschichte der Gattung in sich entdeckend, wieder ein Ganzes wird. Dies ist auch die Bedeutung des um das Jahr 2000 n. Chr. beginnenden Wassermannzeitalters.

Die vier Evangelisten (Darstellung in der Kirche St. Maria in Rom)

Das Tierkreiszeichen des Löwen und sein Element, das Feuer, ist dem Evangelisten Markus zugeordnet. Sein Name kommt vom lateinischen Mars, dem Kriegsgott. Ähnlich wie der Erzengel Michael verkörpert er die Kraft Gottes, die menschliche Seele aus ihren Irrtümern und Verwirrungen herauszuführen.

Der Löwe steht für die Transformation des ungebändigten, menschlichen Willens in die wahren menschlichen Kräfte Mut, Stärke und Liebe. Das Bild dieses Verwandlungsprozesses ist der Löwe, der friedlich neben dem Lamm liegt; dies ist in der christlichen Lehre das Symbol des Menschen, der seine Kräfte in einer vollkommenen Art beherrscht.

Das Zeichen des Lukas ist der Stier, sein Element die Erde. Sein lateinischer Name Lucius erinnert an den gefallenen Erzengel Lucifer, der auf die Erde verbannt wurde. Seine Kraft ist die der Erde, und sein Zeichen, der Stier, steht für den irdischen Aspekt der männlichen Energie.

Der Markus-Löwe, das Symbol der Handelsstadt Venedig

Dem Evangelisten Johannes wurde ursprünglich das Zeichen des Skorpions zugeordnet und das Element Wasser. Sein hebräischer Name Johanan bedeutet: die Gnade Gottes. Er ist der einzige der vier, über dessen Leben einiges bekannt ist, wenn auch nur in Form einer Legende. Der Kaiser Domitian soll ihn nach Rom befohlen haben und ließ ihm dort, eifersüchtig auf den ungeheuren Ruf, den Johannes hatte, die Haare abschneiden, da ihm bekannt war, daß Johannes ein Gelübde abgelegt hatte, dies nie zu tun. Doch weder dieser Versuch, Johannes seiner prophetischen Kraft zu berauben, noch die Prüfung, ihn in einen Kessel siedenden Öls werfen zu lassen, konnten Johannes etwas anhaben. Außer sich vor Zorn über seinen Mißerfolg, ließ Kaiser Domitian ihn verbannen. Man brachte ihn nach Patmos, wo die Geheime Offenbarung des Johannes entstand. Wie der Altorientalist Allegro annimmt, verdankte Johannes diese Vision nicht zuletzt dem Gebrauch von bewußtseinserweiternden Drogen, vermutlich Pilzen, höchstwahrscheinlich sogar Fliegenpilzen.

Johannes war der Jünger des Herrn, von dem gesagt wurde, daß Jesus ihn liebte in seiner Fähigkeit, sich vollkommen hinzugeben. Das Zeichen des Skorpions ist verbunden mit dem Prinzip der irdischen Liebe und der Wiedergeburt. Johannes überwand das System der Tierkreiszeichen, indem er sich vollständig hingab und damit eine neue spirituelle Dimension gewann. In seiner Botschaft des alles umfassenden Logos überwand er die Schranken von Raum und Zeit; dementsprechend wurde ihm ein neues Zeichen zugeordnet: der Adler. In der griechisch-orthodoxen Tradition der christlichen Lehre findet man häufig einen Doppeladler als Symbol des Johannes, der über die Dualität von Raum und Zeit steht. Der Logos ist das Wort, die christliche Formel der Liebe auf abstraktester Ebene, der, alle Dinge gleichzeitig umarmend, die Dualitäten aufgehoben hat.

Die Symbole der vier Evangelisten werden geflügelt dargestellt, was darauf hinweist, daß sich in ihnen kosmische Urkräfte manifestiert haben. Die ägyptische Mythologie besitzt ein ähnliches

Smybol für diese vier Grundkräfte: die Sphinx. In ihr sind der Kopf eines Menschen, der Leib eines Löwen, der Schwanz eines Stieres und die Flügel des Adlers in einer Figur vereint. In frühen christlichen Darstellungen finden sich die Evangelisten häufig als Mischwesen mit Tierleibern und Menschenköpfen, ähnlich wie die griechischen Zwischenwesen, z. B. der Minotaurus. Erst später trennte man Mensch und Tier voneinander und malte die Evangelisten als Menschen, neben denen ihr Symboltier abgebildet wurde. Aus der esoterischen Bedeutung der vier Symbole von Matthäus, Johannes, Markus und Lukas ergibt sich folgende Anweisung an den Menschen: Wisse. Wolle. Wage. Schweige.

Maria: die Königin des Himmels

Über die Herkunft der Jungfrau Maria berichtet die Legende, daß ihre Eltern lange kinderlos geblieben waren und sich ihr Vater Joachim 40 Tage in die Wüste begab, um Gott anzuflehen, daß er ihnen ein Kind schenken möge. Wirklich brachte Anna, seine Frau, nach angemessener Zeit ein Kind auf die Welt, wie ein Engel es ihr verkündet

Maria, die Gottesgebärerin

hatte, während Joachim in der Wüste weilte. Dieses Kind, so berichtet die Legende, war nicht in irdischer Sünde gezeugt, sondern verdankte seine irdische Existenz dem unergründlichen Ratschluß Gottes. Als Maria drei Jahre alt war, brachte man sie in den Tempel des Herrn, um ihrem Gott zu dienen:

Wolfram von Eschenbach, der neben Walther von der Vogelweide größte ›Sänger der Minne‹

»Sie tanzte mit bloßen Füßen vor dem Altar Gottes, und das Haus Israel frohlockte mit ihr und liebte sie.«

Als sie herangewachsen war, vermählte der Hohe Priester Zacharias sie auf ein Zeichen Gottes hin mit Joseph, einem Greis, dessen biblisches Alter ihn über jeden Verdacht erhaben machte. Der Engel des Herrn, der Erzengel Gabriel, aber erschien ihr und verkündete der Jungfrau Maria die Geburt des Jesuskindes. »Da sprach Maria zu dem Engel: Wie soll das zugehen, da ich doch von keinem Mann weiß? Der Engel aber antwortete ihr und sprach zu ihr: Der Heilige Geist wird über dich kommen, und die Kraft des Höchsten wird dich überschatten; darum wird auch das Heilige, das von dir geboren wird, Gottes Sohn genannt werden« (Lukas 1, 34, 35). Und es geschah, wie der Engel es prophezeit hatte.

Lange Zeit konnten sich die frühen Kirchenväter nicht darüber einigen, ob die Jungfrau Maria die Mutter Gottes gewesen sei oder die Mutter des Menschen Jesus von Nazareth. Auf dem 3. ökomenischen Konzil in Ephesus im Jahr 431 wurde sie dann zur Gottesgebärerin erklärt. Im Mittelalter wies man ihr einen noch höheren Rang zu, man sah sie als Himmelskönigin, die über allen anderen Heiligen stand und die höchste Fürsprecherin der Menschen bei Gott wurde. Zwischen dem 12. und dem 14. Jahrhundert wurden zahlreiche Orden zu Ehren Marias gegründet und in der Kirche stellte man ihr zu Ehren Statuen an Plätzen auf, die bis dahin ihrem Sohn Jesus Christus vorbehalten waren.

Die Minnekunst vermischte sich im Mittelalter allmählich mit dem Marienkult. Meyers Konversationslexikon weiß über die Minnepoesie folgendes zu berichten:

»Eine fast blöde Scheu des Liebenden vor der Geliebten, als ein zagendes Sehnen und schüchternes Verlangen aus

Die Rose, das Symbol der sich ewig neu entfaltenden Welt

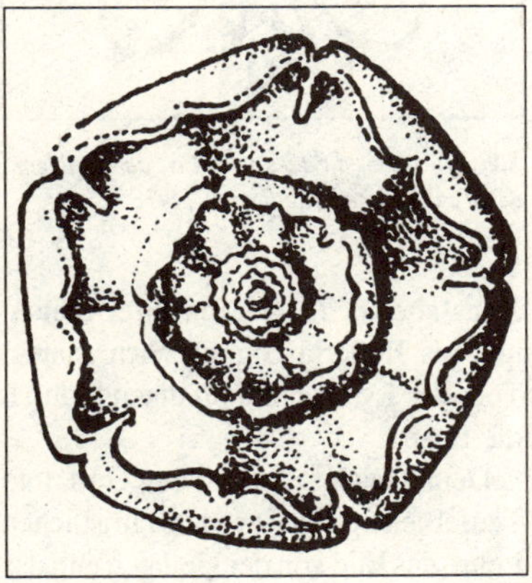

der Ferne nach der Erkorenen, als eine zum Marienkultus in unverkennbarer Beziehung stehende, demütige Anschauung des geliebten Weibes als eines in reinerer Lebenssphäre als der Mann heimischen Wesens.«

Den Preis für diese Idealisierung des Weiblichen hatten allerdings die vermeintlichen Huren und Hexen des 15. und 16. Jahrhunderts zu zahlen: Der Überhöhung des Weiblichen folgte seine äußerste Erniedrigung in der Abfolge der historischen Strömungen des Mittelalters.

Maria, der Himmelskönigin, der ›Gott selbst die Minne macht‹, wurden Gebete gewidmet wie das folgende:

Ich bin die Mutter der schönen Liebe
Und der Furcht und der Erkenntnis und der frommen Hoffnung.
In mir ist jegliche Lieblichkeit des Weges und der Wahrheit
In mir ist jegliche Hoffnung des Lebens und der Tugend.

Kommt her zu mir, die ihr nach mir verlangt
Und eßt euch satt an meinen Früchten.
An mich zu denken ist süßer als Honig
Und mein Besitz geht über Honigseim.
Die mich genießen, hungern noch
Und die mich trinken, dürsten noch.

Wer auf mich hört,
wird nicht zu Schanden
Und wer mir dient,
fällt nicht in Sünde.
Wer mich ans Licht rückt,
Wird das ewige Leben haben.
(Jes. Sir. 24, 17f.)

Die drei Weisen aus dem Morgenland beten das Christuskind an

Das Gegenbild der Himmelskönigin wird in der Bibel durch Maria Magdalena, die Sünderin, aus deren Leib Jesus sieben Geister getrieben hatte, symbolisiert. Auf Darstellungen der Kreuzigung steht Maria zur Rechten, Maria Magdalena zur Linken des Kreuzes, den rechten Weg des Geistes und den linken Weg des Fleisches symbolisierend. Die Legende weiß über Maria Magdalena zu berichten, daß sie mit dem Evangelisten Johannes verlobt gewesen sei. An ihrem Hochzeitstage kam Jesus zu dem Paar, und Johannes verließ die Braut, um Jesus nachzufolgen. Halb wahnsinnig vor Zorn habe sich daraufhin Maria Magdalena, nur bekleidet mit ihren langen Haaren, der Unzucht hingegeben.

Stilisierte Lilie, die Fleur-des Lis, das Emblem der französischen Könige seit 1147

Die Lilie, das Sinnbild der Maria

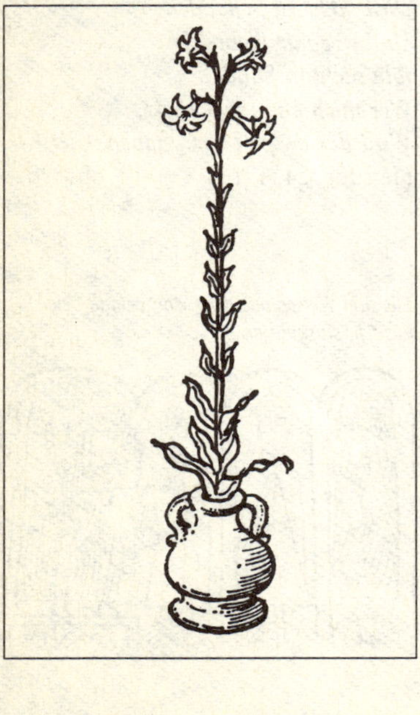

Jesus aber heilte sie von ihrer Sünde, und als Büßerin zog sie nach seinem Tod, das Evangelium predigend, durch die Lande.

Dem Gegensatzpaar von Gott und Teufel entspricht in der christlichen Lehre das Bild von der Heiligen und der Hure. Die körperliche Liebe wurde von der christlichen Mystik begriffen als Fessel an das irdische, trügerische Dasein. Der Sinn der Abkehr von der Sexualität mag aber über die Jahrhunderte hinweg verlorengegangen sein und zurück blieb eine Verteufelung der Lust, die nicht zuletzt das Verhältnis der Geschlechter zueinander über die Maßen vergiftete. Der Umgang mit der Frau als körperlosem Ideal, repräsentiert durch die Himmelskönigin Maria, erweist sich im profanen Alltag als genauso wenig glücksversprechend wie die Verbindung mit der Frau als der

Schlange, dem ewig unersättlichen Weibe.

Wenn auch gut verschlüsselt, so hat im Bilde der Gottesmutter Maria die Große Mutter, die sich in fast allen Mythologien und Religionen findet, überlebt. Zwar steht sie nicht mehr in der traditionellen Verbindung zur Mutter Erde, wie die alten Fruchtbarkeitsgöttinnen, aber sie bleibt die Gebärerin. Sie gebar einen Gott, wie jede Mutter ein Christuskind zur Welt bringt in dem Sinne, daß in jedem Kind eine Seele

Die von Moses aufgestellte bronzene Schlange, deren Anblick die von Giftschlangen gebissenen Juden wieder genesen ließ

schlummert, die durch die Erfahrung der Vergänglichkeit der Welt sich aufschwingen kann zu Gott.

Das Geheimnis der jungfräulichen Geburt des Gotteskindes ist im spirituellen Sinn nicht zu suchen in dem wörtlich genommenen Wunder der unbefleckten Empfängnis. Jungfrau bedeutet in diesem Zusammenhang die Vollkommenheit eines in sich ruhenden weiblichen Wesens, das sich nicht dem männlichen Prinzip unterwerfen mußte, weil es dasselbe in sich trug.

Wenn von der Jungfrau Maria gesagt wird, sie sei ohne Sünde gewesen, so bedeutet das, Maria verlor sich nicht in der körperlichen Liebe, sondern blieb bei sich selbst. Als Braut Gottes, die einen Gott gebar, befand sie sich im Zustand der Gnade und der Weisheit, in dem die Trennung von Mann und Frau in zwei unversöhnlich einander entgegengesetzte Wesen keinen Platz mehr hat.

Ihr Symbol ist die Lilie als Zeichen der vollkommenen Liebe, die in der Vereinigung von Gott und Mensch besteht. Maria wird häufig dargestellt mit einer Mondsichel, die auf ihre Verbindung zu den alten Göttinnen hinweist, die in enger Verbindung mit dem Mond standen. In der christlichen Mystik bedeutet die Maria mit der Mondsichel das weibliche Prinzip, das Licht in die Nacht der Welt bringt.

Literatur

John M. Allegro: The Dead Sea Scrolls And The Christian Myth, Great Britain 1979
Ernst Bloch: Atheismus im Christentum, Frankfurt am Main 1968
George Fergusen: Signs & Symbols in Christian Art, London 1977
August Franzen: Kleine Kirchengeschichte, Freiburg im Breisgau 1965
Erich Fromm: Ihr werdet sein wie Gott, Hamburg 1980
Georg Wilhelm Friedrich Hegel: Vorlesungen über die Philosophie der Religion, Frankfurt am Main 1971
Adolf Holl: Jesus in schlechter Gesellschaft, München 1974
Edward Hulme: Symbolism in Christian Art, Great Britain 1976
Hermann Leitz: Engel gibt es, Bad Liebenzell 1975
Heinrich Cornelius Agrippa's von Nettesheim: Magische Werke, Meisenheim Glan o. J.
Elaine Pagels: The Gnostic Gospels, London 1979
Giovanni Papini: Der Teufel, Stuttgart 1960
Edouard Ursch: Lexikon christlicher Symbole, Konstanz 1976
Herbert Whone: Church Monastery Cathedral, Great Britain 1977
Hans-Jürgen Wolf: Hexenwahn und Exorzismus, Kriftel/Ts. 1979
Gerhard Zacharias: Satanskult und Schwarze Messe, Wiesbaden 1970

SYMBOLE IM MÄRCHEN

Sinnbilder im Volksmärchen

Das Märchen entstand und verbreitete sich in Räumen, wo das märchenhafte Geschehen noch ein wesentlicher Teil der menschlichen Wirklichkeit war. Von heiligen Wäldern der burmesischen Gegenwart erzählt ein englischer Zeuge: »Es ist dort sehr lebhaft, denn viele Tiere suchen dort Schutz, und niemand wagt es, sie zu stören; die Dorfbewohner holen kein Brennholz, die kleinen Mädchen pflücken keine Orchideen, und die Jäger wagen es nicht, den verzauberten Boden zu betreten... Man erzählte mir, daß niemand weiß was geschieht, daß aber keiner lebendig von dort zurückgekehrt ist« (nach E. Jung).

Besuch bei einem Kalmückenfürsten (›Bildergalerie...‹ Karlsruhe 1825/27)

Es ist nun sehr beachtenswert, wie die entsprechenden, den Lebensstil vollkommen beherrschenden Vorstellungen in der europäischen Volkskultur beim Aufstieg der Stadtzivilisation nach Ende des Mittelalters in den zentralistischen Staaten langsam in abgelegene Grenzgebiete abgedrängt wurden: in England in den keltischen (schottischen, walisischen, irischen) Norden und Westen; in Frankreich in die Pyrenäen, Alpen, Bretagne.

Die vier Jahreszeiten (L. Richter)

Aber auch während der folgerichtigen Unterdrückung der einheimischen Überlieferungen erneuert sich der Glaube ans Märchenhafte durch das dauernde Einsickern von Sippen und ganzen Stämmen aus dem eurasischen Raum: Etwas vereinfachend werden diese ›fahrenden‹ Menschen als ›Zigeuner‹ oder ›Tattern‹ erwähnt.

Ein Zeuge des 18. Jahrhunderts stellt z. B. fest, es würden »bei den deutschen und russischen Zigeunern Götzenbildchen angetroffen, welche die Kalmükken haben« (also das am weitesten in das europäische Rußland vorgeschobene buddhistische Volk!). In seiner Schrift ›über die magischen Figuren der Deutschen‹ (De Imagunculis Germanorum magicum) stellt G. C. Roth im Jahr 1737 fest, wie sehr diese vom Volk als schützende Hauskobolde geheim geehrten Gebilde sogar entsprechenden sibirischen ›Götzen‹ glichen! Bezeichnenderweise wurden sie und ihr Kult bis nach Mitteleuropa und das Alpenland hinein durch ›fahrende‹ Händler verbreitet.

Wichtiger als die Vermittlung von einzelnen Märchenstoffen, diese waren ganz sicher auch vor diesen Einwanderungen bereits in Mitteleuropa vorhanden, war durch solche Einflüsse die dauernde Neubelebung des ursprünglichen Volksglaubens.

Durch solche Stämme und ihre langsame Eingliederung in die europäischen Länder erschien den Menschen auch im

Gustave Doré: der gestiefelte Kater

Rahmen der europäischen Stadtzivilisation ihrer Umwelt wieder als lebendiges Kraftfeld: Deutlich schildert darum unser Märchen den Weg der darin vorkommenden männlichen und weiblichen Helden als die stufenweise Entwicklung von Menschen im Kreis der ursprünglichen Kulturen.

Der Märchenheld / Die Märchenheldin
Mit der undeutlichen Erinnerung, daß er für das Höchste bestimmt ist, bricht der Märchenheld zu seinem gefährlichen Weg über reißende Ströme und sieben Berge, durch dunkle Wälder auf: An seinem Ziel winkt ihm die große Liebe, die glänzende Hochzeit, die Königskrone.

Die Heldin tut etwa ›niedrige Arbeiten‹ wie das ›Aschenbrödel‹; auch der männliche Held – sogar wenn er als Königs- oder Zarensohn gekennzeichnet wird – lebt in träger Armut: Er liegt etwa, meistens ungewaschen, rußig auf dem Ofen oder liegt in der Asche in dessen Nähe. Sein ganzer irdischer Besitz ist etwa nur ein Kater (der sich freilich später als allmächtiger Kobold herausstellt und ihm hilft, dem bösen Menschenfresser ein Reich zu entreißen!).

Die Asche bedeutet in indischen Symbolen Vergänglichkeit und Vergangenheit. Das Märchen wird damit zu einem Bild der Entwicklung des Helden oder der Heldin von einer ungünstigen Ausgangslage, in der er/sie sich durch den Niedergang der Eltern oder der entfernteren Ahnen befindet, zum Wissen und damit zur vollen Entfaltung der eigenen, zuerst gar nicht geahnten Fähigkeiten.

Der Wald der Wunder
Im Märchen, wie auch in den mittelalterlichen Ritterdichtungen, wachsen Held oder Heldin in einem Wald auf. Oft müssen sie ihn allerdings auch erst betreten: In ihm begegnen sie wunderbaren Kräutern und tierischen oder übermenschlichen Wesen, die sie das Geheimnis ihrer späteren magischen Fähigkeit lehren.

In den indischen Religionen gilt als die Wohnung des Schöpfergottes ›der Brahma-Wald‹ (Brahma-vrinda) – das ganze Universum wird hier als ein heiliger Forst verstanden, durch welchen das Bewußtsein des einzelnen Wesens seinen Schicksalsweg ›zur Lichtung‹ zu finden versucht.

Wahrscheinlich geht die astrologische Vorstellung des Tierkreises auf dieses gewaltige Urbild des Kosmos als das eines heiligen Waldes, erfüllt von geheimnisvollen drohenden und helfenden Mächten zurück: Dieser Wald, damit das Dasein des sterblichen Wesens, kann, wenn man um sich mit den Augen des Melancholikers und Pessimisten schaut, als erschreckende Hölle ›ein Tummelplatz der Raubtiere und Räuber‹ angesehen werden.

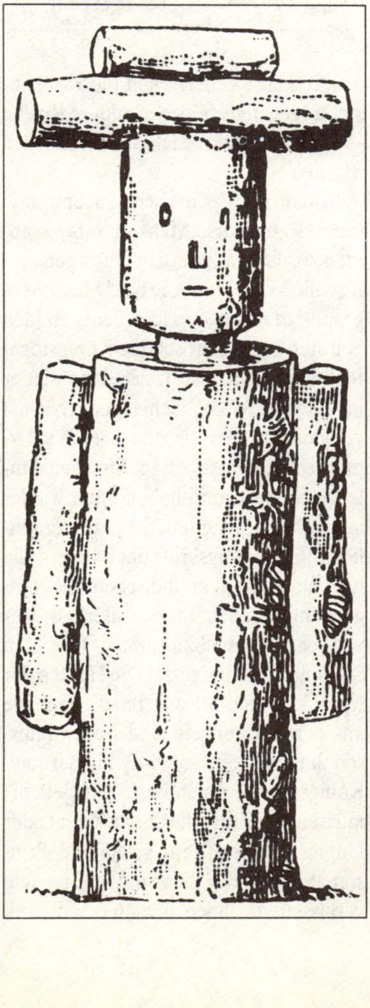

Für die Anhänger von verschiedenen Philosophien des Vishnuismus und Krishnaismus, die ganz verwandt den europäischen Minnesängern eine Welt der Liebesmärchen und Ritterromane erschufen, ist die Welt in ihrem eigensten Wesen ›ein Wald ewiger Freuden‹, des Suchens nach dem Göttlichen, dem mystischen Liebeserlebnis (Vrindava-

na). Dann wird erklärt: »Der Mond wird vergehen, die Sonne wird vergehen... in der großen Welten-Auflösung (wie sie nach der indischen Auffassung nach jedem Zeitalter so sicher kommt, wie beispielsweise auf die warme Jahreszeit der Herbst folgt! S. G.). Aber es ist die feste Überzeugung der Menschen von göttlichem Geschlecht (Hari-vamsa), daß das ewige Spiel von Radha und Krishna in ihrem Wald der Wonne niemals einen Abschluß findet« (nach Woodroffe).

Der Wald, der noch in unserer nahen Vergangenheit einen großen Teil unserer heimatlichen Länder bedeckte, ist im Märchern das Bild der Welt, in die der junge Mensch ›auszieht‹, um deren Geheimnis zu ergründen. Er ist voll Gefahren, von denen er höchstens aus den Sagen seiner Eltern hörte, enthält aber auch für den, ›der seinen Weg zu gehen weiß‹, die Erkenntnis der Lebensfreude.

Wenn der Märchenheld durch den Wald gelangt ist, findet er meistens die Geliebte, die ihm das Glück und manchmal auch die Königskrone bringt: »Und wenn sie nicht gestorben sind, dann leben sie noch heute.«

Die Elementarwesen

Der Held oder die Heldin des Märchens begegnen sehr häufig Geschöpfen, die deutlich als Wesen der Elemente, ganz entsprechend in den Schriften der alten Magier wie Paracelsus, dargestellt werden: Oft heißen sie sogar ausdrücklich nach den Elementen, wie etwa ›die Erdmännlein‹, oder sie sind weise und sprechende Tiere, die sehr häufig als Sinnbilder für die verschiedenen Elemente stehen: etwa der Fisch, der Bär, der Adler usw.

Ohne ihre Hilfe mit Rat und Tat ist ›das gute Ende‹ der Geschichte oft gar nicht denkbar. Sie bringen etwa ›das Lebenskraut‹, wissen von den Künsten der Verjüngung und der Verlängerung

des Daseins, beherrschen die Heilkünste, tragen den Helden in andere Reiche – sogar in Meerestiefen oder zu den Sternen.

In den großen indischen Königsmythen (Ramayana, Mahabharata) kommen sozusagen in jedem Buch geheimnisvolle Völker vor, die bald Menschengestalt besitzen (verschiedene Helden heiraten sogar sehr schöne Königstöchter aus ihrem Kreise!), sich dann wieder in Bären, Affen, Schlangen (Nagas) verwandeln. Sie werden bald als Urmenschen, sozusagen auf Steinzeit-Stufe geschildert, und haben dann wieder magische Fähigkeiten, die jede menschliche Vorstellungskraft übersteigen. Sie werden auch von indischen Deutern gern mit wilden, also außerhalb der vedischen Hochkulturen lebenden Stämmen gleichgesetzt: Die Helden der Epen kämpfen oft mit ihnen, wenn sie aus den Dschungeln und Bergwildnissen heraus gegen ihre Schlösser und Königsstädte vorstoßen. Umgekehrt müssen wiederum die durch Verrat oder Unglück ihrer Eltern gestürzten Prinzen, von ihrem ganzen Gefolge feig verlassen, zu ihnen fliehen – um dank

dem kämpferischen Wesen, den ursprünglichen Gaben des Körpers und des Geistes, der Bündnistreue dieser ›Affen und Bären‹ wieder ihre hohe Stellung zurück zu erkämpfen.

Wir müssen hier eins wissen: Der Vergleich, sogar die Gleichsetzung mit starken und klugen Tieren hat im alten Indien, dem Land, das heilige Tiere in zahllosen Tempeln leben läßt und ehrt, an sich nichts Beleidigendes: In Liebesstellungen des Tantrismus und auch in den verschiedenen Arten des Kampfsports ahmt der Asiat die Tierarten nach – um deren Energien, die aus ›früheren Leben‹ in ihm schlummern, ›wieder zu erwecken‹.

Paracelsus, wie auch viele andere große Magier unserer Vergangenheit, fordern ihre Jünger auf, an die einsamen Orte zu gehen, um dort von den ›Elementargeistern‹ zu lernen. Andererseits

nennt Paracelsus die Vertreter von Außenseiterberufen als seine eigentlichen Lehrer, von denen er mehr über das zeitlose Wissen vernommen habe als auf den am Ende des Mittelalters vorkommenden Universitäten. Man müsse, schrieb er, »zeitweise zu alten Weibern, Zigeunern, Schwarzkünstlern, Landfahrern, alten Bauersleuten und dergleichen mehr unachtsamen (also von den Gelehrten seiner Zeit überhaupt

nicht beachteten! S. G.) Leuten in die Schule gehen...«

Ganz ähnlich heißt es im alten deutschen Volksbuch vom sagenhaften Wahrheitssucher Doktor Johannes Faust, daß er in seiner Jugend mit den ›nomadisierenden Tataren‹ (umlaufende Tattern) herumzog und durch sie offenbar zu den Grundlagen seiner ›okkulten Wissenschaften‹ kam – viel mehr noch als durch alle verbotenen Ketzerbücher: Die Begegnung mit eigenartigem Volk, das außerhalb der großen Verbindungsstraßen der Handelsstädte seine magische Kultur lebte und das der Aberglaube in fast übernatürliche Wesen verwandelte, erklärt viele der Bilder in unseren Märchen als Darstellungen der Wirklichkeit einer gar nicht so fernen Vergangenheit.

Die Zauberdinge

Die Märchenwesen, denen der Held auf seiner Wanderung begegnet und die er zu treuen Verbündeten gewinnt, helfen ihm auf seinem weiteren Weg zu Frau und Krone: Manchmal greifen sie durch ihre gewaltigen magischen Kräfte ein und durchkreuzen alle die Ränke der Gegner, sehr häufig übergeben sie ihm auch Dinge, die ihn ›unüberwindlich‹ machen.

Vielfach übersteigen die Eigenschaften dieser Gaben tatsächlich den Rahmen unseres Vorstellungsvermögens – wir erinnern nur etwa an die Tarnkappe, die den Helden unsichtbar macht, oder das Tischlein-deck-dich, das ihm ermöglicht, mitten in der Wildnis eine üppige Mahlzeit zu gewinnen: Sehr häufig sind aber die Geschenke nicht anders als die, welche auch wahrheitsgetreu geschilderte Ritter in mittelalterlichen Chroniken von ihren Beratern erhalten – etwa ein überschnelles Roß, ein treffliches Schwert, Kräuter mit geheimnisvollen Kräften.

Außerhalb der Höfe, Burgen und der noch sehr kleinen Marktstädte um die Heiligtümer sind im Mittelalter, unabhängig ob wir indische Quellen oder auch unsere einheimischen benützen, Wälder, Bergwildnisse, Sümpfe um die noch durch keine Kanäle oder Dämme eingeengten Flüsse: Hier wohnen Stämme, deren ganze Lebensweise verständlich macht, daß man sie, ihren Fähigkeiten nach, für halbgöttliche Wesen, eben Elementarmächte ansah.

Bis ins 18. Jahrhundert meidet man auch in Mitteleuropa die Vertreter gewisser uralter Berufe: Man verkehrt mit ihnen kaum gesellschaftlich; auch die Eheschließungen mit Volk aus ihrem Kreis ist verpönt, nicht weniger als unter den Kasten im gleichzeitigen Indien! Man kann dies nur dadurch erklären, daß man annahm, daß hier Volksgruppen waren, die untereinander ganz eigenartige magische Vorstellungen und Bräuche hüteten und von denen man daher annahm, sie hätten im Gegensatz zu den übrigen Leuten einen ganz geheimnisvollen, nur ihnen bekannten Ursprung.

Was man z. B. noch im Volksglauben der Alpen von den Schmieden oder Köhlern berichtet, läßt uns fast annehmen, daß man dieses Volk fast für Elementarwesen des Feuers ansah, die sozusagen nur die Maske von Menschen anzogen. Wassermüller und Fischer besitzen in deutschen und russischen Sagen Macht über die Nixen und andere Wasserkobolde, haben mit Geschöpfen dieser Art nächtliche Liebschaften, stammen sogar von solchen Wesenheiten ab: Wir finden etwa die abergläubische Vorstellung, die Vertreter solcher Familien, die schon seit Jahrhunderten immer den gleichen ›Wasserberuf‹ ausübten, hätten unter den Kleidern Schuppen oder an Händen und Füßen Schwimmhäute...

Das Wunschhütlein

Arbeiter in alten Bergwerkgebieten sollen mit ›Erdleutlein‹ (Gnomen) reden können. Von gewissen Sippen, die in besonders erhöhten Burgen hausten, erzählt man, sie seien eigentlich Luftgeister, Sylphen, Feenwesen: sie besäßen die Kunst, ›durch die Lüfte zu reiten‹.

Erst die endgültige Zähmung der Flüsse, das Trockenlegen der Sümpfe, das Errichten von Staumauern und ähnliche Eingriffe der Zivilisation in die ursprüngliche europäische Landschaft haben offenbar die Umwelt solcher Sippen aufgelöst und damit auch diese Kulturkreise am Rande der Gesellschaft:

Noch heute wissen aber die Nachkommen dieser Außenseiter, die durch lange Zeiten stets die gleiche Tätigkeit ausübten, ihre Ahnen hätten es, trotz verhältnismäßig einfacher Werkzeuge, zu einer Meisterschaft auf ihrem Gebiet gebracht, ›die heute wie ein Wunder angesehen würde‹.

Von den Schmieden ein ›nach allen Geheimnissen‹ ihrer uralten Überlieferung bestelltes Schwert zu erhalten, von den Waldmenschen in die Mysterien der Kräuterwissenschaft eingeweiht zu werden oder von irgendwelchen Nomaden ein wohlgezüchtetes ›Wunderroß‹ geschenkt zu bekommen, bedeutete im Mittelalter tatsächlich die fast immer nötige Voraussetzung für spätere Erfolge und Siege.

Der Held, der in den Märchen köstliche ›Zauberdinge‹ erhält, ist das Sinnbild für den Menschen, der die Wellenlänge findet, mit Vertretern ganz anderer Lebenskreise zu verkehren und damit auch ihre Künste gewinnen und benützen zu können.

Die dankbaren Tiere

Die Beziehung des Menschen zu den lebenden Wesen seiner Umwelt war bis ins Mittelalter unendlich enger als heute. In den buddhistisch-indischen Märchen (Jatakam) werden sogar zahlreiche Geschichten erzählt, deren Held stets der göttliche Buddha selber ist – sie gelten als seine Erinnerungen über seine Abenteuer in seinen zahllosen früheren Leben, häufig sogar noch in der Gestalt verschiedener Tiere!

Verwandlungen in Tiere in unseren Märchen und dazu vor allem in der Feendichtung des Mittelalters gehen – vor allem nach Erforschen des westeuropäisch-keltischen Kulturkreises – auf den gleichen Vorstellungskreis zurück. Evans-Wentz, der diesen als sehr nahe verwandt den indischen und auch tibetanischen Mythen nachzuweisen suchte, behauptet: »Während des europäischen Mittelalters lebte die Lehre von der Wiedergeburt (the re-birth doctrine) im geheimen unter den Alchimisten und den mystischen Philosophen...; und sie überlebte dieses Zeitalter durch Orden wie den der Rosenkreuzer – ein Orden, der seit dem Mittelalter oder früher ohne Unterbrechung bestanden zu haben scheint – und gleichermaßen durch die ungebrochene Überlieferung des

modernen Druidentums.« Diese Zunahme entsprechender Auffassungen, »besonders in England, Deutschland, Frankreich und in den Vereinigten Staaten« im 20. Jahrhundert wäre somit nach Evans-Wentz' Auffassung eine Rückkehr zu einheimischen Vorstellungen, die eine lange Zeit unterdrückt worden waren.

Die Verwandlung des Märchenhelden in ein Tier, sein freundliches Handeln gegenüber den Wesen der ihn umgebenden Natur, die Hilfe, die er dafür von ›klugen Tieren‹ empfängt usw., wäre damit das Erkennen der Verwandtschaft und der engen Beziehung zu allen Wesen: Als Beispiel für die Tiere, denen der Held in unseren Märchen begegnet, nehmen wir hier nur ein Beispiel – das größte Raubtier der nördlichen Erdteile.

Bär

Ähnlich wie der Löwe ist der Bär, das stärkste und damit königlichste Tier des Nordens, ein Sinnbild der Kraft und der Wildheit überhaupt geworden. Die indischen Mythen und die mit diesen eng verbundenen Volksmärchen wissen (genau wie von Affenstämmen) von ganzen mächtigen ›Bärenvölkern mit Bärenkönigen‹: Auch der ritterliche Held Krishna, diese Gestaltwerdung des Gottes Vishnu, heiratet die Tochter eines solchen Bärenkönigs, die sich im übrigen in eine wunderschöne Prinzessin verwandelt.

Indische Gelehrte erklären, wie wir schon sahen, diese sagenhaften Bären, ganz ähnlich den ›Wilden Leuten‹, Waldmenschen unserer einheimischen

Überlieferung, als eine Erinnerung an ›Barbarenstämme‹, die noch lange außerhalb der vedischen Kultur lebten: Dies ist, wenn wir Dutzende von Berichten vergleichen, sehr einleuchtend. Es würde uns dies auch die Bären unserer Heiligengeschichten erklären, die, von dem edlen Dasein der frommen Einsiedler beindruckt, für sie gewisse alltägliche Arbeiten verrichten. Oder auch eben die märchenhaften Bären, die ebenfalls durch eine gute Tat ›entzaubert‹ werden und sich daraufhin in schöne Prinzen und Prinzessinnen verwandeln.

So ist der Bär gelegentlich auch ein Bild der Stärke, die höheren Zwecken zu dienen vermag. Sibirier und europäische Russen waren gelegentlich überzeugt, daß der Bär so ritterlich ist, daß er die Schwachen schont: Pilzsammler, Kräuterfrauen, Jäger sollen sich im Wald, wenn ihnen ein Bär entgegentritt, augenblicklich auf den Boden werfen – »das Tier läßt sie, wenn sie den Kampf aufgeben, regelmäßig am Leben«.

Gelegentlich wurde darum der Bär geradezu zu einem Sinnbild der Großzügigkeit, liebevollen Hilfsbereitschaft, der Güte des Starken gegenüber dem Schwachen: Man behauptete, daß diese Tiere ohne ›die spätere Gestalt‹ ganz formlos auf die Welt kommen. Nur durch das sorgfältige Lecken der Mutter bekämen dann die Jungen ihr an die Eltern erinnerndes Aussehen.

»Berchtold, Herzog von Zähringen, als er die Stadt Bern (bewußt als Mittelpunkt im burgundischen Raum! S. G.) gründete, soll... ausgerufen haben, ...so wie der Bär das größte und mächtigste Tier des Landes sei, so werde die nach ihm benannte Stadt mächtig werden. Als Symbol der Tapferkeit erscheint der Bär auf dem von Kaiser Friedrich II. im Jahre 1213 gegründeten Ritterorden vom Bären, welchen er aus Dankbarkeit gegen seine Anhänger gestiftet hatte, die ihm beistanden, Otto IV. vom Reiche zu verjagen« (Friedreich).

Aber gerade auch das Sinnbild dieses Bären-Ordens wurde, zumindest in der späteren Überlieferung, als Hinweis auf die Sage von der Bärin, die sorgfältig ihrem Nachwuchs die Gestalt verleiht, verstanden: Als Symbol der Überzeugung, daß die Mächtigen als ihre Hauptaufgabe zu sehen hätten, die Schwächeren, Hilflosen in ihrer Umgebung zu behüten und ihnen auf diese Weise die Möglichkeit zu geben, sich langsam zu entwickeln.

Lehrer der Magie

Die Märchen sind voll von wilden Männern, geheimnisvollen Einsiedlern, Berggeistern wie Rübezahl, allmächtigen Zauberern wie Rumpelstilzchen, die irgendwo ›in Berg und Wald‹ hausen: Auch in den alten Märchenbüchern werden sie gern, wie es noch den ursprünglichen Vorstellungen des Volkes entspricht, als Wilde, etwa halbnackt, in Tierfelle gehüllt, dargestellt. Ihre Macht ist aber endlos und sie vermögen einem Menschen, wenn sie ihm helfen wollen, in allen Lebensgefahren ebenso Schutz zu gewähren, wie ihn – wenn er sie in irgendeiner Weise beleidigt – zu zerstören.

Die entsprechenden Wesen in den indischen Sagen sind keineswegs reine Märchengestalten im Sinne der verspießbürgerten europäischen Aufklärung: Den Hörern wird noch immer von den Erzählern bedeutet, daß all die magiekundigen Einsiedler der einheimischen Helden- und Königs-Überlieferungen noch heute die Einöden durchstreifen; daß sie in den meistens über die Geheimnisse des Gottes Shiva, des Herrn der Magie (Maha-Siddha) nachdenkenden Wundermännern jeder Richtung ihre Entsprechung haben. Es gibt sie überall – gelegentlich wurde geschrieben, daß noch immer (oder wieder?) sechs Millionen solcher geheimnisvollen Sadhus den indischen Erdteil durchwandern...

Viele von ihnen haben zweifellos ein sonst verlorenes Wissen über die alten Glaubensvorstellungen und kennen auch die Möglichkeiten von deren lebendigen Anwendungen! Daß die Helden unserer alten Märchen von solchen ›Wilden Leuten‹ wichtige Lehren erhalten, ist nicht weiter wunderbar, da man entsprechende Berichte endlos aus der Gegenwart vernimmt: z. B. wenn man in den Kreisen der heutigen ›Morgenlandfahrer‹ regelmäßig hört, daß sie von Sadhus, Einsiedlern, Wandermönchen, Waldzauberern, Sidhas, oder wie man sie nun einmal nennt, für ihr ganzes späteres Dasein wichtige Anregungen erhielten.

Zigeunerische Märchenerzähler in Europa sagen, auf die Frage des Forschers nach der eigentlichen Bedeutung ihrer Geschichten, sie seien einfach wörtlich wahr: Den Helden, von denen sie berichten und die sie gern mit ihren eigenen Verwandten oder Vorfahren gleichsetzen, seien all die wunderbaren Abenteuer auch wirklich zugestoßen. Hexen und Zauberer, die gebe es wirklich – und wenn dies etwa der seßhafte Zuhörer anzuzweifeln wagt, wird ihm augenblicklich bedeutet, zumindest im Lande, aus dem ›die Ahnen kamen‹ (hier werden gelegentlich vage vor allem osteuropäische Länder, Ungarn, der Balkan, Rußland genannt), sei es noch immer so.

Bilder der indischen Sadhus, wie sie noch immer die heiligen Wälder und Gebirge ihrer Heimat durchstreifen, ähneln auf alle Fälle ganz genau denen der ›Wilden Leute‹ unserer Märchen und Volkssagen: Entsprechend ihrer dauernden ekstatischen Beschäftigung mit shivaistischen und anderen Mythen zeigen sie sich häufig nackt, mit Asche verschmiert, in Laub oder in Tierfelle gehüllt, mit einem Dreizack oder mit

einer erschreckenden Keule bewaffnet, mit nie gekürzten mähnenartigen Haupt- und Barthaaren usw.

Obwohl dies die technologische Zivilisation von West- und Mitteleuropa mit allen Mitteln zu verdrängen suchte, gab es auch in ihrem Raume noch lange entsprechende ›Außenseiter‹, die sich sogar bei den Städtern sehr vieler Anhänger erfreuten. Der französische Volks-Schriftsteller Le Rouge ist zweifellos einer der seltenen Kenner des Kultur-Untergrundes um 1900, und er stellte auch entsprechend fest: »Der Zauberer des Mittelalters ist in unseren Tagen kaum verschwunden, er hat sich sogar kaum verändert.«

Er bezeugt: »Der Hexenmeister lebt immer von einem Beruf außerhalb der gewöhnlichen Beschäftigungen (dies ist natürlich vom Standpunkt unserer Gegenwart gemeint! S. G.). Er ist Wilderer, Fischer, Fänger von Maulwürfen

Der weise Merlin

(taupier); wir kannten einen, der für naturwissenschaftliche Laboratorien mit Kröten, Eidechsen und Insekten handelte; andere sind Abdecker, und die Zugänge zu ihrer Höhle, einsam an der Seite eines unfruchtbaren Hügels, sind geschmückt mit irgendeinem Knochengerüst eines Rosses, das der Regen so glatt und glänzend werden ließ wie Elfenbein… Schäfer in der Brie oder Ziegenhirt in den Alpen, Bettler in der Bretagne oder ungesetzlicher Ziegenhirt in der Sologne…«

Wenn wir die Bücher der reisenden Naturforscher aus dem 18. und 19. Jahrhundert durchlesen, staunen wir, wie häufig solche Wilderer, Wurzelgräber, Kräuter- oder Kristallsucher noch immer als die ortskundigen Begleiter von modernen Gebildeten erscheinen, ohne die diese gar nicht zu ihren Entdeckungen gekommen wären… So bedeuten die wunderbaren Waldleute, die den Königssohn oder die Königstochter im Wald treffen, offenbar im wörtlichen Sinne die Begegnung mit den Trägern der uralten Überlieferung, wie es sie auch in unserem Kulturkreis fast bis heute gab.

Das Waldweib

Der Prinz, die Königstochter, ›Brüderlein und Schwesterlein‹ treffen nun im geheimnisvollen Wald ein schreckliches Weib, dessen Zauberkräfte unvorstellbar sind, das das Lebenskraut und andere Wundergegenstände hütet – die aber selber meistens als schreckliche Gefahr empfunden werden.

In den osteuropäischen, russischen und anderen slawischen Märchen, teilweise auch in denen, der nach dem Westen einwandernden Zigeunerstämme, hat dieses ›Hexenweib‹ ausgesprochen die Züge des uralten Mythos. Es ist die uralte Baba-Jaga oder Jezi-Baba: »Die Weißrussen schildern sie – in ei-

nem eisernen Kessel sitzend, mit einem feurigen Besen die Luft fegend, welche ihren Kessel trägt. Sobald sie sich aufmacht, stöhnt die Erde, pfeifen die Winde, heulen die Tiere des Waldes, das Hausvieh stampft erschreckt in den Ställen…

Wie sich die indische Geburtengöttin Bhavani in die Tod verbreitende Kali umwandelt, so Zlata-Baba (wörtlich übersetzt die ›Gold-Frau‹, die nach etwas unsicheren Nachrichten von Stämmen des eurasischen Raums als die große Göttin angebetet wurde! S. G.) in die Jaga-Baba; und wie man von der ›Weißen Frau‹ erzählt, daß ihr Gefolge ein Heer von Kinderseelen bildet, ebenso heißt es (bei den Polen) von der Jaga-Baba, daß ein unermeßlicher Geisterzug sie auf ihren Wanderungen begleite« (Nork).

Die Begegnung mit der ›Hexe‹, der Baba-Jaga, im Wald ist eine entscheidende Stufe in den Erlebnissen unserer Märchenhelden. Es ist nun zweifellos eine unsinnige Vereinfachung, diese Naturmacht ausschließlich als eine Verkörperung der bösen, dunklen, zerstörenden Kräfte im Menschen oder in dessen Umwelt sehen zu wollen: Man kann in einigen Fällen sogar nachweisen, daß das abschreckende Aussehen, welches ›die Hexe‹ in vielen unserer Märchenbücher besitzt, sie erst durch die Niederschriften des 18.–19. Jahrhunderts bekam! Die Sammler und gelehrten Niederschreiber der noch im Volke lebenden Erzählungen waren offenbar mehr von den Scheußlichkeiten, verfaßt von den Ketzerjägern seit dem ausgehenden Mittelalter, beeinflußt – als ihre ›ungebildeten‹ Gewährsmänner, die letzten Kenner der europäischen Stammesüberlieferungen, selber.

Das ›Waldweib‹, die weise Frau, verkörpert in sich eben die zerstörenden und guten Kräfte, genau wie in den indischen Mythen (und im noch lebenden indischen Volksglauben!) die große Göttin Bhavani oder Kali: Durch Prüfungen, die sie in ihrer oft seltsam ihre Gestalt wechselnden ›Hütte‹ bestehen, erhalten Märchenheld oder Märchenheldin die Zaubergegenstände, die ihnen in späteren Abenteuern erst ermöglichen, all ihre Ziele zu erreichen. Der Prinz gewinnt gelegentlich sogar die Tochter der ›Hexe‹ zur Frau, die magische Kräfte beherrscht, die selbst diejenigen ihrer Mutter noch weit übertreffen.

Den Namen der Frau Holle, wie die geheimnisvolle Frauengestalt in den deutschen Märchen etwa heißt (und die der Unterweltsgöttin Hel in der nordgermanischen Edda entspricht) bringt man gern mit dem griechischen Wort ›kalyptein‹ = verhüllen zusammen: Wesen und die ursprüngliche sprachliche Bedeutung der Gestalten in den indischen und in den europäischen Mythen scheinen hier völlig übereinstimmend zu sein.

Im Märchenwald begreifen die Helden unserer Volksdichtungen so nach ihren entscheidenden Begegnungen mit dessen weiblicher Herrin und deren Dienerinnen oder Töchtern das geheime Wesen der Natur.

Die Ewigen

Held oder Heldin kommen im Märchen oft in eine Burg, Höhle, Alphütte, wo sie einem Kreis von zeitlosen Wesen begegnen – die ihnen in der Regel ermöglichen, ihr ganzes späteres Schicksal glücklich zu wenden: Diese ewigen Gestalten können die Feen sein oder auch ›der liebe Gott und seine Heiligen‹, die Sonne selber mit seiner Gattin, die Sterne oder die Monate, die Zwerge.

Der geniale englische Märchendichter Lewis Carrol läßt in ›Alice im Wunderland‹ seine Heldin zu der ewigen Teerunde des Hutmachers und des Märzhasen kommen: diese haben sich mit der Zeit (Time), hier als großer Magier gedacht, zerstritten, und so ist bei ihnen immer die gleiche Zeit, eben die des Nachmittag-Tees.

Ihre Uhr zeigt nicht mehr die Stunden, sie sind immer in ihrem Garten an ihrem gedeckten Tisch – die einzige Abwechslung, die sie sich leisten, sie rücken hie und da um diesen herum (moving round).

Solche Bilder scheinen für die Schau des Märchenhelden zu stehen, in der dieser das Geheimnis der Zeit schaut:

Des Reigens der Götter (lila-rasa), von dem die indischen Philosophen reden. Des ewigen Kreislaufs in Tag, Jahr, Menschenleben, Aufstieg und Vergehen der mächtigsten Reiche, sogar in Schöpfung und Verlöschen ganzer Welten.

Der Raum der Gefahren

Der männliche oder weibliche Märchenheld gelangt häufig in einen Raum voll von drohenden Gefahren. Mit Hilfe seines guten Herzens und der gewonnenen Erkenntnisse besteht er aber die Prüfung, und seine Umgebung wird durch eine wunderbare Verwandlung glücksverheißend: Eine Höhle, düstere Hütte oder Ruine wächst auf einmal zu einem glänzenden Königsschloß, eine sie bewohnende giftige Schlange steht als eine schöne Prinzessin da usw.

Wie noch in Mozarts ›Zauberflöte‹, dieser Verbindung von orientalischen

Mythen, einheimischem Märchenzauber und der Mystik der Gebildeten des 17. und 18. Jahrhunderts, sieht der Held der Feengeschichte die Welt zuerst unverständlich und drohend und dann als paradiesischen Feengarten: Dazwischen steht das Erwachen der Liebe und der Gewinn der Erkenntnis.

Sieben Berge

Schneewittchen wird vor der Hexenkönigin im deutschen Märchen ›bei den sieben Zwergen hinter den sieben Bergen‹ verborgen. (Im entsprechenden russischen Märchen, enthalten im Werk des großen Romantikers Alexander Puschkin, haben wir jedoch anstelle der Erdleutchen ›die sieben Bogatyre‹, was eigentlich etwa ›Helden der Urzeit‹ bedeutet!)

In der alchimistischen Symbolik bedeuten ›Berge‹, wie ausdrücklich erklärt wird, ›die Metalle‹ – als Grundkräfte der Welt stets in der Siebenzahl angeführt (Pernety): Bezeichnenderweise sind auch die sieben in unserem Volksmärchen stets damit beschäftigt, ›die Erze zu graben‹ und zu bearbeiten.

Alchimistischer Berg mit den sieben Gipfeln – den sieben ›Göttern‹, Planeten oder Metallen (S. M. Spacher, ›Alchimia‹, 1654)

Die Prinzessin

Die Königs- oder Zarentochter, der der Märchenheld am Ende seiner Fahrten begegnet, wird fast regelmäßig mit Sonne, Mond und Morgenstern verglichen. Von ihr geht ein Leuchten und Strahlen aus, daß es allen Menschen bei ihrem Erscheinen vorkommt, ›als sei der helle Tag angebrochen‹.

Frühere Deuter der keltischen, germanischen oder slawischen Feengeschichten sahen in diesen Erinnerungen an die Pracht orientalischer, vor allem indischer Reiche, aus denen auch die europäischen Stämme während ihrer verschiedenen Völkerwanderungen hervorgegangen seien. Im Zeitalter des Nationalismus und Kolonialismus, in dem eine sehr zweckbestimmte und käufliche ›Gelehrsamkeit‹ des 19. Jahrhunderts alles tat, die Bedeutung Asiens für das Abendland herunterzuspielen, hat man die Bedeutung solcher Vermutungen wieder verdrängt: Aber die russischen Märchenerzähler wußten noch bis in die Gegenwart vom Besuch ihrer Lieblingshelden »im Indien der Wunder, im Brahmanenland« (India tschudes, zemlja rachmanja).

Und die Zigeuner erklärten die Pracht der Prinzessinnen, die der bettelarme Held und Drachenbesieger ihrer Märchen bekommt, »aus dem Reichtum des Landes im Osten, von wo die Ahnen einwanderten«.

Vor der Ausplünderung von Indien durch westliche Kolonialherren waren unsere Feengeschichten tatsächlich kaum übertrieben. Zuverlässige Zeugnisse wissen über den Schmuck der Edelfrauen in diesem »Reich des auf dem bunten Papagei reitenden Liebesgottes« (Kama-Loka): »Gewöhnlich haben sie auch drei bis fünf Perlenketten vom Halse bis zur unteren Magengegend hängen.

Auf dem Scheitel ist ein Perlenbüschel, welches bis in die Mitte der Stirn herabhängt, mit einem wertvollen Schmuck von seltenen Steinen in der Form der Sonne, oder des Mondes, oder der Sterne, oder zuweilen mancherlei Blumen nachahmend. Dies steht ihnen außerordentlich gut... In ihren Ohren sind kostbare Steine, um den Nacken große Perlen und wertvolle Steine, und über diese ein kostbarer Schmuck, welcher in der Mitte einen großen Diamanten oder Rubin oder Smaragd oder Saphir hat, gefaßt von dicken Perlen... An ihren Handgelenken sind reiche Reifen oder Perlenhalsbänder, welche meist acht- bis neunmal um den Arm gehen... An den Fingern befinden sich schöne Ringe, und an dem rechten Daumen ist immer ein Ring, wo anstelle des Steins ein kleiner Spiegel montiert ist, von Perlen umgeben. Diesen Spiegel benutzen sie, um sich zu betrachten, was sie gern tun.

Außerdem haben sie eine Art Gürtel von Gold, zwei Finger breit, über und über mit Edelsteinen besetzt. Am Ende der Bänder, welche ihre Hosen festhalten, befinden sich Perlenbüschel aus je fünfzehn Kettchen, fünf Finger lang. Um ihre Knöchel tragen sie kostbare Metallreifen oder Perlenschnüre.

Die Kostüme dieser Prinzessinnen sind prachtvoll und kostbar, parfümiert mit Rosenwasser. Jeden Tag wechseln sie mehrmals die Kleider... Sie sind daher (wegen dem Wetter in ihrem Lande) auch gezwungen, so außerordentlich dünne Gewänder anzuziehen, daß ihre Haut durchscheint...« (Manucci, Storia do Mogor, nach Regina Hickmann).

Der Kult des Frauenschmucks und des von diesem erzeugten ›blendenden‹ Lichtglanzes, wie wir ihn schon in den großen indischen Epen finden, geht auf die Vorstellung zurück, daß dieser nur der äußere Ausdruck, der Rahmen für die heiligsten Kräfte der Schöpfung ist. Der Energien, die dank den ›Tugenden‹ der Frau die Wiedergeburt der menschlichen Geschlechter und damit das Bestehen des göttlichen Kunstwerks Welt ermöglichen.

Bildnachweis

Die Abbildungen zu den Teilen ›Symbolgestalten im Märchen‹ und ›Symbole aus dem Sagenkreis der weisen Frauen‹ wurden alten Märchenbüchern des vorigen Jahrhunderts (Grimm/Musäus) entnommen, sowie dem ›Dictionnaire Infernal‹ des Collin de Plancy, 1963, Johann Friedrich Blumenbachs ›Abbildungen naturhistorischer Gegenstände‹ (Göttingen 1810) und Joh. Sam. Hailes ›Die deutschen Giftpflanzen‹ (Berlin 1784). Die Abbildung des ›Merlin‹ im Kapitel ›Lehrer der Magie‹ stammt aus Harold Foster's ›Prinz Eisenherz‹ (Copyright bei Bulls Pressedienst GmbH, Frankfurt/Main).

Literatur

A. A. Afzelius: Volkssagen und Volkslieder aus Schwedens ältester... Zeit, Leipzig 1842

J. N. v. Alpenburg: Deutsche Alpensagen, Wien 1861

K. Amersbach: Aberglaube... bei Grimmelshausen, Baden-Baden 1891–1893

R. Basset: Mille et un contes..., Paris 1924–1927

T. Benfey: Pantschatantra, Leipzig 1859

J. Bolte/G. Polivka: Anmerkungen zu den Kinder- und Volksmärchen der Brüder Grimm, Leipzig 1913

Le Cabinet des Fées: Paris 1785ff. (41 Bände!)

L. Caroll: The Complete Works, New York 1936

A. Castren: Vorlesungen über die finnische Mythologie, S. Petersburg 1853

O. Dähnhardt: Natursagen, Leipzig 1907ff.

A. Faminzyn: Boschestwa drewnich salawjan (Die Götter der alten Slawen), S. Petersburg 1884

J. B. Friedreich: Die Symbolik und Mythologie der Natur, Würzburg 1859

G. Glinka: Drewnjaja religija slawjan (Die uralte Religion der Slawen), Mitau 1804

S. Golowin: Götter der Atomzeit, Bern 1980

J. Grimm: Deutsche Mythologie, 4. Aufl., Gütersloh 1876ff.

A. de Gubernatis: Tiere in der indogermanischen Mythologie, Leipzig 1874

A. de Gubernatis: La mytologie des plantes, Paris 1878ff.

I. J. Hanusch: Die Wissenschaft des slawischen Mythos, Lemberg 1842

R. Hickmann: Indische Albumblätter..., Leipzig 1979

Jataka, Hrsg. *E. B. Cowell,* Cambridge 1895–1913

E. Jung: Märchen aus Burma, Bern 1910

A. v. Kayssarow: Versuch einer slawischen Mythologie, Göttingen 1804

B. Kirk: The Secret Commonwealth of Elves, Fauns and Fairies, 1691, Neuausg., London 1893

H. Kornmann: Mons Veneris, Frankfurt 1614

M. Lüthi: Märchen, 5. Aufl., Stuttgart 1974

F. J. Mone: Geschichte des Heidentums im nördlichen Europa, Leipzig 1822
M. Murray: The God of the Witches, London 1931
F. Nork: Mythologie der Volkssagen und Volksmärchen, Stuttgart 1848
A. Nutt: The Fairy Mythology of Shakespeare, London 1900
Otmar: Volkssagen, Bremen 1800
J. Prätorius: Anthropodemus Plutonicus..., Magdeburg 1666
W. Propp: Istoritscheskija korni wolschebnoi skazki (Die geschichtlichen Wurzeln des Zaubermärchens), Leningrad 1946
G. Le Rouge: La mandragora magique, Neudruck, Paris 1966
P. Saintyves: Les contes de Perrault..., Paris 1923
F. L. W. Schwartz: Die poetischen Naturerscheinungen..., Berlin 1864ff.
J. N. Sepp: Die Religion der Deutschen..., München 1890
S. Thompson: Motif-Index of Folk-Literature, Rev. ed., Kopenhagen 1955ff.
A. Tkany: Mythologie der alten Deutschen Slawen, Znaim 1827
B. Tschischwitz: Nachklänge germanischer Mythen in den Werken Shakespeares, 2. Aufl., Halle 1868
E. Veckenstedt: Wendische Sagen, Märchen, Graz 1888
T. Vernaleken: Alpensagen, Wien 1858
W. Vollmer: Vollständiges Wörterbuch der Mythologien aller Nationen, Stuttgart 1836
C. A. Vulpius: Handwörterbuch der Mythologie..., Leipzig 1826
A. Wesselski: Deutsche Märchen vor Grimm, Brühn 1942
C. W. Wieland: Dschinnistan, Winterthur 1786–1789
H. v. Wlislocki: Volksdichtungen der... Zigeuner, Wien 1890
I. v. Zingerle: Sagen aus Tirol, 2. Aufl., Innsbruck 1891

SYMBOLE AUS DEM SAGENKREIS DER WEISEN FRAUEN

Der Kulturkreis um die europäischen weisen Frauen

Unsere Volkssagen kreisen vor allem um bestimmte Orte, die offenbar die Mittelpunkte der durch lange Zeiträume gehüteten Volksüberlieferung der Stämme waren (um von alten Geschlechtern bewohnte Burgen und Schlösser, Waldberge usw.). Besonders erinnern sie sich an Menschen, die Kenntnisse und Eigenschaften besaßen, die sie seit dem ausgehenden Mittelalter zur Zielscheibe der Verfolgung werden ließen.

Wir stellen hier nochmals fest: Das sogenannte Hexenwesen als Ausdruck eines wirklichen Teufelskults ist nicht etwa ›mittelalterlich‹, wie man seit der Reformation, dann vor allem der oberflächlichen ›Aufklärung‹ des 18. Jahrhunderts und im Fortschrittsglauben des städtischen Spießertums zu verbreiten suchte: Gelegentliche alte Klagen der kirchlichen Kreise gegen fortlebende Naturbräuche und auch der Herrscher gegen bestimmte Kulte (vor allem wenn sie von ihren politischen Gegnern gefördert wurden...) bestätigen eigentlich nur die lange Zeit verdrängte Tatsache!

Die Theorien über die Notwendigkeit der vollkommenen Ausrottung der Hexen und auch die Versuche, diesen Lehren nachzukommen, beginnen erst im 15. Jahrhundert, nach dem eigentlichen Niedergang der mittelalterlichen Hochkultur. Sie steigern sich zu einem wahren Ausrottungskrieg gegen die Frauen während der Reformation und ebben erst im 17., 18. Jahrhundert ab, als eine bestimmte Grundhaltung der einheimischen Kultur in Schrecken untergegangen ist.

Theophrastus von Hohenheim, genannt Paracelsus, hatte noch den Mut zu verkünden, er habe sein hohes Wissen vor allem auch von Hexenweibern gelernt: Wenn die moderne medizinische Chemie heute wieder den großen fahrenden Ritter der Wissenschaft als ihren wichtigsten Begründer feiert, müssen wir uns ebenfalls daran gewöhnen, die Bedeutung der einstigen Volksüberlieferungen für unsere Naturerkenntnisse zu verehren.

Auf der Grundlage von Michelet erklärt nun auch Szasz, Professor für Psychiatrie aus New York, daß die Kirche im ausgehenden Mittelalter jedes

Weib zur vernichtungswürdigen Hexe erklärte, »die es wage, die Heilkunde auszuüben, ohne studiert (!) zu haben«. Eine rationale Grundhaltung, die sich nun langsam in Europa durchsetzte, vernichtete also stufenweise die hohe Stellung, die die priesterliche Frau im ganzen Kulturkreis besaß: Wer nun im Gesundheits-, Hebammen-, Ernährungs-, Kräuter-, Badewesen von der lebendigen Überlieferung aus tätig war, galt an sich für verdächtig. Erst durch eine entsprechende Verfemung scheint der körperliche und geistige Schmutz, also auch der Aberglaube gegenüber bestimmten Tieren und Pflanzen unserer Umgebung, reißend zugenommen zu haben.

In Gemeinschaften, die sich in neuester Zeit in Nordamerika und Europa gebildet haben, versuchen vor allem junge Frauen die alte Hochschätzung der einstigen weiblichen Beschäftigungen wiederzuentdecken. In ihren Händen befinden sich zahlreiche moderne Bewegungen zu einer natürlichen Lebensweise und auch besonders zur schmerzlosen Geburt, bei der die Mutter (durch eine entsprechend natürlich und ästhetisch gestaltete Umgebung!) nicht unter Leiden, sondern sogar in Gefühlen der Lust und Freude ihr Kind bekommt: Wie wir in den Büchern der modernen ›Weisen Frauen‹ und Hebammen sehen können, greifen sie teilweise ganz folgerichtig nicht nur auf die Bräuche amerikanischer und asiatischer Nomaden und auf die indischen Philosophien zurück – sondern auch auf die verfemten weisen Frauen der europäischen Vergangenheit.

Mone und Nork, zwei der wichtigsten Sagenforscher der deutschen Romantik, verwiesen in ihren Untersuchungen auf die völlige Übereinstimmung der einheimischen Hexen-Überlieferung mit den griechisch-orientalischen Festen des Ekstasegottes Dionysos oder Bachos: »Des Teufels grüne Farbe (beim Hexensabbat nördlich den Alpen, S. G.) gehört auch dem Dionysos, ihm sind Wintergrün, Immergrün und Epheu heilig... Der Bacchusdienst geschah meist auf Bergen, auch die Hexentänze wurden auf dem Blocksberg in der ersten Mainacht gefeiert, in Schwaben ist der Heuberg auf der rauhen Alp... ein Hexenberg und im Breisgau versammelten sich die Hexen auf dem Kandel bei Waldkirch...«

Mone, der sehr viele genaue Übereinstimmungen zwischen beiden Kulten anführt, ist überzeugt, Dionysos sei von den germanischen Stämmen übernommen worden, als sie noch teilweise an den Ufern des Schwarzen Meeres daheim waren: Die Griechen scheinen dem Ekstasegott auf alle Fälle sehr in ihrer Stadt Borysthenes am Flusse

Dnjepr ergeben gewesen zu sein, und sie hätten die Skythen im heutigen russischen Raum beeinflußt – unter denen wir sicher auch Vorfahren der späteren germanischen und slawischen Völker zu verstehen haben.

Nork fand sogar den Namen Dionysos schon im Wort ›Devanischi‹, einer Bezeichnung des indischen Shiva, der, mit dem Dreizack in den Händen, auf Bergen verehrt wird und die Mondsichel in den Haaren trägt und dabei tatsächlich Zug um Zug bereits dem ›Herrn des Hexensabbats‹ unserer Sagen entspricht: Deva ist im Sanskrit Gott, nischi (nishi) dagegen bedeutet einen nächtlichen Herumtreiber, einen mondsüchtigen Nachtwandler. Weitere Ehrennamen Shivas lauten – Führer, Herr, Meister des koboldartigen Nachtvolkes (Bhutesvara, Bhutanatha, Bhutabhartr).

Das Hexenwesen ist auf alle Fälle uralt, vergeblich versuchten die Forscher des 19. Jahrhunderts, es einseitig als germanisch, slawisch, keltisch, antik oder semitisch-orientalisch zu deuten: Es bestand offenbar, oft erstaunlich übereinstimmend, in allen diesen Kulturkreisen, und sicher lange vor ihnen: Bezeichnenderweise pilgern moderne Hexen-Gemeinschaften, wie es sie vor allem wieder in den englischen Ländern gibt, beispielsweise zu den Felsbildern im norditalienischen Camonica-Tal und an ähnliche Orte. Sie glauben in diesen Gegenden überall symbolische Darstellungen zu erkennen, die ihre Kulte in ganz verwandter Gestalt schon für sehr ferne vorgeschichtliche Zeiten nachzuweisen scheinen.

Die großen Alten

Späte Sage, die das Bild der Hexe in das eines teuflischen Alpdrucks verwandelte, sieht dieses Wesen immer alt, häßlich, in jeder Beziehung abschreckend. Für die Überlieferung der deutschsprachigen Alpengebiete (anscheinend auch für die daran anschließenden burgundisch-provenzalischen Berggegenden!) ist die Hexe aber auffallend häufig ein Weib, das sich für eine sehr lange Zeit, vor allem durch ihre Kräuterwissenschaft, ein junges und schönes Aussehen erhalten kann: Schön und jung sind allerdings auch sehr häufig die serbischen, slowakischen, polnischen und ukrainischen Hexen, wie sie bei ihren Berg- und Waldheiligtümern zusammenkommen.

Die weise, alte Frau, eine archetypische Figur der Märchen und Sagen aller Völker

Manchmal können, nach den Sagen vom deutschen und italienischen Hexensabbat, die ›zuerst‹ alten und abschreckenden Zauberweiber während ihrem Sabbat ein anziehendes Aussehen erhalten: Umgekehrt vernehmen wir von den keltischen, französischen und englischen Feen, deren Künste ziemlich genau wie die von den bei uns volkstümlichen Hexen geschildert werden, sie seien ›gewöhnlich‹ wunderschön, müßten allerdings ›jedes Jahr einen Tag‹ lang eine abstoßende Gestalt annehmen.

Das Bild der ›uralten‹ (manchmal bezeichnenderweise ›stein-alten‹!) Hexe, und die seltsame soeben erwähnte Vorstellung, Hexen oder Feen seien gleichzeitig (!) alt und jung, geht möglicherweise auf ein mythisch-magisches Erfassen der Wirklichkeit zurück: Das ›junge und schöne‹ Aussehen von Wesen mit Wunderkräften wird gern geschildert, um die ganz beneidenswerte Fülle ihrer Künste zu zeigen.

Ihr ›Alter‹ ist dagegen das Sinnbild des Uralters der Überlieferung, die in ihnen lebt und die sie vertreten. (Ähnlich behaupten etwa die chinesischen taoistischen Alchimisten, ihr Weiser Lao-Tse heiße ›der Alte‹ – und werde meistens auch entsprechend dargestellt –, nicht weil er so ausgesehen habe, sondern weil er vielmehr sich durch sein Wissen unsterblich erhalten habe und damit eigentlich manches Zeitalter hindurch leben könnte...)

Hexen-Augen

»Rote entzündete Augen galten auch in Deutschland als Kennzeichen der Hexe«, stellt Nork fest, und er vergleicht diese Vorstellung mit dem Mythos von der germanischen Göttin Hel (der Frau Holle unserer Märchen) und den roten Augen der Kali, der großen Magierin und der Gattin des Gottes Shiva.

Nach osteuropäisch-ungarischen Zigeunern besitzen Zauberinnen Augen, »die in der Nacht leuchten wie glühende Kohlen«: Die Fahrenden sehen darin den Ausdruck von der Fähigkeit dieser Frauen, »mehr zu sehen als andere Menschen«.

Auch bei den Südrussen besitzen die Hexen, die sich auf dem kahlen Berge (Lissaja gora) versammeln, ›rote Augen‹: Sie heißen übrigens ›die Wissenden‹ (vedmi) »weil sie mehr wissen (vedajut) und sehen (vidjat) als das gewöhnliche Volk«.

Den Ausdruck ›Rote Augen‹ kann man hier übrigens auch als ›schöne Augen‹ verstehen, da das Wort ›rot‹ (kressno) gleichzeitig auch den Sinn von ›schön‹ besitzt!

Besen

In der freudistischen Psychoanalyse behauptete man etwa, der Besen oder der Stecken (Stab), auf dem die Hexen zu ihrem Fest reiten, sei ein Bild des Lingham, des männlichen Zeugungs-Prinzips: Man stellte sich vor, daß die Unterdrückung des Geschlechtlichen, die Gleichsetzung des Sinnlichen mit dem Teufel, wie sie sich seit dem Puritanis-

G. Dore: die Eule

mus immer mehr ausbreiteten, in den allgemein als ›Teufelsdienerinnen‹ verdächtigten Frauen eine Fülle von erotisch-sexuellen Wunschträumen erzeugten.

Bilder des Hexensabbats (genau wie die erhaltenen Volkssagen) können uns aber leicht überzeugen, daß der ›Hexenflug auf dem Besen‹ (oder auf dem Zauberstecken) eine spätere Vereinheitlichung der immer abschreckender werdenden Überlieferung darstellt: Die Hexen sollen ursprünglich auf den verschiedensten Hausgeräten, Badezubern, Bänken, Backtrögen, Schaufeln, besonders auch Haustieren ihre Fahrt zum Nachtfest wagen.

In den Sagen der Alpentäler, in die sich sicher seit dem Spät-Mittelalter viel der ursprünglichen Volkskultur zurückzog, haben sich einige der Schlüssel zu den sagenhaften Vorstellungen erhalten: »J. Hansen hat die Möglichkeit eingeräumt, daß die (Hexen-) Sabbat-Vorstellung im schweizerischen Waadtland, dem Mutterland des universellen Hexenbegriffes, von dem auch die französische Bezeichnung des Zauberwesens mit ›Vauderie‹ stammt, eine gewisse Förderung durch das Alpenfest des ›Demi-été‹ (also wörtlich – der Sommermitte! S. G.) erfahren haben könne, einer von altersher bestehenden Mittsommerfeier der Alpwirtschaft betreibenden Bauern, die mit üppigen Schmäusen und ausgelassenen Tänzen auf den Alpen und in den Sennhütten verbunden ist« (Byloff).

Alte Sagen über die Jugendfeste der Hirtenkultur der Waadt und auch in den wesensverwandten Gebirgsgebieten wie Bayern oder Tirol, wissen etwa zu berichten, wie bei diesem ›üppigen‹ und ›ausgelassenen‹ Treiben nicht nur die anwesenden Menschen, sondern auch die Bänke, Tische, Besen usw. ›zu tanzen‹ begannen.

Ebenfalls bezeichnenderweise erscheint in alten Bildern vom Hexensabbat wie auch in den Sagen über die Alpenfeste der ›zum Tanz aufspielende‹ Musiker, oft seltsam angekleidet (und sogar maskiert!) wie ein östlicher Schamane, als der eigentliche Mittelpunkt der ganzen Versammlung: Nachkommen von Zigeunernomaden erzählen in den gleichen Gebieten noch immer, ihre Ahnen hätten die Kunst gekannt, »so zum Tanz aufzuspielen, daß auch die toten Dinge um sie herum allmählich angefangen hätten, sich zum Klang zu bewegen«.

Der ›Ritt‹, ›die Reise‹ der Hexen auf einem Gegenstand ihrer Umgebung oder auch auf einem sonst alltäglichen Haustier (Bock, Ziege, Schwein, Roß, Katze) scheint damit nur eine Erinnerung an die Fähigkeit der Vergangenheit, durch wilde Musik und Tanz ekstatische Zustände zu erzeugen – und damit die ganze eigene Umwelt als lebendig und im wörtlichen Sinne märchenhaft zu schauen.

Nachtschatten

Besondere Bedeutung in den Hexensagen besitzen die Nachtschattengewächse: vor allem Alraune (Mandragora-Wurzel), Bilsenkraut, Stechapfel und Tollkirsche.

›Hexenritt‹ (J. Scherr: ›Germania‹)

Besonders der Stechapfel erscheint auch bereits in Indien als ein Sinnbild des Shivakults, und seine wunderschönen weißen Blüten werden zum Sinnbild der Erkenntnis. Die Sage, dutzendfach in den neueren Büchern übernommen, will auch, daß die Nachtschattenkräuter in den Bräuchen der aus dem Orient einwandernden Nomaden eingeführt wurden.

Wahrscheinlich wurde tatsächlich durch jede Kulturwelle aus dem Osten die lebendige Beziehung der europäischen Völker zu den Kräutern der Umwelt erneuert: Jede zu hoch entwickelte Stadtzivilisation erzeugt eine Entfremdung gegenüber der Natur, und deren Menschen sind dann zweifellos gezwungen, das fast unbegreiflich gewordene Wissen in ihren alten Büchern mit den noch lebendigen Erfahrungen der Einwanderer zu überprüfen.

Der Pole Stanislaw Przybyszewski, der ebenfalls noch genug der entsprechenden Überlieferungen kannte und sie auch an die deutschen Künstlerkreise seiner Zeit vermittelte, schrieb in diesem Sinne im Jahre 1897 über die Entstehung des ›Hexensabbats‹ im Mittelalter: »... die Juden und Araber popularisierten ihre Zauberkünste, lehrten die Bereitung der Salben und der Filtren, die Zigeuner säten durch Europa die giftigen Solanaceen (Nachtschattengewächse), woran sich das Volk berauschte...«

Richtig stellt auch dieser Schriftsteller fest: »Die Hexensalben des Mittelalters sind oft beschrieben worden.« Er führt ein Rezept des großen Theophrastus von Hohenheim, genannt Paracelsus an, »der es wissen mußte« – und auch eins von Johannes Wier, dem Schüler des Magiers Agrippa von Nettesheim: In beiden Fällen scheinen die genannten Nachtschattengewächse der Mischung die Hauptwirkung zu geben.

Die bedeutenden Sammler der Urkunden über das mittelalterliche Hexenwesen in Deutschland, ich erwähne nur für das 19. Jahrhundert Horst und Kiesewetter, haben die Rezepte teilweise und mit viel Vorsicht nachzuprüfen gesucht. Besonders der letztere, Hauptanreger der Forschung unserer Zeit, erlebte dann auch, als von der Nachtschatten-Salbe erzeugt, »Träume von einem lebhaften Fliegen in einer Spirale, als wäre er von einem Wirbelsturm herumgerissen«.

In der Symbolik von östlichen Fahrenden, die in den dreißiger/vierziger Jahren zwischen Paris und Lyon wirkten, findet man tatsächlich die Spirale (»eine Linie, die sich wie eine Schlange oder ein Schneckenhäuschen dreht«) als Zeichen für einen entsprechenden Zustand: »Der Wahrsager ist wie im Traum, und sein mutiger Geist wandert, bis er zum Punkt kommt, da er Vergangenheit und Zukunft schaut und dann eben gut wahrsagen kann.«

Für Przybyszewski sind auf alle Fälle die märchenhaften, bald erschreckenden, dann wieder lieblichen und an die Schau alter Göttermythen erinnernden Bilder des mittelalterlichen Nacht-Mysteriums der Ketzer und Hexen die Folgen der gefährlichen Rauschmittel: »Der Besuch des Sabbat wirkt wie eine Gewohnheit des Opiumessers. Er wird schon nach einmaligem Gebrauch zu einer Leidenschaft, die man nie brechen kann. Alle Aussagen der Hexen stimmen darin überein, daß der Sabbat ein wahres Paradies sei, und es dort mehr Freuden gebe, als sich aussprechen lasse.«

Die Nachtschatten (sehr wichtig für die Medizin aller Jahrhunderte!) sind auf alle Fälle auch nach den Hexenverfolgungen, also der ›Verteufelung‹ des alten Wissens, das Sinnbild für eine vertiefte Kenntnis der Überlieferung der Natur. Oder wie die zigeunerischen Kräuterfrauen in den Karpaten und der östlichen Ukraine sagten: »Dort wo für den, der es nicht versteht, Dunkelheit und Gefahr ist, findet der, der von den Alten erfahren hat, wie man es macht, Heilung und Glück auf allen seinen Wegen.«

Belladonna

Stechapfel

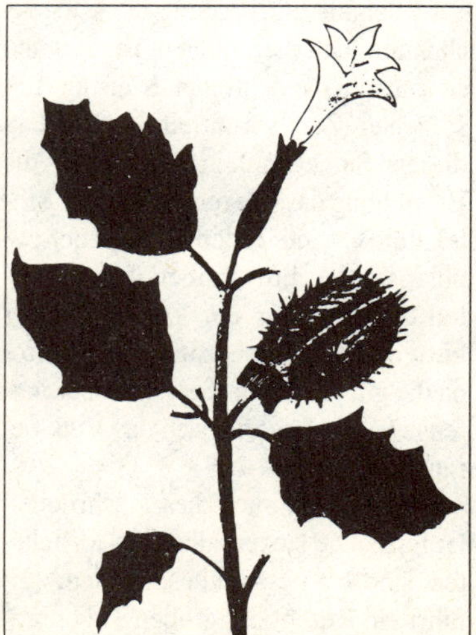

Der Flug

»Das Begeisterungs-Sinnbild (der antiken Kultur), das Pferd Pegasus, hat Flügel, und die Sirenen, die Jungfrauen des begeisternden Gesanges, sind geflügelt und werden als eine Mischgestalt aus Jungfrau und Vogel dargestellt; die Musen selbst haben das Attribut des Flügels am Haupte.

Es sind die Flügel auch Symbole des Geistigen, Überirdischen, Göttlichen, und daher finden wir, daß jene symbolische Gestalt der israelitischen religiösen Phantasie, der Cherub, in seiner Komposition aus Mensch, Stier, Löwe und Adler geflügelt ist, und die Stärke, Macht und Weisheit Gottes symbolisieren soll. So sind auch in der christlichen Symbolik die Flügel Attribute der Engel, indem sie die gedankenschnelle Bewegung ihres Geistes bezeichnen« (Friedreich).

Die Flügel, dem Menschen oder auch dem geheimnisvollen Reittier des Märchenhelden gegeben, bedeuten damit den Eintritt dieser Helden in den Zustand der ›Begeisterung‹ – dessen ekstatische Verzückung im Reich ›des Geistigen, Überirdischen, Göttlichen‹. Die wunderbare Gestalt, die die ›Flugwesen‹ haben, die ihn in die himmlischen Welten tragen, (wir erwähnen wiederum den semitischen Cherub, den ähnlichen indischen Garuda – das Reittier, Krishna-Vishnus usw.) bedeutet wahrscheinlich ursprünglich die Schwierigkeit für den Seher der Urzeit, den Außenstehenden seinen ›Flug‹ in einigermaßen gewohnten Bildern zu veranschaulichen.

Der Berg der Versammlung

Die europäischen Zigeuner-Nomaden die eine solche Bedeutung in unseren Volkssagen um das Hexenwesen besitzen, mögen den Schamanismus bei ihren Wanderungen aus ihrer Urheimat im Himalayagebiet mitgebracht, sicher auch dauernd unterwegs angetroffen haben. Ein Mythos, von Bercovici aufgeschrieben, lehrt, ihre Ahnen hätten einst Flügel besessen: »... als wir nicht mehr fähig waren zu fliegen, gruben wir Höhlen an Flußufern und Bergabhängen...

Wir sind Vögel... Wir können nie einen Berg sehen, ohne zu wünschen, auf dessen Gipfel zu gelangen. Aber wir können nicht mehr fliegen. Wir müssen mühsam hinaufklettern... Eines Tages werden die Zigeuner ihre Flügel zurückerhalten.«

Im Licht dieser auf asiatische Weltbilder zurückweisenden Zigeunersage werden der magische Flug und das Steigen auf den Berggipfel zu fast austauschbaren Begriffen! Der Mensch wünscht sich in die Höhe, um dort aus der Enge, der Schwere, aus allen Niedrigkeiten des Alltags herauszukommen:

Die ›Höhe‹ bedeutet die Nähe zu den Sternen, der Sonne; zu ›den Burgen der Götter‹, die noch immer für den Hinduismus ›um den Meru herum‹, im höchsten Gebirge der Welt (ziemlich immer dem Himalaya gleichgesetzt!) liegen sollen.

In den modernen ›Hexenkulten‹ verweist man, dabei angeblich Überlieferung mit neuen Erfahrungen mischend, auf die Tatsache, daß das rasche Steigen auf einen Ort in den Bergen »einen körperlichen Rausch erzeuge, der oft zu einer gesteigerten geistigen Wahrnehmungsfähigkeit führe«. (Selbstverständlich erst recht durch dessen Verbindung mit ekstatischer Musik und unermüdlichem Kreistanz!)

Tanz

Schon der romantische Altertums-Forscher Monnier, der den Mythen im französischen und schweizerischen Burgund (Jura) nachging, sammelte Darstellungen und Sagen von Hexen oder Feen, die von Schlangen umwunden sind: Auch er sah in den Schlangen das uralte Sinnbild der kosmischen Lebenskraft und verglich die mitteleuropäischen Überlieferungen mit verwandten Bildern und Sagen aus Indien: Er sah hier, vom 19. Jahrhundert als ein Phantast verkannt, Kulte, die von Asien her einwanderten, im Mittelalter geheim weiterlebten und die bis in die Gegenwart in der treuen Erinnerung des Volkes ihre Spuren hinterließen.

Der Schmuck in Gestalt der Spirale, ausdrücklich als ›Schlange‹ bezeichnet, war nach den modernen Khalderasch-Nomaden, die zwischen Paris und Lyon umherzogen, »der liebste Schmuck der Weisen Frauen, die einst alle geheimen Kräfte der Sterne und der Kräuter wußten«. (Ausdrücklich erklärte mir ein Kenner der entsprechenden Überlieferungen seines Volkes – ›die Weisen Frauen‹ hätten ihre ganze entsprechende Überlieferung aus den indischen Bergen mitgebracht!)

Nach den Volks-Erinnerungen aus dem Berner Oberland hätten die Hexen um eine Erhöhung, »auf der ein Feuer ohne Kohlen brannte«, in einer Spirale herumgetanzt: Ähnlich soll ihr Reigen, begleitet von entsprechender Musik und für entsetzte Zeugen vollkommen unverständlichen Rufen, so lange gedauert haben, bis die Sabbat-Beteiligten – »sich von Flammen umhüllt glaubten«.

Der Tanz erscheint damit nochmals als das Hilfsmittel, wie er tatsächlich immer noch in den Kulturen der stark von schamanistischen Vorstellungen beeinflußten Völker ist, in dem Bewußtsein der Versammelten ekstatische Zustände zu erzeugen:

Die ›rasende‹ gemeinsame Bewegung erzeugt das Gefühl, der ganze Leib sei mit Lebenskräften erfüllt, und mit der Steigerung solcher Seelenzustände kommt die Wahrnehmung, aus der ganzen Umwelt ströme eine endlose Fülle von Energien.

Unten: Keine magischen Sigillen, sondern die Darstellung von Tanzschritten des 18. Jahrhunderts…!

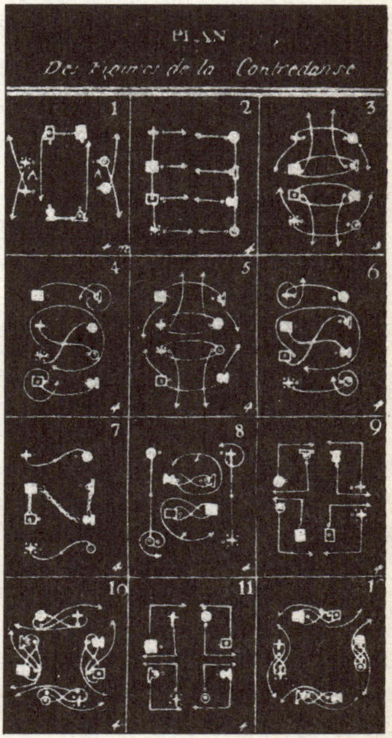

Das Hexen-Getier

Auf dem Fest des Nachtvolkes, hier scheinen sich die alten Sagen und moderne Berichte von entsprechenden Versammlungen zu decken (Geschichten über gewisse Richtungen des Vaudou-Kults der ›westindischen‹ Karibik, die ›neuen‹ Hexenfeste vor allem in englischen Ländern) herrscht stets ›ein unbeschreibliches Gewimmel‹: Tiere aller Art ›tanzen‹ durch die seltsamen Feuerströme, die von der Erde und den Bäumen der Umgegend ausgehen, zusammen mit dem Menschen! ›Elementarwesen‹, die zuerst vollkommen tierische Gestalt besitzen, sogar Fische, Lurche, Reptile nehmen zumindest teilweise menschliche Gestalt an, Hexen und Hexenmeister verwandeln sich umgekehrt in Katzen, Wölfe, Fledermäuse, Schlangen, Eidechsen und unzählige andere Wesenheiten.

Dunkle Berichte der Anhänger des Paracelsus und der Rosenkreuzer – selbstverständlich der magischen halbgeheimen Gesellschaften des Adels in Barock und Rokoko, die romantische Kunst, die daraus hervorging – spielen dauernd auf entsprechende Gesichter an, wenn sie vom ›Reich der Elementargeister‹ reden: Ähnliche scheinbare Verwandlungen des magischen Menschen in ›Ahnentiere‹ und dessen Seelenwanderung »durch die Reiche der Steine, Pflanzen, Tiere und Sterne« kennen die Nachrichten über die finnisch-sibirischen Schamanen, ohne deren Einfluß (wie u. a. Amfiteatrow hinwies), sogar gewisse Erscheinungen im russischen Sektenwesen unseres Jahrhunderts gar nicht denkbar wären.

Gustav Schenk, der sich mit den gefährlichen Nachtschattendrogen der Hexen abgab, glaubte an die Möglichkeit des menschlichen Geistes, in ek-

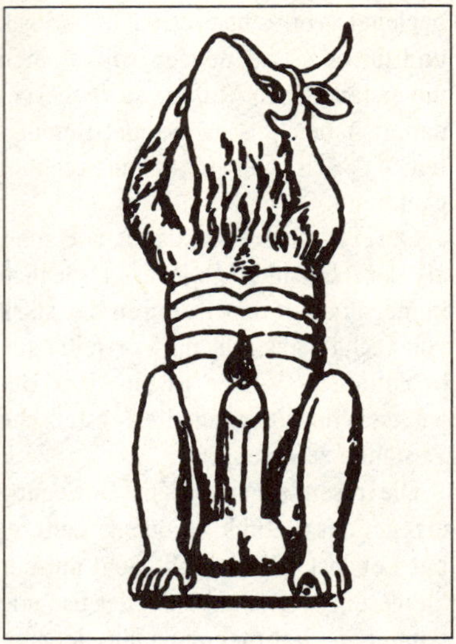

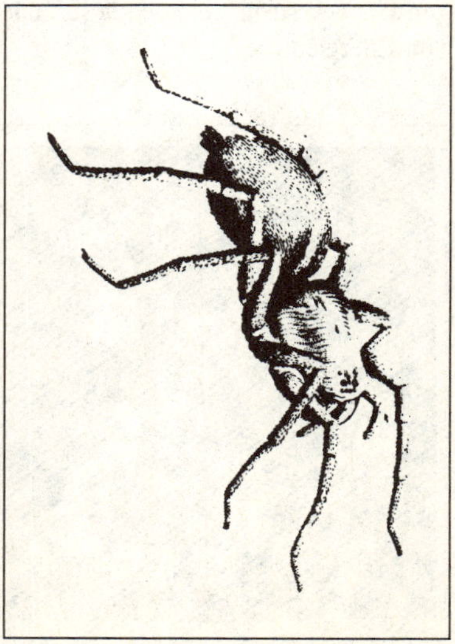

statischen Zuständen das Wiedererwachen von Erinnerungen und Sinnesfähigkeiten zu erzeugen, die in unserem Unter- und Urbewußtsein noch aus den

Zeitaltern von tierischen Ahnen stammen:

»Begabungen, Eigenschaften, physische und psychische Erbschaften ungezählter Geschlechter, lange Ketten von lebendigen Wesen, die vor uns über den Planeten schritten, die wachen in uns auf und wir tragen sie mit uns.

Laßt uns in die Tiefe der Zeit sehen, die vielleicht nur ein Phantom ist, und ein Vorwärts oder Rückwärts – es ist gleich, ein Morgen und ein Heute – vielleicht ist es so zu denken umsonst –, doch wir wissen nicht nur mit dem Intellekt, daß alles Lebendige in uns wohnt. Wir sind nicht in der Menschenform von einem anderen Stern gestürzt. Amphibien und Säuger, Pflanzen und Erz, sie sind verborgen in uns und walten unter der Kruste unserer hellen Tage. Da wachten nun die Schatten der Nacht auf, die Helle zerriß, und die Finsternis gebar im Giftrausch ungefühlte, ungesehene, unbetastete Fakten. In der Ekstase, im Manischen, im verlorenen Ge-

dächtnis, in Wildheit und Wut standen die verschollenen Titanen auf und ergriffen von uns Besitz. Tiere und Götter, ... das erleben wir, wir konnten sie erleben, das ist eine nicht zu leugnende Wahrheit.«

Die Fledermaus

Die Fledermaus schläft am Tage und fliegt in der Nacht. Trotz der Dunkelheit ist ihre Bewegung von einer einzigartigen Geschicklichkeit, und sie versteht es, dank Fähigkeiten, die das Volk bewunderte und die auch der modernen Naturforschung genug der Aufgaben stellen, jeder Schwierigkeit auszuweichen.

Der Herr des Hexensabbats hat in den Zigeunersagen und auch auf Tarotkarten, die aus mittelalterlichen Überlieferungen schöpfen, ›Fledermaus-Flügel‹:

Man hat dies zu einem Merkmal des Teufels erklärt, und noch bis in unser Jahrhundert diente dies als eine Rechtfertigung der Grausamkeit, mit der man das nützliche Tier Fledermaus auszurotten und zu verfolgen versuchte.

Die Fledermausflügel bedeuten aber nach einer Überlieferung, die man noch bis in unser Jahrhundert von Nomaden des Balkangebiets vernehmen konnte, den Hinweis auf die nächtlichen Zusammenkünfte von Religionsgemeinschaften. Für die Wahrsager ist die Fledermaus gelegentlich das sprechende Sinnbild für eine Empfindlichkeit der Sinne

gegenüber den ›sonst verborgenen‹ Kräften der Natur, die der Mensch unserer Zivilisation allerdings mehrheitlich verloren habe: Zigeuner-Hellseherinnen und Legerinnen von Tarotkarten in der Umgebung von Paris und in der Camargue pflegten darum etwa noch in den 50er Jahren ihre Wagen mit dem Bild von Fledermaus-Flügeln zu schmücken.

Eule, in einem italienischen Wappen (Zeichnung von 1877)

Eule

»Da dieselbe das Tageslicht scheut und nur in der Dämmerung oder des Nachts ausfliegt, und sich gewöhnlich in alten Gebäuden, Ruinen aufhält, so hat sie eine dämonische, höllische (infernale) Bedeutung erhalten. Sie ist Sinnbild der Verwüstung und des Unglücks...« (Friedreich).

Sie ist, etwa als Gegenstück zur Fledermaus, ein Sinnbild des geheimnisvollen Nachtfests in unseren Sagen: »Bekannt ist die Eule als Hexenvogel; sie erscheint bei Hexenversammlungen, leistet den Hexen Botendienste, ihre Federn werden von den Hexen als Haarschmuck getragen. Eulen fliegen mit im wilden Heer, ... des Teufels Großmutter erscheint in ihrer Gestalt« (Handwörterbuch).

Von Fahrenden im burgundisch-savoyischen Raum konnte man vernehmen, daß eine Eulenfeder (wie in den deutschen Hexensagen!) von Menschen getragen wird, »die in der Nacht zu tun haben und die die Angst vor der Dunkelheit verlieren wollen«. Vom Aberglauben der spätantiken und spätmittelalterlichen Zivilisation dämonisiert, war sie offenbar einst ein Sinnbild für die Fähigkeit, ohne jede Furcht sich auch ohne Tageslicht bewegen zu können, als »von den sonst für Sterbliche verborgenen Geheimnissen zu wissen«.

Bezeichnenderweise gilt die Eule als wichtigstes Symbol von Minerva (Athene), der großen Göttin des Altertums, die Klugheit und Weisheit bedeutet. Sie ist ebenfalls das Sinnbild des mittelalterlichen Till Eulenspiegel, des Spaßmachers und Spielmanns, der für die mittelalterlichen Volksbücher durch die Welt zieht, die oberflächliche Dummheit und den Aberglauben an den Pranger zu stellen.

Hexen-Katze

Im indischen Mythos reitet die große Göttin als Beschützerin aller Geborenen (der Kinder) auf einer Katze: »Weshalb sich die Inder sehr hüten, diesem Tier etwas zu leide zu tun.«

»Katzenliebhaber bekommen eine gute Frau«, ist in Deutschland ein sehr verbreiteter Aberglaube, und »wer Katzen unnötig quält«, hat ganz sicher keine oder eine sehr schlechte Frau – oder

auch keine Kinder. Bezeichnenderweise hat Freija, die germanische Göttin der Liebe und Ehe, die in späteren Sagenkreisen ganz mit der mythischen Königin des Hexensabbats verschmilzt, ein Gespann, das von Katzen gezogen wird.

Die Fruchtbarkeit der Katzen, ihre Fähigkeit im Dunkeln zu sehen, ihre glänzenden runden Augen ließen sie für den Volksglauben zu einem Tier werden, das die geheimen Kräfte kennt und auch all ihren Mächten heilig ist: Die Hexe, auch die Hebamme (beide Gestalten fallen für unsere Überlieferung geradezu zusammen!) hat in den Sagen regelmäßig »eine kluge schwarze Katze bei sich« (›schwarz‹ ist nun einmal die sinnbildliche Farbe der Nacht, ihrer Geheimnisse und auch vieler Erd-Kobolde!).

Für den Volks-Aberglauben nehmen die Hexen sehr gern Katzengestalt an, und auch ihr Herr, ›der Meister des Hexensabbats‹, erscheint gelegentlich in der Gestalt eines Katers: In Paris sah ich um 1950 von Hand gezeichnete, ›für das echte Zigeuner-Wahrsagen dienende‹ Tarotkarten, auf denen ›der Herr der Nacht‹ (le maitre de la nuit) als schwarzer Kater auf einem Berg, der vom Mond beschienen ist, abgebildet war. ›Ketzer‹ wurde einst gern vom Wort Katze her erklärt – wie der Name der wichtigen Ketzerbewegungen, der ›Katharer‹, von Kater!

»Nach Bodin versammeln sich die italienischen Hexen jährlich einmal bei einer Burg bei Verona in Katzengestalt, die alten Wenden hatten Hexen, die in Gestalt einer Katze erschienen...« Es ist im Zusammenhang wichtig, wie sehr auch die modernsten Phantasien zu den sagenhaften Überlieferungen zurückgreifen:

Eine der (seit 1939) beliebtesten amerikanischen Comics- und Film-Gestalten ist der ›Fledermaus-Mann‹ (Batman), verkleidet in die Maske eines riesigen Nachttiers (angeblich um die ›besonders abergläubischen‹ Verbrecher zu ängstigen), hütet er seine Stadt

vor allem Bösen. Seine Haupt-Gegnerin ist die eigentlich in ihn verliebte ›Katzenfrau‹ (Catwoman).

Als das Hexenwesen, und wie die schaurigen Bücher der Ketzerverfolger beweisen (Hexenhammmer!), die Frauen und ihre Eigenschaften im allgemeinen dämonisiert wurden, begann man die Katze folgerichtig zu verteufeln: Sie galt nun als falsch, wo man doch ursprünglich ihr zärtliches und dazu unsklavisches Wesen geschätzt hatte. Sie brachte, vor allem, wenn sie schwarz war, nur noch Unglück.

Ja man verbrannte die Katze häufig genug lebendig, nicht weniger als ihre nun verleumdeten Herrinnen, um sich dadurch vor allen Ausgeburten des Aberglaubens zu retten. (Beispiele für solche scheußlichen Tierquälereien, hervorgegangen aus der fortschreitenden Entfremdung gegenüber den Naturkräften, gibt es noch in unserem Jahrhundert genug.)

Nebel und Licht

Das Haupt-Gesicht, daß wir in der Überlieferung der Hexensagen besitzen, ist eigentlich nie eindeutig – höchstens auf späteren Bildern und Niederschriften der Sagen, die jedoch ganz sicher von Menschen stammen, die keine unmittelbare Beziehung zu den mittelalterlichen ›Nacht-Versammlungen‹ mehr besaßen.

Stanislaw Przybyszewski faßt etwa zusammen: »Auf die Folgen der hypnogenen Narkotika weisen die unbestimmten Aussagen, welche alle Erscheinungen als verschleiert und wie im Nebel getaucht schildern. Das Bild des

Satans wird sehr selten deutlich gesehen, einmal erscheint er nur als eine ungeheure Nebelmasse, das andere Mal wird er in der Gestalt eines Baumstumpfes gesehen, ›mit etwas, was einem Menschenantlitz gleicht, aber wie mit Dunkel bedeckt‹ (De Lancre), ein anderes Mal erscheint eine ›scheinbar‹ menschliche Gestalt, rot und flammend wie ein Feuer, das aus dem Ofen schlägt, und dessen Formen nur zur Hälfte, und selbst dann verschwommen, sichtbar sind.«

Dies erinnert an den bekannten Carl von Reichenbach, der in zahlreichen Werken im 19. Jahrhundert den Nachweis zu erbringen suchte, daß ›sensitive‹, mit besonders empfindlichen Geistessinnen begabte Menschen im Dunkeln von lebendigen und auch toten Dingen ›ein Leuchten‹ ausgehen sehen, bald einem strahlenden Nebel, in gewissen Fällen sogar Feuerflammen ähnlich.

Reichenbach nannte diese feinstofflichen Kräfte ›Od‹, ähnlich wie später Wilhelm Reich vom ›Orgon‹ redete. Neuerdings wurden die Versuche des Russen Kirlian bekannt, solche Strahlungen auch photographisch nachzuweisen.

Seit die Hippiekultur in Nordamerika und Europa Hunderttausende von jungen Menschen aufs Land ziehen ließ und sie zu Lebensstilen außerhalb des Lärms und des Massenbetriebs unserer Großstadt-Zivilisation anregte, sind in den entsprechenden Schichten der ›Neuen Gesellschaft‹ Wahrnehmungen dieser Art angeblich wieder sehr häufig zu finden.

In den entsprechenden Erlebnisberichten wird als von etwas Selbstverständlichem und Alltäglichem von der ›Aura‹, den Strahlenkräften, geredet, »dem Feld der geistigen Energie, die alle lebenden Dinge umgibt«. Noch häufiger von den Bewegungen, Wellen der Kräfte, den ›Vibrations‹: »Dieses Wort scheint von den meisten der geistigen Gemeinschaften angenommen worden zu sein, um die wahrnehmbaren geistigen Ausstrahlungen (spiritual emanations) zu schildern« (Ina May).

Es ist uns nicht wichtig, ob wir hier im Sinn der Forscher Reichenbach, Reich, Kirlian mit wirklichen Energien zu tun haben, die eine einseitig materialistische Gelehrsamkeit im 19. Jahrhundert vergaß, oder dem Ausdruck für die ekstatischen Eindrücke dazu empfänglicher Menschen, ob es sich nun um Schamanen und Hexen von früher handelt oder um Hippies der siebziger Jahre: Die die Welt bei ihren Gesichtern in der nächtlichen Natur-Einsamkeit nicht mehr als eine Anhäufung von bloß materiellen Dingen sehen, sondern als eine endlose Fülle von wallenden Lebenskräften – jeden Gegenstand sozusagen von einem Heiligenschein umgeben – schauen.

Das Nachtfeuer

Auf dem Berg (oder aufgerichteten Stein!), auf dem der Leiter des Hexensabbats erscheint, leuchtet nach der Sage in den entsprechenden Nächten ›von selber‹ ein Licht auf. Oft erscheint dieser ›Herr der Versammlung‹ geradezu aus einer Flamme, »die aus dem Boden aufsteigt«. Oder, die ganze Versammlung ist geradezu »von einem Feuer umhüllt, das nicht heiß ist und niemand verbrennt«.

Auf den Bildern hält die gleiche Wesenheit eine Fackel in der Hand oder

es glüht eine solche zwischen ihren Hörnern.

In gewissen Darstellungen hat der Herr des Sabbats gar an seinen Armen Feuerbündel statt Finger! Przybyszewski faßt (um 1897) die alten Berichte zusammen: »Der ganze Sabbat wird von seinem Lichte besser wie vom Vollmond beleuchtet.«

Erstaunlicherweise gibt es auch eine Unzahl moderner europäischer und nordamerikanischer Berichte der Forscher von heute, die die alten Geschichten überprüfen – fast in der Regel sind sie voll der Erwähnung ›geheimnisvoller Lichterscheinungen‹: Die magischen Bilder, die beispielsweise Mrsich sah, als er die ›Hexensalbe‹ ausprobierte, »sind wie in fortwährendem fließenden Flimmern begriffen, wie quirlende, schillernde Dämpfe« (nach Hansen/Bauer).

Die Königin der Nacht

Die ›Sternflammende Königin der Nacht‹, wie sie in der Verbindung mit dem Mond in Mozarts ›Zauberflöte‹ auftritt, wird heute gelegentlich wieder auf die Mythen zurückgeführt, wie sie im 18. Jahrhundert durch die ›Rosenkreuzer‹ und andere (halbgeheime) Gesellschaften die europäischen Gebildeten beschäftigten: Es ist uns hier im Zusammenhang selbstverständlich wiederum gleichgültig, ob es sich dabei um gnostische Vorstellungen, wie sie damals in Europa neu auflebten, handelte, oder auch um die Benützung der Bilder aus indischen Religionen, wie sie in Barock- und Rokokozeit durch abenteuerliche Orient-Fahrer neu veröffentlicht wurden.

Der indische Tantrismus kennt die Göttin Kali, wörtlich übersetzt ›Die Schwarze‹, das Bild des weiblichen Teils der Welt, des Unbewußten, der Erdkräfte der Nacht. Sie erscheint ihren Anhängern, durch wirkliche weibliche Verehrerinnen dargestellt, in deren Gottesdiensten, auch hier sehr häufig auf Bergeshöhen: Diese Kali-Frauen sind dann mit Schmuck überladen oder nackt, oder wie die Inder sehr schön sagen ›umweltbekleidet‹ – die ganze Umwelt um die Priesterin, also Sterne, Mond, die Natur, erscheinen den Ekstatikern als das Kleid der Göttin.

In den west- und mitteleuropäischen Hexensagen wählt ›der Herr des Sabbats‹, der auf einer Erhöhung des heiligen Berges thront, eine der anwesenden Frauen zu seiner ›Gattin‹ aus: Sie ist dann mit ihm und erhält durch alle Anwesenden, besonders durch den wilden Reigentanz und die verzückten Anrufungen, maßlose Ehren.

Es ist erstaunlich, daß wir in den zeitgenössischen Schilderungen der Forscher, die nach alten Rezepten die Hexensalben herstellten und sich einrieben, Bilder von Gesichtern vorkommen, die ganz und gar mit den Darstel-

Urs Graf ›Hexensabbat‹ (nach Baldung)

lungen in den einstigen Überlieferungen übereinstimmen:

»Das Bild, das sich mir (beim geträumten Hexensabbat) bot, war unbeschreiblich. Nackte weibliche Wesen von unsagbarer Schönheit schwebten dort umher. Waren es Feen, Göttinnen, Teufelinnen? Ich weiß es nicht... Das einzige menschenartige Wesen, das ich unter den Geschöpfen der Astralebene sah, war die üppige, überaus sinnlich wirkende Gestalt einer Negerin, wohl einer Negerfürstin, von einem Sinneszauber, wie ich es nie für möglich gehalten hatte« (Mrsich, nach Hansen/Bauer).

Natürlich kann man darüber streiten, ob solche Bilder in den Ekstasen der Gegenwart aus den Erinnerungen unseres Unterbewußten aufsteigen, oder auch einfach aus der vorangegangenen Beschäftigung der modernen Seher mit europäischen Ketzergeschichten – vielleicht sogar mit den Berichten über die indische Religion – stammen, in denen Kali tatsächlich häufig als eine ›schwarze Fürstin‹ erscheint.

Auch hier haben offensichtlich die Nomadenstämme, die bis ins 20. Jahrhundert über Osteuropa einwanderten, dauernd die verblassenden Erinnerungen in den einheimischen Überlieferungen neu belebt. Racoczi bildet 1954, also lange vor den großen Wellen der neuen Beschäftigung der Jugend mit Tarot-Bildern und magischen Überlieferungen, eine Zigeuner-Karte ab, auf der die ›Hohepriesterin‹ oder ›Päpstin‹ ebenfalls ein schwarzes (schwarz maskiertes?) Gesicht und Mondhörner an der Kopfbedeckung besitzt: »Sie ist die Meisterin der Zigeuner-Einweihung, die tatsächlich häufig eine Hexe oder Magierin ist. Man begegnet ihr an Kreuzwegen, wo sie dem geeigneten Sucher den Weg zu geheimen Gemeinschaften eröffnet. Sie ist fähig, die heidnischen Göttinnen anzurufen oder zu beschwören. Sie erlaubt ihnen, sich zu verkörpern und zu erscheinen, dadurch, daß sie ihren sterblichen Leib als Mittel dazu benützt.«

Das Buch

In vielen Sagen um das Hexenwesen hat der Herr des Hexensabbats, gelegentlich ist es auch die ›Hexen-Königin‹ (und diese erinnert uns dann ganz an gewisse Bilder der ›Hohepriesterin‹ im Tarot!) ›ein Buch‹ in der Hand: »Er kann darin alles über die Taten seines Hexenvolkes lesen.«

Das Buch als Bild Gottes erscheint auch in der ekstatischen Schau der Indianer-Schamanin Maria Sabina, deren Weisheiten in den letzten Jahrzehnten die Wahrheitssucher aus aller Welt anzogen: »... und ich sehe Gott. Ich sehe ihn aus der Erde sprießen. Er wächst

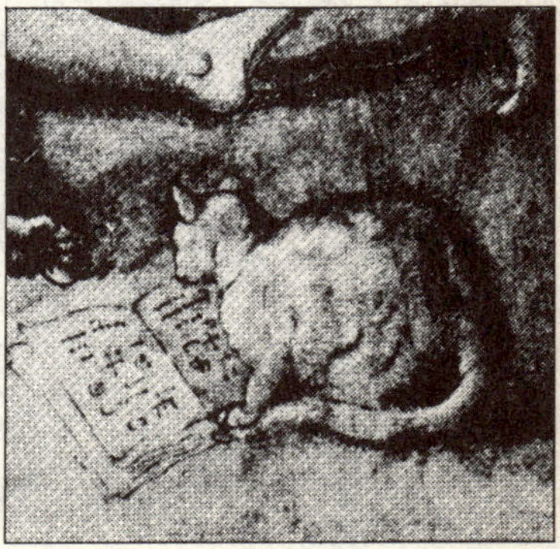

und wächst, groß wie ein Baum, wie ein Berg so groß. Sein Gesicht ist voll Anmut, wunderschön und ernst, so wie in den Gotteshäusern. Ein andermal ist Gott nicht wie ein Mensch, er ist ein Buch.

Ein Buch, das aus der Erde geboren wird, ein Heiliges Buch, das im Augen-

Goya: ›Devota profession‹

blick, wo es das Licht der Welt erblickt, die Erde erzittern läßt. Es ist das Buch Gottes, das zu mir spricht, damit ich spreche. Es gibt mir Ratschläge, es unterweist mich, es sagt mir, was ich den Menschen zu sagen habe, den Kranken und Gesunden.

Das Buch erscheint vor mir, und ich lerne neue Wörter. Ich bin ein Kind Gottes und auserwählt, eine Weise zu sein.«

Eine solche Schau der modernen Schamanen, wie wir im Fall der Maria Sabina wissen, von ungeheurem Einfluß auf die neuen mystischen Bewegungen seit den sechziger Jahren, erklärt uns besser als die Lügen der Ketzerrichter oder die abergläubisch entstellten Sagen den Sinn der Überlieferung: Das Buch am Hexenfest ist das Bild der ursprünglichen Weisheit, die der Anhänger des ekstatischen Kults als in sich wiedergeboren fühlt. Dieses Buch des Hexensabbats war sicher so wenig stofflich-wirklich, wie die wesensverwandten ›Bücher‹ in der Schau all der neuzeitlichen indianischen oder sibirischen Schamanen! Selbstverständlich versuchten aber dann schlaue Händler und Verleger der europäischen Vergangenheit (und Gegenwart...) »das Zauberbuch, aus dem Höllenfeuer der Erde aufgestiegen«, zusammenzustellen, zu drucken und erfolgreich zu verkaufen.

Ein neues wesensverwandtes Beispiel: Der amerikanische Schriftsteller H. P. Lovecraft erfand, als den Mittelpunkt vieler seiner Phantasie-Geschichten, das dämonische Buch ›Necronomicon‹: Nachträglich gab es viele ›Adepten des Okkultismus‹, die ›für das echte

Necronomicon‹ den Antiquaren jeden Betrag anboten, und es gibt auch Verfasser, die Werke unter diesem Namen auf dem Markt erscheinen lassen. (Ich selber kenne davon schon vier verschiedene!)

Sabbat-Bock

Erscheint der ›Herr des Sabbat‹ bei der Hexenversammlung mit Hörnern, die an Hirsch, Steinbock, sogar an das Rentier erinnern, so hat er vor allem sehr häufig einfach den Kopf (oder die Maske?) eines Ziegenbocks.

An diesem Tier sind den naturverbundenen Hirten vor allem dessen Fähigkeiten zum Springen, zum kämpferischen Stoßen, zur Zeugung aufgefallen: Es wurde darum offensichtlich schon im Altertum zum Bild der feurigen, männlichen, die Welt befruchtenden Kraft. Der ägyptische Götterbock Mendes, die antiken Bockskobolde, die Faune und Satyre, der als Weltengott gedeutete griechisch-orientalische Pan, die Heiligkeit der Böcke des Rauschgottes Diony-

sos, alles ist wahrscheinlich von hier aus zu begreifen.

Der germanische Thor, der den Blitzhammer schwingt, der Gott der befruchtenden Gewitter, reitet ein von Böcken gezogenes Gespann. Ein Bock im Stall schützt nach deutschem Volksglauben die Sippe vor allen bösen Mächten und ist den Russen besonders dem Hausgeist (domowoi) angenehm und darum glückbringend: Er ist wiederum das Bild für die Zeugungskraft, die verständlicherweise das Fortleben der Familie sichert und darum alle Ahnengeister erfreut. (Der slawische Hausgeist heißt bezeichnenderweise auch starik, ded, praded, also der Alte, der Großvater, der Urahn!)

Mythologen des 18. und 19. Jahrhunderts erklärten die Bocksgestalt des Sabbat-Herrn etwa aus dem ›Tscherni-bock‹, dem ›bösen Gott‹ der heidnischen Slawenstämme, der »bei ihnen in Bocksgestalt dargestellt wurde« (Friedreich): Dieser Name bedeutet aber wörtlich ›der schwarze Gott‹, also die göttliche Kraft, die auch im Dunkeln wirkt. Bock, eigentlich Bog, ist ein slawischer Name für das höchste Wesen, der dieses als den Spender aller Wohltaten, der Güter des Daseins kennzeichnet (darum noch die russischen und sprachverwandten Wörter für reich = bog-at, und arm = u-bog).

Literatur

A. Amifiteatrow: Zarja russkoi schenschiny (Die Morgenröte der russischen Frau), Belgrad 1929
T. Arnkiel: Cimbrische Heyden-Religion, Hamburg 1691
J. C. Baroja: Die Hexen und ihre Welt, Stuttgart 1967
J. Bodin: De magorum daemonomania, Deutsch v. J. Fischart, Straßburg 1591
H. Boguet: Discours de sorciers, 3. Auri, Lyon 1610
F. Byloff: Hexenglaube... in den österreichischen Alpenländern, Berlin 1934
F. Chabloz: Les sorcières neuchâteloises, Neuchâtel 1868
H. P. Duerr: Traumzeit, Frankfurt 1978
A. Estrada: Maria Sabina, München 1980
P. T. Furst: Hallucinogens and Culture, S. Francisco 1978
G. B. Gardner: Ursprung und Wirklichkeit der Hexen, Weilheim 1965
S. Golowin: Die Magie der verbotenen Märchen, Hamburg 1974
Handwörterbuch des deutschen Aberglaubens, Berlin 1927ff.
H. A. Hansen: Der Hexengarten, Hrsg. W. Bauer, München 1980
J. Hansen: Quellen... zur Geschichte des Hexenwahns..., Bonn 1901
E. D. Hauber: Bibliotheca... Magica, Ulm 1738–1745
G. K. Horst: Dämonomagie, Frankfurt 1817
G. K. Horst: Zauberbibliothek, Mainz 1820, 1826
K. Kiesewetter: Geheimwissenschaften, Leipzig 1895
C. G. Leland: Aradia..., London 1899
E. Maple: Hexensabbat, Mit Vorwort von W. Bauer, Eltville am Rhein 1978
I. May: Spiritual Midwifery, Summertown (Tenn.) 1975
M. A. Murray: The Witch-Cult in Western Europe, Oxford 1921
F. Nork: Die Sitten und Gebräuche der Deutschen..., Stuttgart 1849
S. Przybyszewski: Die Synagoge Satans, (Neudruck) Berlin 1979
G. Schenk: Schatten der Nacht, Stuttgart 1939
T. S. Szasz: Das Ritual der Drogen, Wien 1978
J. Wier: Von Verzauberungen..., Basel 1565

ASTROLOGISCHE SYMBOLE

Der Sternenkreis der nördlichen Hemisphäre (Albrecht Dürer, 1515)

Die sieben Planeten

Zur Zeit des großen indischen Astrologen Varahamihira galt: »Ein König, der nicht einem Astrologen höchste Ehren erweist, wird sicherlich von Unglück verfolgt. Wie eine Nacht ohne Lampe oder ein Himmel ohne Sonne, so ist ein König ohne Astrologen.«

Ein wichtiger Name für diese Wissenschaft lautete Jyotisha. Jyotis ist Licht, Glanz, Ursprung aller Welt-Schöpfungen: Die Astrologie wäre demnach das Wissen um das Licht, also nicht nur das Benützen der Sterne zu Wahrsagezwekken – sondern ein Mittel zur Erkenntnis des Menschen im Kreis seiner natürlichen Umwelt und im Reigen der Zeitalter, durch die sich sein Bewußtsein bewegt. Die Astrologie heißt darum auch Hora-Shastra, die Wissenschaft von der Zeit.

Schon der französische königliche Astronom Bailly glaubte im Tierkreis den Ausdruck der Naturbeobachtungen eines weisen Naturvolkes zu erkennen, dessen Lebensraum er nach uralter Überlieferung in Nordindien, Tibet, Mongolei, Sibirien, also im Umkreis der höchsten Gebirge der Welt suchte. Hier habe man auch geschaut, wie die Sternbilder im Verhältnis zu den Bewegungen der Sonne langsam ihre Stellung ändern.

Ungefähr jedes Menschenalter, dies mit 71 oder 72 Jahren genommen, schiebt sich der Frühlingspunkt um ein 360stel des sogenannten Tierkreises vor, den man wiederum nach dessen mythischen Sinnbildern in zwölf Teile auftrennte. In dreißig Menschenaltern, ungefähr 2000 Jahren, verschiebt sich

damit der Anfang der warmen Jahreszeit um ein Zeichen: Um das Jahr 0 unserer Zeitrechnung rutschte damit der Frühlingspunkt aus dem Tierkreis Widder in den der Fische, jetzt, um das Jahr 2000, geht er wiederum eindeutig aus den Fischen in das Zeichen des Wassermanns.

In den verschiedenen alten Werken finden wir um oft zwei Jahrhunderte voneinander abweichende Berechnungen für den Anfang der Zeitalter, die darauf beruhen, daß die einzelnen Sternbilder ineinander greifen, nicht deutlich voneinander abgegrenzt sind. Den Fisch als Abzeichen des Urchristentums erklären solche astrologische Deuter als den Hinweis auf den Beginn der Fischezeit im 1. Jahrhundert unseres Zeitalters:

Die astrologische Überlieferung hat damit einen kosmischen Tag, der einer ganzen Lebensdauer des Menschen entspricht und eine kosmische Woche, die das siebenfache, ungefähr 500 Jahre ausmacht. Der kosmische Monat wäre dann das vierfache davon (4 mal 7 mal 72), also ungefähr 2 Jahrtausende, und das kosmische Jahr endlich das zwölffache eines solchen großen Monats oder 360 Menschenleben: also (wiederum je nach Berechnungsarten) 24000–26000 Jahre.

Diese Schau des Himmels, die Bailly aus indischen, griechischen und germanischen Quellen zu erschließen suchte, würde erklären, warum jede mythologische Symbolik gewisse Züge des Zeitalters trägt, in dem sie entstand: Der ägyptische Sonnengott hat vielfach einen Widder-Kopf, entsprechend der Widder-Zeit in vorchristlichen Jahrtausenden, in denen sein Kult entstand. Zur Zeit des Gottes Krishna (die die Inder in die Stier-Zeit, also ins dritte und vierte Jahrtausend vor unserem Weltalter verlegen!) sollen alle Götterwesen die Gestalt von Kuhhirten (Gopas) angenommen haben.

Da es uns um die Symbolik der ursprünglichen Hochkulturen geht, berücksichtigen wir im übrigen nur die sieben Planeten (Wandelsterne), die in der Astrologie und Alchimie unseres Mittelalters noch als die Urkräfte der Schöpfung gelten, die etwa der indischen und semitischen Siebenheit der Schöpfungsenergien entsprechen (auch die Schlange der Ewigkeit, auf der der Allgott Maha-Vishnu ruht, hat häufig auf Bildern sieben Häupter!): Die entfernten Planeten, die man in der Neuzeit mit Fernrohren entdeckte (Uranus, Neptun, Pluto), konnten von dem Menschen der alten Kulturen nicht mit dem bloßen Auge erkannt werden und darum auch nicht ihre für uns wichtige Kunst der alltäglichen Sinnbilder beeinflussen.

Astrologisches Mond-Symbol

Das Sinnbild für den Mond, damit den Mond-Tag, auch ›das Mond-Element Silber‹ usw., spricht für sich selber und ist für alle Zeiten und Volkskulturen verständlich: Es ist die Sichel des zunehmenden Mondes.

Manchmal steht die in der Regel weiblich gedachte Mondgottheit auf der Sichel, die dann als eine Art Schiff, Schale dargestellt wird. Dann wird der Mond gleichzeitig zum Symbol des weiblichen Elements in der Welt: zum Schoß (Yoni), der alles Irdische gebärt; zum nach oben offenen Bogen, zur Vertiefung, dem Tal, der Höhle im Boden, aus denen alles hervorwächst, das Leben entsteigt.

Es ist das Gefäß des Bades, der Becher mit der Flüssigkeit, der Teich (See, Meer) mit seinen Ufern – alles Dinge, über die der Mond für die alten Naturwissenschaften ›regiert‹: Sie sahen seinen Einfluß auf Ebbe und Flut der Gewässer, aber auch auf die Lebensflüssigkeiten besonders im weiblichen Körper (bekanntlich besitzen die Perioden der Frau, die mit der Möglichkeit

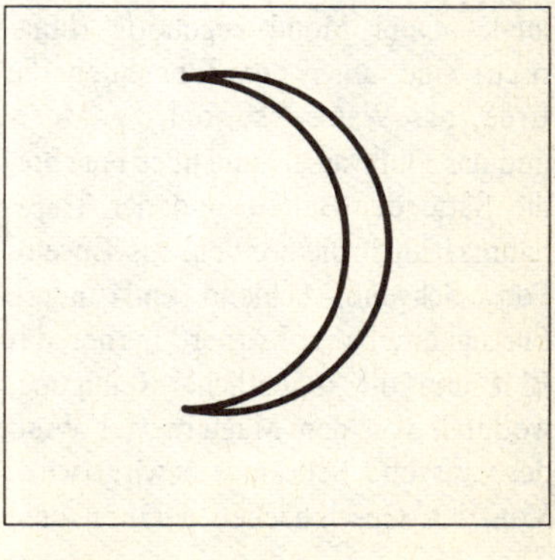

der Zeugung und der Schwangerschaft in unmittelbarer Beziehung stehen, die durchschnittliche Länge des Mondmonats, also von 28 Tagen).

Die Mondwelt

Um die Zugehörigkeit der einzelnen Tiere, Pflanzen und Steine zu den Planeten bei den alten Magiern und Astrologen besser zu verstehen, zitieren wir die alten Begründungen im Sinne der antiken und mittelalterlichen Naturwissenschaft (z. B. die Entstehung der Insekten aus faulenden Stoffen).

Der belesene und welterfahrene Agrippa von Nettesheim stellte zusammen: »Dem Mond zugehörig (lunarisch) sind unter den Elementen die Erde, das Wasser, sowohl das Meer- und das Flußwasser, und alles Feuchte, die Säfte der Bäume und der Tiere, hauptsächlich die weißen, als Eiweiß, Fett, Schweiß, Schleim und andere Flüssigkeiten der Körper. Ferner das Blut und die monatliche Reinigung, wodurch von den Magiern viel Wunderbares und Seltsames bewirkt wird. Von den Geschmäcken gehören dem Monde an der salzige und unschmackhafte.«

Metalle: Das Silber.

Steine: Der Kristall, der silberfarbige Markasit. Alle weißen und grünen Steine, desgleichen der Selenit oder Mondstein, welcher von honiggelbem Glanze, weißlich durchscheinend ist und nicht nur die Gestalt des Mondes, sondern auch sein tägliches Zu- und Abnehmen darstellt. Die Perlen, die aus Wassertropfen in den Muscheln erzeugt werden. Der Beryll.

Pflanzen: Das Selenotropium, das sich nach dem Monde wendet, wie die Sonnenwende nach der Sonne. Die Palme, welche alle Monate neue Zweige ansetzt. Der Ysop. Der Ölbaum. Überhaupt nimmt Saft und Kraft aller Pflanzen mit dem Wachstum des Mondes zu und nimmt mit dessen Schwinden ab – außer bei den dem Mars zugehörigen Zwiebeln (die allein dem Zu- und Abnehmen des Mondes entgegengesetzte Kräfte des Wachstums und der Abnahme zeigen!).

Tiere: Unter den Tieren gehören diejenigen dem Monde an, die gerne im Umgang mit dem Menschen leben und die sich durch verschiedene natürliche Neigungen und Abneigungen gleichermaßen auszeichnen, wie die Hunde aller Art (also deutlich launisch – lunisch sind). Das Chamäleon, das nach der Verschiedenheit der Farbe eines Gegenstandes immer eine ähnliche annimmt (vergleichbar dem sich dauernd ändernden Wesen des Mondes, der nach der Verschiedenheit des Zeichens, in welchem er sich befindet nach der astrologischen Naturwissenschaft, die

Natur seiner Wirkungen ändert). Die Mutterschweine. Die Hirschkühe. Die Ziegen.

Alle Tiere, welche den Lauf des Mondes beachten und nachahmen – wie etwa der hundsköpfige Affe und der Panther. Die Katzen, deren Augen nach dem Mondwechsel weiter oder kleiner werden. Die Hyäne, die auch das Geschlecht wechselt und mancherlei Zauber unterworfen ist. Alle Tiere, welche Amphibien heißen und sowohl das Land als das Wasser bewohnen, wie auch die Biber und Fischotter. Auch sämtliche Tiere, die auf Fische Jagd machen. Außerdem alle ungeheuerlichen Tiere und die Tiere, die ohne sichtbaren Samen oder auf unbestimmte Art erzeugt werden, wie die Mäuse durch Begattung aus der Fäulnis des Bodens.

Unter den Vögeln sind lunarisch die Gänse, die Enten, die Taucher und alle Wasservögel und Fischfänger, wie beispielsweise der Reiher. Desgleichen solche Vögel, die auf unbestimmte Weise entstehen.

Solche Geschöpfe von unbestimmter Entstehung sind z. B. die Wespen, die aus den Leichnamen der Pferde kommen, die Bienen entstehen aus verwesenden Kühen, die Mücken aus verdorbenem Wein und die Käfer aus dem Fleisch der Esel. Hauptsächlich entspricht dem Mond der zweihörnige Käfer, den man Hornschröter nennt: Dieser vergräbt ein Kügelchen und läßt es 28 Tage lang, während der Mond den ganzen Tierkreis durchläuft, liegen. Am 29. Tage aber, wenn er die Konjunktion der Lichter (Sonne und Mond) vermutet, sucht er das Kügelchen wieder hervor und wirft es ins Wasser, worauf dann junge Käfer entstehen.

Fische: Der Katzenfisch, dessen Augen nach dem Mondwechsel sich richten. Ebenso alle, auf welche die Bewegung des Mondes Einfluß äußert, wie der Zitterrochen, der Schiffhalter, der Krebs, die Auster, die Muscheln und Frösche.

Orte: Der Mond besitzt die Einöden, die Wälder, die Felsen und die großen Steine, die Berge, Gehölze, Quellen, Wasser, Flüsse, Meere, Ufer, Schiffe; auch wird die Mondgöttin die verschiedenen Haine Durchschweifende genannt, sowie ihr noch die öffentlichen Wege und die Fruchtspeicher zugeordnet sind. (In der deutschen Ausgabe des Agrippa von Nettesheim ist der Mond entsprechend der deutschen Sprache männlich – in der lateinischen aber weiblich. Agrippa von Nettesheim benützt auch zur Deutung des Gestirns vor allem antike Hinweise, in denen die Morgenröte immer als eine große Göttin erscheint!).

Mond-Menschen und ihre Eigenschaften

In alten astrologischen Lehrbüchern finden wir für das Volk, das vorwiegend ›lunar‹ ist, fast nur schlechte Beispiele angeführt. Es seien alles ›Verächter, Eitle, Unbeständige‹. Sie seien furchtsam, Nichtsnutze, Aufwiegler, gar geborene Narren, Alberne.

Man kann sich des Eindrucks nicht ganz erwehren, daß wir hier eine Dämonisierung des weiblichsten der Planeten vor uns haben, wie er sie in den verfallenden antiken Zivilisationen ebenso erlebte wie in Europa seit dem Spätmittelalter.

Dies geht vollkommen Hand in Hand mit der zunehmenden Verachtung gegenüber der Mehrzahl der weiblichen Berufe, die im Vernichtungskrieg gegen das ›Hexenwesen‹ gipfelten – also gegen die Frauen, denen die alten Schriftsteller und noch der heutige Volksaberglaube hartnäckig ›die Anbetung des Mondes‹ zuschreiben.

Wenn der Mond nach dem Volk über alle Wechsel und Wandlungen in der Natur ›gebietet‹, also wie man noch immer aus den Bräuchen ersehen kann, über Menstruation, Schwangerschaft, Steigen und Sinken der Gewässer und der Säfte in den Pflanzen usw., so ist eben ›Luna‹ (Diana) auch die ›Herrin‹ der Menschen, die für solche Vorgänge einen besonderen Sinn haben: Khalderasch Zigeuner, von denen noch in unserem Jahrhundert sehr viele Sippen aus dem Osten nach West-Europa einwanderten, behaupten, daß alle ›Weisen Frauen‹ noch heute bei ihren Beschäftigungen den Mond ›anrufen‹: also Hebammen, die Meisterinnen der Kräuter für Gesundheit, Liebe und Fruchtbarkeit; die Natur-Ärztinnen, die vor allem mit den Elementen Wasser und Erde zu arbeiten wissen.

Wenn der Mond seine ›dunkle Seite‹ zeigt, dann ist er das Leitbild der Menschen, die ihre Kraft zu mißbrauchen

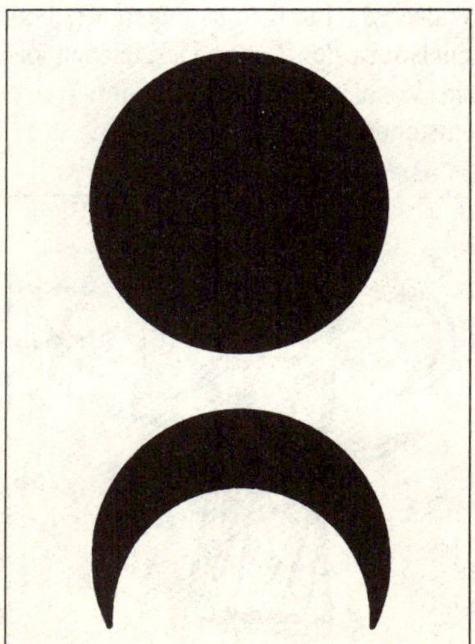

suchen, dann entsteht die Entartung der natürlichen Gefühle: Es kommt die Intuition, der Instinkt für ›den schwarzen Zauber‹, also die Giftmischerei, die Fähigkeit zum Abtreiben, die ›Kunst‹, andere Menschen unfruchtbar werden zu lassen.

Diese verderbten ›Wissenschaften‹ stellte man etwa durch den Dunkelmond (den schwarzen Kreis) oder die umgekehrten Mondhörner dar – die Schale, der Becher, die nach unten gedreht sind und aus der darum aller natürliche Segen herausfließen muß.

Astrologisches Mars-Symbol

Sieht ›der Mensch, der dem Mondgesetz folgt‹, die Welt als ewiges Wachsen und Welken, so soll ›der Mars-Mensch‹ unsere Erde als den Schauplatz ewiger Auseinandersetzung, des Kampfes ohne Ende, der aktiven Handlungen erleben. Das Metall des Mars (entsprechend dem Dienstag) ist vor allem das Eisen, ohne das tatsächlich die wichtigsten, für das marsische Welterleben notwendigen Waffen, Werkzeuge, Schmied-Maschinen gar nicht möglich wären.

Auf Bildern, Brunnenfiguren usw. wird der Mars regelmäßig als Mann in Metallrüstung, ein Schwert oder eine Lanze in den Händen, dargestellt: Sprechend wird dadurch sein astrologisches und alchimistisches Symbol – es ist der Kreis der Welt oder des Kreislaufs der Zeit, aus dem der Pfeil der Auseinandersetzung hervorkommt. »Unsere Aktivität, unsere Taten geben dem Leben einen Sinn«, erklären noch heute die Wahrsager dieses Zeichens.

Ist der Mondbogen das Sinnbild für das Weibliche, das Empfangen, die Geburt, so wird der Kreis mit der Spitze sehr häufig zum Zeichen für das Männliche an sich, also für das aktive Handeln: Bogen und Pfeil zusammen, wie wir sie beispielsweise in den Händen der Liebesgötter des Mittelmeeres und auch Indiens sehen (Amor, Venus, Kama), wären demnach eine Verbindung der

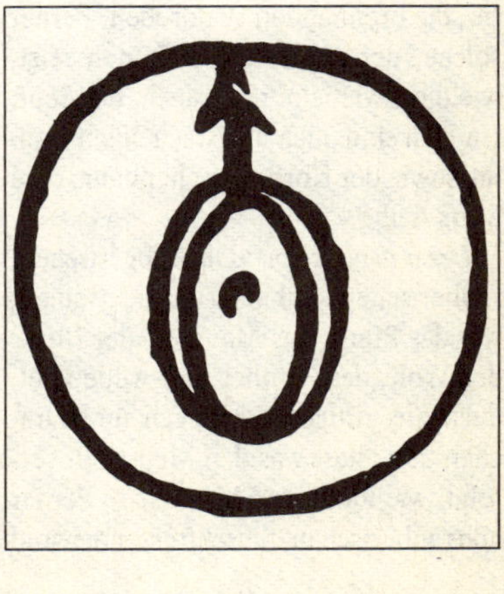

beiden Symbole, also der Durchdringung des Weiblichen mit dem Männlichen, ›des ewigen Vorganges, aus dem alles entsteht, die materielle Welt und auch alle Ideen‹.

Die Mars-Welt

Agrippa von Nettesheim: »Dem Mars gehören unter den Elementen das Feuer, desgleichen alles Scharfe und Brenzlige; unter den Säften die Galle; unter den Geschmäcken die bitteren, scharfen, auf der Zunge brennenden und die, welche die Tränen reizen; unter den Metallen das Eisen, das rote Erz, und alles Feurige, Rötliche und Schwefelige.«

Unter den Steinen: Diamant, Magnet, Blutstein, Jaspis, Amethyst.

Unter den Pflanzen: Nieswurz, Rettich, Meerrettich, Knoblauch usw. »Alle wegen ihres Überschusses an Wärme giftigen Pflanzen, ebenso die, welche mit stechenden Dornen bewaffnet sind oder durch ihre Berührung auf der Haut ein Brennen verursachen, stechen oder Blasen ziehen, wie die Distel, die Nessel, die brennenden Waldreben. Ferner solche, deren Genuß zu Tränen reizt, wie die Zwiebeln, der Lauch, der Senf. Endlich sind auch alle stacheligen Bäume sowie der Kornelkirschenbaum dem Mars heilig.«

Unter den Tieren: »Die kriegerischen, räuberischen, kühnen und achtsamen, wie das Pferd, das Maultier, der Bock, der Wolf, der Panther, der wilde Esel; auch die giftigen Schlangen und Drachen und alles, was den Menschen verfolgt, wie Flöhe und Mücken… Ferner alle räuberischen, fleischfressenden und

Beine (Knochen) zermalmenden Vögel… (Dazu) solche Vögel, die man Unglück und Tod weissagende nennt, wie die Nachteule, das Käuzchen, die Weihe. (Dann) die, die immer hungrig und raubgierig sind, oder die krächzen und gleichsam Laute des Erstickens von sich geben, wie die Raben und Krähen.« Auch den Specht ordnet die Überlieferung dem Mars zu, ob nun wegen seines harten, ebenfalls von den Weissagern verwendeten Klopfens oder weil sein langer Schnabel häufig an eine Kriegswaffe erinnert. Unter den Fischen gelten die ›gefräßigen und räuberischen‹ als marsisch, wie etwa der Hecht, die Seebarbe, der Stachelrochen, der Seewolf.

Orte: Die feurigen und blutigen, wie die Öfen, die Backstuben, die Schlachthäuser, die Kreuze, die Galgen, die Kampfplätze, die Folterkammern und dergleichen.

Marsische Menschen und ihre Beschäftigungen

»Treffliche Kriegsleute, die alle Gefahr verachten«, lehrte hier Georg von Welling, dessen Zusammenfassung der alchimistischen und astrologsichen Lehren der Paracelsisten und der Rosenkreuzer des 17. Jahrhunderts auf Goethe und auch die späteren Romantiker einen außerordentlichen Eindruck machte. Er fährt weiter fort – dank diesem Planeten und der durch ihn verkörperten Grundkraft unserer Welt kämen die Kühnen, die Menschen zu mutigen Taten mitreißenden Kriegsführer

(große Capitaine): »Hitzige, zornmütige, waffentragende Menschen – die nicht gern untertan sind, keinen Reichtum achten.« Also die Vertreter eines stolzen Freiheitswillens.

»Stehet aber Mars übel«, weiß die gleiche Quelle, dann wirken in den Menschen die Eigenschaften, die man früher gewöhnlich unter dem Begriff ›böse‹ zusammenfaßte und die wir heute meistens mit dem Begriff ›asozial‹ bezeichnen: Marsisch im schlechten Sinn wären Zeitgenossen, die rücksichtslos sind, sich mit Gewalt oder List auf Kosten der Gesellschaft, in der sie leben, durchzusetzen suchen. Die also für ihr aktives, kämpferisches (kriegerisches) Grundwesen keine höhere Rechtfertigung besitzen.

Es entstehen in einem solchen ›schlimmen‹ Fall die ›negativen‹ Marsier: »Recht grausame Menschen, große Räuber; blutgierige Menschen, zur Zauberei geneigt; ruhmrätige, rachgierige Gotteslästerer.« (Unter marsischer ›Zauberei‹ verstand man im übrigen im Mittelalter die Herstellung von ›teuflischen‹ Waffen, die dem Gegner keine Möglichkeit gaben, ›sich ehrlich und ritterlich‹ zu verteidigen...)

Um solche ›ins Schlechte gewendete‹ Marskräfte (und ihre mit allen Mitteln nach Macht und Beute strebenden Diener) zu bezeichnen, wendet man in der magischen Sprache das astrologische Symbol: Der Pfeil des Mars zeigt dann, von uns aus gesehen, nicht mehr nach rechts und oben, sondern nach links und unten.

Astrologisches Merkur-Symbol

Gott Merkur erscheint auf den antiken Bildern (und auch auf denen der mittelalterlichen Astrologen und Alchimi-

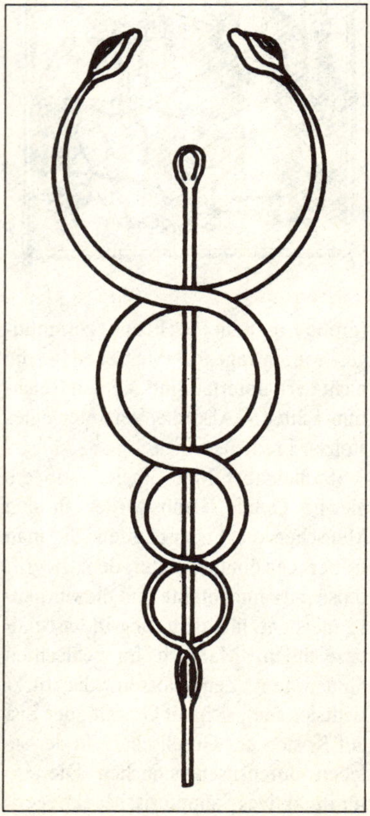

sten) mit je zwei Flügeln an Füßen und am Haupt: Er ist damit die Darstellung der körperlichen Bewegung und auch der des Geistes.

Von den Metallen ist ihm das Quecksilber zugeeignet, das bewegliche Metall, das so deutlich auf Kälte und Wärme reagiert:

Der Merkur (griechisch Hermes) ist damit geradezu ein Bild der Alchimie, also der alten Wissenschaften überhaupt, da ja diese auf der ewigen Bewegung (Reise) des Wissenden durch alle Länder zum Einsammeln der Erfahrungen wie auch in der unermüdlichen Bewegung der Ideen beruhen sollte.

Der Merkur trägt auf den alten Bildern den magischen Stab, der von zwei Schlangen umkreist wird, deren Leiber auseinanderstreben, deren Schwänze sich aber verknüpfen und deren Köpfe wieder einanderzugewandt sind: Auch dies bedeutet häufig den Gewinn des Wissens aus der Erkenntnis der entgegengesetzten Kräfte, die sich scheinbar bekämpfen – die aber immer vorhanden sein müssen, damit alles entsteht und besteht.

Das Merkurzeichen wurde gedeutet als das Kreuz, das Symbol der Welt und darüber die Schlinge mit den zwei Hörnern (Schlangenhäuptern!) für die scheinbar auseinanderstrebenden, eigentlich aber eine Einheit bildenden Kräfte: Der Weg des Merkur, des mittleren Planeten (darum ist sein Tag der Mittwoch!), ist die Möglichkeit des verstandesmäßigen, wissenschaftlichen Erkennens der Welt, damit jedes Handeln, jeder Bereicherung, die aus dem Sammeln entsprechender Erfahrungen stammt.

Die Merkur-Welt

»Merkur beherrscht unter den Elementen das Wasser, obgleich er eigentlich ohne Unterschied allem Bewegung verleiht; desgleichen die Säfte, besonders die gemischten; auch den Lebensgeist leitet er. Unter den Geschmäcken die mannigfaltigen fremdartigen und gemischten.«

Metalle: Quecksilber, Zinn, Wismut.

Steine: Smaragd, Achat, Porphyr, Topas. Überhaupt die verschiedenfarbigen und die, welchen von Natur bunte Figuren verliehen. Auch die mineralischen Stoffe, die durch menschliche Kunst hervorgebracht sind, wie das Glas. Auch die Stoffe, welche Gelb und Grün gemischt enthalten.

Pflanzen: Haselstaude, Fünffingerkraut, Bingelkraut, Erdrauch, Pimpernelle, Majoran, Petersilie. Die Pflanzen, welche kurze und kleine Blätter haben, auch gemischter Natur und buntfarbig sind.«

Vierfüßige Tiere: Alle, die mit scharfen Sinnen begabt sind, die schlauen, schnellen und auch die, welche sich leicht an den Umgang der Menschen gewöhnen, wie die Hunde, Affen, Füchse, Wiesel, Hirsche und Maultiere. Die Zwittertiere und solche, die beide Geschlechter abwechslungsweise annehmen, wie die Hasen, die Hyänen und ähnliche.

Vögel: Die, welche von Natur klug, lebhaft, gute Sänger und musikalisch sind, wie beispielsweise der Stieglitz, die Feigendrossel, die Amsel, die Drossel, die Lerche, die Nachtigall, die Misteldrossel, der Papagei, die Elster, der Ibis, das Purpurhuhn, auch der Einhornkäfer.

Fische: Der Kreiselfisch, der sich selbst begattet, weshalb man ihn ein Mannweibchen nennt. Desgleichen der hinterlistige und verschiedenfarbige Polyp. Der Stachelrochen, wegen seiner Gewandtheit. Die Meeräsche, die mit dem Schwanz die Lockspeise von der Angel abschlägt.

Orte: Die Werkstätten, die Schulen, die Kaufläden, die Märkte und ähnliches.

Merkurische Menschen und ihre Beschäftigungen

Merkurier lieben die wissenschaftlichen Studien und können sie auch mit viel Geschick ›praktisch‹ anwenden. Sie erforschen sehr gern heimliche Künste. Sie sind sehr gelehrig und verschlagen, listig, vorsichtig. Besonders geneigt sind sie dem Kaufmännischen, allen Wegen der Wirtschaft – und eben vor allem der Gelehrsamkeit, die hier endlos neue Möglichkeiten eröffnet. Merkurische

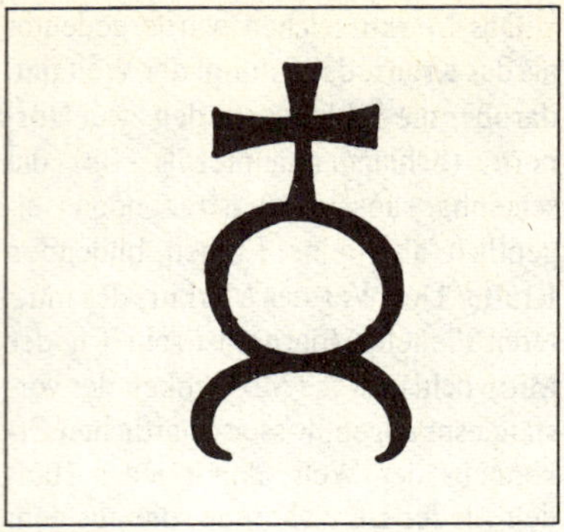

Menschen haben viel Erfolg in Musik, Malerei, Bildhauerei (was man sich eben ohne das Erwerben gewisser Grundlagen des Wissens und auch ohne ›wirtschaftliches‹ Geschick gar nicht vorstellen kann!).

Sind die Eigenschaften, die in der mittelalterlichen Charakterwissenschaft als ›merkurisch‹ bezeichnet werden, in ihre schlechte Seite verdreht, also nach einem alten Ausdruck ›schwach‹, unvollkommen, dann gibt es nach Welling: unbeständige, tückische, diebische, lügenhafte, boshafte Menschen. Selbstverständlich solche, die

aus den wohlerforschten ›geheimen‹ Schwächen ihrer Umgebung, beispielsweise aus deren verdrängter, unterdrückter Sinnlichkeit, großen Gewinn zu ziehen verstehen – es sind also Menschen, die man im 17., 18. Jahrhundert unter dem Oberbegriff ›Kuppler‹ zusammenfaßte.

Die ›negativen Merkurier‹ und ihre auf entsprechende Ausbeutung gerichteten Weltbilder pflegt man durch das ›umgedrehte‹, ›auf den Kopf gestellte‹ astrologische Merkur-Symbol zu zeichnen: Die aufsteigenden Schlangenköpfe (oder Hörner) zeigen nach unten, oder, um wiederum einen alten Ausdruck zu verwenden, ›sie zeigen zum Tartarus, zur Unterwelt, zur Hölle‹.

Das Jupiter-Symbol

Der Donnergott Jupiter erscheint in den Mythen als König der Erde, gleich dem mit ihm in jeder Beziehung auch in seinen fröhlichen Liebesabenteuern verwandten indisch-vedischen Indra: Ihm ist in der Antike der Donnerstag zugeordnet, wie in der deutschen Sprache eben dem einheimischen Blitzgott

Donnar, im Englischen dem mehr nordgermanischen Thor (Thursday).

Das Metall ist das Zinn; und noch heute versichern die belesenen Astrologen wie auch die Wahrsager, die sich auf die Nomaden-Überlieferung der Zigeuner stützen, man müsse z. B. aus Zinn-Bechern trinken, aus Zinn-Tellern essen: »Dann wird man bei den Leuten, die regieren, immer beliebter und man steigt immer mehr zu Rang und Würden.«

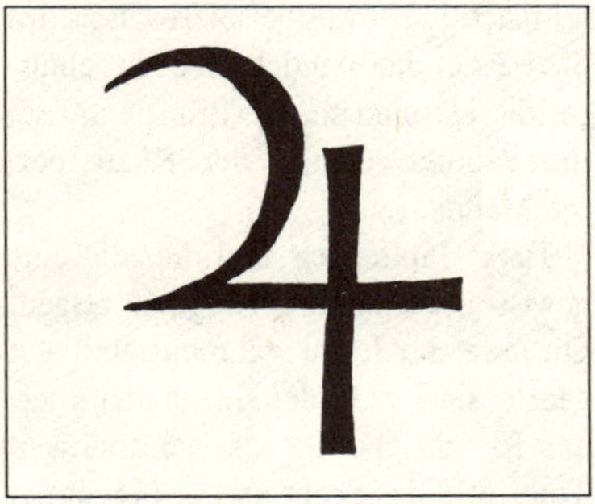

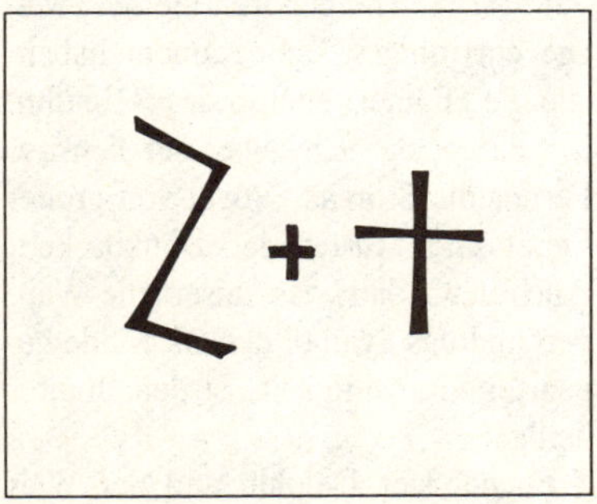

Man zeichnete das astrologisch-alchimistische Jupiter-Zeichen häufig so, daß das Symbol, das auf der einen Seite in das Kreuz übergeht, deutlich das Blitz-Symbol ist, ähnlich etwa der nord-

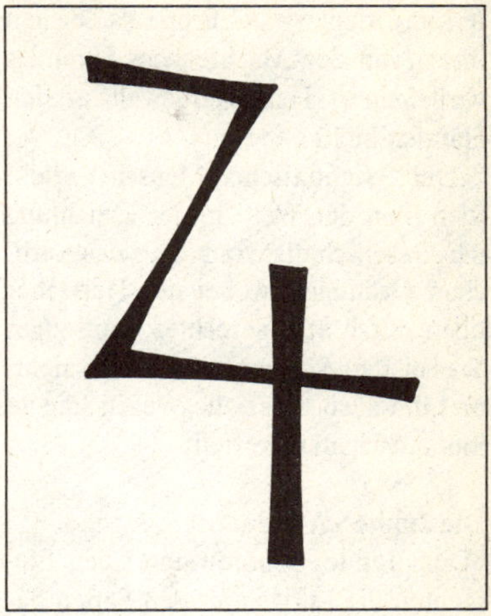

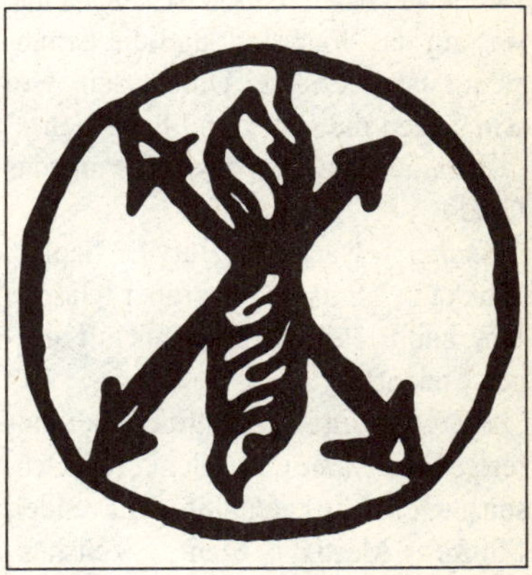

germanischen Sig-Rune, nur ohne das Symbol des Männleins mit dem Hammer, wie wir es schon auf alten Felsbildern finden und die man ›als den Donnergott (Donnar, Thor) mit dem Blitzhammer‹ deutete.

Auf alten Jupiter-Bildern (genau wie auf denen des indischen Indra) wird die Blitzflamme zum Zepter stilisiert, wie ihn tatsächlich die Könige des Mittelalters im Orient wie in Europa als Zeichen ihrer (von den Mächten des Himmels verliehenen) Herrschergewalt in den Händen hielten.

Der ›Jupiterische Mensch‹ erlebt ›den Sinn der Welt‹ in der Errichtung der Gesellschaftspyramide, der ›göttlichen Ordnung‹, wobei der Herrscher oben durch sein gerechtes, leutseliges Wesen den Segen von oben ›anzieht‹ und ihn auch unter alle Wesen (die zu ihm aufschauen) verteilt.

Die Jupiter-Welt

»Dem Jupiter gehören unter den Elementen die Luft, unter den Säften das Blut sowie der Lebensgeist, auch alles, was auf das Wachstum und die Ernährung sich bezieht. Unter den Geschmäcken die süßen und lieblichen.«

Metalle: Das Zinn, das Silber und das Gold.

Steine: Hyacinth, Beryll, Saphir, Zinkkalk, Smaragd, grüner Jaspis. Überhaupt alle die grünen und luftfarbigen Steinarten.

Pflanzen: Jupitersbart (die silberblätterige Wollblume), Basilienkraut, Ochsenzunge, Muskatenblüte, Lavendel, Münze, Mastix, Alant, Veilchen,

Lolch, Bilsenkraut. Dazu diejenigen Bäume, die man für glücklich hält, wie die Eiche, die Roßkastanie, die Stecheiche, die Buche, der Haselnußstrauch, die Pappel, der Feigenbaum, der Birnbaum, der Apfelbaum, der Weinstock, die Esche, der Kornelienkirschbaum, der Olivenbaum und das Öl. Überdies das Korn, die Gerste, der Weizen, die Rosinen, der Zucker. Überhaupt alles, dessen Süßigkeit hervortretend und fein ist, auch was einen etwas zusammenziehenden, feinen und scharfen Geschmack hat – wie beispielsweise etwa die Nüsse, die Mandeln, die Zirbelnüsse, die Haselnüsse, die Pistaziennüsse, die Päonienwurzeln, der Rhabarber, die Manna.

Tiere: Jupiterisch sind die, die eine gewisse Würde und Klugheit zeigen. Die, welche leicht zähmbar und gut geartet sind, z. B. der Hirsch, der Stier, der Elefant. Ferner alle sanftmütigen Tiere, wie das Schaf und das Lamm.

Vögel: Solche gehören hierher, welche ein ruhiges Temperament haben, wie die Hühner, ebenso das Rebhuhn, der Fasan, die Schwalbe, der Pelikan. Ferner die Störche, Vögel von großer Pietät und Muster der Dankbarkeit. Auch der Adler, das kaiserliche Wappen und das Symbol der mit Milde gepaarten Gerechtigkeit, ist dem Jupiter heilig.

Fische: Der Delphin und der Wels wegen ihrer Pietät.

Orte: Die Versammlungslokale der obersten Beamten, die Tribunale, Lehrstühle, Gymnasien, Schulen. Alle glänzenden, reinen, mit mannigfaltigen Wohlgerüchen erfüllten Orte.

Jupiterische Menschen und ihre Beschäftigungen

»Macht aufrichtige, andächtige, berühmte, gerechte, guttätige, annehmliche (also in ihren Wirkungen für ihre Untertanen und Zeitgenossen in jeder Beziehung angenehme! S. G.), getreue, wahrhaftige, großmütige Herrscher (Regenten)«, lehrte hier Georg von Welling. Und er erklärt das Grundwesen von solchen ›hohen‹ Vertretern des ›königlichen‹ Planeten – »Regenten, die nach hohen Dingen trachten«, also aus edlen Leitbildern heraus ihre Verwaltung der Länder ausüben.

Weiter »ernsthafte, doch mit vernünftiger Mäßigkeit (moderation), die ihre Geschäfte wohl verstehen, weise, ordentlich lebende, freimütige, freigiebige, geschickte Menschen.«

Steht der Jupiter ›übel‹, sind seine Eigenschaften in ihre schlechte Seite verdreht, so werden ihm Leute zugeordnet, die »nicht allzu aufrichtig und getreu sind«: Dann bezeichnet er, zumindest in unserer modernen Sprache, Vertreter eines Herrschaftssystems, die ›korrupt‹ sind, die ihre Stellung ohne

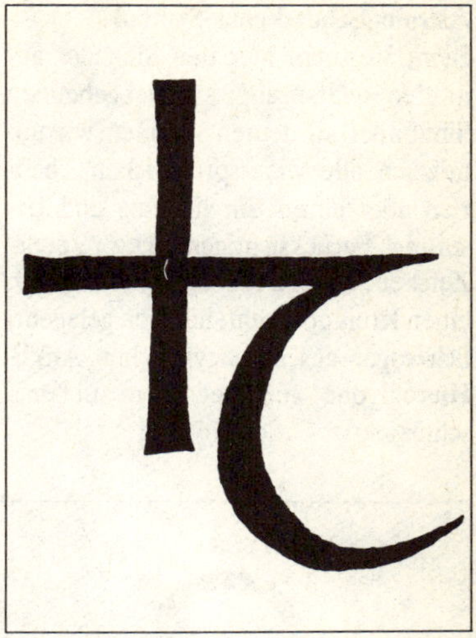

jedes Maß für ihre sehr persönlichen Zwecke und für ›Mitarbeiter‹, die ihnen zusätzliche Gewinn-Beteiligungen verschaffen, mißbrauchen. Die ›hohen Dinge‹, mit denen sie ihre Macht rechtfertigen, werden von ihnen in einem solchen Fall nicht ehrlich geglaubt – sie dienen ihnen nur als wohlklingende Schlagworte, mit denen sie ihre Untertanen und Anhänger über ihre wahren Zwecke und Ziele zu täuschen verstehen.

Um solche ›Regenten‹ zu bezeichnen, verwendeten gelegentlich die Wahrsager das ›verteufelte‹, ›dämonisierte‹, falsch gezeichnete Jupiter-Symbol: also umgedreht oder auf dem Kopf stehend. (Im zweiten Fall wird es, vor allem wenn man es etwas oberflächlich schreibt, erstaunlich ähnlich dem Zeichen des ›düsteren‹, häufig genug Zerstörung und Zerfall bedeutenden Saturn!)

Astrologisches Venus-Symbol

Beim Versuch, hier den Sinn der auf uralten Ursprung zurückgehenden Sinnbilder zu deuten, können wir unmöglich alle widersprüchlichen Theorien über deren Entwicklung und Ursprung berücksichtigen. Das Venus-Zeichen, das Kreuz der Welt, das in einen Kreis übergeht, hat man gelegentlich sogar aus der ägyptischen Ankh-Hieroglyphe gedeutet, dem Lebensschlüssel.

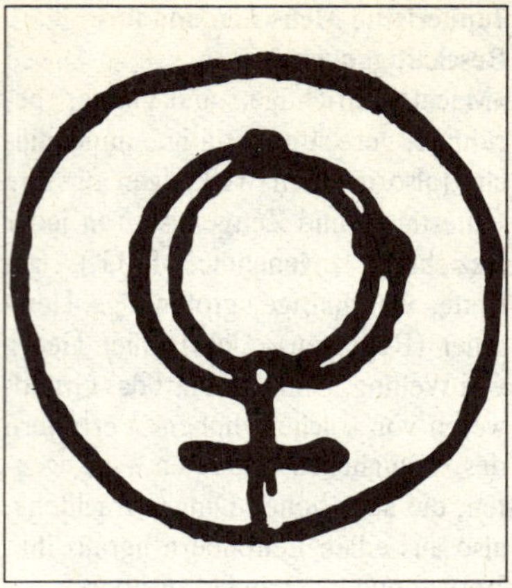

Auf mittelalterlichen Bildern, in den Darstellungen der in die Kunst der astrologischen Symbolik besonders verliebten Renaissance und noch heute erinnert der obere Kreis an den Spiegel, den die Göttin Venus sehr häufig in ihrer Hand hält:

Als der Sinn der Welt erscheint ›den Venusmenschen‹ angeblich die Ästhetik, die Schönheit in ihrem ganzen Lebensstil und in ihren sämtlichen Handlungen.

Bezeichnenderweise kommt auch der Name des Venusmetalls Kupfer vom Namen der ›Venus-Insel‹ Cypern: Im Altertum, im Mittelalter und noch für die Morgenlandfahrer der beginnenden Neuzeit war hier ein Land der Göttin von Liebe und Schönheit, weil dies einer der wichtigsten Umschlagplätze war – über den die ›dem schönen Dasein in Liebe und Lust‹ notwendigen Luxuswaren und sicherlich auch Ideen aus dem Orient in das Abendland einströmten.

Die Venus-Welt

»Unter den Elementen gehören der Venus die Luft und das Wasser; unter den Säften der Schleim nebst dem Blut und dem Samen; unter den Geschmäcken der süße, fette und angenehme; unter den Metallen das Silber und das safrangelbe und rote Erz« (Agrippa von Nettesheim).

Steine: Beryll, Chrysolith, Smaragd, Saphir, grüner Jaspis, Karneol, Adlerstein, Lazurstein, Korallen, »und alle die schönen, bunten, weißen oder grünen Steine«.

Pflanzen: Eisenkraut, Veilchen, Frauenhaar, Baldrian, Thymian, Sandelholz, Koriander – ›alle gewürzhaften Pflanzen‹. »Sowie alle angenehmen und lieblichen Obstarten, süße Birnen, Feigen und Granatäpfel, welche, wie die Dichter sagen, zuerst auf Cypern von der Venus gepflanzt wurden. Besonders sind ihr die Rose und die Myrte geweiht.«

Tiere: »Die üppigen, mutwilligen und verliebten, z. B. die jungen Hunde und Katzen, die Kaninchen, die Mutterschafe, die Ziegen und der Bock, welch letzterer schneller als die übrigen Tiere sein Zeugungsgeschäft verrichtet... Desgleichen der Stier wegen seines Stolzes und das Kalb wegen seines Mutwillens.«

Vögel: »Der Schwan, die Bachstelze, der Pelikan, die ihre Jungen am meisten lieben. Ferner sind der Rabe und die Taube der Venus heilig, ebenso die Turteltaube... Ebenso der Sperling... Den Adler nennen die Ägypter ebenfalls einen Vogel der Venus, weil er zur Liebe sehr geneigt ist; denn wenn das Weibchen sich des Tages auch schon dreizehn Mal begatten ließ, so kommt es doch von neuem herbei, sobald das Männchen lockt.«

Fische: Diejenigen, die wegen ihrer »Geilheit«, »der Liebe zu ihrer Brut« oder wegen ihrem »gewürzhaften und lieblichen Geruch« auffallen.

Orte: Die lieblichen Quellen, die grünen Wiesen, die blühenden Gärten, die geschmückten Beete, die Häuser für die Liebeslust, die Ufer und Bäder, die Tanzsäle.

Venusische Menschen und ihre Beschäftigungen

Die Venus gibt nach Georg von Welling »schöne, wohlgestalte, fröhliche Liebhaber aller Lustbarkeiten«. Sie sind barmherzig, friedliebend, zu aller Wol-

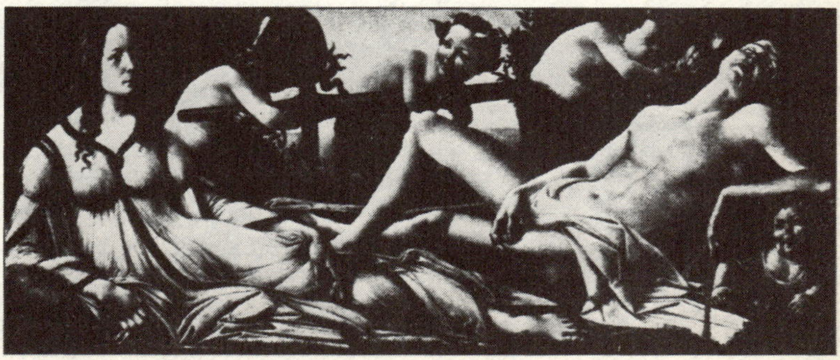

lust geneigt. Sie hassen Zank und Zorn, sind andächtig. Wie moderne Astrologen, die ganz aus der großen Überlieferung schöpfen, andeuten, besteht ihre Frömmigkeit in ihrem Gefühl, die Welt sei ein vollendetes Kunstwerk Gottes. Sie sind die eigentlichen Künstler, wenn man darunter die Fähigkeit begreift, seine Umwelt und jede seiner Handlungen möglichst schön erscheinen zu lassen.

Ist der Venus-Einfluß aber schwach, übel, dann gibt es ›dank‹ ihm nur »furchtsame Hurer; Unzüchtige, die mit

Huren alles verschwenden«. Um den schlechten Einfluß dieser Grundkraft zu bezeichnen, stellte man etwa das alte Stern-Symbol ›auf den Kopf‹: Es ist dies angeblich der umgekehrte Spiegel, in den man nicht mehr hineinblicken will, weil er den Menschen nur noch in seiner ›unzüchtigen‹, haltlosen, widerlichen Gestalt zeigt.

Astrologisches Saturn-Symbol

Der Saturn, der Planetengott des Samstags (im Englischen noch immer Saturn-Tag, Saturday), wandert am weitesten von uns entfernt, steht also für den Betrachter, »am nächsten bei den unbeweglichen (fixen) Gestirnen«.

Weil er von den sichtbaren Planeten die größte Umlaufbahn hat, bewegt er sich scheinbar am langsamsten. Sein Metall ist nicht zuletzt aus diesem Grunde das schwere und auch giftige ›saturnische‹ Blei.

Auf den Bildern erscheint er darum als der Zeitgott, der alle sichtbaren Dinge vergehen, sterben läßt. Stets hat er eine Sense oder eine Sichel in seinen Händen: In dieser Beziehung haben sich die bekannten Bilder vom ›Schnitter Tod, der alle Geschöpfe mäht‹, ganz sicher aus der Darstellung des düsteren Planetengottes entwickelt.

Wie die Wesen, die dem Mond folgen, die Welt als ein ewiges Wachsen, ein Steigen der Lebenskräfte sehen, so erkennen ›die Kinder des Saturns‹, also des Planeten, der am Ende der Woche steht, das Leben als etwas Trauriges, Melancholisches, als ein ewiges Versinken in Welken, Alter, Tod: In einigen Richtungen der magischen Religionen

der Karibik (meistens unter dem Namen Vaudou zusammengefaßt) erscheint darum ›Meister Saturn‹, ›der Herr des Samstags‹ (Baron Samedi) als Beherrscher alles lebensfeindlichen Wissens, ›der schwarzen Magie‹.

Der Bogen unten am Kreuz, wie wir ihn am bekannten astrologischen Saturnzeichen sehen, wird darum noch immer als das Krummesser, die Sense, die Sichel verstanden, der Hinweis darauf, »daß alles in der Welt dem zeitlichen Ende, dem Tode angehört«.

Die Saturn-Welt

Auch hier folgen wir der ›Okkulten Philosophie‹ des großen Agrippa von Nettesheim. »Saturnisch sind unter den Elementen die Erde und auch das Wasser; unter den Säften die feuchte, schwarze Galle, sowohl die angeborene wie die später hinzukommende. Von den Geschmäcken die sauren, scharfen und unangenehmen. Von den Metallen das Blei.«

Steine: Onyx, Saphir, brauner Jaspis, Chalcedon, Magnet. Alle braunen und schwarzen Erdarten.

Pflanzen: Schlangenkraut, Raute, Kümmel, Nieswurz, der stinkende Alant, der Alraun, der Mohn. Ferner solche, die betäuben, die keine Früchte tragen oder die schwarze Beeren und Früchte hervorbringen, wie der schwarze Feigenbaum, düster, von herbem Geschmack, starkem Geruch, schwarzem Schatten, mit scharfem Harz, reich an Früchten, von unvergänglicher Dauer und dem Pluto heilig. Ebenso der Eppich, mit dem man im Altertum die Gräber, ehe die Leichen in sie gelegt wurden, zu bestreuen pflegte. (Weshalb man bei den Gastmählern aus allen Kräutern und Blumen Kränze flechten durfte, nur nicht aus Eppich, weil er Trauer verkünde und der Heiterkeit zuwider sei!)

Tiere: Saturnisch sind alle kriechenden, einsamen, nächtlichen, traurigen, zur Betrachtung geneigten oder gänzlich dummen Tiere. Auch die habsüchtigen, furchtsamen, melancholischen, mühseligen, langsamen, unreinen, und die, welche ihre eigenen Jungen fressen. Von solcher Art sind der Maulwurf, der

Esel, der Wolf, der Hase, das Maultier, der Kater, das Kamel, der Bär, das Schwein, der Affe, der Drache, der Basilisk, die Kröte. Ferner sind saturnisch alle kriechenden und schleichenden Tiere, die Skorpione, die Ameisen und die, welche im Boden, im Wasser, in den Ruinen von Gebäuden aus der Fäulnis entstehen (wie die Mäuse und mancherlei Würmer).

Vögel: Die langhalsigen und schreienden, wie die Kraniche, die Strauße und die Pfauen, die dem Saturn und der Juno heilig sind. Desgleichen der Uhu, die Nachteule, die Fledermaus, der Wiedehopf, der Rabe.

Fische: Der Aal, der abgesondert von anderen Fischen lebt. Eine Art Haifisch, der seine eigenen Jungen verschlingt. Desgleichen die Schildkröten, die Austern, die Muscheln, die Seeschwämme – »und was sonst von dieser Art ist«.

Orte: Alle stinkenden, finsteren, unterirdischen, traurigen und Leichen enthaltenden, wie Kirchhöfe, Gräber, von Menschen verlassene und durch das Alter verfallene Wohnungen. Finstere und schauerliche Orte, einsame Grotten, Höhlen und Gruben. Auch Fischteiche, Pfützen, Sümpfe.

›Saturn, der Patron der Zauberer‹

Saturnische Menschen und ihre Beschäftigungen

»Ernsthafte, ansehnliche, tiefsinnige Liebhaber verborgener heimlicher Wissenschaften. Verschwiegene, die Einsamkeit liebende Menschen, die niemandes Rat folgen – sondern nur ihrem eigenen Sinn. Arbeitsame, geduldige, karge, herrschsüchtige Menschen, die nur ihre eigene Bequemlichkeit lieben. Sie halten ihr Versprechen, sind aber doch nicht allzu aufrichtig. Sie lieben den Ackerbau und die Bergwerke. Sie lieben den königlichen Stand und wohnen gern in Schlössern. Stehet aber der Planet Saturn nicht wohl, macht er nichtswürdige Menschen, furchtsame, unflätige, die auf nichts achten« (Georg von Welling).

Die Astrologen erklären aus dem ›negativen Saturn‹ die Möglichkeit eines Weltbildes, das sich zur Grundlage (zur saturnischen Religion) einen naturwissenschaftlichen und damit auch wirtschaftlichen Materialismus nimmt: Die Gelehrsamkeit, so betrieben, ›beweist‹ dann angeblich nur, daß die Welt ein blindes, an sich sinnloses Zusammenspiel der Naturkräfte sei, also eigentlich ein Chaos. Die Schlußfolgerung daraus ist der Nihilismus, der Glaube, daß es nichts Höheres gebe, daß der Kluge und Starke sich also das Recht zu einer rücksichtslosen Ausbeutung alles unter ihm Stehendem herausnehmen dürfe. Solche Menschen und ihre Ideen bezeichnet etwa ein Kenner der Tarot-Überlieferung mit einem Saturn-Symbol, das umgekehrt gezeichnet wird: Er nennt es dann Satans-Gabel oder Teufels-Haken.

Mögen von solchen Vorstellungen und entsprechenden Zeichen in der Vergangenheit (und sicher auch in der Gegenwart!) sehr viel Unsinn und damit Aberglaube der Furchtsamkeit ohne Ende verbreitet worden sein, wir finden doch überall die Überzeugung, daß das Böse an sich nicht besteht: »Es ist das unvollkommene, entartete, schwache Gute« (oder wie das Sprichwort lehrt – »der Weg in die Hölle ist mit guten Vorsätzen gepflastert«).

Astrologisches Sonnen-Symbol

Der Kreis mit dem Punkt in der Mitte ist das Zeichen für die Sonne, den Sonntag, das Gold als das edelste der Grundmetalle.

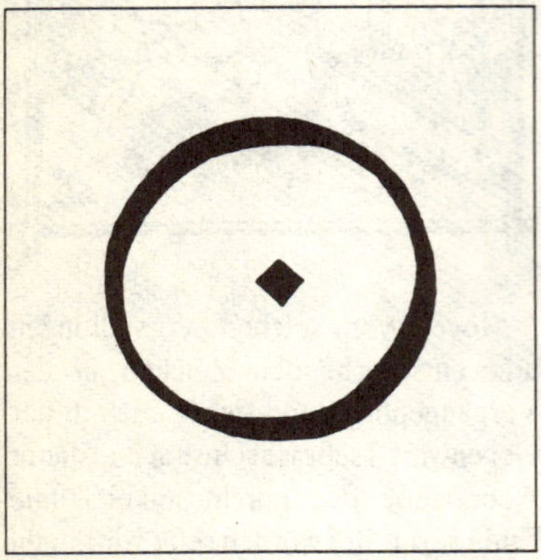

Wenn die sechs Punkte des Sechssterns der Magier (Hexagramm) die sechs Planeten bedeuten, dann ist der Punkt in der Mitte die Sonne: Sie gibt allen anderen ›Wandelsternen‹ ihre Energie, enthält also alle ihre Kräfte in sich – wird also als der König des Himmels aufgefaßt.

Der Kreis ist die Welt und ihre Kreisläufe, durch die wir die Zeit messen, also die Bewegung der Sonne durch den Tag, das Jahr, den Tierkreis. Während alle die anderen Planeten in ihren Wirkungen ›einseitig‹ sind, umfaßt der ›Sonnenmensch‹ alle die sechs Erkenntnisse, die die anderen ›Tagesgötter‹ vermitteln: also die der Welt als ewige Entfaltung des Lebens, als Kampf ohne Ende, als Wissenschaft von den Wandlungen, als Pracht der Ordnung, als Suche nach dem vollkommenen Glück in schöner Umwelt, als Einblick in die Vergänglichkeit und den Tod in allen Dingen.

Die Sonne lehrt den Mittelpunkt im Reigen aller Sterne, also den Kreislauf

aller Möglichkeiten zu erkennen: Die Welt wäre, würde sie nur von einer der sechs astrologisch-alchimistischen Grundkräfte beherrscht, ein Jammertal. Sie ist nur bunt und vielseitig, weil es alle gibt, sie aufeinander wirken, ihre Einflüsse sich dauernd vermischen, sich gegenseitig aufheben, sich durchdringen. Nach dem dunklen Saturn kommt wieder der lichte und freundliche Mond, nach dem Absterben also wieder der Sieg des Lebens: Um dies zu erkennen und damit die Schöpfung zu bejahen, steht zwischen beiden die Sonne, das ewige Symbol der Erleuchtung in den Mysterien der verschiedenen Religionskreise.

Die Sonnen-Welt

»Unter den Elementen sind solarisch (sonnenhaft) das Feuer und die lichte

Flamme; unter den Säften das reine Blut und der Lebensgeist; unter den Geschmäcken der scharfe, mit Süßigkeit vermischte.«

Metalle: Das Gold, dem die Sonne eine herzstärkende Eigenschaft verleiht.

Steine: Solche, die durch goldene Punkte die Sonnenstrahlen nachahmen – wie der Adlerstein, der solche Punkte hat und eine Kraft gegen die fallende Sucht und gegen Gifte besitzt. Der Stein, welcher Sonnenauge heißt und die Figur einer Augenpupille hat, aus deren Mitte ein Strahl hervorschimmert, stärkt das Gehirn und das Gesicht, der in der Nacht leuchtende Karfunkel vertreibt jedes dunstige und in der Luft schwebende Gift. Der Chrysolith, von zarter und lichter, grüner Farbe, worin, wenn man ihn gegen die Sonne hält, ein goldener Stern schimmert, stärkt die Atemorgane und ist den an Engbrüstigkeit Leidenden von Nutzen. (Wenn dieser Stein durchbohrt, das Loch mit Eselshaaren ausgefüllt, an den linken Arm gebunden wird, so vertreibt er die Gespenster, die melancholischen Schrecken und die Narrheit.) Der Regenbogenstein, der seinem Aussehen nach einem Kristalle gleicht und häufig sechseckig gefunden wird, sammelt die Sonnenstrahlen und wirft sie gleich einem Regenbogen auf die gegenüber befindliche Wand – wenn man unter einem Dache den einen Teil desselben den Sonnenstrahlen entgegen, den andern aber im Schatten hält. Der Sonnenwendstein (Heliotrop), ein grüner Stein wie der Jaspis oder Smaragd, mit roten Punkten besät, verleiht dem, der ihn bei sich trägt, Standhaftigkeit, Ruhm, guten Ruf und langes Leben. (Noch eine wunderbare Kraft besitzt der genannte Stein in bezug auf das menschliche Auge, welches er so zu

verblenden vermag, daß derjenige, der ihn bei sich trägt, unsichtbar wird, was er jedoch nicht bewirkt ohne Beihilfe des gleichnamigen Krautes, der Sonnenwende!)

Dem Hyazinth hat die Sonne eine Kraft gegen Gifte und pestilenzialische Dünste verliehen; er macht den, der ihn bei sich trägt, sicher und angenehm, verschafft Reichtum, macht verständig und stärkt das Herz; im Munde gehalten erfreut er das Gemüt ausnehmend. Sonnensteine sind überdies der Topas, der Chrysopras, der Rubin. Der Sonne gehören ferner an das Auripigment und die meisten Mineralien von lichter oder Goldfarbe.

Pflanzen: Die, welche sich nach der Sonne kehren, wie die Sonnenwende, und die bei Sonnenuntergang die Blätter einziehen, bei Sonnenaufgang aber sie wieder entfalten, wie der Lotus – dessen solarische Eigenschaft die Figur seiner Früchte und seiner Blätter anzeigt. Sonnengewächse sind die Päonie, das Schwalbenkraut, der Enzian, der Eschenwurz sowie das Eisenkraut (welches zur Weissagung und Reinigung beiträgt und die bösen Geister vertreibt). Ferner sind dem Sonnengott heilig der Lorbeer, die Zeder, die Palme, die Esche, der Efeu und der Weinstock. Alles, was Gifte und Blitze vertreibt und immergrünend nicht des Winters Strenge fürchtet. Dazu kommen noch die Minze, der Mastix, der Zittwer, der Safran, der Balsam, der gelbe Honig, das Aloeholz, die Gewürznelke, der Zimt, der Kalmus, der Pfeffer, der Weihrauch, der Majoran und das Rosmarinkraut, welches Orpheus das Rauchwerk der Sonne nennt.

Tiere: Alle großmütigen, beherzten, nach Sieg und Ruhm trachtenden, wie der Löwe, der König der Tiere, das Krokodil, der Fuchs, der Widder, der Ziegenbock, der Stier (der König der Herden, der von den Ägyptern der Sonne geweiht wurde). Solarisch ist der Hundsaffe, der jede Stunde des Tages, also zwölfmal bellt und zur Zeit der Sonnenwende ebenso oft pißt – dies tut er auch bei Nacht, weshalb die Ägypter sein Bild auf ihren Wasseruhren darstellten.

Vögel: Phönix, Adler (der König der Vögel). Desgleichen der Geier, der Schwan und auch die Vögel, welche die aufgehende Sonne gleichsam mit Lobpreisungen begrüßen und anrufen, wie der Hahn und der Rabe. Ferner auch der Habicht, weil er in der ägyptischen Theologie das Symbol des Geistes und des Lichtes ist.

Insekten: Alle sind solarisch, welche ein Bild der Wirkungen der Sonne darstellen, wie die Johanniswürmchen, die bei Nacht leuchten.

Wassertiere: Am meisten solarisch ist bei diesen das Seekalb, welches vom Blitze nicht getroffen wird. Desgleichen die Fingerhutmuschel und die Seelunge, die bei Nacht leuchten. Ebenso der Sternfisch wegen seiner Hitze. Ferner eine Art gewundener Schnecken.

Orte: Die hellen und heiteren, wie beispielsweise die Paläste der Könige und Fürsten. Die Schaubühnen, die Theater, die Throne und alles Königliche und Herrliche.

Sonnen-Menschen und ihre Beschäftigungen

Die Sonne gilt als vollkommenstes ›Gestirn‹, und ihr Zeichen deutet auch (genau wie ihr Metall Gold!) auf die Menschen mit der allerbesten, ›vollkommensten‹ Wesensart: »Hitzige, weise, keusche, getreue, gerechte Freunde.« Sonnen-Menschen sind sehr ehrerbietig, werden also nach den Astrologen wegen ihrer Tugenden allgemein ge-

ehrt, und sie ehren selber jedermann, in dem sie erfreuliche Eigenschaften zu entdecken vermögen.

Sie haben angeblich ›wahrhafte Träume‹, ihr Unbewußtes ist also von keinerlei halbwegs verdrängten niedrigen Wünschen und Ängsten angefüllt. Sie verbreiten um sich, genau wie die Sonne, alles Gute, den Segen in jeder nur denkbaren Art, und sie verstehen auch, überall, in allen Wesen, die besten Anlagen sichtbar und wirksam werden zu lassen.

Das Sonnen-Zeichen, der runde Kreis mit dem Punkt darin, ist das einzige unter den sieben wichtigsten Gestirn- und Welt-Symbolen, das man unmöglich umdrehen, auf das Haupt zu stellen vermag: Die Sonne ist immer gut, oder wie etwa der Wahrsager erklärt – »man kann sich vorstellen, daß sie untergeht, daß sie wegen der Nacht oder der dunklen Wolken nicht da ist, sie kann aber eigentlich in der Astrologie nie mit dem Gedanken an schlechte Wirkungen verbunden sein«.

Die zwölf Tierkreiszeichen

Die vier Elemente in der Astrologie

Die zwölf Tierkreiszeichen werden seit altersher unter den vier astrologisch-alchimistischen Eigenschaften eingeteilt, und zwar abwechslungsweise – zuerst immer Feuer, dann Erde, Luft und Wasser. Auf diese Weise entsprechen dann je drei der Sonnenmonate einer der vier Grundhaltungen (Temperamente) der irdischen Wesen gegenüber ihrer Umwelt.

Dem Element Feuer: Der ›flammende‹, alles um sich herum entzündende, mitreißende Wunsch und Wille, sich zu entfalten, zu behaupten, sich um jeden denkbaren Preis durchzusetzen. Also die dauernde kühne, unvorsichtige, maßlos selbstbewußte und aktive Tätigkeit.

(Die Feuerzeichen sind: Widder, Löwe, Schütze.)

Dem Element Erde: Entspricht der vorsichtige, berechnende, geschickt alle vorhandenen Möglichkeiten ausnützende Wunsch und Willen, recht viel der materiellen (›irdischen‹) Welt im Umkreis zu kontrollieren, zu begreifen und zu besitzen.

(Die Erdzeichen sind: Stier, Jungfrau, Steinbock.)

Dem Element Luft: Entsprechen die Eigenschaften der seelischen und leiblichen Schnelligkeit, der vernünftigen und geschickten Beweglichkeit; stets untergeordnet dem Wunsch, ein ›luftiges, leichtes, lustiges Dasein‹ zu führen und auch anderen zu gewähren.

(Die Luftzeichen sind: Zwillinge, Waage, Wassermann.)

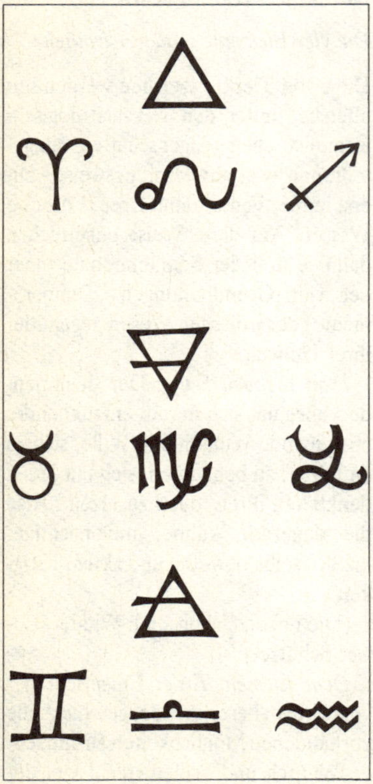

Nostradamus: Astrologe und Wahrsager

Dem Element Wasser: Entspricht endlich der Wunsch nach möglichst viel Friede und Ruhe, also der Rückzug eines Wesens oder auch eines ganzen Volkes ›vor dem Sturm der Welt‹. Dem entspricht das Aufgeben der äußeren Geltung und Macht, und damit die Sehnsucht und auch die folgerichtigen Bemühungen um den Reichtum der inneren Entwicklung.

(Die Wasserzeichen sind: Krebs, Skorpion, Fische.)

Der Kraftwert der einzelnen Tierkreiszeichen (Qualität)

Die alten Astrologen teilten die drei Zeichen, die jedem Element zukommen, nach ihrem jeweiligen Energiewert in drei Stufen ein, womit wir, was die Symbolik angeht, eine weitere Dreiheit besitzen.

Geringe (leicht änderliche, wechselnde, schwache) Kraft besitzen demnach Zwillinge, Jungfrau, Schütze, Fische.

Die Energie der Wesen, in denen ein solcher Einfluß überwiegt, wäre folglich, »da sie im eigenen Element unsicher sind und dauernd schwanken«, sehr beschränkt und darum eigentlich zu einer folgerichtigen Tätigkeit selten genügend.

Fixe (feste, ausgeglichene, beständige) Kraftentfaltung besitzen: Stier, Löwe, Skorpion, Wassermann.

Die Wesen dieser Zeichen sind klug und vernünftig genug, sich in ihrem Lebenskreise zu vervollkommnen und sich bis an die Grenzen der Möglichkeiten zu entfalten, sozusagen ihre ihnen

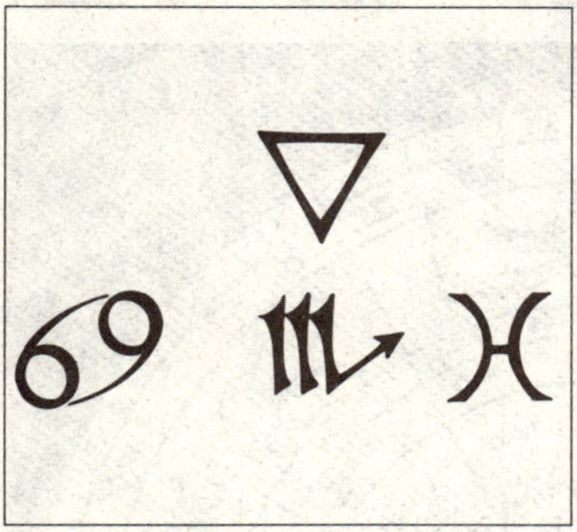

zugeteilte Machtstellung auszubauen. Die Fähigkeit ihres Bewußtseins und ihre Energie würden aber nicht genügen, das Abenteuer des Vorstoßes in ein neues, ihnen zuerst eher fremdes Gebiet zu wagen.

Die Hauptkraft ihrer Elemente besitzen die ›kardinalen‹ Zeichen: Widder, Krebs, Waage, Steinbock.

Diese Zeichen geben den schöpferischen Reichtum der Ideen und darum eine Fülle der sich dauernd erneuernden Energien – also die Fähigkeit, scheinbar ohne Ermüdung und Altern endlos Anregungen und Wirkungen auszulösen.

Die Planetenhäuser

Neben ihrer Einteilung nach den Elementen und den drei Energiestufen, die ihre zwölf verschiedenen Wesensarten ergeben, ist für die Astrologie (und den heute noch von ihr bestimmten europäischen Volksglauben!) zusätzlich die Beziehung der Tierkreiszeichen zu den Planeten wichtig.

Nur Sonne und Mond haben je ein ›Haus‹, eben Löwe und Krebs, weil sie jeder eine der Hälften des Jahres beherrschen: die männliche, wenn die Sonne bis zur Sommersonnenwende steigt – und die weibliche, wenn die Tage kürzer werden und damit die Dunkelheit der Nacht und der Mond im Bewußtsein der Völker immer mehr Macht gewinnen.

Der Mars hat auf der männlichen (aufsteigenden) Seite den Widder, auf der weiblichen den Skorpion.

Der Merkur besitzt Zwillinge und Jungfrau.

Der Jupiter: Fische (steigend, männlich) und in der ›weiblichen‹ Jahreshälfte den Schützen.

Die Venus hat für ihre männliche, aktive Seite den Stier als Haus, für ihre passive, weibliche Seite die Waage.

Der Saturn endlich besitzt seine beiden Häuser, den Steinbock und den Wassermann, sogar unmittelbar nebeneinander.

Man nimmt deshalb den Steinbock, der näher der Wintermitte liegt, als noch mehr der weiblichen Jahreshälfte zugehörig, den Wassermann dagegen als ganz im aktiven Teil der in Richtung der Sommersonnenwende ›steigenden‹ Monate.

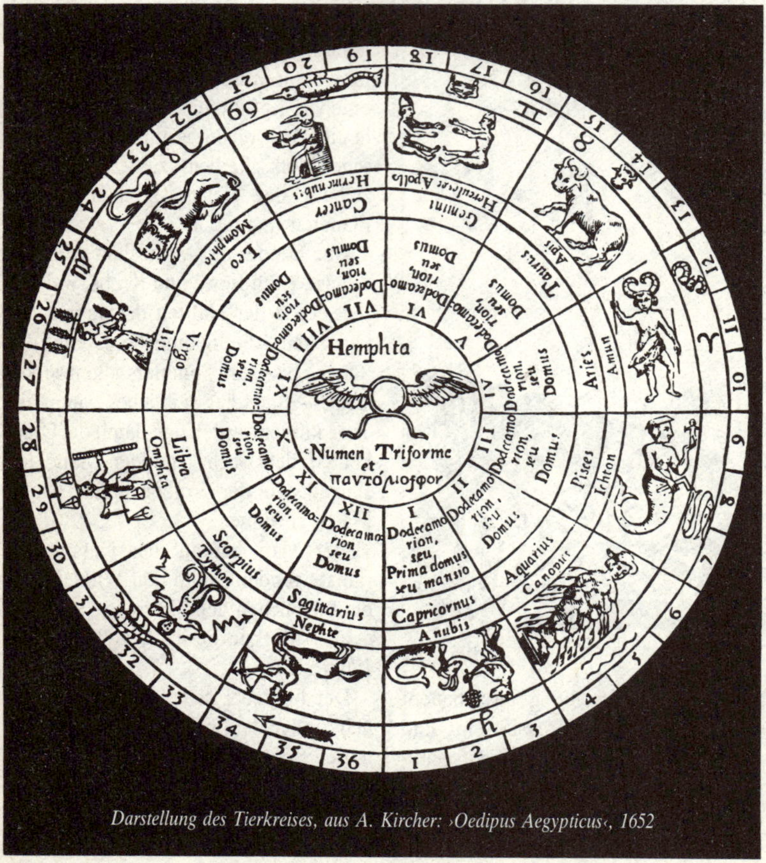

Darstellung des Tierkreises, aus A. Kircher: ›Oedipus Aegypticus‹, 1652

Der Widder (Aries)

Im Fische-Zeitalter: 21. März – 20. April (in der Wassermann-Zeit 21. April – 21. Mai).

Athanasius Kircher zeichnet dafür in seinem berühmten ›Oedipus Aegyptiacus‹ (1652) einen starken, aufrechten Mann, der in jeder seiner beiden Hände einen Stab hält – einen hebt er empor, mit dem anderen scheint er zum Erdboden zu zeigen (ähnlich wie etwa die Welt

Der indische Feuergott Agni auf dem Widder

auf dem entsprechenden Tarotbild!): Jedes Steigen der Entwicklung, wofür der Widder noch immer das sprechende Sinnbild ist, ob des Lebens überhaupt, des Sonnengottes am Himmel, von Völkern, ganzen Kulturen, des einzelnen Menschen, hat immer zwei Seiten – geht immer auf Kosten von früheren Zuständen, des Abgelebten, des Absterbenden.

Mit dem einen Stab, den er emporhält, erinnert der Mann mit den gekrümmten Hörnern, wie ihn Kircher aus den antiken Quellen wiedergibt, nicht nur an den Meister der nächtlichen Bergversammlungen in den deutschen und französisch-burgundischen Hexensagen, er besitzt auch eine gewisse Ähnlichkeit mit dem ›Gaukler‹, ›Spielmann‹ oder ›Magier‹ auf Trumpf 1 gewisser Reihen der Tarotkarten.

Noch heute ist das Hörnerpaar des Widders (Aries) deutlich die Grundlage des Zeichens, mit dem die Astrologen und Astronomen das Tierkreiszeichen darstellen: Wir beginnen hier mit diesem Frühlingsbild, weil in den alten Entsprechungslehren das menschliche Haupt, damit die in uns verborgenen Geisteskräfte, die Höhe der damit jeweils möglichen Erkenntnis, den Überblick über die Erscheinungen der Welt bedeutet.

Auch zu den heiligen Tieren des indischen Urgottes Shiva, der das Lebensfeindliche zerstört und das Neue erzeugt, gehört auf zahlreichen Bildern ein gehörntes Tier, Hirsch, Rehbock oder Antilope: Ursprünglich scheint dies aber ein Widder gewesen zu sein (Fritz).

Körperteile: Nach Georg von Welling, der, wie schon festgestellt, die Lehren der deutschen Paracelsisten, Theosophen und der Rosenkreuzer des 16.–18. Jahrhunderts zusammenfaßte und damit deren Wissen an die Romantiker unserer unmittelbaren Vergangenheit weitergab, entsprechen dem Tierkreiszeichen Widder ›Haupt, Augen, Ohren, Angesicht‹.

Eigenschaften des Zeichens Widder: Feurig, kardinal, Haus des Mars (Sonne steigend).

Der Stier (Taurus)

Im Fische-Zeitalter: 21. April–21. Mai (in der Wassermann-Zeit 22. Mai bis 21. Juni).

Das noch heute benützte Symbol für dieses Tierkreiszeichen ist ›der Kreis mit den beiden Hörnern‹, damit der einwandfrei stilisierte Kopf eines Rinds: Auch in der besonderen Verehrung des heiligen Stiers (Apis), wie wir ihn bei den besonders astrologiekundigen Ägyptern finden, glaubte man gelegentlich den Hinweis zu erkennen, daß ihre Kultur noch im Taurus-Zeitalter entstanden sei. Also, wenn wir davon ausgehen, daß wir uns heute schon im Beginn des Wassermanns befinden, in einem Weltalter, das schon 4–6 Jahrtausende zurückliegt.

Körperteile: Zum Stier gehören ›der Hals, Kehle, Genick, Gurgel‹.

Eigenschaften des Zeichens Stier: Erdig, fix, Haus der Venus (Sonne steigend).

Zwillinge (Gemini)

Im Fische-Zeitalter: 22. Mai–21. Juni (in der Wassermann-Zeit 22. Juni bis 22. Juli).

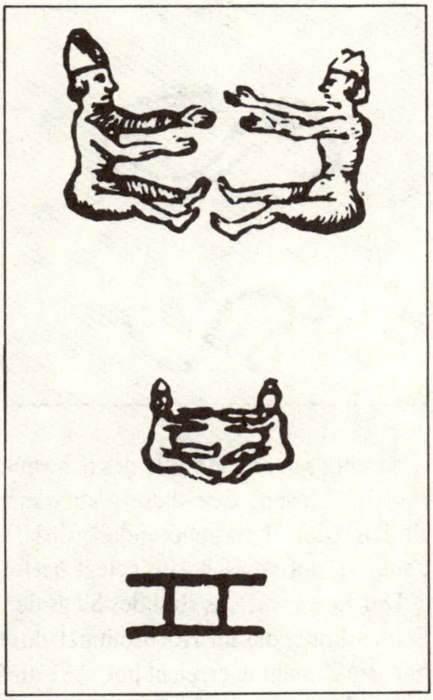

Kircher zeichnet hier als Urbild des Zeichens zwei menschliche Gestalten, die einander gegenübersitzen und sehnsuchtsvoll ihre Arme und Füße einander zustrecken: Astrologen sehen hier das Bild der Neigung der Liebe aller Wesen zueinander, des Wunsches zur Vereinigung, der mit voller Urkraft die Wesen im Frühling überkommt.

Für den indischen Tantrismus bildet eine ähnlich dargestellte (und von den Jüngern der Überlieferung körperlich ausgeführte) Stellung, Asana, das Symbol einer mystischen Schale: Es soll bedeuten, daß, wenn ein Paar so vereinigt ist, seine leibliche Nähe nur die äußere Darstellung der inneren, ›seelischen‹ Vereinigung ist, ihnen von oben jeder Segen zuströmt.

Der indische Tierkreis zeigt tatsächlich häufig als Zeichen der Zwillinge (Mithuna) einen Jüngling und ein Mädchen in Umarmung: Das Volk sieht hier gelegentlich den göttlichen Helden Krishna und seine ewige Geliebte, die schöne Hirtin Radha.

Körperteile: Den Zwillingen zugeordnet sind die doppelten Glieder des menschlichen Oberkörpers, ›die Arme, Hände, Achseln, Schultern‹.

Eigenschaften des Zeichens Zwillinge: Luftig, änderlich, Haus des Merkur (Sonne steigend).

Der Krebs (Cancer)

Im Fische-Zeitalter: 22. Juni–22. Juli (in der Wassermann-Zeit 23. Juli bis 23. August).

Kircher sieht hier das Bild des ägyptisch-griechischen Gottes Hermanubis, den er nach den ihm bekannten Hieroglyphen als das Bild eines sitzenden Menschen, der seine beiden Hände emporhebt, zeichnet: Die Sonne erreicht ihren höchsten Punkt, die Kräfte ihres Aufstiegs und ihres Abstiegs bilden ein Gleichgewicht – die immer hellere, wärmere Jahreszeit erreicht damit ein Ende. Es beginnt nun die immer dunklere, kältere Hälfte der Monate.

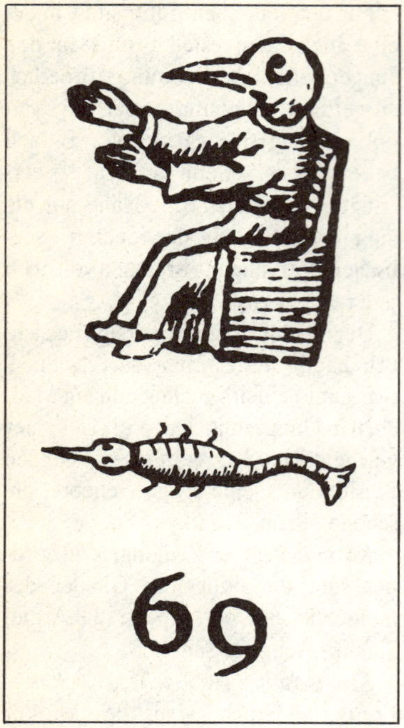

Die Betrachter der Tarotkarten, fahrende Wahrsager aus den alten Nomadenstämmen und auch Anhänger von Esoterikerkreisen, gehen zur Erklärung dieses Tierkreis-Bildes vom Tier Krebs aus, der bekanntlich – wenn er aufgeschreckt worden ist – rückwärts ins Wasser läuft: Auch dies wäre ein Symbol der Sonne, die nach der Jahresmitte sich nicht mehr ›vorwärtsbewegt‹, sondern wieder ›in das Meer der Nacht‹ zurückzieht.

Körperteile: Zum Krebs gehören ›die Brust, Lunge, Leber, Milz, Magen, Nieren‹.

Eigenschaften des Zeichens Krebs: Wässerig, kardinal, Mond-Haus.

Löwe (Leo)

Im Fische-Zeitalter: 23. Juli bis 23. August (in der Wassermann-Zeit 24. August – 23. September).

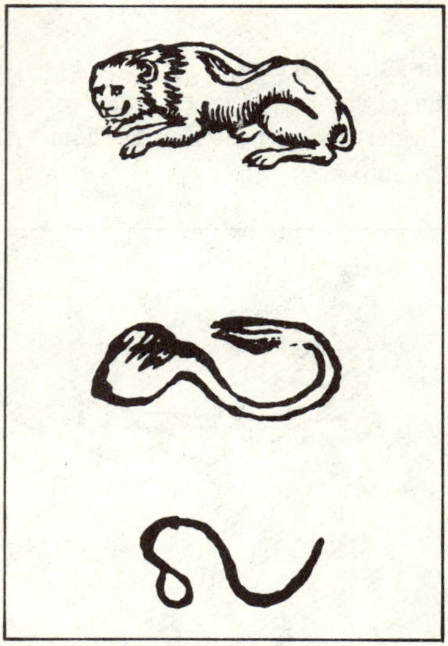

Kircher sah hier ein Bild des Schwanzes des Löwen, den dieser, auf dem Boden (der ihm gehörenden Erde!) kauernd, auf den Rücken gelegt hat.

Der Löwe war das Bild des Siegs der Sonnenkraft, die im Hochsommer ihre höchste Zunahme erreicht hat. Alle anderen Tiere (Tierkreiszeichen) verbergen sich nun vor ihrer Macht, die aber, da die Hitze jetzt unerträglich steigt, selber zu einer Gefahr für alles Leben werden kann.

Körperteile: Dem Löwen ordnen die Alten ›Herz, Rücken, Seiten, Bauch und Unterteil des Magens‹ zu.

Eigenschaften des Zeichens Löwe: Feurig, fix, Sonnen-Haus.

Die Jungfrau (Virgo)
Im Fische-Zeitalter: 24. August bis 23. September (in der Wassermann-Zeit 24. September–23. Oktober).

Kircher setzt die Jungfrau der ägyptischen Lebensgöttin Isis gleich und sieht im Zeichen für dieses Sternbild die Dreiheit der Ähren, das Symbol alles göttlichen Segens im Wachstum, den das Nahen des Herbstes verspricht.

Körperteile: Der Jungfrau ordnet man zu ›den untersten Bauch, Bauchfell und Eingeweide‹.

Eigenschaften des Zeichens Jungfrau: Erdig, änderlich, Haus des Merkur (Sonne niedersinkend).

Die Waage (Libra)
Im Fische-Zeitalter: 24. September bis 23. Oktober (in der Wassermann-Zeit 24. Oktober–22. November).

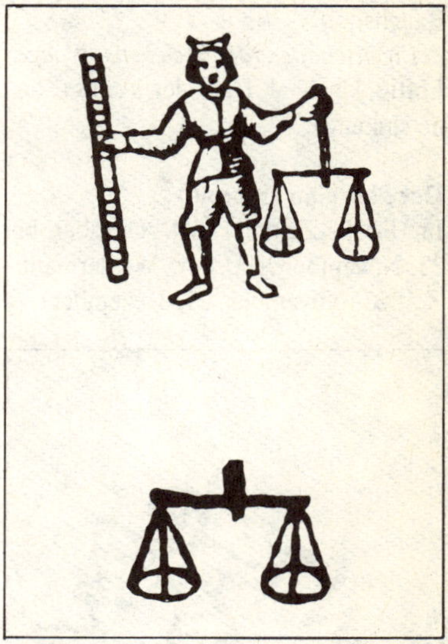

Wie die emporgehobenen Hörner des Widders auf der andern, der Frühlingsseite, sieht man im astrologischen Symbol der Waage die Veranschaulichung des Gleichgewichts, also der Tagundnachtgleiche.

Die Tagundnachtgleiche im Frühling bedeutet aber den Sieg der Sonne über den Winter, also die Aufforderung zu den Taten des neuen Jahres: Die Tagundnachtgleiche des Herbsts ist dagegen ein Zeichen für den Abschluß der Rechnungen über die Handlungen des Jahres; sie bedeutet die Ernte, die über das Wohlergehen im Winter entscheidet – sie ist darum das Zeichen für die Gerechtigkeit.

Körperteile: Der Waage zugeordnet werden die für das körperliche Gleichgewicht entscheidend wichtigen Teile des Unterleibs, ›die Lenden, Nabel, Nieren, Blase und Unterteil des Bauchs‹.

Eigenschaften des Zeichens Waage: Luftig, kardinal, Haus der Venus (Sonne sinkend).

Der Skorpion (Scorpio)
Im Fische-Zeitalter: 24. Oktober bis 22. November (in der Wassermann-Zeit 23. November–21. Dezember).

Kircher sah hier das Bild des ägyptischen Typhon, mit dem sich in der Spätantike offenbar die Religionsphilosophen des ganzen Mittelmeerraumes beschäftigten und aus dem darum nach vielen Schriftstellern die Christen einiges zur Ausprägung ihres Teufelsbildes übernahmen: Nach dem Mythos tötet der dunkle Typhon (Seth) seinen lichten Bruder Osiris, den guten Herrscher der Erde – der aber dann von der Lebensgöttin Isis auferweckt und durch den Heilbringer und Held Horus am Herrn der Finsternis gerächt wird.

Kircher zeichnet Typhon mit Beinen, die in Schlangenleiber ausgehen, und mit Händen, die auf beiden Seiten seines Leibs die Zerstörung auf den Boden gießen: Den Pfeil nach unten, in den das astrologische Zeichen für diesen Sternenmonat ausgeht, nennt man auf alle Fälle noch immer – den giftigen Skorpionschwanz.

Vom Skorpion erzählt die alte, heute fast allgemeine Legende, daß er sich am Ende seines Daseins, also wenn ihm das Weiterleben vollkommen verleidet ist (sonst würde nach dem Volksglauben dieses Wundertier gar nicht sterben!) – selber tötet, Selbstmord begeht: Auch dies scheint ein Bild für die Abnahme, das im Spätherbst fast vollkommene Absterben der Sonnenkraft.

Körperteile: Zum Skorpion gehören, wie sich Georg von Welling ausdrückt, ›die Scham (also die Geschlechtsteile überhaupt!) Geburts-Glieder, Ausgang der Blase, und der Hintern‹.

Eigenschaften des Zeichens Skorpion: Wässerig, fix, Haus des Mars (Sonne sinkend).

Der Schütze (Sagittarius)
Im Fische-Zeitalter: 23. November bis 21. Dezember (in der Wassermann-Zeit 22. Dezember–20. Januar).

Kircher läßt für dieses Sternbild einen Kentaur zeichnen, einen Mann mit einem starkem Pferdeleib, der siegreich in den Kampf stürmt und dabei gerade einen Pfeil auf die Sehne seines Bogens legt.

Der Pfeil, der das Zeichen des Schützen ist, ist auf alle Fälle ebenso das Symbol der männlichen Zeugungskraft wie der antike Roßmensch: Wobei die entsprechenden Mythen des Mittelmeeres ganz sicher mit der indischen Vorstellung von Kalki in Beziehung stehen wie auch von Vishnu, dem göttlichen Erhalter der Welt, der als unbesiegbarer Reiter oder Roßmensch alle dunklen Kräfte in die Flucht zu schlagen vermag.

Im Schützen vollzieht sich für die Astrologen die Auferstehung und die Zeugung der neuen Sonnenkraft, damit der Anfang des Wiederbeginns der warmen und hellen Jahreszeit.

Körperteile: Dem Schützen entsprechen meistens ›die Lenden über dem Knie‹. Da der Pfeil, der das Tierkreiszeichen ausmacht, deutlich an das Mars-Symbol, dieses Symbol für das männliche Element überhaupt, erinnert, wird dem Sternzeichen des Schützen von den Astrologen verständlicherweise häufig auch das männliche Zeugungsglied zugeordnet.

Eigenschaften des Zeichens Schütze: Feurig, änderlich, Haus des Jupiter (Sonne sinkend).

Der Steinbock (Capricornus)
Im Fische-Zeitalter: 22. Dezember bis 20. Januar (in der Wassermann-Zeit 21. Januar–19. Februar).

Alte Bilder zeigen dieses Tierkreiszeichen ebenfalls als wunderbares Mischwesen: Mit dem Haupt, den Hörnern, den Vorderhufen des Steinbocks und mit einem Schlangenleib, der in einen Fischschwanz ausläuft. Kircher sah darum das astrologische Zeichen dieses Mondmonats als die Stilisierung dieses Bildes aus dem antiken Sternenmythos.

Der Steinbock ist das verständliche Zeichen für die Sonne, ›die wieder zur Himmelshöhe steigt‹, der Schlangenleib ist der tröstende Hinweis für den Kreislauf der Jahreszeiten: Der Fischschwanz im Wasser zeigt einen Monat, in dem die Sonnenkraft noch zu einem großen Teil im Dunkel der Tiefe verborgen scheint.

Körperteile: Am menschlichen Körper entsprechen dem Tierkreiszeichen Steinbock die Knie.

Eigenschaften des Zeichens Steinbock: Erdig, kardinal, Saturn (Sonnenkraft gering).

Wassermann (Aquarius)

Im Fische-Zeitalter: 21. Januar bis 19. Februar (in der Wassermann-Zeit 20. Februar–20. März).

Das astrologische Zeichen zeigt zwei Wellenlinien, also ein Bild des Wassers: Einige Symboliker sehen in der unteren Linie das Weltmeer, in der oberen die Erde mit ihren Bergen (oder die Lotusblüte), die aus den Fluten des Urozeans steigt. Also das Bild der Neuschöpfung der Welt.

Ähnlichen Sinn hat sicher die Vorstellung des Wassermanns überhaupt: Der Mensch, das Leben steigt auf das Land, verläßt also schrittweise die dunkle Jahreszeit, um seinen Beschäftigungen in der warmen Jahreshälfte nachzugehen. Im Wassermann-Monat künden sich die ersten Zeichen des nahenden Frühlings an – für den Menschen, der noch unmittelbar mit seiner Umwelt verbunden lebt, ist dies noch immer jedes Jahr das Wunder der Neuschöpfung der Erde.

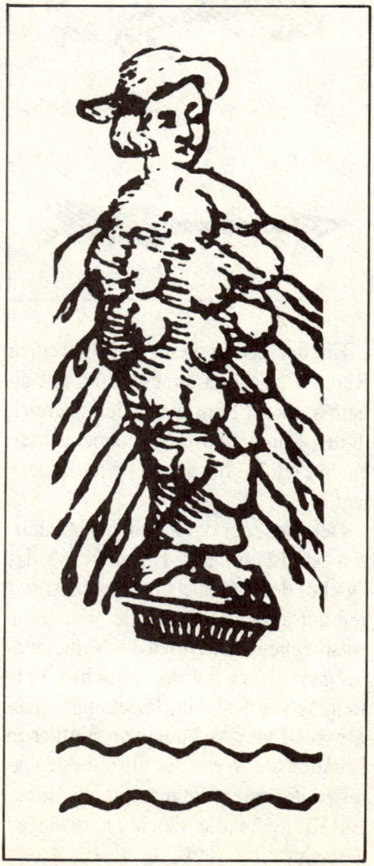

Die Inder zeichnen für das Zeichen des Wassermanns (Kumbha) gern einen jungen Mann mit einem Gefäß in den Händen.

Körperteile: Vom menschlichen Leib ›regiert‹ das Tierkreiszeichen Wassermann ›die Waden und Unterschenkel‹.

Eigenschaften des Zeichens Wassermann: Luftig, fix, Haus des Saturn (Sonne steigend).

Die Fische (Pisces)

Im Fische-Zeitalter: 20. Februar bis 20. März (in der Wassermann-Zeit 21. März–20. April).

Kircher sah als Vorbild für dieses Zeichen die ägyptische oder hellenistische Darstellung der göttlichen Wesenheit mit Fischschwanz – die in einer Hand einen Winkel (als Dreispitz mit der Spitze nach oben) hält und mit der andern eine kleine Menschengestalt emporhebt: Wiederum zweifellos ein Symbol der Neuschöpfung der Welt, des Lebens überhaupt – und zum Schluß, als höchstes Kunstwerk, der denkenden Wesen. (Die drei Tierkreis-Bilder zwischen Winter-Sonnenwende und Frühlings-Tagundnachtgleiche sind deswegen für Kircher eng verwandt, weil sie jedesmal ein Mischwesen zwischen Wasser- und Land-Geschöpfen darstellen!)

Das Zeichen dieses Sternbildes sieht man sonst gern als zwei Fische, die umeinander kreisen; das Bild der Bewegung im Wasser und damit der Lebenskräfte, die das Wachstum des neuen Jahres auslösen.

Körperteile: Zu den Fischen gehören nach den Bildern des Mittelalters, der Renaissance und auch nach Georg von Welling ›die Füße, Fersen und Fußsohlen‹ (gelegentlich werden von den Astrologen die beiden Fische, die das Sinnbild des Tierkreiszeichens sind, tatsächlich so abgebildet, daß sie an den Abdruck von zwei menschlichen Fußsohlen erinnern!)

Eigenschaften des Zeichens Fische: Wässerig, änderlich, Haus des Jupiter (Sonne steigend).

Literatur

H. C. Agrippa v. Nettesheim: Magische Werke, Berlin 1916

Albertus Magnus: Das Buch der Versammlung, Straßburg 1508

J. S. Bailly: Histoire de l'astronomie, Paris 1805

H. Biedermann: Handlexikon der magischen Künste, Graz 1968

F. Boll: Sternenglaube..., 4. Auflage, Berlin 1931

A. Crowley: Astrologick, Basel 1976

A. Drews: Der Sternenhimmel in der Dichtung..., Jena 1923

C. F. Dupuis: Origine de tous les cultes..., Paris 1795

R. Eisler: Weltenmantel..., München 1910

A. Frankhauser: Astrologie..., Bern 1928

J. Friedrich: Astrologie und Reformation, München 1864

G. A. Gregorius: Magische Briefe, Neudruck, Berlin 1980

W. Gundel: Sterne und Sternbilder..., Bonn 1922

W. Gundel/H. G. Gundel: Astrologumena, Wiesbaden 1969

W. Gundel: Dekane und Dekanesfernbilder, Darmstadt 1969

Hartlieb: Buch aller verbotenen Kunst, Hrsg. D. Ulm, Halle 1914

A. Jeremias: Handbuch der altorientalischen Geisteskultur, Berlin 1929

W. Kenton: Astrology, London 1974

A. Kircher: Oedipus aegyptiacus..., Rom 1652

A. Lehmann: Aberglaube und Zauberei..., Stuttgart 1898

C. Meyer: Der Aberglaube des Mittelalters..., Basel 1884

F. Nork: Der Festkalender, Stuttgart 1847

B. V. Raman: Hindu Astrologie, München 1938

L. Thorndike: A. History of Magic..., New York 1934–1958

G. v. Welling: Opus mago-cabbalisticum..., 3. Aufl., Frankfurt 1784

ALCHIMISTISCHE SYMBOLE

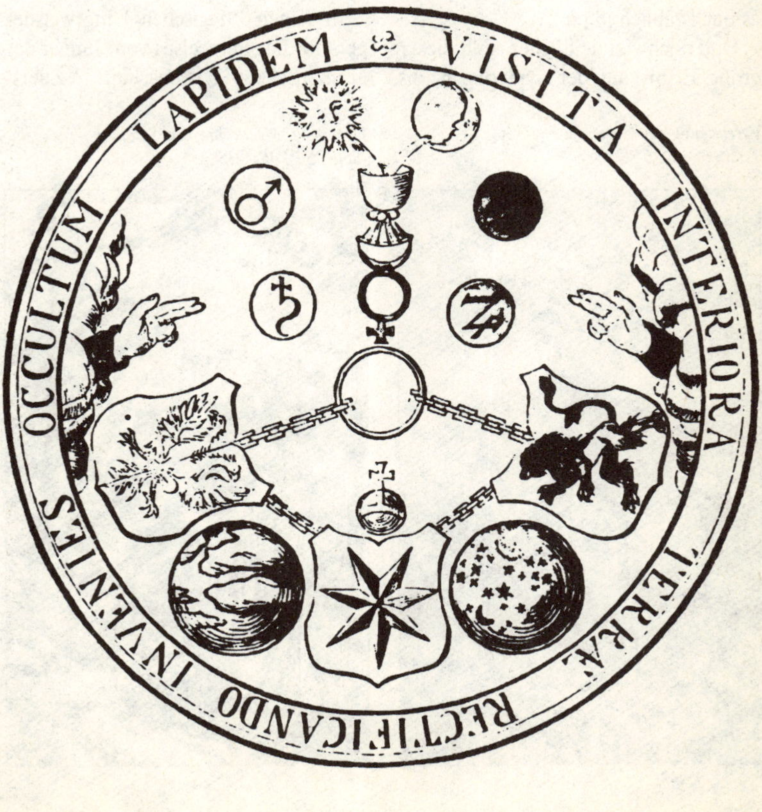

Alchimie oder hermetische Wissenschaften

Der berühmte Magier Agrippa von Nettesheim, den wir als den Sprecher eines Kreises von Wahrheitsfreunden erkennen, deren Anliegen es ist, nach Ende des Mittelalters die große Überlieferung nochmals zusammenzufassen, schreibt vom ›gepriesenen Stein‹ der Alchimisten, »durch welchen Midasgleich alle Metalle in Gold verwandelt werden«:

»Was man... Erstaunliches erzählt und schreibt, wird als nichtig, erdichtet und falsch erfunden werden, so oft man es buchstäblich nimmt.«

Und noch viel deutlicher stellt dieser große Erforscher der Symbole in uns heute fast unverständlichen Handschriften fest: »Wer möchte behaupten, daß die Überlieferungen großer und ernster Philosophen, die über solche Dinge schreiben, falsch seien? Nein, es wäre unrecht, sie für Lügen zu halten, nur ist der Sinn ein anderer, als wie die nackten Buchstaben ihn geben. Wir dürfen das Prinzip so großer Operationen nicht außer uns suchen: es wohnt ein Geist in uns, der sehr gut vollbringen kann, was immer die Mathematiker, Magier, Alchimisten und Nekromanten Wunderbares und Erstaunliches zu leisten im Stande sind.«

In seinen ›Magischen Unterweisungen‹ fordert Paracelsus vom Jünger der hermetischen Wissenschaft: »Zuerst

Vereinigung der Gegensätze (›Trésor des Trésors‹, 1620)

Der ›neue‹ Meerkönig, aus Salomon Trismosin: ›Splendor Solis‹, 1582

schau, daß du die Handschrift (die Schrift der alchimistischen Symbole!) erlernst und auch wirklich weißt, dich danach zu richten...« Um zu wissen, wie man an das große Werk der Alchimie herangeht, mußte der Jünger nach ihm »alle Geister der sieben Planeten und Metalle« beschwören: »Dann kommen sie schon, (jeder) wie einer von Adel, ein Fürst, ein Graf, ein jeder in einem besonderen Kleid.« Die Alchimie ist auch hier ein magischer Vorgang, bei der sich der Wahrheitssucher in die innere Märchenwelt versetzt und die Kräfte seines Wesens erforscht.

Auf dem Umschlag der berühmten deutschen Schrift vom Lambsprinck über den ›Stein der Weisen‹ erscheint auch das Bild eines mittelalterlichen Edelmannes mit Schwert an der Seite, dem Zepter in der Hand und dem Bild des Adlers auf der Brust. Ausdrücklich heißt der Verfasser ›deutscher Philosoph aus edlem Stande‹, und er selber rühmt sich im Vorwort, aus freiem Geschlecht zu sein: Dauernd wird also betont, daß die Alchimie nur von denen verstanden werden kann, die geistig vollkommen unabhängig seien und den notwendigen Kreis der tiefen Bildung besäßen.

»Die Alchimie wird von ihren Jüngern als Königliche Kunst angesehen... Die Hermetiker führen die Kunst ausdrücklich auf Könige zurück; Hermes, Geber und die andern Erzväter der Alchimie werden als Könige aufgeführt« (Silberer). Norton lehrte: »Die Könige haben in alter Zeit angeordnet, daß niemand die freien Wissenschaften lernen sollte außer der Freie von edlem

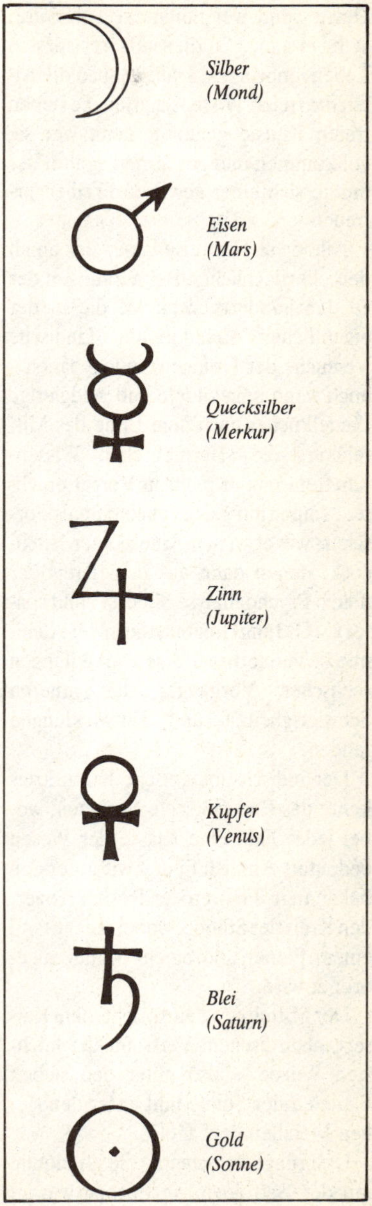

Geiste, und wer ihnen ergeben wäre, sollte in seinen Studien aufs freieste sein Leben hinbringen. Daher haben die Alten die freien Wissenschaften die sieben freien Künste genannt: denn wer sie vollkommen und gut lernen wollte, der mußte sich einer gewissen Freiheit erfreuen.«

Alle diese Hinweise lassen uns an all den oberflächlichen Behauptungen des 19. Jahrhunderts zweifeln, die in der eigentlichen Alchimie nur ›kindische Versuche der Goldgewinnung‹ sahen – auch wenn ungebildete und geldgierige ›Sudelköche‹ nach dem Ende des Mittelalters die ›Hermetischen Wissenschaften‹ immer mehr in Verruf brachten. Immerhin gab es auch damals Forscher, wie etwa den Amerikaner Hitchcock, denen dann aus dem Kreis der neuen Psychoanalyse Silberer (und später C. G. Jung) folgten, die in der Alchimie bewundernswürdige Darstellungen seelischer Vorgänge, der inneren Schwierigkeiten und Entwicklungen fanden.

Der indisch-tibetanische Kulturkreis kennt das Rad mit sechs Speichen, wobei jedes Feld eine Klasse der Wesen bedeutet: Ähnlich finden wir unter den bekannten ›Figuren der Rosenkreuzer‹ den Kreis der Stände, wobei jeder Stand einem Planet und einem Metall zugeordnet wird:

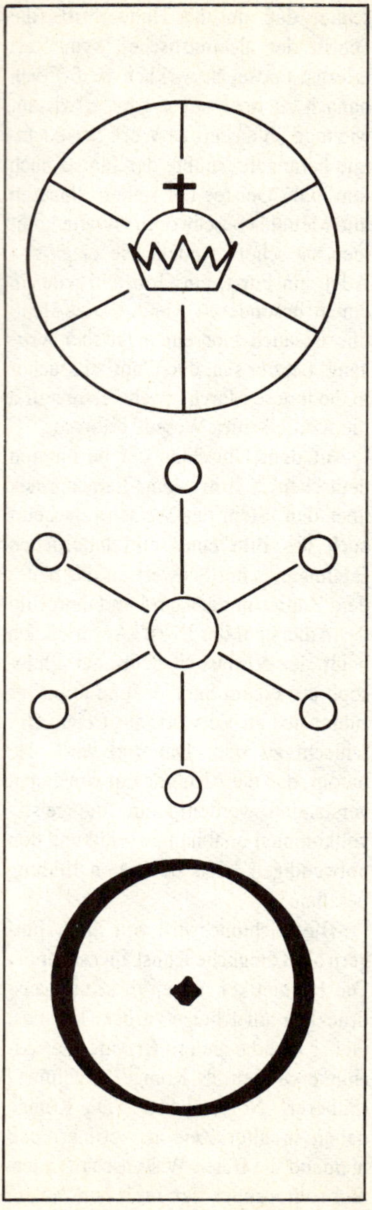

Der Mittelpunkt entspricht ›dem Kaiser‹, als irdischem Vertreter der höchsten Würde – also unter den sieben Planeten der Sonne und unter den sieben Metallen dem Gold.

Ursprünglich scheint die Alchimie mit der Astrologie, in Europa wie im

Vorderen Orient und Indien, eine Einheit gebildet zu haben, und dieser Sachverhalt feierte auch in den Kreisen der Wahrheitsfreunde, der Paracelsisten, Theosophen der jüngeren Vergangenheit, Auferstehung und Erneuerung: Die eigentliche alchimistische Grundauffassung forderte den Menschen zur Wanderung durch ›Planetenreiche‹, die Naturgebiete, alle menschlichen Stände und Kulturen auf:

Die alle eher »als Verschiedenheiten angesehen wurden, um die Buntheit der Welt zu gewähren« – nicht als bewertende Unterscheidungen in höhere oder niedrige Rassen und Klassen im Sinn der materialistischen Ideologien des 19. Jahrhunderts!

Nach Verständnis der sechs ›Reiche‹ der Planeten, Metalle oder menschlichen Verhaltensweisen käme demnach der ›Sucher nach Erkenntnis‹ zur Möglichkeit, die Vielfalt der Welt zu erkennen und ihre Gesamtheit als ›Großes Kunstwerk‹ zu ehren: Wofür die alchimistischen (hermetischen) Philosophien eben das ›Reich der Sonne‹, ›den Zustand der Goldenen Zeit‹, ›den Kaiser in der Mitte des Universums‹ setzten.

Dafür (für dieses ›Gold der Philosophen‹, dieses Ergebnis aller mystischen Wanderungen und Wandlungen!) gibt es unzählige Zeichen, die Spielarten des Sonnenzeichens sind.

Die vier Elemente

Die vier Elemente bilden dem alchimistischen Denken das Kreuz, das Viereck der Welt. Man kann sie alle durch die zwei Paare der Grundeigenschaften heiß und trocken – kalt und feucht beschreiben.

Das Feuer ist eben heiß und trocken, das Wasser kalt und feucht. Dazwischen sind die beiden anderen einander nicht mit der gleichen Schärfe entgegengesetzten Elemente:

Die Erde = trocken und kalt.

Die Luft = heiß und feucht.

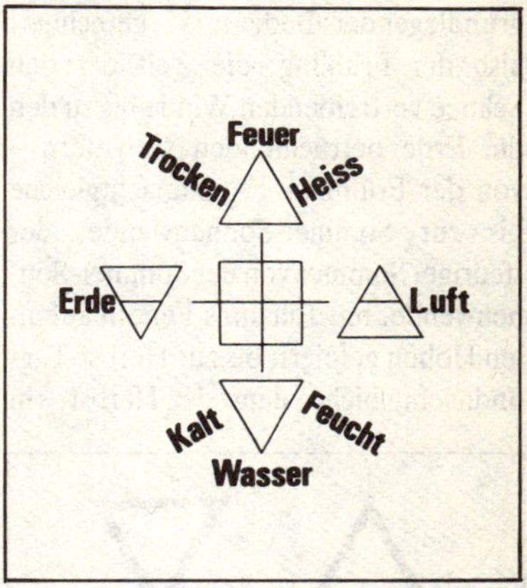

Hans Rudolf Grimm (1665–1749) faßt für die Zeit der Volkskunst in Barock und Rokoko die Zusammenhänge der Elemente zum Kreislauf der Zeit nochmals zusammen: »Die vier Elemente, also Feuer, Luft, Wasser und Erde haben auch ihre Zeit, darin sie regieren.« Er behauptete dann etwa: »... von Mitternacht bis Aufgang der Sonnen regiert die Erden.«

Es gibt hier verschiedene, von den Paracelsus-Anhängern aus der mittelalterlichen Überlieferung abgeleitete Zuordnungen.

Wir führen etwa an (übereinstimmend mit gewissen Tarot-Lehren):

Luft	Osten Sonnenaufgang	Frühling	Morgen
Feuer	Süden	Sommer	Mittag
Wasser	Westen	Herbst	Abend
Erde	Mitternacht	Winter	Mitternacht

(Meistens werden die vier Jahreszeiten je einem der vier Jahresfeste, noch heute alle für den Volksglauben von grundlegender Bedeutung, gerechnet: also der Frühling, die Zeit der den Schnee vertreibenden Winde bis zu den die Erde befruchtenden Gewittern – von der Frühlings-Tagundnachtgleiche bis zur Sommer-Sonnenwende; der ›feurige‹ Sommer von der Sommer-Sonnenwende, mit Johannis-Feuern auf allen Höhen gefeiert, bis zur Herbst-Tagundnachtgleiche; dann der Herbst, »in dem die Regen strömen und der Boden seine Fruchtbarkeit zeigt«, von der Herbst-Tagundnachtgleiche bis zur Winter-Sonnenwende; endlich der Winter, der die Geburt aller Lebensäußerungen des Jahres vorbereitet, von der Winter-Sonnenwende bis zum Frühlingsanfang.)

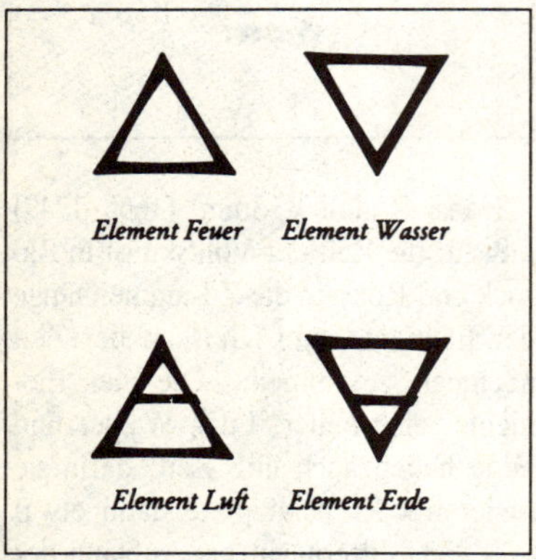

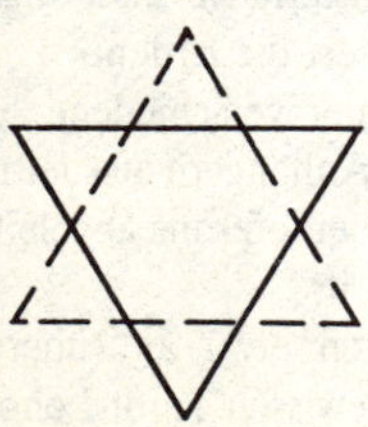

Hier sind wiederum deutliche Verwandtschaften mit der indischen Lehre von den vier Lokapalas, also den Herren der vier Hauptrichtungen der Welt oder der vier Haupt-Erdteile (Lokas): Indra, der schöne Gott des Gewitters und der von lieblichen Feen und musizierenden Elfen (Apsaras, Ghandarven) bewohnten Luft-Schlösser, regiert den Osten; Agnis, der Feuer-Gott, den Süden. Kubera, der die Erdschätze hütet und den Kobolden (ganz ähnlich unseren Erdleuten, Gnomen vorgestellt!) gebietet, den Norden; Varuna, der Meerkönig, den Westen, in dem die Sonne am Abend in Wassertiefen zu verschwinden scheint.

Die vier Reiche der Elementarwesen

Stets bestrebt, die zu seiner Zeit (dem Beginn der Hexenverfolgungen und der irrsinnigen Dämonisierung der Überlieferung!) bestehenden Volksmärchen und die Geheimweisheit der Alchimisten zu verschmelzen, schrieb Paracelsus sehr viel über die Wesen der Elementarreiche: Die im Wasser nannte er nach antiken und mittelalterlichen deutschen Sagen Undinen oder Nymphen, die in der Erde Gnomen oder Pygmäen, die in der Luft Sylphen oder auch Sylvestres (Waldleute), die im Feuer Salamander oder Vulkani.

Salamander, aus M. Majer: ›Scrutinium Chlymicum‹, 1687

Er forderte im übrigen, zur Zeit der beginnenden Ketzerjagden, während der Reformation, seine Schüler auf, durch eigene Anschauung hinter den Sinn seiner Geschichten zu kommen: »Über solche Dinge ein besseres Wissen zu gewinnen, ist möglich in den wilden Wäldern...« Die Rosenkreuzer haben die Lehre von den Elementargeistern, bei denen man das echte Geheimwissen über die Reiche der vier Elemente gewinnen könne, in ihre Schriften aufgenommen: Besonders bekannt wurden in dieser Richtung seit dem 17. Jahrhundert die humorvollen französischen Darstellungen des ›Grafen Gabalis‹ – hinter dessen Namen, zumindest nach den modernen Okkultisten seit Eliphas Lévi, ein wirklicher weiser ostdeutscher oder auch ungarischer Ritter stehen soll... (Ohne diese Mythologie der Paracelsus-Anhänger, Alchimisten und Rosenkreuzer wäre dann die romantische Dichtung, Malerei und Oper, wo dann die Helden dauernd Naturgeistern begegnen, gar nicht möglich – damit

Rübezahl als Riese (L. Richter)

Rübezahl beim ›Rübenzählen‹ (L. Richter)

auch die ganze Wiedergeburt des Sammelns und Deutens einheimischer Volksmärchen!)

Paracelsus verwies in seinen Geschichten über die Erd- und Wasserleute fortlaufend auf deren geheimen Sinn: »Daß sie aber die richtigen Namen trügen, ist nicht der Fall, vielmehr sind die Namen... von solchen gegeben worden, die sie nicht gekannt haben« – also wohl von Menschen, die Nachrichten über Erlebnisse von andern in entfremdeten Aberglauben umwandelten: Es ist bezeichnend, daß im eigentlichen Raum der Jugend des Paracelsus, also im süddeutschen, schweizerischen, österreichischen Alpenland noch sehr viel der entsprechenden Geschichten leben, die uns den ursprünglichen Sinn der mittelalterlichen Überlieferung verstehen helfen.

Die vier Temperamente

Sehr viel zum Verständnis der Lehre von den ›vier Rassen der Elementarwesen‹ beinhaltet auch die antike und mittelalterliche, heute in der Naturheilkunde eine Auferstehung feiernde Wissenschaft, nach der es in uns vier Arten der Säfte gibt, »die den Elementen entsprechen«: Das Überwiegen eines der Grundsäfte bestimmt demnach nicht nur die äußere Erscheinungsart, sondern sogar das innere Wesen des einzelnen. Viel von den alten Vorstellungen über das Bestehen von vier Grundhaltungen des Menschen, die vier Stände oder sogar vier Hauptrassen, erhielten von dieser Ansicht ihre alchimistisch-naturwissenschaftliche Anregung und Begründung.

Melusine, aus A. Eleazar: ›Uraltes Chymisches Werk‹, 1760

Aus dem Wesen der Salamander, der Flammenwesen, der Feuermenschen versuchten die Anhänger der alchimistisch-astrologischen Wissenschaft das Wesen der Mitmenschen zu verstehen, »in deren Wesen die feurige Galle regiert«, also der Choleriker: »Es ist gleich dem Feuer, feurig im Tempo (Zeitmaß) all ihrer Handlungen.«

Der große Naturforscher Linné (1707–1778) war noch so sehr von der Temperamentlehre des Altertums und des Mittelalters geprägt, daß er die Menschheit in vier Grundrassen einteilte. Cholerisch ist für ihn ›der Amerikaner‹, worunter er offenbar noch vor allem die eigentlichen nordamerikanischen Jägerstämme der Indianer verstand: »Rötlich, cholerisch, gradaufgerichtet. Er hat schwarze, dicke Haare und weite Nasenlöcher. Sein Gesicht ist voller Sommersprossen (also das Urbild des Menschen, der in der Natur lebt! S. G.). Er ist hartnäckig, zufrieden (Linné verstand darunter offenbar die Abwesenheit der Neigung zu einem ›höheren‹ Kulturzustand!) und freiheitsliebend, wird durch Gewohnheiten gelenkt...«

Dem Erdelement entspricht bei den alten Einteilungen der Menschen, ohne die man die Astrologie nicht ganz zu begreifen vermag, das ›Melancholische Temperament‹: »Melancholisch (schwarz-gallig), gleich dem Erdmineral, tief, fest, sehr langsam« (Huter).

Die Alten redeten vom Luft-Temperament – »das sanguinische (leichtblütige), ist gleich der Luft leicht beweglich«: Was man selbstverständlich nicht nur als leiblich, also vor allem im Sinn der geistigen Beweglichkeit, des Besitzers der Phantasie, des Scharfsinns, der Erfindergabe verstand.

Dem Element Wasser entspricht endlich bei den alten Versuchen, die Menschheit in vier Grundtypen (Temperamente) einzuteilen, dem Phlegmatiker, von Phlegma oder Fett: Er soll ›ruhig-fettfließend wie das Wasser‹ sein (Carl Huter). Vor allem im Alpengebiet, in dem eingewanderte Sippen und Stämme oft durch Jahrhunderte ihre Eigenarten erhalten konnten, also im gebirgigen Teil der Provence, dem Raum der alten burgundischen Fürstentümer, der heutigen Eidgenossenschaft, Bayern, Kärnten usw., zeigt das Volk immer noch auf die Orte alter Wald-Höhlen und auf Reste von Erdhütten: sie heißen oft Heiden- oder Hexenküchen, gelten wie in den Tagen des Paracelsus als Wohnorte von ›Erdleutchen‹ (Härd-Lütli) und sollen noch bis ins letzte Jahrhundert von Jüngern der Zauberei, Alchimie und Astrologie aufgesucht worden sein, um dort von geheimnisvollen Wesen die Praxis ihrer Geheimwissenschaften zu erlernen.

In seiner berühmten ›Geschichte der Magie‹ faßt ebenfalls der französische

Element Erde *Element Wasser* *Element Luft* *Element Feuer*

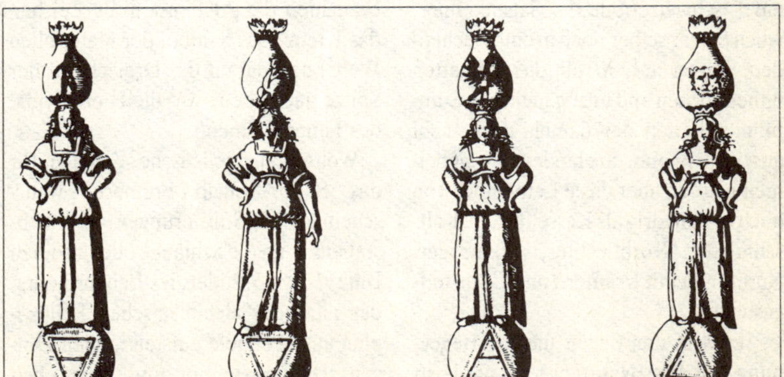

Okkultist Alphons Louis Constant (Eliphas Lévi) Berichte über die europäischen Nomadenstämme zusammen: »In dieser Höhle, mit Tür und Rauchfang als einzige Öffnungen, schmiedet der Vater, treten die Kinder den Blasebalg, brodelt der Mutter Topf... Die ganz Einrichtung besteht aus Amboß, Brecheisen und Hammer...« Während das ›brave‹ seßhafte Volk solche Stämme geradezu als Gespenster, Kobolde, Dämonen ansah, wurden sie, gerade auch nach der Stelle bei Lévi, von den Edelleuten aus den Burgen überlaufen und nach heute noch lebendigen Zigeunersagen nach Möglichkeit vor Verfolgungen geschützt.

Die Erforscher der keltisch-westeuropäischen modernen Hexensagen (vgl. M. Murray, G. B. Gardner) sehen in zahllosen Berichten über die märchenhaften Kobolde als Verbündete adeliger Geschlechter und auch der Hexenbünde, Hinweise auf eigenwillige, lange außerhalb der staatlich-kirchlichen Organisation lebende Stämme der Einöden. Albert Minder (1879–1965), ein schweizerischer Sagenkenner, wuchs sogar selber noch in entsprechenden Sippen auf, in für die Seßhaften unheimlichen und unzugänglichen Sumpflandschaften des damals noch nicht ausgetrockneten Seelandes: Im geheimen wurden aber diese Leute noch von hoch und niedrig als Kesselflicker, Kaltschmiede, Korbflechter, Wahrsager, Naturärzte mit Kräutern und Lehm aufgesucht.

Vieles in den Sagen um die Begegnung mit den Naturgeistern wird zur Nachricht über die Begegnung der alchimistischen Wahrheitssucher mit Stämmen in den unzerstörten Wald- und Berglandschaften der nahen Vergangenheit, die dem ›Fahrenden Schüler‹ ermöglichten, eine ursprüngliche Beziehung zu den Elementen und ihren Wirkungen zu erlernen.

Die Dreiheit der hermetischen Philosophen

Um die Welt zu verstehen, arbeiteten auch die Alchimisten mit einer Dreiheit, wobei sie – wie wir nun einmal auf Schritt und Tritt sehen – die Chemie der materiellen Stoffe verwendeten, um innere Vorgänge in unserem Bewußtsein zu erklären, und umgekehrt in orientalischen und gnostischen Mythologien ihre Naturwissenschaft fanden.

Sulfur, Schwefel, war ihnen all das an und in den Stoffen, »was in Feuer aufgeht, dabei in der Flamme in den Kosmos wegfliegt, sich sozusagen restlos aus der Materie flieht, sich also verflüchtigt«:

Für dieses ›universelle Schwefel-Prinzip der hermetischen Philosophie‹ brauchten die Alchimsten als Zeichen das Kreuz (das Symbol der materiellen Welt!) und darauf das Dreieck mit der Spitze nach oben, also die Hieroglyphe des Feuer-Elements.

Weitere alchimistische Zeichen für das Sulfur-Prinzip erinnern, wahrscheinlich als Stilisierungen des Buchstabens S, an die Schlange oder an einen Blitz: Es sind Bilder des Lebensfeuers, das nach der alchimistischen Philosophie aus der Tiefe aufsteigt, allen Dingen das Leben gibt und nach oben strebt. (Es gibt auch Schwefel-Symbole,

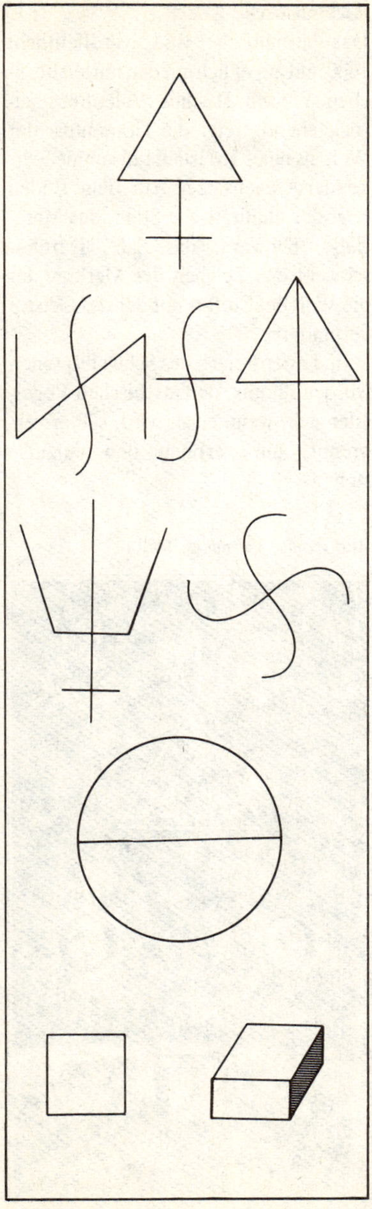

die an den mystischen Dreizack und das Hakenkreuz erinnern.)

Das zweite Grundelement unserer Welt ist neben dem ›Brennenden‹ (Sulfur) für Paracelsus das Salz (sal), es ist das ›Greifbare‹, das Feste, Materielle der Stoffe, »das was von ihnen eben übrigbleibt, wenn sie in Feuer aufgehen«.

Bezeichnenderweise haben wir darum auch in den alchimistischen Büchern für dieses Salz den Kreis der Welt, mit dem Strich (der liegenden Linie für das passive Element!) in der Mitte: Gelegentlich finden wir auch als ein weiteres Sal-Symbol ein Viereck, dieses Zeichen für die Materie der Erde überhaupt (manchmal auch einen viereckigen Stein).

Kann man diese beiden ›Prinzipien‹ der Alchimie, der Parcelsisten und der sich aus diesen entwickelnden Rosenkreuzer noch einigermaßen mit unseren Begriffen ›unsterblicher Geist‹ und Stoff (Leib) umschreiben, so wird die Erklärung beim dritten Symbol noch schwieriger: dem Merkur.

Er ist die Seele, die den nur an seinen ›feurigen‹ Wirkungen erkennbaren, sonst unfaßbaren Geist und ›das Greifbare, Feste‹ zusammen verbindet: Also die Gesamtheit der feinstofflichen Energien und Kräfte, die die ›beiden anderen Prinzipien‹ zusammenhalten.

Gewöhnlich brauchte man für diesen ›Merkur der hermetischen Philosophen‹ genau das gleiche Zeichen, wie wir es gleichzeitig in der Astrologie für den Planeten Merkur und in der Chemie für dessen Metall Quecksilber brauchen.

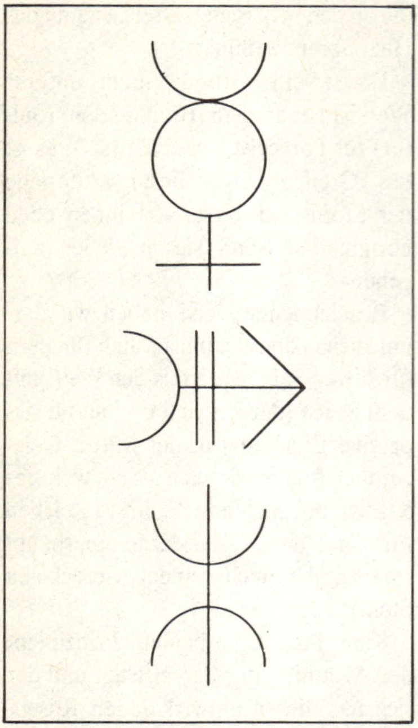

Andere Symbole für das gleiche Grundelement der Welt zeigen etwa einen Pfeil, der eine Zweiheit zu einer Einheit zusammenfaßt, sogar eine aufrechte Linie, die ›die obere und untere Welt‹ zu einer Einheit vereinigt.

Der Merkur wird ebenfalls, was die alchimistischen Bücher so schwer verständlich macht, dem Gott Hermes gleichgesetzt, der das ganze Mittelalter hindurch als der eigentliche ›Erfinder‹ der Alchimie gilt: Das Verstehen des Merkur, »des eigentlichen Elements der Geheimwissenschaft des Hermes (Hermetik)«, wird damit zweifellos zu einer Umschreibung der Erkenntnis der Beziehung zwischen dem göttlichen Geist und der materiellen Sinneswelt.

Alchimistische Kunst

Das hermetische Bild, veröffentlicht 1660 und angeblich auf den mittelalterlichen Weisen Basilius Valentinus zurückgehend, zeigt die Erkenntnis der Welt als eines Kreislaufs zusammenwirkender Gegensätze. Auf dem Boden liegt der quadratische Stein, das Materielle, Schwere, das Salz. Darüber schwebt das Zeichen des Merkur, der die Welt des Stoffes mit der des Geistes verbindet:

Im Feuerdreieck des Schwefels sehen wir den Phönix, den mythischen Vogel, »der sich, wenn er alt wird, selber verbrennt, um verjüngt neu aufzuerstehen«.

Aus: Basilius Valentinus, 1660

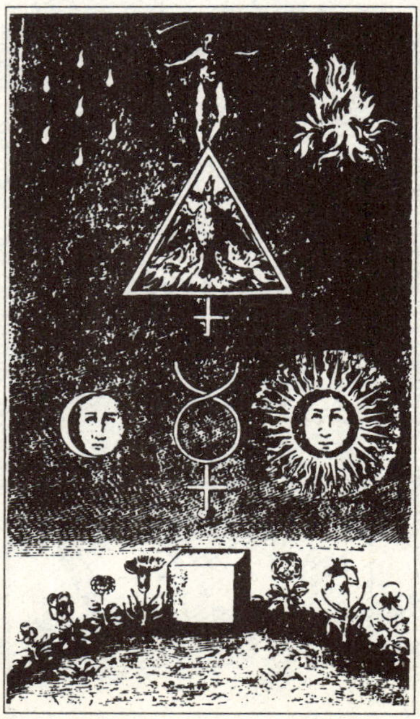

Doppelwesen Rebis (Alchimist. Bild, Frankfurt 1618)

Links und rechts sehen wir die Sinnbilder für männlich und weiblich, Sonne und Mond, darüber eine Darstellung des befruchtenden Taus und des verzehrenden Feuers.

Zuoberst im Bild erkennen wir einen gekrönten Mann mit der Sense des Saturn in einer Hand und mit dem Zirkel, dem Zeichen für das Verständnis des Kreises (dem Kreislauf aller Dinge) in der anderen.

Silberer sieht hier nicht den Saturn, sondern den Hermes der alten europäischen Mysterien-Gemeinschaften: Man kann hier auch den Eingeweihten selber erblicken, der das Wesen der Welt als Schauplatz der ewigen Wandlung erkannt hat und dafür als Lohn die Krone trägt.

Ähnlich ist auch das Bild, das ebenfalls Silberer einem 1618 in Frankfurt erschienenen alchimistischen Buch entnahm: Unten ist die Weltkugel, die Flügel hat, also durch Zeit und Raum fliegt. Auf ihr sieht man die Zeichen der Vierheit und Dreiheit, das Quadrat und das Dreieck – wohl Sinnbilder der Materie und auch des in dieser verborgenen feurigen, nach oben strebenden Lebens.

Auf der Erde ruht der fliegende Drache mit dem geflügelten Schlangenkörper, wohl wiederum das Symbol für die Ewigkeit und damit für den ewigen Kreislauf der Kräfte der Welt: Auf ihm steht das siegreiche Doppelwesen Rebis (res bina), das in sich alle Planetenkräfte aufnimmt und gleichzeitig Zirkel und Winkelmaße, diese Instrumente des Verständnisses der Gesetze der Welt (und ihrer Anwendung) in den Händen hält.

Das Wesen der Eingeweihten hat gleichzeitig einen männlichen und einen weiblichen Kopf: Es ist hier sicher der gleiche Grundgedanke, der uns auf den alchimistischen Bildern sehr häufig Mann und Weib zeigt, wie sie einträchtig am ›Großen Werk‹ zusammenarbeiten.

Alchimische Vereinigung (Rosarium Philosophorum, 1550)

Alchimisten beim Werk (›Mutus Liber‹, 1677)

Ähnlich wie der indische Tantrismus lehrt uns auch die mittelalterliche Alchimie, daß es für den Menschen nur in dem Augenblick einen Weg zur Vervollkommnung gibt, in dem Mann und Weib wie eine Einheit zusammenarbeiten.

Die Stufen der Wandlung

Um Astrologie und Alchimie folgerichtig als eine Einheit anzusehen, ließen die ›hermetischen‹ Wissenschaftler ihr ›Großes Werk‹, die geheimnisvolle Herstellung des ›Steins der Weisen‹, aus zwölf Vorgängen bestehen, die sie wiederum den zwölf Sternzeichen des Tierkreises gleichsetzten: Für jede dieser ›chymischen‹ Stufen gibt es selbstverständlich eine lange Reihe von verschiedenen Symbolen; gelegentlich werden aber auch (wie wir es aus Antoine-Joseph Pernety sehen!) geradezu die gleichen Zeichen wie in der Astrologie verwendet.

Alchimisten bei der Arbeit am Alembik (P. Ulstadius: ›Coelum Philosophorum, 1544‹)

Die Fische bedeuten z. B. einen alchimistischen Vorgang, der das große Werk dem Abschluß seiner Vollendung zuführt: Man ›wirft‹ etwas vom gewonnenen ›Stein der Weisen‹ zur Menge der aufgelösten unedlen Stoffe und kann sie so in das gewünschte Edelmetall verwandeln.

Da die Tierkreiszeichen, wie wir aus dem Abschnitt über die Astrologie sehen, den Teilen des Menschenkörpers entsprechen (z. B. Widder = Haupt usw.), konnte man ebenfalls diese Körperteile in alchimistischen Bildern zu Symbolen der ›hermetischen‹ Vorgänge werden lassen!

Gelehrte, wofür wir noch eine lange Reihe von Hinweisen seit dem ausgehenden Mittelalter bis zum Handbuch von Pernety besitzen, sahen in den antiken Mythen, beispielsweise in den zwölf Arbeiten des Herkules, ein Gleichnis ›für die alchimistische Weisheit der Urzeit‹.

Ähnlich in den zahlreichen Geschichten von der Seelenwanderung: »Man mußte also diese Wissenschaft geheimhalten, von ihr nur in Geheimzeichen und erfundenen Geschichten reden, in der Art der alten Priester von Ägypten, der Brahmanen von Indien, der ersten Philosophen von Griechenland und aller Länder, seit man die Notwendigkeit fühlte, die in der gesitteten Gesellschaft hergestellte Ordnung und Harmonie nicht umzustürzen« (Pernety).

Widder =
Calcinare, verglühen lassen,
zu Asche werden lassen

Krebs =
dissolvere, in die Grundbestandteile auflösen

Waage =
Sublimare, sublimieren

Steinbock =
fermentieren, in Gärung versetzen

Stier =
coagulare, festmachen,
zusammenballen

Löwe =
digerere, folgerichtig längere
Zeit der Wärme aussetzen

Skorpion =
Separare, trennen

Wassermann =
multiplicare, vermehren, vervielfältigen, an Größe gewinnen lassen

Zwillinge =
fixare, festmachen,
erstarren lassen

Jungfrau =
Distillare, distillieren

Schütze =
incerare, weich (oder
wächsern!) werden lassen

Fische =
proicere, hinwerfen

Das Schwert des Paracelsus

Der große fahrende Magier Theophrastus Paracelsus soll stets ein mächtiges Schwert bei sich getragen haben: In den Tarotkarten und verwandten Symbolreihen bildet nun das Schwert, zu dessen Gebrauch man wohlerlernte Schmiede- und Fechtkunst braucht, sozusagen eine Steigerung des Sinnbilds Stecken (Stab), das für rohe männliche Zeugungs- und Körperkraft steht – das Schwert steht für das hochentwickelte, bewußte, dem Geist dienende, angewandte Können.

Nach der alten Volkssage hatte der ritterliche Fahrende im runden Knauf seines Schwertes einen ›Geist‹ eingeschlossen, der ihm alle möglichen Wunder zu tun half. Andere behaupten, daß er hier das Mittel zum Goldmachen und zur Lebensverjüngung, den Stein der Weisen, bei sich trug.

Im Kreis des Schwertknaufs stehen etwa auf den Bildern die Buchstaben ›AZOTH‹, die das ganze Geheimnis der Alchimie enthalten sollen. Das magische Wort ist zusammengesetzt aus dem ersten und letzten Buchstaben verschiedener Alphabete, bedeutet also die Möglichkeit zur glücklichen Erkenntnis der Gesamtheit der Welt: »Aleph und Thau der Hebräer, Alpha und Omega der Griechen, das A und das Z der Lateiner« (Pernety).

Literatur

Alchimistisch Sieben-Gestirn, Frankfurt 1756

Arnold de Villanova: Opus Aureum..., Frankfurt 1604

Basilius Valentinus: Chymische Schriften..., Hamburg 1700

T. Burckhardt: Alchemie, Olten 1960

Eröffnete Geheimnisse des Steins der Weisen, Hrsg. *K. R. H. Frick,* Graz 1976

Figuren der Rosenkreuzer, Altona 1785ff.

F. Freudenberg: Paracelsus und Fludd, Berlin 1921

C. W. Gessmann: Die Geheimsymbole der Alchimie..., Graz 1899

›Gabalis‹ in: Voyages imaginaires..., Graz 1899

S. Golowin: Adrian von Bubenberg und die Krone von Burgund, Bern 1976

H. R. Grimm: Buch der Natur, oder Planeten-Buch..., Burgdorf 1716

H. R. Grimm: Buch der Natur, oder Beschreibung des großen Welt-Gebäus..., Burgdorf 1727

Hermetisches ABC, Berlin 1778ff.

E. A. Hitchcock: Remarks upon Alchemy..., Boston 1857

E. J. Holmyard: Alchemiy, London 1956

C. Horlacher: Kern und Stern der vornehmsten chymisch-philosophischen Schriften, Graz 1975

E. Kelly: Alchemical Writings, Neudruck, New York 1973

Lamsprinck: Traite de la pierre philosophale, Hrsg. *B. Roger,* Paris 1972

Limojon de Saint-Didier: Le triomphe hermétique, Hrsg. *E. Canseliet,* Paris 1972

E. v. Lippmann: Entstehung und Ausbreitung der Alchemie, Berlin 1919–1931

Nizami: Die sieben Geschichten der sieben Prinzessinnen, Hrsg. *R. Gelpke,* Zürich 1959

C. H. de Nuysement: Les visions hermétiques. Hrsg. *S. Matton,* Paris 1974

Paracelsus: Magische Unterweisung, Hrsg. *F. Spunda,* Leipzig 1923

Paracelsus: Magische Unterweisungen, Hrsg. *S. Kappstein,* Bern 1980

A. J. Pernety: Dicitionnaire mytho-hermétique..., Paris 1758

E. E. Ploss (u. a.): Alchemia, München 1970

F. Roth-Scholtz: Deutsches Theatrum Chemicum, Nürnberg 1732, Nachdruck Hildesheim 1976

K. L. Schmieder: Geschichte der Alchemie, Halle 1832

M. Sendivog: Chymische Schriften, Nürnberg 1718

H. Silberer: Probleme der Mystik und ihrer Symbolik, Wien 1914

J. Tanckius: Promptumarium alchemiae..., Hrsg. *K. H. Frick,* Graz 1976

SYMBOLE DES TAROT

Ausschnitt aus einem Tarotposter von Alix Turner (Bern 1978)

Die Tarotkarten

Court de Gebelin, der große Kenner der Symbolik im 18. Jahrhundert, sah in den Tarotkarten, die man offenbar seit jeher zum Wahrsagen brauchte, einen Schlüssel zu den Mysterien des Mittelalters und auch der alten Welt: Er fand in ihnen eine gute Zusammenfassung der altägyptischen Religion und auch der orientalischen, auf Kastenwesen aufgebauten Gesellschaft. Bereits er vermutete auch die Beziehungen dieser so ursprünglich wirkenden Sinnbilder sogar bis nach Ostasien und auch zur indischen Symbolik.

Fünf indische Tarotkarten des Eliphas Levi

Sehr bald vermuteten Forscher enge Verwandtschaft dieser Spielkarten (und meistens damit auch der anderen, einfacher wirkenden europäischen Kartenarten) zu den jetzt nach und nach bekannten orientalischen Bildkarten, deren Sinnzeichen wir im Abschnitt über die Vishnu-Avatare bereits kurz erwähnten: Schon für Court de Gebelin und selbstverständlich auch für seine zahlreichen Nachfolger war es naheliegend, als Verbreiter des Tarot-Weltbildes die Stämme der im Mittelalter eingewanderten Zigeuner, zuerst gern ›Ägypter‹ und ›Böhmen‹ genannt, anzunehmen. Diese erzählten schließlich über dieses die wunderbarsten Dinge und gebrauchten die Karten (genau wie heute!) für ihr Wahrsagen.

Antoine Court de Gebelin: der große Symbolforscher des 18. Jahrhunderts

Eliphas Lévi, der führende Okkultist des 19. Jahrhunderts, wollte in seiner ›Geschichte der Magie‹ über diese Einwanderung der östlichen Stämme recht viel wissen – obwohl er ihnen gegenüber nicht gerade die allerbeste Meinung besaß: »Sie bedienten sich zum Wahrsagen einer Reihe seltsamer Zeichen und der allegorischen Formen und Eigenschaften der Zahlen.«

Collin de Plancy, der im gleichen Jahrhundert die widersprüchlichsten Sagen über das magische Weltbild sammelte, verweist auf Nachrichten, laut denen sich diese Stämme lange unter der Erde aufhielten (!): »Man glaubt, daß sie es sind, die die weiten Höhlen gruben, die sich noch in Deutschland finden...« In den Jahren des Daseins in Einsamkeit und Dunkelheit hätten die-

se Menschen dann die magischen Fähigkeiten entwickelt, die der Volksaberglaube häufig genug noch allen Nomaden zuschreibt!

Auch Lévi weiß noch viel vom Leben der asiatischen Stämme in Höhlen und Erdhütten, wie sie auch in den Sagen des Alpenlandes, von Burgund bis Bay-

Die 22 ›wahren‹ Wege, die die 10 Sephiroth des ›Kabbalistischen Baumes‹ miteinander verbinden, sollen den 22 Großen Arkanen des Tarots von der Bedeutung her genau entsprechen

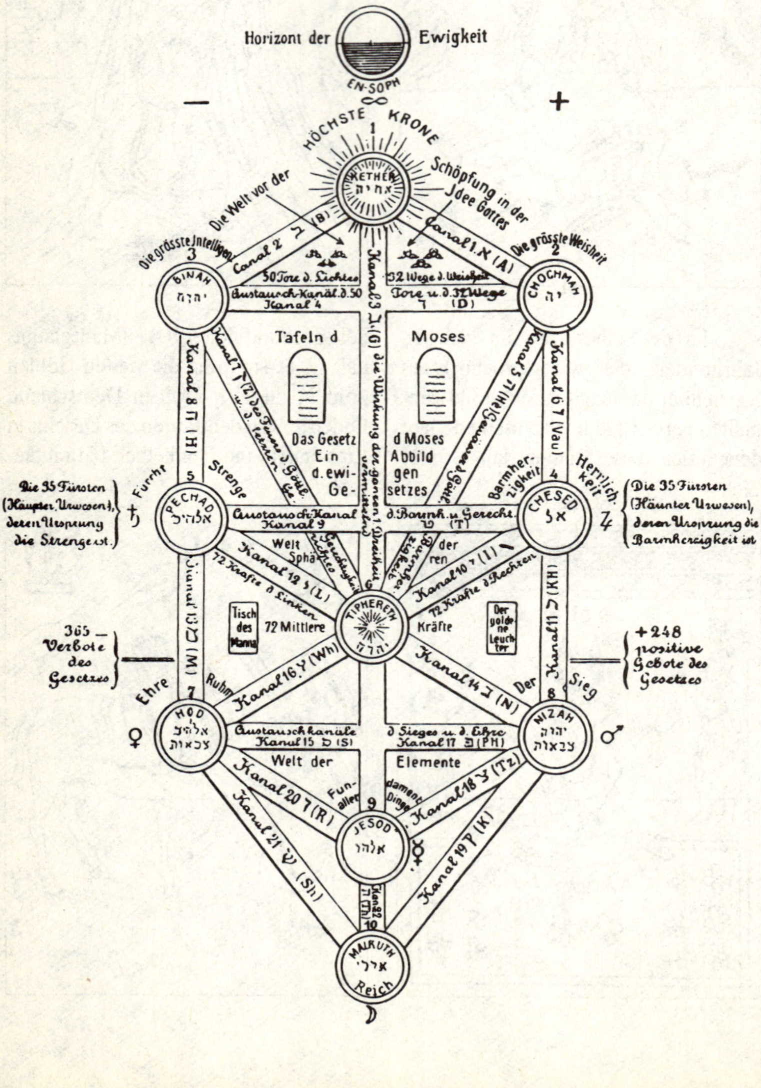

ern und Tirol tatsächlich noch immer vorkommen:

»Und hier behaupte ich, ist (für Jahrhunderte der europäischen, in der Regel verdrängten Kulturgeschichte! S. G.) das Stelldichein für Liebe und Gläubigkeit. Jungfer und Ritter, Schloßdame und Page, hier öffnen sie dem durchdringenden Blick der Wahrsagerin ihre weißen Hände... Von hier kommen Gaukler und Kartenleger mit dem sterngeschmückten Kleid und der Spitzenmütze des Magiers...«

Heute wird auch gern die Möglichkeit erwogen, nach der die Tarotkarten durch Beziehung von ritterlichen Morgenlandfahrern, Pilgern oder Kaufleuten, dank Anregungen aus dem Morgenland, über Provence, Burgund und Italien nach unserem Norden kamen: So oder so sind sie Zeugnisse eines geheimen Geisteslebens, ohne das wir sehr viel in unserer Vergangenheit gar nicht zu begreifen vermögen.

Schulen von Wahrheitssuchern des 18.–20. Jahrhunderts haben dann Hunderte (!) von neuen Tarotsystemen entwickelt, die ihren Anhängern eine Zusammenfassung ihrer Weltbilder liefern sollen: Es ist kaum anzunehmen, daß auch die adeligen Besucher der Höhlen und Zelte der mittelalterlichen Nomaden, von denen die Überlieferung redet, nicht schon in sehr ähnlichen Symbolen nach Hinweisen zum Glück in der Liebe und die Weisheit von ›ketzerischen‹ Geheimwissenschaften zu erfahren suchten.

Die Kartenbilder, die uns auf alle Fälle bereits tatsächlich für das 15. bis 18. Jahrhundert überliefert sind, stellen ein beinahe vollkommenes Handbuch der Sinnbilder dar, wie wir ihnen dauernd in den europäischen und sicher auch innerlich recht verwandten östlichen Hochkulturen des Mittelalters begegnen: Die Auffassung der Court de Gebelin, Lévi und der großen Theosophin Helena Blavatsky-von Hahn (geteilt noch immer von den zahlreichen Zigeuner-Wahrsagern!), hier sei ein Schlüssel zu den großen Überlieferungen unserer Vergangenheit, bekommt hier sicher eine Bestätigung.

Wir wollen selbstverständlich nicht, wie wir es im Buch ›Die Welt des Tarot‹ taten, auf die Bedeutung der gleichen Karten in den Künsten der modernen Kartenleger eingehen: Die unglaubliche Zunahme der Beliebtheit der entsprechenden Bilder, wie wir sie seit den 60er Jahren der Hippies in Nordamerika und Europa erleben, beruht weniger auf der zunehmenden Neigung zu den ›parapsychologischen‹ Wissenschaften der Wahrsager – als in einer Neuentdekkung der Symbolik und der in dieser sich verdichtenden mystischen Philosophien. Die Tarotkarten werden auf diese Weise zum verbreitetsten Schlüssel für das Tor zum Geistesleben der Vergangenheit.

Der Gaukler (Der Magier, Der Spielmann, Der Bänkelsänger)

Ein Mann steht auf der Karte 1 der Tarot-Trümpfe – gelegentlich ganz deutlich auf einem Berg, einer Erhöhung. Man nennt ihn gewöhnlich den Gaukler, sehr häufig eigentlich ›Den Gaukler auf dem Jahrmarkt‹. Die Ränder seines Huts bilden – auf älteren

Karten ist es (nach kritischen Verfassern) ein Zufall, auf verschieden modernen ist es ganz sicher bewußt – eine liegende Zahl ›Acht‹, also das Zeichen des ewigen Kreislaufs.

Der Gaukler (bateleur) hat ein buntes Kleid, das häufig an Farbe und Zuschnitt der beiden Ärmel in zwei ganz verschiedene Teile zerfällt – wie es die Gaukler auf mittelalterlichen und gelegentlich auf heutigen Jahrmärkten sehr gerne tragen. Er hält in seiner Hand den Zauberstab in die Höhe, die andere Hand nähert sich dem Tische, möglicherweise um dort einen Gegenstand unauffällig zu verschieben und rasch seine Zuschauer mit irgendeinem seiner zahllosen Zaubertricks zu verwirren und damit zu erfreuen. Überhaupt ist der Tisch voll der verschiedenartigsten Dinge: Auf neueren Tarotkarten sind es häufig nur die vier Grundsymbole der vier Kasten oder Elemente (der Haupt- oder Kardinalkräfte der Welt). Auf alten Karten ist es einfach die Unzahl von Gegenständen, wie sie der Jahrmarkts-Gaukler oder auch der ihm verwandte magische Wunderdoktor führen: Gefäße für Salben und Tränklein aller Art, Würfel für jedes einfache Glücksspiel. Gelegentlich finden sich auf dem Tisch auch Nachbildungen der verschiedensten Symbole, wie sie den Inhalt unseres Buches bilden.

Der Tisch steht auf vier Beinen, was Wahrsager gelegentlich mit dem Hinweis begründen, er stelle die ›aus vier Elementen gebildete, vom Kreislauf der vier Jahreszeiten beherrschte‹ Welt dar. Wenn man, wie auf vielen Blättern des

Tarot des Court de Gebelin

Tarot von Marseille

›Tarot de Marseille‹, nur drei Tischbeine erblickt, so soll auch dies kein Ungeschick des Zeichners oder ein Zufall sein: viele Wahrsager aus dem Tarot glauben noch heute ›an die Dreiheit, die unser Dasein bestimmt‹: Sie zünden beispielsweise bei ihrem Kartenlegen drei Kerzen an, die sie meistens in Europa mit der christlichen Dreieinigkeit, die neueren (von indischen Lehren vermehrt beeinflußten!) Okkultisten dagegen mit den drei Seiten der göttlichen Urkraft, Schöpfung, Zerstörung, Erhaltung – Brahma, Shiva, Vishnu – erklären.

Unter dem Gaukler-Tischlein sehen wir gelegentlich eine Blume oder einen aufgerichteten Stein, die Sinnbilder der aufsteigenden, damit glückbringenden Lebensenergie.

Der Gaukler oder Magier bedeutet damit, nach ziemlich übereinstimmenden Deutungen, den Menschen, der das Gleichgewicht in sich gefunden hat und der darum mühelos in der Mitte seiner Welt steht (›auf dem Jahrmarkt‹ oder sogar ›auf dem Berg‹). Die linke und die rechte Hälfte seines Kleides bilden, was Farben und Schmuck angeht, Gegensätze, diese belasten ihn aber nicht: wie die Acht an seinem Zauberhut zeigt, hat der Mensch schließlich doch die göttliche Einheit der Welt, das Gute in (oder hinter) allen einander scheinbar entgegengesetzten, miteinander streitenden Kräften erkannt.

Er ist also nicht mehr ›einseitig‹, ›blind auf einem Auge‹: Er sieht das Gute, das Recht auf beiden Seiten, kann die Farben und Wappen der miteinander kämpfenden Parteien an seinem Rock tragen und damit mit den Menschen auf beiden Seiten reden.

Er kennt die Werte, Symbole, Münzsorten der verschiedenen Kasten, Sekten, Völker und erkennt damit das Gemeinsame hinter allen menschlichen Sehnsüchten, Träumereien, Weltanschauungen. Mystische Deuter der Tarotbilder sehen hier geradezu ein Bild der Gottheit, die sich in allen Erscheinungen der sichtbaren Schöpfung äußert und auch am Ende der (›für den menschlichen Verstand unverständlichen‹) Kreisläufe des Weltspiels, ›alles zu einem guten Ende führt‹.

Die Hohepriesterin (Die Päpstin, Die Hexenkönigin, Die Erdgöttin)

Besonders im Mittelalter enthält diese Karte deutliche Anspielungen an die Päpstin Johanna, eine Frau, die nach einer eigenartigen Legende, wohl verkleidet, die nur den Männern vorbehaltene höchste Papstwürde errang: Möglicherweise lebt hier die lange als ›Ketzerei‹ angesehene kulturgeschichtliche Tatsache, nach welcher in frühgeschichtlichen Kulturen des Mittelmeers das Weib sehr häufig eine priesterliche Rolle spielte; selbstverständlich auch regelmäßig bei den nordeuropäischen, keltischen, germanischen und slawischen Stämmen, wie sie seit dem ausgehenden Altertum in den Süden eindrangen und ihre Reiche begründeten.

Verschiedene Tarot-Systeme entfernten darum die heidnisch-ketzerische Päpstin und bilden dafür an ihrer Stelle etwa ›Die Juno‹, also die Gattin des höchsten griechisch-römischen Gottes (Zeus, oder Jupiter) ab. Die Folgen

Tarot des Court de Gebelin

Tarot von Marseille

waren aber für die rechtgläubige römische Kirche fast noch vermehrt ›ketzerisch‹: Es war dies ein Schritt, der mithalf, daß seit der Renaissance die magischen Sinnbilder wieder dauernd heidnisch aufgefaßt werden, gleich ob es sich um Spiel- und Wahrsagekarten, Astrologie oder Alchimie handelt.

Die Zigeuner, zumindest die Vertreter einiger ihrer Hauptstämme, besitzen gegenüber der Bedeutung der Frau als Bewahrerin der Überlieferung und Kennerin der Magie keine geringere Hochschätzung als gewisse Kulturen der frühmittelalterlichen Völkerwanderungen: Sie setzen die ›Hohepriesterin‹ auf ihren Wahrsagekarten gelegentlich der ›Sara‹ gleich, ihrer Heiligen in Südfrankreich, die sie gelegentlich ›Die Schwarze‹ (la kali) nennen. Ihre Kenner der Geheimwissenschaften lehren dann: »Der zweite (Tarot-)Schlüssel ist die verschleierte Göttin, von Eingeweihten Isis genannt, die eine Doppelkrone und zwei Hörner trägt und das Buch der Erkenntnis auf den Knien hält: ich nenne sie lieber die Prophetin Sara, Hohepriesterin unserer Mysterien« (Starkie).

Die mit dieser Karte zusammenhängenden Sagen von einer für Spätzeiten unglaublich hohen Stellung der Frau bewirken, daß die modernen ›Hexen-Gemeinschaften‹, wie sie sich vor allem ebenfalls seit 1960 sehr stark über West-Europa und Nordamerika ausbreiten, hier ihr Leitbild sehen wollen, die große Priesterin der Urkultur: die Frau als

Kennerin aller Mysterien um Zeugung und Geburt, die Wissende um magische Kräuter gegen alle Leiden und für Liebestränke, die Eingeweihte der Erdgöttin.

Sie sehen hier ›Die Hexen-Königin‹, die trotz allen teuflischen Verfolgungen seit dem ausgehenden Mittelalter noch die Renaissance überlebte. Auf gewissen alten Tarotkarten soll ›Die Priesterin‹ tatsächlich ihren Sitz (Thron) auf einem großen Stein oder auf einem grün überwachsenen Hügel (Berg) haben: Dies wäre nach den Freunden der modernen Hexenkulte der heilige Berg oder das heilige Grab der Ahnen des Stammes, auf denen einst die Hexen in der für Nicht-Eingeweihte geheimnisvollen Nacht ihre Überlieferungen lehrten.

Die Mondhörner an der Kopfbedekkung sowie der Schleier, der um das Gesicht ›Der Päpstin‹ schwebt, waren demnach das Sinnbild des Geheimnisses, das ›das Wissen der Nacht‹ umgibt. (Selbstverständlich gibt es auch die Deutung der Mondsichel oder des nach oben offenen Bogens um den ›hohen Priesterhut‹ auf dem Kopf der Hohepriesterin als eine Verbindung der weiblichen und männlichen Grundsymbole, also wiederum sozusagen Yoni und Lingham – die ›Hohepriesterin‹ enthielte demnach den Hinweis auf die Kenntnis um das heilige Zusammenspiel der Welt, die ewige Durchdringung der passiven und aktiven Kräfte.)

Das offene Buch auf ihren Knien wird auf alle Fälle als Symbol der ewigen Überlieferung angesehen, »die man kennen muß, um weiterzukommen«. Die Päpstin ist aber verschleiert: Wenn man alle in Büchern erhaltenen Weisheiten kennt, nützt dies doch nichts, »wenn man nicht den Schleier heben kann«, also das Gelesene oder Gehörte nicht auf das Leben der Gegenwart anzuwenden vermag.

Die Herrscherin (Die Kaiserin)

Karte 3 zeigt die andere Möglichkeit, die (weiblich gedachte) Welt zu sehen: Ist ›Die Hohepriesterin‹ das Erkennen der Wirklichkeit als die Gesamtheit der Lebensgesetze – dann ist die Herrscherin die Verwalterin der Erde, der menschlichen Kultur mit der Pracht, der Höflichkeit, der schönen Bräuche, der Kunst der Höfe: Sie ist für die Astrologen die Göttin Venus selber.

Das Mittelalter kennt in seinen Überlieferungen die beiden Frauentypen: Die weibliche Priesterin, die ›Hexe‹, die unglaubliche Achtung besitzende Kräuterfrau und Hebamme, die zu der Gesundheit, für das leibliche Gedeihen der Menschen und der Tiere in ihrem Umkreis schaut. Die Ritterfrau, die Königin, die Dame der Minnehöfe, die alle Sitten, Fest und Alltag mit poetischen Vorstellungen umgibt und damit den Mittelpunkt der Hochkulturen des Mittelalters darstellt.

Die Herrscherin trägt den Königszepter (Stab, Weltkugel mit Kreuz). Dazu kommt das Wappenschild mit dem Adler: Vordergründig ist dies das Zeichen des Kaisertums, gelegentlich sieht man hier die Darstellung der hohen Gedankenflüge, die die Damen des Mittelalters auszulösen verstanden. Dazu gehö-

Tarot des Court de Gebelin

Tarot von Marseille

ren etwa auch das nach oben zeigende Dreieck, in das auf gewissen Bildern recht deutlich ihre goldene, mit Edelsteinen besetzte Kopfbedeckung (Krone) ausläuft.

Auf gewissen Tarotkarten ist der Thron, auf dem die Dame sitzt, eigentlich eher die Darstellung von zwei Flügeln hinter ihrem Rücken: so ist die Herrscherin noch deutlicher eine Anspielung auf Göttinnen, Engel, Feenfrauen, Schwanen- und Adlermädchen (Walkyren) der Sagenkreise. Sie ist damit nochmals das Sinnbild von allem hohen Gedankenflug, aus dem für das mittelalterliche Denken (übereinstimmend in der europäischen und indischen Minnedichtung!) alles idealisierte Hofleben, damit Bildung, Kunst und Kultur jeder Richtung entstehen.

Der Herrscher (Der Kaiser)

Einige der neueren Forscher, die vor allem aus den so vielseitigen Überlieferungen der Zigeunerstämme schöpfen, sind überzeugt, in den Karten Hinweise auf die Wanderungen zu finden, dank denen die Tarotbilder im Mittelalter nach dem Abendlande kamen: »Die Kopfbedeckung des Königs auf dem vierten Schlüssel wie auch der Adlerschild zeigen, daß die russischen Großfürsten, die im Ausgangsland der Zigeuner regierten, noch keinen Anspruch auf kaiserliche Insignien erhoben hatten« (Starkie).

Hier wäre möglicherweise auch der Hinweis auf die Möglichkeit des Eindringens kabbalistisch-orientalischen, jüdischen Wissens in die Tarot-Symbolik: wir erinnern nochmals an das Chazarenreich, das sich im Norden des Schwarzen Meeres in der zweiten Hälfte des 1. nachchristlichen Jahrtausends entwickelte, von den russischen Großfürsten dann aufgelöst wurde, in Restbeständen auf der Krim aber fast bis zum Ende des Mittelalters weiterdauerte. Der Streit der Okkultisten, ob wir die Tarotsymbole vor allem durch die Zigeuner oder jüdische, semitisch-›tatarische‹ Stämme von Asien erhielten, wird damit wahrscheinlich müßig – beiderlei Kulturen durchdrangen sich zeitweise im eurasischen, heute besonders ukrainischen Raum vollkommen.

Der Thron des Fürsten steht geradezu auf dem Adlerschild, der in gewissen Fällen fast rund, also zu einem Kreis, einem Rad wird. Der Sessel wirkt auch selber wie ein schwerelos schwebender Kahn und wird auf gewissen Tarotkarten geradezu (ähnlich wie beim Bild der Herrscherin!) von zwei Flügeln getragen. Der Fürst steht fast, dazu noch auf einem Bein – den anderen Fuß hat er zu seinen Knien emporgehoben, so daß die Beine fast einen Winkel bilden.

Tarotdeuter sehen in dieser auffallenden Stellung der Beine eine dadurch gebildete Zahl Vier: also eine Anspielung auf die Zahl, die dieser vierte Tarot-Schlüssel trägt. Auch Hinweis auf die materielle Welt (deren Zahl häufig eben die Vier ist), die der Fürst beherrscht.

Tarot des Court de Gebelin

Tarot von Marseille

Im Adler, der den Thron trägt, im geflügelten Thron, im Abstützen auf nur einem Bein sieht man die Sinnbilder der Tatsache, daß hohe Leitbilder, überlegene Ideen und Ideale dem Menschen das Erfüllen eines riesigen Aufgabenkreises ermöglichen und sogar leicht machen. (Aus ähnlichen Überlegungen läßt die indische Kunst sehr häufig ihren Gott und Helden Krishna auf dem Adler Garuda fliegen und sehr häufig nur auf einem Bein stehen.)

Unter den Tarotbildern liegt der Herrscher unmittelbar neben der Herrscherin, seinem Gegenstück (also als Karten 3 und 4): Hier sah man die Erkenntnis, daß der eigentliche Ursprung von hohen, schöpferischen Gedanken, ›die dem Fürsten erst ermöglichen, Fürst zu sein‹, die Liebe zu seiner Welt ist.

Tarot des Court de Gebelin

Der Hohepriester (Der Papst, Der Hierophant, Der Eingeweihte)

Der Priester hat eine dreifache Krone und einen dreifachen Stab. Man kann hier die Anspielung auf das Kreuz mit drei Querbalken sehen, wie es besonders im Osten üblich ist: »Das Papstbild im fünften (Tarot-)Schlüssel weist darauf hin, daß die Zigeuner vor ihrer Wanderung nach Westen lange in einem von der byzantinischen Kirche beherrschten Lande gelebt haben« (Starkie). Auch hier wäre demnach eine Anspielung auf das Verbleiben der Nomadenstämme im Raum um das Schwarze Meer, über das die russischen Fürsten nach und nach das byzantinische Christentum und damit auch das Dreikreuz annahmen – was vor allem dann zur Auflösung des jüdisch-chazarischen Großreiches führte.

Einige gehen heute beim Herausfinden von Erinnerungen in der Tarot-Symbolik noch weiter: Die drei Querstriche auf der Kopfbedeckung des Priesters und auch die drei Querstriche am heiligen Stab sind eine Erinnerung an die drei Querstriche und sogar den Dreizack der Sadhus, der heiligen Männer des indischen Gottes Shiva. (Tatsächlich nennen die Zigeuner, getreu ihrer Herkunft, den Stab des Hohepriesters auf den Tarotkarten, genau wie das byzantinisch-russische dreigeteilte Kreuz und auch die anderen christlichen Kreuze überhaupt – noch immer Trishul, also eigentlich ›Dreizack‹, mit dem indischen Namen des Dreizacks des Gottes Shiva!)

Tarot von Marseille

Der Hohepriester sitzt zwischen zwei Säulen, die oben dreigeteilt sind: das alte Sinnbild des Gegensatzes, des Streits in allen menschlichen Auffassungen, wie sie in diesem Sinne beispielsweise häufig auch auf den Darstellungen der Rosenkreuzer oder der Freimaurer und der modernen Templerorden usw. vorkommen.

Zwei Menschen knien vor dem Papst, dem Hohepriester. Unabhängig ob er nach den verschiedenen Auffassungen von der ursprünglichen Herkunft der Tarotkarten, einen indisch-shivaistischen, jüdisch-chazarischen, byzantinisch-russischen oder römisch-katholischen Priester darstellt:

Wir sehen den autoritären Menschen, der durch seine Lehre seinen Gläubigen die Widersprüche aufhebt, damit ihre Zweifel beendet und ihnen (zumindest für einige Zeit) einen gewissen Seelenfrieden schenkt.

Die Entscheidung (Die Liebenden)
Ein Jüngling (Ritter) steht zwischen zwei weiblichen Gestalten: Manchmal sieht er unentschieden aus, hat seine Arme auf der Brust gekreuzt.

Man kann dies als die Notwendigkeit einer Entscheidung in Liebesdingen verstehen und als Wahrsager, wenn diese Karte auftritt, auch deuten. Man kann hier sogar ein Schwanken zwischen zwei geistigen Welten sehen, etwa zwischen dem Weg auf den vorangegangenen Bildern – dem Reich der Hohepriesterin (Mond, Luna) und der Herrscherin (Venus).

Tarot des Court de Gebelin

Tarot von Marseille

Oben, oft umgeben von einem Strahlenkranz oder sogar aus einem Sternen-Kreis heraus, zielt ein Schütze auf den Liebenden:

Es ist der Liebesgott, der gleichermaßen in dem von der griechischen Kultur beeinflußten europäischen Mittelalter, genau wie in der höfischen Kultur des gleichzeitigen Indien als ein junger Mann mit Bogen und Pfeil dargestellt wurde.

Die Wahrsager erklären dieses Sinnbild damit, daß es eigentlich nur unser innerstes Gefühl ist, das uns bei jeder unserer Entscheidungen richtig führen kann: »Zumindest wenn wir es als die Kraft in uns zu begreifen lernen, die uns mit dem göttlichen Sternenhimmel verbindet.«

Der Wagen (Der Triumph, Der Sieger)
Tarotkarte 7 kann verschieden gesehen werden. Auch hier finden wir ganz unterschiedliche kühne Vermutungen, die deutliche Hinweise auf die Wanderungen der Bilderreihen durch die Welt darstellen.

Im Indien der alten Heldensagen (Mahabharate, Ramayana) fährt der Held auf dem Kampfwagen in die Schlacht – ein stolzer Brauch, der sich im Altertum über den ganzen Vorderen Orient ausbreitete und auch für den skythischen Raum Südrußlands gesichert ist (noch im ukrainischen Bandenwesen während der Revolution 1917–1921 haben die von Rossen gezogenen Kampfwagen, Tatschanki, eine gewisse Bedeutung erlangt!)

Der Wagen wird damit nicht nur ein Sinnbild des stolzen weltlichen Sieges des ›königlichen Menschen‹, er ist gleichzeitig auch ein Symbol der Fahrt in die geistige Erleuchtung: in der Bhagavad-Gita erblickt der Herrscher Arjuna von seinem Kampfwagen aus die Größe und die Allgestalt der Gottheit Vishnu-Krishna.

Für eine Zigeunerhexe aus Südfrankreich, nach welcher die Tarotkarten mit den indischen Zigeunern über Osteuropa nach dem Westen wanderten, ist hier der stolze Zigeuner auf dem Zigeunerwagen. Sie erklärt dem Nomadenforscher Starkie:

»Merke dir, daß uns Zigeunern das Pferd heilig ist und wir sein Fleisch niemals essen dürfen, denn es ist uns verboten. Unsere Stämme beurteilen andere Menschen sogar nach dem Verhalten zum Pferde.«

Tarot des Court de Gebelin

Tarot von Marseille

Vier Säulen tragen über dem Ritter, König, Held, Zigeunerhäuptling, dem Fahrenden Schüler der Weisheit, oder wie wir auch den Mann auf dem Wagen nennen wollen, das Wagendach: Sie sind gelegentlich in verschiedenen Farben gemalt und sind das Bild der Welt mit ihren vier Elementen, vier Weltrichtungen.

Zwei Räder unter dem Wagen weisen in verschiedene Richtungen, scheinen gleichzeitig nach links oder rechts zu rollen. Ebenso ziehen die beiden Rosse den Wagen nach den entgegengesetzten Seiten. Diese Karte lehrt, daß man nur zum Erfolg gelangt, wenn man die ruhige Kunst gewinnt, in jedem Fall zwischen den Möglichkeiten, die sich uns bieten, zu entscheiden.

Die Gerechtigkeit (Das Gleichgewicht)
Wieder ist es eine gekrönte Dame auf dem Thron. Sie hält das Richter-Schwert in die Höhe, Sinnbild der irdischen Gerechtigkeit und auch der göttlichen: In der Tarot-Symbolik ist das flammende Schwert gelegentlich das Sinnbild ›des himmlischen Feuers‹, also des Blitzes, der alle ungerechte Gewalt zerstört.

Die Dame sitzt zwischen den beiden Säulen und hält eine Waage, deren Schalen in vollständigem Gleichgewicht sind: Alle Angelegenheiten der Welt haben ihre zwei Seiten, können von verschiedenen Standpunkten angesehen und bewertet werden – »denn dem einen seine Eule ist dem andern seine Nachtigall«.

Tarot des Court de Gebelin

Tarot von Marseille

Wichtig ist nach den Deutern der Edelstein, nach Wirth gar der kleine Sonnenkreis an der Stirne der göttlichen Gestalt: Er erinnert, wie bei vielen andern Bilder aus unserer mittelalterlichen Überlieferung an das ähnlich dargestellte ›dritte Auge‹ bei den Helden und Göttern des indischen Kulturkreises:

Es ist der Hinweis auf die tiefe Erkenntnis, die Fähigkeit zur Zusammenschau und zum Abwägen von zwei Seiten, die uns ermöglichen, nicht nur im Sinn der einen der beiden Parteien, sondern auch im Sinn für die allerbeste Möglichkeit der gemeinsamen Zukunft zu entscheiden.

Der Weise (Der Einsiedler, Der Eremit)

Die Zigeuner, möglicherweise hier von den gelehrten Verfassern der europäischen okkulten Bücher angeregt, sehen hier ein Bild des Weisen, der zurückgezogen ›die Wissenschaften der Alten hütet‹.

Europäische Sagen, Chroniken und Reiseschilderungen, wir erinnern noch an die des im ausgehenden Mittelalter so beliebten Jean de Mandeville, haben Nachrichten über solche Einsiedler verbreitet: Gerade die phantastischen Schilderungen seit Asienfahrern wie Frau Blavatzky, Gurdjieff, Roerich, Terapiano, Ossendovski seit dem

19. Jahrhundert und die Lehren der Flüchtlinge während der russischen Revolution haben diese Geschichten neu verbreitet: Nicht weniger als unter den Morgendlandpilgern des Mittelalters glaubt man heute in Nordamerika und Europa wieder an große Meister (Mahatmas), die irgendwo zwischen Kaukasus, den iranischen Bergen und den Himalayaländern Tibet und Nepal in unzugänglichen Tälern hausen, »und dort die heiligen Wissenschaften der Urzeit hüten«.

Starkie läßt in seinem Buch eine zigeunerische Tarot-Hexe erzählen: »Weiter wanderten (aus dem indischen Raum und in Richtung Europa) unsere Sippen, bis sie die Höhle des Alten Mannes vom Berg erreichten, der in der Rechten die Lampe der okkulten Weisheit und in der Linken seinen Zauberstab hält. Wie oft haben wir in den vergangenen fünfhundert Jahren der Wanderung den Alten Mann vom Berg angerufen, damit er uns beim Wahrsagen, beim Zaubern... helfe! Er hat uns gelehrt, das Los zu werfen und dem Glücksrad mit seinen sieben Speichen die Entscheidung zu überlassen.«

Der Stab des Weisen erinnert bald an den Pilgerstab, das Sinnbild der ewigen Wanderung durch das Dasein, dann wieder ist er, fast schlangenartig gewunden, ein Zauberstab: Der Tarot-Kenner Wirth etwa verstärkt dazu dieses Sinnbild, indem er neben dem Stab noch eine geheimnisvoll aussehende rote Schlange darstellt. Die Weisheit des Berg-Einsiedlers wäre demnach seine Erkenntis des Kreislaufs der Energien der Welt. Er hält eine Lampe in die Höhe: Es ist dies die alte Lampe des Philosophen, der am hellichten Tage mit einem Licht durch das Land geht, »um einen Menschen zu finden«. Der Weise ist auf jeden Fall im lärmigen und oberflächlichen Treiben der Welt einzigartig und einsam.

Die Lampe, die der Weise hochhält, soll auch bedeuten, daß nur der weise Mensch jedes Ding in seinem Umkreis genau und aufmerksam betrachtet: »Wir vernachlässigen und übersehen gerade die Gegenstände, die wir alltäglich und häufig sehen«, sagen die Tarot-Wahrsager, »der oberflächliche Mensch erwartet stets die Antwort auf seine Fragen durch die fernsten, fremdesten, allerseltensten und teuersten Sachen – wenn er genau um sich schauen würde, könnte er seine Antwort aber meistens spielend auffinden.«

Das Glücksrad (Schicksalsrad)

Die Speichen des Glücksrades bilden den Sechsstern, also das häufige Sinnbild des ewigen Kreislaufs der Welt durch das Zusammenspiel aller Elemente, des männlich-weiblichen Gegensatzes, der obern und der untern, der himmlischen und der irdischen Kräfte.

Äffische Wesen steigen durch die Bewegung des Rades, den andauernden Wechsel von Glück und Unglück in die Höhe und stürzen dann wieder in den Abgrund der Not und Verzweiflung.

Oben thront nur, gekrönt und mit einem Zepter in der Hand, die Sphinx: Das Wesen, vor allem bekannt aus ägyptischen und griechischen Mythen und Darstellungen. Der Leib ist in der

Tarot des Court de Gebelin

Tarot von Marseille

Regel der eines Löwen, das Gesicht das eines Menschen. Es besitzt Vogel-(Adler-)flügel.

Oben auf dem Glücksrad kann nur das menschliche Bewußtsein bleiben, das das Haschen nach dem äußeren Glück und der vergänglichen Macht, »also die Affenart im Menschen«, überwunden hat.

Die Sphinx ›oben auf dem Glücksrad‹ ist das Bild des ›Erleuchteten‹, der die Macht und Kraft der tierischen Leidenschaften in sich kennt, sie aber durch seinen Menschenkopf in Gleichgewicht zu bringen und zu beherrschen gelernt hat.

Es ist das Bewußtsein, das nicht mehr in Verzweiflung und Not zu versinken vermag, weil das Wissen um sein hohes, göttliches Grundwesen (die Flügel!) es immer von neuem emporträgt.

Die Kraft (Die Stärke)

Auf dem Tarotschlüssel 11 hält eine schmuck angezogene Dame, deren Hutrand (genau wie beim Gaukler oder Magier!) sehr häufig eine liegende 8 darzustellen scheint, einen Löwen mit beiden Händen an seinem Rachen: Die unglaubliche Heldentat des Sieges über ein Ungetüm, verherrlicht etwa in den Sagen über Herkules oder den biblischen Samson, erscheint hier als eine Spielerei für Mädchen bei einer Fest-Unterhaltung.

Tarot des Court de Gebelin

Tarot von Marseille

Sicher mit viel Berechtigung können wir hier wiederum die Bedeutung der Frau sehen, die diese in der Bildung zwischen Indien und der Provence besaß: Die aus der wilden Sinnlichkeit und den Leidenschaften geborenen Kräfte dienen dank solchen Damen dem ›hohen‹ Lebensstil, den schönen Künsten, dem liebenswürdigen Spiel einer vergeistigten Erotik. »Das ist die Fee, der wir die Eroberungen der Wissenschaft und den Fortschritt der Kultur verdanken« (Wirth).

Irrtümlich hat man vermutet, ›alle‹ im Mittelalter aus dem Osten nach Europa einwandernden Zigeunerstämme seien ausschließlich Nachkommen der auf der untersten gesellschaftlichen Stufe stehenden ›Parias‹, der Kastenlosen, geradezu von kriminellen und asozialen Banden am Rande der indischen Kultur gewesen.

Verschiedene Sagen und auch Forschungen von wissenschaftlich hochgebildeten Zigeunern wie Kochanowski scheinen zu bestätigen, daß sich unter den ihrer Herkunft nach kaum einheitlichen Sippen auch solche von ursprünglich ritterlicher, gebildet-adeliger Herkunft befanden, die auswanderten, weil ihre Länder durch islamische Eroberer zerstört wurden. Leland und andere haben schließlich bereits vermutet, daß unter den Nomadenscharen auch weibliche Kennerinnen des Tantrismus, also von teilweise sehr hochstehenden erotischen Auffassungen, dauernd in die westlichen Länder wanderten und hier unter hoch und niedrig ihre Jünger fanden.

Die Karte würde auf alle Fälle lehren, daß die wahre Stärke im Geist liegt, der von der Ewigkeit seines Grundwesens überzeugt ist: Von hier kommt schließlich die ›Reinigung‹ der sinnlichen ›Löwenkraft‹ in uns zur Grundlage für jeden einigermaßen wertvollen Ausdruck der Kultur.

Von hier kommt auch die Fähigkeit zum Sieg des gebildeten Menschen über den Muskelprotz, wie sie in den asiatischen und auch mittelalterlich-ritterlichen Kampftechniken entwickelt worden sind.

Die Prüfung (Der Gehängte)

Der Mann, der auf der Schlüsselkarte 12 zwischen zwei Bäumen, zwei Bergen hängt, wirkt gar nicht wie ein leidender Gefolterter, Gehenkter: Ein Bein hat er zu einem Winkel angezogen, wie etwa der Herrscher auf seinem Tarotbild oder auch der göttliche Retter der Welt, Krishna, in der indischen Kunst. Das Ganze wirkt also eher, und zwar wenn wir das jugendliche, offenbar ruhige Aussehen des Dargestellten betrachten wie eine Mutprobe.

In der germanischen Edda hängt der göttliche Held Odin ›am windkalten Baum‹, um so das Geheimnis der magischen Sinnbilder (der Runen) zu gewinnen. Wir erinnern an die körperlich

Tarot des Court de Gebelin

Tarot von Marseille

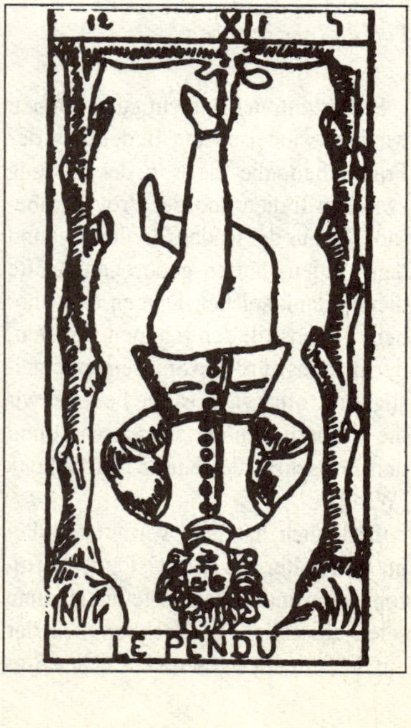

so schwierigen Übungen der nordasiatischen und nordamerikanischen Schamanen, aus deren Umkreis sich in Urzeiten möglicherweise einige der Übungen der indischen Yoga-Künste entwickelten. Hier haben wir vielleicht auch einige Hinweise zur Erklärung der Mutproben bei vielen Völkern, dank denen der junge Mensch lernen sollte, durch innere Selbstbeherrschung große körperliche Ausdauer zu gewinnen.

Die Prüfung bedeutet in der heutigen Tarot-Wahrsagerei die Notwendigkeit, im Zwiespalt der Meinungen, ›zwischen den beiden entgegengesetzten Bergen‹, sein Gleichgewicht zu bewahren – und damit die Voraussetzung, seine Eigenart zu entwickeln.

Die beiden Bäume (Stecken, Säulen) werden dann aus dem verständlichen Symbol der Gegensätze (mit dem Querbalken sogar einem Bild des Galgens mit dem daran gefolterten Menschen!) – zu einem freundlichen Sinnbild: Zum Hinweis, daß man trotz aller Schwierigkeiten immer ›die Prüfung‹ bestehen kann, um dann zwischen zwei Polen ein Gleichgewicht (den Bogen, die Brücke) und damit einen Weg zur Befreiung zu gewinnen.

Der Tod

Auf verschiedenen Tarot-Reihen wird der Name dieses Bildes ›Der Tod‹, gar nicht geschrieben: Es soll dies, nach den Kennern der Tarot-Symbolik, den

Tarot des Court de Gebelin

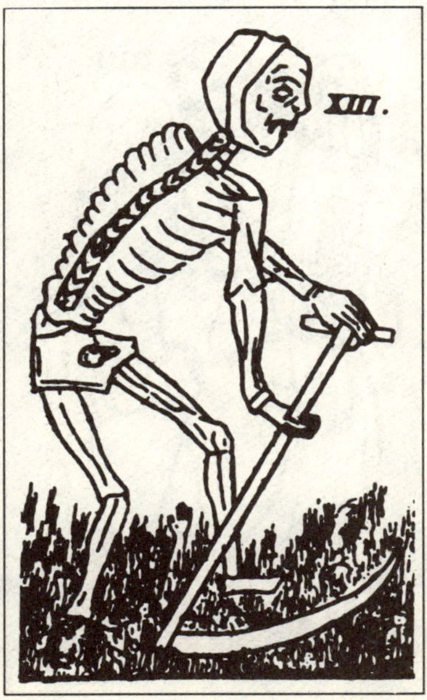

Tarot von Marseille

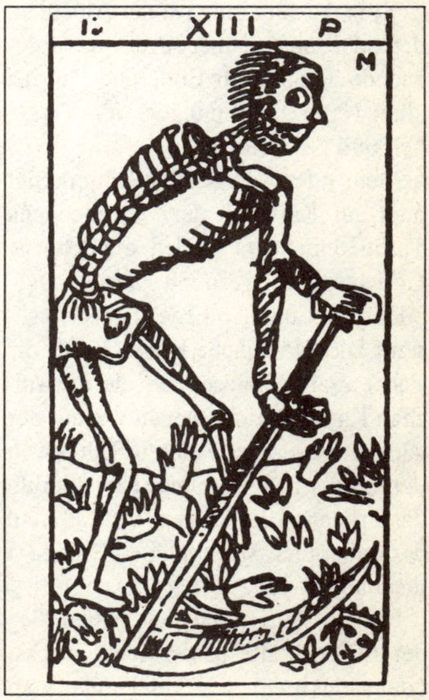

Grund darin haben, »daß es den Tod eigentlich nicht gibt«, daß die Zerstörungen auf der Welt eigentlich nur darum sind, damit sich das junge Leben entfalten und durchsetzen könne.

Die Sense (gelegentlich Sichel) erinnert an das Mähen der Pflanzen, aber die Wurzeln, die Keime bleiben bestehen und bewirken, daß im Frühling aus der Erde ein neues Wachstum hervorkommt. Sense oder Sichel sind im astrologischen Denken sehr häufig ein Symbol des Saturn, ›des Herrn der Zeit‹, sicher (genau wie auch des noch urtümlicheren indischen Zeitgottes Maha-Kala) Urbild der mittelalterlich-christlichen Todesdarstellungen. Beide, Sichel wie Sense, erinnerten die Künstler wegen ihrem Aussehen sehr häufig an die Mondsichel: Auch dies ist noch heute, z. B. in der Bauernkunst der Alpenländer oder an Zigeunerwagen, das sprechende Sinnbild für Ebbe und Flut bei allen Naturerscheinungen, für Vergehen und Neu-Entstehen.

Mehr oder weniger deutlich erkennt man auf Karte 13 der verschiedenen Tarot-Reihen am Boden menschliche Gesichter, sehr gern mit Kronen abgebildet, die aus der Erde ›hervorwachsen‹: Die ›Königliche Kunst‹ ist für die sicher uralte Philosophie, die aus solchen Karten spricht (genau wie aus der ganzen wesensverwandten Bilderwelt der mystischen Alchimie!), wiederum das Erkennen des ewigen Wechsels und der dauernden Wandlung von allem in uns und um uns.

Nur der erlebt den stets neuen Sieg der Lebenskräfte in der Welt, wächst oder steigt immer aus dem Dunkel zum Licht, überwindet jede Zerstörung, wer die Angst vor der Macht des Todes verliert:

»Selbstverständlich auch die Angst vor der Zahl dreizehn«, die für die Wahrsager den Abergläubischen schon darum immer ›das Unheil‹ bedeutet, weil sie stets entsetzt sind, wenn ihnen die Tarotkarte 13 gezogen wird – die den Tod (Saturn oder den ›Herrn Samstag‹!) darstellt.

Die Mäßigkeit

Der Tarot-Schlüssel 14 zeigt wiederum eine schöne, feenhafte, geflügelte Dame, ebenfalls sehr häufig mit einem Edelstein, Stern, oder Sonnenring an ihrer Stirn, abgebildet.

Tarot des Court des Gebelin

Tarot von Marseille

Die Dame schüttet aus einem Gefäß Flüssigkeit in ein anderes und zeigt damit, daß für die hohe Erkenntnis (Flügel, Stern an der Stirn!) in der Welt ein ewiges Gleichgewicht der Kräfte besteht.

Das Erkennen des Maßes, das hinter dem Kreislauf aller Dinge der Welt steht, ist für die Philosophie des Tarot, genau wie für die der Alchimie, der Ursprung von allem Erfolg und jedem Gelingen: Wenn man dies versteht, begreift man ›das große Werk‹, ein Name, den man der Schöpfung gibt.

Der Teufel (Der Herr der Nacht, Der Meister des Hexensabbats)

Wie die Kenner der Zigeunerüberlieferungen sagen: »Wir wandern weiter zum 15. Schlüssel, auf dem unser Zigeunerteufel Bengorro mit seinen Fledermausflügeln, Adlerklauen, Ziegenhufen und dem Ziegenkopf zu sehen ist. Er führt den Vorsitz bei unserem Hexensabbat« (Starkie).

Die Gestalt scheint auf einem Stein, einem Sockel zu stehen. Zwei kleine (kindliche?), ihr ähnliche und geschwänzte Wesen stehen daneben: Sie sind mit einem Seil oder Riemen an den Sockel gebunden und könnten, da ihre Arme hinten am Rücken verborgen sind, gleichzeitig auch an den Händen gefesselt sein.

Gelegentlich deutet man diese beiden Geschöpfe als die magischen Diener des Herrn des Hexensabbats, also als Kobolde, die sein Reich bevölkern und die er seinen menschlichen Anhängern und Freunden als Helfer mitgibt, »damit sie diesen in allen irdischen Dingen Wohlstand und Glück ins Haus bringen«.

Nach vielen Tarotkennern hat die Karte ›Der Herr der Nacht‹ an sich keine böse Bedeutung: Die Flügel der Fledermaus, des symbolischen Wesens der Dunkelheit, bedeuten einfach, daß man frei von abergläubischer Furcht sein muß, wenn man in die Dunkelheit der Unwissenheit eindringen will, um ein wenig von den Geheimnissen der Welt zu verstehen.

Nur wenn man keine Angst mehr vor der Nacht hat, sammelt man dann auf einsamen Wegen Erfahrungen, die den Sucher auf den Berg der Erkenntnis

Tarot des Court de Gebelin

Tarot von Marseille

führen: So hat die Gestalt auf dem 15. Tarot-Schlüssel eine Fackel in der Hand und gelegentlich noch eine zweite (manchmal einen brennenden Edelstein) auf seiner Stirne, oder auch an der Krone, die sie trägt.

Die Zerstörung (Das Bauwerk, Der Tempel, Der Turm von Babylon)

Der kanadische Zigeuner Lee faßt hier das Wissen seines Stammes über dieses Ur-Bild zusammen: »Der Mensch darf sich nie die Rolle Gottes anmaßen und versuchen, sich in die natürliche Ordnung der Dinge zu mischen. Auf den Leichen der Sklaven läßt sich ein Turm erbauen, doch eines Tages wird der Blitz einschlagen, der Turm wird einstürzen und den arroganten Bauherrn zu seinem Verderben in den Schmutz und das Elend schleudern, das er geschaffen hat.«

Der Turm hat auf dem Tarot-Schlüssel 16 oben in der Regel vier Zacken. Vier ist nun einmal die Zahl der materiellen Welt, die Turmkrone dient also nur der Verherrlichung der Macht und des Reichtums seiner Erbauer, »die keiner höheren Idee fähig sind«.

Das himmlische Feuer fährt vom Himmel nieder und zerstört, genau wie in der biblischen Legende, das gewaltige Bauwerk von Babel, das seine Planer vergöttern soll: Ähnlich zerstören die

Tarot des Court de Gebelin

Tarot von Marseille

Blitze der indogermanischen Donnergötter, des vedischen Indra, des griechischen Zeus, des römischen Jupiter, des germanischen Thor (Donnar), des slawischen Perun alle Werke der übermütigen Titanen, »die die Götter stürzen wollen«.

Der Turm stürzt zusammen, die Krone (der Macht über die materielle Welt) zerbricht, die sich selber als Götter ansehenden Bauherren fallen in die Tiefen.

Die oft farbig dargestellten Kugeln, die offenbar vom Himmel zum Boden schweben, hat man schon als Hagel und Regen angesehen: Meistens gelten sie als Sinnbild (Kugeln, Kreise haben nun einmal fast immer eine erfreuliche Bedeutung!) der fruchtbaren Energien, ›der Samen des Lebens‹, die durch den göttlichen Segen von den Sternen auf den Erdboden schweben.

Jede Zerstörung einer stumpfsinnig und in ihrem Grundwesen oberflächlich und nur noch dem äußeren Machtgewinn dienenden Zivilisation, so erklären diese Karte einige der Tarot-Wahrsager, führt zu einem schöpferischen Neubeginn – »zu einem neuen glücklichen Welten-Frühling«.

Der Stern

Ein gewaltiges Gestirn (oft als die göttliche Urkraft hinter allen sichtbaren Dingen gedeutet) steht auf dem Tarot-Schlüssel 17 im Kreis von sieben kleinen Sternen – den Planeten der astrologischen und alchimistischen Mythen?

Darunter ergießt eine nackte Frau aus ihren beiden Gefäßen Flüssigkeit auf den Boden: Wer beispielsweise in den Tarotkarten ein treu erhaltenes Zeugnis des aristokratischen Weltbildes des Mittelalters sieht, erkennt in ihr die Dame der Minnedichtung, die den ewigen Glücksstern des fahrenden Ritters darstellt und ihm durch ihre geheime Liebe stets den Segen auf allen ihren Wegen schenkt.

Für die zahlreichen modernen Anhänger der Hexen- und Zigeuner-Weisheiten ist wiederum ›die weise Frau‹, »die alle Mysterien der Natur, der Kräuter und der Sterne, der männlichen Zeugungskraft und der weiblichen Fruchtbarkeit kennt«.

Starkie läßt sich von einer Zigeuner-Wahrsagerin sagen: »Unser Volk glaubt aber (die Frau meint, wie wir aus dem vorausgehenden Satz ersehen, mitten im Zusammenbruch der Zivilisationen! S. G.) zuversichtlich an seine Hohepriesterin, die im 17. Schlüssel aus zwei Gefäßen Wasser auf die Erde herabgießt, während über ihr der Stern der Weisen strahlt, umgeben von den mystischen sieben kleinen Sternbildern, und ihr zur Seite das Symbol der Seele, ein

Tarot des Court de Gebelin

Tarot von Marseille

Schmetterling, der sich auf einer Blume niederläßt.«

Man sieht das geflügelte Wesen neben ihr bald als Vogel auf einem Baum oder eben als Falter auf der Blume. Gerade innerhalb der Jugendbewegung um die Hippies ist das, entsprechend den von ihnen neu aufgenommenen Überlieferungen, wieder ein Sinnbild des hohen ›schwerelosen‹ Daseins oder der Unsterblichkeit:

»Wir gelangen dazu, wenn wir die Weisheit der Erdgöttin, die Gesetze der Sterne und der ganzen Natur erkennen und damit wieder im Gleichgewicht mit unserer Umwelt und all ihren Wesen leben lernen.«

Der Mond

»Das Gesicht im Mond ist Diana, die Göttin der Nomaden«, erklärt der Zigeuner Lee: »Das ist vor allem die Karte des Träumers, der Illusionen nachhängt, und des Jünglings, der die Antwort auf das Rätsel des Lebens sucht... Es ist die Karte des Romantikers, des Künstlers, des Denkers und des Studenten...« (Im ausgehenden Mittelalter hätte man statt Karte des Träumers und des Jünglings wahrscheinlich gesagt – die Karte des fahrenden Ritters und des fahrenden Schülers!)

Vorne im Bild ist das Wasser, das in die Tiefe zieht, das Sinnbild des Unbewußten: In ihm ist der Krebs, das Tier,

Tarot des Court de Gebelin

Tarot von Marseille

das rückwärts läuft, also hier das Sinnbild des Geschöpfes, das vor dem Vorwärtsgehen zurückschreckt, zur dunklen Tiefe flieht.

Auf vielen der neueren, heute besonders im Kreis der Jugend beliebten Tarotkarten (die alle deutlich auf die Tarot-Überlieferung der Provence, ›Tarot de Marseille‹, zurückgehen!) führt ein Weg an dem ›Meer des Krebses vorbei‹ oder aus diesem heraus nach oben: Man vergleiche auch die beiden, durch eingehendes Studium der modernen Okkultisten-Kreise und des Wissens der Nomaden-Wahrsager entstandenen Tarot-Reihen von Wirth und Wegmüller: Doch der Weg ist von Gespenstern und drohenden Bauwerken (Festungen, Kerker-Türmen, Grenzposten) bewacht.

Die Zigeuner sagen etwa: »Auf diesem Bilde siehst du den schwarzen Hund der Hexenmacht, der den Mond anbellt, und den Werwolf oder blutsaugenden Vampir, der bei Nacht seine Opfer sucht. Und du siehst auf diesem Bild auch die zwei Türme, welche die Säulen des Herkules darstellen, von denen man in alter Zeit geglaubt hat, daß sie in das Zwielicht außerhalb unserer Welt führen« (Starkie).

Doch wer sich vor allem eingebildeten Aberglauben nicht fürchtet, der kommt auch zwischen den beiden drohenden Türmen hindurch. Oder wie etwa die Wahrsager erklären: »Schließlich sind wahrscheinlich auch die Söldner in den beiden Festungen abergläubische Narren, die sich in der gespenstischen Nacht kaum herauswagen.« Dann erkennt der ›fahrende Schüler‹, daß die Mondnacht ganz hell sein kann: Er sieht auch, daß im Reich der Mondgöttin nicht etwa die Schrecken vorherrschen – sondern daß sich aus ihrem Glanze farbige Funken, Kugeln, Tautropfen auf den Erdboden senken, auf daß die Erde fruchtbar und das Leben immer siegreich sei.

Die Sonne

Die Karte 19 zeigt ein Menschenpaar (meistens mehr oder weniger deutlich als Mann und Frau in Umarmung dargestellt): Von der Sonne fallen wiederum Tropfen (Flämmchen, Funken) auf sie herab. Sie stehen auf einem Blumenrasen, der bei Wirth einen Zauberkreis um sie herum bildet. Ein Mäuerchen

Tarot des Court de Gebelin

schützt und verbirgt sie vor der Außenwelt.

Mittelalterliche Darstellungen zeigen ganz ähnlich das ewige Liebespaar in ihrem ›Paradies-Gärtlein‹ (Minnegarten): Wie selten erkennt an diesem Beispiel der unvoreingenommene Beschauer die Wesensverwandtschaft der Tarot-Symbolik mit der Bilderwelt der europäischen Hochkulturen, wobei es uns allerdings klar sein muß, daß dieses stets eine eigentümliche Neugestaltung der Mythen aus vorangegangenen Kulturkreisen waren.

Auf dem Bild herrscht nach den Tarot-Kennern die glückliche, warme und helle Jahreszeit: »Die Kinder, die sich hier unter der Sonne vereinigen, entsprechen (in der Astrologie) den Zwillingen, um so mehr, als dieses Tierkreis-Zeichen uns die längsten Tage bringt« (Wirth).

Tarot von Marseille

Das Glück des Menschen, in den Tarotbildern dargestellt durch den Sonnen-Tag und den Sommer, kann nur sein, wenn es von einem ihm in jeder Beziehung nahestehenden anderen Menschen geteilt wird: Es kann von den anderen gar nicht richtig erkannt werden: »Es ist, ob man will oder auch nicht, immer hinter einer Mauer verborgen«, weil die Lebensziele und damit das Glück eines jeden Menschen von Außenstehenden kaum voll begriffen werden können.

Die Auferstehung (Das Jüngste Gericht)

Aus einer strahlenden runden Wolke zeigt sich das Gesicht eines göttlichen Wesens: Es besitzt einen Heiligenschein und auf einigen Darstellungen gelegentlich auch einen strahlenden Edelstein auf der Mitte der Stirne.

Es läßt eine Trompete, an der eine Kreuzfahne flattert, ertönen. Am Boden ist das Viereck des Grabes, ein Sinnbild der Sterblichkeit und des Vergehens. Doch durch den Klang des himmlischen Instruments, den Ausdruck des göttlichen Willens, durch die Strahlen von oben »stehen drei Menschengestalten aus dem Boden auf«, die Toten, die auferstehen: Sie haben ihre Hände zum Gebet gefaltet, sie danken Gott für das mystische Wunder der Auferstehung.

Einige Kenner weisen auf die Tatsache hin, daß nur die mittlere Men-

Tarot des Court de Gebelin

Tarot von Marseille

schengestalt, die wir nur vom Rücken her sehen und deren Geschlecht wir darum nicht erkennen können, aus dem Steingrab aufsteigt, also geboren, nach den Zigeunern häufig wiedergeboren wird.

Eine männliche und eine weibliche Gestalt umgeben erwartend und hilfsbereit die viereckige Grube: Für die Geburt des neuen Menschen braucht es infolgedessen das Zusammenspielen von drei Kräften, des männlichen Willens zur Zeugung, des weiblichen Wunsches zur Geburt und schließlich deren gemeinsamen, nach oben gerichteten Glaubens, daß sie durch Zeugung – Geburt den himmlischen Willen erfüllen.

»Je mehr Mann und Frau ein Kind wünschen«, sollen noch im 20. Jahrhundert in der Krim chazarische Juden geglaubt haben, »je mehr sie sich darauf, genau wie auf einen Gottesdienst vorbereiten, ein um so höheres Wesen erwekken in ihnen die göttlichen Mächte.« Auch europäische Zigeuner lassen, genau wie viele Stämme des Himalayaraums, das junge Ehepaar vor der Zeugung, und dann besonders die Mutter während der Schwangerschaft, auf Bilder von schönen indischen Göttern schauen:

Der neue Mensch soll dann, entsprechend danach wie fromm und ergriffen sie es tun, gut aussehen und wunderbare Geistesgaben besitzen.

Die Welt (Die Zeit)
Schlüssel 21 (oder 22) und damit der eigentliche Abschluß ›der großen Arkanen‹ der Tarot-Reihen: Auf einem Bein, dem Sinnbild des leichten Lebens, steht ein junges Mädchen in einem Kreis, der als magischer Ring, Blumenkranz, rollendes Rad der Zeitalter, gelegentlich sogar als ›das Welten-Ei‹ gedeutet wird.

Wirth fand in dieser Darstellung die gleiche Idee, wie sie in dem vorgeschichtlichen Zeichen des Hakenkreuzes ihren uralten Ausdruck findet: »Die Welt ist ein Wirbel, ein ewiger Tanz, in welchem nichts anhält; alles sich dreht..., da die Bewegung die Dinge hervorbringt.«

Die Karte zeigt die göttliche Urkraft hinter dem Kreislauf der Welt, die mit ihren Zauberstäben für das Gleichgewicht der Kräfte sorgt, auf daß nirgends ein Stillstand entstehe.

Um den Kranz des Lebens sehen wir das Bild der vier Grundkräfte, Elemente, Jahreszeiten, die Weltecken und gelegentlich sogar das Bild der von den vier Richtungen gegen den Mittelpunkt blasenden Winde: Adler, Engel, Löwe, Stier: Alle berühmt als die Sinnbilder der Verfasser der vier Evangelien und aus der Astrologie.

Für die Zigeuner-Wahrsager zeigt diese Karte (nach Starkie) »das Oval und bedeutet ›Weltei‹ oder die Erfüllung aller Dinge«.

Tarot des Court de Gebelin

Tarot von Marseille

Die Schau der Welt als ewige Wandlung von allem, wofür Kreis, Kranz, Tanz, aber auch ›das Welten-Ei‹ (das Sinnbild der Wiedergeburt aller Dinge) tatsächlich – häufig in den Zeichnungen ineinander übergehende – Symbole sind, soll dem menschlichen Bewußtsein die innere Ruhe und Fröhlichkeit schenken.

Der Narr

Dieses Bild trägt die Nummer 22 oder die ›0‹: Es befindet sich damit außerhalb des Kreises der 21 (3×7) Schlüssel-Arkanen:

»Und ist doch der eigentliche Schlüssel zu dem Spiel der Spiele, das uns hilft, über die Welt nachzudenken.«

Ein Mann in sehr buntem, aber zerrissenem Gewand stolpert, »seine ganze bescheidene Habe an einem Stecklein über der Schulter tragend«, durch die für ihn feindliche Welt. Er blickt in die Weite und merkt dabei gar nicht, wie ihm ein wildes Tier (Wachhund, Wolf, gelegentlich auch eher katzenartig dargestellt) die Beinkleider oder sogar den nackten Hintern zerbeißt.

»Wir Magier nennen diese Karte ›mat‹; sie bedeutet den Wahn und die blinde Torheit der Menschen« (Starkie). Die Umgebung des Narren nennt Lee auf einem wesensverwandten Sinnbild seines nach Nordamerika ausgewanderten Stammes »die Welt der Lust, des Lasters, der Falschheit,

Tarot des Court de Gebelin

Tarot von Marseille

Unehrlichkeit und Selbsterniedrigung«: Die Wirklichkeit dieser Narren-Welt findet dieser Dichter und Kenner der Überlieferung »in den Slums, in die er und der Rest seines Volkes... getrieben wird«.

Die Tarotkarten, unabhängig ob sie beim Untergang der Ritterkultur in Provence, Burgund und Nord-Italien, dem Verfall des Glanzes des östlichen Chazarenreiches oder während den abenteuerlichen Wanderungen der indischen Zigeunerstämme nach dem Westen ihre uns bekannte Gestaltung erhielten, werden zu einer Mahnung an den Menschen: Aus seiner ursprünglichen Heimat vertrieben, ist er in einer ihm fremden Umwelt nichts als ein haltloser Narr. Er hält sich krampfhaft an den paar Überresten der Werte seiner besseren Vergangenheit fest, folgt jeder lockenden Hoffnung und ist doch nichts anderes als ein Spielzeug jedes feindlichen Zufalls.

Für den echten Tarot-Wahrsager ist damit der Kreis der Karten nicht nur ein Orakel für den abergläubischen Kunden, sondern er enthält die wichtige Grundlehre:

»Du mußt über die 21 Arkanen, die Schlüssel der Welt nachdenken, sonst bleibst du für immer der Narr – das Geschöpf, das stets wechselnden Lokkungen nachstolpert, ohne Sinn herumgerissen von seinen Ängsten und Zuständen der Verzweiflung.«

Auf dem entsprechenden Bild bei Wirth, der besonders aus rosenkreuzerischen und freimaurerischen Gedankengängen geschöpft haben will, scheinen diese Hinweise noch durch weitere Zusatz-Symbole verstärkt: »Der Luchs (so ist bei Wirth das den Narren angreifende Tier dargestellt! S. G.)... jagt den unbewußten Mann in der Richtung eines gestürzten Obelisken, hinter dem ein Krokodil lauert: Es ist bereit, das zu verschlingen, was in den Chaos zurückkehren muß...«

Große Bedeutung geben einige Tarotkenner ›dem wertvollen Goldgürtel‹, nach Wirth mit den Zeichen des Tierkreises geschmückt (nach andern der 21 oder 22 Tarot-Schlüssel), den der Narr um seinen Leib trägt: Der Goldgürtel ist Symbol für die Überreste einer großen Vergangenheit, der Erinnerungen an das Wissen der Ahnen, die den ›unbewußten Mann‹ in seinem Elend jederzeit zu retten vermögen! Wenn er sich nur wieder an sie erinnert – sie in sein Bewußtsein zu heben vermag und sie dann auch in seiner Umwelt zeitgemäß anwendet.

Die kleinen Tarot-Arkanen

Zu den 22 großen ›Tarot-Schlüsseln‹ (oder großen Arkanen) kommen noch die 4×14 (56) ›kleinen Schlüssel‹, wiederum in vier Abteilungen geteilt: Sie entsprechen den vier Elementen und vielen andern, besonders der mittelalterlichen Alchimie und Astrologie bekannten Vierheiten.

Jede Abteilung hat die Zahlkarten von eine (AS) bis 10. Dann kommen für jede Abteilung noch je ein Knappe (Bube), Ritter, Königin und König.

Die vier Abteilungen (Farben) nennen sich gewöhnlich folgendermaßen: Stecken (Keulen), Münzen, Schwerter und Kelche.

Schwert-As (Gebelin)

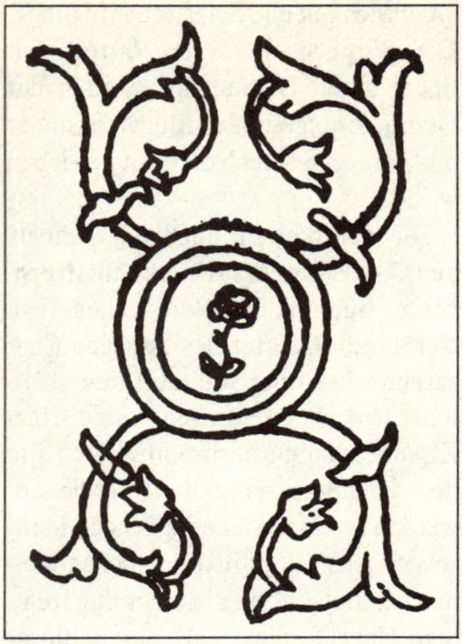

Münz-As (Gebelin)

Kelch-As (Gebelin)

Stab-As (Gebelin)

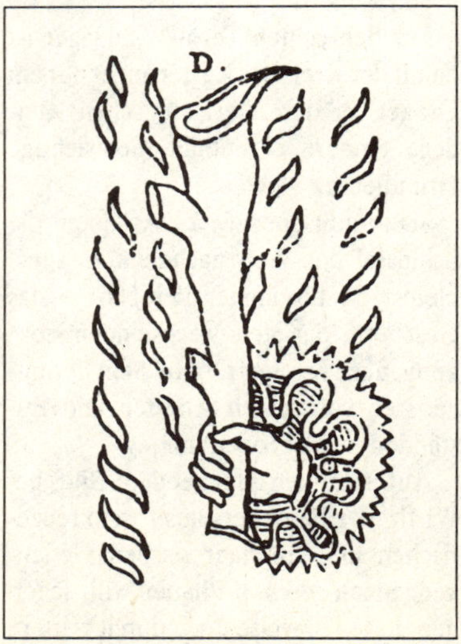

Court de Gebelin, der große hochgebildete Erforscher der Tarotkarten des 18. Jahrhunderts, sah hier ein Abbild der vier Kasten der orientalisch-ägyptischen und auch der mittelalterlich-europäischen Gesellschaft: der Bauern und Handwerker, der Händler und Geldleute, der ritterlichen Krieger oder Edelleute, der die religiöse Erleuchtung darbietenden Priester. (Genau die gleichen Kasten bilden die Grundlage der vedisch-indischen Kultur, was man wiederum als Beweis für zigeunerisch-asiatische Herkunft des Tarots zu nehmen versuchte.)

Sehr alt ist auf alle Fälle bei den Wahrsagern die Zuordnung der vier Tarot-Abteilungen (selbstverständlich auch die der meisten anderen Kartenspiele) zu den Elementen. Wir hörten am häufigsten: Keulen = Feuer; Münze = Erde; Schwert = himmlische Blitzflamme, also Luft; Kelch = Wasser. Bezeichnenderweise sind Keule- und Schwert-As auf den alten Abbildungen bei Court de Gebelin deshalb auch mit Feuerfunken oder Flammenzungen umgeben.

Noch heute setzen viele Wahrsager diese Elemente den ›vier Temperamenten‹ gleich, denen sie die verschiedenen Menschen zuordnen: Nach ihrer Lehre, wie auch nach den heute noch weiterentwickelten indischen Gesellschafts-Philosophien, sind damit die vier Kasten ursprünglich kein Mittel irgendwelcher Unterdrückung, sondern Ausdruck der Verschiedenheit der menschlichen Grundanlagen und damit der Beschäftigungskreise.

Bildnachweis

Die abgebildeten Tarotkarten entstammen – soweit nicht anders angegeben – dem Tarot-Buch des Papus von 1889 (Le Tarot des Bohemiens...), deutsch: Tarot der Zigeuner, Schwarzenburg. Die Karten des Court de Gebelin wurden von diesem schon in seiner Abhandlung ›Du Jeu des Tarot‹ (›Monde Primitif‹, Band 8), 1787, beschrieben.
Das Titelblatt zeigt einen Ausschnitt aus dem Tarotposter von Alix Turner (Bern 1978).
Der ›Kabb. Baum‹ aus: Papus, Die Kabbala, Dreieich 1980

Tarotkarte ›Magier‹, gezeichnet von Leo Leonhard

Literatur

K. Bercovici: The Story of Gypsies, New York 1928
J. G. I. Breitkopf: Versuch den Ursprung der Spielkarten... zu erforschen, Leipzig 1784
W. A. Chatto: Facts... on the Origin... of Playing Cards..., London 1816
J.-P. Clébert: Les Tziganes, Paris 1961
A. Court de Gebelin: Le monde primitif, Paris 1775–1784
P. Derlon: Unter Hexern..., Basel 1976
P. Derlon: Im Garten der Einweihung, Basel 1978
S. Golowin: Zigeunermagie im Alpenland, Frauenfeld 1973
S. Golowin: Die Welt des Tarot, Basel 1975
B. Innes: The Tarot, London 1977
S. R. Kaplan: The Encyclopedia of Tarot, New York 1978
M. C. Leber: Etudes historiques sur les cartes. Paris 1842
R. Lee: Verdammter Zigeuner, Weinheim 1978
C. G. Leland: Gypsy Sorcery..., New York 1963
E. Lévi: Geschichte der Magie (Neudruck), Basel 1978
Papus: Le tarot des Bohémiens, Paris 1889
Papus: Le tarot divinatoire, Paris 1909
B. I. Rakoczi: La roulotte initiaque, Initiation bohémienne..., Paris 1967
S. W. Singer: Researches into the History of Playing Cards..., London 1816
W. Starkie: Auf Zigeunerspuren, München 1957
M. Steiner/S. Golowin: Das Tarot – Die Welt als Spiel, Zürich 1968
J.-A. Vaillant: Les Romes, Paris 1857
F. de Ville: Tziganes, Bruxelles 1956
W. Wegmüller: Die Welt des Tarot, Basel 1978
O. Wirth: Le tarot..., Paris 1966

SYMBOLE DES ALLTAGS

»... da ihr davon esset, werden eure Augen aufgetan...«

Beachtliches Beweismaterial zeigt, daß eine
Gewohnheit eine Nervensystemreaktion von rückwirkenden Krümmungen ist.
Es ist wie bei den Rillen in einer Schallplatte, wie bei den Muskeln –
je mehr man eine dieser Krümmungen benutzt,
um so wahrscheinlicher ist es, daß man sie wieder benutzt.

(Timothy Leary, ›Politik der Ekstase‹)

Einleitung: Des Kaisers neue Kleider

Daran gewöhnt, Mythen nur in einer fernen Vergangenheit zu studieren, abergläubische Kulte und Rituale dem dunklen Mittelalter zuzuschreiben und politische Zwangsstrukturen und entindividualisierte Lebensformen in die Zukunft zu projizieren, ist es immer wieder überraschend, aufgezeigt zu bekommen, daß all dies auch Bestandteil unserer Gegenwart ist: in der zwei von Zentralisten geführte Blöcke sich gegenüberstehen wie die schwarzen und weißen Figuren in einem Schachspiel.

Hört man die täglichen Meldungen aus den Medienrobotern TV und Radio und liest man die ›Hofbulletins‹, ist es nicht schwer, zu sehen, daß für viele prominente Politiker die Welt offenbar nur ein großes Schachspiel ist, in dem wir die Rolle von kleinen Bauern spielen. Wie unter einem schwarzmagischen Bann läßt ein Volk z. B. zu, eine künstliche und sinnlose Barriere zwischen sich zu akzeptieren und genau so nimmt es hin, daß ›Wirtschaftskönige‹ – hüben wie drüben – uns mit immer neuen › Türmen‹ weiter bannen: mit AKWs, Autobahnknotenpunkten, unterirdischen Raketenanlagen, chemischen Fabriken, Flughafenstart- und Landebahnen usw…

Bei näherem Hinsehen entpuppen sich viele der scheinbar furchtbar ernsten Realitäten als reine Eulenspiegeleien

Kratzt man ein wenig mehr an der Tünche der scheinbar so rationalen Realität – etwa wie es Heinrich Zimmer und James Joyce taten und Sergius Golowin, Hans Peter Dürr, Stanislaw Lem, Ror Wolf, H. R. Giger und Werner Fuchs es heute tun, dann zeigt sich unser nüchterner Alltag schnell von einer anderen Seite: Plötzlich wimmelt es von Symbolfiguren, die wir eigentlich nur aus Märchen kennen. Und bei näherer Betrachtung zeigen sich eine Fülle scheinbar sinnvoller und uns von Kindesbeinen an vertrauter Tätigkeiten entweder als rituell betriebener Aberglaube, als pures Nonsensspiel oder als mächtiger Bann, den ein ›Springer‹, ein schwarzer ›Bischof‹ oder eine mächtige ›Dame‹ über uns verhängt haben. Oder wie sonst, wenn nicht als rituellen Blödsinn, will man es etwa verstehen, daß sich zwei Fernsehreporter beispielsweise über ein Fußball-Länderspiel (einem der gewichtigsten Fetische unseres Alltags) in folgender Weise unterhalten (und wir uns das gebannt ansehen und anhören):

A: Erster Fernsehreporter (auf dem Bildschirm)

B: Zweiter Fernsehreporter (in Zypern)

A: So. Nun wollen wir einmal versuchen, eine Verbindung mit Nikosia herzustellen. Hallo!

B: Ja.

A: Ah, da sind Sie ja. Wie war das Spiel?

B: Ich habe Ihre Frage nicht verstanden.

Vorsicht: Fußballspieler und ihre Fans können in der Nähe sein

A: Meine Frage war, wie war das Spiel?

B: Das Spiel?

A: Jawohl.

B: Welches Spiel?

A: Na, ich denke, das Spiel, über das Sie uns berichten wollen, das Länderspiel in Nikosia.

B: Was?

A: Das Länderspiel.

B: Das Länderspiel?

A: Ja. Wissen Sie, wie es ausgegangen ist?

B: Ich kann es nicht beurteilen, weil ich das Spiel nicht gesehen habe.

A: Was, Sie haben das Spiel nicht gesehen?

B: Was?

A: Sie sagen, Sie haben das Spiel nicht gesehen? Ich freue mich, daß wir uns jetzt endlich verstehen.

B: Was?

A: Ich freue mich, daß wir uns jetzt verstehen!

B: Was meinen Sie? Ich kann Sie nicht verstehen.

A: Sie können mich nicht verstehen?

B: Doch, ich verstehe Sie gut.

(Zitat entnommen aus: R. Wolfs ›Punkt ist Punkt‹)

Um in einem derart verrückten Alltag noch durchzublicken, ist es tatsächlich – wie es ein amerikanischer Soziologe einmal ausdrückte – wahrscheinlich besser, über das, was gerade abläuft, in neueren Science-Fiction-Geschichten nachzulesen als in komplex geschriebenen, und damit oft unverständlichen gesellschaftswissenschaftlichen Studien und Abhandlungen.

Die Behandlung der nachstehenden Alltagssymbole ist in keiner Weise vollständig.

Hier weitere Symbolstrukturen zu komplettieren, weitere ›Bannungen‹ aufzuheben, ›Tarnschleier‹ abzunehmen und, so oft es geht – wie das Kind im Märchen von des ›Kaisers neue Kleider‹ – auszurufen: »Aber ich sehe gar keine neuen Kleider!« soll dem geneigten Leser überlassen bleiben.

Die Welt: ein Schachbrett der Mächtigen

Literatur

J. Campbell: Myths to live by, New York 1972
H. P. Dürr: Traumzeit, Frankfurt/Main 1978
W. Fuchs: Todesbilder in der modernen Gesellschaft, Frankfurt/Main 1969
H. R. Giger: Alien, Basel 1980
Sergius Golowin: Magische Gegenwart, Bern 1970 (Neudruck München 1980)
James Joyce: Ulysses, Frankfurt/Main 1963
S. Lehm: Die vollkommene Leere, Frankfurt-Main 1973
F. Leiber: Schwerter-Zyklus, München 1976f. (mit den Abenteuern der beiden Helden, des Fafhrd und des Grauen Mauslings, auf dem Planeten ›Nehwon‹ bildet Leiber den wahren ›Film der Realität‹ mit einer schon fast ›schurkischen‹ Offenheit ab)
Ror Wolf: Punkt ist Punkt. Alte und neue Fußballspiele, Frankfurt/Main 1978
Heinrich Zimmer: Abenteuer und Fahrten der Seele, Köln 1977

Auto

War früher das Pferd den Deutschen heilig, so nimmt diesen Platz im Bewußtsein der heutigen Nachfahren völlig das Auto ein – für Millionen noch immer ein beglückendes Statussymbol, der sorgfältig gehütete Augapfel, das an Stammtischen und Arbeitsplätzen viel besungene Kleinod und das oft auch ängstlich – wegen seiner ›Macken‹ – beobachtete Sorgenkind der ganzen Familie.

(Allein nur für den Neukauf von PKWs haben 1977 die Bundesbürger 33,8 Milliarden DM ausgegeben, dazu kommen noch einmal 27 Milliarden DM im Gebrauchtwagenhandel. Für Benzin- und Ölbedarf sowie für Reparaturen und Wartungen ihrer Autos brachten die deutschen Autofahrer weitere 56,8 Milliarden DM auf...!

Was früher nur für edelgeborene Ritter erschwinglich war, nämlich auf dem Turnierplatz das eigene und das fremde Blech zuschande zu bringen, ist heute

Von Blech umhüllt jeden Tag neu wieder auf zum Turnierplatz Straße

zum Volkssport für den Autofahrer überall in der Welt geworden.

Kaum etwas regt mehr auf, kaum etwas regt mehr an und kaum ein Ereignis zieht ein solches Publikum an, wie ein handfest nach allen Regeln der Kunst ausgetragener Streit um einen Blechschaden an zwei Autos.

Mit spürbarer Lust und meisterlichem Spürsinn für hintergründige Details persiflierte und analysierte Robert Scheckley – wohl einer der besten und bekanntesten Science-Fiction-Autoren der Gegenwart – ein solches ›Turnier‹ auf dem fremden (aber bei näherem Hinsehen doch so sehr bekannten) Planeten Aion:

»Zwei Wagen hatten auf einer Kreuzung einen unbedeutenden Zusammenstoß. Die Fahrer, die offensichtlich unverletzt waren, stiegen aus. Obwohl der eine kurz und stämmig, der andere überdurchschnittlich groß und hager war, ähnelten sie beide Buchhaltern mitten in der Midlife-crisis. Beide lächelten.

Der Große besah sich den Schaden und sagte in gleichmütigem, amüsiertem Ton: ›Der lange Arm der Faktizität scheint uns sozusagen gegeneinandergebracht zu haben. Ich bin gespannt, ob Sie mit mir die Einsicht teilen, daß Sie, umgangssprachlich ausgedrückt, *bei Rot gefahren sind* und daher für den folgenden Ärger verantwortlich sind. Ich möchte nicht, daß Sie sich schuldig fühlen, verstehen Sie mich richtig, ich versuche nur, die Tatsachen so klar, leidenschaftslos und objektiv wie möglich darzustellen.‹

Zustimmendes Gemurmel ertönte aus der Menge, die sich schnell zusammengeschart hatte. Aller Augen hingen voll Erwartung an dem Kurzen, der die Hände hinter dem Rücken verschränkte, auf seinen Absätzen wippte, wie Freud es getan haben soll, als er über-

Zuschauen, wo was los ist: glotzen als Lebensinhalt

legte, ob es einen Todesinstinkt gebe oder nicht. Er sagte: ›Glauben Sie nicht, daß Rechtfertigungen, die auf der Annahme der eigenen Objektivität beruhen, irgendwie unredlich sind, um es milde auszudrücken?‹

Die Menge nickte. Der große Mann sagte leichthin: ›Einverstanden, daß alle persönlichen Urteile aus sich heraus befangen sind. Dennoch, das Urteil ist das einzige Instrument, das zur Unterscheidung zur Verfügung steht, und unsere Aufgabe als lebende, sich entwikkelnde Geschöpfe ist es, Unterscheidungen zu treffen, aus denen unvermeidlich Urteile entstehen. Das muß trotz des Subjektivitäts-Paradoxons, das bei Abgabe einer ‚objektiven' Feststellung impliziert ist, so sein. Aus diesem Grund sage ich unzweideutig, daß Sie im Unrecht waren, und kein noch so umfangreicher Bezug auf die Beobachter/Beobachteter-Dichotomie kann das ändern.‹

Zustimmendes Gemurmel ertönte aus der Menge. Viele von ihnen machten Notizen, und an der Einbiegung hatte sich eine kleine Diskussionsgruppe gebildet.

Der kurze Mann wußte, daß er einen taktischen Schnitzer gemacht und dadurch seinem Gegenüber erlaubt hatte, eine lange Rede zu halten. Er versuchte verzweifelt, die Initiative wieder an sich zu reißen, indem er die Diskussion auf eine andere Ebene brachte.

›Finden Sie Ihre eigenen Worte niemals ein wenig verdächtig?‹ erkundigte er sich mit einem Jago-Lächeln. ›Haben Sie diesen überwältigenden Drang, recht zu haben, schon immer gehabt? Wie lange sind Sie schon dabei, Situationen einzufädeln, in denen der andere unverändert unrecht hat, um dadurch den Moment zurückzustellen, Ihrer ursprünglichen und unheilbaren Schuld ins Gesicht zu sehen?‹

Den Sieg greifbar nahe fühlend, sagte der große Mann: ›Mein Freund, das ist bloßes Psychologisieren. Sie sind durch den ‚dämonischen' Aspekt Ihres eigenen Verhaltens irritiert, nehme ich an, und determiniert, ihn um jeden Preis zu rechtfertigen.‹

›Sie sind also ein Gedankenleser?‹ schoß der kurze Mann zurück. Das rief bei den Zuschauern ein Gemurmel hervor.

Der große Mann neutralisierte es, indem er sagte: ›Ich bin kein Gedankenleser, mein Freund, ich ziehe nur aus den zahlreichen kleinen Hinweisen, die mir über die logische Begründung Ihres

Ich bin der Größte –
zumindest in meinem Auto!

Verhaltens zur Verfügung stehen, meinen Nutzen. Ich glaube, das ist uns allen hier ziemlich deutlich.‹

Für diese Bemerkung erhielt er einen kurzen Applaus.

›Verflixt auch‹, sagte der kurze Mann zu der Menge, ›können Sie denn nicht erkennen, daß er nur mit Worten spielt? Die konkreten Tatsachen setzen ihn ins Unrecht, ganz gleich, was diese Einsicht seinem kindlichen Omnipotenzgefühl bedeutet.‹

Die Zuhörerschaft ließ ihr Mißfallen darüber murmelnd erkennen, und ein Mann flüsterte Crompton zu: ›Wenn alle Stricke reißen, führen sie immer den *ad hominem*-Streit vor, nicht wahr?‹

Der große Mann näherte sich dem siegreichen Abschluß: ›Sie wollen, daß ich Unrecht habe, mein armer Freund? Sehr schön, ich freue mich, im Unrecht zu sein, wenn es Ihrer kranken und zerstörten Psyche irgendeine Hilfe ist, aber zu Ihrem eigenen Besten möchte ich Sie darauf hinweisen, daß symbolische Siege kaum noch angenehm sind, wenn es Zeit für Ihre Verhandlung ist. Nein, mein guter Freund, sehen Sie der wirklichen Welt draußen ins Gesicht, ihrem ganzen Leid und Ihrem ganzen Kummer, ja, und auch der Freude, der unbeschreiblichen Wonne unseres viel zu kurzen Aufenthalts auf diesem grünen Planeten!‹

Es gab einen Moment schweigende Stille, in der man nichts außer dem Summen vieler Kassettenrecorder hören konnte. Dann schrie der kurze Mann: ›Leck mich am Arsch, du geschwätzige, saublöde Drecksfotze.‹

Der große Mann verbeugte sich ironisch, und die Menge begann zu toben. Hastig versuchte der kurze Mann, sich herauszureden, indem er vorgab, sein Temperamentsausbruch sei eine bewußte Satire auf alltägliches Verhalten gewesen. Aber niemand ließ sich davon täuschen.«

Literatur

Robert Sheckley: Die alchimistische Ehe, München 1979

Bettler

Heute fast ausgestorbener, uralter Berufszweig, der bis zur Erfindung der modernen Leistungsgesellschaft eine wichtige Funktion im sozialen Miteinander der Menschen ausfüllte. War es doch der Bettler, der Durchreisenden, Dieben, Verliebten und Helden in Inkognito wertvolle Informationen gab und amtlich Verfolgten Zuflucht- und Fluchtmöglichkeiten zuwies und es außerdem jedem ermöglichte, das Gefühl auszukosten, es sich leisten zu können, einem noch Ärmeren doch etwas geben zu können.

Heute stellen die wenigen Bettler, die noch versuchen, ihren Beruf in der alten Form auszuüben, eine Minderheit dar, der von den Obrigkeiten oft übel mitgespielt wird. So mußten Polizisten auf Anordnung der städtischen Ordnungsämter Bettler und ›andere Herumtreiber‹ zeitweilig im Innenstadtbereich einfangen und an der Peripherie oder im jeweiligen Stadtwald wieder aussetzen. Ein Ausschuß des ›Deutschen Städtetages‹ schlug in einem Grundsatzpapier des Jahres 1978 sogar vor, diese, von der Mehrheit der Bevölkerung als asozial empfundenen Personenkreise in neuzuschaffenden, arbeitshausähnlichen Institutionen nachzusozialisieren.

Unter solchen Umständen muß man sich fragen, ob es noch lange dauert, bis eine Anti-Bettler-Lobby es durchsetzt, daß Filme wie ›Der Glöckner von Notre-Dame‹, ›Der Dieb von Bagdad‹, ›Robin Hood‹, ›Cartouche, der Bandit‹ und allerlei andere Abenteuer- und Piratenfilme durch entsprechende Schnitte entschärft werden. Sind es doch in all diesen Filmen immer wieder Bettler, die dem Helden dabei helfen, seine Ziele zu erreichen.

Übrigens sind es die vielgeschmähten Bayern, die – zumindest in den Großstädten – Bettlern noch erlauben, ihrem Gewerbe auf traditionelle Weise nachzugehen. Besonders in München weiß man oft nicht genau, worüber man sich mehr freuen soll, ob über die vielen gemalten und geschnitzten Heiligen in den Kirchen oder ob über die würdevoll an den Eingangsstufen der Kirchen thronenden Bettler.

In der Kölner Altstadt soll mittlerweile auch wieder ein sogar habilitierter Bettler in den Abendstunden sein Unwesen treiben, der allerdings – wie zu hören ist – erst bei Gaben ab DM 5,00 ›Dankeschön‹ sagt oder auch Auskünfte gibt.

Folgt man alten Märchen, Sagen und Legenden, so sind es besonders die Gestalten von Bettlern, in denen sich Könige wie Harun-al-Raschid und Götter wie Christus, Krishna, Zeus und Wotan gerne den Menschen zeigen.

Der Bettler (L. Richter)

Drogen

Immer wenn nicht gerade etwas anderes los ist, sind sie dran – die Drogen: Von den Medien durchgekaut, verteufelt und verketzert, für Politiker oftmals ein willkommener Dreschflegel, um viel leeres Stroh zu dreschen. Die Behauptungen von Drogengegnern, daß Haschischkonsumenten langhaarig, bärtig, faul und asozial seien bzw. es nach dem Genuß würden, stimmen sicher nicht für Schriftsteller wie Victor Hugo, Honoré de Balzac, den älteren Dumas,

Herman Melville und Präsidenten wie Thomas Jefferson, George Washington und John F. Kennedy. Auch wird niemand sagen können, daß diese Beschreibung auf Rudolf Augstein, den Begründer und Besitzer des erfolgreichsten deutschen Nachrichtenmagazins, ›Der Spiegel‹, zutrifft.

Andererseits sind Behauptungen von Haschischbefürwortern, alle offiziell über Haschisch Diskutierende täten

Hinweis darauf, daß ein Dealer für die Downdroge Alkohol nicht weit ist

dies mit einer Zigarette im Mund, einer Tasse Kaffee vor sich, den Folgen des Schlafmittels der letzten Nacht mit Weckamintabletten begegnend, dabei Valium lutschend und schon an das nächste Schnäpschen beim Mittagessen denkend, auch übertrieben und sicher teilweise ebenso boshaft wie die irrationale Panikmache der anderen Seite.

Gegner psychedelischer Drogen reden ständig von mindestens zwei ›Ungeheuern von Loch Ness‹, die aber bei noch so intensiver Betrachtung genausowenig auffindbar sind wie ›Nessie‹: Jedwede wissenschaftlichen Gesetze der Logik und Wahrscheinlichkeit außer acht lassend, wird immer wieder behauptet, Haschisch sei eine Einstiegsdroge für den Konsum der Todestripdroge Heroin. Will man dieser Logik folgen, könnte man ohne weiteres auch behaupten, Fernsehen, U-Bahn-Fahren, das Lesen der Bildzeitung, die Aus-

Hinweis auf eine Verkaufsstelle für die Aufputschdrogen Kaffee und Nikotin

Hinweis auf Barbiturat- und Weckamin-Dealer

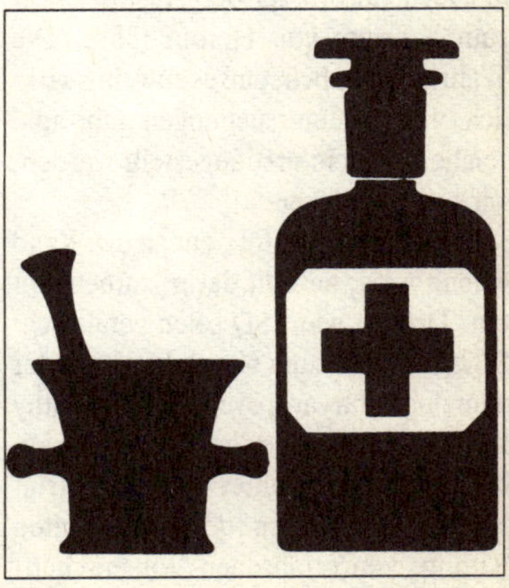

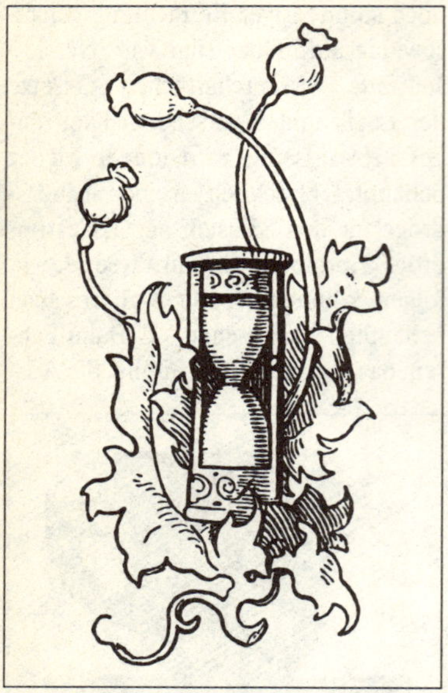

Das Symbol des Gottes des Schlafes Hypnos, Sanduhr und Mohnblüten (der pflanzlichen Basis zur Gewinnung von Opium und Heroin)

Der indianische Zauberkaktus Peyote

Amerikanisches Antihaschisch-Plakat

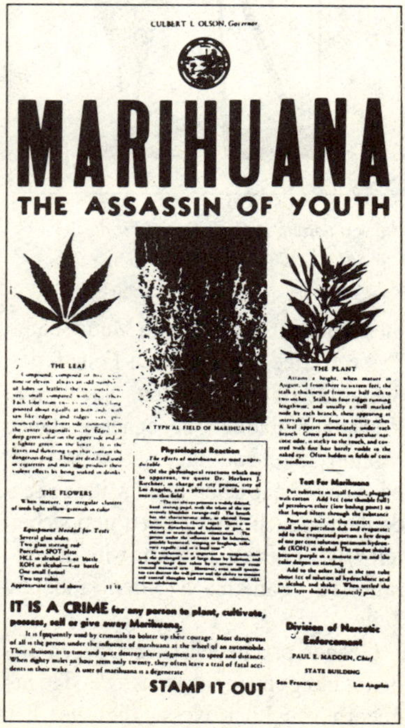

bildungsbedingungen als Lehrling, das Essen von Marsriegeln und das Wohnen in Hochhäusern sei der Auslöser, der zum Konsum von Heroin führe. Die Wahrheit nämlich, daß es zuwenig wirklich valide Untersuchungen gibt und solche gar nicht erst angestellt werden, wird verschwiegen.

Der ›andere Teufel‹, der an die Wand gemalt wird, besteht darin, zu behaupten, Drogen wie LSD seien gefährlich: Schon am Ende der 60er Jahre hatte der damalige Harvardpsychologe Timothy Leary vergebens verlangt, daß psychedelische Drogen unter streng kontrollierten Bedingungen (dem sogenannten Setting) von erfahrenen Wissenschaftlern erforscht werden sollten. Die Experimente, die der CIA mit nichtsahnenden Soldaten, Gefangenen und Krankenhauspatienten durchführen ließ, verliefen dagegen für mehr als eine Person tödlich oder führten zu langen psychiatrischen Internierungen.

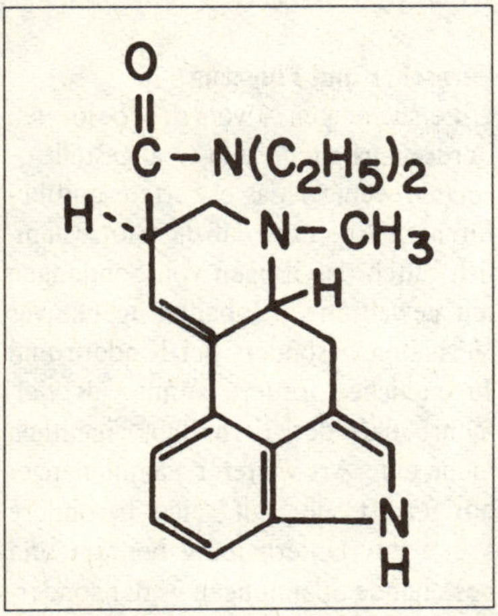

Die Formel für das LSD (mit dem für psychedelische Drogen typischen Indolring)

Zeichen von Nikotingegnern

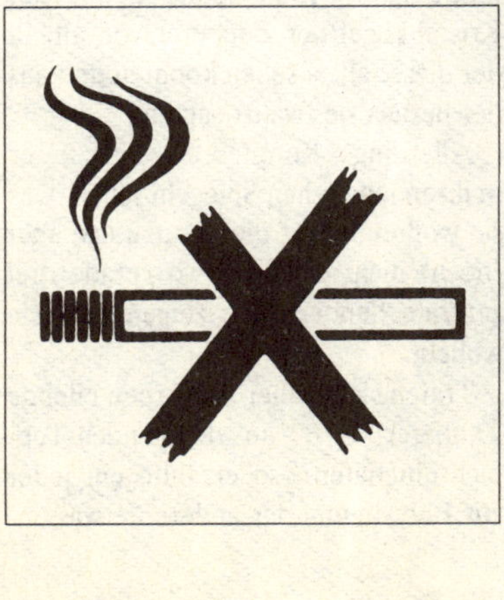

Literatur

John Allegro: ›Der Geheimkult des heiligen Pilzes – Rauschgift als Ursprung der Religionen‹. Wien 1971

Giulino Ferrieri: ›Gesu era un fungo‹? (War Jesus ein Pilz?), in: d'Europeo N° 19, 6. 5. 1980

P. Stafford: Psychedelics Encyclopedia, Berkeley 1977

Hermann Sülberg: ›Unser täglich Gift gib uns heute‹, Stern 26, 1980

R. Gordon Wasson: Soma, Divine Mushroom of Immoratlity, New York o. J.

›Wer war Jesus wirklich?‹, The observer, 23. 12. 79

Nach Ansicht des englischen Religionswissenschaftlers Allegro war Jesus der Gründer eines ekstatischen Pilzkultes

Eßbesteck

Der Dreizack, über den Götter wie Shiva, Neptun und der irische Manannan Mac Lir verfügen, der das Zepter des Teufels schmückt und der von modernen Geisteswissenschaftlern seit Hegel in der Trias These, Antithese und Synthese zur Schöpfung, Aufspießung und Zerhackung von Ideen gebraucht wird, gehört mindestens seit dem 18. Jahrhundert in der Form von Löffel, Gabel und Messer zur Ausrüstung in unserem Haushalt.

Seit dem Aufkommen der experimentellen Wissenschaften gehören Messer und Gabel auch zur Ausstattung verrückter Wissenschaftler, die glauben, mit ihrem Sezierbesteck den ganzen Kosmos zerschneiden zu müssen, um den ›Stein der Weisen‹ auf diese Weise endlich zu finden.

Englands Britannia, den Dreizack haltend

Baudezernenten von Klein- und Großstädten quälen Bewohner gern durch das immer neue Aufreißen und Umarbeiten von immer denselben Straßen mit Hilfe von Baggern, Greifern und Tiefbohrern – also mit der obigen Besteck-Trias in nur etwas veränderter Form.

Fernseher und Flugzeug

Untersuchungen – von den besorgten Fernsehanstalten selbst angestellt – zeigten weniger das erwartete und befürchtete Ergebnis, daß die Glotze nämlich durch das Zeigen von Sendungen mit gewalttätigen Inhalten aggressives Verhalten besonders bei Kindern und Jugendlichen fördern könne, als vielmehr, daß der Fernseher eigentlich mehr eine Art weiterer Familienangehöriger ist, der auf seine besondere Weise zur Unterhaltung beiträgt und bestehende Spannungen weder sonderlich unterdrückt noch sonderlich zum Höhepunkt treibt.

Symbolisch interpretiert ist der Fernseher nichts anderes als die Verfügbarmachung des Zauberspiegels und der Kristallkugel der Zauberer von alt, in der diese ›alles‹ sehen konnten und aus der heraus sie ›wahr‹ sagten.

Allerdings: Konnten diese Zauberer in ihren magischen Spiegeln sehen, was sie wollten, so ist dies heutzutage aber (noch) nicht der Fall, wo gerade drei zentrale Sender allen zeigen, was sie wollen.

Trafen sich früher zur Arbeit eilende Zauberer, z. B. an ›Fliegenden-Teppich-Flughäfen‹, so erzählte ein jeder zur Belustigung der anderen etwas anderes, was er in seinem Kristall gesehen hatte.

Nicht so heute an Bus- oder Trambahnhaltestellen: Alle erzählen das gleiche, am Abend vorher Gesehene. Was diese Bannung so seltsam macht, ist, daß alle Abend für Abend wieder glotzen anstatt zu motzen – in der ewigen Hoffnung, endlich vielleicht etwas anders als die anderen zu sehen...

Oben: Demonstration für ein eigenes Programm oder Programm von der Zentrale

Rechts: In vielen Familien ist der Fernseher oft die wichtigste Person im Haus

Wie der furchtbare Vogel Rock der Sage dröhnen die Stahlriesen durch unsere Himmel

Das Flugzeug ist eine wenig überzeugende Kopie der fliegenden Teppiche vergangener Zeiten

Von ›Wahrsagen‹ über das Medium Fernsehen kann auch – wie die Mehrzahl der Benutzer leidvoll weiß – kaum die Rede sein. Denn zu begründen, etwas sei wahr, weil man es im Fernsehen gesehen habe, löst selbst in kleinen Weilern mittlerweile nur noch Gelächter aus.

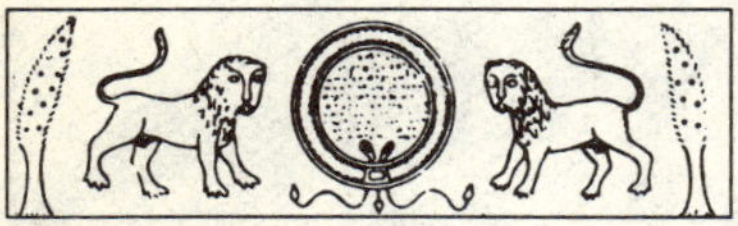

Literatur

Untersuchung von ARD/ZDF/Bundeszentrale für politische Bildung: Auswirkungen von Gewaltdarstellungen im Fernsehen auf die Zuschauer, speziell Jugendliche, 1972–1976

Hausgötzenkulte

Im Anschluß an die erste deutsche Nationalsynode im Jahr 742, in der den Bischöfen die Ausrottung von noch herrschenden heidnischen Gebräuchen zur Pflicht gemacht wurde, präzisierte der heilige Bonifatius – als päpstlicher Legat – in der Synode von Liftinae ein Jahr darauf diese Forderung im einzelnen.

Neben einer Reihe von anderen Verordnungen bestimmte dieser ›Index der abergläubischen und heidnischen Gebräuche‹ genau, welche ›verderblichen‹ Pflanzen ausgerissen werden oder in ihrem nochmaligen Aufkeimen gehindert werden sollten.

Besonders betraf dies die Gärten und die sie umgebenden Wälle, die von den ›Deutschen‹ angeblich zum Schutz vor Zauberern und Hexen mit bestimmten zauberkräftigen Pflanzen besät worden waren.

Im gleichen Zug wurde auch ein Verbot gegen die Pflege und Verehrung von Götzenbildern im Haus erlassen, das sich besonders gegen die vom Volk aus der Mandragora gefertigten und oft mit Gewändern bekleideten Alraunmännchen wandte.

Die vier Jahrhunderte später lebende, heiliggesprochene Äbtissin Hildegard von Bingen schaffte dagegen die Mandragora trickreich dem deutschen Christen nicht nur wieder ins Haus, sondern sogar gleich noch ins Bett.

Die Mandragora, so argumentierte sie, sei aus derselben Erde wie Adam entstanden und deshalb sei sie so mehr der Versuchung des Teufels ausgesetzt als alle übrigen Pflanzen.

Kein Bekümmerter und Notleidender solle es daher verschmähen, solche Alraunmännlein zuvor mit frischem Wasser sorgfältig abgewaschen in sein Bett zu legen, damit dasselbe, durch den Schweiß erwärmt, ihm von dessen Eigenwärme dann etwas mitteile.

Von dieser erfüllt, solle er dann sprechen: »Herr, der du den Menschen aus Lehm oder Schmerzen gebildet hast, hier lege ich dieselbe Erde, welche jedoch niemals gesündigt hat, zu mir, damit meine sündige Erde jenen Frieden, den dieselbe ursprünglich besaß, wieder erlange.«

Im 19. Jahrhundert machte jedoch die Wissenschaft im Zuge eines beginnenden Materialismus diese Sache der Kirche zur eigenen Angelegenheit: 1858 schrieb der bekannte Botaniker und Pflanzenphysiologe Franz Xaver Unger ein Pamphlet gegen ›die Pflanze als Zaubermittel‹, in dem er seine noch immer an die Wunderkraft der Kräuter glaubenden Zeitgenossen als ›Pöbel‹ beschimpfte.

Kann man Ungers Haltung noch als typisch für den damaligen Zeitgeist verstehen, so fällt es aber schwer, die Ausfälle zu begreifen, die der hessische ›Pflanzenschutzdienst‹ (?) gegen heutige Unkräuter reitet. So ordnete beispielsweise in einem Gesetzblatt vom Frühjahr das Amt:

»... auf Grund der §§ 2 und 3 der Verordnung zur Anpassung der Straf- und Bußgeldvorschriften an das Gesetz über Ordnungswidrigkeiten (OWiG) und das Einführungsgesetz zum Gesetz über die Ordnungswidrigkeiten (EGOWiG) vom 15. Oktober 1970 (GVBl. I S. 673 Artikel 12 Nr. 5) für die kreisfreien Städte und kreisangehörigen Gemeinden der Regierungsbezirke Darmstadt und Kassel die Bekämpfung nachstehend aufgeführten Unkräuter an: Ackerdistel, Acker-Gänsedistel, Berufskraut, Franzosenkraut, Gemeine Melde, Große Brennessel, Kleine Brennessel, Kanadische Goldrute, Riesen-Goldrute.«

Während Verstöße gegen Personen, die sich nicht an die Anordnungen der Synode von Liftinae hielten, damals mit einer Bußzeit von nur dreißig Tagen ›bei Wasser und Brot‹ geahndet wurden, droht das Amt heutigen Unkrautfreunden bei Nichtbefolgung weitaus Schlimmeres an:

Zuerst von Bonifatius als Gartenpflanze bekämpft, dann im 17. Jahrhundert auch als Bierwürze gestrichen: Nachtschattengewächse

»Die Nichtbefolgung dieser Anordnung kann, soweit nicht durch Gesetz im Einzelfall eine höhere Strafe (!) angedroht ist, nach § 25 des Pflanzenschutzgesetzes vom 2. Okt. 1975 (BGBl. I S. 2591) in der Fassung des Gesetzes vom 16. Juni 1978 (BGBl. I S. 749) mit einer Geldbuße bis zu zehntausend Deutsche Mark geahndet werden.«

Diese angedrohten 10000 DM entsprechen nach heutigem Recht ungefähr zwischen 330 und 660 Tagen (je nach zugrunde gelegtem Tagessatz) im

Hexen feiern mit einem Alraunmännchen eine Party

Knast: und das bei einer Ernährung, die – glaubt man den Ausführungen Fritz Teufels, der ja gerade in Sachen Knast und Justiz wohl seit Jahren der kompetente Experte ist – ungleich viel ungesünder ist als das Brot und Wasser des achten Jahrhunderts!

Die negativen Auswirkungen dieser über 1000jährigen Pflanzenhatz zeigen sich in der Gegenwart an ganz eigenartigen Gummibaumpflegekulten in deutschen Wohnstuben, die – in deutlich kompensatorischer Absicht – äußerst exzessiv betrieben werden, aber

Jetzt schon sistiert, weil man mit einer Brennesselstaude sympathisiert?

Rechts oben: Am Angelhaken des Gesetzes haben sich schon viele Sünder gegen die Ordnung gefangen

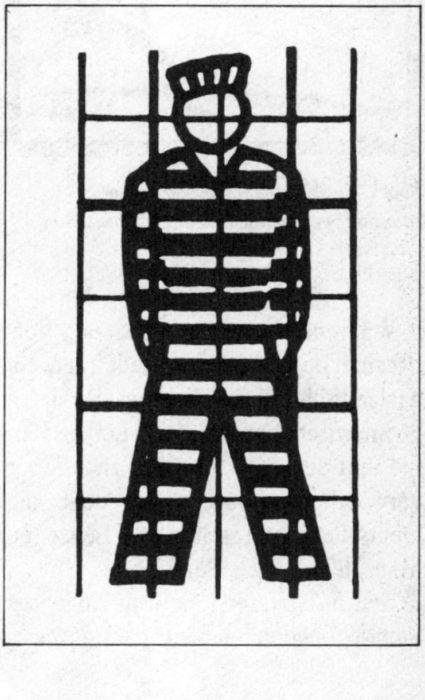

Rechts unten: Für das Anpflanzen von Unkräutern hinter Gitter?

auch an dem Zustand vieler deutscher Vorgärten: wo diese nicht ohnehin mit Beton ausgegossen sind, wird der immer gleiche Zierrasen an einzelnen Stellen gerade noch durch einige wenige hochgezüchtete Blumenexoten bereichert.

Sind Gesetze deshalb uns hier unten so schwer verständlich, weil sie zumeist von ganz oben kommen?

Während einer Fahrt durch den Vorort einer deutschen Großstadt fragte ein ausländischer Freund – über die vielen geometrisch angeordneten Lebensbäume und den Kies rund um die Häuser verwundert – warum sich denn die Deutschen jetzt schon zu Lebzeiten Mausoleen bauen würden...

Erst in letzterer Zeit – im Zuge von Überlegungen zu einem ›naturgewachsenen Garten‹ – entdecken einzelne wieder, wie schön auch Un-Kraut im Garten sein kann.

Seit die Hexenverfolger des Mittelalters schließlich den Deutschen auch noch ausgetrieben haben, sich mit den Alraunmännern und -weiblein ins Bett

Ist der Hund der Herr...?

zu legen, hat ein anderes Wesen, das bisher eher ›draußen‹ schlief, die Rolle derselben eingenommen: der Hund.

Bei neueren Umfragen bestätigten immerhin ein Viertel aller befragten Hundehalter, den Hund ins Bett zu lassen bzw. ihn dorthin auch des Nachts mitzunehmen.

Hatten sich noch bis in die sechziger Jahre Berichterstatter aus Dritte-Welt-Ländern über den dortigen Aberglauben im Zusammenhang mit den ›Hausgöttern‹ mokiert, nämlich daß diesen Essen und Trinken gereicht würde und sie sogar gewaschen und gewandet würden, so erscheint dieser Aufwand, verglichen mit dem Aufwand der für die ›lieben Tiere‹ getrieben wird, äußerst minimal. Müssen diese doch nicht nur gespeist, getränkt und gewaschen werden, sondern auch noch ausgeführt, trainiert und – was am schwersten zu sein scheint – unterhalten werden.

Angesichts der Milliardenbeträge, die eine gigantische Tierhaltungsindustrie aus dieser Götzenleidenschaft der Deutschen jährlich scheffelt, wirken auch jene Anschuldigungen absurd, die einer egoistischen Priesterschaft unterstellen, das einfache Volk in sogenannten Entwicklungsländern in ihrem Götzendienst dauernd noch zu bestärken.

Literatur

E. F. Knuchel: Die Umwandlung in Kult, Magie und Rechtsgebrauch, Basel 1919, in: Schriften der Schweizerischen Gesellschaft für Volkskunde

Franz Widlak: Die abergläubischen und heidnischen Gebräuche der alten Deutschen..., Znaim o. J.

Hygiene

Ein alter Mann am Rande der Stadt, der dort in einem ziemlich verlotterten alten Haus mit einer zahmen Eule und einer Menge von Katzen ziemlich zufrieden in den Tag hineinlebt, erzählte uns einmal, als wir mit ihm sprachen, folgende Geschichte:

Vor langer Zeit habe es strahlende Wesen, Genien genannt, gegeben, die sehr gern bei den Menschen gesessen haben sollen und die alles mit einem überirdischen Glanz erfüllten.

Mit dem Einsetzen der Technik seien diese himmlisch-strahlenden Wesen verschwunden.

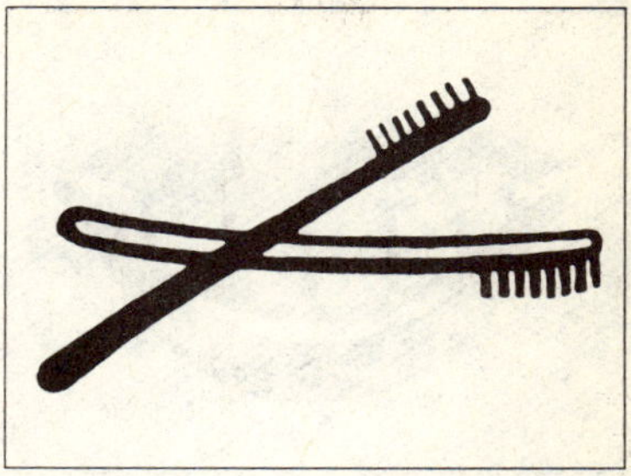

Sauberkeit bis hin zum Waschzwang

Deshalb habe der moderne Mensch die Hy-G(i)enie erfunden, um wenigstens den äußeren Schein glänzen und strahlen zu lassen und um wie in alten Tagen alles klar und sauber zu sehen.

Um auch selbst so schön zu glänzen, schrubbe sich der Mensch nun unaufhörlich an allen Ecken und Kanten seines Leibes. So ersetze der Mensch mehr und mehr die ihm fehlende Weisheit durch Weißmacher, Klarspüler und Mittel, »die so weiß waschen, daß es weißer nicht mehr geht«.

Keep Smiling

Unsere Vorfahren sollen – wie Homer uns berichtet (noch heute ist ja das ›homerische Gelächter‹ sprichwörtlich) viel mehr als wir gelacht haben, ja sich zum Teil beim Nachdenken über uns und unsere Zeit sogar zuweilen totgelacht haben.

Um in diesen ernsten Zeiten nicht immer ganz so ernst zu erscheinen, erfanden einflußreiche und hochgestellte Persönlichkeiten das sogenannte ›Keep Smiling‹.

Überhaupt: Ist man es satt, dauernd mit den anderen nur ›Käse zu reden‹,

Immer fest die Zähne zusammengebissen und fröhlich gelacht

»Wer bist du denn, Fremder?!«

kann man durch das Rufen der Formel ›Cheese‹ (engl. für ›Käse‹) auf die Gesichter seiner Partner ein fröhliches Lachen zaubern.

Wie sehr gerade unserer Zeit das Lachen fehlt, zeigt der kommerzielle Erfolg des sogenannten ›Lachsacks‹, der ein Dauerlachen per Knopfdruck dem abspielt, der gar nicht mehr lachen kann.

Sogar Sigmund Freud, der große Arzt und Psychoanalytiker, dessen Schriften und Denken unsere Zeit trotz aller Kritik noch immer stark beeinflussen, hielt es für nötig, uns ein Werk über den Witz zu hinterlassen.

Kontrolle
Eine insbesondere im Abendland verbreitete, offizielle Variante des alten Kinderspiels ›Mensch-ärgere-dich-nicht!‹ – allerdings mit einer entscheidenden Änderung, nämlich das ›nicht‹ wegzulassen.

Während ›primitive‹ Naturvölker, wenn sie wissen wollen, wer der andere ist, diesen einfach fragen, wer er ist, und ihm auch glauben, was er sagt – weiß er es doch am besten, wer er im Moment gerade ist oder sein will –, braucht es in zivilisierten Ländern hierzu eines ›Ausweis‹ genannten Papiers, ohne das man dort ›niemand‹ ist.

Beugt sich auch die Mehrzahl der durch pausenlose Kontrollen Zivilisierten diesem Ritual, so scheinen Unzivilisierte doch noch über Mittel und Wege zu verfügen, um selbst strengste Kontrollen zu umgehen.

So gelang es einer zur Zeit der wildesten Terroristenjagd auf dem streng bewachten Frankfurter Flughafen angekommenen Zigeunersippe, nicht nur völlig ungesehen und unkontrolliert den Flughafen zu verlassen, sie kehrte auch ebenso unbemerkt wieder zum Flugzeug zurück, um ein vergessenes Gepäckstück zu holen.

Das Bundeskriminalamt soll diesen Zigeunern enorm viel Geld geboten haben, um hinter ihr Geheimnis zu kommen...

Der Kopfmensch
Fälschlicherweise von der Forschung lange als ein ›Satan in Banden‹ interpre-

tiert, zeigt diese Wikingerzeichnung vielmehr schon bei diesen Vorfahren eine typische Zivilisationskrankheit an, die immer dann entsteht, wenn körperliche Bedürfnisse zugunsten von intellektuellen Leistungen zurückgestellt werden – körperliche ›Triebe‹ also in Fesseln gelegt werden: Der Kopf wird zur übergroßen Birne.

Auch die abgebildeten Hörner sind keineswegs – wie man meinen könnte – die Hörner des Teufels, sondern stellen die Haken des Intellektuellen dar, mit denen er sich mehr und mehr in seinen Vorstellungen verstrickt.

Moderne Orakelstätten

Fast von der Öffentlichkeit unbemerkt haben sich am Rande der Großstädte gewaltige Tempelanlagen (›Bürostädte‹) gebildet. Je bedeutender und einflußreicher der jeweilig verehrte Götze ist, mag er Siemens, IBM, Unilever, Agfa, Deutsche Bank oder wie auch immer heißen (denn tatsächlich ist, wie es im Neuen Testament heißt, die Zahl dieser Götzen und Dämonen ›Legion‹), um so aufwendiger und größer ist auch der jeweilige Tempel – oft geschmückt mit den auch nachts illuminierbaren Zeichen und Symbolen der jeweiligen Dämonen.

Die als Wahrsagerin tätige Psychologin Pythia im ›Apollo-Institut‹ zu Delphi

Ganze Menschenscharen von Priestern und Tempeldienern, verwirrenderweise heute Produkt-Ingenieure und Verkaufsorganisatoren genannt, bemühen sich darum, die Abbilder und Idole ihres Götzen gleich haufenweise Gläubigen (= Konsumenten) gegen ein happiges Entgelt aufzuschwatzen. Die Konsumgläubigen stellen sich diese Produkte genannten Götzenfiguren in ihr Heim, und zwar solange, bis sie sie –

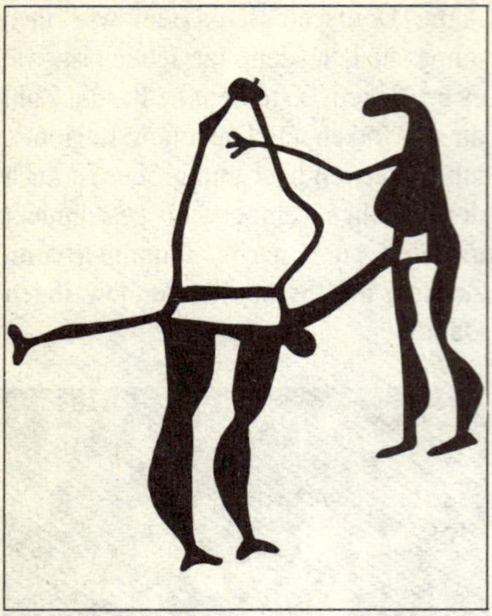

Frühe Sex-Werbung in Höhlen der Steinzeit

wieder gegen ein happiges Entgelt – durch andere, angeblich neue Abbilder desselben Götzen ersetzen.

Um die Legendenschreibung ihres Götzen besorgte, Produktmanager genannte Hohepriester wenden sich immer wieder gerne mit den bekannten drei (Marketing-)Grundfragen

1. Woher kommt eigentlich der Erfolg unseres Götzen bei den gläubigen Konsumenten?

Werbung:
Sex in Scheibchen auf der (Matt-)Scheibe

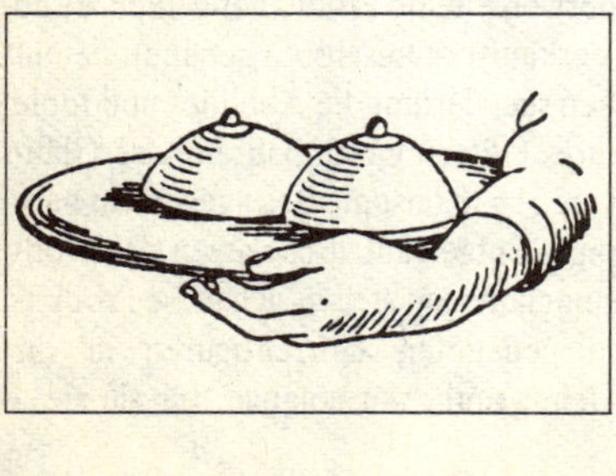

2. Wie steht unser Götze im Moment bei seinen Gläubigen im Wert?
3. Wie sieht der Weg unseres Götzen in der Zukunft aus, werden ihn seine Gläubigen auch weiterhin verehren?

an die Wahrsager von Orakeltempeln, den sogenannten Marktforschungsinstituten, deren Priester wiederum unter endlosen Anrufungen und Formeleingaben ihre Computergötter zu einer sinnvollen Antwort zu bewegen suchen: Allerdings sind die Aussprüche des Computergottes – auf kiloschweren

Der Konsumgötze verschlingt unweigerlich denjenigen, der ihn anbetet (Graffiti aus dem Parkhaus eines Kaufhauskonzerns)

EDV-Ausdrucken – selbst für erfahrene Programmierpriester oft genauso schwer zu deuten, wie es das Gebrabbel der angetörnten Priesterin im Tempel des Apollo zu Delphi für die umstehenden Deuter gewesen ist.

Verlaufen diese Anrufungen erfolgreich, erhalten also die Götzendiener

Im dumpfen Klang der (Werbe-)Trommeln und im schrillen Sang der ihn preisenden (Werbe-)Texte thront der Götze auf dem Rücken seiner Fans

den langersehnten Orakelspruch, dann dauert es meistens nicht lange, bis er auf allen Gebetsmühlen (sprich Zeitungen und Zeitschriften) endlos gebetet, im Fernsehen und Radio gechantet und auf allen (Plakat-)Wänden für die Gläubigen zu sehen ist. Nichts aber ist für die Götzendiener schlimmer, als wenn bisher Gläubige plötzlich zu Ungläubigen werden. In einem solchen Fall scheuen sie sich nicht, den Abgefallenen bezahlte Informanten (Interviewer) ins Haus zu schicken, die jeden Ketzer anhand von dicken Verhörunterlagen (Fragebogen) streng ins Gebet nehmen müssen.

Motorrad

Spätestens seit den Kasse machenden Filmen ›Easy Rider‹, ›Fritz the Cat‹ und dem kenntnisreichen Essay Robert M. Pirsigs über das ›a-priori-Motorrad‹ ist es klar geworden, daß in dem enthusiastisch betriebenen ›Motorreiten‹ eines Teils der Jugend mehr steckt als eine moderne nur zweckbestimmte Fortbewegungsart.

Sprechen doch die in Hell's-Angels-Gangs und Helldriver-Clubs wie in alten Hexencovens zusammengefaßten Fans selbst von dem ›Fahren auf dem heißen Feuerstuhl‹, das – folgt man den Aussagen dieser modernen Ritter der Landstraße – ein ›ozeanisches Gefühl der Freiheit und des Fliegens‹ gibt.

Arthur Wilkinson nennt Motorradfahren auch »eine Wissenschaft, eine Religion, eine Sucht, einen Spleen«.

Für Isaac Hayes »gibt es nichts, was man mit Motorradfahren vergleichen

»Du mußt sie lieben...«

»Du bist raus aus der Scheiße, irgendwann fliegst du« (Fan Ed Kerr)

kann: Es läßt sich nicht mit Worten beschreiben. Ich weiß nur eins, dieser Spaß ist absolut einmalig«.

Ein Ralph ›Boy‹ Snyder würde für das Motorradfahren »mein Leben lang auf Sex verzichten«. Und ein gewisser Jerry Garland meint gar: »Du mußt sie (die Maschine) lieben. Du mußt deine Seele opfern (!): dann läuft's.«

Wohl nicht ohne Grund beschwören Filme in der Nachfolge des ›Easy-Rider‹-Erfolgs die in der Rotte auf ihren schweren Maschinen – bemalt und behängt mit magischen Zeichen und Amuletten – lärmvoll durch das Land brausenden Motorradmänner und -frauen immer wieder in Bildern wie vom Ausreiten des ›wilden Jägers‹ und seines Gefolges früherer Zeiten...

Literatur

Chopper (fotografiert von *Rainer Drexel*), Herrsching 1977
Motorradtanks (fotografiert von *Rainer Drexel*), Herrsching 1978
Robert M. Pirsig: Zen in the Art of Motorcycle Maintenance, London 1974 (deutsch 1976)

Nomaden

›Frei sein, wie es die Väter (oder Indianer oder Zigeuner oder Kelten usw.) waren‹: unter diesem Motto schafft sich der Zivilisierte die Illusion eines individuellen Freiraumes, indem er entweder seine Vorstellungen vom Leben in Urwald, Steppe und Heide im mit Liebe gepflegten und mit Gnomen, Elfen und Nymphen geschmückten Schrebergarten verwirklicht oder auf Campingplätzen auslebt.

Vorsicht: im Freien herumstehende, eventuell noch bewohnte Schneckenhäuser

Was der normale deutsche Campingplatzbenutzer allerdings zumeist nicht weiß, ist, daß der zur Kultfigur idealisierte Zigeuner in der Bundesrepublik in der Regel zu Campingplätzen keinen Zutritt hat, bzw. daß er – ›schleicht‹ er sich doch mit der Ausrede, Spanier zu sein, ein – schnellstens von dort verwiesen wird.

Ohnehin fanden die Deutschen das Wohnen in Zelten, also das Nachahmen der Lebensweise der Indianer im Tipi, bald zu unbequem und zu wenig heimelig:

Die allgemeine Einführung des Campingwagens jedoch ermöglicht es jetzt den Deutschen, alle liebgewordenen Kult(ur)gegenstände wie Fernseher,

Zigeuner wurden in Filmen, Schlagern und Büchern idealisiert, im direkten Kontakt aber oft diskriminiert

Kühlschrank, Stereoanlage, Kuckucksuhr und Spitzengardinen buchstäblich – wie ein Schneckenhaus – hinter sich her zu ziehen.

In den Urlaubszeiten kommt es deshalb mit schöner Regelmäßigkeit auf den Autobahnen – sehr zur Freude von Kindern und alten Leuten, die das Schauspiel von den Autobahnbrücken aus bestaunen – zu riesigen Schneckenhaus-Karawanen.

Moderne Ordensgemeinschaften

Nachdem im Mittelalter Pilger den ›Treibstoff‹ für ihre (magischen) Fahrten durch Raum und Zeit entweder den Hexen in Form der Hexenöle abkauften oder ihn – gegen einen kleinen Obulus – am Grabstein der Heiligen Walburga unter Aufsicht von Mönchen in altertümlichen und für ihre Profession typischen Kutten-Overalls abfüllen durften, wo er als sogenanntes ›Walburgis-Öl!‹ wunderbar unablässig sprudelte, liegt heute in der Bundesrepublik Deutschland die Herstellung und Verteilung solcher Öle hauptsächlich in der Hand von

Ein Spanienpilger des Mittelalters in der damals typischen Kluft und mit der St. Jakobsmuschel auf dem Hut

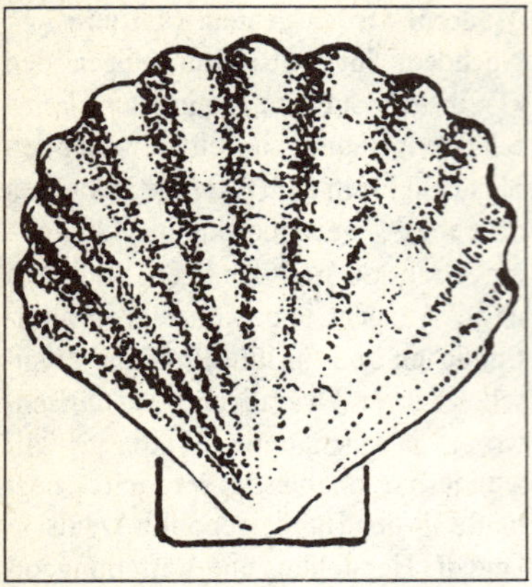

Das Symbol des hl. Jakobus, heute das Zeichen einer Mineralölgesellschaft

vier mächtigen Bruderschaften, den sogenannten großen Mineralölgesellschaften.

Ihr Produkt, ein in sogenannten Raffinerien aus Erdöl gewonnener, schnell flüchtiger Raumfahrstoff, wird in ›Tankstellen‹ genannten, über das ganze Land verbreiteten kultischen Stätten an die zahllosen Gläubigen – ebenfalls gegen einen, allerdings nicht mehr so kleinen Obulus – abgegeben.

Während nach offiziellen Verlautbarungen die optisch-emblematische Ausstattung dieser Tankkapellen völlig zufällig sein soll, wissen Eingeweihte doch längst, daß die großen vier ihren Erfolg nicht unwesentlich der raff-finierten, den Farben der Elemente getreu folgenden Farbgebung zu verdanken haben. So alte tibetische Mönchsorden kopierend, firmiert z. B. Shell in Gelb, Esso in Rot, Aral in Blau und BP in Grün. Farben, die auch die an den Tankkapellen Dienst tuenden Brüder – vom gemeinen Volk ›Pächter‹ genannt – in der farblichen Gestaltung ihrer Arbeitskutten stolz dokumentieren.

Brüder mit einer nur niederen Weihe werden landläufig in Abhebung zu den ›Pächtern‹ ›Tankwarte‹ genannt.

Im Gegensatz zur Praxis der katholischen Kirche, die erst unlängst wieder von höchster Stelle aus bestätigte, daß Frauen nicht zu kultisch-rituellen Diensten zugelassen sind, ministrieren Frauen in Tankkapellen hauptsächlich bei der Handhabung der Klingelbeutel (in der Umgangssprache ›Kassen‹ genannt) und durch das Verfertigen von doppelsinnigen Beschwörungszetteln mit Inhalten wie beispielsweise ›Große Sonder-Posten von Reifen zu Sonder-Preisen!‹.

Wie auch in den christlichen Kirchen bedienen sich die Gläubigen in bezug auf die Sakramente mittlerweile mehr

Mittelalterlicher Mensch an einer Erdölabgabestelle

Die Wege, die im Shellatlas aufgezeigt werden, führen zu seltsam geheimnisvollen Orten (Ausschnitt aus der Legende zu den Shell-Straßenkarten)

und mehr auch in den Tankkapellen selbst: so gewachsene und schöne alte Traditionen zunehmend zerstörend.

Sollte auf Dauer auch diesen blühenden Organisationen nicht erspart bleiben, was die christlichen Kirchen seit Jahrzehnten leidvoll beklagen, Massenaustritte nämlich, zugunsten eigener Raumfortbewegungsrituale wie ›Zu-Fuß-Gehen‹, ›Reiten‹ oder ›Fahrradfahren‹?

Statistiker errechnen ohnehin insgesamt gesehen für den Autofahrer eine sehr geringe Durchschnittsgeschwindigkeit. In diesem Zusammenhang schrieb die ›Tageszeitung‹ (vom 23. 7. 1980): »... bei der Geschwindigkeit ergibt sich bei Zugrundelegung aller Kosten ein völlig anderes Bild. Danach ergibt sich für die BRD eine ›soziale Durchschnittsgeschwindigkeit‹ von 14 Kilometer pro Stunde für den Autoverkehr. Im Endeffekt wird also durch den enormen Aufwand des Individualverkehrs an Arbeitszeit und Naturzerstörung nichts gewonnen, was über die Geschwindigkeit von Radfahrern (15–25 km/h) hinausgeht. Die langsamen Durchschnittsgeschwindigkeiten von Bus und Straßenbahn werden zum großen Teil sogar durch die Behinderung seitens des Autoverkehrs bedingt.

Nach allen vorliegenden Erkenntnissen führt kein Weg an dem Ausbau von öffentlichen Verkehrsmitteln und der Zurückdrängung des Autoverkehrs vorbei.«

Es ist insbesondere die Deutsche Shell, die durch besondere Anstrengungen solchen Zerfallserscheinungen zuvorzukommen sucht.

Schon die Wahl des Emblems der St. Jakobsmuschel weist auf Zusammenhänge mit mittelalterlichen Traditionen hin, wo Milionen von Wanderern und Pilgern unter diesem Zeichen nach Santiago di Compostella zu den Gebeinen des hl. Jakob pilgerten, so einen machtvollen Club von über viele Grenzen reichenden Wahrheitssuchern bildend.

Zeichen für Autowasch-Kultstätten

Durch die Publikation von Raumorientierungsplänen, kurz Shell-Atlas genannt, weiß die Shell das Interesse der an einer schnellen Fortbewegung im Raum Interessierten immer wieder zu wecken.

Neben der sorgfältigen Darstellung von Straßenverbindungen geben sich die Autoren des Atlas besondere Mühe, dem Raumreisenden das Auffinden von Hünengräbern, Kloster-, Kirchen-, Schlösser- und Burgruinen, Höhlen, Heldenfriedhöfen, Mühlen, einsamen Gehöften und Hochpunkten in der Landschaft sowie Landeplätzen zu erleichtern.

Durch die zeitlich sorgfältig aufeinander abgestimmte Herausgabe von sogenannten ›Ratgeberheftchen‹, in denen eine Reihe schöner alter Spiele vorgeschlagen werden, ermöglicht die Shell es Gläubigen immer wieder, neu Spaß an ihren jeweiligen Raumfahrzeugen zu haben. Autogläubige können so nach solchen Anweisungen ihre Fahrzeuge z. B. intensiv pflegen, waschen, reparieren, warten und/oder verkaufen.

An Wochenenden kommt es in der BRD zu gewaltigen, bisher ungeklärten kultischen Massenkundgebungen auf Straßen, in Hinterhöfen, Garagen: Millionen von Deutschen rubbeln und reiben an ihrem Auto, als sei es Aladins Wunderlampe...

Literatur

Volkmar Mair (Hrsg.): Der Große Shell-Atlas. Deutschland/Europa. 78/79
Shell-Ratgeberhefte 1–12

Selbsthilfegruppen

Noch weit vor dem Thema ›Auto‹, dem Thema ›Drogen‹, dem Fernsehen und der Hygiene ist es der Begriff der Familie, mit dem in Deutschland seit Kaisers Zeiten fröhlich ein Schindluder nach dem anderen getrieben wurde und auch heute noch wird.

Neuere Forschungen über den Zustand des ›kleinsten Staates im Staat‹, der Keimzelle der Nation, geben vermehrt zu Sorgen Anlaß: Das Verschwinden der traditionellen Großfamilie, die strenge Trennung der Genera-

Heute besonders bedroht: die Kleinfamilie
(Illustration von F. C. Papé zu J. B. Cabbells ›Jürgen‹,
New York, 1919)

Die Familie: das heiligste Gut der Nation

tionen, die leistungsmäßige Forderung des jungen Ehemanns im Beruf, die auf strenge Trennung und Abgrenzung bedachte Wohnungssituation in den Wohnkasernen der immer größer werdenden ›sozialen Ballungsräume‹ wirkt zunehmend destruktiv auf die Binnenstruktur der Familien...

Nicht nur ist eine Überlastung der mehr und mehr alleinerziehenden – und oft durch die Ausübung eines Berufs doppelt belasteten – Mütter die Folge, auch die Kinder zeigen als Folge vermehrt ›Verhaltensstörungen‹.

Symbol der Selbsthilfegruppen

Die märchenerzählende Großmutter von früher ist heute oft durch Schallplatten ersetzt – oder der Fernseher übernimmt mittlerweile die Rolle des Seelenbildners

Die Möglichkeit, sich wie früher – auch zwischen den Generationen – beim abendlangen Sitzen in der Spinnstube oder beim Schwatz an der Dorflinde auszutauschen, haben sich Menschen mehr und mehr über die Teilnahme an Selbsthilfegruppen und Initiativen zurückgeholt

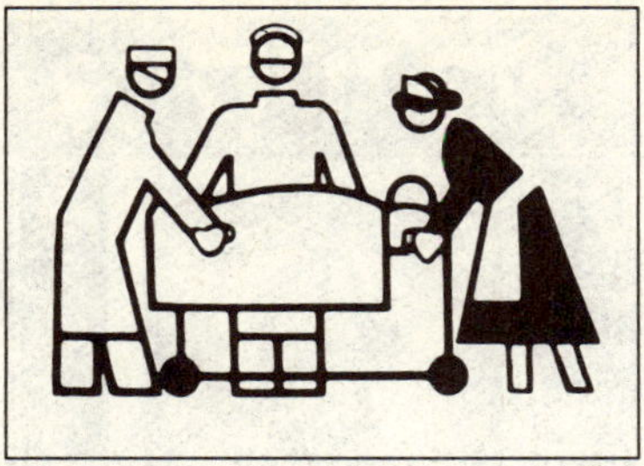

Die ›Aktion Kind im Krankenhaus‹ wendet sich gegen die Isolierung von kranken Kindern in Krankenhäusern

Bezugspersonen fehlen sowohl als Anlaufstellen für entlastende Gespräche wie auch als Miterzieher und Betreuer.

Wie Untersuchungen belegen, kann die über Medien gebotene Information über die Lösung von Erziehungsproblemen die Unsicherheit gerade junger Eltern nicht aufheben.

Oft sogar erreicht sie das Gegenteil: Eltern verlieren ihre Kompetenz als natürliche Experten in Erziehungsfragen und machen sich dabei häufig abhängig von gerade modisch aktuellen Erziehungstrends.

Seit etwa einem Jahrzehnt sind Eltern in Großstädten – amerikanischen Vorbildern folgend – dabei, dieses ›Bezugspersonenmanko‹ durch eine auf Gegenseitigkeit aufgebaute Elternhilfe abzubauen. Es sind so zahlreiche Initiativen entstanden, von der von Eltern selbst geleiteten Krabbelstube bis zu elterneigenen ›Kinder‹- und ›Schülerläden‹.

Viele dieser Eltern treffen sich zusätzlich zu Gesprächen mit therapeutischem Hintergrund, beispielsweise einmal die Woche ohne Kinder am ›runden Tisch‹.

Dieses Beispiel als Vorbild nehmend, bildeten sich in der Zwischenzeit eine Reihe von Selbsthilfegruppen auch in bezug auf andere soziale und individuelle Schwachstellen, so Altengruppen, Gruppen von Personen mit psychischen Schwierigkeiten, Alkohol- oder Gesundheitsproblemen usw. Auch die Generationen verbindende Initiativen sind so entstanden.

Literatur

Broschüre ›Eltern helfen Eltern‹. Erhältlich über die Bundeszentrale für gesundheitliche Aufklärung, Postfach, 5000 Köln 100

R. Gronemyer/H. E. Bahr (Hrsg.): Niemand ist zu alt. Selbsthilfe und Alten-Initiative. Frankfurt/Main 1979

Michael/Lukas Möller: Selbsthilfegruppen. Selbstbehandlung und Selbsterkenntnis in eigenverantwortlichen Kleingruppen, Hamburg 1978

Telefon

Mit seinem ›Heptameron der magischen Elemente‹ legte der berühmte Astrologe, Arzt, Philosoph und Magier, Petrus de Abano (1250–1317), eine gelehrte Abhandlung über das Anrufen von Geistern höherer Sphären vor, in der er genaue Angaben über Zeichen, Namen und Zahlen macht, die man wissen muß, um diese rufen zu können. Abanos, im Stile eines modernen Branchenverzeichnisses aufgezogene Telefonbuch (das zugleich auch eine Gebrauchsanweisung zum Telefonieren enthält) verzeichnet nicht nur inter-

Symbol für heutige, terrestrische Anrufungsmöglichkeiten

Titelblatt des von Peter von Albano für den Vatikan zusammengestellten intergalaktischen Anrufungsbuchs

planetarische Kontakte mit den Logoi der nächsten Planeten unseres Sonnensystems: offenbar bestanden auch intergalaktische Rufmöglichkeiten selbst zu so illustren Persönlichkeiten wie den sieben Erzengeln.

Schon damals mußten sich die Gesprächsteilnehmer kurz fassen, schreibt doch Abano in seiner Gebrauchsanweisung: »Nachdem (der Kontakt hergestellt ist, W. B.) begehre, was du willst, so wird's geschehen, alsdann gebe ihnen

Unten: Zwei zu ihrer Zeit gern gerufene Sexdämonen in ihrer typischen Berufskleidung (Dict. Infernal)

den Abschied.« Schon damals waren die Leitungen zu Hauptgeschäftszeiten völlig überlastet; auch muß es so etwas wie den Nachttarif gegeben haben: »Ich bekenne, daß in den Stunden *Sabachay* und *Madym* schwer ist zu wirken, aber in den Stunden *Zadek* und *Noga* fällt es leicht; in anderen mittelmäßig, zuweilen gut, zuweilen bös.«

Sehr zum Ärger der Inquisition riefen geistliche Herren und Damen bald schon nicht mehr nur gut-christliche Geister mit dieser neuen Erfindung zu sich, sondern häufig auch die in einem Callgirl- bzw. Callboy-Ring zusammengeschlossenen, berüchtigten *incubi* und *succubi*: ›niedere‹ Sexdämonen weiblichen oder männlichen Geschlechtes, die – wie der lateinische Name schon sagt – zu raffinierten Lustbarkeiten ihren Klienten entweder auflagen oder unterlagen.

Wählscheibe des intergalaktischen Telefons des Abano

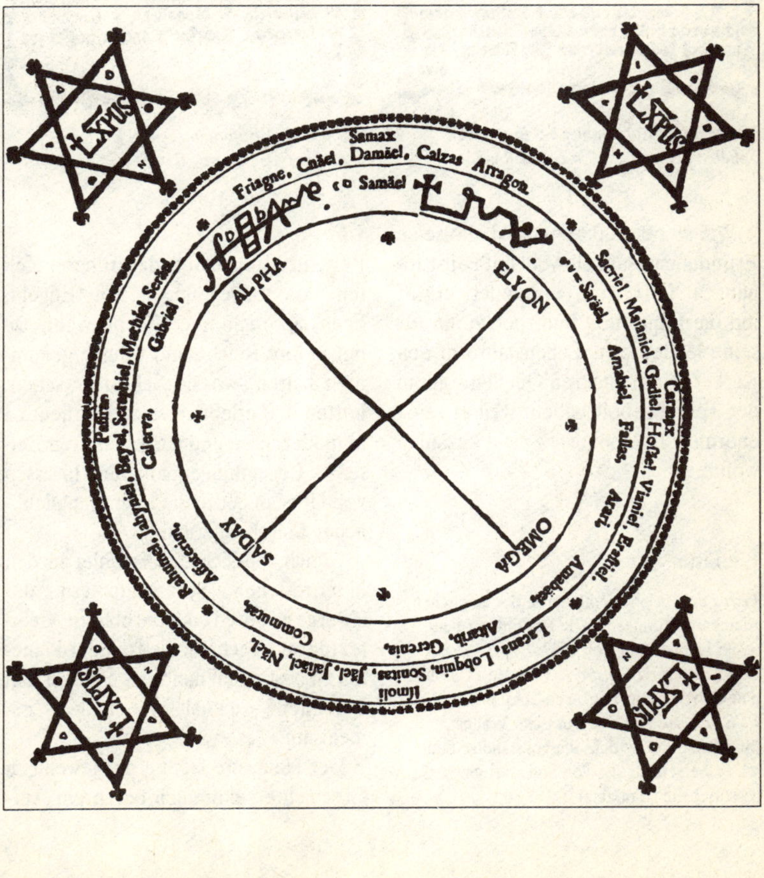

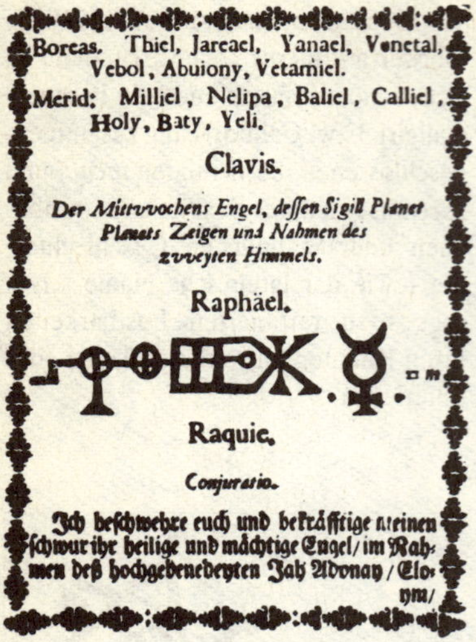
Boreas. Thiel, Jareael, Yanael, Venetal, Vebol, Abuiony, Vetamiel.
Merid: Milliel, Nelipa, Baliel, Calliel, Holy, Baty, Yeli.

Clavis.

Der Mittvvochens Engel, dessen Sigill Planet Planets Zeigen und Nahmen des zvveyten Himmels.

Raphäel.

Raquie.

Conjuratio.

Ich beschwehre euch und bekräfftige meinen schwur ihr heilige und mächtige Engel/ im Nahmen deß hochgebenedeyten Jah Adonay / Eloym/

Vorwahl und Rufnummer des in höheren Sphären befindlichen Erzengels Raphael

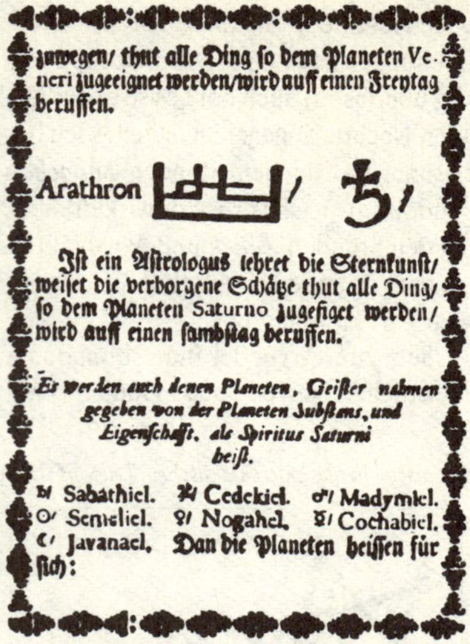
zuwegen/ thut alle Ding so dem Planeten Veneri zugeeignet werden/ wird auff einen Freytag beruffen.

Arathron / ♄ /

Ist ein Astrologus lehret die Sternkunst/ weiset die verborgene Schätze thut alle Ding/ so dem Planeten Saturno zugefiget werden/ wird auff einen sambstag beruffen.

Es werden auch denen Planeten, Geister nahmen gegeben von der Planeten Substans, und Eigenschafft. als Spiritus Saturni heist.

♄/ Sabathiel. ♃/ Cedekiel. ♂/ Madymiel. ☉/ Semeliel. ♀/ Nogahel. ☿/ Cochabiel. ☾/ Javanael. Dan die Planeten heissen für sich:

Vorwahl und Rufnummer der Planetenintelligenz des Saturn

Wie so oft dankte man Abano seine Erfindung wenig. Obwohl mit Papst Johannes XXII. eng befreundet, ergriff ihn die Inquisition und sperrte ihn für seine letzten acht Lebensjahre in den Kerker. Nach anderen Quellen soll ihn der Teufel geholt haben, weil er seine enormen Telefonkosten nicht bezahlen wollte.

Literatur

Petrus de Abano: Heptameron der magischen Elemente, Biltingen 1971, Reprint der deutschen Übersetzung von 1567
Ludovico Maria Sinistrari: Von den Dämonen und dem Verkehr mit Incubi und Succubi, in: *R. E. L. Masters:* Die teuflische Wollust, München 1968 (enthält die vollständige deutsche Übersetzung des von Sinistrari um 1680 geschriebenen Traktats)

Ufo

Berichteten Abendländer früherer Zeiten von Begegnungen mit Engeln, Feen, Zwergen und Nymphen, die sie mit in ihre Reiche und Räume genommen hätten, wo sie Seltsames sahen, hörten und erlebten, so stehen heute – in moderneren und aufgeklärteren Zeiten – Begegnungen mit den Insassen von Ufos an der Stelle solcher unglaublicher Märchenberichte.

Gleich, ob sich die Erzähler in den unterirdischen Schatzkammern der Zwerge wähnten oder die bizarre Architektur und Technologie fremder Planeten zu bestaunen meinten, eines ist den Berichten – damals wie heute – gemeinsam:

Der Held, die Heldin der jeweiligen Geschichte bekommen bei ihrem Aufenthalt ›in den fremden Räumen‹ dieser ›anderen Intelligenzen‹ eine große Menge von zumeist recht sinnvollen Anregungen und Hilfen für ihren irdischen Alltag: beispielsweise die berühmten Schätze, die der Märchenheld aus dem Berg mitbringt, oder die ›geheimen‹ Botschaften, die eine Marienerscheinung Hirtenkindern mitteilt, und auch die Prophezeiung der Ufonauten lassen sich deshalb auf eine recht einfache Weise als ein Anzapfen mehr oder minder kreativer Quellen des eigenen ›Unbewußten‹ erklären.

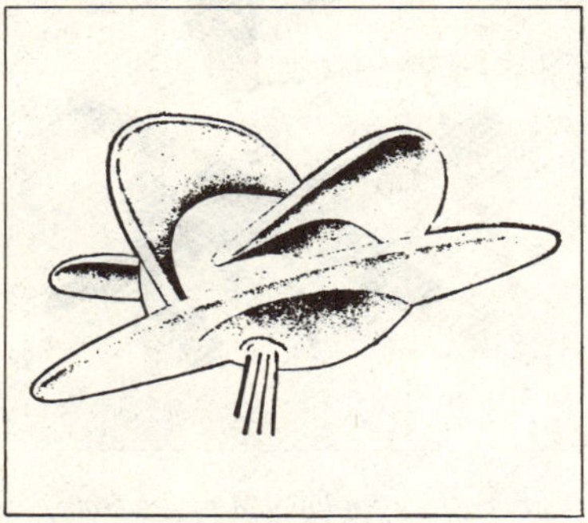

Seit sich die Kirchen leeren, nimmt die Zahl der UFO-Gläubigen immer mehr zu

Begegnungen der dritten Art: Schatzgräber sein im eigenen Unbewußten

Früher ›sah‹ man Nymphen, heute (nach Castaneda) hat man Begegnungen der ›dritten Art‹ mit Mescalito oder mit Wesen vom Aussehen eines Mr. Spock

Tat man früher die Erzähler solcher Geschichten doch häufig als närrisch ab, oder fragte sie, ob sie etwa ›einen im Tee hätten‹, sind heutige Ufo-Anhänger mehr geachtet, zumindest seit Jimmy Carter, der Präsident der Vereinigten Staaten – immerhin der Führer der westlichen Welt – anläßlich einer Presseerklärung verkündete, daß die Begegnung mit einem Ufo ihm das »unglaublichste Erlebnis seines Lebens verschafft« habe.

Literatur

Johannes von Buttlar: Das Ufo-Phänomen. München 1978 (enthält Berichte über die Meinung von Prominenten zum Thema Ufo)
Sergius Golowin: Götter der Atomzeit, Bern 1980
Tim Hildebrand: Rotwang, oder die irre Präzision der Träume, Basel 1980

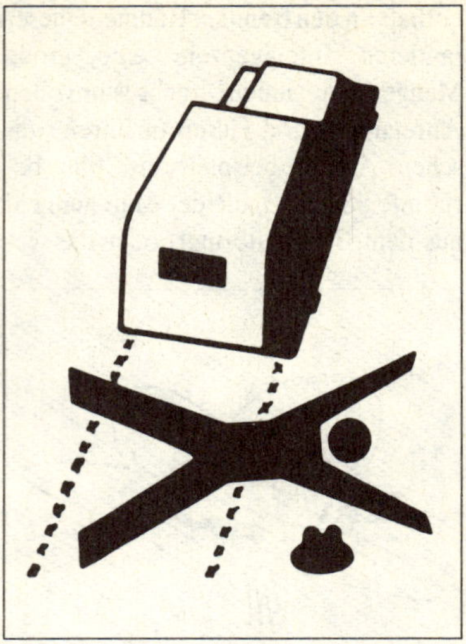

Jährlich opfern sich 16000 Menschen dem Götzen ›Autoverkehr‹

Unfall
In Readern und Bildbänden, die sich in ihren Inhalten mit der Darstellung alter Kulturen beschäftigen, finden sich immer wieder breit ausgewalzte Kapitel über die grausamen, rituellen Menschenopfer der Azteken und Kelten, dabei dem Leser eine klare Abscheu vor solchen grausamen Praktiken einflößend.

Besonders bei den Kelten sollen solche Opferungen mit Festen zum Wechsel der Jahreszeiten verbunden gewesen sein.

Historikern, die vielleicht in 1500 Jahren unsere Zeit betrachten, mag allerdings auffallen, daß sich zu Zeiten von modern-rituellen Festen wie Weihnachten, Ostern, Pfingsten, Sommer- und Herbstferien Tausende unserer Mitmenschen sich gereinigt und oft in ihren besten Kleidern zusammen mit ihren liebsten Angehörigen in ein ›Auto‹ genanntes Opfergerät begeben, um – im Gegensatz zu den angeblich von den Azteken und Kelten geopferten Menschen – sich freiwillig, wie von einem inneren Zwang getrieben, auf den Straßen des Landes dem Tod hinzugeben.

Auf diese Weise starben allein in der BRD in der Zeit von 1968–1977 165000 Personen einen schwer begreifbaren Opfertod.

Zeit ist Geld
Seit den Tagen des ägyptischen Gottes Thoth, der vor vielen Tausenden von Jahren zur Freude aller damals Anwe-

Zeit ist Geld, und Geld regiert die Welt...?!

senden die Zeit erfunden haben soll, haben sich die Menschen vielerlei ausgedacht, mit der ihnen geschenkten Zeit schön und sinnvoll umzugehen: Beschränkten sich die Menschen anfänglich darauf, ›Zeit‹ nur am Tag zu empfinden – ein Beleg hierfür sind die schon in der Antike gebauten Sonnenuhranlagen –, so setzten die Europäer des 16. Jahrhunderts (mit Gemma Frisius, Huygens und Harrison als Erfinder des Uhrwerks an der Spitze) alles daran, die Zeit ›rund um die Uhr‹ zu bestimmen.

Ging danach die Zeit für etwa drei Jahrhunderte, vermittelt über Kaminuhren, Standuhren und Kirchenuhren, noch einigermaßen gemütlich zu, so

Das weiße Kaninchen aus L. Carolls ›Alice im Wunderland‹

Die Sanduhr: ein Symbol des endlosen Stromes der Zeit

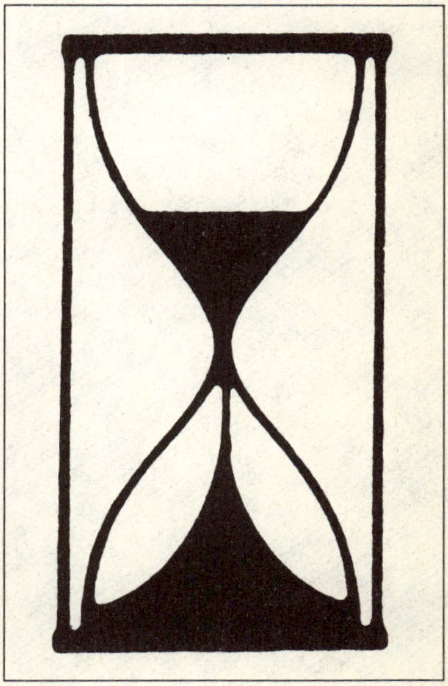

vergeht die Zeit in unserer Zeit – seit sie Geld wert ist und Millisekunde für Millisekunde verkauft wird – wesentlich schneller.

Lewis Caroll muß diese Entwicklung vorausgesehen haben, läßt er das weiße Kaninchen doch ständig durch das Wunderland hetzen und ausrufen »Keine Zeit! Keine Zeit!«.

Als seien sie mit diesem weißen Kaninchen identisch, rufen viele unserer Zeitgenossen, begegnet man ihnen, diesen Satz ebenfalls andauernd – wenn man überhaupt noch eine Chance hat, ihnen unter solchen Umständen *einmal* zu begegnen.

Das Wusel

Das größte Wusel, das es gibt: wir, wie wir mit uns selbst in den Haaren liegen (aus dem aus dem 8. Jahrhundert stammenden ›Book of Kells‹)

SYMBOLHAFTE PERSÖNLICHKEITEN

Verschmitzt lächelnd wie die Edamer Katze folgt Albert Einstein einem Eingeborenen dieses Planeten zur Abhaltung eines Rituals (Verleihung der Ehrendoktorwürde, Oxford 1931)

»Hier ist Einstein –
ich habe wieder mal den Schlüssel vergessen!«

Einstein zu seiner Wirtin,
die er öfters spät nachts, seiner Vergeßlichkeit wegen, aus dem Schlaf holen mußte…

Einleitung: Die Fabrikation der Realität

Im Zauberkreis der Vorstellungen

Im fünften Jahr seiner ›Nachtmeerfahrt‹ verwandelte der Schweizer Psychologe C. G. Jung die Geister, die sich vor seinen Augen bis zur Greifbarkeit materialisiert hatten, mehr und mehr in abstrakte Formen, bis schließlich aus dem hinkebeinigen, gehörnten ›Philemon‹ und einem weiblichen Geist, der Jung eine kostenfreie Therapie verpaßt hatte, nur noch magische Quadrate und Kreise geworden waren:

Jung hatte die Geister, die er beschwor, zurück in ihr Urbild gebannt, dabei den umgekehrten Weg gehend wie die mittelalterlichen Magier, die mit Hilfe einer Reihe ritueller Techniken aus dem Zauberkreis des ›Unbewußten‹ das gewünschte Phänomen, Geist, Gott oder Dämon, hervorriefen und vor sich materialisieren ließen.

Für den Tibetologen Detlev-Ingo Lauf treffen sich so »im Symbolon das Eine und das Andere, die Antinomien eines Realen und Äußeren mit dem Irrealen und Verborgenen, Bewußtes und Unbewußtes aus der Ganzheit des menschlichen Geistes«.

Lauf folgte hier Jung, der in seinem Frühwerk ›Psychologische Typen‹ den Satz geprägt hatte: »Dem Symbol aber kommt dieser Doppelcharakter des Realen und Irrealen zu… Symbolisch kann nur sein, was in einem auch noch das andere einschließt.«

Der Abstieg zur ›Hölle‹ in uns ist der Einstieg in die dunkle (rechte) Hemisphäre unseres 20-Milliarden-Zell-Gehirns, dorthin, wo der Dämon lauert (also wir selbst in unserer dunklen Entsprechung), entweder um uns zu verschlingen oder um uns – wie mit C. G. Jung geschehen – durch die geheimnisvollen Gefilde des Nachtreichs zu tragen

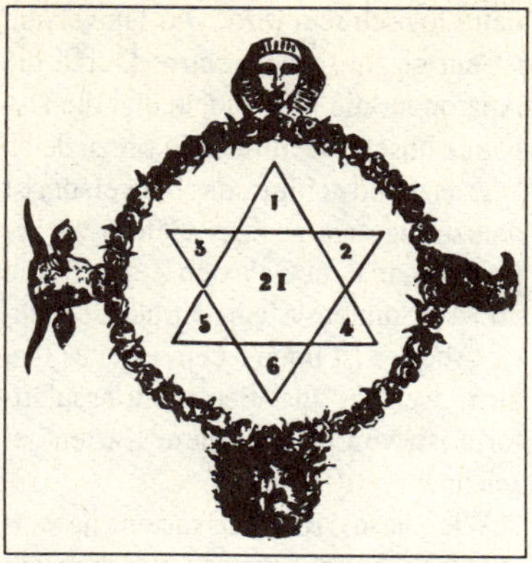

Nach langem, inneren Kampf mit seinen Geistern im ›Meer der Nacht‹ seines Unbewußten fand C. G. Jung über das Finden seiner ›vier Ecken‹ zu seiner Mitte zurück – zum geschlossenen, endlich heilen Zauber-Kreis seiner Vorstellungen

Feuerzungen sind neben der Taube z. B. das Symbol für den in abstrakter Form dargestellten Heiligen Geist. Das ›Überkommenwerden durch den Heiligen Geist‹ an Pfingsten dagegen war das für die Apostel auf einer anderen Ebene erfahrbare Phänomen; die andere, tiefere Qualität des Symbols: Die Apostel fühlten sich vom Heiligen Geist wie von Feuer durchdrungen.

Einen in der Konsequenz ähnlichen Gedanken birgt auch das ›höchste‹ Bild des Tarot, die Karte des Gauklers oder Magiers. Hier steht der in jeder Hinsicht zur Meisterschaft gelangte Mensch, sei er Mann oder Frau, vor dem als Erd- und Weltkreis zu denkenden, runden oder viereckigen Tisch und läßt im fröhlichen Spiel aus der Fülle seiner Möglichkeiten die Welt der Erscheinungen entstehen.

Anders gesagt: er denkt sich für die, ihm sowohl in seiner ›Innenwelt‹, wie in seiner ›Außenwelt‹ zur Verfügung stehenden Symbole immer neue ›Mischungsformeln‹ aus: »So ist verständlich, daß viele Tarotdeuter der neueren Zeit auf dieser Karte geradezu das Sinnbild der erhabensten Magie sehen, oder gar Gott selber, der sich und all seinen Wesen – Teilen seines ewigen Wesens – zur Lust die Welt erschafft« (Sergius Golowin).

In diesem Sinn gesehen, scheint die Welt nur insoweit zu bestehen, wie wir sie uns in Symbolen denken und dann entsprechend ›erfahren‹ können.

Neue Vorstellungen: Fahrkarten für andere Realitäten

»Das Resultat hatte ich schon«, soll der geniale Mathematiker Gauß einmal gesagt haben, »jetzt mußte ich nur noch die Wege entdecken, auf denen ich zu ihm gelangt war.«

So mußte auch eine von Gauß nebenbei ›gefundene‹ Formel zur Schnellberechnung des christlichen und jüdischen Osterfestes von dem Braunsberger Professor Feldt im nachhinein abgeleitet und bewiesen, also ›erfahren‹ und damit in der Realität nachvollzogen werden!

Zu Recht schreibt Warren Kenton, daß »in der Antike das Symbol das war, was unsere moderne Fachterminologie heute für uns ist: Es war die Synthese in Wort und Bild der Gesetze, die einem Wissensbereich zugrunde liegen«.

Wo soll auch bei näherer Betrachtung der Unterschied liegen zwischen den magischen Sitzungen der mittelalterlichen Nigromanten, die die Geheimnisse der die Welt bewegenden *Elementarwesen* wie der Nymphen, Feen, Zwerge und Salamander erfahren wollten, und Wissenschaftlern der Gegenwart, die gebannt in ihre kreisförmigen Teilchenbeschleunigeranlagen starren, um schließlich die letzten Beweger der Materie, die *Elementarteilchen*, zu finden?

Was nicht von uns denkend erfahren wurde, gibt es strenggenommen nicht: Die Welt ist so klein, so groß, so komplex, so einfach, so schön, so fad, so langweilig, wie wir sie uns *vor*-stellen.

Einen solchen Ansatz weiterdenkend, kommt der amerikanische Psychologe Timothy Leary zu einer Aussage wie der folgenden: »Es steht außer Frage, daß, solange wir mit dem Gehirn arbeiten, das Modell des Universums neurologisch sein wird. Das Universum ist ein gigantisches Gehirn. Durch die Anatomie, die Physiologie und die Dynamik unseres Gehirns sind wir zugleich begrenzt und geführt; das Universum ist demzufolge als riesiges Gehirn zu betrachten, in dem Galaxien Zentren sind und das Sonnensystem neurale Geflechte. Aber es ist immer dein eigenes Gehirn, welches die Beobachtungsplattform ist, von der aus diese Karten gezeichnet werden.«

Die babylonische Gottesmutter Anna (mit der Göttin Istar identisch) wurde in Form einer Taube verehrt. Die Taube wurde später sowohl das Symbol der Liebesgöttin Venus als auch – in der christlichen Mythologie – des Heiligen Geistes (Basrelief im Britischen Museum)

Wie diese ›Realitätskarten‹ jeweils aussehen, hängt davon ab, welche Symbole die sehen, die in den großen Hexenkessel ›Welt‹ blicken, und ob es ihnen gelingt, die anderen Teilnehmer des jeweiligen ›Realitätssabbats‹ von der ›Wirklichkeit‹ des Geschauten überzeugen zu können.

Gelingt dies, so ändert sich – buchstäblich – die Welt ›von heute auf morgen‹.

Um z. B. den Zauberbann zu beseitigen, den die ›schwarzen Magier‹ des Vatikans im Mittelalter über die Welt geworfen hatten, um also eine unter der Vorstellung des ptolemäischen Weltbildes starr gewordene Erde zu bewegen und um die Vorstellung von den kristallenen Mauern der die Welt umgebenden Sphären zum Einsturz zu bringen, bedurfte es einer ganzen Gruppe ›weißer Magier‹ wie des Kopernikus, der die an sich alte Semmel des ›Heliozentrismus‹ neu aufbuk, des Brahe, dem die Würzung des neuen Pfefferkuchens nicht hundertprozentig schmeckte, des Kepler, der den Kuchenteig noch einmal kräftig umrührte und in eine neue Form gab, des Galilei, der das neue

Wer früher in der Natur nach Nymphen suchte, sucht der heute in der Natur nach Quark(s)...?

Naschwerk überall salonfähig machte, und des Bruno, der die Parole ausgab, daß der Genuß der neuen Plätzchen die Schau in unbegrenzte Räume ermögliche.

Um aber am 20. 7. 1969 der Welt und den amerikanischen Astronauten die Vorstellung zu geben, sie seien tatsächlich zum Mond geflogen, dort gelandet und zur Erde zurückgekehrt, brauchte es noch anderer, mächtigerer Beschwörungsformeln: Als nämlich die Bodenkontrolle beim Rückflug die Astronauten fragte, wer denn gerade das Schiff steure, gaben sie einstimmig den Namen des Mannes durch, der 250 Jahre vorher durch seine Mathe-Magie die ›Blaupausen‹ für den Flug geliefert hatte – Isaac Newton.

Nach der Reise in andere Räume jetzt die Reise in andere Zeiten?

Eins scheint bei dem Spiel ›Neue-Realitäten-Finden‹ allerdings zur Grundregel zu gehören: Was den einen – wie im Beispiel der Newtonschen Festsetzungen von Zeit und Raum als konstanter Größen – als wichtiges und notwendiges Fundament ihres Weltbildes erscheint, ist anderen schon wieder genau der Stöpsel der Flasche, in dem ihrer Meinung nach der menschliche Geist gefangengehalten wird.

Denn als Einstein 1905 mit einem kurzen, nur 9000 Worte umfassenden Aufsatz die ›Flasche‹ entstöpselte, kehrte er das Zeit- und Raumverständnis geradezu um und bot den mensch-

Ein Trunk aus dem Fläschchen neuer Vorstellungen, ein Biß vom magischen Gebäck – und schon sieht Alice sich selber und damit ihre Welt jeweils größer oder kleiner...

lichen Vorstellungen das ›Erfahren‹ von – im Endeffekt – beliebig veränderbaren Zeiten und Räumen an.

Ein im selben Jahr erschienener Aufsatz, in dem Einstein mit seiner berühmten Formel $E = m \cdot c^2$ auf den dualen Aspekt der Materie hinwies, nämlich daß Masse einfach als verfestigte Energie angesehen werden kann, lieferte auf höchster wissenschaftlicher Ebene auch die Erklärung für viele, andere sogenannte ›übernatürliche‹ Erlebnisse und Vorgänge.

Hätte nämlich der anerkannte Physiker und Philosoph Gustav Theodor Fechner (1801–1887), der Begründer der Psychophysik, von dem Einsteinschen Fund gewußt, dann hätte er seine Schrift von der ›Vergleichenden Anatomie der Engel‹ nicht unter einem Pseudonym veröffentlichen müssen, wo er das Phänomen ›Engel‹ als eine mit Bewußtsein ausgestattete Energieform erklärt, deren Entsprechung auf der Erde eine weniger bewußte und somit auch niedrig schwingendere Energieform ist: eben der mit mehr ›Masse‹ behaftete Mensch.

Jesus-Trinität: Jesus als Meister der vergangenen, gegenwärtigen und zukünftigen Zeit

Mit Einsteins Relativitätstheorie lassen sich unschwer auch so scheinbar verwirrende und unmöglich erscheinende Vorkommnisse verstehbar machen, wie sie sich z. B. in der berühmten ›Apostelgeschichte des Johannes‹ – einem der wenigen gnostischen Texte, die der Vernichtung durch die Kirchenväter entging – finden lassen.

So sah nach dem Bericht des Johannes der Apostel Jakobus Jesus einmal als Kind an der Küste stehen, Johannes sah ihn aber ganz anders:

»Du siehst nicht genau hin, Bruder Jakobus. Siehst du denn da nicht auch einen Mann stehen, der stattlich, gefällig und fröhlich ausieht?«

»Aber Jakobus«, so fährt Johannes in seinem Bericht fort, »sagte zu mir: ›Ich kann diesen Mann nicht sehen, mein Bruder.‹«

Als die beiden näher zur Küste gehen, um sich Klarheit zu verschaffen, verwirrt sie der Anblick ihres Meisters noch mehr. Johannes: »Er erschien mir wiederum als ein ziemlich kahlköpfiger Mann, aber mit einem dicken wallenden Bart, aber dem Jakobus als ein junger Mann, dessen Bart gerade erst zu sprießen anfing…«

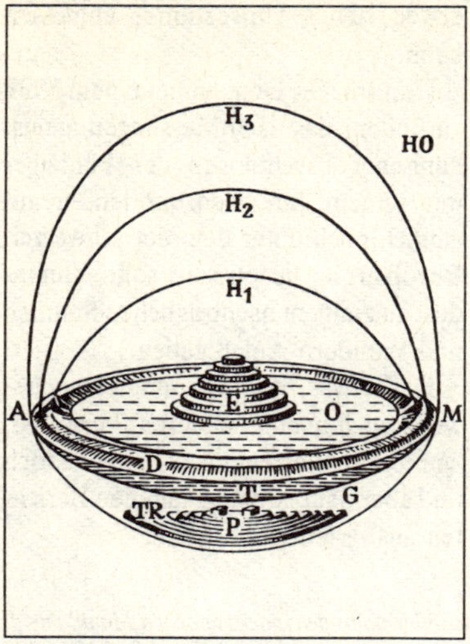

Das von den Babyloniern erfundene Weltbild mit den Sphären (E = Erde / H_1, H_2, H_3 = verschiedene Himmelssphären / O = irdischer Ozean / HO = himmlischer Ozean / T = Tiefe und Grund des Ozeans / A = Abend (Westen), M = Morgen (Osten) / D = Damm des Himmels / TR = die sieben Stufen und (P) der Palast des Totenreichs

Johannes berichtet auch, daß er – wenn er Jesus berührte – manchmal auf einen materiellen, festen Körper stieß, zu anderen Zeiten aber seine Konsistenz unstofflich und geistig fand, »so als ob er überhaupt nicht existiere«.

Durch die Relativitätstheorie angeregt, beschäftigten sich Linguisten wie Whorf damit, nachzuprüfen, ob Menschen überhaupt – wie immer einvernehmlich angenommen wurde – ein gleiches Zeit-Raum-Erleben haben wie wir, wo Konzepte wie die logische Trennung von vergangenen, gegenwärtigen und zukünftigen Dingen und die Annahme eines Ursache-Wirkungs-Verhältnisses bzw. von Reiz-Reaktions-Zusammenhängen vorherrschen.

Das intensive, vergleichende Studium zwischen europäischen ›zeitlichen‹ Sprachen und der ›zeitlosen‹ Sprache der nordamerikanischen Hopi-Indianer ließ Whof zu überraschenden Ergebnissen kommen:

»Im Gegensatz zu der Weltauffassung der Hopis befördert unsere objektivierende Auffassung der Zeit die Historizität und alles, was mit der Aufzeichnung von Ereignissen zusammenhängt. Die Weltansicht der Hopis ist zu subtil und komplex, sie sieht alles zu sehr in kontinuierlicher Entwicklung, um einfache, klare Antworten auf die Frage nach dem Anfang ›eines‹ Ereignisses und dem Ende ›eines anderen‹ zu gestatten *Wenn alles, was je passierte, immer noch ist, aber notwendig in einer anderen Form ist, als der, die in Gedächtnis und Aufzeichnungen berichtet wird – dann besteht kein Anreiz zum Studium der Vergangenheit.*

Die Gegenwart aber muß man nach dieser Ansicht nicht aufzeichnen, sondern zum ›Vorbereiten‹ ausnützen. Unsere objektivierte Zeit liegt wie ein breites Maßband mit abgeteilten leeren Spalten vor uns, deren jede mit einer Eintragung auszufüllen ist. Das Schreiben hat sicherlich zu unserer sprachlichen Behandlung der Zeit beigetragen, wie auch umgekehrt diese zum Gebrauch von jenem…

Ob eine Zivilisation wie die unsere in Verbindung mit einer ganz anderen sprachlichen Behandlung der Zeit möglich wäre, ist eine große Frage – in

Sir Isaac Newton, dessen Vorstellungen die Vorstellung des Mondfluges ermöglichte (Stich von J. Smith)

unserer Zivilisation sind unsere sprachlichen Strukturschemata und unser, an die Zeitordnung angepaßtes Verhalten das, was sie sind, und wir können nur feststellen, daß sie zusammenstimmen. Der Gebrauch von Kalendern und Uhren und die stetig fortschreitende Präzisierung unserer Zeitmessung sind in unserer Kultur angelegt; sie helfen der Naturwissenschaft, und diese ihrerseits gibt in Verfolgung der alten Geleise an die Kultur eine stets wachsende Menge von Anwendungsmöglichkeiten, Gewohnheiten und Werten zurück, mit denen dann die Kultur wiederum die Wissenschaft leitet. Was aber liegt außerhalb dieser Spirale? Die Naturwissenschaft ist dabei zu entdecken, daß es im Kosmos etwas gibt, was mit den im Durchlauf der Spirale aufgebauten Begriffen nicht gefaßt werden kann. Sie versuchte daher, eine NEUE SPRACHE zu konstruieren, mit der sie sich einem erweiterten Universum anmessen kann.«

(Ein solches Denken bei einem Volk zu finden, das nach Messungen amerikanischer Psychologen der Fünfziger mit seinem Intelligenzquotienten angeblich noch unter dem der schwarzen Bevölkerung liegen soll, sollte zumindest zu einigem nachträglichen Staunen und Wundern Anlaß geben.)

Daß etwas, was war, immer noch – wenn auch in einer anderen Form – ist, wußte der Westen aus als phantastisch und abergläubisch abgetanenen Berichten aus Asien schon lange.

(Emblem auf den amerikanischen Mondfahrzeugen) Eine sehr kluge Bauersfrau mittleren Alters, die wir vor einigen Jahren in einem kleinen Hunsrückdorf kennenlernten, verblüffte uns anfänglich völlig, als sie in vollem Ernst behauptete, es sei überhaupt noch niemand auf dem Mond gewesen. Als wir sie darauf ansprachen, daß doch die erste Mondlandung im Fernsehen zu sehen gewesen sei, lachte sie verschmitzt und sagte: »Ja, eben im Fernsehen!« Wie sie später gestand, mußte sie bei der Sendung ›vom Mond‹ so lachen, daß sie ganz vergaß, ihren Kuchen richtig zu rühren

Stuart und Roma Gelder erzählen in ihrem Buch ›Visum für Tibet‹ (Wien 1965) im Zusammenhang mit einem Besuch beim Panchen Lama die folgende, wohl bezeichnende Geschichte:

»... Es dürfte nicht einfach sein, die Ansichten eines lebenden Buddha zu widerlegen:

Der zwölfte Dalai Lama diskutierte einst mit seinen Theologen, als einer von ihnen ihm entgegnete, er habe gerade das Gegenteil von dem behauptet, was die Inkarnation im 17. Jahrhundert, berühmt unter dem Namen ›der große Fünfte‹, erklärt habe. Seine Heiligkeit verwirrte seine Zuhörer mit der Frage: »Und wer *war* der große Fünfte?«

Zeitreisen: ein natürlicher Schritt in der Evolution des Menschen?

Daß die Möglichkeit zum Reisen in der Zeit – ebenso wie das Reisen im Raum – entwicklungsmäßig in uns angelegt ist, war die Botschaft, die Joanna und Timothy Leary 1973 – damals Staatsgefangene der US-Regierung – in einem kurzen Paper (›Neurologik‹) an die Öffentlichkeit gaben.

Die Learys gingen einem, von dem englischen Arzt Arthur Wigan 1844 geäußerten Hinweis auf die funktionelle Doppelhemisphärigkeit unseres Gehirns weiter nach und fanden in der (bei Rechtshändern) rechten Hemisphäre unseres Gehirns eine ganz neue (Vorstellungs-)Welt: die Welt der stummen oder nicht dominanten Hirnhälfte, offen bisher nur für Schamanen, wenige Mystiker, Magier und Konsumenten psychedelischer Drogen:

Gustav Theodor Fechner: ein Schinkenbraten, von seiner Schwester in Burgunder gekocht, brachte ihn aus einer jahrelangen ›Bewußtlosigkeit‹ zurück

»Das seltsame ist folgendes: eine Hälfte des Nervensystems, uneingeprägt und unkonditioniert, wird dem Bewußtsein durch die rechts-händigen Imprints und Konditionierungen vorenthalten. Wenn allerdings die konditionierten Synapsen-Kreise überschritten werden, ist das Bewußtsein nicht länger fixiert, eingesperrt durch die üblichen Zwänge des sozialen, mentalen und emotionalen Lebens, sondern ist frei, die unkonditionierten Pfade der schweigenden Hemisphäre zu erkunden... Die rechte Hemisphäre des Gehirns existiert als eine Neue Welt, um betreten, erforscht und harmonisch nutzbar gemacht zu werden. Es kann gut möglich sein, daß die Entdeckung und Erforschung der schweigenden Neural-Hemisphäre sich als bedeutsamer in der menschlichen Evolution herausstellen wird als die Entdeckung der schweigenden geographischen Hemisphäre vor 500 Jahren... Gemäß der vorliegenden Theorie des Neurologischen ist gerade die Befreiung von früheren Imprints und der Zutritt zu der ›schweigenden Hemisphäre‹ ein natürliches Evolutions- und Reifungsstadium – so dramatisch, daß es den Ausdruck *Metamorphose* verdient. Wir müssen annehmen, daß der DNS-Code das Nervensystem konstruiert hat, damit es benutzt werde.

Die Natur, zeitweilig verschwenderisch im Experiment, ist immer sparsam bezüglich struktureller Nutzleistung und würde kaum den größten Komplex ihrer biologischen Konstruktion – das menschliche Gehirn – in der Weise entworfen haben, daß die Hälfte seiner neuralen Möglichkeiten unbewußt und ungenutzt bliebe.«

Die evolutionäre Funktion der schweigenden Hemisphäre und der darin enthaltenen drei ›Zeit-Imprints‹ besteht für die Learys darin, »die Menschheit zu befähigen, vom Planeten fortzureisen. Inter-stellares Reisen verlangt ein Verstehen der neuro-psychologischen Schwierigkeiten der Einsteinschen-Lorenzschen Raum-Zeit-Formeln, die erklären, warum zunehmende Reisegeschwindigkeit die erfahrene Zeit ausdehnt und das Handeln abnimmt. Neurologen, die ein Erfahrens-Verständnis für diese Formeln haben, realisieren, daß außerplanetarische Erforschung Zeit-Fahrt und nicht Raum-Fahrt genannt werden sollte. Wenn wir den Planeten verlassen, treten wir in die Zeit ein. Wenn wir den Planeten verlassen, verlassen wir den Raum. Die transcorticale Fahrt über das Corpus Callosum (Verbindungsstück zwischen den Hemisphären) ist das neurologische Äquivalent zur Überschreitung der Schwerkraft beim Verlassen des Planeten.«

Zeitreisende:
ewige Agenten der Evolution

Immer dann, wenn eine Sicht der Welt übermächtig geworden ist, und wir – wie es Einstein einmal sagte – aufhören uns zu wundern, wir also hinter den wie auch immer gearteten Gittern unserer Vorstellungen wieder einmal gebannt und gefangengenommen zu sein scheinen, taucht – ›wie aus dem Nichts‹ – eine jener Personen auf, die es kraft ihrer Suggestionen oder – wenn man so will – kraft ihrer ›Zauberformeln‹ vermögen, das Pendel nicht nur wieder auf die andere Seite schwingen zu lassen, sondern es immer auch vermögen für einen

Schon die Ägypter und Gnostiker scheinen – nach einer Reihe von überlieferten Bildzeugnissen und Schriftdokumenten – Kenntnisse von der Bedeutung des in den DNA-Doppel-Spiralen gespeicherten genetischen Codes gehabt zu haben (Bild des ägyptischen Schlangendämons Apophis)

Teil der Menschen, die sich begeistern lassen, auch ein neues Spiel mit neuen ›Symbolchips‹ anzuregen.

»Symbole bedürfen konkreter Medien«, sagt Lauf. Leary drückt dasselbe aus, wenn er verlangt, »daß zwei Personen oder mehr zusammenkommen müssen, um eine neue Realitätsstruktur zu weben.«

Diese ›Medien‹, die – wie ein ins Wasser geworfener Stein – ganze Wellen und Wogen von Symbolen auszulösen vermögen, erscheinen ihren Zeitgenossen oft wie fremde, ja furchtbare Wesen, negativ als Ver-Rückte und Ketzer denunziert, verfolgt oder verbrannt, positiv als bewußtseinsmäßige Mutanten begrüßt, gefeiert und verherrlicht: Persönlichkeiten, die – wie z. B. der Zauberer Merlin in der Artusgeschichte von T. H. White – geradezu aus der Zukunft zu kommen scheinen. Ein Faktum, das Merlin dem verdutzten Artus so erklärt:

»Gewöhnliche Menschen werden vorwärts in die Zeit geboren, wenn du verstehst, was ich meine, und fast alles auf der Welt läuft ebenfalls vorwärts. Das macht den gewöhnlichen Menschen das Leben ziemlich leicht... Ich aber wurde unglücklicherweise am falschen Ende der Zeit geboren, und ich muß von vorn nach hinten leben, umgeben von ungeheuer vielen Menschen, die von hinten nach vorne leben. Manche nennen's: das Zweite Gesicht haben... Siehst du, man gerät mit der Zeit durcheinander, wenn es so ist.

Zum Beispiel verwirren sich die Zeitformen. Wenn du weißt, was mit den Menschen geschehen *wird*, und nicht,

Die Rationalität als Agent des Willens landet allzuoft – wie hier der Hutmacher – im Gefängnis der eigenen Vorstellungen

was mit ihnen geschehen *ist*, dann wird's schwierig, das Geschehen zu verhindern, wenn man nicht will, daß es geschehen ist, wenn du verstehst, was ich meine?«

Wesen aber auch, die – wie Einstein, Mona Lisa, Leary und die Edamer Katze aus ›Alice im Wunderland‹ – das können, was angesichts einer ver-rückten Welt noch zu tun übrig bleibt – hemmungslos zu grinsen:

»Edamer Mieze«, begann Alice ein wenig stockend, denn sie war gar nicht sicher, ob ihr diese Bezeichnung wohl angenehm wäre – aber das Grinsen wurde davon nur noch etwas breiter. »Aha«, dachte Alice, »das hat ihr gefallen«, und fuhr fort: »Würdest du mir bitte sagen, wie ich von hier aus weitergehen soll?«

»Die Katze verschwand diesmal ganz allmählich, von der Schwanzspitze angefangen bis hinauf zu dem Grinsen, das noch einige Zeit zurückblieb, nachdem alles andere schon verschwunden war...«

»Das hängt davon ab, wohin du möchtest«, sagte die Katze.

»Ach, wohin ist mir eigentlich gleich...«, sagte Alice.

»Dann ist es auch egal, wie du weitergehst«, sagte die Katze.

»– solange ich nur *irgendwohin* komme«, fügte Alice zur Erklärung hinzu.

»Das kommst du bestimmt«, sagte die Katze, »wenn du nur lange genug weiterläufst.«

Das konnte Alice freilich nicht leugnen und stellte deswegen lieber eine neue Frage: »Was für Leute wohnen hier in der Gegend?«

»Dort drüben«, sagte die Katze und schwenkte ihre rechte Pfote, »wohnt ein Hutmacher; und hier« – und dabei winkte sie mit der anderen Pfote – »wohnt ein Schnapphase. Du kannst es dir heraussuchen, welchen du besuchen willst – verrückt sind sie beide.«

»Aber ich will doch nicht unter Verrückte gehen!« widersprach Alice.

»Ach, dagegen läßt sich nichts machen«, sagte die Katze; »hier sind alle verrückt. Ich bin verrückt. Du bist verrückt.«

»Woher weißt du denn, daß ich verrückt bin?« fragte Alice.

»Mußt du ja sein«, sagte die Katze, »denn sonst wärst du doch gar nicht hier.«

Shiva: König des Tanzes

Shiva insbesondere in seiner Inkarnation als Rasayana gilt den Indern als der erste Zauberer schlechthin, als der Meister aller noch kommender, großer Magier, die ohnehin – nach hinduistischer Auffassung – nichts anderes sind als lediglich immer neue Aspekte des immer wieder sich in der Welt inkarnierenden Gottes.

Denn Shiva ist es, der mit seinem Dreizack alle in der Vorstellung der Menschen vorhandenen Dinge bewegt und damit verändert, so also immer neue Wunder aus der Veränderung des Bekannten und Alten zu schaffen vermag.

Von seinem Attribut der Mondsichel her gesehen, die er im Haarschopf trägt, gilt er auch als der Herr der Hexen und als höchster Heiler.

Unter seinem Aspekt als Shiva Rudra lebt er auf den Friedhöfen, wo die Leichen verbrannt werden und die entsetzlichsten Ungeheuer hausen, und gilt, so gesehen, als Oberhaupt der Gespenster und Vampire.

Schon durch seinen Dreizack und die Mondsichel (die im Westen als Hörner interpretiert wurden) Ahne und Vorbild des christlichen Teufels, gibt er als Shiva Rudra auch das Vorbild für die zahllosen Vampir- und Ghulgeschichten des Abendlandes ab und ist z. B. so auch identisch anzusehen mit dem Vampirfürsten Dracula des englischen Schriftstellers Bram Stoker. Als Zerstörer, Umstürzler, Unterwühler – und damit Erneuerer der Welten – bestimmt Shiva als Herr des Tanzes den Rhythmus der Welten. »Shiva ist also der Tänzer schlechthin – der König des Tanzes: Nataraja«, schreibt J. Herbert in seinem Essay über die Mythologien der Inder:

Shiva, der Meister aller Magier, tötet einen Dämon: d. h. durch die Macht seiner Magie gelingt es ihm, eine starr gewordene Vorstellung, von der Menschen regelrecht besessen sein können wie von einem Dämon, zu zerstören

»Und häufig wird er als solcher dargestellt, in einer Pose vollkommener Harmonie, inmitten eines großen Kranzes, an dem zahlreiche Flämmchen abwechselnd aufleuchten und verlöschen. So erscheinen und verschwinden die Welten. Unter seinen Füßen kauernd, bietet sich Tripurasura, der Dämon der drei Städte, der drei Welten, bereitwillig an, ihm als Fußschemel zu dienen. Und Shiva benutzt ihn als solchen, denn dieses dreifache Universum ist der Grund des Tanzes.«

(Der Glaube, die Welt durch rituelles Tanzen zu erschaffen, liegt heute noch den einmal im Jahr – Tage und Nächte andauernden – kultischen Tänzen der nordamerikanischen Hopi-Indianer zugrunde.) Was Shivas Sicht als Magier, also als Meister im Schaffen der Illusion, die die Realität ist, vor allem anderen auszeichnet, ist der Gedanke, daß er, abweichend von der europäischen Sicht, die beiden Aspekte der Magie – weiße und schwarze – in sich vereinigt, um sie in der Erschaffung des ›wunderbaren Neuen‹ immer wieder zur Synthese zu bringen.

Literatur

Ananda K. Coomaraswamy: The Dance of Shiva, New York 1957
J. Herbert: Die Mythologien der Inder, in: *Pierre Grimal* (Hrsg.), Mythen der Völker, Frankfurt/Main 1967

Zoroaster: Ewiger Kampf von Licht und Finsternis

In dem Augenblick, als Zoroaster (auch Zarathustra genannt) die Welt erblickte, sagte eine Stimme in ihm »Diese Welt ist schön!«, und eine andere Stimme sagte fast im gleichen Moment: »Diese Welt ist häßlich!«

Zoroaster soll diesen Streit in seinem Inneren zum Anlaß genommen haben, pausenlos zu lachen. Und seine beiden Gehirnhälften sollen sich so erregt haben, daß (wie Francis Barrett aus alten Quellen berichtet) »das Pochen seines Gehirns so stark wurde, daß Hände, die gegen seinen Kopf gelegt wurden, einen Schlag erhielten(!)«.

Nachdem Zoroaster Jahrzehnte erst – Joghurt essend – in der Wüste, dann auf einem Berg in Einsamkeit verbracht hatte, erschien er in Flammen gehüllt vor dem persischen König und dessen Hofstaat und verkündete seine Lehre von der dualistischen Beschaffenheit der Welt:

Ahura Mazda, der Herrscher des Lichts, das höchste Wesen, der Schöpfer der kosmischen Ordnung, steht in einem ewigen Kampf mit Ahriman, dem bösen Geist, dem Herrscher der Finsternis, dem alles Zerstörenden.

Beide Prinzipien haben die Fähigkeit, sich schöpferisch zu offenbaren. Beide sind nicht erschaffene Wesen und existieren seit Ewigkeiten für alle Ewigkeiten.

Aus der Tatsache, daß die Perser die Sonne als Ahura Mazdas Auge ansahen, folgt nicht – wie oft fälschlich behauptet wurde – daß die Perser Feueranbeter gewesen sind: Die Sonne

Der König tötet ein Einhorn: Symbol des ewigen Kampfes zwischen Licht und Finsternis, Gut und Böse, Leib und Seele

und das zu Ehren Ahura Mazdas bei Gottesdiensten entzündete Feuer galten nur als ein Symbol für die Wahrheit, die durch den höchsten Gott repräsentiert wird.

Während Ahura Mazda in all seinen Zügen Varuna, dem höchsten Gott der indischen Veden, ähnelt, läßt sich Ahriman unschwer in Ahi, der alten, rachelüsternen Schlange der vedischen Berichte, wiederfinden.

In dem Umfang wie sich Zoroaster auf uralte indische Mythen, z. B. auch in bezug auf die Ausarbeitung eines 12000 Jahre dauernden Weltzyklus, bezieht, haben auch das Judentum (insbesondere in zeremoniell-kultischen Bereichen) und das Christentum größere Anleihen bei ihm genommen.

Antike Autoren setzen Zoroaster daher zum Teil gleich mit Moses und/oder dem Propheten Ezechiel.

Die Messiasprophezeiung der persischen Religion von einem, von einer Jungfrau zu gebärenden Messias, der am Ende der Welt die Toten wiederauferstehen läßt, wurde gänzlich in die christliche Mythologie eingearbeitet.

Einflüsse der Lehren des Zoroaster finden sich besonders auch im Mithraskult, der sich zur Zeit des Römischen Reiches über Vorderasien bis hin zu uns verbreitete, und in der Religion des Mani (300 n. Chr.).

Details des persischen Kultes – bei dem kleine Kuchen, heiliges Fleisch und der Saft der psychoaktiven Haoma-Pflanze (das heilige Soma der Inder) gereicht wurden – lassen auf einen letztlich doch ekstatisch – schamanistischen Hintergrund der Zoroastrischen Lehre schließen.

Eines der vielen angeblichen Gräber des Zoroaster (Feuertempel des 5. Jhs. v. Chr. bei Persepolis)

Von den insgesamt 21 Büchern des Zoroaster sind allerdings nur noch Überreste vorhanden – über die Jahrtausende bewahrt von den in Ostindien beheimateten Priestern der Parsen und gesammelt im Zendavesta, der heiligen Schrift.

Der älteste Teil des Zendavesta enthält in den fünf Gathas oder Liedern allerdings noch den Kern der von Zoroaster verkündeten Lehre.

In der späteren Epoche des Parsismus (500 n. Chr.) reformierten verschiedene Sektenführer die Lehre des Zoroaster dahingehend, daß sie den Gegensatz zwischen den beiden polaren Kräften in einer höheren Einheit (Zeit, Raum, Schicksal als dem allem zugrundeliegenden Urprinzip) aufzulösen versuchten.

Zeitlich datiert wurde Zoroaster äußerst unterschiedlich: nach einer Quelle auf 6000 Jahre vor der Zeitrechnung, nach einer anderen auf nur ungefähr 600 Jahre vor der Zeitrechnung. Berichte und Sagen sprechen sogar von fünf – zu verschiedenen Zeiten und an verschiedenen Orten – auftauchenden ›Zoroastern‹. Pythagoras will auf seinen Wanderungen einen von ihnen getroffen haben.

Zoroaster, der ›goldene Glanz‹, wie ihn die Griechen in seinem Namen nennen, wird sicher auch Pythagoras wieder in das höchste, ihm schon bei seiner Geburt offenbar gewordene Geheimnis der Welt eingeweiht haben, dessenthalben ihn auch seine engsten Schüler, die *Magi*, als den Sohn Gottes und den Sohn der Weisheit und Wahrheit genannt haben:

Geflügelte Sonnenscheibe als Symbol für Ahura Mazda (Relief an einem persischen Felsengrab um 520 v. Chr.)

»Und ich will reden *von den beiden Geistern im Anbeginn des Lebens,* von denen der Heilige also sprach zum Argen: Nicht werden unsere beiderseitigen Gedanken noch Lehren, noch Erkenntnisse, noch Bekenntnisse, noch Worte, noch Werke, noch Gewissen, noch Seelen zusammenstimmen«.

Moses: Bewußtseinsalchimische Experimente in der Wüste

Der Mann, den die Juden Moses (das ist der aus dem Wasser Gezogene) nennen, war nach dem ägyptischen Oberpriester und Historiker Manethon (um 300 v. Chr.) ein Priester des Osiris und hieß bei den Ägyptern Osarsiph. Nach dieser, auch in bezug auf andere Daten meistens zuverlässigen Quelle war Moses der Sohn der königlichen Prinzessin Thermutis, der Schwester des Pharaos Ramses II., deren Name von einer der Göttin Isis heiligen Natter herrührt.

Die jüdischen Überlieferungen sehen dagegen in Moses den Sohn des Amram und der Jachbed vom Stamme der Leviten, einer Priesterkaste, die sich einst um einen Schlangenkult kanaitischen Ursprungs formiert hatte.

Da zu der Zeit der Geburt des Moses nach einem angeblichen Gebot des Pharao alle neugeborenen Söhne der Juden ins Wasser geworfen werden mußten, machten seine Eltern »ein Kästlein von Rohr, verklebten es mit Erdharz und Pech, legten das Kind darein und legten ihn in das Schilf am Ufer des Wassers«, wo ihn (so die Erzählung im ›Zweiten Buch Moses‹ weiter) ›die Tochter Pharaos‹, die an dieser Stelle baden wollte, fand und ihn als ihren Sohn aufziehen ließ.

Vielleicht liegt die Wahrheit in der Mitte: Die Geschichte von dem auf dem Wasser treibenden und ›zufällig‹ gefundenen Findling sollte eventuell nur eine ägyptisch-jüdische Lovestory hoffähiger machen...

Auch spätere, antike Historiker wie die Griechen Strabo (um die Zeitenwende lebend) oder Clemens-Alexandrinus (um 200 n. Chr. lebend) bestätigen ebenfalls aus ägyptischen Quellen, daß Moses – entsprechend seinem ho-

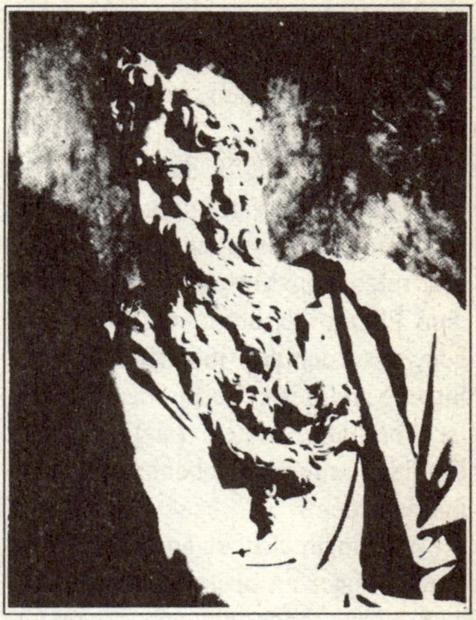

Pietro Francavilla: Moses

Ercole Grandi: Der Auszug aus Ägypten

hen Rang – tief in die geheimen Wissenschaften des alten Ägypten eingeweiht war.

Als Moses – nach der Sage als achtzigjähriger Mann – vor den Pharao trat, um das jüdische Volk aus der Knechtschaft zu befreien und nach Palästina zu führen, soll er den widerstrebenden Pharao durch die Macht der von ihm ausgeübten Magie schließlich zum Einverständnis gezwungen haben.

Der von Moses bei all seinen magischen Operationen als auslösendes Mittel benutzte ›Schlangen-Stab‹, dem später bei den Juden kultische Verehrung zukam, gibt einen weiteren Hinweis auf Moses' wahrscheinliche Ausbildung als ägyptischer Priester, gehörte doch der Schlangenstab zusammen mit dem Leopardenfell zur damals üblichen kultischen Ausrüstung eines Oberpriesters des Osiris.

Ob die in der Bibel geschilderten Wuntertaten Moses' wörtlich genommen werden können, ist schwer entscheidbar.

Vieles spricht z. B. dafür, die in der Bibel als zeitlich getrennt geschilderten Vorgänge im Zusammenhang mit dem Auftreten von Moses und Aaron vor dem Pharao als Stationen einer einzigen, ausgedehnten intensiv-magischen Sitzung zu interpretieren, deren einzelne Abschnitte später von Erzähler zu Erzähler immer märchenhafter ausgemalt wurden.

(Was ein im ›Schlangenzauber‹ erfahrener Magier an beeindruckenden Bewußtseinsveränderungen in seinem Gegenüber – ohne Drogen oder einen direkten physischen Kontakt einzusetzen – zu bewirken vermag, zeigt ein Vorfall,

La Lyre: Moses

der von Rom Landau in seinem Buch ›God is my Adventure‹ berichtet wird: danach soll Gurdjieff in einem Restaurant durch eine von ihm nebenbei praktizierte Atemtechnik einer am Nebentisch sitzenden fremden amerikanischen Schriftstellerin, die ihm zufällig in die Augen blickte, zu einem plötzlichen und unerwarteten Orgasmus verholfen haben!)

Als Moses mit dem Pharao zusammentraf, kam er – wie die Bibel weiß – vom Sinai, wo er Jahrzehnte bei dem Nomadenvolk des Priesterfürsten Jethro verbracht hatte, dessen ›dunkelfarbige‹ Tochter Zippora (die Bibel bezeichnet sie als Mohrin) er geheiratet hatte.

In dieser Zeit mag Moses seine magischen Fähigkeiten im Austausch mit Jethro und Zippora vervollkommnet und geübt haben. Denn wohl nicht umsonst führte Moses Zusammensein mit Zippora später zu heftigen Auseinandersetzungen mit Moses ebenfalls zauberkundigem Bruder Aaron und dessen Frau Mirjam.

Moses herausragende Tat aber bestand darin, die Juden, nachdem er sie aus Ägypten geführt hatte, im Schmelztiegel der Wüste in einem Zeitraum von einigen Jahren – die Bibel gibt 40 Jahre an, andere Quellen halten höchstens drei Jahre für realistisch – zu dem gemacht zu haben, was sie heute noch immer für sich reklamieren: nämlich ein auserwähltes Volk zu sein!

Moses baute den von Abraham zuerst verbreiteten Gedanken der Existenz eines einzigen Gottes konsequent weiter aus.

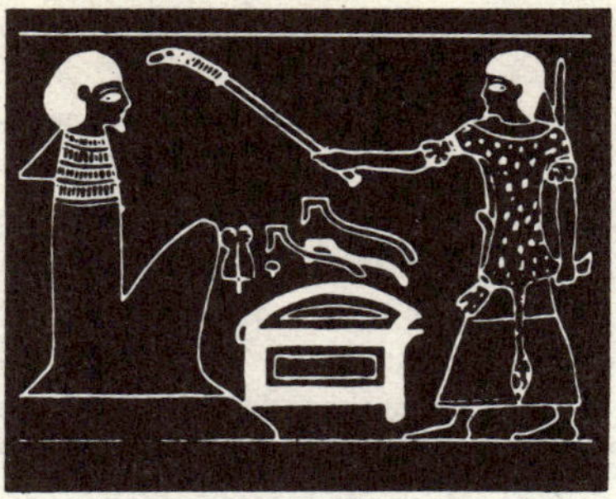

Ein Oberpriester des Osiris, mit Schlangenstab und Leopardenfell, bei einem ›Dritte-Auge‹-Ritual

Die von ihm gestiftete Religion verwob Moses über eine Reihe von Geboten, Vorschriften und Anweisungen so sehr mit praktischen und sozialen Gegebenheiten, daß seine Lehren in totaler Weise fast für den gesamten Alltag zum Gesetz wurden.

Die Jahre in der Wüste verwandte Moses offenbar auch dazu, eine bestimmte genetische Zusammensetzung innerhalb des Volksganzen zu erzwingen, teilte er doch die Juden neu in Stämme, Geschlechter und Familien. Übrigens nicht ohne die bevorzugte Stellung seines Stammes, als Priester, bekräftigt zu haben.

Die etwas dunkle Stelle in der Bibel, wonach alle Männer, die beim Auszug aus Ägypten im Mannesalter waren, in der Wüste starben, ist wahrscheinlich symbolisch in dem Sinne zu verstehen, daß Moses ihnen ihr altes Ich nahm und sie mit einem neuen Wissen von ihrer Identität und ihrem Wesen als Juden erfüllte.

Auch die berühmte Stelle in der biblischen Erzählung, wo Moses – wieder mit seinem Schlangenstab – Wasser aus dem Felsen schlägt, dürfte mehr dahingehend zu verstehen sein, daß Moses seiner nach ›wahrer‹ Erkenntnis dürstenden Gefolgschaft die Quelle eines anderen, tieferen Wissens erschlossen hat. Bezeichnenderweise wenig bekannt ist heute, daß Moses die Juden – neben der Anweisung zur Verfertigung von allerlei kultischen Gerätschaften – auch zur Verfertigung und Aufstellung einer bronzenen Schlange animierte. Dieses ›Ärgernis‹ wurde zwei Jahrhunderte später von rechtgläubigen Juden wieder aus dem Tempel entfernt.

Als Moses starb, hinterließ er den Juden, mit dem Glauben und dem Kult

Moses schlägt mit dem Schlangenstab des Aaron Wasser aus dem Felsen. Von der tieferen Symbolik her handelt es sich hier um ein Sinnbild für die nach dem ›Wasser der wahren Erkenntnis‹ dürstenden Adepten (aus: ›Les mystères de la science‹, 1893)

um Jehova, ein Denkmal seiner selbst: das Bild eines oft ungerechten und zuweilen irrational-zornigen, mitunter weisen, immer aber machtvollen und starken Patriarchen.

Das – bei nüchterner Betrachtung – fast Unglaubliche geschah: die von Moses bei seinen zahlreichen Entrückungen zu ›Gott‹ in sich geschauten Formen und Strukturen wurden aus Moses Mund zu so mächtigen Zauberformeln, daß noch dreieinhalbtausend Jahre später Menschen ihre gesamte Realität nicht nur theoretisch, sondern auch praktisch aus diesen Überlieferungen ableiten und in die Wirklichkeit umsetzen.

Schon in der Antike tauchten angeblich von Moses geschriebene heilige Bücher mit magischen Inhalten auf, die schon damals weite Verbreitung gefunden haben sollen. So verwahrt das Reichsmuseum in Leyden ein Papyrusbuch des zweiten Jahrhunderts vor Christi, das ein angeblich achtes und zehntes Buch des Moses enthält.

Besonders genährt wurde der Gedanke an weitere, über die fünf Bücher Moses im Alten Testament hinausgehende durch die Überlegung, den ersten

Moses und Aaron vollführen das Schlangenwunder vor dem Pharao (Zeichnung nach Schnorr von Carolsfeld)

fünf mit eher historischen Inhalten müßten fünf weitere, das geheime Wissen des Moses enthaltene Bücher entsprechen.

Im Volksglauben des Mittelalters bildete sich die Legende, diese magischen Geheimbücher des Moses seien von der Kirche in den offiziellen Bibelausgaben unterdrückt worden und befänden sich – an Ketten gelegt und zudem gut bewacht – in den Bibliotheken bestimmter Klöster.

Obwohl die unter dem Namen des Moses vor allem im vorigen Jahrhundert gedruckten ›Sechsten und Siebten Bücher Mosis‹ oft nur schwachsinnigen Unsinn enthalten und oft auch noch die Käufer des Buches verspotteten, tat dies der fast reliquienartigen Verehrung beim einfachen Volk keinen Abbruch: Der Besitz allein gab angeblich schon Zaubermacht und magischen Schutz, weswegen es die Bauern gern unter den Türschwellen von Wohnungen und Ställen vergruben oder unter dem Dach einmauerten.

Literatur

Das Alte Testament: 1. bis 5. Buch Mose (nach der deutschen Übersetzung Martin Luthers), Luzern 1964

Das Sechste und Siebente Buch Mosis, sein wahrer Wert und was das Volk darin sucht (Einleitung Wolfgang Bauer), Berlin 1979, Nachdruck der Ausgabe des Buchversands Gutenberg von 1930. (Enthält auch das zuerst 1849 in der Edition des Stuttgarter Antiquars Scheible erschienene Beschwörungsbuch nach einer alten Handschrift.)

Johannes Kruse: Hexen unter uns, Glückstadt 1951

Salomo:
Es gibt nichts Neues unter der Sonne

Salomo (993–953 v. Chr.) als Sohn der Bathseba und des Königs David dessen Nachfolger auf dem Thron von Israel, setzte dem im Kern strengen und puritanischen Patriarchalismus des Moses und seiner Nachfolger die ganze Prachtentfaltung und den Sinnengenuß eines lebensfrohen Orientalen entgegen.

Durch Hieraten mit den Töchtern fremder Fürsten – er nahm z. B. die Tochter des Pharao zur Frau – sicherte er seine Grenzen erfolgreich und zeigte hier schon ein Beispiel der ihm zugesprochenen ›sprichwörtlichen‹ Weisheit. Ganz offensichtlich hatte Salomo, dem die Bibel den Umgang mit siebenhundert Frauen und dreihundert Konkubinen zuschreibt, mehr Freude an der anregenden Nähe vieler Frauen als an der entbehrungsreichen Führung von Feldzügen und Kriegen.

Salomo, der ›Friedliche‹

Eine Haltung, die ihm, den die Nachwelt ›den Friedlichen‹ nannte, nicht von allen Referenten seiner Lebens-

Zwei magische Hexagramme von Eliphas Levi, den Makrokosmos symbolisierend

geschichte honoriert wurde. Z. B. schreibt das Meyer'sche Konversationslexikon von 1890 über diesen pazifistischen Grundzug des Königs enttäuscht und vorwurfsvoll: »Weichlichem, luxuriösem Leben hingegeben, scheute Salomo den Krieg dermaßen, daß er sich (in den 40 Jahren seiner Regierung) seines stattlichen Heers kaum jemals bediente.«

Seine Weisheit stammte wenig aus Büchern, sie war mehr die Folge einer Versenkung in das Spiel der Welt, vor allem in der Teilhabe am erotischen Spiel der Geschlechter. Ein Weg zur Weisheit, den die Inder seit altersher bezeichnenderweise »den kurzen Pfad zur Erleuchtung« nennen.

In aller Munde brachte ihn der Bau des großen Tempels auf dem Berg Moria und die Errichtung eines herrlichen Palastes auf dem Berg Zion. Salomo förderte aber auch die Künste: so ließ er ›Harfen und Psalter‹ für die Sänger machen.

Seine tiefe Beschäftigung mit den geheimen Überlieferungen vieler Völker trug ihm in der damaligen Welt noch zu Lebzeiten den Ruf eines großen Magiers und Weisen ein (und im Volksglauben der Araber ist er es heute noch): »Und es kamen aus allen Völkern, zu hören die Weisheit Salomos, von allen Königen auf Erden, die von seiner Weisheit gehört hatten... und alle Welt begehrte Salomo zu sehen, daß sie die Weisheit hörten, die ihm Gott in sein Herz gegeben hatte«, geben sogar die Schreiber des biblischen ›Buches der Könige‹ zu, die, wegen der ›vielen ausländischen Frauen, die der König liebte‹ und denen er gestattete, ihre Götter auf ihre Weise zu ehren, in ihrem Bericht nicht sonderlich gut auf Salomo zu sprechen sind:

»Und da er nun alt war, neigten seine Weiber sein Herz fremden Göttern nach, daß sein Herz nicht ganz war mit dem Herrn, seinem Gott, wie das Herz seines Vaters David.

Also wandelte Salomo Asthoreth, der Göttin derer von Sidon, nach und Milkom, dem Greuel (also dem Gott! W. B.) der Ammoniter.

Und Salomo tat, was dem Herrn übel gefiel, und folgte nicht gänzlich dem Herrn wie sein Vater David.

Da baute Salomo eine Höhe Kamos, dem Greuel der Moabiter, auf dem Berge, der vor Jerusalem liegt, und Moloch, dem Greuel der Ammoniter.

Also tat Salomo allen seinen ausländischen Weibern, die ihren Göttern räucherten und opferten.«

Sein Ruhm als weiser Magier lockte schließlich sogar die reiche und magiekundige Königin von Saba nach Jerusalem, die ihn wohl nicht nur allein – wie die Bibel schreibt – mit Rästeln versuchen wollte. Denn als sie »dem König hundertzwanzig Zentner Gold und sehr viel Spezerei und Edelgestein« gegeben hatte und »dazu die Schiffe Hirams, die Gold aus Ophir führten« und »sehr viel Sandelholz und Edelgestein brachten«, »gab der König Salomo der Königin von Arabien alles, was sie begehrte und bat!«

Seinen Zeitgenossen galt Salomo bald nicht mehr nur als ein König im Reich der Menschen, sondern auch als der Beherrscher der Geister, über die ihm – wie die Tradition berichtet – durch seinen magischen Ring Macht gegeben war.

In diesen geheimnisvollen Ring war ein Hexagramm eingeschnitten, das sogenannte ›Großsiegel Salomos‹, das auch heute noch in der Flagge des Staates Israel erscheint.

Das Hexagramm symbolisiert – wie das chinesische Yin-Yang-Zeichen oder das christliche Kreuzzeichen das Verschmelzen und die Durchdringung von gegensätzlichen Kräften (z. B. Himmel – Erde, Geist – Materie, Zeit – Raum, Ich-Bewußtsein – Körper usw.). Kräfte, Prinzipien, die sich überhaupt erst durch das Finden und Spüren des anderen und im beidseitigen Aufeinandertreffen offenbaren: »Man stützt sich stets auf das, was widersteht«, sagt Eliphas Levi.

Literatur

Sergius Golowin: Die Legende vom weisen Salomo..., Bern 1964

Hermes Trismegistos: Was oben ist, ist wie das, was unten ist

Die Lehren des göttlichen Hermes Trismegistos sind es, die die Alchimisten des Mittelalters seit jeher als die entscheidende Quelle ihrer Inspiration nannten.

In der Gestalt des – wie die Griechen ihn bezeichnen – ›dreimal großen‹ Hermes fließen die Wesenheiten von mindestens zwei mediterranen Gottheiten zusammen: die des ägyptischen Gottes aller Zauberei, Thoth, und die des Be-

Hermes Trismegistos: Die Natur freut sich über die Natur, die Natur siegt über die Natur, die Natur herrscht über die Natur (Idealbild, aus: Jacques Boissard, ›De Divinatione et Magicis‹, Oppenheim o. J.)

gründers der Alchimie, des griechischen Gottes Hermes.

Thoth, der Lehrer der Göttin Isis, gilt als Erfinder des Maßes, der Zahl und der Musik und als Begründer der Sternkunde.

Er ist auch der Arzt, der die heilmächtigen Zauberformeln zur Heilung der Kranken besitzt.

Hermes, wörtlich ›der vom Steinhaufen‹, der Kenner und Hüter aller Wege (die in früheren Zeiten durch Steinanhäufungen gekennzeichnet waren), ist somit der Schutzgott der Wanderer und ›Sucher‹ in jedem Sinn, damit aber auch der Listige und der aller Schliche Kundige.

Als Sohn des Göttervaters Zeus und der Nymphe Maia besaß er an vielen Orten mit den Nymphen einen gemeinsamen Kult. Und in der Hermie, einem viereckigen, mit dem bärtigen Hermeskopf und einem Phallus geschmückten Pfeiler, wurde der Zaubergott schon seit uralten Zeiten von den Menschen verehrt.

Wen Hermes mit seinem Schlangenstab, dem Caduceus, berührte, der empfing von ihm Träume, Segen und Reichtum.

Nach Homer ist es Hermes, der überhaupt ›den Werken aller Menschen Anmut und Glanz verleiht‹.

»Die nach der Sage verlorengegangen geglaubten Bücher des Hermes Trismegistos sollen zuerst von dem Magier Appolonios von Tyana (im 1. Jahrhundert nach Christus lebend) wiederentdeckt worden sein; später dann gelangten sie auf geheimnisvolle Weise in die Hände des Priesterarztes Sergios von Ris-Aina, (6. Jahrhundert n. Chr.), der sie aus dem Altsyrischen in das Arabische übersetzte. Die Weise, wie Apollonius zu seinem Wissen gekommen ist, liest sich wie ein Stück einer in eine ferne Vergangenheit projizierter Fantasy-Fiction:

»Nun befand sich in meiner Heimat ein Standbild aus Stein auf einer Säule aus Gold, auf der geschrieben stand: ›Siehe, ich bin Hermes, der Dreifache an Weisheit; ich habe dieses Wunderzeichen offenkundig vor allen Augen hingestellt, aber dann durch meine Weisheit verhüllt, damit niemand dazu gelangt als ein Weiser gleich mir.‹ Auf der Brustseite des Standbilds aber war in der Ursprache geschrieben: ›Wer die Geheimnisse der Schöpfung und die Darstellung der Natur kennenlernen will, der sehe unter meinen Fuß.‹ Aber die Leute verstanden nicht, was er damit sagte, und pflegten unter seinen Fuß zu schauen, sahen aber nichts. Damals war ich noch schwach wegen meiner Jugend. Als ich aber meine Natur gekräftigt hatte, las ich, was auf der Brustseite der Bildsäule geschrieben war, dachte über das nach, was es besagte, und grub unter der Säule nach. Und siehe da, ich gelangte in eine unterirdische Kammer, gefüllt mit Finsternis, in die kein Strahl der Sonne eindrang, obgleich sie darüber stand, in der sich Winde erhoben und nicht aufhörten zu wehen. So fand ich wegen der Finsternis keine Möglichkeit, einzudringen, und es hielt mir auch kein Strahl eines Feuers (Lichts) darin stand wegen der Menge ihrer Winde. Da war ich machtlos und mein Kummer war heftig, der Schlaf überwältigte mich, während ich im Herzen besorgt war und über die Schwierigkeit nachdachte, in die ich geraten war. Da erschien mir ein Greis, ganz von meiner Form und Gestalt, und sprach zu mir: ›O, Balinus (= Apollonius), stehe auf und geh in diese Kammer hinein, damit du zu dem Wissen von den Geheimnissen der Schöpfung kommst und davon die Darstellung der Natur erreichst.‹ Ich antwortete: »Ich sehe nichts in ihrer Finsternis, und nicht

Wie der indische Gott Shiva wurde auch Hermes in phallischen Kultabbildungen verehrt

hält sich in ihr ein Strahl Feuers wegen der Menge der Winde.‹ Da sagte er zu mir: ›O, Balinus, setze dein Licht in ein durchsichtiges Gefäß aus Glas, durch das du den Wind von deinem Licht abhältst, so daß er es nicht ausbläst und du mit deinem Licht in der Finsternis Helle bekommst.‹ Da wurde mir wieder wohl ums Herz, ich wußte, daß ich mein Ziel erreicht hatte, und sagte: ›Wer bist du, der du mir diese Wohltat erwiesen hast?‹ Er antwortete: ›Ich bin dein vollkommenes, feines Wesen.‹ Da erwachte ich voller Freude, stellte ein Licht in ein Gefäß, wie mich mein Geistwesen geheißen hatte, und trat dann in die Kammer. Siehe, da fand ich einen Greis, der auf einem Thron aus Gold saß und in seiner Hand eine Tafel aus grünem Smaragd hielt, worauf geschrieben stand: ›Dies ist die Beschreibung der Natur‹. Und vor ihm befand sich ein Buch, darauf war geschrieben: ›Dies ist das Geheimnis der Schöpfung und das Wissen von den Ursachen der Dinge‹. Da nahm ich das Buch in aller Ruhe weg und verließ die Kammer. Ich lernte aus dem Buche die Geheimnisse der Schöpfung und erreichte die Darstellung der Natur und lernte das Wissen von den Ursachen der Dinge.

Mein Name wurde berühmt durch meine Weisheit, ich verfertigte Talismane und bewirkte die Wunder und bewirkte die Mischungen der vier Naturen, ihre Zusammensetzungen, Unterschiede und Bindungen.

Ich verfasse nun dieses Buch für diejenigen, die nach mir kommen, wie es auch für mich von denen verfaßt worden ist, die vor mir waren.«

Apollonius von Tyana rettet einen Jüngling vor der Heirat mit einer Lamie (Radierung des 19. Jahrhunderts)

Das Auffinden der unterirdischen, in totale Dunkelheit gehüllten Kammer, die Begegnung mit dem Greis ›ganz von der Form und Gestalt‹ des Erzählers, dürften allerdings eher im Sine eines Absteigens zum im tiefen Innern eines jeden Menschen verborgenen Wissens seiner Vorfahren zu verstehen sein als ein wirkliches Ereignis im Sinn der Erzählung.

Der Text, den Apollonios auf der smaragdenen Tafel »in den Händen der Mumie des Hermes« fand, wurde zu dem allem anderen übergeordneten Glaubensgrundsatz der Magier, Astrologen und Alchimisten späterer Jahrhunderte, nämlich dem Glauben, daß sich Makrokosmos und Mikrokosmos entsprechen:

Hermes befreit die Seele vermöge der Wunderkraft seines magischen Stabes aus dem Verlies der Materie

Wahr, wahr kein Zweifel darin, sicher, zuverlässig!

Siehe, das Oberste (kommt) vom Untersten, und das Unterste vom Obersten; ein Werk der Wunder von einem Einzigen. Wie die Dinge alle von diesem Grundstoff durch ein einziges Verfahren entstanden sind.

Sein Vater ist die Sonne, seine Mutter der Mond; der Wind hat ihn in seinem Bauch getragen, die Erde hat ihn ernährt.

(Er ist) der Vater der Zauberwerke, der Behüter der Wunder, vollkommen an Kräften; der Beleber der Lichter.

Ein Feuer, das zu Erde wird.

Nimm hinweg die Erde von dem Feuer, das Feine von dem Groben, mit Vorsicht und Kunst.

Und in ihm ist die Kraft des Obersten und des Untersten. So wirst Du zum Herrscher über das Oberste und das Unterste. Weil mit Dir ist das Licht der Lichter, darum flieht vor Dir die Finsternis.

Mit der Kraft der Kräfte wirst Du jegliches feine Ding bewältigen, wirst Du in jegliches grobe Ding eindringen.

Gemäß der Entstehung der großen Welt entsteht die kleine Welt, und das ist mein Ruhm.

Das ist die Entstehung der kleinen Welt, und danach verfahren die Gelehrten.

Und darum bin ich Hermes der Dreifache an Weisheit genannt worden.

(zitiert nach Frick)

Literatur

Julius Ruska: Tabula Smaragdine. Ein Beitrag zur Geschichte der Hermetischen Literatur, Heidelberg 1926

Der ägyptische Gott Thot gilt als der Erfinder des Maßes und der meßbaren Zeit

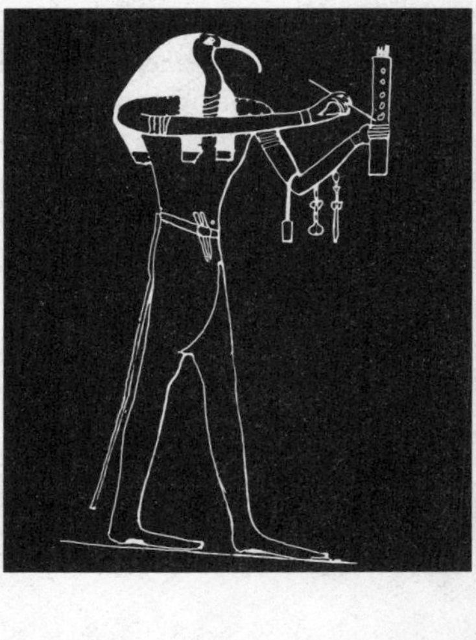

Pythagoras:
Weisheit von den Brahmanen

Die Lehren des Pythagoras lebten nur in mündlicher Überlieferung weiter: ob er selbst nichts geschrieben hat oder die Fragmente verloren gingen, darüber läßt sich heute nichts mehr sagen. Berichte über ihn lassen kaum mehr erkennen als den gigantischen Schatten einer machtvollen Persönlichkeit. Die Angaben über sein Alter sind nicht eindeutig, er soll einigen Quellen zufolge 80 Jahre, anderen nach aber 104 Jahre alt geworden sein. Seine Blütezeit, so wird allgemein berichtet, lag ungefähr um 540 v. Chr.

Pythagoras

Als Sohn eines Steinschneiders verbrachte er seine Jugend am Hofe des Polykrates auf Samos und reiste lange Zeit durch die Welt, ließ sich einweihen in die Mysterien der Griechen und der Barbaren und lernte in Indien bei den Brahmanen.

Vor allem aber verbrachte er einige Jahre in Ägypten, wo er in den Orden der ägyptischen Priester aufgenommen wurde. Als er nach Griechenland zurückkehrte, fand er seine Heimat so verstrickt in politische Wirren, daß er es vorzog, nach Unteritalien auszuwandern; dort gründete er einen Orden, auch Bund genannt, und lehrte, »die vollkommenste Frucht der Philosophie« sei die Erlösung aus dem Kreis der Geburten. Schon zu seinen Lebzeiten wurde er von seinen Jüngern als Gott verehrt; er sammelte in Unteritalien griechische Männer und Frauen um sich, die sich strengen Ordensregeln zu unterwerfen hatten. Morgens gleich nach dem Aufstehen hatten sie sich die Ereignisse des vorhergegangenen Tages zu vergegenwärtigen, zu prüfen, ob sie Recht oder Unrecht getan hatten und was an diesem Tag zu tun sei. Musik, Ringen, Laufen, Werfen, aber auch die Texte von Homer und Hesiod gehörten zu ihren täglichen Übungen. Sie speisten zusammen, enthielten sich aber des Fleischgenusses, sahen sie doch Tiere als beseelte Lebewesen an, die gleich den Menschen die Kette der Gestalten durchlaufen müssen. Ihr Ziel war es, die Wanderung ihrer Seele zu einem glücklichen Ende zu bringen. Es ist anzunehmen, daß der Bund der Pythagoreer eine sehr frühe, wenn nicht die früheste Form eines europäischen ›Klosters‹ darstellte.

Pythagoras selbst soll versichert haben, daß er sich erinnern könne, wer er früher gewesen sei. Seine erste Gestalt sei die eines Sohnes des Gottes Hermes

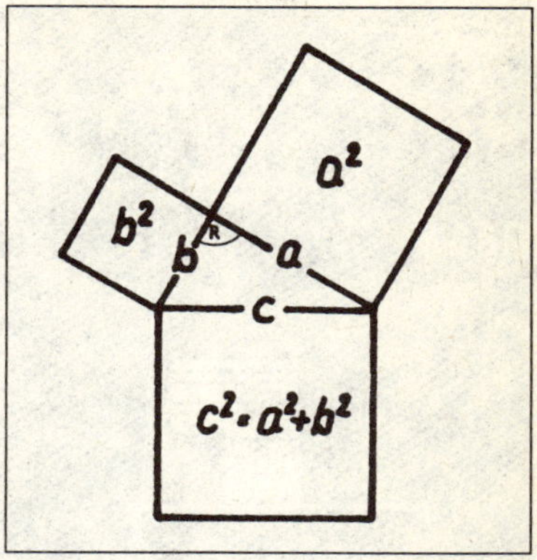

Der Lehrsatz des Pythagoras: Beschwörungsformeln für die Realität des Raumes

gewesen, danach habe er in einer anderen Gestalt als Held im trojanischen Krieg gekämpft und in seiner letzten Inkarnation als Fischer auf Delos gelebt. Eine der Wundertaten, die ihm zugeschrieben wird, weist verblüffende Ähnlichkeit mit einer der Wundertaten Jesu Christi auf, und wie so häufig, ist nicht mehr zu entscheiden, ob man Jesus die Wundertat eines anderen, in diesem Falle Pythagoras' zugesprochen hat oder ob man Pythagoras später die Tat Jesu unterschob. Berichtet wird jedenfalls, daß Pythagoras einmal zu Fischern am tarentischen Meerbusen gekommen sei, die kein Glück bei ihrem Fang gehabt hatten. Er habe sie geheißen, ihre Netze noch einmal auszuwerfen und ihnen auch die Zahl der Fische vorausgesagt, die sie in ihren Netzen haben würden. Die Voraussage sei eingetroffen, er aber habe ihnen befohlen, die Fische dem Meer wieder zurückzugeben, weil die Pythagoreer keine Fische aßen aufgrund ihrer Vorstellung der Seelenwanderung. Beim Zählen der Fische sei ihnen kein einziger Fisch verendet, so schreibt Porphyrios in seiner Geschichte des ›Lebens des Pythagoras‹.

Der Hauptlehrsatz des Pythagoras, so wie ihn seine Schüler überliefert hatten, besteht darin, den Gegensatz, die Dualität, als Weltprinzip, das alle Dinge regiert, anzunehmen. Die Pythagoreer suchten nach einem unkörperlichen Prinzip, das alle Dinge erklären könne, und fanden es in Zahlen, die zugleich sinnliche Bestimmungen wie abstrakte Denkbestimmungen sind. Vermutlich hat die Pythagoreische Zahlensymbolik ihren Ursprung in Ägypten. Die Einheit, die Eins oder auch Monas genannt, war ihnen das Symbol für einen hermaphroditischen Gott und die Form aller Dinge. Die Zwei, Dyas, stand bei ihnen für die Materie, das Erzeugende, Weibliche, die ägyptische Göttin Isis. Die Trias ist die Vereinigung von Monas und Dyas, von Form und Materie, von einem unendlichen Gott und der endlichen Materie. Das Körperliche habe außer der Drei keine Größe mehr, berichtet Aristoteles später über die Pythagoreische Lehre. Das All sei durch die Zahl Drei vollendet bestimmt, der Raum hat drei Dimensionen, die Zeit wird in Vergangenheit, Gegenwart und Zukunft begriffen, und alles, was Realität ist, ist der Trinität von Anfang, Mitte und Ende unterworfen. Der Anfang ist das Einfache, Einheitliche, die Eins, die Mitte ist sein Anderswerden, die Dyas, und das Ende, die Trias, die neue Einheit von Eins

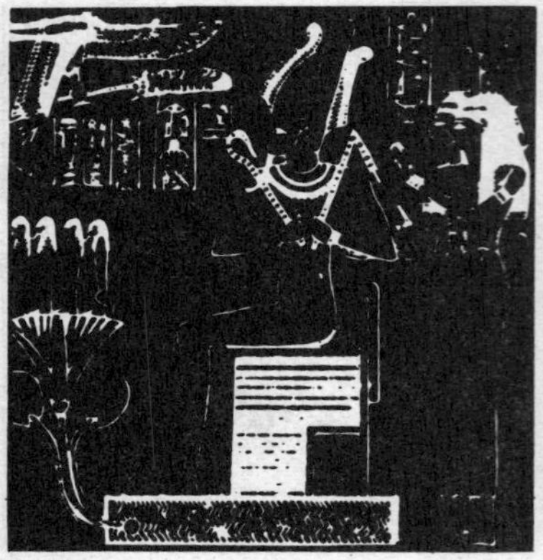

Zu verstehen, was sich hinter dem rätselhaften Tod und der wunderbaren Wiedergeburt des ›dunklen‹ Gottes Osiris verbirgt, war das Anliegen vieler ›Symbolforscher‹ der Antike – wie wohl auch des Pythagoras

(Der ägypt. Mondgott Khensu:) Als geweihter ägyptischer Priester konnte Pythagoras noch einmal in die Geheimnisse eines uralten, esoterischen Wissens Einblick nehmen

und Zwei. Die Vier oder Tetras stand bei den Pythagoreern in hohen Würden, nicht nur weil sie die Zahl der vier Elemente ist, sondern auch weil sie eine noch vollendetere Einheit als die Drei darstellte: als Verdopplung der Zwei, des Gegensatzes, der sich in der Vier aufhebt. Zu erwähnen ist noch die Zehn, die Summe der ersten vier Zahlen, unter der die Pythagoreer zehn Gegensatzpaare faßten, auf die sich die ganze Welt, ihrer Überzeugung nach, zurückführen ließ.

Die Einsicht, daß sich die Welt in und aus Gegensätzen entwickelt, wurde für die europäische Geschichte allerdings weniger bedeutungsvoll als das Prinzip der Trinität, das vom Christentum aufgefaßt zu einem der zentralsten Glaubensdogmen gemacht wurde. Die Eins als absolute Einheit Gottes steht der Zwei als Gottes Sohn, dem endlichen Menschen, gegenüber und wird im Heiligen Geist, der Drei, wieder zusammengefaßt und zu einer neuen, übergreifenden Einheit gebracht.

Im Gegensatz zu den Pythagoreern aber merzte die christlich-katholische Lehre die Zwei in ihrer Bedeutung als das Erzeugende, Weibliche aus und hält bis auf den heutigen Tag das weibliche Geschlecht für nicht würdig, die Weihen als Priester zu empfangen oder bei der Messe als Ministrantin zu assistieren.

Heraklit: Alles ist Werden

»Alles fließt, nichts besteht, noch bleibt es je dasselbe.« Dieser Satz des griechischen Philosophen Heraklit (535–475 v. Chr.) sollte zweitausend Jahre später Goethe zu einem Gedicht inspirieren, überschrieben ›Dauer im Wechsel‹, das folgende Zeile enthält: »Ach! und im denselben Flusse schwimmst du nicht zum zweitenmal.«

Der Fluß nämlich wird indessen weitergeflossen sein und der Mensch sich verändert haben.

Heraklit, dem dieser Gedanke nachgesagt wird, war der Sohn der vornehmsten Familie in Ephesus, in der das königliche Amt des Opferpriesters der Demeter vererbt wurde. Er selbst aber legte sein Priesteramt nieder, entsagte der Politik, in die er sich einige Zeit mit

Heraklit

Erfolg gemischt hatte, und lehnte selbst das Angebot eines Königs, an dessen Hof zu kommen, ab. Statt dessen zog er sich in die Einsamkeit des Artemistempels zurück, wurde in den Augen der Leute ein verschrobener Mensch und, so wird ihm nachgesagt, das einzig Vergnügliche für ihn sei gewesen, mit Kindern zu spielen. Kinder waren ihm das Symbol des Werdens, des Fließens:

»Die Zeit (Aion) ist ein spielendes, Brettsteine setzendes Kind; ein Kind ist König.«

Die Zeit war für Heraklit die einzige Dimension, die im unaufhörlichen Wechsel der Geschehnisse, Naturprozesse und Gestalten als einziges Prinzip von ewiger Dauer war.

Die einzelnen Erscheinungen waren zweifelhaft und unbeständig, und »die schönste Welt« war ihm »wie ein planlos aufgeschütteter Kehrichthaufen«. Diese scheinbare Mißachtung der einzelnen Gestalten brachte Heraklit den Haß seiner Zeitgenossen ein; er selbst sah auf die Menge herab als ›Pöbelschmäher‹: »Die Menschen aber sind sich so wenig bewußt, was sie wachend tun, als sie ein Bewußtsein davon haben, was sie im Schlafe tun.« Der Krieg, so sagt Heraklit, »ist der Vater aller Dinge, der König von allem: die einen erweist er als Götter, die anderen als Menschen; die einen macht er zu Sklaven, die anderen zu Freien«.

Der Mensch ist für Heraklit Teil dieses unendlichen Prozesses, in dem »das Sein nicht mehr ist als das Nicht-Sein«, Sein oder Nicht-Sein dasselbe sind, und nur die Bewegung bleibt. Alles ist im Werden; dies Werden ist das große Prinzip. Die materielle Entsprechung der Zeit ist das Feuer, in dem anderes vergeht und das selbst in sich vergeht. »Diese Welt, dieselbe für alles, hat weder ein Gott noch ein Mensch erschaffen, sondern sie war immer und ist und wird sein ewig lebendes Feuer, das periodisch aufflammt und erlischt.« Aus dem einen Urfeuer geht durch Zwiespalt, durch den Krieg als Vater aller

Dinge, jedes Ding hervor, Heraklit nennt das den Weg hinab, und durch das Erstarren, das Sterben des einzelnen geht jedes Ding wieder in der Einheit des Urfeuers auf; das ist für Heraklit der Weg hinauf. Beide aber sind gleich wichtig: »Der Weg aufwärts und abwärts ist ein und derselbe.« Die Seele des Menschen erkärt Heraklit als »einen Funken von der Substanz der Gestirne«, die ihm gleichbedeutend sind mit

Heraklit verzichtete auf das Amt eines Opferpriesters der Demeter und wurde zu einem glühenden Verehrer der Göttin Artemis, der ›Diana von Ephesus‹

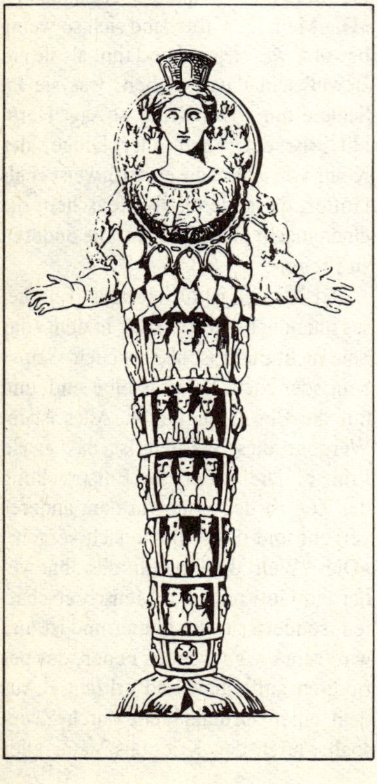

dem ätherischen Feuer, und wenn nach dem Tod der Körper des Menschen verbrannt ist, kehrt sie im ›Weg hinauf‹ in das Allfeuer zurück. So sind Götter und Menschen für Heraklit nicht aus grundsätzlich verschiedenem Stoff gemacht: »Die Menschen sind sterbliche Götter und die Götter unsterbliche Menschen, lebend jener im Tod und sterbend jener im Leben.« (»Der Tod der Götter ist das Leben, Sterben das Leben der Götter«, fügt Hegel in seiner Philosophiegeschichte als Interpretation diesem Satz bei.)

Dem Menschen rät Heraklit sich zu beugen in und vor dem unendlichen Prozeß des Werdens, in dem nichts Bestand hat außer dem Wechsel, um so die Heiterkeit der Seele zu gewinnen, die sein höchstes Glück ist.

Empedokles: Überwinder des Todes, Prophet der Liebe

Empedokles, ein Zauberer, Wundermann, Arzt, Priester und, wie der Franzose Ernest Renan später sagen wird, eine Mischung aus Cagliostro und Newton, lebte von 495 bis 435 v. Chr. in Südsizilien, geachtet und verehrt von seinen Mitbürgern.

In der Politik kämpfte er auf der Seite der Volkspartei und, als ihm die Krone angeboten wurde, lehnte er diese ganz entschieden ab.

Nach Höherem stand sein Sinn: »O Freunde, die ihr die große Burg am gelben Akragas bewohnet, in trefflichen Werken euch übend, seid gegrüßt! Ich bin euch ein unsterblicher Gott und kein sterblicher Mensch mehr. Ich gehe umher von allen geehrt, von

Empedokles

Diademen bekränzt und grünenden Kronen. Wenn ich in blühende Städte komme, werde ich ebenso von Männern und Weibern geehrt. Es folgen mir Tausende, fragend, welches der Weg zum Heil sei; andere bedürfen der Weissagungen, andere mannigfaltiger Krankheiten heilende Rede erkundend. Aber was halte ich darauf, als ob ich etwas Großes tue, daß ich so unter den sterblichen verderbenden Menschen verweile.« Empedokles, so wird berichtet, zog im Purpurgewande, mit Siegerbinden und Kränzen geschmückt von Stadt zu Stadt, heilte, überwand den Tod, erweckte Kranke, die scheintot lange Zeit im Starrkrampf gelegen hatten, und bekämpfte Epidemien dadurch, daß er den Bau einer Kanalisierung in einer sumpfigen Gegend anordnete.

Während bei Heraklit sich alles in immerwährender Veränderung befand, sind bei Empedokles *zwei* Prinzipien am Werk: das der Trennung und das der Vereinigung. Hatte Heraklit die Trennung, den Krieg, als Vater aller Dinge bezeichnet, so setzt Empedokles die Vereinigung, die Liebe, als zweites und zugleich höheres Prinzip dazu: »Wenn der Streit in die unterste Tiefe des Strudels gekommen und die Liebe in die Mitte des Wirbels gelangt ist, dann vereinigt sich in ihr all dieses zu einem einzigen Gebilde, nicht auf einmal freilich, sondern das eine kommt von hier und das andere von dort her willig zusammen. Wie sich die Dinge nun so vereinten, begann der Streit an das äußerste Ende zu entweichen! »Der Streit findet statt zwischen vier Elementen: Feuer, Wasser, Luft« und, wie Aristoteles bemerkt, ist Empedokles der erste griechische Philosoph, der das Element Erde zu den ersten dreien hinzufügt. Diese sogenannte Vier-Elementen-Lehre bleibt unbestritten bis ins 18. Jahrhundert das Grundprinzip der Chemie bis Lavoisier eine neue Einteilung der Elemente findet. Obwohl die Vereinigung der Elemente über ihrer Trennung steht, so ist doch die »Trennung ebenso notwendig wie die Vereinigung«, gibt es doch »überhaupt keine Einigung ohne Trennung, keine Trennung ohne Einigung.«

Aus der Einsicht, daß der Weltenprozeß nichts weiter ist als sich in ewigen Rhythmen abwechselnde Mischungs- und Entmischungsformen, folgert Empedokles, daß in der Welt nichts entsteht und nichts vergeht, eine Erkenntnis, die im 19. Jahrhundert unter dem Namen des allgemeinen Energieerhaltungssatz bestätigt wird, nämlich, daß Energie weder aus dem Nichts entstehen könne, es also kein Perpetuum mobile geben könne, noch daß sie spurlos verschwinden könne, sondern daß alle Veränderungsprozesse Energieumwandlungsformen seien. Empedokles, der seine Philosophie in Gedichten niederlegt, drückt das so aus: »Weiter will ich dir sagen: nicht gibt es bei irdischen Dingen ein Entstehen noch ein Vergehen in verderblichem Tode, sondern Verbindung und Scheidung nur der verbundenen Stoffe gibt es: Entstehung ist nichts als ein Wort, den Menschen geläufig. Freilich, sie nennen es Werden, sooft aus dem Stoffe Verbindung etwas ans Licht tritt, sei es Mensch oder sei's von der wilden Tiere Geschlecht, sei's Vogel, sei's Pflanze; und wenn sie sich scheiden, alsdann reden sie wieder von unglückseliger Vernichtung. Unrecht tun sie damit, doch auch ich folge ihrem Brauche. Toren sind es, zu kurz an Geist und Gedanken geraten, so da vermeinen, was früher nicht war, das könne entstehen, oder, was ist, dem Tod und Untergang völlig verfallen. Nimmermehr kann ja dem, was nicht ist, etwas entstehen; und das vergehe, was ist, ist unerhört und unmöglich. Denn es wird immerdar sein an der ihm angewiesenen Stelle.« Wer aber das Prinzip der fortwährenden Trennung und Einigung der Elemente begriffen hat, der kann diese Mischungsprozesse beeinflussen. Seinem Jünger Pausanias verspricht Empedokles: »Kennenlernen wirst du alle Heilmittel, soviel es gibt als Abwehr gegen Krankheit und Alter, denn für dich allein werde ich dies alles erfüllen. Zur Ruhe bringen wirst du der unermüdlichen Winde Gewalt, die sich auf die Erde niederstürzen und mit ihrem Wehen die Saaten ausdörren. Und umgekehrt wirst du, wenn du willst, die Winde herbeiführen, die den Schaden wiedergutmachen. Machen wirst du aus dunklen Regenschauern den Menschen förderliche Trockenheit, machen aber auch aus sommerlicher Dürre baumernährendes strömendes Naß, das dem Himmel entströmt; und aus dem Hades wirst du wieder heraufführen gestorbenen Mannes Kraft.«

Wie die Orphiker, eine Sekte, die im 6. Jahrhundert v. Chr. aus Indien nach Griechenland eingewandert sein soll und orgiastische Dionysoskulte feierte, glaubte auch Empedokles an die Seelenwanderung. Der Körper sei das Gefängnis der Seele, lehrten die Orphiker, und Empedokles sah sein Schicksal auf dieser Welt wie folgt:

»Es gibt einen Spruch des Schicksals, einen alten, in alle Ewigkeit geltenden Beschluß der Götter, der mit breitem Eidschwüren versiegelt ist: Wenn jemand in seinem Frevel seine Hand mit Mordblut befleckt und wer, vom Streite verführt, einen Meineid schwört, aus der Zahl der Dämonen, denen ein langes Leben zu Teil geworden ist – alle die müssen dreimal zehntausend Jahre fern von den Seligen umherirren, indem sie im Laufe der Zeit allerlei Gestalten sterblicher Wesen annehmen und des Lebens mühselige Pfade wechseln. Denn der Lüfte Gewalt verjagt sie zum

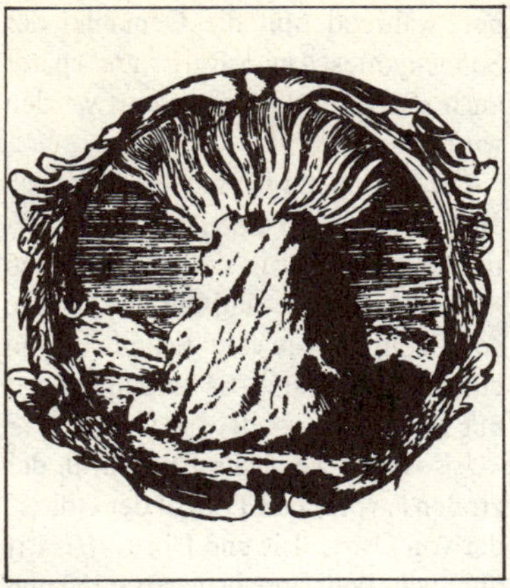

Empedokles: Wiedervereinigung mit dem Feuer des Ätna?

Meere, aber das Meer speit sie aus auf das Land, das Land zu den Strahlen der leuchtenden Sonne; die aber wirft sie in den Wirbel der Lüfte.

Einer empfängt sie vom anderen, doch es hassen sie alle. Zu ihnen gehöre auch ich jetzt; von Gott verworfen irre ich umher, weil ich dem rasenden Streite vertraute.«

Sänger, Seher und Ärzte, so glaubte Empedokles, hätten schon einen großen Teil dieser 30000jährigen Lebensstrafe abgesessen, und so nimmt es nicht wunder, daß Empedokles, der Überwinder des Todes und der Prophet der Liebe, der Legende nach nicht starb, sondern, ähnlich den chinesischen Unsterblichen, entrückt wurde. Seine eifersüchtigen Gegner jedoch behaupteten, er habe sich in den Ätna gestürzt, um durch sein geheimnisvolles Verschwinden den Eindruck zu erwecken, er sei unsterblich geworden.

Kleopatra: Vereinigung der getrennten Hemisphären

Die letzte ptolemäische Königin war Kleopatra. Nach ihrem Tod fiel Ägypten als Provinz des Römischen Reiches an Augustus. Das Geschlecht der Ptolemäer stammte von den Diadochen ab, den Generälen des Alexanders, der Ägypten Ende des 4. Jahrhunderts v. Chr. eroberte. Alexander selbst legte den Gründungsstein zu einer Stadt am westlichen Mündungsarm des Nils: Alexandria. Diese Stadt wurde später zum kulturellen Mittelpunkt der hellenistisch-ägyptischen Welt.

In den drei Jahrhunderten, die die Ptolemäer Ägypten regierten, fand eine Vermischung der hellenistischen Tradition mit der ungleich älteren ägyptischen Kultur statt. Als Kleopatra 51 v. Chr. mit 18 Jahren den Thron Ägyptens

Kleopatra, die ›Schlange vom Nil‹

Auge des Horus: das mächtigste magische Amulett der Ägypter. In seinem Kampf mit Seth, seinem Widersacher, verlor Horus das linke Auge, das Mondauge, das der Gott Thoth wiederherstellte. Es steht für die Überwindung des Todes und die Wiedergeburt alles Untergegangenen

bestieg, heiratete sie ihren Bruder Ptolemäus XIV., wie es bei den Pharaonen seit Jahrtausenden Brauch war, daß die Gattin des Königs zugleich seine Schwester war.

Sie wurde von ihrem Bruder vertrieben, der selbst in einer Schlacht gegen Caesar seinen Tod fand. Kleopatra wird von Caesar wieder als Königin eingesetzt und teilt von 48 bis 44 v. Chr. als seine Geliebte die gewaltigen Triumphe, die Caesar feiert.

Kleopatra selbst sah sich als eine Verkörperung uralter ägyptischer Göttinnen; so zeigt die Abbildung sie mit dem Geierkopfschmuck der Göttin Mut, den Hörnern der Göttin Hathor und der Sonnenscheibe der Isis. Die mythologische Bedeutung dieser drei weiblichen Gottheiten überschneidet sich: Hathor wird als frühere Form der Isis gedeutet, beide werden als Mutter des Sonnengottes Horus, der Morgensonne bezeichnet, während Mut die Gemahlin des Sonnengottes Amun-Re ist und später auch als dessen Mutter verehrt werden wird.

Die Gestalt der Isis scheint ihr jedoch am nächsten gestanden zu haben: Berichten zufolge trug sie bei feierlichen Anlässen das Gewand der Isis, wurde vom Volk als Isis verehrt und starb in einem Mausoleum, das verbunden war mit einem Tempel der Isis.

Isis ist das weibliche Element in der großen ägyptischen Trinität der Götter, der von Osiris, Isis und Horus. Isis irrt durch die Welt, um die verstreuten und zerstückelten Gliedmaßen Osiris' zu finden und zusammenzusetzen. Das Symbol des Osiris oder, besser, seine kosmologische Entsprechung, ist die untergehende Sonne. Isis setzt Osiris, den gestorbenen Gott, wieder zusammen und zeugt mit ihm Horus, den neuen Gott, die Morgensonne.

Es hat den Anschein, als sei der Osiris Kleopatras eben jener Caesar gewesen, der als ruheloser Eroberer nur in seinen Schlachten sich selbst zu finden vermochte.

Berichtet wird von einer langen Nilfahrt von Caesar und Kleopatra und, unter dem Vorwand, sein neues Reich in Augenschein zu nehmen, kommt Caesar mit der ägyptischen Kultur in Berührung.

Horaz schreibt über ihn: »Der eroberte Orient hatte seinen wilden Eroberer bezwungen.« Horus, die Morgensonne, das Kind des Osiris und der Isis, läßt denn auch nicht auf sich warten: 47 v. Chr. wird Caesarion geboren, der Sohn Caesars und Kleopatras.

Als Kleopatra auf den Wunsch Caesars nach Rom kommt, wird sie vom römischen Volk verdächtigt, den Imperator verhext zu haben, um Königin Roms zu werden und sich von den Senatoren die Füße küssen zu lassen. »Die Hure aus Alexandria« oder »die Schlange vom Nil«, wie sie beschimpft wurde,

Isis, ihren Sohn Horus säugend, dessen symbolische Entsprechung die Morgensonne ist

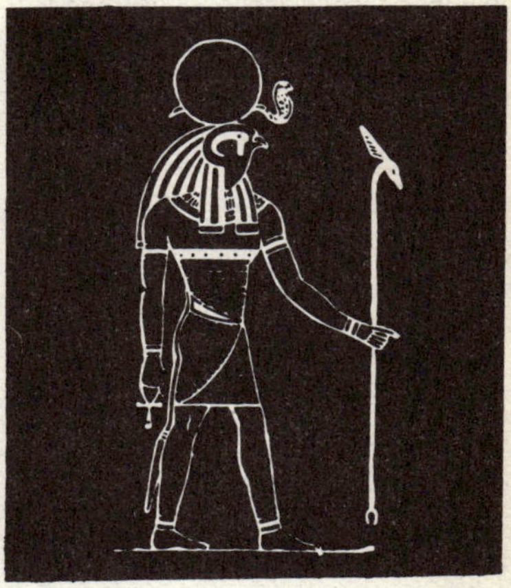

Ra, der ägyptische Sonnengott, der auf seiner Barke als Weltenlenker den Himmelsozean überquert

Zu verstehen, was sich hinter dem rätselhaften Tod und der wunderbaren Wiedergeburt des ›dunklen‹ Gottes Osiris verbirgt, war das Anliegen vieler ›Symbolforscher‹ der Antike

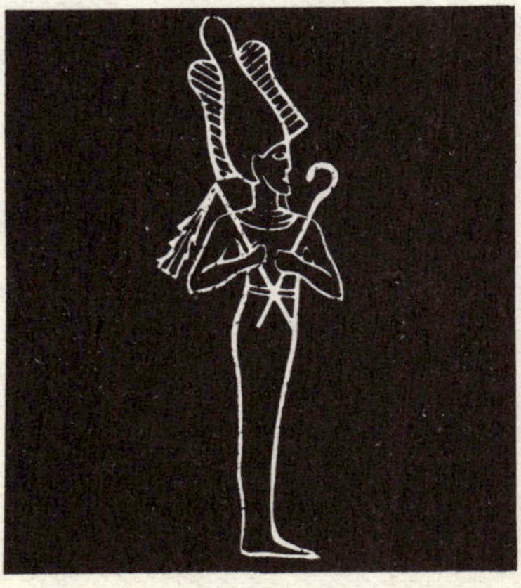

Osiris, der Gott der untergegangenen Sonne, der der Sage nach von seinem Bruder Seth ermordet wurde und von seiner Gattin und Schwester Isis wieder zum Leben erweckt wird

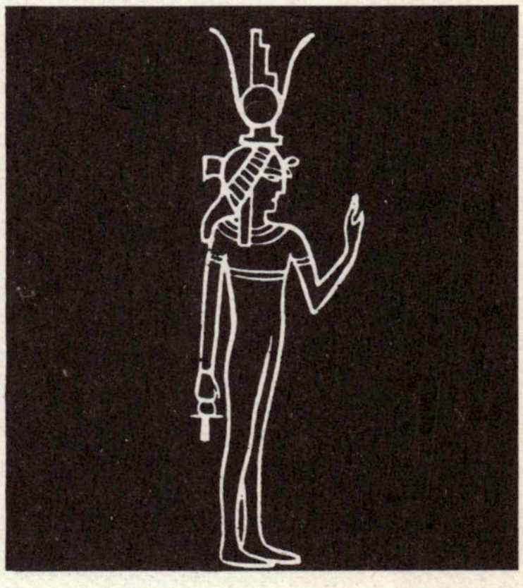

habe mit ihrer langen Nase und geheimen Liebeskünsten Caesar verzaubert. Es steht also anzunehmen, daß Kleopatra, eine 21jährige, nicht gerade mit Schönheit geschlagene, entthronte Königin einer untergehenden Dynastie, in der Tat über uralte sexualmagische Künste verfügt haben muß, um den erfolgreichen Feldherrn, dessen ruheloser Geist nur in der Planung und Durchführung seiner großen Taten zur Eroberung eines Weltreiches zu sich kam, zu verzaubern. Caesar und Kleopatra verwirklichten den Traum, das Weltreich Alexanders des Großen wieder zu vereinen, von 48–44 v. Chr. und vollzogen damit den ägyptischen Mythos von Osiris, Isis und Horus.

Die Weltherrschaft aber, so zeigt die Geschichte, verschleißt und zerstört diejenigen, die sie erlangen. Als Caesar von den verschwörerischen Senatoren um Brutus erdolcht wird, ist er zerstükkelt wie der gestorbene Osiris. Zwar versucht Kleopatra, indem sie die Geliebte des Antonius wird, den Traum des Horus/Caesarion, der aufgehenden Sonne des Sohnes des toten Caesars, zu realisieren. Sie scheitert aber: Antonius wird 31 v. Chr. vernichtend geschlagen von Augustus und wählt den Freitod. Die Legende berichtet, Kleopatra habe ihrem menschlichen Dasein durch den Biß einer Giftschlange ein Ende gesetzt, um nicht in die Gefangenschaft des ihr verhaßten Augustus zu fallen und gleichzeitig, weil die Vereinigung von Orient und Okzident in der Gestalt des Caesarion mit dem Sieg des Augustus über Antonius sich für sie nicht mehr realisieren ließ. Das Gift der Schlange aber, so berichtet die Legende weiter, sei ein Mittel der Transformation ihres Körpers gewesen von der Ebene der menschlichen Existenz zu der ihrer Ahnen, der Götter.

Die göttliche Unsterblichkeit hat Kleopatra-Isis zumindest im Bewußtsein der auf sie folgenden Geschlechter der Menschen erlangt, wie nicht zuletzt der Kleopatrafilm mit Liz Taylor gezeigt hat, der das Herz von Millionen Menschen berührt hat.

Literatur

Benoist-Mechin: Kleopatra, Ein Traum vom Weltreich, München 1979

Görlitz, W.: Kleopatra, Bildnis einer dämonischen Frau, Hamburg 1936

Grant, M.: Cleopatra, London 1972

Hildegard von Bingen: Vision vom kosmischen Menschen

Die Äbtissin des Klosters von Bingen am Rhein (als zehntes Kind einer edelfreien Familie 1098 geboren, gestorben 1179) gehört zu den illuminierten Gestalten eines ansonsten recht ›dunklen‹ Jahrhunderts. Ihre für orthodox-kirchliche Augen schwer einordenbaren Visionen, in denen sie immer wieder den von göttlicher Weisheit erfüllten Menschen beschwört, dem die Geheimnisse des Mikro- und Makrokosmos ein offenes Buch sind, ihre großen Fähigkeiten als kräuterkundige Ärztin und Wunderheilerin, ihre unorthodoxe Art und ihr soziales Engagement – sie schrieb sehr offen über die sexuellen Beziehungen von Mann und Frau und nahm männliche Kranke in ihr Kloster auf – brachten

Die hl. Hildegard mit ihrem Mönchsassistenten Vollmer

ihr und ihrem Konvent für längere Zeit einen Kirchenbann ein.

Ihre intensive Briefkorrespondenz mit Päpsten, Kaisern, Königen und hohen Würdenträgern wie dem Abt Bernhard von Clairvaux mögen Schlimmeres verhütet haben.

In ihr – wie öfters angedeutet wird – eine weise Frau von hohem Rang zu sehen, die sich – als Klosterfrau getarnt – vor Verfolgungen schützte, wäre zwar der handfesten und humorvollen Hildegard ohne weiteres zuzutrauen, scheint aber alles in allem doch eine zu fantastische Idee zu sein.

Allerdings: als ›einfache‹ Hexe hätte sie nicht den ›Vervielfältigungsapparat‹ der Kirche zur Hand gehabt. Hildegard verschliß zur Niederschrift ihres sehr umfangreichen Werks immerhin den Mönch Vollmer und eine ihm assistierende ›Lieblings‹-Nonne für fast deren gesamte Lebenszeit.

Daß sich Hildegard bei ihren ›Fahrten‹ in die andere Wirklichkeit – bei ihrer ausgesprochenen wissenschaftlichen Kenntnis der Pflanzenwelt – nicht, zumindest anfänglich bis zur Entwicklung ihres dritten Auges, der üblichen pflanzenchemischen Drogen bedient haben soll, erscheint wenig glaubhaft. Zu sehr feierte die Seherin gerade das Grün als die alles in dieser Welt durchdringende Kraft:

O edelstes Grün,
du wurzelst in der Sonne,
strahlst auf in leuchtender Helle
in einem Kreislauf,
den kein irdisches Sinnen begreift:
Du bist umfangen
von den Umarmungen der Geheimnisse Gottes.
Du schimmerst auf wie Morgenrot,
du glühst in der Sonne Flammen!

(Alles ›grün‹ zu sehen soll nach der Aussage von Experten auch eine der Begleiterscheinungen beim Genuß bestimmter Nachtschattendrogen sein.)

Die Öffnung ihres dritten Auges beschrieb Hildegard sehr anschaulich:

»Im Jahre 1141 der Menschwerdung des Sohnes Gottes, Jesu Christi, als ich zweiundvierzig Jahre und sieben Monate alt war, kam ein feuriges Licht mit Blitzleuchten vom offenen Himmel hernieder. Es durchströmte mein Gehirn und durchglühte mir Herz und Brust gleich einer Flamme, die jedoch nicht brannte, sondern wärmte, wie die Sonne den Gegenstand erwärmt, über den sie ihre Strahlen ergießt. Nun war mir plötzlich der Sinn der Schriften erschlossen, des Psalteriums, des Evangeliums und der übrigen katholischen Bücher des Alten und Neuen Testaments...«

Seit ihrem fünften Lebensjahr hatte sie bereits die ›innere Schau‹:

»Die Kraft und das Geheimnis verborgenen, wunderbaren Schauens erfuhr ich wundersam in meinem Innern seit meinem Kindesalter, das heißt seit meinem fünften Lebensjahre, so wie auch heute noch. Doch tat ich es keinem Menschen kund, außer einigen wenigen, die wie ich im Ordensstande lebten. Ich deckte alles mit Schweigen zu bis zu der Zeit, da Gott es durch seine Gnade offenbaren wollte.«

Wappen der letzten Äbtissin von St. Rupertsberg-Eibingen mit der mystischen Rose im Wappenfeld. (Im Zug der Säkularisation wurde das Kloster 1814 aufgehoben. 1929 entstand das Kloster der hl. Hildegard oberhalb des Dorfes Eibingen neu)

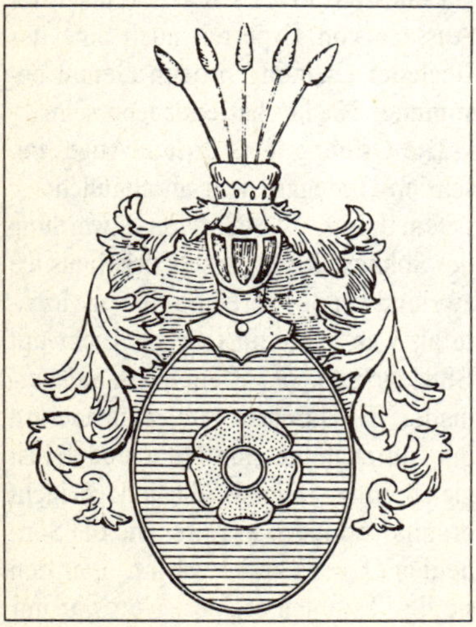

Hildegard entwickelte die seltene Gabe, ›beidhemisphärig‹ zu sehen, d. h. sie konnte – trotz ihrer Ver-rücktheit – auch der ›normalen‹ Realitätsebene gerecht werden:

»Die Gesichter, die ich schaue, nehme ich nicht in traumhaften Zuständen, nicht im Schlafe oder in Geistesgestörtheit, nicht mit den Augen des Körpers oder den Ohren des äußeren Menschen und nicht an abgelegenen Orten in mich auf, sondern wachend empfange ich sie, besonnen mit dem klaren Geiste, mit den Augen und Ohren des inneren Menschen, an allgemein zugänglichen Orten, so wie Gott es will... Aber meine nach draußen gerichteten Augen bleiben offen und auch meine anderen körperlichen Sinne bewahren ihre Aktivität.«

Schon eine andere vor Hildegard lebende heiliggesprochene Benediktinernonne trägt Züge, die die Phantasie des Volkes ungemein beschäftigten: die heilige Walburga (gestorben 778 als Äbtissin des Klosters Heidenheim bei Eichstätt).

Walburga, von dem Wort ›Walburg‹ stammend: Bergerin der Gefallenen. In ihr – trotz ihrer christlichen Gewandung als Nonne – eine Walküre oder Schlachtjungfrau zu sehen, paßt zumindestens im übertragenen Sinn: war sie doch eine englische Fürstentochter, und Fürstentöchter wurden nach der germanischen Mythologie stets noch zu Lebzeiten unter die Walküren aufgenommen. Ihre Heiligsprechung an einem 1. Mai macht sie in der christlichen Legende deshalb auch zur ›Beschützerin vor Zauberei‹.

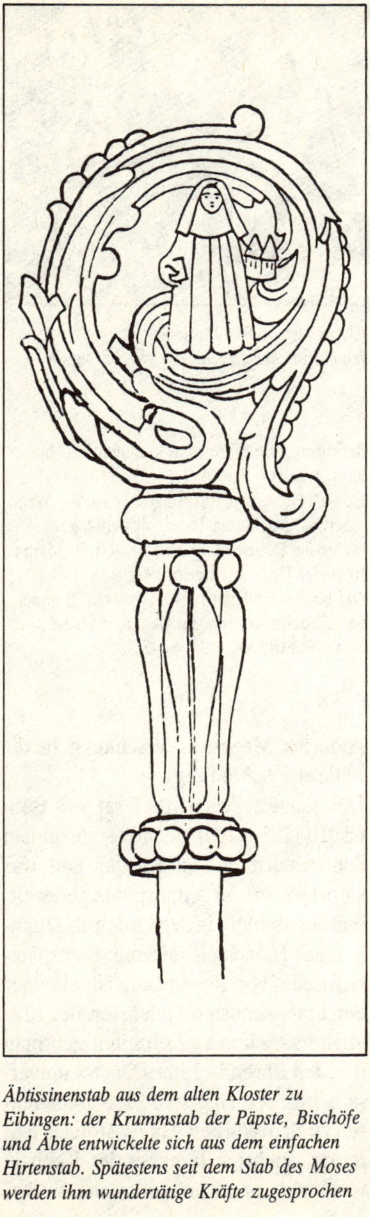

Äbtissinenstab aus dem alten Kloster zu Eibingen: der Krummstab der Päpste, Bischöfe und Äbte entwickelte sich aus dem einfachen Hirtenstab. Spätestens seit dem Stab des Moses werden ihm wundertätige Kräfte zugesprochen

Da ihr dieselbe Überlieferung in diesem Sinne auch zugesteht, Macht über das Getümmel der Hexen und Geister der Walpurgisnacht zu haben, sahen schon die sie mystifizierenden Legendenschreiber ihrer Zeit die hl. Walburga auch als *Herrin der Hexen und Geister.*

Dieser Sicht folgt, wenn auch über die Jahrhunderte etwas verdreht, eine bischöflich genehmigte Darstellung des Lebens der Heiligen:

»Die Nacht vor dem 1. Mai aber ist die Walpurgisnacht, wo sich nach dem alten Volksglauben Hexen und Geister noch einmal tummeln dürfen, bis sie vor dem Anbruch des neuen Tages zurückweichen müssen in die ewige Finsternis. Im symbolischen Bilde der Walpurgisnacht und des Walpurgistages spiegelt sich noch einmal das Erscheinen der gottgeweihten Jungfrauen (wie Walburga) in den germanischen Wäldern. Wohin sie kamen, wichen die Wodanspriester, die Kobolde und Nachtmahre zurück, die heiligen Haine mit den Opfersteinen und Tierschädeln verschwanden, aus Sumpf und Bruch wurde Akkerland, licht wurden die Urwälder und licht die vom Aberglauben umdüsterten Menschenseelen.«

Konnte der berühmte Magier des 16. Jahrhunderts, Johann Trithemius, die größte Magierin des 12. Jahrhunderts auch nicht – soweit offiziell bekannt – von Angesicht zu Angesicht treffen, so ließ er es sich doch nicht nehmen, wenigstens ihren Gebeinen seine Aufwartung zu machen, als 1498 feierlich Hildegards Sarg geöffnet wurde.

Die hl. Walburga: gebietet in der Walpurgisnacht Hexen, Geistern und Dämonen (Zeichnung von L. Richter). Sie ist so – auch nach den christlichen Legenden – gleichzeitig die Herrin der dunklen Mächte

Nekromant, der er war, wußte er sogar offenbar noch den Nutzen und die magische Kraft eines ihrer Armknochen zu schätzen:

»Anno 1498 ist der Sarg der hl. Hildegard geöffnet worden und mit größter ehrerbietung von etlichen dazu geordneten in beysein des ganzen Konvents. Hierdurch war auch der abt von Sponheim Johannes Trithemius, welcher durch bitt von der abtissin und konvent erlangt einen arm von den reliquien der heiligen Hildegard, welches heiligtum er in eine schöne tafel lassen einfassen und so in seinem kloster ehrlich verwahrt.«

Literatur

Wolfgang Bauer: Die Kraft im Kraut, in:
H. A. Hansen: Der Hexengarten, München 1980
Carmina Sanctae Hilgardis (lateinisch und deutsch), München 1928
Hildegard von Bingen: Gotteserfahrung und Weg in die Welt, herausgegeben von Prof. Heinrich Schipperges, Olten 1979 (Schipperges hat auch eine Reihe anderer Hildegard-Werke, hervorragend editiert und kommentiert, herausgegeben)
Der hl. Hildegard von Bingen Wisse die Wege – Scivias. Nach dem Urtext des Hildegardiskodex ins Deutsche übertragen von D. Maura Bockeler O. S. B., Berlin 1928
Die heilige Hildegard als Äbtissin im Rahmen des 12. Jahrhunderts, in: Benediktinische Monatsschrift XI, 1929, S. 433ff.

Albertus Magnus: Versenkung in die Fülle der Schöpfung

Der junge schwäbische Graf von Bollstädt (1193–1280) flüchtete vor einem Schneesturm in ein Kloster und war sofort so von der Atmosphäre gefesselt, daß er beschloß, in den Orden als Dominikaner-Mönch einzutreten. Der spätere Bischof von Regensburg gilt als einer der umfassendsten Gelehrten des Mittelalters. Schon zu Lebzeiten gab man ihm den Ehrentitel eines Doctor universalis. Mit seinen gelehrten Kommentaren zu den Werken des Aristoteles und seiner gelehrten Exegese der Kabbala vermochte er es nicht nur, die antike,

›heidnische‹ Philosophie mit der christlichen Theologie zu vereinigen, er öffnete mit seinen zahlreichen Schriften auch arabisch-jüdischem Gedankengut die Tür nach Europa.

Als einem der ersten experimentell arbeitenden Naturwissenschaftler gelang ihm als erstem die Herstellung von Pottasche; und auch als erster gab er die Zusammensetzung von Zinnober, Bleiweiß und Henning an.

Durch die Konstruktion eines Treibhauses verblüffte er Besucher, indem er mitten im Winter Blumen wachsen und blühen ließ.

Für sich praktizierte er – und seinen Schülern, von denen der bedeutendste Thomas von Aquin war, lehrte er – eine Form der beobachtenden Meditation: eine Technik der liebevollen Versenkung in die lebendige Fülle der Schöpfung. Dieser Zug zum Mystischen und seine Lehre von der ›realen Ganzheit‹ (eine Sicht des Kosmos als krafterfüllte Gestalten-Gesamtheit) machen ihn zum Vorläufer der Humanisten und Naturphilosophen, verleihen aber auch seinen umfangreichen Schriften über die Geheimnisse und besonderen Kräfte der Pflanzen, Minerale und Metalle einen besonderen Reiz bis heute. Erweiterte er mit solchen Schriften schon den enggesteckten Rahmen der dogmatischen Kirchenväter vor ihm, so setzte er sich mit seiner Schrift ›Über die Geheimnisse der Frauen und Männer‹ geradezu in Gegensatz zur gängigen Lehre, wenn er behauptet, daß die Planeten jeweils einen Schwangerschaftsmonat regieren und somit das zukünftige Schicksal mitbestimmen.

Albert Magnus: Konnte er mit seinem ›Automaten‹ schon SWF 3 hören?

Schon seine Zeitgenossen sahen ihn als Meister in allerhand Zauberkünsten und rankten allerlei Sagen und Legenden um seine Person: so soll er bei dem Ketzerkaiser Friedrich II. Tote beschworen haben und in der Peterskirche zu Rom soll er als Schlangenbeschwörer aufgetreten sein. Außerdem soll er sich einen Roboter gebaut haben, der – wie Kurt Seligmann berichtet – »die Gestalt eines Menschen besaß« und »dessen einzelne Teile unter dem Einfluß eines bestimmten Sterns geschmiedet waren«. Dieser mechanische Diener, der sprechen konnte, beantwortete alle Fragen und sprach auch von sich aus, ohne Aufforderung.

Diese letzte Eigenschaft störte den superfleißigen, aber wie berichtet wird auch oft ziemlich tumb und rigide wirkenden Thomas von Aquin (sein Spitzname, ›der stumme Ochse‹, hatte wohl von daher seine Begründung) so sehr, daß er ihn – nach der Legende – kurzerhand zerschlug.

Seit dem 17. Jahrhundert im Volk kursierende, Albert Magnus zugeschriebene Zauber- und Beschwörungsbücher wie der ›Kleine‹ und der ›Große Albert‹ beweisen, wie sehr dieser physisch kleine Mann (bei einer Audienz beim Papst, wo dieser ihn bat, sich doch von den Knien zu erheben, entstand eine etwas peinliche Situation, als man dem Papst sagen mußte, daß Albert schon stand!) mit seinem großen Geist noch im Bewußtsein späterer Jahrhunderte lebendig blieb. Die Kirche sprach diesem immer etwas suspekten Universalgelehrten erst 1932, sechshundert Jahre nach seinem Schüler Thomas von Aquin, heilig.

Literatur

Albert Magnus: Opera Omnia, 21 Bände, Leiden 1651 (eine neue Werkausgabe erscheint seit 1951)

Jeanne d'Arc: Warum sollte man dem hl. Michael die Haare abgeschnitten haben...?

Die Jungfrau von Orléans wurde 1412 in Domremy, einem Dorf in Lothringen, als Tochter wohlhabender Bauern geboren. In dem über hundert Jahre bereits andauernden Krieg zwischen Frankreich und England wurde sie zur Symbolfigur für den französischen Widerstand gegen die englischen Besatzer, deren Vertreibung kurz nach Jeannes Tod vollständig gelang. Sie selbst, vom französischen Volk als Retterin Frankreichs gefeiert, wurde von französischen Richtern und Geistlichen, die auf der Seite der Engländer standen, als Hexe auf dem Alten Markt 1431 zu Rouen verbrannt. Nach der Rückeroberung von Paris und Rouen durch Karl VII., dem König, den Jeanne zum König von Frankreich gekrönt hatte, wird sie 1456 in einem Ehrenrettungsprozeß rehabilitiert und fast 500 Jahre später von Papst Benedikt XV. heiliggesprochen. Schon zu ihren Lebzeiten rankten sich zwei sich widersprechende Legenden um Jeanne d'Arc: Während das französische Volk in ihr die vom Himmel geschickte Erlöserin Frankreichs sah, hielten sie die Richter und Geistlichen, die sie verurteilten, für eine ›hartnäckige Ketzerin und Hexe‹ und damit für das Werkzeug Satans.

In ihrem dreizehnten Jahr, so berichtete Johanna später in ihrem Prozeß ihren Richtern, habe sie zum ersten Mal die Stimme gehört, die sie in ihrem Kampf für Frankreich leitete: »Das erste Mal hatte ich große Furcht. Die Stimme kam ungefähr zur Mittagsstunde, im Sommer, im Garten meines Vaters. Am Tag zuvor hatte ich gefastet. Ich habe die Stimme von meiner Rechten her gehört, wo die Kirche lag. Von derselben Seite kam eine große Helligkeit. Dieses Licht kommt immer von derselben Seite, von der ich die Stimme vernehme. Die Stimme schien mir erhaben, und ich glaubte, daß sie von Gott geschickt war. Und nachdem ich sie dreimal gehört hatte, erkannte ich, daß es die Stimme eines Engels war. Diese Stimme hat mich immer geleitet, und

Jeanne d'Arc, die ›Tochter Gottes‹: Fee, Heilige, Hexe?

ich habe sie immer gut verstanden. Sie hat mir geheißen, mich gut zu führen und oft in die Kirche zu gehen.« Später hört Johanna die Stimme jeden Tag, und die Stimme befahl ihr, daß »es notwendig sei, daß ich nach Frankreich ginge. Zwei- oder dreimal in der Woche hat sie mir gesagt, ich müsse aufbrechen und nach Frankreich gehen, doch so, daß mein Vater nichts von meinem Aufbruch merke.

Die Stimme sagte mir, daß ich nicht länger bleiben könne, wo ich war, und daß ich die Belagerung der Stadt Orléans aufheben müsse.«

›Jeanne la Pucelle, fille de Dieu‹ nannten ihre Stimmen sie; denn zu der einen ersten Stimme, die sie dem Erzengel Michael zusprach, gesellten sich bald die Stimmen der heiligen Katharina und der heiligen Margarita. Johanna, die Jungfrau, das Kind Gottes oder genauer übersetzt, die Tochter Gottes, drang wirklich bis zu Karl VII., Dauphin von Frankreich, vor. All denen, die die Bauerstochter auf ihrem Weg zum König aufhalten wollten, begegnete Jeanne mit dem Hinweis auf eine Weissagung aus alten Tagen, nämlich, »daß Frankreich durch eine Frau zerstört und durch eine Jungfrau wiederaufgerichtet wird«. (Der erste Teil der Prophezeiung war bereits eingetreten, indem Isabelle von Bayern ihren Gatten, den französischen König Karl VI., dazu bewegt hatte, seinen Sohn Karl VII. zum illegitimen Sohn zu erklären, so daß zu Johannas Zeit Karl VII. nicht König, sondern nur Dauphin war.)

Man unterzog sie langwierigen Prüfungen, um herauszufinden, ob sie auch wirklich die von Gott gesandte Jungfrau sei.

Als ein Dominikanermönch namens Seguin Seguin sie fragte, in welcher Sprache ihre Stimmen denn redeten, antwortete sie schlagfertig: »In einer schöneren als der Euren«, und auf die Frage, ob sie an Gott glaube, entgegnete sie: »Ja, und inniger als Ihr!« Sie überzeugte schließlich ihre Examinatoren, und man ließ sie mit einem kleinen Gefolge nach Orléans ziehen.

Auf ihrem Weg wurde in Poitiers eine weiße Rüstung für sie angefertigt, sie erhielt ein Banner, auf dessen mit Lilien übersäten Grund Gottvater gebildet war, mit der Rechten segnend, in der Linken das Weltall haltend. Sodann verlangte sie nach einem Schwert, das, wie ihre Stimmen ihr gesagt hatten, in

Das Wappen der Jeanne d'Arc

der Kapelle von Sainte-Catherine de Fierbois hinter dem Altar verborgen läge. Wirklich fand man an dem von ihr bezeichneten Orte ein nur leicht von Rost und Erde bedecktes Schwert. Ihr Wappen bestand aus einem mit fünf Lilien verzierten Schwert, über dem eine Krone schwebte. Diese Krone mag eine Anspielung gewesen sein auf Johannas erstes Treffen mit Karl VII., bei dem sie ihm folgende Botschaft Gottes überbrachte: »Edler Dauphin, ich heiße Johanna, die Jungfrau. Und Euch tut der König des Himmels durch mich kund, daß Ihr in der Stadt Reims gesalbt und gekrönt werdet und der Statthalter des Himmelskönigs, welcher König von Frankreich ist, sein werdet.« Ein Engel, oder wie Johanna am Tage ihrer Hinrichtung bekannte, sie selbst, hielt zum Zeichen Gottes eine Krone über Karls Haupt.

Unschwer lassen sich die weiße Rüstung Jeannes, ihr Wappen mit der über einem Schwert schwebenden Krone, die Geschichte des Schwertes selbst und die der Krone über Karls Haupt in einem anderen Mythos wiederentdecken: in seiner ersten Schlacht soll der junge Arthus ganz in Weiß gekleidet gewesen sein, das Schwert, das ihn als König bestätigte, wurde an einem geheimen Ort aufbewahrt, und sein Erzieher und Beschützer Merlin soll als Zeichen bei Arthus' Geburt eben ein solches Schwert, über dem eine Krone schwebte, gesehen haben. Es hat denn auch nicht an Interpreten gefehlt, die Jeanne als fürstliche Bastardin bezeichnet haben und so ihre Kraft und Intelligenz zu erklären versuchten. Man habe sie als kleines Kind zu den Bauern in Domremy gegeben, um sie vor den Intrigen des Hofes zu schützen, ähnlich wie den jugen Arthus, und sorgfältig auf ihre Mission hin erzogen.

Der französische Journalist Guérin und der Engländer Palmer-White plädieren in ihrem 1963 erschienenen Buch ›Unternehmen Schäferin. Das Geheimnis der Jeanne d'Arc‹ für eine solche Interpretation:

»Es ist unmöglich, an das analphabetische Schäfermädchen (Johanna soll weder lesen noch schreiben gekonnt haben) niederer Herkunft zu glauben. Es ist jedoch durchaus möglich, an die Hauptdarstellerin einer glänzend inszenierten politischen Komödie zu glauben, an die Heldin einer der glanzvollsten tours de force der Weltgeschichte.«

Bastardin fürstlichen Geblütes oder einfaches Bauernmächen – wer immer sie auch gewesen sein mag, es gelang ihr jedenfalls, die zermürbten und mutlo-

Karl VII.

sen französischen Truppen so anzuspornen, daß Orléans 1429 von der englischen Belagerung befreit werden konnte. Orléans war die letzte Festung gegen die vordringenden Engländer ins Gebiet der südlichen Loire gewesen. Mit seiner Befreiung wendet sich das Kriegsglück zu Frankreichs Gunsten.

Johanna zog dem König entgegen, der sie – eine einmalige Geste der Dankbarkeit – umarmte. Sie drang darauf, daß er sich krönen lassen müsse; ihre Stimmen hätten ihr befohlen, ihn zur Eile zu zwingen: »Edler Dauphin, versäumet nicht so viel Zeit mit Beratungen«, drängte sie ihn, »kommet so bald wie möglich nach Reims, um die Krone, die Euch gebühret, zu empfangen.« Sie habe, so berichtete sie dem König, der immer noch kein König war, ihr Leid Gott geklagt, daß man ihr noch immer nicht glauben wolle, und nach einem Gebet habe sie die Stimme vernommen, die zu ihr gesprochen habe: »Tochter Gottes, geh, geh, geh, ich werde dir helfen, geh!«

Und die ›Tochter Gottes‹ *ging,* und im Juli 1429 wurde Karl VII. in der Kathedrale von Notre-Dame in Reims, in der seit dem Frankenkönig Chlodwig fast eintausend Jahre lang die französischen Könige gesalbt worden waren, zum König gekrönt. Nach der Krönung, bei der Johanna mit ihrem Banner neben dem Altar gestanden hatte, umschlang sie des Königs Knie und richtete folgendes Wort an ihn: »Edler König, jetzt ist es nach Gottes Gefallen geschehen, der es wollte, daß ich die Belagerung von Orléans aufhebe und Euch in diese Stadt Reims führe, damit Ihr Eure heilige Salbung empfangt. So wird sichtbar, daß Ihr der wahre König seid und eben der, dem das Königreich gehörend soll.«

Mit der Krönung Karls zum König von Frankreich aber hatte, so sollte es später scheinen, Johanna ihre göttliche Mission erfüllt: In den Kämpfen um die Rückeroberung von Paris wurde sie von den Engländern gefangengenommen. In ihrem Prozeß antwortete Johanna auf die Frage ihrer Richter, ob ihre Stimmen sie geheißen hätten, Paris zu befreien: »Nein, ich stand damals nicht unter dem Befehl meiner Stimmen. Ich ging, weil die Feldherren ein Gefecht suchten und weil ich selbst gerne die Wälle der Stadt überstiegen hätte.« War Johanna bis zu ihrer Gefangennahme die Tochter Gottes gewesen, so wurde sie nun zur Tochter des Teufels: Die Engländer übergaben sie der weltlichen und geistlichen Gerichtsbarkeit der mit ihnen verbündeten Franzosen.

Jeanne, der ihre Stimmen die Gefangennahme vorausgesagt hatten, sah sich konfrontiert mit einem ungeheuren Aufgebot an Geistlichen und Gelehrten, sechzig an der Zahl, geübt in allen Kniffen und Spitzfindigkeiten der scholastischen Tradition. Aber ihre Stimmen und ihr Mut verließen sie nicht. Man warf ihr vor, daß sie während ihrer Gefangenschaft wiederholt versucht hatte zu fliehen. Sie antwortete: »Es ist wahr, daß ich das wollte und ich will es noch, weil es das Recht jedes Gefangenen ist, zu fliehen.« Ihre Richter fragten sie, ob der heilige Michael Haare hatte, sie entgegnete schnippisch: »Warum sollte man sie ihm abgeschnitten haben?« Es gelüstete die hohen Herren zu erfahren, ob der Erzengel etwa nackt gewesen sei, und sie antwortete: »Meint Ihr, Gott habe nichts, um ihn zu kleiden?«

Man wollte wissen, ob die heilige Margarete englisch gesprochen habe, und sie fragte zurück: »Warum sollte sie englisch sprechen, da sie doch nicht auf der Seite der Engländer ist?«

»Mit großartiger Simplizität«, so bescheinigt ihr der Biograph H. Nette in seiner ausgezeichneten Arbeit über Jeanne d'Arc, habe sie die »listig verhüllten Aggressionen entwaffnet und überspielt«.

Johanna wurde nicht nur verdächtigt, mit dem Teufel in Gestalt des heiligen Michaels sich abgegeben zu haben, sondern auch eine heidnische Hexe gewesen zu sein. In der Nähe von Domremy, dem Dorf, in dem sie aufgewachsen

Johanna weckte Frankreich aus seinem Dornröschenschlaf

war, hatte es einen Baum »schön wie eine Lilie« (so ein Bauer im Zeugenstand) gegeben, zu dem die Knaben und Mädchen des Dorfes am Sonntag Laetare gegangen seien, Rundtänze getanzt hatten und sich am Wasser der nahegelegenen Quelle erfrischt hatten.

Dieser Baum wurde der Feenbaum genannt: in alter Zeit seien wundersame Wesen, Feen genannt, um diesen Baum getanzt. Seit man dort aber das Evangelium des Johannes lese, so seien sie nicht wieder erschienen, berichtete vor dem hohen Gericht ein anderer Bauer aus Domremy. Auch Johanna sei öfters mit ihren Freundinnen zu dem Feenbaum gegangen, was Johanna im Verhör auch bestätigte. Nur habe sie nie eine Fee unter dem Baum gesehen und sei auch nie allein dort gewesen.

Eine französische Fee aber ist Johanna wirklich gewesen, hatte sie doch ein mutloses Volk, ein demoralisiertes Heer und einen zaudernden Dauphin aus dem Dornröschenschlaf geweckt und mit der Würde, die sie König und Kriegern zurückgegeben hatte, den

Zauberbann gelöst, der über Frankreich gelegen hatte.

Obwohl man Johanna wiederholt einer Prüfung unterzogen hatte, ob sie in der Tat eine Jungfrau sei, denn nach der Ansicht der Kirchenväter jener Zeit war eine Jungfrau dagegen gefeit, vom Teufel besessen zu werden, befand das Gericht nichtsdestotrotz, man habe sich zwar »mit allen Kräften und erbarmender Milde ohne jeden Zwang bemüht«, die Angeklagte von ihren Irrtümern abzubringen, »doch habe die List des Teufels bisher die Oberhand behalten«. Man drohte ihr mit dem Feuertod, bis sie schließlich ein Geständnis unterschrieb. Zwar widerruft sie dieses drei Tage später, aber dieser Widerruf bringt ihr endgültig den Feuertod ein. Die Kirche, deren Grundsatz war: Ecclesia abhorret sanguine (die Kirche verabscheut Blut), verbrannte die Tochter Gottes, Jeanne d'Arc, im Mai 1431. Während sie auf dem Scheiterhaufen stand und auf ihren Tod wartete, verlas ein Geistlicher ihr Urteil, in dem von ihr gesagt wurde, »daß sie wie ein vom Satan der Häresie angestecktes Glied aus dem Leib der Kirche weggeschnitten werde, damit nicht andere Glieder angesteckt würden«.

Herz und Eingeweide Johannas wurden in die Seine geworfen; wunderbarerweise waren sie trotz der Bemühungen ihrer Henker, die es an ›Öl, Schwefel und Kohle‹ nicht hatten fehlen lassen, unversehrt geblieben. Die dumpfen Vorahnungen ihres Vaters hatten sich erfüllt, der, wie sich in den Prozeßakten unter Johannas Aussagen finden läßt, zu ihren Brüdern, als sie selbst noch ein kleines Kind war, gesagt haben soll: »Wahrhaftig, wenn ich wüßte, daß das, was ich wegen meiner Tochter befürchte, wirklich geschähe, es wäre mir lieber, sie wäre als Kind gestorben. Und wenn sie es nicht wäre, so würde ich sie selbst besser ertränkt haben.«

Als König Karl VII. nach der Rückeroberung von Paris und Rouen einen Ehrenrettungsprozeß für Jeanne anstrengte, entdeckte man 1456, daß es mit Johannas Richtern kein gutes Ende genommen hatte. Der Bischof Pierre Couchon, der den Vorsitz in Jeannes Prozeß innegehabt hatte, war, während er sich den Bart scheren ließ, an einem Hirnschlag gestorben. Der Promotor (Ankläger) Jean d'Estivet wurde tot in einer Kloake bei Rouen entdeckt, und den Stellvertetenden Inquisitor Jean le Maistre hatte sein Ende auf unbegreifliche Art und Weise in einem Taubenhaus ereilt. So hatte Jeanne d'Arcs Fluch ihre Richter getroffen: Als man ihr während des Prozesses mit dem Feuertod drohte, hatte sie erwidert: »Wenn Ihr mir das antut, wird es Euch an Leib und Seele übel bekommen.«

Literatur

Herbert Nette, Jeanne d'Arc, Hamburg
dtv dokumente: Der Prozeß Jeanne d'Arc 1431 · 1456, München 1961

Trithemius:
Magie ist die höchste Wissenschaft

Johannes Heidenberg (1462–1516), nach seinem Geburtsort in der Nähe von Trier Johannes Tritheim genannt, war schon als junger Mann Abt des Benediktinerklosters zu Sponheim geworden, das unter seiner Leitung schnell zu einem geistigen Zentrum und Anziehungspunkt für Besucher aus ganz Europa wurde.

Trithemius, der Lehrer Agrippas, betrachtete sich selbst als Schüler des Albert Magnus. Entsprechend sah er in der weiteren Förderung hellenistischen, gnostischen und kabbalistischen Wissens und in der Rehabilitierung der Magie als höchster Wissenschaft seine Aufgabe.

Daß dies eines der Hauptanliegen der beiden Männer war, zeigt eine Passage aus der Widmung an seinen Lehrer und Freund, die Agrippa seiner, von Trithemius angeregten ›Geheimen Philosophie‹ voranstellte:

Trithemius

»Als ich neulich bei Euch, Ehrwürdiger Vater, in Eurem Kloster bei Würzburg eine zeitlang mich aufhielt, und wir viel über chemische, magische, kabbalistische und sonstige geheime Wissenschaften und Künste gesprochen hatten, da wurde unter anderem auch die wichtige Frage aufgeworfen, warum wohl die Magie, die einst nach dem einstimmigen Urtheile aller alten Philosophen den höchsten Rang einnahm und bei den Weisen und Priestern des Alterthums stets im größten Ansehen stand, in der Folge den heil. Vätern seit der Entstehung der katholischen Kirche immer verhaßt und verdächtig gewesen und endlich von den Theologen verworfen, von den heil. Concilien verdammt und überall durch gesetzliche Bestimmungen geächtet worden sei. Nach reiflicher Erwägung glaube ich die Ursache hiervon darin gefunden zu haben, daß, als die Zeiten und Menschen schlechter wurden, viele Pseudophilosophen und angebliche Magier sich einschlichen, die von den verschiedenen häretischen Secten und falschen Religionsparteien viele höchst verwerfliche, abergläubische und finstere Ceremonien entlehnten und sogar mit der orthodoxen Religion gegen die Ordnung der Natur und zum Verderben der Menschen einen schändlichen, gotteslästerlichen Mißbrauch trieben.«

Sein Wissen als Alchimist, Kabbalist, Astrologe und kundiger Magier ließ Trithemius zum ›Guru‹ nicht nur für Kaiser Maximilian, sondern auch für viele andere Fürsten werden.

Seine Fähigkeiten in der Beschwörung von Geistern sind berühmt und vielfach – so auch von Luther – bezeugt. Von der wohl spektakulärsten Sitzung dieser Art in der kaiserlichen Hofburg zu Innsbruck, so erzählt jedenfalls Kurt Baschwitz, einen Bericht des Johannes Weyer von 1563 zitierend, folgende Einzelheiten:

»Der romantisch veranlagte Kaiser Maximilian I. und seine Hofleute stritten sich darüber, ob die von Homer besungenen Helden größer und stärker gewesen seien als die Kriegsleute der eigenen Zeit. Trithemius, der als Gast des Kaisers zugegen war, erbot sich gegen Honorar (!) den Wortstreit dadurch zu schlichten, daß er die Geister zweier dieser Helden beschwor, nämlich des Hektor und des Achilles. Er ließ sich versprechen, daß man während der Geistererscheinungen strenges Stillschweigen bewahren werde.

Der Magier zog um den Thron, auf dem der Kaiser saß, einen großen Kreis und murmelte unverständliche Formeln aus einem Buch. Ein gewaltiges Pochen an der Tür erschütterte das Haus. Hektor erschien überlebensgroß, mit flammenden Augen. Ihm folgte Achilles in gleicher Gestalt. Sie verbeugten sich mit höfischem Anstand vor dem Kaiser, wandelten dreimal vor ihm hin und her und verschwanden. Dann erschien David, die Krone auf dem Haupt, die Harfe in der Hand. Sein Anblick war gefälliger als der von Hektor und Achilles. Er ging ebenfalls dreimal vor Maximilian vorüber, aber ohne sich zu verneigen. Den – so erläuterte der Magier hinterher dem Kaiser – die Dynastie Davids, aus der Christus entsprossen ist, steht im Rang höher als alle anderen Dynastien, selbst als die der Habsburger!«

Trithemius brachte so seine Gedanken den einflußreichen Hofleuten auf eine sehr geschickte und spielerisch getarnte Weise nahe: Bei den Beteiligten hinterließ er neben Staunen und Verwunderung sicher auch den Wunsch, sich näher mit den Inhalten der verketzterten Magie zu beschäftigen.

Trithemius selbst scheint sein okkultes Wissen von einer fremden Quelle in Form einer geheimnisvollen Einweihung bekommen zu haben, denn er berichtete einem befreundeten Karmelitermönch in Gent in einem Brief, dank einer nächtlichen Geistererscheinung, die ihn über alles (!) unterrichtet habe, sei er an Kenntnisse gekommen, »die allen übrigen Menschen verborgen« seien.

Welche Bewußtseinsveränderungen Trithemius auslösen konnte, wird beispielsweise auch belegt durch den Bericht über ein weibliches Medium am kurfürstlichen Hof, das nach einem ›magischen Experiment‹ unter Leitung von Trithemius und Agrippa fähig wurde, »dem kurfürstlichen Hause die darin obhandenen Sterbefälle vorher zu verkündigen«.

Literatur

Johannes von Trittheim: Von den siben Geister oder Engel, den Gott die Himmel zu füren von Anfang der Welt bevohlen hat, ein wahrhafftig Büchlein, 1534

Johannes Trithemius: Steganographia, Darmstadt 1621

Faust: Erlösung durch ›Helena‹

Dem historischen, 1480 in Knittlingen-Würtenberg geborenen und 1540 in Staufen/Breisgau gestorbenen Georg oder – wie er sich später nannte – Johannes Faust entlieh Goethe für seine berühmte Tragödie kaum mehr als den Namen und einige anekdotische Begebenheiten. In anderen Zügen seines ›Faust‹ lehnt er sich weit mehr an Fausts Zeit- und ›Zunft‹genossen Agrippa und Paracelsus an.

Faust und Mephisto

In diesem Magiertriumvirat war Faust offenbar der pragmatischste und hedonistischste: »Doktor Faust lebt also in epikurischem Leben Tag und Nacht«, bescheinigte ihm schon 1587 ein Volksbuch. Wo sich z. B. Paracelsus noch mühte, seine drei Doktorentitel zu erwerben und wo Agrippa von den drei Titeln, die er führte, wenigstens einen sich noch wirklich erwarb, da läßt Faust sie sich von seinen zahlreichen Bewunderern zusprechen. Während Agrippa sich beim Abfassen seiner Werke die Finger wund schrieb und Paracelsus seine 200 hinterlassenen Schriften mühsam diktierte, verfaßte Faust weder ein einziges Werk selbst, noch unterzog er sich der Mühe, etwas zu diktieren. Wo Paracelsus sich endlos gegen seine ihn schmähenden Widersacher wehrte, Flugblätter verfaßte, prozessierte, sich verausgabte und völlig frustrierte und wo auch Agrippa aufgrund von übelwollenden Gerüchten, Schmähungen und Unterstellungen ständigen Verfolgungen ausgesetzt war, förderte und festigte Faust seinen Ruf nicht nur dadurch, daß er überall erzählte, er habe einen Pakt mit dem Teufel geschlossen, sondern es auch nur zu gerne sah, daß man ihm allerorten Teufeleien und Zauberkunststücke anderer Magier unterschob. Hatte schon Paracelsus als großer Zecher gegolten, so schien Faust einen guten Tropfen noch mehr zu schätzen: Schon 1525 wollen die Leipziger ihn gesehen haben, wie er auf einem Faß Wein reitend davonflog (wie es das Volk klug sah: als Herr des Weines und nicht als sein Sklave). Schien Paracelsus den Kontakt zum anderen Geschlecht eher gemieden und Agrippa ihn im Rahmen einer Ehe gesucht zu haben, so sah Faust dagegen die Praktizierung einer freien Sexualität als äußerst wichtigen Bestandteil des Lebens an: Melanchthon, der Kampfgenosse Luthers, attestiert Faust, ein so liederliches Leben geführt zu haben, »daß er ein- und das anderemal fast wegen seiner Liebeshändel umgekommen wäre«.

Und Trithemius, den es ärgerte, daß man Faust zuschob, was er selbst vollbracht hatte, nämlich vor Kaiser Maximilian und seinem Hof die Geister Hektors, Achilles' und König Davids erscheinen zu lassen, beschuldigt ihn gar,

»mit Knaben die schändlichste Unzucht zu treiben«.

Bei dieser Gelegenheit beschimpfte er ihn gleich noch als »Landstreicher, leeren Schwätzer und betrügerischen Strolch, würdig ausgepeitscht zu werden«. Worum es dem renommierten Kirchenmann wirklich ging, folgt im Nachsatz: »... damit er nicht ferner mehr öffentlich verabscheuungswürdige und der Heiligen Kirche feindlichen Dinge zu lehren wage(!).«

Faust beherrschte allerdings eine vor allen anderen Fertigkeiten meisterlich: Die Kunst der Suggestion, die ihm manches Mal aus arger Bedrängnis half und die zuweilen, wenn nötig, wohl auch die Form einer praktizierten Massenhypnose annahm, etwa, wenn er im Winter des Jahres 1609 einer »nicht mehr ganz nüchternen Tischgemeinschaft« versprach, einen Weinstock voll reifer Trauben aus dem Tisch herauswachsen zu lassen:

»Er versprach nämlich, er wolle ihnen alles geben, was sie nur wünschten, worauf sie alle einstimmig einen Weinstock voll reifer Trauben begehrten, da sie glaubten, er werde in jener Jahreszeit (es war nämlich Winter) einen solchen nicht schaffen können. Faust verprach ihnen, sofort einen Weinstock aus dem Tische hervorwachsen zu lassen, doch fügte er die Bedingung hinzu, alle

Faust reitet auf dem Faß

sollten tiefes Stillschweigen beobachten und so lange ruhig sitzen bleiben, bis er ihnen erlauben würde, die Trauben abzuschneiden; sonst drohe ihnen der Tod. Nachdem sie dies zugesagt hatten, verblendete er die Augen und Sinne der berauschten Gesellschaft, so daß sie so viele Trauben von wunderbarer Größe mit ganz dicken Körnern an einem sehr schönen Weinstocke zu sehen glaubten, als Personen zugegen waren. Durch die Neuheit der Sache gereizt, zugleich vom Rausche durstig, griffen sie zu den Messern, dem Augenblicke entgegenharrend, wo sie die Trauben abschneiden dürften. Längere Zeit ließ Faust sie in ihrem Wahne, bis endlich der Weinstock mit den Trauben in Rauch aufging und sie erkannten, daß sie die Nasen der anderen für Trauben angesehen und das Messer daran gesetzt hatten.«

Mephisto zeigt Faust die Schätze der Welt: Krone, Bischofsmütze, Juwelen – und eine schöne Frau! (aus Klingers Faust-Roman: ›Fausts Leben, Thaten und Höllenfahrt‹)

Überhaupt hatte Faust es ›faustdick‹ hinter den Ohren und betätigte sich offensichtlich überall auch als Eulenspiegel, so etwa als er dem Erfurter Franziskanermönch Dr. Klinge, der ihn »vom Teufel reißen und bekehren wollte«, auf seine Missionierungsversuche hin stolz beschied: »Es wäre nicht ehrlich noch mir rühmlich nachzusagen, daß ich meinem Brief und Siegel, so doch mit meinem Blut gestellt widerlaufen sollte; so hat mir der Teufel redlich geholfen, was er mir zugesagt, darum will ich ihm auch redlich halten, was ich ihm habe zugesaget und zugeschrieben!«

Mit den magischen Künsten muß Faust sehr gut vertraut gewesen sein – wenn auch nicht auf die akademische Weise eines Agrippa oder Trithemius –, sonst hätten ihn kaum der Bamberger Fürstbischof Georg III. für ein Geburtshoroskop fürstlich belohnt oder der Maulbronner Abt Johannes Entenfuß als Alchimisten beschäftigt.

Auch Fausts Fähigkeiten als Wahrsager scheinen nicht schlecht gewesen zu sein. So bestätigte 1540 Philipp von Hutten als Mitglied einer Venezuelaexpedition Fausts Vorhersage, daß die Expedition schlecht ausgehen werde. Auch in Hinsicht auf sein eigenes

Faust beschwört – mit Mephistos Hilfe – die Helena

Schicksal bewies Faust seine Fähigkeiten. So berichtete Melanchthon ärgerlich, Faust sei nicht nur in Wittenberg durch seine schnelle Flucht der Verhaftung entgangen, sondern auch in Nürnberg, wo es ihm »beim Anfang des Mahles warm ward« (er also den Scheiterhaufen wohl schon unter sich spürte). Melanchthon weiter: »Er stand sogleich vom Tisch auf und bezahlte dem Wirt, was er schuldig war. Kaum war er aus der Türe, als die Häscher kamen und nach ihm fragten.«

Während seiner Studienzeit als fahrender Scholar, in der er allerlei Gaukel- und Zauberkünste erlernte und schnell als Wandermagier auf Jahrmärkten Erfolg hatte, muß Faust auch mit Trägern eines alten, als ketzerisch verfolgten Wissens zusammengekommen sein, nannte er sich doch schon in jungen Jahren Faustus (lat. der Glücksbringende, der Gesegnete). Faustus war aber auch der Beiname des von den Christen verteufelten, magischen Zeitgenossen des Jesu, Simon Magus, der, wie die indischen Tantristen vor ihm, in seinen Lehren die Sexualität als kosmisches Prinzip betrachtete. Für die Simonisten ist die Vereinigung der Geschlechter ein heiliges Mysterium, in der allein die Erlösung der Menschen gefunden werden kann: Simon der Magier befreit so in der Liebesvereinigung sich und Helena, seine Gegenseele, die er in dieser Welt gefunden hat, von den Fesseln der Materie.

Ähnlich wie Simon Magus, der die Apostel zu einem magischen Wettstreit aufgerufen haben soll, rühmte sich

Faust, ähnliche Wunder tun zu können wie Christus selbst. Hier noch einmal Trithemius: »Als ich mich später in Speyer befand, kam er (Faust) nach Würzburg und soll sich in Gegenwart vieler Leute mit gleicher Eitelkeit gerühmt haben, daß die Wunder unseres Erlösers Christi nicht anstaunenswert seien; er könne alles tun, was Christus getan habe, so oft und wann er wolle.«

Der ›elende‹ Faust entpuppt sich auf diesem Hintergrund, wenn ihm die »schändliche« Beschwörung der schönen Helena »seiner Fleisches Lüsten wegen« vorgeworfen wird, weniger als ein Lüstling als vielmehr als ein offener Anhänger und Propagandist alter sexulmagischer Lehren und Praktiken.

Das Lob der Zimmerschen Chronik von 1541, »das sein in vil Jaren nit leuchtlichen Wurt vergessen werden«, daß man ihn also für lange Zeit nicht vergessen werde, wurde wahr: Dichter wie Christopher Marlowe, Goethe, Klinger, Chamisso, Byron, Puschkin, Grabbe, Heine, Bulgakow und Thomas Mann setzten ihm literarische Denkmäler. Murnau gestaltete einen Film über sein Leben und Spohr, Berlioz, Wagner, Schumann Liszt, Gounod und Eisler verewigten diesen unsterblichen ›wunderbarlichen Nikromanten‹ in ihrer Musik.

Literatur

Historia von Doktor Johann Fausten des weitbeschreiten Zauberers und Schwarzkünstlers, Frankfurt/Main 1587

Anderer Teil D. Johann Fausti Historien, von seinem Famulo Christoph Wagner, 1593

Klaus Völker (Hrsg.): Faust. Ein deutscher Mann, Berlin 1975

Heinrich Cornelius Agrippa von Nettesheim: Achtet und liebet die Frauen!

Während sein Zeitgenosse Paracelsus sehr viel seines Wissens und seiner Praxis – wie er immer wieder betonte – aus der Weisheit und den Überlieferungen des Volkes schöpfte, war (der 1487 in Köln geborene) Agrippa mehr der gelehrte Sammler und Ordner des seit der Antike überlieferten magischen Schrifttums.

Wo Paracelsus seine Ansicht einer ganzheitlichen, ineinandergreifenden und beseelten Welt mehr aus sich heraus setzte, stellte Agrippa ein ähnliches Weltbild aus der Wiederbelebung heidnisch-antiker Traditionen her, indem er versuchte, den Aristotelismus der Scholastiker seit Thomas von Aquin mit den neuplatonischen Ideen eines Plotin, Proclus und Jamblichus einerseits und orientalischen und arabischen Mysterienlehren andererseits zu einem neuen Ganzen zu vermischen.

Sein von seinem Lehrer, dem gelehrten Abt Trithemius von Sponheim, angeregtes, 1510 als Handschrift vorliegendes, dreibändiges Hauptwerk ›De Occulta Philosophia‹ faßt die mit Alchimie, Astrologie, Magie und Kabbalistik durchsetzten Anschauungen des damals erst vierundzwanzigjährigen Agrippa zusammen: »Dies ist die wahre und geheime Philosophie von den Wundern der Natur«, sagte Agrippa selbst über sein Werk.

Trithemius schrieb damals darüber begeistert:

»Mit welch großem Vergnügen, geehrtester Agrippa, wir Euer Werk über

Frontispiz zu Agrippas Hauptwerk ›De Occulta Philosophia‹

die geheime Philosophie, das Ihr uns durch den Ueberbringer von Gegenwärtigem zur Prüfung zuschicktet, in Empfang genommen haben, kann weder eine sterbliche Zunge jemals ausdrücken, noch eine Feder beschreiben. Wir zollen Eurer nicht gewöhnlichen Gelehrsamkeit die größte Bewunderung, da Ihr, schon als Jüngling in so tiefe, vielen der gelehrtesten Männer unbekannte Geheimnisse eindringend, dieselben nicht allein trefflich und wahr, sondern auch in einem blühenden Style darzustellen vermochtet... Euer Werk, das selbst der größte Gelehrte nicht genug loben könnte, findet unsere Billigung, und wir ermahnen und bitten Euch inständig, daß Ihr auf dem eingeschlagenen Wege immer weiter schreiten und so herrliche Geisteskräfte nicht schlummern lassen, sondern sie fortwährend üben und vervollkommnen, und das Licht der wahren Weisheit, womit Ihr in so hohem Grade von Gott erleuchtet seid, auch den Unwissenden zeigen möchtet.«

Dieses Werk, vor allem aber seine an verschiedenen europäischen Universitäten freimütig vorgetragenen Lehren, Thesen und Auslegungen seines eigenen Gedankensystems wie auch die Erläuterungen zu den Schriften des kabbalisten Johannes Reuchlin (1455 bis 1522) und seine Vorlesung über Hermes Trismegistos machten ihn zwar für die Humanisten der damaligen Zeit zu einer wichtigen Symbolfigur, brachten ihm aber auch massive Anschuldigungen und Anklagen insbesondere von der Seite der Mönchsorden ein.

Zu einer Zeit, in der die auf das Alte Testament und auf den heiligen Augustinus sich berufende Einschätzung eines Thomas von Aquin, die Frau sei

Magisches Siegel des Agrippa

Johannes Reuchlin (1455–1522) verhinderte, daß alle in Bibliotheken vorhandenen Manuskripte von den Dominikanern verbrannt wurden.

dem Manne gegenüber sowohl in ihrer Biogenese als auch ihrer Qualität als auch ihrer Funktion nach minderwertig (eine Ansicht, die selbst Luther, wenn auch abgeschwächt, noch teilte), sich bereits überall in Europa im blutigen Treiben der Hexenverfolger materialisierte, wagte es Agrippa, ein Buch über die ›Vorzüge der Frauen‹ zu schreiben, worin er unter anderem auch die Schönheit und den Liebreiz der Frauen pries.

Daß Agrippa, sicher beeinflußt von orientalisch-gnostischen Mysterienlehren, die Rolle der Frau anders verstand als sein sich in Askese übender Lehrer Trithemius oder der Frauen sehr reserviert begegnende Paracelsus, geht auch daraus hervor, daß der dreimal glücklich Verheiratete seine erste Ehefrau in einem Brief »als mit allem begabt« pries, was er wünschen könne, und als »ein Weib nach seinem Herzen« regelrecht feierte.

Auch in der Vorrede zu seiner ›Occulta Philosophia‹, wo er sich gegenüber der landläufigen Ansicht vom verbotene Künste lehrenden Hexenmeister als wirklichen Magier abgrenzt, stellt er die Frau mit ihrer Prophetengabe neben den Mann:

»Nein, ich bin ein Magier, und ein Magier bedeutet, wie jeder Gelehrte weiß, keinen Zauberer, keinen Abergläubischen, keinen, der mit bösen Geistern im Bunde steht, sondern einen Weisen, einen Priester, einen Propheten; die Sibyllen, die bekanntlich von Christo so deutlich weißsagten, waren Magierinnen, und Magier erkannten aus den wunderbaren Geheimnissen der Welt die Geburt des Weltschöpfers Jesu Christi, und kamen unter Allen zuerst herbei, um ihn anzubeten; bei den Philosophen und Theologen des Alterthums stand der Name Magie in Ehren und war sogar im Evangelium nicht unwillkommen.«

Agrippa, der auch über den Stein der Weisen nachgrübelte, wandte das diesem zugrundeliegende Gesetz von der ›Vereinigung der Gegensätze‹ sogar noch bei seinem von ihm sehr geliebten schwarzen Pudel ›Monsieur‹ an: regelmäßig führte er das Tier einer in der Nachbarschaft lebenden Hündin zu. Schließlich erwarb er für es, um es dauernd zu erfreuen, ein weibliches Gegenstück, ›Mademoiselle‹ genannt!

Agrippas Eintreten für die Frau blieb allerdings nicht nur auf den privaten oder bloß literarischen Bereich beschränkt:

1519 verteidigte Agrippa in Metz eine der Hexerei angeklagte Bauersfrau, die unter der Folter ihre Schuld gestanden hatte, erfolgreich vor Gericht.

Dem überraschten Inquisitor, dem Dominikanermönch Nikolaus Savini, der die Frau hatte verhaften lassen, weil sie als Tochter ihrer als Hexe verbrannten Mutter bei ihrer Geburt unweigerlich den Dämonen geweiht worden sei und somit selbst Hexe sein müsse, bewies er in einem oratorischen Meisterstück, daß er sich mit einer solchen

Agrippa sah die Frau – nicht nur als Magierin – gleichberechtigt neben dem Mann

Beweisführung selbst zum Ketzer stempele:

»Wenn es so wäre, wie Ihr gesagt habt, wäre die Gnade der Taufe dann nicht vernichtet? Sollte der Priester dann bei der Taufe vergebens gesagt haben: Weiche, unreiner Geist, und mache Platz dem Heiligen Geist? Dies würde nämlich vergebens sein, wenn das Kind dadurch, daß eine gottlose Mutter es geweiht hat, dem Teufel unterworfen bleiben würde...

Gemäß unserem Glauben sind wir alle sündig und verflucht... und nur durch das Heil der Taufe sind wir von Satan erlöst... Seht Ihr nun, wie unhaltbar, nichtig und sogar ketzerisch Euer Urteil ist?«

Der vom Gericht verfügte Freispruch wirkte allgemein als Sensation und ermutigte die Bürger der Stadt dazu (auch als Agrippa nicht mehr in der Stadt weilte) selbst gegen Savini vorzugehen, so daß alle von dem Inquisitor beschuldigten Frauen freikamen.

War dieser mutige Akt angesichts der Übermacht der von Agrippa einmal als ›blutrünstige Raubvögel‹ beschimpften Inquisitoren nur ein Tropfen in die lichterloh brennenden Scheiterhaufen, so erwies sich Agrippas Einfluß auf seinen, aus Düsseldorf stammenden Schüler Johannes Wierus (1516–1588), den späteren Leibarzt des in Glaubensdingen sehr toleranten Herzogs von Kleve und streitbaren Verfasser mehrerer Anti-Hexenwahn-Bücher, als eine der entscheidenden Ursachen, die die Scheiterhaufen schließlich doch, wenn auch sehr langsam, zum Verglimmen bringen konnten.

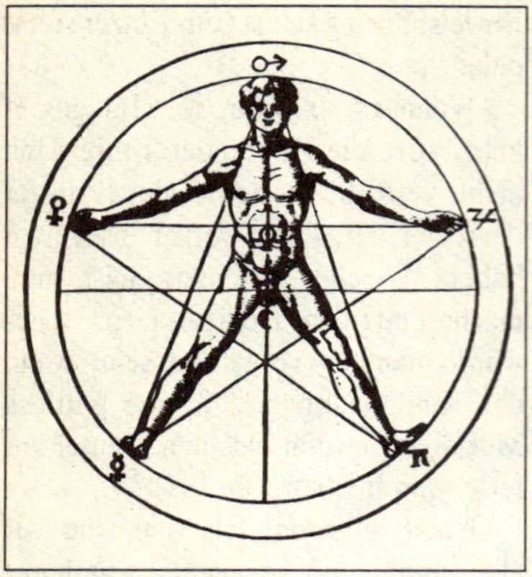

Der Mensch im – den Mikrokosmos symbolisierenden – magischen Pentagramm (aus: Agrippas Okkulter Philosophie)

Wierus benutzte in seinen, große Diskussionen entfachenden Büchern eine ähnlich geschickte Argumentation wie Agrippa: Satan, so führte Wierus aus, habe den Hexenprozeß erfunden, um fromme, unschuldige Frauen in einen qualvollen Tod jagen zu können. Ihre leichtfertigen Richter aber jage er ins ewige Feuer der Hölle. Auf die Seelen der Juristen und Theologen, der Bürgermeister, Fürsten und Könige, und nicht auf die Seelen der armseligen, unwissenden Weiber, die man widerrechtlich verbrenne, habe er es abgesehen!

Eine von Agrippa geplante Veröffentlichung über die ›ungeheuren Verbrechen‹ der Dominikaner (in deren Händen seit dem 12. Jahrhundert die Ausübung der Inquisition in Europa lag), kam nicht zustande. Vielleicht deshalb haßte ihn (wie Colin Wilson schreibt) nur »die Hälfte aller Mönche in Europa«, als er 1535 in Grenoble starb.

Ebenso wenig wie es Paracelsus gelungen war, gelang es Agrippa, irgendwann und irgendwo Ruhe zu finden. Zeit seines Lebens zog er von Stadt zu Stadt, von Hof zu Hof: als Scharlatan geschmäht, der Zauberei beschuldigt (und dafür zu Ende seines Lebens in Brüssel eingekerkert), fast immer auf der Flucht vor seinen ihn jagenden Häschern; den kirchlichen wie zumeist auch weltlichen Autoritäten, an den Orten, wo er jeweils zu bleiben gedachte, ein unbequemer und oft unerwünschter Gast.

Als der Herzog von Vendôme Agrippas Weiterreise einmal dadurch verhinderte, daß er seinen Paß mit der Bemerkung zerriß, »er wolle keinen Paß für einen Wahrsager abzeichnen«, drückte er, wenn auch ihm selbst wohl direkt nicht bewußt, aus, was seine Amtskollegen und die Geistlichkeit überall in Europa zu dieser Zeit am meisten fürchteten: daß nämlich jemand, so unerschrocken wie Agrippa von Nettesheim tatsächlich die Wahrheit zu sagen imstande wäre!

Dennoch: trotz aller Verfolgungen fand Agrippa immer wieder Freunde, Gönner und Förderer, die ihm offen oder im geheimen halfen. Dabei kam es zu so grotesken Situationen, daß z. B. die Universitäten Paris und Löwen sein Buch ›Von der Unsicherheit und Nichtigkeit aller Wissenschaften‹ als ketzerisch verurteilten, gleichzeitig aber ein päpstlicher Legat dem Verfasser schmeichelhafte Briefe über dieses Werk schrieb.

In diesem, 1530 in Antwerpen publizierten, satirischen Spätwerk erlaubte sich Agrippa, der als beamteter Jurist und Hochschultheologe, Offizier, Spion (im Dienste Kaiser Maximilians), Arzt, Astrologe, Mathematiker, Dämonologe, Magier, Gründer einer Geheimgesellschaft, Alchimist und Goldmacher

Agrippa über die Frauen: »Da nun das Weib zum letzten unter allen Kreaturen gebildet wurde, und das Ende und die Vollendung aller Geschöpfe Gottes, ja die Vollkommenheit der ganzen Welt ist, wer kann nun leugnen, daß sie nicht die allervortrefflichste unter allen Kreaturen sei.«

in vielen Sätteln saß, viele Rollen durchgespielt hatte und wohl auch einer der klügsten Köpfe seiner Zeit war, auch noch den Spaß, zu behaupten, viel zu wissen bringe nur die enttäuschende Gewißheit zu merken, wie wenig man eigentlich wirklich wisse. (Natürlich fehlte auch dieser Schrift nicht ein Kapitel ›über die eitele Kunst der Inquisitoren‹!)

Noch nach seinem Tod versuchten Inquisitoren wie die gelehrten Menschenschlächter Bodin und Delrio das Ansehen, das Agrippa ungeachtet aller Angriffe genoß, herabzusetzen. Gleichzeitig sollte auch der immer mehr in der Öffentlichkeit an Glaubwürdigkeit gewinnende Wierus in ein dunkles Licht gesetzt werden.

So behauptete Bodin, über den selben Mann, dem der Papst seine Anerkennung für seinen Eifer für die katholische Kirche und Sache ausgesprochen hatte, der schwarze Pudel des Agrippa sei ein Höllengeist in Hundegestalt gewesen, mit dem Agrippa einen Teufelspakt gehabt habe. Daß Agrippa ihn ›Monsieur‹ rief, war für Bodin der Beweis, Agrippa habe den Teufel seinen Herrn genannt.

Delrio unterstellt ihm gar, er habe stets seine Zeche – den von ihm durch Zauberei oder Hypnose verblendeten Wirten – mit Hornstücken statt mit Goldstücken bezahlt.

Literatur

Agrippa von Nettesheim: ›De occulta Philosophia‹, Köln 1933 (deutsch: ›Magische Werke‹), Berlin 1921
Agrippa von Nettesheim: ›De incertitudine et vanitate scientiarium‹, Köln 1527, (deutsch: 1913)
Jean Bodin: ›De la Démonomanie des Sorciers‹, Straßburg 1581 (deutsch: ›Vom ausgelassenen wütigen Teufelsheer‹, Straßburg 1591, Nachdruck Graz 1973)
Martin Delrio: ›Disquisitiones magica‹ (Untersuchungen über Zauberei), Löwen 1596
H. Morley: › Life of Cornelius Agrippa‹, London 1856 (zwei Bände)
Johannes Reuchlin: »De verbo mirifico (Über das wunderwirkende Wort)
Johannes Wierus (Weyer): ›De praestigiis daemonum et incantionibus ac venificiis‹ (Über die Blendwerke der Dämonen sowie von Bezauberungen und Vergiftungen), Basel 1563

Philippus Aureolus Theophrastus Paracelsus: Nur im ›Buch der Natur‹ ist Weisheit

Der 1493 zu Einsiedeln in der Schweiz als Sohn des Arztes Wilhelm von Hohenheim geborene Abkömmling des einflußreichen schwäbischen Adelsgeschlechts der Bombaste von Hohenheim (ein Vorfahr war in den siebziger Jahren des Jahrhunderts Komtur des Deutschen Ordens und des Johanniterordens), »heute bald zum größten Wissenschaftler und Dichter der Renaissance erklärt« (Golowin), gilt allgemein als der Begründer einer neuen Pharmakologie und Medizin, die sich von den starren Bindungen an antike Vorbilder und antike Schriften löste und die ärztliche Praxis und das ärztliche Wissen ganz aus der Beobachtung der Natur abzuleiten versucht:

Paracelsus (im Schwertknauf soll sich der Stein der Weisen befunden haben)

»Meine Philosophie«, sagte Paracelsus, »hat ihren Ursprung nicht in der Phantasie, sondern sie ist dem Buche der Natur entnommen.«

Daran, daß Paracelsus mit seinen Vorstellungen, Ideen und Rezepten beim Volk bis heute lebendig blieb, konnten weder zeitgenössische Zunftkollegen, die ihn als »Ketzer, Irrsinnigen, Lappes, Plagiator, Strolch, Taugenichts und Scharlatan« schmähten, etwas ändern, noch die aggressive Polemik der Vertreter einer konservativen Wissenschaft späterer Jahrhunderte: So kommt der Gelehrte J. G. Zimmermann 1763 zu dem drastischen Urteil: »Er (Paracelsus) lebte wie ein Schwein, sah aus wie ein Fuhrmann, fand sein größtes Vergnügen in dem Umgang des liederlichsten und niedrigsten Pöbels, und war die meiste Zeit seines Lebens hindurch besoffen. Auch scheinen alle seine Schriften im Rausch geschrieben.«

Das ›Gelehrtenlexikon‹ aus dem Jahr 1773 dichtet ihm dazu an, »er habe ein Bündnis mit dem Teufel gehabt«. In Schriften des 19. Jahrhunderts wird ihm vorgeworfen, »keine wissenschaftliche Bildung zu haben« und »wahnsinnig« gewesen zu sein.

Und noch 1893 bezichtigt der bekannte Arzt Rudolf Virchow ihn anläßlich eines Ärztekongresses in London der Praxis eines »wilden und unfruchtbaren Mystizismus«.

Seine Gedanken beeinflußten entscheidend Mystiker wie Jacob Böhme, naturphilosophische Ärzte wie van Helmont und den Mathematiker Jungius, die frühen Rosenkreuzergemeinschaften und spätere Theosophen wie den Arzt und Blavatsky-Vertrauten Franz Hartmann.

Sie lassen sich aber auch in den Ansätzen der Psychoanalyse finden und in den Erkenntnissen der damit verbundenen psychosomatischen Medizin, wenn Paracelsus schreibt, daß »ein wirklicher Philosph... das Äußere in das Innere kehren können muß« und daß die »sterbliche Hülle des Menschen nicht der eigentliche Mensch ist, sondern nur das Gewand des inneren Menschen.« Nach anfänglichen Studien bei seinem Vater in Medizin, aber auch in der Metallverhüttung, dann bei dem gelehrten Abt Bruno von Sponheim und dem Alchimisten Sigmund von Fugger wurde Paracelsus wirklich zum ›fahrenden Schüler in Gottes Weltuniversität‹: Neun Jahre lang wanderte er durch Europa und begleitete schließlich einen tatarischen Fürsten auf einer Reise von Moskau nach Konstantinopel.

Wie vor ihm Pythagoras und unzählige andere Wahrheitssucher holte sich wahrscheinlich auch Paracelsus entscheidende Anregungen in Indien (›Der Gott und die Bajadere‹, Zeichnung von L. Richter)

Nach Ansicht von Franz Hartmann soll er sich hierbei auch mit den indischen Geheimlehren vertraut gemacht haben.

Von dem damals berühmten, in Konstantinopel lebenden Magier und Alchimisten Solomon Trismosis soll Paracelsus den Azoth (den Stein der Weisen) geschenkt bekommen haben, in dem er allerdings kein Mittel sah, Gold zu machen, sondern er betrachtete den Stein vielmehr als das ›All-Heil-Mittel‹ für die Krankheiten und Schwächen des Menschen.

1527, auf Fürsprache von Erasmus (von Rotterdam), zum Professor der Medizin der Stadt Basel gemacht, verbrennt er im Johannisfeuer symbolhaft alte medizinische Schriften und erklärt seinen schockierten Studenten, daß »die Haare auf meinem Hinterkopf mehr wissen als alle eure Schriftsteller zusammen: meine Schuhschnallen besitzen mehr Weisheit als selbst Galen und Avicenna«.

Verhaßt bei seiner Kollegenschaft, machte sich Paracelsus nicht nur mit solchen Happenings und dem Fliegenlassen ›böser Zettel‹, sondern auch mit Behauptungen wie der, »daß der Arzt nicht alles, was er können und wissen soll, auf der Hohen Schule lernt und erfährt, sondern daß er zeitweise zu alten Weibern, Zigeunern, Schwarzkünstlern, Landfahrern, alten Bauersleuten und dergleichen mehr wenig beachteten Leuten in die Schule gehen und von ihnen lernen muß: denn diese haben mehr Wissen... als alle Hohen Schulen«!

Erasmus (Gemälde von H. Holbein d. J., 1523)

Außerdem lehrte er nicht, wie bis dahin üblich, in Latein, sondern in Deutsch; einer für Paracelsus ›ursprünglichen‹ Sprache: »nit minder würdig, daß alle Ding darin beschrieben werden, denn Griechisch, Hebräisch und Latein...«

Daß Paracelsus dazu auch in vielen Fällen selbst schwerste Krankheiten tatsächlich auch zu heilen vermochte, machte ihn zwar in ganz Europa als Wunderheiler berühmt, schuf ihm aber auch nicht wenig neidvolle Feinde. Ebenso brachte sein freizügiger Umgang mit und sein Eintreten für ›niedere Leute‹ ihn in Kollision mit der Obrigkeit: 1526 war Paracelsus in Salzburg sogar kurzfristig verhaftet worden, weil man ihn im Verdacht hatte, daß er mit aufrührerischen Bauern Kontakt pflegte (die wenig später Salzburg wirklich auch besetzten!).

Außer bei seinem kurzen Aufenthalt in Basel wurde Paracelsus nicht mehr seßhaft: war er vor der Baseler Zeit als ›fahrender Schüler‹ gereist, zog Paracelsus jetzt – bis zu seinem Tod nicht mehr zur Ruhe kommend – als sozusagen ›fahrender Professor‹ von Stadt zu Stadt.

Im Denken und Tun weit voraus und so seiner Zeit so fremd ›wie ein Besucher aus der Zukunft‹, wurde Paracelsus' Genie nicht nur von den Vertretern der damaligen Wissenschaft, sondern selbst von seinen mit ihm eng vertrauten Schülern mißverstanden.

Wie egozentrisch, bizarr, unverständlich und erschreckend Paracelsus auf normale Gemüter wirkte, zeigen einige Stellen aus einem Brief seines Famulus,

Johannes Oporinus, Famulus des Paracelsus

Johannes Oporinus (einem späteren Buchdrucker und Professor für das Griechische), an den berühmten Arzt Johann Wierus. So über die angebliche Trunksucht des Paracelsus:

»... so sehr war er Tag und Nacht, während ich fast zwei Jahre bei ihm verkehrte und wohnte, dem Trunk und der Prasserei ergeben, daß man ihn kaum eine Stunde oder zwei nüchtern fand; besonders nachdem er von Basel fortgereist war und im Elsaß unter den Edlen, Bauern und Bäuerinnen wie ein zweiter Äskulap gefeiert worden war. Und dessen ungeachtet, wenn er am betrunkensten war und nach Hause gekommen, mir etwas von seiner Philosophie zu diktieren pflegte, so schien sie so ordentlich zusammenzuhängen, daß sie auch von einem nüchternen Menschen nicht hätte verbessert werden können.«

Über seine alchimistischen Experimente:

»Immer hatte er seinen Kohlenwinkel, mit ständigem Feuer, bald sein Alcali, bald sein Arsenisches Oel oder Crocus martis oder seinen wunderlichen Opoldeltoch, und ich weiß nicht was für Gebräu kochend.«

Über den Umgang mit seinem magischen Schwert (von Paracelsus liebevoll ›Azoth‹ genannt):

»Die ganze Nacht, so lange ich bei ihm wohnte, hat er sich nie ausgezogen, was ich seiner Trunkenheit zuschrieb; und sehr oft kam er gegen Mitternacht, stets betrunken, nach Hause, um zu schlafen; so wie er angezogen war, sein Schwert bei sich, das er von einem Folterknecht oder Henker geschenkt bekommen zu haben behauptete, warf er sich aufs Bett, und dann und wann, mitten in der Nacht, wenn er kaum geschlafen hatte, stand er auf mit seinem gezogenen Schwert, wie ein Rasender, schmiß es zu Boden gegen die Wand, so daß ich manchmal glaubte, er würde mir den Kopf abhauen, und davor Angst hatte.«

Über sein geheimes Wissen:

»Zwischendurch gab er vor, viel Wunderbares prophezeien zu können, und sonderbare Arcana und Mysterien zu kennen; so daß ich im geheimen nicht leicht bei ihm an etwas heranzukommen, noch jemals etwas anzurühren wagte, da ich mich immer vor ihm fürchtete.«

Über seine Fähigkeit, Gold zu machen:

»Er brachte viel Geld durch, so viel, daß er manchmal weder Heller noch Pfennig behielt, soviel ich wußte, und Tags darauf zeigte er mir wiederum

Luther: fürchtete Teufel, Wechselbälge und Nymphen

seinen Geldbeutel voll Geld, so daß ich mich nicht selten wunderte, wodurch er wieder so viel bekommen hätte.«

Über seine besondere Art zu heilen:

»Im Kurieren und Heilen von Geschwüren verrichtete er fast Wunder, wo wenig Hoffnung zu sein schien, keine Art von Speisen oder Getränken beim Heilen verbietend, sondern mit seinen Patienten Tag und Nacht nach Herzenslust zechend, so daß er sie (wie er zu sagen pflegte) mit vollem Bauche heilte. Mit seinem ›Laudanum‹ – so nannte er Pillen in der Form von Mäusedreck, welche er in ungleicher Anzahl nur in der äußersten Not der Krankheiten, wie zum heiligen Anker (wie man sagt) seine Zuflucht nehmend, eingab, sich so brüstete, daß er sich auch nicht entblödete zu behaupten, daß er allein, nur durch den Gebrauch von diesen, Tote zum Leben zurückbringen könne, und das hat er dann und wann, als ich bei ihm war, tatsächlich bewiesen, daß sie, tot zu sein schienen, plötzlich wieder zu sich kamen.«

Und über seine besondere Haltung zur Kirche:

»Ich habe ihn nie beten sehen oder hören, noch fragte er nach irgendeiner geistlichen Übung, noch nach der evangelischen Lehre, welche zu der Zeit bei uns verehrt und geübt zu werden anfing und von unserem Prediger sehr sorgfältig und fleißig betrieben, welche er nicht nur verachtete, aber auch drohte, daß er noch einmal Luther und dem Papst, ebenso wie nun Galen und Hippokrates, den Kopf zurecht setzen werde, und daß niemand, der bisher über die Heiligen Schriften geschrieben habe, sowohl die Älteren wie die Jüngeren, den rechten Kern der Schriften noch nie getroffen hätten, sondern nur die äußere Schale, so daß sie nur die Schatten träfen und erklärten.«

Gänzlich von der kirchlichen Meinung abweichend und im besonderen Gegensatz zu Luther, der durch seine Auslegungen über die teuflischen Wassermänner und die von ihnen den Menschen unterschobenen Wechselbälgern den allgemeinen Dämonenwahn seiner Zeit wesentlich verstärkte, äußert sich Paracelsus in dem vielleicht poetischsten und schönsten seiner Werke, dem ›Liber de nymphys, sylvis, pygmaeis et salamandris‹ differenziert über die elementischen Wesen in Luft, Wasser, Erde und Feuer. Diese, für Luther nur

Die Wasserleute: Buhlen um die Menschen

verdammenswerte Teufel, sieht Paracelsus als von Gott geschaffen an und wie der Mensch ›unter Gottes Schirm‹ selbst in den von Sage und Märchen berichteten Vermischungen mit Menschen sieht Paracelsus keine unchristliche Handlung, im Gegenteil:

»Nämlich die Wasserleute, die kommen aus ihren Wassern herauf zu uns, lassen sich kennen und handeln und wandeln mit uns, gehen wieder hinweg in ihr Wasser, kommen wieder. Nun aber, Menschen sind's, aber allein in tierischer Art, ohne Seel. Nun folgt aus dem, daß sie zu Menschen verheiratet werden (können), also daß eine Wasserfrau einen Mann aus Adam nimmt, und hält mit ihm Haus und gebiert. Von den Kindern wisset, daß solch Gebären dem Mann nachschlägt, drum daß der Vater

Traf sich der sonst so frauenscheue Paracelsus heimlich mit Nymphen?

ein Mensch ist aus Adam, darum wird dem Kind eine Seel eingegossen und es wird gleich einem rechten Menschen, der eine Seel hat. Nun aber weiter, so ist das auch in gutem Wissen, daß auch solche Frauen eine Seel empfahen, indem so sie vermählt werden, also daß sie wie andere Frauen vor Gott sind und durch Gott erlöst sind... Daraus folgt nun, daß sie um den Menschen buhlen, sich zu ihm fleißigen und heimlich (vertraut) machen, gleicherweis wie ein Heide, der um die Taufe bittet und buhlt, auf daß er sein Seel erlange. Also stellen sie nach solcher Liebe gegen die Menschen, auf daß sie mit dem Menschen in demselben Bündnis sind. Denn aller Verstand und Weisheit ist bei ihnen außer der Seel«.

Und das sich Versenken in die Beschreibung »der vier Geschlechter der Geistmenschen« dünkt ihm sogar seliger, als beispielsweise etwa die Orden zu beschreiben. »Seliger ist es, die Nymphen zu beschreiben als die Orden zu beschreiben, seliger ist den Ursprung der Riesen zu beschreiben, denn die Hofzucht; seliger ist Melusina zu beschreiben, denn Reuterei und Artillerie; seliger die Bergleutel unter der Erde zu beschreiben, denn Fechten und den Frauen dienen.«

Am 24. September 1541 im 48. Lebensjahr starb der Mann, der einmal von sich gesagt hatte, daß er »des Todes sterben werde, den er sich einst selbst wählen würde«, in Salzburg: drei Tage, nachdem er sein Testament gemacht hatte!

Noch sein Tod gab bis heute Anlaß zu zahlreichen Spekulationen: so vermuten die einen, ein Leberleiden infolge seiner Trunksucht als Ursache seines Todes, andere die Folgen einer Kopfverletzung nach einer Wirtshausschlägerei. Wieder andere Gift oder daß Paracelsus »von der Dienerschaft mehrerer ihm feindlich gesinnter Ärzte bei einem Gastgebot meuchelmörderisch überfallen und durch einen Schlag auf den Kopf tödlich verwundet worden sei«.

Eine Untersuchung an seinem Schädel im Jahr 1812 ergab tatsächlich einen Sprung durch den ganzen Schuppenteil des linken Schläfenbeins: Der damalige Untersuchungsbericht kommt zu dem Ergebnis, daß dieser Spalt mit hoher Wahrscheinlichkeit nur durch eine ›am lebendigen Kopf mögliche Verletzung‹ entstanden sein könne.

Die thematische Vielfalt seiner Schriften, zum größten Teil erst nach seinem Tod aus in Dachstöcken und Kellern vergessenen Handschriften veröffentlicht, zeigen Paracelsus nicht nur als großen Arzt und Naturphilosophen, sondern auch als einen Universalgelehrten, der sich mit der Erschaffung des künstlichen Menschen (dem sogenannten Homunkulus) ebenso intensiv beschäftigte wie mit den Geheimnissen der Alchimie, Magie, Mantik, Astrologie und der Kunst, das Leben zu verlängern.

Oft in seinen Äußerungen scheinbar dunkel und rätselhaft, wartet dieses titanische Werk noch immer zum größten Teil auf seine Deutung.

Die Bedeutung, die Franz Hartmann Paracelsus in seiner Biographie 1898 für das beginnende 20. Jahrhundert zuschrieb, scheint noch immer ihre Gültigkeit zu haben.

»Wenn es einmal auf unseren Universitäten Hörsäle gibt, in denen der Mensch nicht nur seinen tierischen Verstand ausbilden, sondern seine eigene höhere Natur praktisch kennenlernen wird; dann wird es Zeit sein, sich um weiteren Unterricht an Paracelsus zu wenden. Man wird dann finden, daß die moderne Wissenschaft dem kleinen Wissen, das Lehrgebäude des Paracelsus dem großen Wissen angehört. Schon manche Titel seiner Schriften deuten auf eine viel großartigere Weltanschauung als die unsere hin. So z. B. bezeichnete das Wort ›Paramirum‹ (aus Para – ›Über‹ und ›mirare‹ zusammengestezt) das Staunen und die Bewunderung, welche den Menschen beim Anblicke des im Weltall wirkenden Geistes erfüllt, und ›Paragranum‹ deutet auf das Samenkorn göttlicher Weisheit hin, welches im Menschen enthalten ist und durch dessen Entwicklung nicht ein bloßer ›Gelehrter‹, sondern ein ›Übermensch‹, ein Genie, zustandekommt.«

(Der Holzschnitt am Anfang zeigt Paracelsus, stark gealtert, ein Jahr vor seinem Tod, sich auf sein Schwert Azoth stützend. Über dem Porträt steht sein Wahlspruch: »Alterius non sit, qui suus esse potest«: Wer sich selbst angehören kann, der sei keines anderen Knecht!)

Seliger ist es, die Nymphen zu beschreiben, als die Orden(sleute) zu beschreiben…

Literatur

Ernst Darmstaedter: ›Paracelsus-Studien‹, Leipzig 1931 (Kommentar der paracelsischen Rezepte aus der Perspektive der heutigen Chemie)

Sergius Golowin: ›Theophrastus im Märchenland. Aus der Volksüberlieferung des ausgehenden Mittelalters‹, Bern 1962 (wiederaufgelegt Basel 1980)

Franz Hartmann: ›Theophrastus Paracelsus von Hohenheim‹, 1898 (neu aufgelegt: Stuttgart o. J.)

G. Kolbenheyer: Paracelsus, 1917–1926 (biografische Romantrilogie)
Walter Pagel: ›Das medizinische Weltbild des Paracelsus, seine Zusammenhänge mit Neuplatonismus und Gnosis‹, Wiesbaden 1962
Theophrastus Paracelsus von Hohenheim: ›Sämtliche Werke‹, herausgegeben von *K. Sudhoff* und *W. Matthiessen.* München 1929 bis 1955
W. E. Peuckert: ›Deutscher Volksglaube des Spätmittelalters‹, Stuttgart 1942
W. E. Peuckert: ›Die Rosenkreutzer. Zur Geschichte einer Reformation‹, Jena 1928
Karl Sudhoff: ›Paracelsus. Ein deutsches Lebensbild aus den Tagen der Renaissance‹, Leipzig 1936 (Briefe/Dokumente)

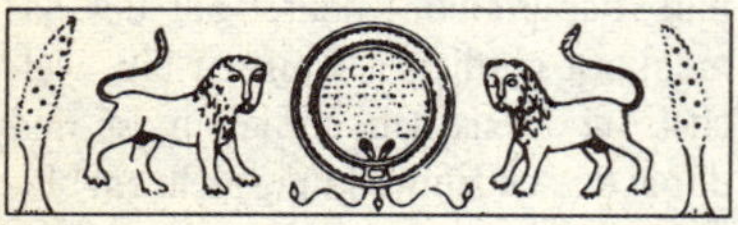

Nikolaus Kopernikus:
Die Erde bewegt sich

Seit Ptolemäos war es 1400 Jahre lang sonnenklar: Die Sonne zieht auf einer Kreisbahn um die Erde!

Diese Ansicht des alltäglichen Sonnenaufgangs im Osten und des Untergangs im Westen ließ keinen Zweifel am Mittelpunkt der Erde.

Bestenfalls ließ sich streiten, ob göttliche Wesen oder, wie die ionischen Philosophen meinten, Planeten (planein = feurige Kugeln) ihre Kreisbahn um die im Zentrum thronende Erde zogen.

Kopernikus, ein Maiglöckchen in der Hand haltend

Zwar wagte schon Aristarch (310–230 v. Chr.) statt der Erde die Sonne in den Mittelpunkt der Welt zu setzen, doch diese Ansicht wurde wenig populär.

Von arabischen Schriftgelehrten überliefert, gelangte diese Lehre nach Norditalien, wo vermutlich Nikolaus Kopernikus (1473–1543) mit ihr in Berührung kam: der 23jährige war nach Bologna zum Studium der Rechte gekommen, widmete sich aber – durch den Einfluß seines Lehrers Dominico Maria Novarra – mehr der Mathematik und Astronomie und wurde hier auch in die griechische Sprache und Literatur eingeführt.

Daß Kopernikus die Sonne in das Zentrum der Planetenbahnen rückte, lag vor allem anderen einfach daran, daß ihm die astronomisch-mathematischen Abteilungen des ptolemäischen Weltbildes zu kompliziert waren und daß diese sich mit seinen neuen Annahmen drastisch vereinfachen ließen.

Die von Kopernikus noch als kreisförmig betrachteten Planetenbahnen weisen 2000 Jahre zurück auf die Annahmen einer Sphärenharmonie, der Vorstellung Platos nämlich, die Planeten offenbarten ihre Göttlichkeit durch die Regelmäßigkeit ihrer vollkommenen Kreisbahnen:

»In der Mitte aber von allem steht die Sonne. Denn wer wollte diese Leuchte in diesem wunderschönen Tempel an einem anderen oder besseren Ort setzen als dorthin, von wo aus sie das Ganze zugleich beleuchten kann? Zumal einige sie nicht unpassend das Licht, andere die Seele, noch andere den Lenker der Welt nennen.

Trismegistos bezeichnete sie als den sichtbaren Gott, die Elektra des Sophokles als den Allessehenden. So lenkt in der Tat die Sonne, auf dem königlichen Thron sitzend, die sie umkreisende Familie der Gestirne«.

Kopernikus sah seine Theorie als nicht abgeschlossen an. Das erklärt vielleicht die späte Veröffentlichung seines Werkes ›Über die Umdrehungen der Himmelskörper‹ (1543), welches er, wahrscheinlich im Hinblick auf kirchliche Bedenken, geschickterweise Papst Paul III. widmete.

Seine entscheidenden Annahmen wurden aber schon im ›Commentariolus‹, einem kurzen Bericht, der seinen gelehrten Freunden zugänglich war, ausgesprochen.

Einer von ihnen, der Theologe Andreas Osiander, brachte das Hauptwerk mit einer den Sinn des Ganzen verkehrenden Vorrede heraus. Das heliozentrische System des Kopernikus wurde darin nur als eine mögliche Hypothese dargestellt.

Erst Kepplers Umlaufgesetze, Galileis Mechanik und Newtons Gravitationsformel beseitigten geäußerte Einwände und Zweifel und erhoben den Heliozentrismus zu einem Gesetz.

Der von Ptolemäus erfundene Weltkreis (aus: Harmonica Macrocosmica, 1660)

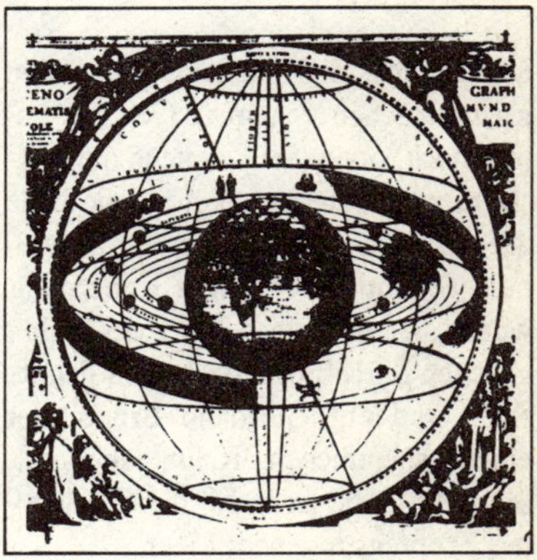

Heute gilt die ›Kopernikanische Wende‹ als Symbol für den Vorrang des Denkens, speziell des wissenschaftlichen, gegenüber dem augenscheinlichen, dem ›gesunden Menschenverstand‹.

Seit Einstein jedoch die Vorstellung eines ›ruhenden Raumes‹ beseitigte; eine der Voraussetzungen für den Vorrang des heliozentrischen Systems, bleibt in der Tat nur noch die einfachere

Der von Kopernikus erfundene Weltkreis

Tycho Brahe, der Fürst der Astronomen

Berechnungsweise gegenüber einem geozentrischen System als Gewinn. Immer noch, ohne den Gesetzen der Physik zu widersprechen, könnte die Erde als starr, die Sonne als bewegt angesehen werden! Doch durch Kopernikus wurde die einfallslose Starre des immer gleichen durchbrochen, das All dehnte sich. Und mit Giordano Bruno, der einen unendlichen Raum annimmt, schrumpfte die Erde auf die Größe eines Tropfens in einem Meer…

Brahe und Kepler:
Fernsehen in kosmischen Sphären

Als Bruno mit seinen Thesen die letzte der erdichteten Mauern, jene äußere Kristallkugel, an der selbst noch Kopernikus die Fixsterne befestigt sah, beseitigte, wurde das Weltall (also *alles,* der gesamte Vorstellungsraum) grenzenlos.

Ein Attribut, das zuvor nur ›Gott‹ zugesprochen worden war.

Brahe und Kepler dachten die Entwürfe des Kopernikus weiter: Der dänische Edelmann Tycho Brahe (1456–1601), unbestrittener ›Fürst der Astronomen‹, tat Abend für Abend genau das, was Millionen unserer Mitbürger ebenfalls Abend für Abend tun – er sah mit Leidenschaft fern, allerdings nicht in die ›Glotze‹, sondern in die Sterne.

Genaueste Beobachtungen mit einer für seine Zeit modernsten Instrumentik ließen ihn bald Fehler und Schwächen in Kopernikus' System finden.

Es blieb seinem Famulus und – nach seinem Tod – Nachfolger als kaiserlicher Mathematicus am Hofe des der Esoterik sehr zugetanen Kaiser Rudolf II. überlassen, das Gebäude des Kopernikus in den ›Rudolphinischen Tafeln‹ mathematisch-theoretisch abzusichern – was dringend nötig war:

Die fehlende Sinnesempfindung für die Eigenbewegung der Erde hatte schnell wieder – auch wissenschaftliche – Zweifel an der Richtigkeit der Kopernikanischen Theorie aufkommen lassen. Die kirchliche Gegenrenaissance tat ihr übriges: das heliozentrische System verlor seinen Zauber und begann zu verblassen.

Kepler als neuer ›Atlas‹ schien nötig, um das einsturzgefährdete Himmelsgewölbe zu stützen.

Auch Kepler sah es so in der Einleitung zu seinem Hauptwerk, der ›Neuen Astronomie‹ (1609): »Ich untersucht' nun zuerst der Planeten gewöhnliche Bahnen und die böse Gefahr, die die rissigen Mauern bedrohte, da die Säulen der Welt bereits ins Wanken gerieten. Dunkel auf den Ursachen lag. Der Chor der gelehrten Wahrheitssucher vertraut dem Prudentischen Meister« (gemeint ist Kopernikus).

Johannes Kepler: der Weg zum verlorenen Menschengeheimnis führt über die Entschlüsselung des Weltgeheimnisses

Es gelang Kepler, das akribisch genaue Beobachtungsmaterial Brahes mit den von ihm gefundenen Planetenumlaufgesetzen zu einem neuen, für mehr als 100 Jahre gültigen Wissensgebäude zu formen.

Keplers Arbeit war stark von einer pythagoräisch-mystischen Zahlenmagie durchdrungen, sein Hauptbeweggrund überhaupt in die Geheimnisse des Alls einzudringen.

Diese mystische Grundorientierung zeigt sich auch schon in den Titeln zweier anderer Werke, des ›Mysterium Cosmographicum‹ (1596) und der ›Harmonices mundi‹ (1619).

Noch mit 55 Jahren bewarb sich Kepler in Straßburg um einen Lehrstuhl für Astrologie.

Zahlreiche, von ihm erstellte Horoskope sind bekannt, unter anderem auch eines für den Feldherrn Wallenstein, das allerdings für den Auftraggeber nicht besonders schmeichelhaft ausfiel.

Seine anfänglich große Reputation in Graz verdankt Kepler einigen zutreffenden Prognosen im Jahreskalender, dessen Herausgabe ihm in seiner Funktion als Landschaftsmathematiker oblag.

Zur Kirche und ihrem Lehrgebäude hatte Kepler ein eher geringes Verhältnis, obwohl oder gerade weil er ursprünglich Theologe werden wollte.

Weder unterschrieb er die von Jakob Andreä 1577 verfaßte lutherische Konkordienformel, die ihm sicherlich eine Tübinger Theologenkarriere gesichert hätte, noch trat er zum katholischen Glauben über, als er, mehrmals durch die Gegenreformation bedrängt, Wohnsitz und Lebenserwerb aufgeben mußte.

Das erste Kapitel des ›Mysterium Cosmographicum‹, das der Verteidigung des geozentrischen Systems gewidmet ist, eröffnet er selbstbewußt mit dem Satz:

»Wenn es auch die Frömmigkeit erheischt, sich sogleich am Anfang dieser naturwissenschaftlichen Untersuchung zu fragen, ob nichts darin gegen die Heilige Schrift ausgesprochen wird, so halte ich es doch nicht für gelegen, diese Streitfrage hier zu behandeln, solange man mich in Ruhe läßt.«

Tycho Brahes mit modernsten Apparaturen ausgestattete Sternlaboratorien – zuerst in dem von ihm selbst gebauten, märchenhaft schönen Schloß Uranienburg auf der Insel Hveen im Sund von Lehen, dann auf Schloß Benack – ermöglichten es ihm als erstem, die Sterne ein Stück mehr auf die Erde zu bringen.

Daß die kirchlichen Autoritäten ihn in Ruhe ließen, ist ein kleines Wunder, zumal er durch einen Hexenprozeß, der gegen seine Mutter angestrengt wurde, ins ›Gerede‹ kam.

Kepler, der als Student neben Pythagoras, als dessen Schüler er sich fühlte, noch die Schriften anderer Vorsokratiker und die Schriften der Neuplatoniker im Urtext gelesen hatte, zeigt wenig christlichen Geist, wenn er in seinem Werk ›Harmonices mundi‹ jubelnd gesteht:

»Ich habe die goldenen Gefäße der Ägypter geraubt, um meinem Gott daraus eine heilige Hütte einzurichten.«

Seinen Gott, die Sonne, preist Kepler – unverhohlen wie ein Osirispriester – mit Worten wie diesen: »Dies alles zwingt mich zu dem Bekenntnis, daß von der Sonne, dem Brennpunkt oder dem Auge der Welt, das Licht nicht nur in die ganze Welt ausstrahlt wie das Leben und die Wärme aus dem Herzen – als dem Regenten und Urbeweger alles Bewegtem –, sondern, daß sich auch alle Ausflüsse der Welt in der Sonne sammeln. Mit dem Rechte des Königs bezieht er gleichsam die Abgaben: wunderbar liebliche Klänge der Harmonie… kurz: es ist in der Sonne der Hof, das Schloß, der Palast des ganzen Naturreichs, wem immer als Kanzler, Paladin und Minister vom Schöpfer diese Wirkensstätte umgeben und hier ihre Sitze bereitet wurde, seien es Wesen vom Urbeginn der Welten, seien sie später dahin verwiesen.«

Kaiser Rudolf II., ein Sucher nach den verlorenen magischen Hochwissenschaften auf dem Thron des Heiligen Römischen Reiches

Die isolierende Wissenschaftsbetrachtung trennt eben diesen Kepler der Weltharmonie vom Astronomen Kepler, der die drei Planetenumlaufgesetze formulierte. Er wird nur als einer derer gesehen, die das alte Weltbild zerbrachen, abgetan wird der Kepler, der in den mörderischen Zeiten um den 30jährigen Krieg nach Vollkommenheit und Ausgleich suchte:

Keplers Streben galt – so sein Biograph Johannes Hemleben – »von Jugend auf der Überwindung der Disharmonien unter den Menschen durch Auffindung der aller Schöpfung zugrunde liegenden Harmonien der Welt durch Erkenntnis derselben, durch denkende Anschauungskraft«.

Das Weltgeheimnis sieht Kepler in einem vollkommen harmonischen Naturzusammenhang: »Nichts anderes sind also die Himmelsbewegungen als ein fortwährendes Zusammenklingen... alles in einem gleichsam sechsstimmigen Satz und mit diesen Noten die Unendlichkeit der Zeit gliedernd und unterbrechend.«

In seiner Hinterlassenschaft fand sich ein eigentümliches Werk mit dem Titel ›Traum oder nachgelassenes Werk über die Mondastronomie‹.

Den ›Mondfahrten‹ eines Lukian, St. Brandanus, St. Patrick folgend und den Mondfahrten eines Verne und Lovecraft zuvorkommend, ›betrat‹ Kepler seinen Mond, dabei dem Leser – wie er schreibt – allerdings »soviel Probleme als Seiten« hinterlassend: »Doch wer wird die Mühe ihrer Lösung sich aufladen?«

Literatur

Max Brod: Tycho Brahes Weg zu Gott, Leipzig 1915

Johannes Hemleben: Kepler, Hamburg 1971

Johannes Kepler: Gesammelte Werke, München 1937f.

Gustav Keppler: Familiengeschichte Keppler, Görlitz 1930/31

Somnium seu opus posthumum de Astronomia Lunari. Divulgatum a M. L. Kepplero Filio, Frankfurt/Main 1634

Galileo Galilei:
Und sie bewegt sich doch!

Für die Geschichte der Naturwissenschaften ist Galileo Galilei (1564–1642) nicht nur der Begründer der Kinematik (Untersuchungen zur Fall- und Wurfbewegung) und der Entdecker der Jupitermonde und Venusphasen, sondern er gilt auch als der erste moderne Naturwissenschaftler: Aufgabe der mathematisierten Naturwissenschaft sei – so Galilei – das Aufstellen allgemeiner Sätze, aus welchen Erscheinungen erklärbar sind, sowie die Zergliederung der Einzelerscheinungen (in Meßbares und Störfaktor), um die Hypothese zu überprüfen.

Durch diese experimentelle Methode geriet Galilei in scharfen Gegensatz zur aristotelischen Scholastik und damit zur Kirche.

Der offene Konflikt brach an der Frage der Beweisbarkeit des neuen kopernikanischen Weltsystems aus. Als Galilei 1623 in seinem Dialog über die beiden Weltsysteme, das ›ptolemäische und das kopernikanische‹, die neue Lehre wiederholte, (die am 5. 3. 1616 von der Indexkongregation als grundsätzlich häretisch öffentlich verurteilt worden war), wurde er in einem Inquisitionsprozeß 1633 unter Androhung der Folter zum Widerruf gezwungen.

Nach der Urteilsverkündung mußte Galilei sich niederknien und die folgende Abschwörungsformel vorlesen:

»Ich, Galileo, Sohn des Vinzenz Galilei aus Floren, siebzig Jahre alt, stand persönlich vor Gericht, und ich knie vor Euch Eminenzen, die Ihr in der ganzen Christenheit die Inquisitoren gegen die ketzerische Verworfenheit seid. Ich habe vor mir die heiligen Evangelien, berühre sie mit der Hand und schwöre, daß ich immer geglaubt habe, auch jetzt glaube und mit Gottes Hilfe auch in Zukunft glauben werde, alles was die heilige katholische und apostolische Kirche für wahr hält, predigt und lehrt. Es war mir von diesem heiligen Offi-

Galilei: Imagination von Gesetzen

zium von rechts wegen die Vorschrift auferlegt worden, daß ich völlig die falsche Meinung aufgeben müsse, daß die Sonne der Mittelpunkt der Welt ist und daß sie sich nicht bewegt, und daß die Erde nicht der Mittelpunkt der Welt ist und daß sie sich bewegt. Es war mir weiter befohlen worden, daß ich diese falsche Lehre nicht vertreten dürfe, sie nicht verteidigen dürfe und daß ich sie in keiner Weise lehren dürfe, weder in Wort noch in Schrift. Es war mir auch erklärt worden, daß jene Lehre der Heiligen Schrift zuwider sei. Trotzdem habe ich ein Buch geschrieben und zum Druck gebracht, in dem ich jene bereits verurteilte Lehre behandele und in dem ich mit viel Geschick Gründe zugunsten derselben beibringe, ohne jedoch zu irgendeiner Entscheidung zu gelangen. Daher bin ich der Ketzerei in hohem Maße verdächtig befunden worden, darin bestehend, daß ich die Meinung vertreten und geglaubt habe, daß die Sonne Mittelpunkt der Welt und unbeweglich ist, und daß die Erde nicht Mittelpunkt ist und sich bewegt. Ich möchte mich nun vor Euren Eminenzen und vor jedem gläubigen Christen von jenem schweren Verdacht, den ich gerade näher bezeichnete, reinigen. Daher schwöre ich mit aufrichtigem Sinn und ohne Heuchelei ab, verwünsche und verfluche jene Irrtümer und Ketzereien und darüber hinaus ganz allgemein jeden irgendwie gearteten Irrtum, Ketzerei oder Sektiererei, die der heiligen Kirche entgegen ist. Ich schwöre, daß ich in Zukunft weder in Wort noch in Schrift etwas verkünden werde, das mich in einen solchen Verdacht bringen könnte. Wenn ich aber einen Ketzer kenne oder jemanden der Ketzerei verdächtig weiß, so werde ich ihn diesem heiligen Offizium anzeigen oder ihn dem Inquisitor oder der kirchlichen Behörde meines Aufenthaltsortes angeben. Ich schwöre auch, daß ich alle Bußen, die mir das heilige Offizium auferlegt hat oder noch auferlegen wird, genauestens beachten und erfüllen werde. Sollte ich irgendeinem meiner Versprechen und Eide, was Gott verhüten möge, zuwider handeln, so unterwerfe ich mich allen Strafen und Züchtigungen, die das kanonische Recht und andere allgemeine und besondere einschlägige Bestimmungen gegen solche Sünder festsetzen und verkünden. Daß Gott mir helfe und seine heiligen Evangelien, die ich mit den Händen berühre. Ich, Galileo Galilei, habe abgeschworen, geschworen, versprochen und mich verpflichtet, wie ich eben näher ausführte. Zum Zeugnis der Wahrheit habe ich diese Urkunde meines Abschwörens eigenhändig unterschrieben und sie Wort für Wort verlesen, in Rom im Kloster der Minerva am 22. Juni des Jahres 1633.

Ich, Galileo Galilei, habe abgeschworen und auch eigenhändig unterzeichnet.«

Obwohl kaum anzunehmen ist, daß der physisch wie psychisch völlig geschwächte Greis – er war am Tage vorher einem, wie es in der Sprache der Inquisitoren hieß, ›strengen Verhör‹ unterzogen worden – den berühmten Satz »Und sie bewegt sich doch!« wirklich in diesem Moment gesagt hat, gedacht hat er ihn sicher.

Wie schon im Prozeß gegen Bruno leitete der Jesuitenkardinal Roberto Bellarmino die Untersuchung der Inquisitionskongregation. Über Bellarmino schrieb der amerikanische Philosoph B. Dunham einmal, er sei einer der gefährlichsten und grausamsten Inquisitoren deshalb gewesen, »weil er einer der gelehrtesten Theologen war: Er machte sich unsterblich durch seine Forderung, alle jungen Häretiker zu verbrennen, mit der Begründung, daß sie, je länger sie leben, um so größerer Verdammung ausgesetzt sind. Mit seiner Behauptung indes, die Entdeckung des Kopernikus zerschlage den ganzen christlichen Plan von der Erlösung der Menschen, sagte er die reine Wahrheit. Die Inquisitoren irrten sich in vielen Dingen, sie irrten voll und ganz auf dem Gebiet der moralischen Prinzipien, aber sie irrten sich fast nie in bezug auf die Entwicklungstendenz. Sie errieten die

Zukunft einer beliebigen Idee, wie der Hund das Wild wittert, wenn er der Spur folgt.«

Wie schon bei Bruno: Es durfte nicht sein, daß es für die Erde etwa einen anderen Mittelpunkt als den Vatikan gibt, wohin die Menschheit des Erdkreises, durch die christlichen Dogmen gebannt, starr zu blicken hatte.

Zuzugeben, daß die Erde sich bewegt, hätte bedeutet, daß auch das Denken, die Vorstellungen und das Bewußtsein der Menschheit in Bewegung geraten könnten.

Das Urteil erregte das Mißfallen fast aller Gelehrter und verhalf der neuen Experimentalwissenschaft, insbesondere in protestantischen Ländern, zu außerordentlichem Prestige.

Galileis Werk wurde nicht nur zum Höhepunkt des Angriffs auf die alte Kosmologie, sondern erscheint auch als Symbol für die Widerlegung des ptolemäischen Weltbildes.

Vierzig Jahre später sollten dann die der Beobachtung entstammenden Gesetze Keplers mit der Bewegungslehre Galileis in Newtons allgemeiner Gravitationstheorie vereinigt werden.

Erst 1835 wurden Galileis Bücher vom ›Index der verbotenen Bücher‹ gestrichen; erst 1979 wurde Galilei von der katholischen Kirche rehabilitiert.

Nicht erst seit Bert Brechts Schauspiel ›Leben des Galilei‹ ist Galilei allgemein als aufgeklärter, aufklärender und fortschrittlicher Naturwissenschaftler zur Symbolfigur geworden.

Wer sich allerdings in Galilei einen streng experimentell arbeitenden ›Fliegenbeinzähler‹ vorstellt, irrt sich: Galilei arbeitete oft nur mit Annahmen, oder er dachte sich die von ihm reklamierten Meßergebnisse einfach aus. Die daraus resultierenden Gesetzmäßigkeiten beschwor Galilei regelrecht erst, in dem er seine Leser einfach auf eine angebliche hundertfache oder gar gleich tausendfache Nachprüfung verwies.

Das ptolemäische Weltbild in einer Holzschnittdarstellung des 16. Jahrhunderts: ein Beziehungswahn, der im Abendland nicht nur im Hinblick auf die Ordnung des Kosmos stattfand. Der Abendländer fühlte sich auch – und das bis in unser Jahrhundert – als im politischen Zentrum der Welt stehend

Nicht jedem Nachfahren der Galileischen Experimente gelangen diese ›Beschwörungen‹: In seinen ›Discorsi‹ stellt Galilei z. B. die Hypothese auf, daß am Himmel und auch im Vakuum alle Körper gleich schnell fallen. Wenn seine Hypothese richtig ist, müssen ein leichtes und ein schweres Pendel synchron schwingen (bei Pendeln entfällt der Störfaktor ›Bodenreibung‹, der z. B. auf der schiefen Ebene mitspielt).

Galilei schildert seinen Versuchsaufbau präzise und beschreibt den Versuchsablauf:

»Nachdem sie (die Kugeln) wohl 100 mal hin- und hergegangen waren, zeigte sich deutlich, daß der schwerere Pendel so sehr mit dem leichten übereinstimmte, daß weder in 100 noch in 1000 Schwingungen die kleinste Verschiedenheit zu merken war; sie bewegten sich in gleichem Schritt.«

Selbst bei einer Auslenkung von 30° für die schwerere Kugel verursachte der Luftwiderstand nach Galilei noch keinen Fehler.

Im Gegensatz zu Galilei stellte aber vor kurzem Jens Pukies fest, »daß bei diesen Versuchsbedingungen schon bei der zweiten Schwingung deutliche Unterschiede in der Schwingungsfrequenz festzustellen sind, die Pendel bewegen sich keineswegs synchron. Der Versuch gelingt nur bei kleinen Auslenkungen (ca. 10°) und relativ wenigen Schwingungen. Dies zeigt, daß Galilei seinen so exakt beschriebenen Versuch nicht ausgeführt haben kann!«

Ausgeführt hatte er sie wohl ohnehin nicht, aber wahrscheinlich nicht richtig ›imaginiert‹, was wohl in der Regel seine Methode war, wie er in einem Brief schreibt: »Ich habe einen Versuch angestellt, aber zuvor hatte die natürliche Vernunft mich ganz fest davon überzeugt, daß die Erscheinung so verlaufen muß.«

Entsprechend hielt sich Galilei nie sonderlich mit Versuchsergebnissen, Meßdaten usw. auf, sondern zeigte gleich die ›imaginierte‹ Gesetzmäßigkeit vor: »Bei wohl hundertfacher Wiederholung fanden wir stets, daß die Strecken sich verhielten wie die Quadrate der Zeiten«, heißt es knapp nach ausführlicher Aufbauschilderung für den berühmten Fallrinnenversuch, den ›ersten Versuch‹ der Naturwissenschaften.

Bei anderen, allerdings wenigen Experimenten läßt die Symbolfigur für den Empirismus und Induktionismus seine permanente Versicherung »das habe ich oft nachgeprüft« gleich ganz weg: »Ich bin ohne Versuche gewiß, daß das Ergebnis so ausfällt, wie ich Euch sage, denn es muß so ausfallen.« Diese lockere und unverkrampfte Haltung gegenüber dem Experiment ist aber durchaus aus Galileis Stolz auf sein methodisches ›Ritual‹ und die damit erzielten Erfolge zu erklären.

Obwohl doch bisher (fast) alles so kam, wie Galilei es *vorhergesehen* hatte, schreibt dennoch Blumenberg in seinem Vorwort zum ›Sidereus Nuncius‹ grämlich:

»Jenes berühmte Mäuschen, mit historischem Interesse, das Galileis Forschertreiben aus seinem Winkel hätte beobachten können, wäre wohl sehr enttäuscht gewesen, was der *hundertfachen Nachprüfung*, die Galilei für sein Fallgesetz zusichert, an Realität entsprach, wie spärlich das Datenmaterial war und wie weit es tatsächlich infolge des Ungenügens der Versuchsbedingungen und der Meßmethoden die angenommenen Gesetzlichkeiten in seinen Toleranzen versteckte.«

Was soll's, Galilei wäre solchen Anwürfen sicher nur lachend mit seinem wohl mächtigsten Zauberspruch begegnet:

Und es bewegt sich (aber) doch – oder etwa nicht...?

Literatur

F. Dressauer: Der Fall Galilei und wir, Frankfurt 1943

Galileo Galilei: Opere Complete, Florenz 1842–1856

Johannes Hemleben: Galileo Galilei, Hamburg 1969

L. Olschki: Galilei und seine Zeit, Halle 1927

J. Pukies: Das Verstehen der Naturwissenschaften, Braunschweig 1979

Giordano Bruno:
Es gibt unendlich viele Welten

Am 8. Februar 1600 versammelten sich in Rom in der Gestalt von neun Kardinälen eine Schar wie von der Hölle ausgekochter Dämonen, die sogenannte Kongregation der Inquisition, um das Urteil gegen den bedeutendsten Denker der Renaissance, den ›Fürsten der Ketzer‹, zu sprechen:

»Wir nennen, verkünden, verurteilen und erklären dich, Bruder Giordano Bruno, einen unbußfertigen hartnäckigen und unbeugsamen Häretiker. Deshalb unterliegst du allen Verurteilen und Strafen der Kirche, entsprechend den heiligen Kanones, Gesetzen und Bestimmungen, den allgemeinen wie den speziellen, die sich auf solche offene, unbußfertige, hartnäckige und unbeugsame Häretiker beziehen. Und als einen solchen stoßen wir dich aus dem geistlichen Stande aus und erklären, daß du in Wirklichkeit, entsprechend unserem Urteil und Befehl, jedes großen und kleinen kirchlichen Ranges verlustigt bist, welchen du bis heute auch bekleidet haben magst, entsprechend den Satzungen der heiligen Kanones. Du sollst exkommuniziert sein, wie wir dich aus unserem kirchlichen Orden und aus der heiligen unversehrten Kirche ausschließen, deren Barmherzigkeit du dich unwürdig erwiesen hast. Du sollst dem weltlichen Gericht übergeben werden, und wir übergeben dich dem Gericht des Herrn Gouverneurs von Rom, der hier anwesend ist, damit er dich mit der gebührenden Strafe belege, wobei wir inständig bitten, es möge ihm belieben, die Strenge der Gesetze zu mildern, die sich auf die Strafe für deine Person beziehen, möge sie ohne Gefahr des Todes und der Gliederverstümmelung sein.

Darüber hinaus verurteilen, tadeln und verbieten wir alle o. g. und alle deine anderen Bücher und Schriften als häretisch und fehlerhaft, da sie zahlreiche Häresien und Verirrungen enthalten.

Giordano Bruno, Fürst der Ketzer

Wie eine riesige, dämonische Spinne hatte die Inquisition ein gigantisches Netz von Spitzeln und Denunzianten um den Erdball gespannt: ›Raumpolizisten‹, die eventuell auftauchende ›Zeitreisende‹ (also Menschen mit neuen gefährlichen Gedanken aus der Vergangenheit oder Zukunft) orten sollten

Wir befehlen, daß von heute an alle deine Bücher, die sich beim heiligen Offizium befinden und in Zukunft in ihre Hände fallen werden, öffentlich zerrissen und auf dem Platz des hl. Petrus verbrannt und als solche eingetragen werden in die Liste der verbotenen Bücher, so soll es sein, wie wir es befehlen. So verkünden wir denn feierlich, verurteilen, erklären und degradieren, befehlen, exkommunizieren, übergeben und beten wir, wobei wir in all diesem und allem übrigen auf unvergleichlich mildere Weise verfahren als wir mit vollem Grund tun könnten und müßten. Dies verkünden wir, die Kardinäle Generalinquisitoren.«

Über Bruno, der das Urteil dieser Inquisi-Toren mit dem berühmt gewordenen Satz »Mit größerer Furcht verkündigt ihr vielleicht das Urteil gegen mich, als ich es entgegennehme« quittierte, wurde danach in der Kirche der heiligen Agnes die Zeremonie der Degradierung und Exkommunikation durchgeführt:

»Man führte Bruno zum Altar, indem Kleriker ihn unter die Arme nahmen. Er trug alle Ornate, die er erhalten hatte, entsprechend den Graden der Weihe, angefangen vom Chorhemd des Novizen bis zu den Zeichen der Priesterwürde. Der Bischof, der diese Zeremonie der Degradierung vornahm, war im Omophor, einem weißen Ornat mit Spitzen, die Epitrachilen von roter Farbe, und dem priesterlichen Meßgewand. Auf dem Kopfe trug er eine einfache Mitra. In den Händen hielt er den Bischofsstab.

Am Altare angekommen, setzte er sich auf den vorgerückten Bischofssitz mit dem Gesicht zu den versammelten Richtern und dem Volk.

Man zwang Bruno, die Gegenstände der kirchlichen Gerätschaften in die Hände zu nehmen, die beim Gottesdienst gewöhnlich benutzt werden, so als ob er sich anschicke, an die Verrichtung des Gottesdienstes zu gehen. Dann zwang man ihn, vor dem Bischof sich zur Erde zu verneigen. Der Bischof sprach die vorgeschriebene Formel: ›Durch die Macht des allmächtigen Gottes, des Vaters, des Sohnes und des Heiligen Geistes, und durch die Macht unseres Ranges nehmen wir dir die Amtstracht des Priesters und entfernen und stoßen dich aus jeder geistlichen Würde und nehmen dir sämtliche Titel.

Dann schnitt der Bischof mit einem entsprechenden Instrument die Haut vom Daumen und Zeigefinger beider Hände ab, gleichsam um die Folgen der Salbung zu vernichten, die bei der Priesterweihe erfolgt war. Danach nahm er dem Verurteilten die Priestertracht ab, und schließlich vernichtete er die Spuren der Tonsur, indem er die bei der Degradierung vorgeschriebenen verbindlichen Formeln sprach‹« (Bericht des Jesuiten

(Wappen der spanischen Inquisition) Bruno über die Dominikaner (= ›Hunde des Herrn‹), in deren Händen die Durchführung der Inquisition lag: »Das ist jene Rasse von Barbaren, die mit ihren Zähnen alles erfaßt und verurteilt, was sie nicht versteht. Du erkennst sie daran, daß diese kläglichen Hunde... auf schamlose Weise alle unbekannten anbellen, auch wenn es tugendhafte Menschen sind, den Bekannten gegenüber aber Sanftmut zeigen, auch wenn es erklärte Bösewichter sind«

Pravetta, der als Augenzeuge anwesend war).

Am 17. Februar 1600 ließ ihn das weltliche Gericht auf dem Campo di Fiore (dem ›Blumenplatz‹!) lebend verbrennen. Den Auftrag zur Durchführung der Verbrennung erhielten die Henker der ›Bruderschaft der Enthauptung des heiligen Johannes des Täufers‹. Ihr damaliger Bericht:

»So blieb er hartnäckig in seiner Unnachgiebigkeit, bis ihn die Gerichtsdiener auf den Campo di Fiore führten, ihn entblößten, an den Pfahl banden und verbrannten. Dabei sangen unsere Brüder, die sich die ganze Zeit bei ihm befanden, Gebete, die Geistlichen ermahnten ihn bis zum letzten Moment und suchten ihn zu überreden, von seiner Hartnäckigkeit zu lassen, in der er jedoch letzten Endes sein klägliches und unglückliches Leben beendete.«

Verschwiegen wird darin – wie Grigulevic schreibt – »daß die Henker Bruno zum Richtplatz führten mit einem Knebel im Munde (er also gar nichts hätte gegenrufen oder widerrufen können! W. B.), ihn mit einer eisernen Kette an den Pfahl banden, der sich in der Mitte des Scheiterhaufens befand, und darüber einen nassen Strick zogen, der unter der Einwirkung des Feuers sich zusammenzog und in den Körper eindrang«.

Das ›Verbrechen‹ Brunos, dem die Inquisition in Venedig mit Hilfe eines Spitzels, des Patriziers Giovanni Mocenigo, eine Falle gestellt, in der Engelsburg acht Jahre lang in schwerster Haft gehalten und gefoltert hatte, bestand darin, die folgende Meinung über die

Emblem des hl. Dominikus, des ›Erfinders‹ der Inquisition

Welt öffentlich gemacht und daran trotz schwerster Folterungen festgehalten zu haben:

»In meinen Büchern kann man Anschauungen finden, die insgesamt auf folgendes hinauslaufen: Ich nehme an, daß das Weltall unendlich ist, daß es eine Schöpfung der unbegrenzten göttlichen Macht ist. *Denn ich halte es für der göttlichen Gnade und Macht unwürdig, daß Gott, der die Macht besitzt, außer dieser Welt noch eine andere und viele andere unendliche Welten zu schaffen, nur eine endliche Welt geschaffen habe.* So erklärte ich, daß unendliche Welten existieren, Welten ähnlich unserer Erde, die ich zusammen mit Pythagoras für einen Stern halte, ähnlich dem Monde, den Planeten und anderen Sternen, deren Zahl unendlich ist. Ich bin der Ansicht, daß alle diese Himmelskörper Welten darstellen, ohne Zahl, die eine endlose Gesamtheit im unbegrenzten Raume bilden, die sich unendliches Weltall nennt, in dem sich endlose Welten befinden.

Daraus folgt mittelbar, daß die Wahrheit sich im Widerspruch zum Glauben befindet. In diesem Weltall sehe ich eine göttliche Vorsehung, dank derer jedes Ding lebt, wächst, sich bewegt und vollendet in dieser Welt.

Sie befindet sich in der Welt ähnlich wie die Seele im Körper. Alles in allem und alles in jedem beliebigen Teil, und das nenne ich Natur, den Schatten und das Gewand der Gottheit« (Bruno in seinem dritten Verhör durch die Inquisition).

Obwohl man es aus der Sicht der heutigen Zeit kaum glauben kann, fanden die Vertreter der Amtskirche die Ansicht des Nolaners ähnlich bedrohlich und ›abscheuerregend‹ wie vorher nur noch etwa den ›Abfall‹ des römischen Kaisers Julian (331–336), der – abgestoßen von den Verbrechen, die seine ›christlichen‹ Vorgänger auf dem Thron begangen hatten – während seiner Regierungszeit versuchte, die Kulte der griechisch-römischen Götter wiederherzustellen.

Wie entscheidend Bruno das Dogmengebäude der Kirche erschüttert hatte, zeigt sich deutlich auch noch an den offiziellen Äußerungen noch lange nach dem Tode Brunos.

Die Errichtung eines Bruno-Denkmals kommentierte 1889 der damalige Papst Leo XIII. folgendermaßen:

»Er (Bruno) hat weder irgendwelche wissenschaftlichen Leistungen aufzuweisen noch hat er sich irgendwelche Verdienste um die Förderung des öf-

Als Kaiser Julian starb, sagte er zu den ihn Umgebenden: »Warum um eine Seele weinen, die bereit ist, sich mit den Sternen zu vereinen?«

fentlichen Lebens erworben. Seine Handlungsweise war unaufrichtig, verlogen und vollkommen selbstsüchtig, intolerant gegen jede gegenteilige Meinung, ausgesprochen bösartig und voll von einer die Wahrheit verzerrenden Lobhudelei«.

Und sogar noch 1942 rechtfertigte Kardinal Angelo (!) Mercati das Terrorurteil: »Die Kirche konnte und mußte einschreiten – und sie schritt ein. Die Dokumente des Prozesses bezeugen seine Gesetzlichkeit... wenn man die Verurteilung des Angeklagten konstatieren muß, so muß man den Grund dafür nicht bei den Richtern, sondern bei dem Angeklagten suchen.«

Dabei ging es der Amtskirche sicher nicht um das Richtigsein oder Falschsein der wissenschaftlichen Implikationen der Aussagen Brunos.

Andere Folgen schienen schrecklicher: Bei der Annahme unendlich vieler (auch noch bewohnter) Welten relativierte sich die Bedeutung des Papstes, die Bedeutung der Kardinäle als ›Nabel der Welt‹ bis zur totalen Unbedeutendheit. Mehr noch: Brunos Behauptung des Vorhandenseins unendlich vieler Welten war sowohl in einem äußeren Sinne als aber auch – gnostischen Gedankengängen folgend – in einem ›inneren Sinne‹ zu verstehen, als Möglichkeit nämlich, in verschiedenen Bewußtseinswelten zu leben.

Ein für die Vertreter einer Lehre, die Menschen nur *ein* Leben in einem enggesteckten Rahmen zugesteht, ebenfalls fürchterlicher Gedanke:

Bargen doch die Thesen Brunos die Möglichkeit, sich der seit den Kirchenvätern festgeschriebenen und der durch das alles überwachende, engmaschige Netz der Inquisition kontrollierten christlichen ›Raum-Zeit‹ auf eine nicht mehr eingrenzbare Weise zu entziehen.

Literatur

Wolfgang Bauer: Was nicht normal ist, stammt vom Teufel! in: bibliotheca magica, curiosa et folkloristica no. 11: Hexenwesen – Drogen – Dämonologie (Teil 1), BMCF – Antiquariat Rainer G. Feucht. Allmendingen 1979

Giordano Bruno: Gesammelte Werke, hrsg. von *Ludwig Kuhlenbeck,* Leipzig 1904–1909

Jochen Kirchhoff: Giordano Bruno, Hamburg 1980

Landseck, Rudolf (Ludwig Kuhlenbeck): Bruno, der Märtyrer der neuen Weltanschauung, Leipzig 1890

Angelo Mercati: Il sommario del processo di Giordano Bruno. Bibl. Apostolica, Vatikanstadt 1942

W. Strauß: Der Romantiker auf dem Thron der Cäsaren oder Julian der Abtrünnige, Mannheim 1847

F. A. Yates: Giordano Bruno and the Hermetic Tradition, London 1964

Jakob Böhme:
Vereinigung der Gegensätze

Jacob Böhme, ein Schuster aus dem Erzgebirge, von Hegel als der erste *deutsche* Philosoph bezeichnet, erweckte eine seit der Antike fast völlig vergessene Idee wieder zum Leben: die der notwendigen Einheit der Gegensätze, eine Idee, auf der auch der Gedanke der dialektischen Vermittlung beruht.

Böhme (1575–1624), ein Bauernsohn von schwächlicher Konstitution, zog als Schustergeselle durch die Lande, las nachweislich Schriften des Paracelsus und fand sich, seinen eigenen Aussagen zufolge, in einem unerbittlichen Kampf mit den Dogmen, die die Kirche ihren Gläubigen als Lebenshilfe anbot und in einem Seelenzustand, den er als Melancholie bezeichnete. Ihn bewegte die Frage, die dem Menschen an der Wende zwischen Mittelalter und Neuzeit auf den Nägeln brannte, nämlich, wie denn das Böse in die Welt kommen könne, wo doch Gott, der Allmächtige, der die Welt geschaffen hat, das absolut Gute ist.

Im Gegensatz zu den Scholastikern, die dieses Problem mit rhetorischen Spitzfindigkeiten zu lösen pflegten, wird dem Schuster, über dessen Allgemeinbildung jeder Gymnasialschüler seiner Zeit erhaben war, das Erlebnis einer ›inneren Schau‹ zuteil. Ein Jahr nach seiner Heirat mit einer geschäftstüchtigen Metzgerstochter und ungefähr zur selben Zeit, als sein erster Sohn geboren wird, überwindet Böhme seine Melancholie durch ein als visionär zu bezeichnendes Erlebnis. Eines Sonntagsmorgens blickte Böhme auf einen Zinnteller, der an der Wand seiner Schusterstube hing. Der Teller leuchtete, wie der Schuster später berichtete, »mit lieblichem jovialischem Schein«, (jovialisch deshalb, weil Zinn der alchimistischen Vorstellung nach dem Jupiter zugeordnet wurde und der Genitiv von Jupiter Jovis ist). Böhme ging an dem wie Jupiter strahlenden grauem unscheinbarem Metall auf, daß Licht ohne dunklen Hintergrund genausowenig zu sehen ist, wie Finsternis ohne den Gegensatz des Lichtes finster erscheint: »Kein Ding ohne Widerwärtigkeit (also sein Gegenteil, I. D.) mag ihm selber offenbar werden, denn so es nichts hat, was ihm widerstrebe, so gehet's immerdar für sich aus und gehet nicht wieder in sich ein; so es aber nicht wieder in sich eingehet als in das, daraus es ist ur-

Jacob Böhme, der Schusterphilosoph, der die Geheimnisse der Dialektik wiederentdeckte.

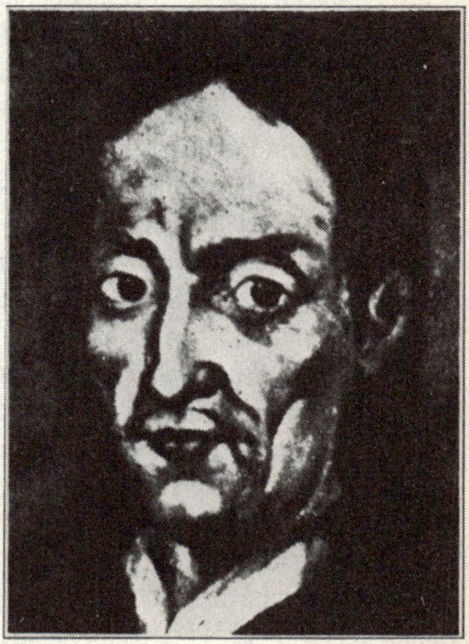

sprünglich gegangen, so weiß es nichts von seinem Ur-Stand.«

Böhme überträgt diese Ein-Sicht mit der nur einem naiven, unschuldigen Gemüt gegebenen Kühnheit auf das christliche Gottesbild:

Wenn sich Gut und Böse gegenseitig bedingen und nur in einer höheren Einheit zusammengefaßt existieren können, so muß Gut und Böse in Gott selbst schon angelegt sein. Gott und Teufel sind damit nicht mehr voneinander unabhängige Prinzipien, sondern Gott selbst ist auch, wie Böhme sich ausdrückt, »ein holder Teufel, der an der Grenzscheide lebt«.

So wie Gott trägt auch die Natur und der Mensch das Zerstörerische und das Schöpferische in sich. Es sei, sagt Böhme, »überall eins gegen das andere, nicht daß sich's feinde, sondern damit es dasselbe bewege und offenbare«.

Die (r)evolutionäre Botschaft des Schusters Jacob Böhme überwindet die unbegreifliche Dualität der Gegensätze, die dem abendländischen Denken vielleicht wie kein anderes Problem anhängt. Fünfzehn Jahre später wird Descartes in seinem ›Discours de la méthode‹ eben jene Unvereinbarkeit der Gegensätze als philosophisches Programm der Neuzeit etablieren. Böhme aber hat durch seine innere Schau den Vorstellungsbereich verlassen, wo das Gute um die Herrschaft über das Böse kämpft, und einen Bereich jenseits der Moral betreten, wo das Zerstörerische die Möglichkeit des Schöpferischen und umgekehrt bedeutet.

Die Einsicht in dieses, die Welt im wahrsten Sinne des Wortes bewegende Prinzip umschreibt Böhme als Erfahrung der Wiedergeburt, weshalb er sein erstes Werk, das allerdings zu seinen Lebzeiten nie gedruckt wurde, mit ›Aurora‹, also ›Morgendämmerung‹, überschreibt.

Die Reformation im Böhmeschen Sinne unterscheidet sich von der, die kurz vor ihm Martin Luther versucht hatte einzuleiten, darin, daß für Böhme jeder Mensch durch diese Erfahrung der Wiedergeburt zu gehen hatte, während Luther eher gebaut hatte auf die Reformierung der offiziellen Glaubensdogmen.

Der Weg zur Erleuchtung aber führte für Böhme wie für viele andere Suchende, Helden und Magier, durch die Hölle: »... muß mich alle Tage und Stunden mit dem Teufel kratzen und schlagen... Unser Leben ist wie ein steter Krieg mit dem Teufel.«

Die Erleuchtung, der er teilhaftig wird, beschreibt er als seelischen Wandlungsprozeß:

»Alsbald nach etlichen harten Stürmen ist mein Geist durch der Höllen Porten (Pforten) durchgebrochen bis in die Innerste Geburt der Gottheit, und allda mit Liebe umfangen worden wie ein Bräutigam seine liebe Braut umfähet. Was aber für ein Triumphieren im Geiste gewesen, kann ich nicht schreiben oder reden. Es läßt sich auch mit nichts vergleichen als nur dem, wo mitten im Tode das Leben geboren wird und vergleicht sich der Auferstehung von den Toten.«

Die Böhmesche Erleuchtung der Einheit der Gegensätze wird von ihm selbst in dem christlichen Trinitätsgedanken

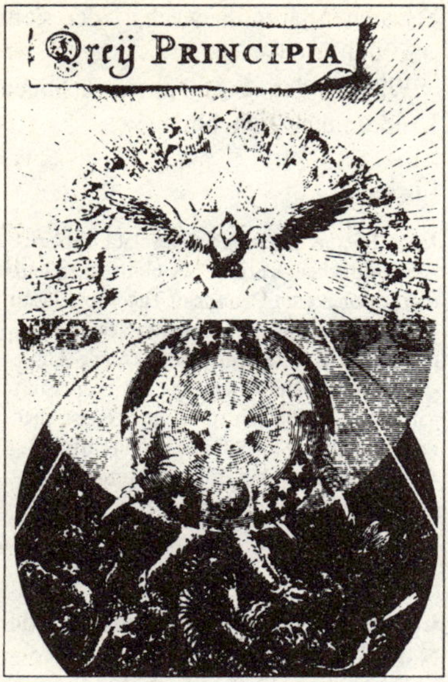

Frontispiz von Böhmes Buch ›... von dem Dreyfachen Leben des Menschen nach dem Geheimnüss der drey Principien göttlicher Offenbarung‹ (Amsterdam 1682)

ausgedrückt: Gott Vater ist Böhme der Zorn als wildes Feuer, Christus die Liebe als heiliges Feuer und deren Vereinigung, ist der Heilige Geist. Indem der Mensch aber dies Prinzip entdeckt, wird ihm ein viertes Moment offenbar: Das der Weisheit, das Böhme ›Sophia‹ nennt.

»Aber die edle Sophia nahet sich in der Seelen Essenz und küsset sie freundlich und tingieret mit ihrem Liebe-Strahlen das finstere Feuer der Seelen und durchscheinet die Seele in ihrem Leibe vor großen Freuden, in Kraft der jungfräulichen Liebe auf, triumphieret und lobet den großen Gott kraft der edlen Sophiae.«

Mit Hilfe der Weisheit, schreibt Böhme, sei ihm ›die Himmelspforte‹ in seinem Geiste aufgegangen. Ob dem Prinzip der Sophia eine irdisch weibliche Gestalt entsprochen hat, läßt sich aufgrund der Quellenlage nicht beantworten, allerdings fällt die erste ›innere Schau‹ Böhmes zeitlich mit der Geburt seines ersten Sohnes zusammen.

Die ›Himmelspforte‹, die ihm aufgegangen ist, weist einige Ähnlichkeiten mit der chinesischen Vorstellung der Erleuchtung auf, die den Weg durch die ›geheimnisvolle Pforte des Quadratzolls‹ umschließt, die auch als Öffnen des dritten Auges bezeichnet wird. Der Weg der Liebe nicht nur als rein spiritueller, sondern auch als real vollzogener Akt aber ist den alten Mythologien zufolge immer noch ein Vehikel, die Erleuchtung oder Wiedergeburt zu erleben.

Die Schriften Böhmes, die als Handkopien im Umlauf waren, brachten dem Schuster einen fortgesetzten Kampf mit protestantisch-lutheranerischen Geistlichen ein, insbesondere mit Gregor Richter. Böhme allerdings, seiner Erleuchtung bezüglich der Einheit der Gegensätze eingedenk, weiß seinem Widersacher, dem er im übrigen binnen einem halben Jahr in den Tod folgt, zu danken: »Sein Lästern ist meine Stärke und mein Wachsen gewesen. Durch sein Verfolgen ist mein Perlein gewachsen. Er hat es herausgepreßt und auch selber publicieret.«

Gregor Richter sei, so sagt Böhme, »Gottes Treibhammer« gewesen, mit dessen Hilfe, er, Böhme, sein Werk vollbringen konnte.

Jakob Böhme auf einer anderen Darstellung

Der schlesische Schuster hatte das dialektische Prinzip, das seit der Antike versunken war, neu belebt. Während er in seiner Schusterwerkstatt saß und beim Schein einer mit Wasser gefüllten Glaskugel, welche das Licht der Öllampe auffing, und beim Geruch von Leder und Pech, seine Schuhe nähte, entdeckte er nicht nur das Reich phantastischer Geister, sondern er sah auch die Möglichkeit des Menschen, sich seines ›ersten Vaterlandes‹, seiner göttlichen Abstammung, zu erinnern und den Weg durch die Hölle zum Himmel anzutreten, der für Böhme schließlich in der Einsicht der Liebe und der Weisheit, die das Böse und Zerstörerische in sich enthält, gipfelt.

Er schickte seine Mitmenschen auf den Weg:

»Es gaffe niemand mehr nach der Zeit. Sie ist schon geboren. Wen's trifft, den trifft's; wer da wachet, der sieht's, und wer da schläft, der sieht's nicht. Sie ist erschienen die Zeit und wird bald erscheinen; wer da wachet, der sieht sie...

Wisset, daß euch mitternächtigen Ländern eine Lilie blühet!«

Literatur

Jacob Böhme: Theosophia Revelata./Das ist:/ Alle Göttlichen Schriften/des Gottseligen und Hocherleuchteten Deutschen Theosophi/Jacob Böhmens/Gedruckt im Jahre des ausgebornen grossen Heils 1730 – hiervon Faksimile-Ausgabe Jacob Böhme: Sämtliche Schriften, Stuttgart 1955f., begonnen von August Faust, neu herausgegeben von Will-Erich Peuckert.
Hans Grunsky, Jacob Böhme, Stuttgart 1956
Gerhard Wehr, Jacob Böhme, Hamburg 1971

Cagliostro: Der große Grundsatz der Natur ist die Liebe

Als ihn 1796 das in Rom einmarschierende Revolutionsheer in den Felsenverliesen des Kastells San Leo suchte, fand man ihn nicht:

Die Schergen der Inquisition hatten bereits am 28. August 1795 – nach achtjährigem schwersten Kerker – den Mann erdrosselt, der den Sturm auf die Bastille nach seiner Freilassung aus französischer Haft 1786 von London aus prophezeit hatte und der schon davor während einer freimaurerischen Sitzung im Hause des Count des Gebellins den Tod des Königspaares unter dem Fallbeil voraussah.

Cagliostro, eigentlich Joseph Balsamo, 1743 geboren als Sohn eines glücklosen Händlers aus Palermo und dessen, von Goethe bei einem Besuch ›einfach und fromm‹ befundener Frau, verschaffte sich während seiner Jugendzeit in kurzen, aber wichtigen Begegnungen mit wohlhabenderen Durchreisenden nicht nur ein bescheidenes Einkommen, sondern auch den Hintergrund für den Wunsch, alsbald den Status eines sizilianischen Straßenräubers der Gesellschaftslage seiner Opfer mehr anzupassen.

Nach einem wechselhaften, abenteuerlichen Wanderleben quer durch ganz Europa – begleitet von seiner als bildschön geschilderten Frau Lorenza – findet sich Cagliostro, diese – wie Lewis Spence ihn bezeichnet – »größte okkulte Persönlichkeit aller Zeiten«, drei Jahrzehnte später, am 19. September 1780 vor den Toren Straßburgs als Alessandro Graf von Cagliostro und Großkophta der ägyptischen Maurerei in einer schwarzen, über und über mit magischen Symbolen bedeckten Lackkutsche wieder.

Vielleicht noch beeindruckender als die Kutsche mit dem langerwarteten Zaubermann waren für das in den Straßen zusammenlaufende Volk die sechs livrierten Diener auf schwarzen Pferden, die der Kutsche voranritten!

Daß Cagliostro nun nicht Quartier in einem Luxushotel nahm, sondern sich im Armenviertel in ein kleines möbliertes Zimmer einquartierte, Almosen verteilte und Kranke kostenlos heilte, machte ihn zwar beim Volk beliebt – 15000 Kranke sollen ihn, nach einem Zeitungsbericht während seines Aufenthaltes in Straßburg aufgesucht haben –, nicht aber bei den sozial Besser- und Höhergestellten, die zu empfangen Cagliostro sich strikt weigerte.

Dem neugierig gewordenen Züricher Pfarrer Johann Kaspar Lavater, Autor

Der Graf von Cagliostro

eines zu seiner Zeit berühmten Werks über Physiognomik, der bei Cagliostro vorsprach, ließ er bestellen: »Sind Sie von uns beiden der Mann, der am besten unterrichtet ist, so brauchen Sie mich nicht, bin ich es, so brauche ich Sie nicht.«

Auf dessen schriftliche Frage, worin eigentlich seine Wissenschaft bestehe, antwortete Cagliostro – ganz im Sinne des Paracelsus – lakonisch: »In verbis, herbis et lapidibus«, also in Worten, Kräutern und Steinen!

Von da an produzierte Cagliostro ungewöhnliches Interesse, wo immer er auftauchte.

In Paris des Jahres 1785 wurde er – wie Reinhard Federmann berichtet – regelrecht zur Kultfigur des Jahres:

»Die Nachfrage in den Pariser Salons nach dem abenteuerlichen Grafen war ungeheuer, und wenn die große Welt ihn schon nicht selbst im Salon haben konnte, stellte sie doch wenigstens Büsten des ›divo Cagliostro‹ dort auf. Eine wahre Cagliostro-Mode entstand, und unzählige mehr oder weniger begabte Zeichenkünstler waren unentwegt damit beschäftigt, Fächer, Tabaksdosen, Ringe, Kaffe-, Tee- und andere Schalen mit der markanten Galgenphysiognomie des ehemaligen (verhinderten) Zeichenkünstlers zu schmücken. Der im damaligen Geschmack führende Modekünstler Jean Antoine Houdon idealisierte ihn in Marmor für den Kaminsims, als freistehende Großplastik, als Anhänger... 1785 kann in Paris als Cagliostro-Jahr verzeichnet werden, denn der Goldmacher beherrschte den Salonklatsch, die Gazetten, die Haute Couture und die Andenkenindustrie: die misera plebs konnte ihn als Lebkuchen oder Abziehbildchen kaufen, vornehme Herrschaften trugen ihn auf Batisttüchern, Ringen, Broschen oder am Halsband.«

Und als Cagliostro 1786 von der Anklage der Mittäterschaft in der berüchtigten Halsbandaffäre freigesprochen und aus der Bastille entlassen wurde, entzündeten die begeisterten Pariser ein Feuerwerk.

Als er, kurz darauf – vom französischen König verbannt – mit dem Schiff nach England abfuhr, soll eine Prozession von 5000 Menschen den Magier nach Boulogne begleitet haben und ihn hier am Ufer – voll Trauer kniend – verabschiedet haben.

Dies alles steht in einem seltsamen Kontrast zu den Behauptungen der ersten, von der Inquisition bezahlten Biographie über Cagliostro, wo Cagliostro durchgängig als Betrüger, Hochstapler, Dummkopf, Grobian, Zuhälter, Räuber und Papagallo dargestellt wird.

Siegel des Cagliostro

Mit dieser Biographie als Hintergrund hat sich bis heute eine fast ausschließlich negative Sicht von Cagliostro durchgesetzt.

Äußerst abwertend werden – deutlich auf eine antisemitische Haltung beim Leser spekulierend – schon sein Äußeres, sein Benimm und seine Verstandeskräfte geschildert:

»Klein von Statur, braun von Farbe, mit fettem Körper, schielenden Augen, sprach Cagliostro mit einem sizilianischen Dialekte, der mit etwas ultramontanistischer Mundart vermischt war, beynahe wie ein Hebräer. Ohne jede Eleganz, welche der galanten Welt gemein ist, ohne Kenntniß und Wissenschaften...«

Dagegen fand sein Freund und Gönner, der Kardinal Prinz Rohan, Cagliostros Gesicht bei der ersten Begegnung von einer solch beeindruckenden Würde, da er sich, wie er dem Abbé Georgel erzählte, »wie unter dem Einfluß einer ehrfurchtgebietenden religiösen Erfahrung« fühlte.

Daß Cagliostro es wagte, überall in Europa Damenlogen einzurichten, führte sicherlich – wie Sergius Golowin schreibt – dazu, »den abendländischen Frauen etwas von ihrem Selbstbewußtsein wiederzuschenken«, brachte Cagliostro aber auch viele Feinde, nicht zuletzt unter eingefleischten Freimaurern selbst, ein, drohten doch die ›weiblichen Illuminaten‹ die bestehende Sitte und Ordnung umzustürzen.

Cagliostros ›ägyptische Einweihungen‹, die er zusammen mit seiner Frau vornahm, veranlaßte z. B. die Vossische Zeitung 1875 zu schreiben: »Die Hohepriesterin (gemeint ist Lorenza) beschäftigte dann ihre Schülerinnen auf eine Art, daß, wollten wir sie erzählen, jedes deutsche Auge sich wegwenden würde.«

Und noch Karl R. H. Frick referiert 1978 in seinem Buch ›Die Erleuchteten‹ etwas säuerlich über Cagliostro: »Im Gegensatz zur offiziellen Maurerei verfocht er aus unerklärlichen Gründen die Ansicht, daß auch Frauen gleichberechtigt in die Maurerei aufgenommen werden müßten.«

Das jedes deutsche Auge erschrekkende Geschehen berichtet die Zeitschrift ›Das graue Ungeheuer‹ von 1785 in seiner Nummer 15:

»Am 7. August (1735) wurde die Loge eingeweiht. Man versammelte sich Abends 11 Uhr. Beim Eintritt mußte jede Schülerin ihren Cul de Paris, ihre Bouffante, ihren Schnürleib, ihren falschen Chignon, alle ihre Schnurrpfeiffereyen ablegen. Dafür bekam sie den Logenhabit. Diß war eine weiße Levite mit einer gefärbten Schärpe.

Nach diesen Schärpen war die Schwesterschaft in sechs Farben eingetheilt: schwarz, blau, violet, rosenfarb, eoquelicot und impossible.

Nachdem sie umgekleidet waren: so führte man sie in einen prächtig beleuchteten Tempel, welcher mit 36 Bergeren von schwarzem Tassent besetzt war. Auf einem Thron saß die Oberpriesterin, ganz weiß gekleidet und glänzend wie eine Juno. Zu ihrer Seite zwo besondere Figuren, die sich nicht beschreiben lassen. Waren es Menschen oder Geister: waren sie männlichen oder weiblichen Geschlechts: das ist ungewiß.

Unmerksam schwächte sich das Licht. Der Saal verdunkelte sich bis zur Dämmerung. Kaum ließen sich die Gegenstände noch unterscheiden. Jetzt gab die Oberpriesterin ein Zeichen, daß jede Schülerin das linke Bein in die Höhe heben sollte. Zu gleicher Zeit mußte sie den rechten Arm ausstrekken. In diesem Moment treten zween weibliche Geister ein, werfen sich vor den Thron der Priesterin und empfangen aus ihren Händen ein Gebund rosenfarbene Bänder. Mit diesen binden sie jede Schülerin an Hand und Fuß.

So stehen sie nun ins Kreuz gefesselt da. Nun hält die Oberste eine Rede. Sie erklärt den Weihlingen, daß ihr gegenwärtiger Zustand das Symbol von ihrer Bestimmung in der Gesellschaft wäre. ›Erkennen sie hieran, meine Töchter‹, sagte sie, ›daß wir Sklaven der Männer sind. Aber lassen wir ihnen immer den Vorzug, Kriege zu führen, Gesetze zu geben, und über die Schwächen zu herrschen. Der unsrige muss der seyn, die

Meinungen und die Sitten zu regieren, den Geistern ihre Richtung zu geben, das Reich der Sanftmut, der Empfindnisse und der schönen Regungen auszubreiten.‹

Zum Schluß dieser Rede, deren Reize man umsonst zu wiederholen sich bemühen würde, erschienen die Geister wieder und entfesselten die Dames. Nun kündigte die Oberpriesterin an, daß die Prüfungen vorhanden wären. Jede Schülerin mußte zum Thron treten und den Eid ablegen. Man las die Gesetze vor.

Sie enthielten unter anderen, daß jene Priesterin, welche der Versuchung, so ihr bevorstünde, unterliegen würde, ohne Gnad verstossen seyn solle. Hierauf theilte sich die Gesellschaft in sechs Gruppen, nach ihren Farben.

Jede Gruppe wurde in ein eigenes Kabinet, so an den Saal gränzte, geführt und allein gelassen; aber nicht lang: denn es fand sich bald Besuch ein. Auserlesene Mannsbilder, Jünglinge mit allen Reizen des Körpers und Geists begabt, von den Grazien und Liebesgöttern begleitet, überraschen sie. Verlohrne Mühe! Umsonst wenden sie alle Künste der Versuchung an. Weder Seufzer noch Schwühre, noch Thränen, noch Verzweiflung können eine von den Schülerinnen bewegen, das Gelübd zu brechen. So sehr übertrifft die Macht des Fürwitzes noch selbst die Wollust im weiblichen Herzen.

So wie die Morgenröthe sich zeigt: so hört man ein Zeichen. Der Tempel eröffnet sich wieder. Die Schülerinnen verlaßen ihre Zellen. Sie finden die Oberpriesterin wieder auf dem Thron. Diese legt den Finger auf den Mund, zum Zeichen, daß sie Stillschweigen gebiete. Hierauf ergreift sie eine Ruthe und schwenkt solche gegen die im Grunde des Saals befindliche Nische.

Sogleich fährt der Vorhang vor derselben auf. Ein mutternackter Mann steht auf einer goldenen Weltkugel; in der Hand hält er eine Schlange, und von seiner Stirne blinkert eine Flamme.

›Derjenige, den sie izt hören werden, Bräute der Weisheit‹, sprach die Oberpriesterin, ›ist der berühmte, der ungleichbare, der große, der göttliche Cagliostro, entsprungen aus dem Schoß Abrahams ohne Empfängniß, begabt mit aller Weisheit, welche war, ist und auf die Erde kommen wird... Töchter der Wahrheit: wollt ihr sie sehen: so werft diese irdische Hülle ab, und – werdet wie sie!‹

›Es ist nicht mehr Zeit‹, fuhr der verklärte Cagliostro fort, indem sich die Prosessen bis auf die Haut entkleideten, ›ihnen, meine Freundinnen, das Licht zu verbergen. Erfahren sie den Endpunkt aller Wahrheit: das Vergnügen ist's. Es ist das Einzige, was solid, was sublim ist, was unsterblich macht. Alles Uebrige ist Tand. Sinnen sie fünfzig Jahre nach. Denken sie wie Locke, räsonieren sie wie Beyle, schreiben sie wie Rousseau: was werden sie herfürbringen? Daß der große Grundsatz der Natur die Liebe ist. Alle ihre Sinnen überzeugen sie davon. Wozu dienen ihnen die Augen, als Bilder fürs Herz aufzufangen? Für was ist das Ohr, als um diese Bilder durch die Töne der Liebe und der Harmonie zu erwärmen? Und was würden diese beiden nützen ohne

Die Engelsburg in Rom, das damalige ›Stammheim‹ der Inquisition (Stich von Merian)

das Gefühl, jenes süsse Spiel der Nerfen, welches uns über die Engel selbst erhebt, weil sie es nicht haben. Kurz alle Sinnen arbeiten nur fürs Vergnügen... Erscheinet, Söhne des Himmels, auserwählt diese Nimfen in den Genuß der Seeligkeit einzuweihen.‹...

Hier pfiff die Schlange: in diesem Augenblick erscheinen 36 Genien in weißen Gaze gekleidet.

...›Ihr Seids‹, sprach der Zauberer, ›welche das Schicksal beruft, meine Lehren zu vollenden‹... und verschwand.«

Kein Wunder, daß die Inquisition – als sie 1789 der Cagliostros in Rom habhaft wurde – Cagliostro als gefährlichen Ketzer zum Tode verurteilte. Daß sich ausgerechnet ein Kardinal als sein Schüler ansah und daß es Cagliostro – während seiner Zeit als unfreiwillig eingeschriebener Novize im Kloster von Cartegirone – gewagt hatte, in einem von ihm beim Abendmahl laut zu lesenden Text die Namen der Heiligen durch die Namen von stadtbekannten Huren zu ersetzen, was Cagliostros Klosterlaufbahn beendete, hat sicher auch zu dem schnellen Urteil geführt. In ihrem Haß sollen die Inquisitoren Cagliostro vor seinem Prozeß so gefoltert haben, daß Passanten sein Schreien selbst durch die dicken Mauern der Engelsburg hindurch gehört haben.

Lorenza, Cagliostros Hohepriesterin, kam in ein Kloster, wo man sie in einer Weise behandelte, daß sie fünf Jahre später, noch vor Erreichung ihres 40. Geburtstages, starb.

Saint-Germain: Ewig leben und sein wer (was) man will

Dem um 1735 – wie aus dem Nichts – auftauchenden geheimnisvollen Mann, der schnell in allen Salons und in der Öffentlichkeit zum allgemeinen Gesprächsthema wurde, wurde zugesprochen, den Stein der Weisen wirklich zu besitzen.

Was er in gewisser Weise auch tat: lebte er doch den Grundsatz, alles in dieser Welt sein zu können, was er sich vorstellen konnte und was ihm Spaß machte, voll aus, wenn er sich an einem Ort dafür entschied, der Marquis de Bellamare zu sein, an einem anderen der Graf Surmont oder – wie in Moskau – der General Welldone.

Ähnlich verfuhr er mit seiner Herkunft: mal deutete er an, ein unehelicher Sohn der Witwe König Karls II. zu sein, mal ließ er durchblicken, der älteste Sohn des letzten Fürsten von Sieben-

Der unsterbliche Graf von Saint-Germain

bürgen, Franz II. Rakoczy, zu sein, oder er schilderte seine Mutter als eine von einem Zigeunerstamm herkommende, edle Nomadin.

Wieder ein anderes Mal verblüffte er seine Zuhörer damit, daß er angab, mehr als 2000 Jahre alt zu sein. Wie zum Beweis erzählte er dann z. B. Intimes von der Hochzeit zu Kanaan, bei der er Petrus zu einem mäßigeren Lebensstil geraten habe und (wie der Korrespondent der ›Berliner Monatsschrift‹ ärgerlich bemerkte) »gar bald unserem Herrn Christus allerlei Rat in Absicht seines Verhaltens gegeben.«

Daß ihn Bewunderer, Anhänger und Schüler sogar ›vergötterten‹, möchte derselbe Korrespondent am liebsten zur Anzeige bringen:

»Dieser vor zwei Jahren im Dänisch-Hollsteinischen verstorbene Abentheurer war ein würdiges Gegenstück des verstorbenen Grafen Cagliostro... Auch er fand Bewunderer und Anhänger in Menge; und in welchem Tone ward er bewundert! Eben itzt bekomme ich einen großen Kupferstich zu Gesichte, worin er mit einer unbedeutenden vornehmen Hofmanns-Mine in einem prachtvollen Pelzkleide zu sehen ist, und worunter höchst merkwürdige Verse stehen, die mir eine Anzeige zu verdienen scheinen, um die Denkungsart solcher Menschen bekannt zu machen, die sich nicht schämen, von Zeit zu Zeit dergleichen Dinge in die Welt zu streuen.«

Diese ›merkwürdigen und so provokanten Verse‹ lauteten: »Wie Prometheus raubte er das Feuer, durch das die Welt besteht und durch das alles atmet; die Natur gehorcht seiner Stimme und bewegt sich. Wenn er nicht Gott selber ist, gibt ihm ein mächtiger Gott seine Eingebungen ein.«

Anhänger, die Saint-Germain nicht gleich zum Gott erhoben, sahen in ihm mindestens aber einen hohen ›Eingeweihten‹ der Alchimie oder einen ›echten Rosenkreuzer‹. So wie man anderen zuschrieb, Gold machen zu können, so glaubte man von Saint-Germain, er mache Diamanten.

Madame Blavatsky erklärte später Saint-Germain sogar zu einem der großen geheimen, tibetischen Meister...

Saint-Germain, der in vielen Berichten als ausgesprochen geistreich und witzig geschildert wird, muß wirklich die Fähigkeit gehabt haben, andere in ihm sehen zu lassen, was er wollte... und was ihm nützte:

Als er 1745 im Zusammenhang mit einem Staatsstreich in England verhaftet wurde, gelang es ihm, sehr schnell wieder freizukommen. Man hielt ihn (so der englische Politiker Horace Walpole, der mit seinem Fall befaßt war) für einen harmlosen »Narren«, der aber »wundervoll singen, spielen und geigen gekonnt habe«!

Wohl neidisch auf die ungeheure Publicity, die Saint-Germain zuteil wurde, verbreitete Casanova die Behauptung, der Graf sei ja auch in Wirklichkeit nur ein italienischer Geigenspieler namens Catalani.

Daß Saint-Germain der Annahme vom unvermeidlichen Tod der Menschen so selbstbewußt und selbstverständlich die Behauptung entgegensetzte, wer – wie er – das Elixier des Lebens habe, lebe ewig, war für viele seiner Zeitgenossen mindestens ebenso faszi-

Nichts verärgerte Zeitgenossen mehr, als der Gott-Kult, den Anhänger um den unsterblichen St. Germain aufbauten (L. Richter: ›Die Auferstehung Christi‹)

Der griechische Gott Neräus, der jede Gestalt annehmen konnte, also ›alles sein konnte, was er wollte‹

nierend wie beispielsweise die Behauptung amerikanischer Wissenschaftler heute, daß es bald möglich sein werde, das Leben – sei es durch Eingriffe in die Programmpläne der Zellen oder durch die Schaffung einer Unsterblichkeitspille – beliebig zu verlängern: »... für die, die es wollen!«

Sergius Golowin vermutet, die Worte des Grafen über das Lebenselixier seien möglicherweise in einem mehr übertragenen Sinn gemeint gewesen:

»Wahrscheinlich geht die Sage von der ›Unsterblichkeit‹ dieses Mannes und seiner Anhänger auf jene Vorstellung zurück, die wir in verschiedenen indischen Philosophien finden: Der Eingeweihte hält sich für ewig, weil er überzeugt ist, daß sein Bewußtsein unendlich und dauernd zu neuem Leben erwacht, ›nur die äußere Gestalt wechselt‹, und daß es darum eigentlich keinen Tod gibt.«

Der Korrespondent der oben schon erwähnten Berliner Zeitschrift jedenfalls zeigte seine Genugtuung darüber, daß Saint-Germain tatsächlich in Ekkernförde am 2. 3. 1784 gestorben war (wie die einen meinten mit 75, die anderen mit 88 oder gar 93 Jahren!): »Ich weiß sogar, daß manche jetzt noch, da er gestorben ist, glauben: er lebe, und werde bald lebendig hervorgehen! Da er doch wirklich mausetot ist, und wahrscheinlich jetzt schon fault und stinkt, wie ein ganz gemeiner Mensch, der kein Wunder verrichten kann...«

Und doch schworen schon 30 Jahre später ehrbare und auch glaubwürdige Zeugen, Saint-Germain begegnet zu sein und sogar mit ihm gesprochen zu haben...!

Literatur

Isabel Cooper-Oakley: The Count of Saint-Germain, New York 1970

Casanova: Alle Frauen sind eine Frau

Giacomo Girolamo Casanova, Chevalier de Seingalt (geboren 1725 in Venedig, gestorben 1798 auf Schloß Dux in Böhmen).

Eine anfänglich erfolgreich scheinende Laufbahn als Geistlicher wurde ihm gründlich verleidet, als er bei seiner zweiten Predigt – infolge von Trunkenheit – steckenblieb und er sich durch einen simulierten Ohnmachtsanfall der

Casanova im Alter von 49 Jahren (Gemälde von 1774)

entstandenen Peinlichkeit entziehen mußte.

Casanova gilt heute aufgrund seiner zahllosen galanten Abenteuer, die ihn kreuz und quer durch ganz Europa führten, als der Prototyp des klassischen Liebhabers und Verführers.

In dieser Bedeutung ist sein Name sogar in die Umgangssprache eingegangen: Der ›Große Duden‹ führt unter dem Stichwort Casanova den Eintrag ›Frauenverführer‹! Allerdings war Casanova mehr als ›nur ein Casanova‹: Seine vielbändigen Memoiren zeigen ihn als fähigen Diplomaten, klugen Philosophen, tüchtigen Geschäftsmann, erfahrenen Kabbalisten und Alchimisten und – nicht zuletzt – als einen großen Schriftsteller.

Der Fürst Charles de Ligne, eine der gebildetsten und angesehensten Persönlichkeiten seiner Zeit, der Giacomo

Casanova in dessen Altersdomizil auf Schloß Dux kennenlernte, stellte ihn auf eine Ebene mit Friedrich dem Großen und Humes:

»Jedes seiner Worte ist eine wahre Erleuchtung, jeder seiner Gedanken ersetzt ein Buch. Es gibt einfach nichts auf der Welt, dessen er nicht fähig wäre.«

Zu welch unglaublichen Leistungen Casanova – selbst in für andere aussichtslosen Situationen – fähig war, zeigt sein erfolgreicher Ausbruch aus den als absolut ausbruchsicher geltenden berüchtigten Bleikammern der venezianischen Inquisition, wohin ihn der Rat der Zehn wegen seines zügellosen Lebenswandels und dem Abfassen gotteslästerlicher Schriften 1755 zum Absitzen von fünf Jahren verurteilt hatte.

Ein weiteres Schlaglicht auf Casanovas besondere Art zu ›zaubern‹, wird durch den typischen Ablauf eines Aufenthaltes in dem kleinen Städtchen Mitau, in Kurland, geworfen.

Einer der vielen Aspekte von Casanovas ›Gegenseele‹

Casanova brachte hier ein magisches Lehrstückchen fertig, das man auch mit der Überschrift betiteln könnte: »Wie man, wenn man ein Goldstück weggibt, deren Hunderte wiederbekommt«:

Erfreut durch die Reize einer Magd, die ihm eine Tasse Schokolade gebracht hatte, gab Casanova ein Goldstück – sein, was nur er wußte, letztes – als Trinkgeld. Diese, für Kurland offenbar unerhörte Tat, muß sich wie ein Lauffeuer verbreitet haben, denn binnen kurzem erschien ein Jude bei Casanova, der ihn sofort als Boten für ein nicht ganz legales Devisengeschäft anheuerte und ihm hierzu eine große Menge Taler aushändigte, was Casanova wiederum in den Stand setzte, als wohlhabender fremder Kavalier von Bedeutung aufzutreten.

Auf solchem Hintergrund verpflichtete der Fürst von Kurland schon am nächsten Tag Casanova als eine Art Entwicklungsingenieur: Casanova fuhr in einer Staatskarosse durch das kleine Land, um in der Landschaft nach Schätzen besonderer Art, nämlich Salzen und Metallen Ausschau zu halten.

Darüber hinaus, daß Casanova es sich dabei gutgehen ließ, erhielt er am Ende ›seiner Arbeit‹ auch noch einige hundert Taler für einen Bericht über seine Erkundungsfahrt!

Insbesondere seit 1960 Casanovas Schriften endlich ungekürzt, der Fassung des Originaltextes folgend, erscheinen konnten, hat sich das Bild von dem »aufgeblasenen Weiberhelden« und »giftigen Erzreaktionär« (N. Jonard) Casanova gewandelt. Er gilt seinen Biographen nicht mehr nur noch als

»lebenshungriger, leichtsinniger Panerotiker im ausschließlichen Dienst der Lust«.

Robert Gervaso schreibt ihm sogar zu, »ein Feminist im wahrsten Sinn des Wortes« zu sein: »Ein Verfechter der natürlichen Rechte der Frauen, ihr Freund und Vertrauter.«

Casanova liebte die Frauen, und sie liebten ihn, weil sie spürten, wie besessen er von ihnen war, wenn sie sich von ihm besitzen ließen: Um Casanova in einem tieferen Sinn zu verstehen, muß man wohl aber Gervasos Feststellung, »er betrieb eigensinnig die sozusagen nackte Wiederholung des ewig selben Aktes am ständig wechselnden Objekt«, umdrehen: er liebte in seinen 200 Frauen, von denen er besessen war und die ja auch ihn besaßen, letztlich ›dasselbe Objekt‹, aber auf immer wechselnde neue und ekstatische Weise!

Denn Casanova suchte sich mit seinem weiblichen Gegenpart, mit dem Weiblichen schlechthin zu vereinen, so wie der indische Gott Shiva ewig im Bemühen seinen weiblichen Teil, seine ›Schakti‹, zu finden, diese in jeder Frau sucht und findet, sie sich ihm aber stets – immer wieder von neuem – entzieht, um ihm in neuer Form, in einer anderen Frau, wieder zu begegnen.

Dieser Aspekt der Fähigkeit zu einer bedingungslosen, fast göttlichen ewigen Hingabe, der für unsere Zeit etwas ungewöhnliches ist, scheint es zu sein, der Casanova im Bewußtsein von uns allen heute noch ›unsterblich‹ macht.

Ein wenig scheint ihm dies selbst bewußt gewesen zu sein, wenn er in einem Brief über sich selbst schrieb: »Wenn meine Seele vor mir existiert hat, wird sie mich auch überleben, da sie eine selbständige Existenz führte, bevor die Materie meinen Körper formte. Doch wenn ich sterben muß, um zu wissen, daß ich unsterblich bin, so habe ich keine große Eile, diese Wahrheit zu erfahren.

Eine Wahrheit, die das Leben kostet, ist einfach zu teuer. Aber sollte es mir passieren, daß ich nach dem Tode noch mit allen Sinnen fühle, werde ich niemals zugeben, ein Toter zu sein.«

Casanova ist (wie P. Chiara ausdrückte) »wie Doktor Faust oder der Marquis de Sade längst aus dem Bereich der Geschichte in den der modernen Mythen eingegangen«.

Besaß Casanova die Frauen oder besaßen sie ihn?

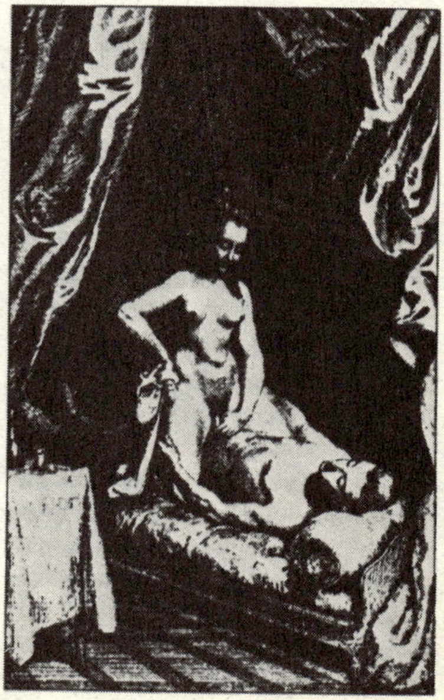

Literatur

Aus den Memoiren des Venezianers *Jacob Casanova de Seintgalt,* 12 Bände, Leipzig 1822–1828
Roberto Gervaso: Casanova, Verführer und Weltmann, München 1979
Hermann Kesten: Casanova, München 1952
Erich Loos (Hrsg.): Geschichte meines Lebens, 12 Bände, mit dem vollständigen Text nach der Urfassung aus dem Französischen, Berlin 1964–1967
Aldo Rava und *Gustav Gugitz* (Hrsg.): Frauenbriefe an Casanova, München 1913
Stefan Zweig: Drei Dichter ihres Lebens: Casanova, Stendhal, Tolstoi, Leipzig 1929

John Dee, der ›Erleuchtete‹

John Dee: Mit den Engeln sprechen

Als am 21. November 1582 der ›Erzengel Uriel‹ in der Gestalt eines vierjährigen Knaben dem zu dieser Zeit schon in hohem Ruhm und Ansehen stehenden Astrologen, Lehrer und Berater der englischen Königin Elisabeth, John Dee (1527–1608), am westlichen Fenster seines Studierzimmers einen ›mystischen‹ Kristall gab – der sich später als ein Stück polierte Steinkohle erwies –, spornte dies Dee noch mehr an, seine schon seit 1581 begonnenen und mit dem ehemaligen Apotheker Eduard Kelley als Medium betriebenen Kontakte mit den Welten der Engel fortzusetzen, dabei mathematisch-kabbalistisches Wissen mit den von den Engeln übermittelten Botschaften in einem neuen okkulten System vereinend.

Dee schrieb die Aufzeichnungen über seine ›kristallomantischen Actions‹ dabei in einer bis zu diesem Zeitpunkt unbekannten Sprache, dem Henochischen, der – wie Dee behauptete – Sprache der Engel.

Mit den von Dee experimentell erzeugten ›höheren‹ Bewußtseinszuständen beschäftigten sich im 19. Jahrhundert der ›schwedische Geisterseher‹ genannte Emmanuel Swedenborg und der deutsche Psychologe Gustav Fechner noch einmal sehr intensiv. Im 20. Jahrhundert wiederholte Aleister Crowley, der die im Liber Logaeth gesammelten ›Rufe‹ oder ›Schlüssel‹ zur Beschwörung der Elemente und Engel im Ashmolean Museum in Oxford eingesehen hatte, einen Teil der Deeschen Experimente.

Crowley arbeitete mit einem, in einem hölzernen Golgatha-Kreuz eingelassenen Topas:

»Im allgemeinen hielt ich ihn in meiner Hand. Nachdem ich nur einen Ort gesucht hatte, wo jede Störung ausgeschlossen schien, nahm ich den Stein zur Hand und rezitierte den henochischen Schlüssel und ließ den Topaz eine ähnliche Rolle spielen wie den Spiegeln in ›Alice‹ (gemeint ist ›Alice im Wunderland‹), nachdem ich mich vergewissert

Elisabeth I., Königin von England, sie nannte sich Dr. Dees ›dankbare Schülerin‹ (Gemälde des 17. Jahrhunderts)

hatte, daß die gerufenen Geister anwesend waren«.

Crowley sah im Stein nicht nur Engel, er konnte – ähnlich wie Alice in ihrem Spiegel – sogar in die ›Welt im Stein‹, also in einer der dreißig von Dee gefundenen Sphären oder ›Aethyre‹, eindringen:

»Ich hatte gelernt, mich nicht mehr mit Reisen an beliebige Orte per Astralkörper herumzuärgern. Ich erkannte, daß der Raum nicht ein Ding an sich war, sondern lediglich eine brauchbare Kategorie (von vielen), mit deren Hilfe wir Objekte voneinander unterscheiden. Wenn ich also sage, daß ich mich in einem Aethyre befand, meine ich damit einfach den seiner Natur angemessenen und angepaßten Zustand. Auf diese Weise konnten meine Sinne die feinen Impressionen wahrnehmen, auf die ich sie vorbereitet hatte. Ich konnte also die Erscheinungen jener Welten genauso wahrnehmen, wie die Menschen in der Hiesigen.«

Literatur

Aleister Crowley: The book auf Goetia of Salomon the King, London 1904 (sozusagen ein Wörterbuch: henochische Texte in Frakturschrift mit englischen Unterzeilen)
John Dee: Monas Hieroglyphica, London 1564 (das kabbalistische Hauptwerk Dees)
J. v. Halliwell (Hrsg.): Private Diary of John Dee, London 1852 (enthält die Aufzeichnungen über die Engelvisionen)
Carl Kiesewetter: John Dee, ein Spiritist des 16. Jahrhunderts, Leipzig 1893
Gustav Meyrinck: Der Engel vom westlichen Fenster, Frankfurt/Main 1972
John Symonds: The great Beast, The life and magick of Aleister Crowley, Frogmore 1973

Dr. Dee und Edward Kelley bei einer Totenbeschwörung

Descartes: Der Mensch, ein Roboter

In der Philosophie René Descartes' (1596–1650) wird zum ersten Mal in der europäischen Geschichte das Verhältnis des Menschen zur Welt als *grundsätzlich* problematisch formuliert. Die bis zu Descartes unbezweifelte Sicherheit, daß der Mensch die Welt erkennen könne und man eben nur den richtigen Weg zur Erkenntnis einschlagen müsse, gerät ins Wanken, und es stellt sich die Frage: Wie ist Erkenntnis überhaupt möglich?

Jede Aussage über die Welt, Mensch und Natur ist grundsätzlich bezweifelbar – jede Wahrnehmung kann eine Täuschung sein: Kann der Mensch die Welt, und damit natürlich auch sich selbst, überhaupt verstehen, begreifen, oder ist ihm das Schicksal eines Fremden in einer fremden Welt zugedacht?

Bei allem Zweifel an der menschlichen Wahrnehmungs- und Erkenntnisfähigkeit bleibt doch der Zweifel selbst bestehen.

Descartes bestimmt den Zweifel als einzig unbezweifelbare Tatsache und kommt damit zu der Einsicht, daß der Zweifel und damit das Denken als sein Medium die einzige Gewißheit ist, die dem Menschen bleibt: Ich denke, also bin ich (cogito, ergo sum).

All das, was nicht dem Bereich des Denkens angehört, tritt dem Denken als ein von ihm grundsätzlich Unterschiedenes gegenüber. Die Welt wird durch die mechanischen Gesetze von Stoß und Druck regiert, die mit Hilfe der Mathematik, der höchsten aller Wissenschaften, zwar berechnet, nicht aber vom menschlichen Geist beein-

Descartes: Geist und Körper sind zwei Paar Schuh

flußt werden können. Selbst die Körper von Menschen und Tieren sind nichts weiter als mechanische Maschinen, Roboter sozusagen, eingebunden in das riesige Räderwerk der Welt.

Damit hat Descartes ein streng dualistisches Weltbild geschaffen von Geist und Materie, Seele und Körper (res cogitans und res extensa), in der die Vorstellungen von beseelter Natur und sich materialisierendem Geist keinen Platz haben. Der menschliche Geist steht ohnmächtig vor dem Getriebe der Welt und versucht, demselben durch mathematische Berechnungen auf den Grund zu kommen.

Hellsichtig hat Descartes damit die Entwicklung der modernen Wissenschaft vorausgesehen und vielleicht sogar selbst mitbestimmt: Ihre Aufspaltung in Natur- und Geisteswissenschaft und, trotz aller Versuche interdisziplinärer Forschung, die Unvereinbarkeit dieser beiden Bereiche. Der neuzeitliche Wissenschaftler vermißt und berechnet zwar die Natur nach historisch sich wandelnden Formeln, er hat aber in weiten Bereichen das Bewußtsein darüber verloren, daß er selbst als Mensch Teil der Natur ist und in jede wissenschaftliche Aussage konstitutiv sein eigener Geist mit eingeht.

Mesmer: Heilung durch Magnetismus

Mesmer: Wenn Suggestionen Schmerzen machen, können Suggestionen auch heilen

Der Wiener Franz Anton Mesmer (1734–1815), der Begründer des ›Thierischen Magnetismus‹, kurierte in den letzten Jahren vor der französischen Revolution in Paris die Damen der besseren Gesellschaft. Durch leichte Handstriche über den Körper der Erkrankten wurde die ›unausgewogene magnetische Sphäre‹ harmonisiert – so glaubte Mesmer und mit ihm seine Patientinnen. Verständlicherweise blieben die Zweifler an Mesmers Methode nicht aus. Ein Jahrhundert, das die Aufklärung proklamiert hatte und für jedes Geheimnis eine Erklärung finden mußte, hielt das Mesmersche Heilverfahren für Scharlatanerie. Einer der Damen, die Mesmer von unerträglichen Schmerzen befreit hatte, gab man zu bedenken, daß ihre Schmerzen nur deshalb von Mesmer hätten vertrieben werden können, weil sie sich dieselben vorher nur eingebildet hätte. »Eingebildet oder nicht«, entgegnete die Dame schlagfertig, »jedenfalls habe ich jetzt *keine* Schmerzen mehr.«

Franz Anton Mesmer

Eliphas Levi: Beschwörung der Toten

In einer Zeit eines sich mehr und mehr durchsetzenden Materialismus widmete sich der Abbé Alphonse-Louis Constant (1810–1875) – der sich später Eliphas Levi nannte – oft zum Erstaunen, oft zum Spott seiner Zeitgenossen, gänzlich der Erforschung der magischen Wissenschaften.

Sein Jahrzehnte währendes Studieren und Experimentieren ließ ihn – insbesondere durch die Wiederfindung und Neudeutung der Symbolik der Tarotkarten – eine Reihe der inzwischen verlorengegangenen ›magischen Schlüssel‹ wiederfinden.

Zu seinen Interpretationen und Deutungen bezieht Levi in einer genialen Synthese mehr als nur Bücherwissen heran: Das Antlitz des gesamten Planeten ist für ihn ein ›Buch der sieben Siegel‹, in dem der Magier lesen können muß:

»Durch den Schleier aller priesterlichen und mystischen Allegorien der alten Dogmen, durch die dunklen und seltsamen Gebräuche bei allen Einweihungsmysterien, unter dem Siegel aller heiligen Schriften, in den Ruinen von Theben und Ninive, auf den zerfallenden Steinen der alten Tempel und dem dunkel gewordenen Antlitz der assyrischen oder ägyptischen Sphinx, in den ungeheuerlichen oder wunderbaren Malereien, die den Gläubigen Indiens die heiligen Blätter der Veden übersetzen, in den merkwürdigen Sinnbildern unserer alten alchimistischen Bücher, den Empfangszeremonien aller geheimen Verbindungen treten die Spuren einer überall gleichen und überall sorgfältig verborgenen Doktrin zu Tage. Die okkulte Philosophie scheint in den Zeitaltern, in denen sie ausschließlich der Erziehung der Priester und der Könige diente, die Amme oder Patin aller Religionen, der geheime Hebel aller geistigen Kräfte, der Schlüssel zu allem göttlichen Dunkel und die unumstrittene Königin der Gesellschaft gewesen zu sein.«

Den Sinn seiner magischen Zitationen sah Levi nicht darin, ein magisches Spektakel zu erzeugen. Ihm ging es bei der ›Beschwörung der Toten‹ mehr darum, die Geister unserer Ahnen – und damit das Wissen der Vorzeit – in sich wiederzubeleben; also sozusagen die verborgenen Schätze des Unterbewußten an »des gegenwärtigen Tages Licht« zu heben.

Eliphas Levi: Suche nach den verlorenen ›magischen Schlüsseln‹

Das wohl bekannteste Experiment dieser Art machte Levi im Juni 1854 in London bei einer Beschwörung mit Hilfe eines Pentagrammrituals. Levi selbst beschreibt den Ablauf im ersten Teil seiner ›Transzendentalen Magie‹ ausführlich:

»Alles war am 24. Juni bereit. Es sollte der Geist des göttlichen Apollonios (von Tyana W. B.) angerufen und über zwei Geheimnisse befragt werden: das eine betraf mich selbst, das andere jene Dame. Diese hatte zwar gewünscht, mit einer Vertrauensperson zusammen der Anrufung beizuwohnen, doch wurde diese dritte im letzten Augenblick von Furcht befallen, und da bei magischen Riten die Dreiheit oder Einheit strengste Forderung ist, wurde ich allein gelassen. Das für die Beschwörung vorbereitete Kabinett war ein Turmgemach. Es befanden sich darin vier konkave Spiegel und eine Art von Altar, dessen Oberteil aus weißem Marmor von einer Kette aus magnetischem Eisen umgeben war. Auf dem Marmor war das Pentagramm eingeschnitten und vergoldet. Das gleiche Zeichen befand sich in verschiedenen Farben auf einer weißen frischen Lammhaut, die unter dem Altar ausgespannt hing. Mitten auf der Marmorplatte stand ein kleines, kupfernes Kohlenbecken, gefüllt mit Holzkohlen von Erlen und Lorbeer. Vor mir auf einem Dreifuß stand ein zweites Kohlenbecken. Ich war mit einem weißen Gewande bekleidet, ähnlich dem unserer katholischen Priester, nur länger und weiter, und auf dem Kopfe trug ich einen mit einer Goldkette durchflochtenen Verbenenkranz. In der einen Hand hielt ich einen neuen Degen und in der anderen das Ritual. Nun entzündete ich die beiden Feuer mit den hierzu nötigen und vorbereiteten Substanzen und begann die Formeln des Rituals erst mit leiser, dann mit erhobener Stimme herzusagen. Der Rauch verbreitete sich, die Flamme zuckte über die Gegenstände hin und schien sie zu beleben, dann erlosch sie. Ein weißer Rauch stieg langsam über dem Marmoraltar empor, und ich vermeinte eine Erschütterung wie von einem Erdbeben zu spüren. Es klang mir in den Ohren, und mein Herz schlug heftig. Ich warf Zweige und Wohlgerüche auf die Kohlenbecken, und beim Schein der auflodernden Flamme gewahrte ich deutlich vor dem Altar die überlebensgroße Gestalt eines Mannes, die sich auflöste und verschwand. Ich begann die Anrufung von neuem und stellte mich in einen Kreis, den ich zwischen Altar und Dreifuß gezogen hatte. Nun sah ich, wie sich nach und nach die Tiefe des Spiegels erhellte, der hinter dem Altar mir gegenüberhing, und wie eine helle Gestalt sich darin abzuheben begann, anwuchs und sich mir immer mehr zu nähern schien. Mit geschlossenen Augen rief ich dreimal den Namen Apollonios aus, und als ich

Das Pentagramm (das Zeichen des Mikrokosmos), das – eingeschnitten in den Marmor eines Altars – von Levi bei der Beschwörung des Apollonios benutzt wurde. Über die magische Macht des Pentagramms schrieb Levi: »Die Elementargeister sind diesem Zeichen, wird es mit Einsicht gebraucht, unterworfen, und legt man es in den Bannkreis oder auf den Zaubertisch, so kann man sich die Geister gefügig machen oder sie, wie es in der Magie heißt, fesseln.«

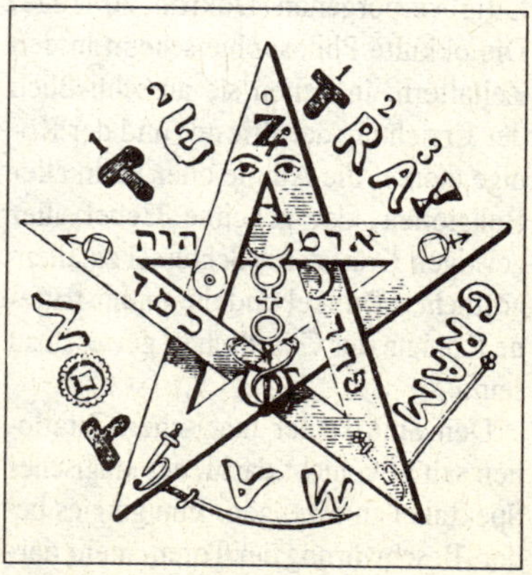

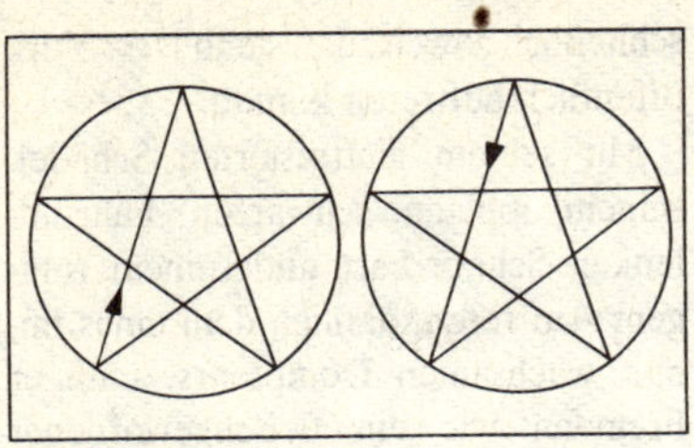

Anrufung Bannung

Das Pentagramm-Ritual, wie es von den Mitgliedern des ›Golden Dawn‹ durchgeführt wurde. Dem englischen ›Order of the Golden Dawn‹ gehörten neben Aleister Corwley so bekannte Okkultisten und Dichter an wie W. B. Yeats, Montague Summers, Israel Regardie, Dion Fortune und Bram Stoker

die Augen aufschlug, stand ein Mann vor mir, ganz in ein Leinenlaken gehüllt, das mich eher grau als weiß dünkte. Sein Antlitz war abgezehrt, traurig und bartlos und entsprach nicht eigentlich dem Bild, das ich mir von Apollonios gemacht hatte. Ich hatte eine Empfindung von außerordentlicher Kälte, und als ich den Mund öffnete, um das Gespenst anzusprechen, brachte ich keinen Laut hervor. Ich legte daher die Hand auf das Zeichen des Pentagramms und bewegte die Spitze meines Degens gegen ihn, indem ich ihm durch diese Gebärde in Gedanken befahl, mich nicht zu erschrecken und mir zu gehorchen. Daraufhin wurde die Gestalt undeutlicher und verschwand plötzlich. Ich befahl ihr, wieder zu erscheinen. Da fühlte ich es an mir wie einen Hauch vorüberstreichen, und etwas berührte meine Hand, die den Degen hielt. Augenblicklich erstarrte mein Arm bis zur Schulter hinauf. In der Annahme, daß der Degen den Geist beleidigte, setzte ich ihn mit der Spitze in den mich umgebenden Kreis.

Die menschliche Gestalt erschien sofort wieder, ich aber empfand eine derart große Schwäche in allen Gliedern und fühlte mich so nahe einer Ohnmacht, daß ich zwei Schritte tun mußte, um mich zu setzen. Unverzüglich verfiel ich in einen tiefen Schlaf.

Träume suchten mich heim, von denen mir beim Erwachen nur eine verworrene unbestimmte Erinnerung zurückblieb. Während mehrerer Tage noch behielt ich einen steifen und schmerzhaften Arm. Die Erscheinung hatte zwar nicht zu mir gesprochen, aber es schien mir, als hätten die Fragen, die ich ihr stellen wollte, sich gewissermaßen in meinem Inneren von selbst beantwortet.

Auf jene der Dame erwiderte eine Stimme in mir: tot (es handelte sich um einen Herrn, über den sie Nachricht wünschte)! Ich selbst wollte wissen, ob eine Annäherung und Versöhnung zwischen zwei Menschen, an die ich gedacht hatte, möglich wäre, und dasselbe innere Echo antwortete unerbittlich: beide tot!«

Aleister Crowley war so von Levi beeindruckt, daß er sich – im Todesjahr von Levi geboren – als eine ›Wiederverkörperung‹ Levis ansah, sich in anderen Worten also als der Schüler des großen Mannes fühlte.

Literatur

Geschichte der Magie, Basel 1975

Werke von *Eliphas Levi:* Transzendentale Magie (2 Bände), Basel 1975

Gurdjieff: Die verborgene Bedeutung hinter aller Alchimie – wiedergeboren zu werden!

Ein Lied, das Gurdjieffs Vater dem (1873 in Alexandropol im Kaukasus geborenen) Knaben vorsang und das von einem großen Helden namens Gilgamesh handelte, war der Auslöser für Gurdjiefs jahrzehntelange Suche nach dem Korpus eines geheimen Wissens, das über die Jahrhunderte nur an Eingeweihte weitergegeben worden sein mußte: hatte doch sein Vater ein Lied gesungen, dessen Inhalte – wie Gurdjieff später als junger Mann in einer Zeitschrift las – gerade erst von der Wissenschaft auf den in Ninive ausgegrabenen uralten Keilschrifttafeln entdeckt worden waren.

Als Gurdjieff 1920 in Fontainebleau im Schloß von Prieuré ein ›Institut zur harmonischen Entwicklung des Menschen‹ gründete, war aus dem jungen Abenteurer ein Mann in gesetztem Alter geworden, der (wie die Legende berichtet) »in einem immer fleckenlosen weißen Dinneranzug und teure ägyptische Zigaretten rauchend« mit seinen Schülern und Freunden in einer ehemaligen Flugzeughalle saß und seine Zuhörer mit seiner einfachen Menschlichkeit bezauberte; Magier für die einen, ein Weiser für die anderen und ein Witzbold für dritte.

Gurdjieff musizierte bei solchen Gelegenheiten selbst (und soll mit seinen selbstkomponierten Stücken seine Zuhörer oft zu Tränen gerührt haben); er ließ aber auch musizieren und tanzen. Die von ihm angeregten ›heiligen‹ Tänze perfektionierte seine Gruppe schließlich soweit, daß sie in New York öffentlich auftreten konnte.

Mit seinem glattrasierten Schädel, seinem üppigen, schwarzen ›Fahrradlenker‹-Schnurrbart und seinem ruhigem Auftreten, ähnlich dem eines immer wachsamen Dompteurs, muß er Fremden wie ein fleischgewordener Hercule Poirot vorgekommen sein, zumal er – abweichend von dem Verhalten anderer ›erleuchteter Meister‹ – gern gut aß, die Frauen liebte und auch dem Armagnac durchaus positiv zugewandt war.

Während aber Poirot die ›kleinen grauen Zellen‹ bei seiner Detektivarbeit über alles schätzte, befand Gurdjieff, daß »unser Gehirn kein Organ sei, mit dem sich die Wahrheit finden lasse, es sei gerade eben nur ein Muskel«.

Gurdjieff, der Magier: Re-Konditioniere dich!

Die über den Gurdjieff dieser Zeit gefällten Urteile zeigen ein breites Spektrum: »Höchst zweifelhafter Lehrer« (Katherine Anne Porter), »Scharlatan« (François Mauriac), »nicht ein Mann, sondern eine Million Männer in einem« (Margaret Anderson), »ein Psychologe von einzigartiger Brillanz und Einsicht, auf einer Ebene mit Nietzsche« (Colin Wilson), »einer der großen Anreger der sechziger Jahre« (Sergius Golowin).

J. B. Watson, der Begründer des Behaviorismus, der zu einer privaten Lesung von Teilen des Manuskriptes zu Gurdjiefs Hauptwerk ›All and Everything: Beelzebub's Tales to his Grandson‹ geladen war, unterbrach Gurdjieffs Lesung nach einiger Zeit und sagte: »Entweder ist dies ein ganz ausgefeilter und subtiler Witz... oder es ist Quatsch!«

Obwohl er Gurdjieff in dem nachfolgenden Gespräch faszinierend fand, riet er ihm strikt von einer Veröffentlichung ab. Mit Watson teilte Gurdjieff immerhin eine Überzeugung, nämlich die, daß der Mensch eine ›Maschine‹ ist. Abweichend von Watson lehrte Gurdjieff allerdings, daß der Mensch es nicht bleiben müsse, sondern alles werden könne, was er wolle.

Jenseits aller Mystifikation war es Gurdjieffs Bestreben, eine »mathematische und materialistische Erklärung der Schöpfung, der Betreibung und des Zwecks des Universums zu finden« und »den Platz des Menschen, seine Funktion und Aufgabe in diesem Universum« so zu bestimmen, »wie ein guter Ingenieur eine Maschine kennt«.

Gurdjieff geht beim Blick auf die Menschheit von der Annahme aus, daß die Menschen in ihrem jetzigen Bewußtseinsstand sich in einem tiefen Schlaf befinden, völlig verloren in ihrer eigenen privaten Welt: »Der Körper«, sagt Gurdjieff, »ist zwar wach, das ›Ich‹ aber nicht.«

Um das Ich zu wecken und auf eine andere Bewußtseinsstufe zu heben, um also das alltägliche Ritual unseres Lebens zu durchbrechen, schlägt Gurdjieff einen – im Vergleich zu den Wegen des Fakirs, des Mönches und des Yogis – vierten ›kreativen‹ Weg vor: den, wie er es nennt, »Weg des schlauen (cunning) Menschen«.

Der schlaue Mensch »läßt nicht«, wie es einmal eine Schülerin Gästen erklärte, »seine Vergangenheit zur Zukunft werden«, sondern versucht Stück um Stück, seine wahre Essenz, den göttlichen Funken in sich auszugraben und beginnt – mehr und mehr von den Drehbüchern der Vergangenheit frei werdend – sein eigenes Drehbuch für die Zukunft zu schreiben.

Wichtigstes Ziel dieses Transformationsprozesses: sich ›Auge um Auge, Zahn für Zahn, Leben um Leben‹ wiederzugebären.

Thimothy Leary arbeitete in seinem Buch ›The Intelligence Agents‹ sehr klar die Regeln heraus, die Gurdjieff anwandte, um sein Bewußtsein (und damit seine Intelligenz) zu steigern:

1. Geh immer den Ereignissen nach, die der Rest der Menschheit als mysteriös abtut.

2. Tu niemals deshalb etwas, weil es andere auch tun.

3. Denke niemals das, was andere denken.

4. Vertraue nur der eigenen Sicht der Welt, niemals der Sicht, wie sie andere haben. Und traue auch deiner eigenen Sicht nur für einen kurzen Moment lang.

Hinter diesen Regeln steht Gurdjieffs Ansicht, daß unsere Umwelt uns ohnehin zu 99 % bestimmt und es daher nötig ist, wirklich von uns aus aktiv zu werden und uns – wie Gurdjieff es ausdrückt – in »einer dauernden Anstrengung und einem freiwilligen Leiden« gegenüber der Trägheit und ewigen Wiederholung der alltäglichen Routine mehr und mehr zu rekonditionieren:

»Kein Blatt zu sein, das vom Wind umhergetrieben wird«, sondern die Kontrolle über das eigene Leben selbst zu übernehmen.

Die Weise, wie Gurdjieff seine Lehre vermittelte, ist bis heute – wie könnte es auch anders sein – umstritten. Was Anhänger als eine Art ›angewandten Taoismus‹ bezeichneten, sieht der Verfasser eines neueren Lexikons als die Einrichtung eines Zwangslagers: »Die dort (in Prieure) eingezogenen Patienten wurden fast durchweg mit Zwangsarbeit beschäftigt. Katherine Mansfield, die dort ihre Lungenkrankheiten zu kurieren hoffte, wurde in einen Stall gesperrt.«

Die Schriftstellerin Margaret Anderson, die als eine vertraute Schülerin Gurdjieffs Arbeit näher kannte, schilderte die Wirkung von Gurdjieffs Methode dagegen als für sich sehr wohltuend: »Selbst heute weiß ich nicht so recht, wie ich Gurdjieff beschreiben soll. Ich fühle mich dabei so, als würde mich jemand bitten, eine Beschreibung der Natur in all ihren Aussageweisen zu geben. Von der Grundlage seiner Lehre, seiner Methode oder ihrer Bedeutung kann ich nichts näheres sagen. Ich kann aber erzählen, was seine Lehre für mich bedeutete. Seine Methode läßt sich nicht mit der Psychoanalyse oder mit irgendeiner anderen Introspektionsmethode vergleichen. Außerdem: Introspektion wo hinein? In welche Nichtexistenz...?

Es war mehr ein Reinigen und ein wieder Anfüllen. Seine Wissenschaft bestand in der Präzision, mit der er einen sah, und in der Weise, in der einem geholfen wurde: langsam genug, um Sie nicht zu zerbrechen, schnell genug, um Sie in dem Stadium von Verwunderung, Überraschung, Qual, Schock, Bedauern und Belohnung zu halten, in dem allein Ihre potentiellen Kräfte verfügbar gemacht werden.«

Das erste Statement, das Gurdjieff über seine Lehre abgab, war: »Ich kann Sie nicht weiterbringen – ich kann nur Bedingungen schaffen, in denen Sie sich selbst weiterbringen können.«

Wie Saint-Germain und Cagliostro lehrte auch Gurdjieff, daß es Möglichkeiten gebe, dem individuellen Tod zu entgehen. Dies, »eine psychologisch objektive Weiterführung der Individualität über die immerwiederkehrende Wiedergeburt des eigenen, zunehmend im Bewußtsein aufsteigenden Selbst zu erreichen, ist nach Gurdjieff das wirkliche verborgene und höchste Geheimnis der Alchimie:

»Unsterblichkeit«, sagt Gurdjieff, »ist möglich: Die Möglichkeit ist immer reicher an Wahrscheinlichkeiten als die Wirklichkeit.«

Noch als ›toter‹ Mann beeindruckte Gurdjieff: Der Bestattungsunternehmer, der Gurdjieff vor seinem Tod nicht gekannt hatte, war so stark von der Würde seiner ›Persönlichkeit‹ beeindruckt, die selbst noch Gurdjieffs Leichnam ausstrahlte, daß er bei der Beerdigung am offenen Grab hemmungslos schluchzte.

Literatur

Margaret Anderson: The unknowable Gurdjieff, London 1973

G. Gurdjieff: All and Everthing, Beelzebub's tales to his grandson, or ›an objectively impartial Criticism of the life of man‹, London 1973

P. D. Ouspensky: Auf der Suche nach dem Wunderbaren, Weilheim 1966

Fritz Peters: Gurdjieff remembered, New York 1971

Madame Blavatsky: Keine Religion ist höher als die Wahrheit

Hätte man Madame Blavatsky (1831–1891) statt im 19. Jahrhundert im 15. oder 16. Jahrhundert lebend aufgefunden, mit Sicherheit hätte man sie als Hexe verbrannt: Ein funkelndes Strahlen ihrer riesigen, blauen ›Atlantisaugen‹ pflegte ein außerordentliches Phänomen in ihrer Nähe anzukündigen und wurde von den zahllosen Begleitern und Begleiterinnen, die, ihren Spuren folgend, mit ihr für eine Zeitlang lebten, eher mit Entsetzen als mit Begeisterung aufgenommen. Seit der Zeit Paracelsus' war sie eine der ersten großen Gestalten, die wieder über die Gabe verfügten, über die Elementargeister – Feen, Nixen, Sylphen, Salamander u. ä. – zu gebieten:

Mitten im Winter öffnete sie das Fenster ihres Zimmers, verbeugte sich zwinkernd, und in das Zimmer kam ein strahlend weißer Schmetterling geflogen, vollzog eine Runde an der Decke und löste sich in Luft auf.

Ihre außergewöhnlichen Fähigkeiten, mit Welten Kontakt aufzunehmen, die sich jenseits des normalen Menschenverstandes befinden, lagen in der Familie: Ihre Mutter, die Tochter einer russischen Prinzessin und eines Geheimen Rates, verfügte gleichfalls über die Kraft, Spukgestalten in ihrer Nähe sich materialisieren zu lassen, und wurde mehrfach der Prozedur des Exorzismus unterworfen. Diesem Schicksal entging Helena Petrowna Hahn von Rottenstein, indem sie im Alter von 17 Jahren den 60jährigen General Blavatsky, Vizegouverneur der Provinz Eriwan im Kaukasus, heiratete und ihn kurz darauf verließ.

Das nächste Vierteljahrhundert reiste Madame Blavatsky durch die Welt, saß zu Füßen indischer Weisen, erkundete die Geheimnisse der Pyramiden, drang mit einer bewaffneten Eskorte ins Innere Afrikas vor und soll auf unerklärliche Weise in das damals den Europäern vollständig verschlossene Tibet gelangt sein.

Es wird berichtet, sie sei zwischendurch als Zirkusreiterin aufgetreten und habe in Männerkleidern auf der Seite italienischer Freischärler gegen die Franzosen gekämpft.

Madame Blavatsky, ein ›Nilpferd‹ für die Inder

1873 verließ H. P. B., wie sie später von ihren Freunden und Anhängern genannt wurde, die Alte Welt und ›eroberte‹ die Neue Welt:

Der zu dieser Zeit in Amerika blühende Spiritualismus bescherte Madame eine große Schar von Bewunderern. Im Gegensatz zu den amerikanischen Medien, die von den Geistern, die sie beschwören, beherrscht wurden, kontrollierte H. P. B. die Geister, die sie rief. Zudem war sie in ihren Geisterbeschwörungen nicht wie die amerikanischen Medien abhängig von einem bestimmten ›setting‹: In Madames Gegenwart tauchten die Geister auf, wo und wann sie es wollte, und mit einiger Sicherheit handelte es sich bei ihnen nicht nur um weiße Schmetterlinge.

Die langen Jahre der Wanderschaft quer durch die Alte Welt hatten aus der mittelalterlichen Hexe eine orientalische Hohe Priesterin gemacht. Die amerikanischen Spiritualisten hatten ihr wenig entgegenzusetzen, statt dessen rissen sie sich darum, von Madame initiiert zu werden, wobei Madame sie eher davor zu warnen pflegte, als sie darin zu bestätigen. Colonel Henry Steel Olcott, mit dem sie später die Theosophische Gesellschaft gründete, warnte sie: »Paß auf, Henry, bevor du dich mit dem Kopf vorneweg in diese Sache stürzt... Noch ist Zeit, die Verbindung abzulehnen. Wenn du den Brief, den ich dir geschickt habe, annimmst und das Wort Neophyte akzeptierst, wirst du gekocht, mein Junge... Die Versuchungen und Prüfungen werden auf deinen Glauben herunterregnen. Denke an die sieben Jahre, die meiner Initiation vorausgingen. Versuchungen, Gefahren und der Kampf gegen alle inkarnierten Dämonen und ganze Heerscharen von Teufeln, und denke darüber nach, bevor du dich entscheidest.«

Colonel Olcott aber erwartete nichts sehnlicher, als ›gekocht‹ zu werden, um auf diese Weise der Langeweile seines Lebens zu entkommen, wie Madame Blavatskys Biograph John Symonds schreibt.

Die Hohe Priesterin war zu dieser Zeit eine gewichtige Dame, in deren Gesicht das abenteuerliche Leben, das sie geführt hatte, seine Spuren eingegraben hatte, rauchte sehr zum Mißvergnügen der besseren Gesellschaft, in der sie verkehrte, wie ein Schlot, schätzte die Visionen des Haschischs und war sowohl der Ehe wie der Sexualität gegenüber äußerst kritisch eingestellt. Die Ehe machte die Frauen zu Sklavinnen, befand sie, und was die Sexualität anlangte, wünschte sie diese zum Hades und empfahl, den ›tierischen Appetit‹ auszuhungern. Ihren blauen, riesigen Augen aber konnten sich selbst ihre Kritiker nicht entziehen, und eine biedere amerikanische Lehrerin, die einmal in einem Haus für alleinstehende Frauen auf demselben Flur wie Madame Blavatsky gewohnt hatte, schrieb über sie, man habe sich in ihrer Gegenwart gefühlt wie in der Nähe eines mächtigen Dynamos.

Einer der geheimnisvollen tibetischen Meister

Sie selbst sah sich mit einer unzerstörbaren Selbstironie, die vielen der großen Geister eigen ist, und wunderte sich bei einem späteren Aufenthalt in Indien darüber, daß die Inder es nötig hätten, sich von einem »alten, westlichen Nilpferde« in die Geheimnisse ihrer eigenen Kultur wieder einweihen zu lassen. Zeitweise hatte Madame aber Schwierigkeiten, ihre inneren Kräfte zu kontrollieren, und ihr Jähzorn entlud sich dann über den Häuptern ihrer Begleiter oder Begleiterinnen. Zweimal besiegte H. P. B. den Tod, erhob sich von ihrem Sterbelager und widmete sich wieder ihrer Arbeit:

Sie wollte die Voraussetzung schaffen für eine Weltreligion, in der alle Glaubensrichtungen einen Platz finden sollten. Kranke konnte sie durch Handauflegen und vermutlich mesmersche Handstriche heilen.

Ihr großes Werk, die ›Enthüllte Isis‹, schrieb sie in kürzester Zeit in einem wahren Schaffensrausch. Es enthält Abhandlungen über die Weltreligionen der Alten Welt und gipfelt in der Einsicht, daß es viele Wege zur Enthüllung der Wahrheit gibt, die jenseits der Schranken der Wahrnehmung liegt. Der endlose Kampf der Religionen gegeneinander sei die Quelle unaufhörlichen Irrtums. Würde man die verschiedenen Systeme aber miteinander verbinden, so würde diese Weltreligion, der auch die Arbeit in der Theosophischen Gesellschaft gewidmet war, eine ewige Wahrheit darstellen.

In den Vorstellungen Madame Blavatskys scheint bereits gegen Ende des 19. Jahrhunderts das Verhältnis des Menschen zur Religion durch, das für das 20. Jahrhundert bezeichnend werden sollte: Der einzelne ist nicht mehr fest eingebunden in eine ganz bestimmte religiöse Tradition, sondern hat die

Das Emblem der theosophischen Gesellschaft

Freiheit, die verschiedensten Systeme zu studieren und nebeneinander bestehen zu lassen.

Die verschiedenen Religionen sind nicht die Wahrheit selbst, aber sie sind Versuche, die eine Wahrheit zu begreifen.

Daraus folgt für H. P. B.: »Es bedarf der richtigen Wahrnehmung der objektiven Tatsachen, um zuletzt zu entdekken, daß die einzige wirkliche Welt eine subjektive ist.«

Literatur

H. P. Blavatsky, Isis unveiled, California 1972
John Symonds, Madame Blavatsky, London 1959

Caroll: Dem einen sein Schnapphase ist dem anderen sein Hutmacher

Wie Leary, Watzlawick und andere zeigen konnten, begünstigt Linkshändigkeit analoges, nicht-logisches Denken und ›Sehen‹, was verstärkt einerseits sogenanntes ›a-soziales‹ Verhalten auszulösen scheint, andererseits aber auch Vorstöße in unbewußte, unentdeckte Areale des menschlichen Geistes begünstigt.

Einer der berühmtesten dieser Linkshänder ist der Dozent für Mathematik und Logik am Christ Church College in Oxford und Diakon der anglikanischen Kirche Charles Lutwidge Dodgson (1832–1898), besser bekannt unter seinem literarischen Pseudonym Lewis Caroll.

An der für ihre Disziplin bekannten und berühmten Schule in Rugby trieb man den Knaben die (bis vor wenigen Jahren auch bei uns üblicherweise stigmatisierte) Linkshändigkeit zumindest formal aus.

Zu spät, zur Freude für die Kinder dieses Planeten: die Etablierung einer (wie Leary es nennt) »beständigen unilateralen Dominanz« mit ihren ›geschlossenen‹, zum Dogmatismus neigenden Funktionskreisen war bei Caroll nicht mehr möglich.

Derart diszipliniert, ist es nicht verwunderlich, daß Caroll im Zusammensein mit seinen Kollegen am College –

das Studenten wie Lehrpersonal (wie Christian Enzensberger betont) »der Aufsicht anonymer, strenger, seltsamer und bisweilen absurder Regeln« aussetzte, zwar höflich war, sonst aber sich zurückhielt, was ihm den Ruf eines »menschenscheuen, verschrobenen und eigenbrötlerischen« Menschen einbrachte.

»Nur unter Kindern«, schreibt Enzensberger, »unter seinen, so schien es, einzigen Freunden, wurde er auf einmal zu einem Gefährten voller Witz und Ausgelassenheit, zu einem Erzähler von unerschöpflicher Einfallskraft.«

Allerdings: unter Kindern verstand Caroll nur junge Mädchen, deren Gesellschaft ihn sein Leben lang auf das höchste entzückte.

Caroll schrieb seinen ›Lolitas‹ seitenlange Briefe, traf sich zum Tee mit ihnen und fotografierte sie in romantischen Posen und Kostümierungen.

Caroll: subtile Scherze mit Zeit und Raum

Am allerliebsten fotografierte er – mit Einverständnis der Mütter – die ›Nymphchen‹ nackt.

Anders als der verruchte Humbert-Humbert in Nabokovs Roman ›Lolita‹ liebte Caroll platonisch:

Die zehn Millionen Küsse, die er seinen kleinen Mädchen zukommen ließ, teilte er zumeist nur in seinen Briefen aus.

Eines dieser Mädchen, Alice Lidell, faszinierte Caroll besonders. In ihr hatte er jenes Wesen wiedergefunden, das ihm bei einer Ausstellung in London in der Menge der Menschen für einen Moment lang »in ganz unirdischer Schönheit« erschienen war. Ihrem Andenken widmete er seine erste Geschichte: ›Alice's Adventures Underground‹.

In Carolls gestochen klarer Handschrift fand sie das Buch, das zu einem der meistgedruckten Kinderbücher der Welt werden sollte, 1864 auf dem Weihnachtstisch.

Carolls seltsame Erzählungen von Alice' Wanderungen im Wunderland und ihren Besuchen in der Welt hinter den Spiegeln gaben den Erwachsenen weit mehr Rätsel auf als den kindlichen Lesern.

Was den einen nur als ein Nonsens-Buch für Kinder erschien, machten andere zum Gegenstand wissenschaftlicher Studien. So wurden die beiden Alice-Bücher schon auf ihre möglicherweise versteckten politisch-historischen, allegorischen und tiefenpsychologischen Hintergründe hin untersucht und ausgedeutet.

Erst neuere Arbeiten weisen darauf hin, daß Caroll in mehreren Passagen

Unten:
Alice Lidell, Carolls nymphenhafte Muse

Rechts: Kannte Caroll die Geheimnisse der magischen Pilze der Druiden und das darüber erschließbare ›Wunderland‹ der Symbole? (Zeichnung von Caroll zu seiner ›Alice‹)

der Alice-Geschichten (z. B. im ersten, zweiten und im fünften Kapitel von ›Alice im Wunderland‹) sowohl eine genaue Kenntnis von der psychedelischen Wirkung des (auch in England heimischen) Fliegenpilzes zeigt, wie auch eine Vertrautheit mit den Visionen und Halluzinationen auslösenden Methoden der Spiegelmatik (v. Dee).

(Daß sich Caroll mit paranormalen Erscheinungen und mit Phänomenen des ›automatischen Schreibens‹ beschäftigte, ist bekannt. In den 20er Jahren des 20. Jahrhunderts bedienten sich die Surrealisten, mit Breton als ihrem geistigen Mittelpunkt, wieder der Methode des ›automatischen Schreibens‹, um den verschütteten Bereichen des Unbewußten eine nicht vom Bewußtsein zensierte Ausdrucksmöglichkeit zu eröffnen.

Carolls zahlreiche Wortspiele, Wortneuschöpfungen und Zusammensetzungen in den Alice-Büchern machen ihn durchaus auch zu einem der frühen Experimentatoren auf diesem Gebiet.

(Darüber, inwieweit Caroll ihm bekannte einheimische Pflanzendrogen auch selbst ausprobierte, kann man nur spekulieren.)

In Ablehnung von letztlich vordergründig bleibenden psychologischen Analysen sieht Martin Gardner das Geheimnis der Alice-Bücher darin, daß Caroll seine eigene, wenig christliche Sicht von der Funktion des Universums (Gardner nennt sie explizit ›heidnisch‹) in ausgefeilt esoterischen Bildern versteckt hat: »Leben, rational und ohne Illusion betrachtet, scheint nichts anderes zu sein als eine Nonsensgeschichte, die von einem schwachsinnigen Mathe-

In seiner zweiten Alicegeschichte trieb es Caroll noch toller: Die Zwillinge Tweedledum und Tweedledee, die Alice ›hinter den Spiegeln‹ trifft, wohnen im selben Haus, jeder der beiden behauptet aber, das Haus sei sein Haus. Tweedledee sagt nicht nur immer das ›logische‹ Gegenteil seiner ›anderen Hälfte‹, er gibt Tweedledum auch stets nur seine linke Hand, während Tweedledee es damit umgekehrt hält

Der Schnapphase (die irrationale Seite im Menschen symbolisierend) taucht zusammen mit dem Hutmacher (der rationalen Seite des Menschen) die fast immer schlafende Haselmaus (das menschliche Bewußtsein) in die Kanne mit ›heißem Tee‹, um ihrer beider ewigen Widerspruch in der Synthese des für kurze Zeit ›wachen‹ menschlichen Geistes aufzulösen

matiker erzählt wird. Im Herz der Dinge findet die Wissenschaft nur einen verrückten niemals endenden Tanz von Schildkröten-Wellen und Griffin-Teilchen. Für einen Augenblick tanzen die Wellen und Teilchen in einem grotesken, nicht wahrnehmbaren komplexen Muster, dabei fähig, über ihre eigene Absurdität zu denken. Wir alle leben – auf unerklärliche Weise zum Tode verurteilt – ein Slapstick-Leben.

Und wenn wir versuchen, herauszufinden, was die Schloßobrigkeiten wollen, was wir tun sollen, werden wir von einem wichtigtuerischen Bürokraten zum nächsten geschickt.

Wir können noch nicht einmal sicher sein, daß der Graf West-West, der Besitzer des Schlosses, überhaupt existiert.«

Carolls zahllose sublime Scherze über die Relativität von Zeit und Raum (z. B. in der Mad-Tea-Partie-Szene von ›Alice im Wunderland‹) und seine eigenartigen Andeutungen über das Zeitreisen (z. B. im 23. Kapitel seiner Erzählung ›Sylvie und Bruno‹), mit denen er Vorstellungen von H. G. Wells, Gurdjieff, Einstein und Leary vorwegnimmt, machen diesen scheuen verwachsenen kleinen Mann, dessen blaue Augen eigenartig versetzt waren und der Besuchern stets ein merkwürdig schiefes Lächeln zeigte, zu einem jener Pioniere des menschlichen Bewußtseins, der die scheinbar festen Grenzen unserer Vorstellungen ver-rückte und neue Vorstellungsräume aufgezeigt hat – so zu einem der wichtigsten Anreger der Philosophie und Physik der Moderne werdend.

Der Sinn seines Lebens war für Caroll, der wie Heraklit Kinder als eine Art höherer und weiser Wesen ansah, die Liebe.

Wenn sie nicht miteinander ›Tee‹ trinken, kämpfen die beiden (Zwillings-)Hälften miteinander; beide in der ewigen Furcht, ›die andere Seite‹ könne ihnen den Kopf abschlagen

Das beste Gedicht, das er seiner Meinung nach je geschrieben habe, erinnert ein wenig an die Texte der Beatles und anderer inspirierter Musiker der Gegenwart:

Denn ich denke, es ist Liebe,
denn ich fühle, es ist Liebe,
denn ich bin sicher,
daß es nichts anderes ist als Liebe.

Literatur

Werke von *Lewis Caroll.*
Alice im Wunderland (Nachwort von Christian Enzensberger) / Alice hinter den Spiegeln, Frankfurt/Main 1963
Briefe an kleine Mädchen, Frankfurt/Main 1966
Die Jagd nach dem Schnark, Frankfurt/Main 1968
Pillow Problems and a Tangled Tale, New York 1958
Symbolic Logic/Game of Logic, New York 1958
Roger L. Green (Hrsg.): The diaries of Lewis Caroll, 2 Bände, Cassell 1953 (ausgerechnet längere Ausführungen von Caroll zu seinem Verhältnis zu ›den kleinen Mädchen‹ sind ausgelassen)
Deutungen zum Werk von *Caroll:*
Martin Gardner (Hrsg.): The annotated Alice, New York 1960 (eine hervorragend kommentierte Werksausgabe)
Phyllis Greenacre: Swift and Caroll, International Universities Press, 1955 (die interessantere von mehreren Studien aus psychoanalytischer Sicht)

Rasputin:
Der Mann mit den sieben Leben

Den um 1870 geborenen Sohn eines Bauern und entfernten Verwandten einer sibirischen Schamanensippe steckte eine tendenziöse Geschichtsschreibung in fast jedes vorstellbare negative Klischee. Wie man es gerade brauchte, machte man ihn mal zu einem Dämon und Vampir, mal zu einem Ränke schmiedenden schwarzen Magier, mal zu einem dem Teufel dienenden wollüstigen Mönch oder gleich zum Teufel selbst....

Als sei der Sohn eines Bauern ein Aussätziger und als könne die Abkunft von einem Geschlecht von Schamanen nicht eventuell sogar noch auf einen älteren und ehrenvolleren Stammbaum schließen lassen als den der Romanows, entsetzt sich Dennis Wheatley darüber, daß der Zar und die Zarin etwa einen Wangenkuß mit Rasputin getauscht haben könnten oder daß dieser mit seinen »mit Dreck verkrusteten Fingernägeln« etwa »seine Lust auf der Zarin und ihren jungen Töchtern habe sättigen« können.

Wheatley sieht, wie viele andere, die über Rasputin schrieben, in seinem Einfluß auf die Zarenfamilie den Grund für den Ausbruch der Russischen Revolution. Nach anderen Autoren soll Rasputin sogar ein deutscher Spion gewesen sein...

Der auf seinen Ruf beim einfachen Volk als erfolgreicher Gesundbeter, heiliger Mann und missionärer Mystiker eifersüchtige Priester seines Heimatortes zeigte ihn bei den Kirchenbehörden an, weil Rasputin – als Angehöriger einer geheimen ›Schlangenkult-Sekte‹ – angeblich orgiastische Messen gefeiert habe.

Zwar war Rasputin kein Asket – über seine zahlreichen Liebesaffären sprach er offen und auch die von ihm stets hochgehaltene Maxime »Alles Lebende ist heilig« zeigt eine sehr weltzugewandte und tolerante Haltung – aber den Vorwurf, Rasputin lasse nackte Frauen um ein Feuer tanzen, um sie dann mit dem Schlachtruf »Sündigt, denn nur durch die Sünde könnt ihr heilig werden« wahllos auf die umstehenden Männer zu verteilen, mochte selbst der zuständige Bischof nicht glauben. Es gebe in Rasputins Gebetversammlungen nichts Ungewöhnliches, befand der Bischof – der allerdings selbst zu dem ›Gebetskreis‹ um Rasputin gehört haben könnte...

Rasputins gelegentlich längerer Aufenthalt am Hof erklärt sich daraus, daß es ihm bei drei Gelegenheiten gelungen war, das Leben des Zarensohns und Thronfolgers, der an der Bluterkrankheit litt, zu retten, indem er – für die Umgebung auf unerklärliche Weise – die durch Verletzungen entstandenen Blutungen des Jungen zum Stillstand brachte.

Daß sich die Zarenfamilie Rasputin gegenüber verpflichtet glaubte und ihn auch bei anderen Gelegenheiten zu sich an den Hof holte, scheint natürlich.

Rasputins entschiedener Rat an den Zaren – den dieser sich zu Herzen zu nehmen schien – sich von einem Krieg um den Balkan zurückzuhalten, machte ihn einem Teil der Hofclique verhaßt.

Als im Juni 1914 der österreichische Erzherzog Franz Ferdinand in Serbien erschossen wurde, wurde der einzige Mann, der genug Ansehen gehabt hätte, den Zar vom Kriegseintritt abzuhalten und der Welt damit den Ersten Weltkrieg zu ersparen, in seinem Heimatdorf zufälligerweise (?) von einem

Rasputin, der Wundertäter aus Sibirien

Attentäter niedergestochen und lebensgefährlich verletzt.

Wie Colin Wilsons sorgfältige Recherchen ergeben haben, fand der Anschlag auf Rasputin nicht nur am gleichen Tag, sondern wahrscheinlich sogar zu genau derselben Zeit statt (rechnet man die lokal verschiedenen Uhrzeiten um) wie das Attentat auf Franz Ferdinand.

1916, als Rasputin sehr starke Ahnungen von seinem Tod befielen, machte er in einem Brief eine ähnlich genaue Vorhersage, wie sie genauso präzise schon Cagliostro vorher über den Ausbruch der Französischen Revolution gelungen war:

Würde er von Bauern getötet, schrieb Rasputin, so bliebe Rußland eine blühende Monarchie für weitere hundert Jahre. Würde er jedoch von den Adligen getötet, dann müßten der Zar und seine Familie innerhalb von zwei Jahren sterben!

Prinz Yussopov sorgte schließlich dafür, daß der letzte Teil von Rasputins Prophezeiung eintreten konnte: Er tötete Rasputin in seinem Haus, in das er ihn zu Kuchen und Wein eingeladen hatte.

Fast so als wolle er ihn verspotten, machte Rasputin ihm dies allerdings sehr schwer: Da das Zyankali, das Yussopov in den Kuchen getan hatte, nicht die erwartete Wirkung zeigte, erschoß Yussopov ihn zur Sicherheit noch.

Als er mit Mitverschwörern zurückkam, um die Leiche zu holen, sah er mit Entsetzen, wie Rasputin sich erhob und durch eine geschlossene Tür in den Hof durchbrach. Wieder erschoß Yussopov ihn und – als Rasputin immer noch Leben zeigte – tötete man ihn – wie man glaubte – durch Schläge mit einer Eisenstange endgültig. Den ›toten‹ Körper warf Yussopov in den Fluß. Wie die spätere ärztliche Untersuchung zeigte, war Rasputin aber schlußendlich ertrunken!

Daß so Rasputin im Tode doch noch über Yussopov triumphiert hatte, mag dazu geführt haben, daß Yussopov später öfters ein Gericht beschäftigte, wenn wieder einmal Zweifel an der Echtheit seiner Rolle als ›Rasputinmörder‹ entstanden waren.

Literatur

Dennis Wheatley: The Devil and all his works, London 1971

Colin Wilson: Rasputin and the Fall of the Romanovs, London 1964

Howard Phillips Lovecraft: Fahrt zur dunklen Seite des Mondes

Lovecraft (1890–1937), ohne Vater aufwachsendes Einzelkind (der Vater wurde – als Lovecraft drei Jahre alt war – in eine Heilanstalt eingeliefert), lebte – bis auf den Zeitraum von zwei Jahren, die er während der kurzen Zeit seiner Ehe von 1924 bis 1926 in New York verbrachte – zeit seines Lebens in Providence, Rhode Island in der Obhut seiner als überängstlich und neurotisch geschilderten Mutter (die 1921 ebenfalls in einer Nervenheilanstalt verstarb) und deren beider Schwestern im vom Großvater ererbten Haus das Leben eines scheinbar exzentrischen Sonderlings, der meistens nur nachts oder mit zugezogenen Vorhängen am Tag arbeitete, wenn ihn nicht tagelange Spaziergänge in jene tiefen Urwälder Neuenglands zogen, die auch C. G. Jung und Sigmund Freud bei ihrer gemeinsamen Amerikareise im Jahre 1909 begeistert hatten.

Lovecrafts in vielen seiner Geschichten auftauchende Vorstellung, daß die Erde in vorgeschichtlicher Zeit von den Angehörigen einer fremden Rasse (= ›das schleimgraue, klebrige Gezücht der Sterne‹) aus dem Weltall besucht wurde, macht ihn zu einem Vorläufer der Präastronautentheorie des Kreises um Erich von Däniken.

Die heutige Literaturkritik sieht ihn »gleichberechtigt neben den großen Meistern der amerikanischen Horrorgeschichte Edgar Allan Poe und Ambrose Bierce« (Kalju Kirde). Giorgio Manganelli bescheinigt ihm, »kein Visionär zu sein, sondern ein Chronist des

H. P. Lovecraft, einer der ersten Psychonauten, die die dunkle Seite des Mondes betraten und erkundeten (Zeichnung von Neil Austin für ›Famous Fantastic Mysteries‹)

Der ewige Kampf zwischen dem Menschen und seinem Dämon – zwischen Ich und Unbewußtsein (Illustration von Hannes Bok für Lovecrafts Geschichte ›Pickmans Modell‹, 1951)

Grauens, ein Chronist der Unterwelt«, der einen »besonderen Ehrgeiz kultiviert: die Erfindung einer Mythologie oder Pseudomythologie, die Beschreibung eines geschlossenen, totalen Universums«.

Dieses andere, dem Alltagsbewußtsein normalerweise verschlossene Universum war Lovecrafts eigenes Innere, die – wie er sie nannte – Traumwelten der »dunklen Seite des Mondes«, die ihn einerseits bedrohten und die ihn andererseits in ihren Bann zogen: »Wann immer«, sagt Manganelli, »Lovecraft als vorbehaltloser und glaubwürdiger Chronist die abseitigen Fratzen beschreibt, von denen sein Dasein erfüllt ist, beschreibt er das einzige unförmige Monster, mit dem er von Grund auf Erfahrung hat: sich selbst.«

Lovecraft schrieb, um in der ›wachen Welt‹ auf der Realitätsebene dieser Zeit und dieses Raumes bleiben zu können: in nur 20 Jahren verfaßte Lovecraft, der übrigens öfters Nächte hintereinander wach blieb, um dem Schlaf und damit auch seinen Träumen ganz bewußt auszuweichen, neben seiner reichen literarischen Betätigung und dem Korrigieren zahlloser, ihm von Dritten zugesandter Manuskripte, mehr als 100000 Briefe!

Das, was Lovecraft bei seinem unverwandten Starren in die dunkle, ›schlafende‹ a-logische, ›weibliche‹ Seite unseres Gehirns erblickte, machte er schließlich zum immer wiederkehrenden Thema seiner großen kosmischen Horrorgeschichten: das gestaltlose Chaos, für das die von Lovecraft beschworenen blinden, stummen, düsteren und seelenlosen Dämonengötter des Cthullu-Mythos stehen.

Die heute von einem Timothy Leary und anderen wissenschaftlich diskutierte These von der Unterdrückung der Funktionen unserer rechten Gehirnhemisphäre durch die ›rational-logisch‹ operierende linke Hemisphäre hat Lovecraft in seinen Geschichten bereits in symbolhafter und dichterischer Form Ausdruck gegeben:

»Alle meine Geschichten, wie unzusammenhängend sie auch zu sein scheinen, gründen sich auf die ursprüngliche Kunde oder Legende, nach der diese Welt früher von einer anderen Rasse bewohnt war, die in Ausübung schwarzer Magie den Boden verlor und verstoßen wurde, jedoch außerhalb unserer Welt (also in der rechten Hemisphäre? W. B.) weiterlebt, jederzeit bereit, von der Erde wieder Besitz zu ergreifen.«

Um Herr des Chaos in seinem eigenen Inneren zu werden, dem Umgeformten, Ungestalteten, ihn bedrohlich Umwabernden und Umlauernden Struktur zu geben, projizierte Lovecraft in genialischer Weise archetypische Anteile seines vom Horror gejagten Selbsts in die Helden seiner großartigen Phantasie-Welten.

So vermuten Biographen wie der Fantasy- und Science-Fiction-Autor L. Sprague de Camp in dem Helden mehrerer seiner Novellen, Randolph Carter, Lovecrafts Idealbild von sich selbst: einen verträumten, sehr gelehrten, aristokratischen Bostoner Junggesellen, der über ein altes, geheimes und ›verbotenes‹ Wissen verfügt und der dem Autor vor allem zwei Dinge voraus hat, die dieser sich zeit seines Lebens sehnlichst wünschte: Geld genug, um wie ein Gentleman zu leben, und (ausgerechnet!) eine Dienstzeit in der französischen Fremdenlegion.

In dem, zum König der Leichenfleisch fressenden »Ghasts, Gugs, Zoogs, Wamps, Nacht-Gaunts and Ghuls« abgesunkenen, ehemaligen Maler Richard Upton Pickman, dem Akteur einer Reihe weiterer Lovecraft-Stories, läßt sich unschwer der von Lovecraft in sich immer gefürchtete

E. A. Poe: Porträtist dunkler Träume

animalische Teil, der ›Tier-Mensch‹ erkennen.

Der Träumer-König Kuranes, der sich im Traumland ein Stück viktorianisches England für immer erträumt hat und der dafür seinen irdischen Körper nach einer Überdosis Narkotika in der ›wachen Welt‹ hatte sterben lassen müssen, steht dagegen für Lovecrafts

Wunsch nach einer jenseitigen Existenz in einem körperlosen Paradies des reinen Geistes.

Bei der Analyse von Lovecrafts Novellen fällt eines auf: weibliche Elemente fehlen fast ganz im Fluß der Erzählungen.

Frauen tauchen nur in der Gestalt bösartiger, den Helden der Geschichte ins Verderben stürzender Vampir-Hexen auf.

Die einzigen Zugeständnisse an das weibliche Element bestehen in der gelegentlichen Erwähnung einer steinernen Sphinx oder anderer, fabelhafter Mischwesen oder darin, daß einmal ein junges Kätzchen eine Nacht lang zu Füßen des Helden schläft.

In demselben Maß wie Lovecraft seine Traumwelten von allem Weiblichen entkleidet und entleert, läßt er das weibliche Prinzip – allerdings nur in negativ geschilderten Aspekten – in dem ewigen Gegenspieler, Spiegelbild und Anima seiner Helden, dem ›transvestitischen‹ Gott Nyarlathotep, um so reiner wiedererstehen. Nyarlathotep steht symbolisch für das gestaltlose, wimmelnde Chaos, aus dem alles in allen möglichen schauerlichen Formen und Gestalten entstehen und geboren werden kann.

Dieses allerletzte formlose Grauen, bei Edgar Allan Poe symbolisiert durch den Mahlstrom oder den Katarakt, der Poes Helden Arthur Gordon Pym verschlingt, siedelt Lovecraft in den Abgründen des Weltalls in jenen »frevelhaften Schlünden« an, wo »im vielgestaltigen Pestnebel in der Mitte der Unendlichkeit der dämonische Azathoth (wie ein letztes, völlig strukturloses altes Ego) in den unbegreiflichen, lichtlosen Gemächern jenseits der Zeit brodelnd und wabernd« auf seine Opfer ewig lauert.

In der Schlüsselnovelle ›The Dream-Quest of unknown Kadath‹, der wohl glänzendsten Perle in einer Reihe von Frühwerken, in der sich die dunklen Lovecraftschen Traumwelten und dämonischen Gestaltungen des Cthulhu-Mythos in glücklicher Weise mit den arabesk-bizarren Tausend-und-eine-Nacht-Phantasien des von Lovecraft kopierten Dunsany zu einer regelrecht ›Kosmischen Pornografie‹ gemischt haben, kommt es zu einer Konfrontation

Lamie und toter Mann. Die Erzählungen von heiligen, sich von Leichenfleisch nährenden Männern wurden in der Überlieferung des Abendlandes mehr und mehr entstellt und in zahllosen Geschichten um Vampire, Ghuls und Menschenfresser eingewoben (Dict. Infernal)

Die von Lovecraft erdachten Dämonen – Götter des ›gefürchteten Necronomicons‹ – einer angeblich arabischen Handschrift – haben ihren Ursprung in den im Vorderen Orient erzählten Märchen von den bösen Geistern, den Djin. (Hier eine Zeichnung des ›bösen Geistes‹ Dasmusch aus der Tausend-und-eine-Nacht-Übersetzung von Gustav Weil, 1865)

der Gegensätze und ihrer alchimistischen Auflösung.

Carter als ritterlicher Sucher des Grals, den er in der wundervollen Stadt des Sonnenuntergangs, in der die Götter der Erde wohnen sollen, vermutet, steigt für lange Zeit in die unterweltlichen, nekrophagen Ghulhöllen seines anderen Ichs Pickman hinunter und verbündet sich hier mit den hundeköpfigen Ghuls und fledermausartigen Nacht-Gaunts, mit denen er die Agenten und Anhänger Nyarlathoteps auf der Oberwelt bekämpft und schließlich besiegt, um endlich – ohne sein furchtbares Gefolge – als »freier und mächtiger Meister unter den Träumern« das allerdings von Göttern leere – Onyx-Schloß von Kadath zu betreten.

Lovecraft läßt Carter also einen Weg gehen, wie ihn Aleister Crowley zeit seines Lebens allen Suchenden predigte: Der Weg zum Himmel führt durch die Hölle! Oder, wie es Manganelli ausdrückt, »die Hölle ist die Generalstabskarte des Universums«.

Es ist Carters vermeintlicher Antagonist Nyarlathotep, der, in der Maske eines ›jünglinghaften Pharaos‹ mit dem »ganzen, zauberhaften Reiz, der von einem dunklen Gott oder einem gefallenen Erzengel ausgeht«, den faustischen Sucher Carter mit sich versöhnt, indem er ihn in die ihm angestammte Welt der Menschen zurückschickt, in der es sich auch die Götter – gut getarnt und der kalten Ewigkeit ihres Marmorschlosses müde – schon längst haben gutgehen lassen.

So beraten muß Carter (mußte Lovecraft?) dennoch die schwerste Prüfung noch bestehen, nämlich, sich – und das wohl immer wieder – der Verlockung, die vom Fallenlassen in den Wahnsinn ausgeht, also von der Hingabe an die Möglichkeit, sich aufzulösen und sich jeder Verantwortung frei – ganz dem »dämonischen Azathoth« hinzugeben, zu widersetzen und dem Ruf der »gräßlichen Trommeln und dem dürren, eintönigen Gewinsel fluchwürdiger Flöten« *nicht* zu folgen!

Literatur

Von *H. P. Lovecraft* sind in deutsch erschienen:
Berge des Wahnsinns. Frankfurt/Main 1975
Cthulhu Geistergeschichten (Übersetzung Manganelli), Frankfurt/Main 1972
Das Ding auf der Schwelle (Nachwort von Kalju Kirde), Frankfurt/Main 1976
Der Fall Charles Dexter Ward. Frankfurt/Main 1971
Die Traumfahrt zum unbekannten Kadath. Stuttgart 1980
Stadt ohne Namen. Frankfurt/Main 1973
August Derleth/Donald Wandrel (Hrsg.): *H. P. Lovecraft,* Selected Letters I-V, Sauk City, 1965
Abdul Alhazred: The Necronomicon, New York 1977, Avon Books (eine der besser gemachten Ausgaben des von Lovecraft erdachten ›schrecklichen‹ Zauberbuchs des ›wahnsinnigen‹ Arabers Alhazred)
L. Sprague de Camp: H. P. Lovecraft, New York 1975

Sigmund Freud: Die Triebe sind nur eine andere Erscheinungsform des Bewußtseins (und umgekehrt)

Sigmund Freud (1856–1939) wird in den Annalen der Wissenschaft als Begründer der Psychoanalyse und Entdecker des Unbewußten gewürdigt. Das Gegensatzpaar von Bewußt und Unbewußt, Vernunft und Trieben, Geist und Natur, oder wie immer man es auch bestimmen mag, aber ist selbst das Resultat einer historischen Entwicklung des mitteleuropäischen Raumes seit dem Zeitalter der Aufklärung oder dem Beginn der bürgerlichen Geschichte.

Nur vor dem Hintergrund dieser Trennung von Vernunft und Natur, die die bürgerliche Gesellschaft in einem Ausmaß vollzog, das in der außereuropäischen Geschichte seinesgleichen sucht, kann deshalb sinnvoll von der Entdeckung des Unbewußten geredet werden.

In der bürgerlichen Gesellschaft wird Natur, innere Natur des Menschen wie äußere Natur zum der Herrschaft des Geistes widerstrebenden Chaos, das es zu bändigen gilt. Eine Vorstellung, die zwar heute noch geläufig ist, im Mittelalter aber oder in außereuropäischen Kulturen keineswegs selbstverständlich war oder ist.

Freuds eigene Leistung ist nun sozusagen ein historischer Kompromiß, nämlich der, die so verteufelte Natur, den Triebcharakter, der die Menschen beherrscht, sich wieder anzueignen, in freudscher Terminologie ausgedrückt: Wo Es (also Natur, Trieb, Unbewußtes) war, soll Ich (also Bewußtsein, Erkenntnis) sein.

Sigmund Freud, der Begründer der Psychoanalyse

Die Psychoanalyse als therapeutische Technik, die Freud im letzten Jahrzehnt des letzten Jahrhunderts entwickelte, hat in ihren Anfängen den magischen Praktiken der Hypnose und Suggestion viel zu verdanken. Die Erfolge der Suggestion erwiesen sich allerdings als z. T. wenig dauerhaft, und so entwickelte Freud ein Verfahren, in dem der Analytiker dem Analysanten immer wieder die Möglichkeit abschneidet, den Grund für sein Leiden in der Boshaftigkeit der Welt zu suchen, sondern ihn auf sich und damit auf die uralte Weisheit des ›Erkenne dich selbst‹ verweist. Inwiefern diese Selbsterkenntnis die Herrschaft der Vernunft über die Leidenschaft verlängert oder den Gegensatz wenn nicht aufhebt, so doch wenigstens erträglich macht, darüber herrscht unter den Gelehrten allerdings geteilte Meinung.

Wie keinem anderen Wissenschaftler aber ist es Freud gelungen, die dunklen, irrationalen Seiten der menschlichen Psyche ins Bewußtsein auch der Wissenschaft selbst zu heben und ihr Recht anzumelden.

Die Einsicht, daß das, was der Mensch denkt, und das, was ihn in der Tat bewegt, unterschiedliche Momente in einem Prozeß sein können und oft sind, mußte von Freud zeit seines Lebens hartnäckig verteidigt werden gegen eine Wissenschaftlichkeit, die darauf besteht, die Welt nur als mathematisches Kalkül zu betrachten.

Literatur

Sigmund Freud, Gesammelte Werke, London 1952

Carl Gustav Jung:
Emporsteigen der Archetypen

Der Schweizer Pfarrersohn, Psychiater, Professor, Psychotherapeut und Begründer der ›Analytischen Psychologie‹, C. G. Jung (1875–1961) wurde als Künder und Prophet der ›Wirklichkeit der Seele‹ noch zu seinen Lebzeiten – ähnlich wie Hermann Hesse – Totemfigur für die Jugend der Gegenkulturbewegung in aller Welt.

Durch seine wissenschaftlichen Einsichten, Lehren und Schriften hat er nicht allein die moderne Neurosenlehre und Psychotherapie reformiert, er hat auch auf zahlreiche andere Disziplinen vertiefend und anregend gewirkt.

C. G. Jung

Bei aller Anerkennung, die ihm von wissenschaftlicher Seite zuteil wurde – Jung empfing insgesamt sechs Ehrendoktorhüte –, löste doch der all seinen Schriften anhaftende Zug zum Mystisch-Transzendenten auch immer vehemente Kritik aus.

Jung blieb orthodoxeren Kreisen stets als Visionär, Mystiker und Magier verdächtig. Ähnlich besessen – wie auch H. P. Lovecraft – widmete sich Jung sein Leben lang der Erforschung der dunklen psychischen Bezirke jenseits des bewußten Ichs.

Eine Obsession, die in Jungs Familie Tradition hatte: Obwohl Vorsteher der Basler protestantischen Geistlichkeit, stand sein Großvater mütterlicherseits allgemein im Ruf, vertrauten Umgang mit Geistern zu haben. Sein Großvater väterlicherseits war als Großmeister der Schweizer Freimaurer sogar ein hoher Eingeweihter in esoterischen Praktiken. Er galt außerdem als unehelicher Sohn Goethes; sogar noch Sigmund Freud gegenüber betonte Jung immer wieder diese, für ihn als Leitbild wichtige, angebliche Abstammung von dem berühmten Dichterfürsten.

Jungs Mutter vermittelte ihm während seiner gesamten Kindheit eine seltsame Atmosphäre von archaischer Dämonie, wenn sie z. B. während irgendeiner Hausarbeit plötzlich in Trance fiel und – wie eine heidnische Seherin – seltsame Wörter und Laute von sich gab.

Diese »zwiegesichtige Dämonenmutter, die in ihrem anderen Zustand mit Geistern und Spektralgestalten verkehrte«, hat sich (so folgert Paul J. Stern, einer von Jungs zahlreichen Biographen) »dem Wesen ihres Sohnes unauslöschlich eingeprägt, hat für ihn die Gestalten von Weib-Mutter und Hexe-Harpyie untrennbar verwoben, hat ihm das geheimnisumwitterte ›unbetretene, nicht zu betretende‹ Faustsche Reich der Mutter als jenen ›tiefsten, allertiefsten Grund‹ der Wirklichkeit aufleuchten lassen, dessen dunklen Schoß er als bergende, unverlierbare Heimat ersehnte und als unersättliche Fallgrube schaudernd floh«.

Das Erlebnis eines seltsamen Traums mit vier Jahren gab ihm schon als Kind die Gewißheit (wie er später schrieb), »in die Geheimnisse der Erde eingeweiht« worden zu sein:

»Es war eine Initiation in das Reich des Dunklen!«

Den Inhalt des Geschauten (den alptraumhaften Bildern, wie sie auch Lovecraft in seinen Novellen immer wieder beschwor, äußerst ähnlich), der ihn ein Leben lang beschäftigen sollte, gab Jung erst mit 65 Jahren preis:

»Neugierig trat ich näher und blickte hinunter. Da sah ich eine Steintreppe, die in die Tiefe führte. Zögernd und furchtsam stieg ich hinunter. Unten befand sich eine Türe mit Rundbogen, durch einen grünen Vorhang abgeschlossen. Der Vorhang war groß und schwer, wie aus gewirktem Stoff oder aus Brokat, und es fiel mir auf, daß er sehr reich aussah. Neugierig, was sich wohl dahinter verbergen möge, schob ich ihn beiseite und erblickte einen zirka zehn Meter langen rechteckigen Raum in dämmerigem Lichte. Die gewölbte Decke bestand aus Steinen, und auch der Boden war mit Steinfliesen bedeckt. In der Mitte lief ein roter Teppich vom Eingang bis zu einer niedrigen Estrade. Auf dieser stand ein wunderbar reicher goldener Thronsessel. Ich bin nicht sicher, aber vielleicht lag ein rotes Polster darauf. Der Sessel war prachtvoll, wie im Märchen, ein richtiger Königssessel! Darauf stand nun etwas. Es war ein riesiges Gebilde, das fast bis an die Decke reichte. Zuerst meinte ich, es sei ein hoher Baumstamm. Der Durchmesser betrug etwa fünfzig bis sechzig Zentimeter und die Höhe etwa vier bis fünf Meter.

Das Gebilde war aber von merkwürdiger Beschaffenheit: es bestand aus Haut und lebendigem Fleisch, und obendrauf war eine Art rundkegelförmigen Kopfes ohne Gesicht und ohne Haare; nur ganz oben auf dem Scheitel befand sich ein einziges Auge, das unbewegt nach oben blickte...«

Goethe: C. G. Jungs ›Großväterchen‹

Die Vorstellung, das »wurmartige Ding in der Gruft« könne auf ihn zukriechen, versetzte den Knaben in Panik und verschaffte Jung später noch jahrelang in der bloßen Vorstellung ein Gruseln.

Als Knabe entwickelte Jung außerdem die Vorstellung, ein Doppelleben außerhalb der Zeit »in verschiedenen Jahrhunderten« zu leben: Als ein Schuljunge in der Zeit zum Ende des 19. Jahrhunderts einerseits und als weiser, mächtiger alter Mann des 18. Jahrhunderts andererseits, »der Gott als ein heimliches, persönliches und zugleich überpersönliches Geheimnis kannte; zugleich mit Gott auf die Schöpfung« blickend.

Das Material zu seiner 1902 geschriebenen Dissertation ›Zur Psychologie und Pathologie sogenannter okkulter Phänomene‹ bezog Jung, der die Analyse von Selbsterlebtem stets der Analyse von Sekundärmaterial vorzog, aus von ihm selbst im Haus seiner Mutter veranstalteten Séancen mit jungen Mädchen seiner Verwandtschaft und Bekanntschaft.

Diese ersten Experimente als Navigator in unbekannten seelischen Räumen bezeichnete Jung als »die große Erfahrung«, die »meine ganze frühe Philoso-

Sehr viel anders als der Teufel, der sich hier mit Collin de Plancy – dem berühmten Verfasser des ›Dictionnaire Infernal‹ – unterhält, kann der ›Philemon‹ des C. G. Jung auch nicht ausgeschaut haben

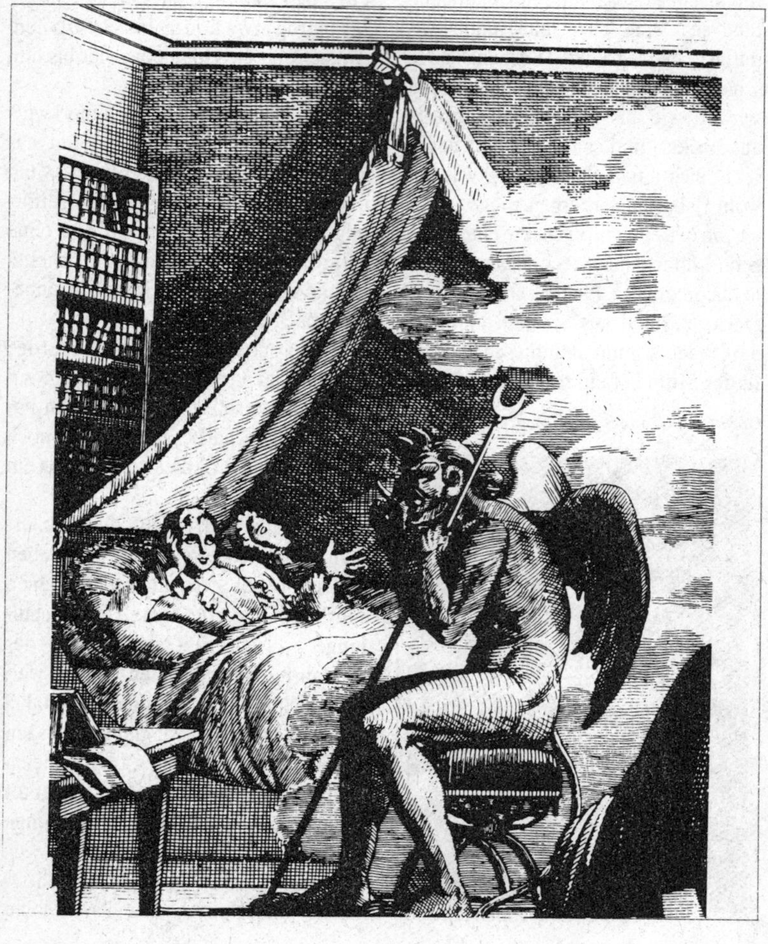

phie aufhob und mir einen psychologischen Standpunkt ermöglichte.«

Jungs erfolgreiche Versuche um 1910 – als Arzt an der Züricher Heilanstalt Burghölzi –, mit Hilfe eines Wortassoziationstests Sinn in die scheinbar sinnleeren und krausen Äußerungen von Schizophrenen zu bringen, erschütterte das damals allgemein verbreitete Dogma, daß die schweren Geisteskrankheiten eigentlich nur organische Gehirnkrankkheiten seien.

Aber mehr noch: Jung entzog mit seinem Fund auch der Berührungsangst der Ärzte die Grundlage und regte zu einer therapeutisch wirksameren Behandlung an. Daß sich Jung mehr auf seine Klienten einlassen konnte als andere – das Klima seiner späteren Analysen war oft von einem freundschaftlichen Gestus gekennzeichnet – liegt sicher auch daran, daß ihm, angesichts der von seiner Mutter beschworenen Gespenster, Wiedergänger, Hexen und Dämonen, selbst psychisch schwer gestörte Menschen mehr oder minder doch fast schon normal vorgekommen sein mögen.

1912, nach dem Bruch seiner Freundschaft mit Sigmund Freud, der ihn schon als seinen »wissenschaftlichen Erben« gepriesen hatte, seelisch schwer angeschlagen, vom Ausbruch einer Psychose bedroht und dem Wahnsinn nahe, stieg Jung selbst in das »Reich der Mütter« hinab, um, in einer »Nachtmeerfahrt« ohnesgleichen in die tiefsten Schlünde des Unterbewußten tauchend, sich selbst zu finden.

Jung, der in seiner ersten Enttäuschung über Freud und dessen Lehre den Teufel als den eigentlichen Vater der Psychoanalyse genannt hatte, rief bei seinem Abstieg in die Tiefenregionen seiner Psyche ausgerechnet einen alten Mann mit Stierhörnern, Flügeln und einem lahmenden Bein in sein Bewußtsein!

Von ›Philemon‹, wie sich der Geist nannte, ließ sich Jung in langen Lehrgesprächen und Dialogen esoterisches Wissen über die dunklen Seiten unserer Psyche vermitteln. Der immer tiefer werdende Kontakt ließ Jung Philemon schließlich »fast wie physisch real« erscheinen, so daß er schließlich mit ihm – im Gespräch versunken – im Garten auf- und abwandelte...

Der Psychiater und Psychoanalytiker Dr. Otto Groß. Ausleben der Sexualität steigert das Bewußtsein. Von C. G. Jung auf eine psychiatrische Einweisung Sigmund Freuds hin zwei Wochen lang fast Tag und Nacht analysiert, entzieht sich Groß schließlich der Marathontherapie durch die Flucht über die Anstaltsmauern des ›Berghölzi‹

Mindestens ebenso intensiv wie mit Philemon verkehrte Jung mit einem weiblichen Geist, den er allerdings anfangs eher als eine Art dämonischen Succubus erlebte, mehr einem jener Lovecraftschen Höllenwesen gleich als seiner gesuchten Anima:

»Aus dem Urschleim auftauchend, unheimlich und behaftet mit allen qualligen und monströsen Anhängseln der Tiefe!«

Jung, der diese Erfahrungen in seinem – ›Roten Buch‹ genannten – magischen Tagebuch Schritt für Schritt festhielt, fand schließlich nach fünfjährigem Kampf zu seiner eigenen Mitte zurück.

Der Kampf des Helden mit dem Drachen: das ewige Symbol für den Kampf des Individuums mit dem ›dunklen Sog‹ in seinem Inneren, der ihn verschlingen will

Diesen schwierig zu gehenden Weg einer zunehmend größer werdenden Bewußtwerdung des Selbst, also einer ständigen Bewußtmachung des Unbewußten bis zu dem Punkt, wo ein Gleichgewicht zwischen den beiden seelischen Bereichen hergestellt ist, machte Jung unter dem Begriff der ›Individuation‹ zu einem zentralen Punkt seiner Psychologie.

Nicht anders als Theseus, der sich dem ›menschenfressenden‹ Minotaurus im Labyrinth seiner Seele stellte und ihn überwand und ähnlich wie Crowley, der alle Dämonen seines Inneren vor sein geistiges Auge zitierte, ist auch Jung einer jener mutigen Ritter und Alchimisten des Geistes, die, wie es Jung als Knabe träumte, aus den geistigen Elementen in sich Gold machen, indem sie den Drachen in sich überwinden und seiner ›Schätze‹ berauben.

Paul J. Stern hebt – bei aller Kritik an Jung – gerade diesen Aspekt von Jungs Persönlichkeit hervor, wenn er etwa schreibt:

»Jungs mutig-listiges, nicht unerfolgreiches Duell mit dem ›Drachen‹ der Schizophrenie repräsentiert eine moderne Version des Heldenmythos, der Jung ein Leben lang beschäftigte. Und im Verlaufe dieses Duells hat Jung, indem er sich zum Fürsprecher und Ehrenretter der Subjektivität aufwarf, hilfreich bei dem geistesgeschichtlichen Prozeß des Ans-Licht-Hebens und Bewußtmachens verdunkelter Wirklichkeitsbereiche assistiert...!«

In der komplexen Symbolik der Schriften der mittelalterlichen Alchimisten entdeckte Jung eine frappierende Übereinstimmung zu den Träumen und Phantasien seiner Klienten, gleichzeitig sah er in der alchimistischen Symbol- und Bildersprache einen Beleg für seine

These ›vom kollektiven Unbewußten‹ und der damit verbundenen Lehre von den allen Menschen gemeinsamen ›Archetypen‹.

Paul J. Stern dazu: »Er hielt dafür, daß die Alchimisten unbewußte Inhalte ihres Seelenlebens in die Prozesse projizierten. So wurde ihm die Alchimie zu einem ›großartigen Projektionsgemälde unbewußter Denkvorgänge‹, zu einem ›geradezu wunderbaren Hilfsmittel‹, um die Symbolsprache des Unbewußten zu entschlüsseln.

Laut Jung aber ging dieser naiven Projektion ein fein artikuliertes Bezugssystem bewußter symbolischer Deutungen von stofflichen Prozessen parallel. In dieser vergeistigten Sicht bedeutete die profane Bemühung um die chemische Verwandlung von Blei in Gold ›eigentlich‹ die Suche nach dem Stein der Weisen, der sowohl geistiger als auch stofflicher Natur war; die vermeintliche chemische Transmutation war gleichzeitig innere mystische Wandlung, mit dem Ziel der Selbstfindung und Selbstveredelung. Das mühsame Hantieren mit der Materie sei im Grunde geistiges Exerzitium gewesen.«

Literatur

C. G. Jung: Erinnerungen
C. G. Jung: *Gesammelte Werke, (20 Bände), Zürich 1958ff.*

Aleister Crowley:
Liebe mit Bewußtsein!
Tu was Du willst.

In dieser verräterisch einfachen Formel ist die Essenz der Crowleyschen Lehre zusammengefaßt. Die Schwierigkeiten seiner Schüler, den Sinn des »Tu was Du willst« zu begreifen, persifliert Crowley wie folgt: Bestimmten Menschen könne man noch nicht einmal zumuten, Worte von der Länge einer Silbe zu lesen, obwohl sie in Oxford die höchsten Auszeichnungen in der Sprachwissenschaft erworben hätten; z. B. habe er in einem Brief geschrieben »Do what thou wilt« (Tu was Du willst), und im Antwortschreiben habe man ihn beschuldigt, geschrieben zu haben: »Do as thou wilt« (ungefähr: Handele so, wie es dir beliebt).

Das »Tu was Du willst« ist die Anweisung an den Menschen, seinen wahren Willen zu suchen, den Punkt, in dem sein Handeln deckungsgleich ist mit seiner inneren Überzeugung und seinen tiefsten Bedürfnissen. Es bedeutet die Handlungsweise, in der der Mensch identisch ist mit sich selber und insofern gleichzeitig identisch ist mit einer Welt, von der er sich nicht mehr als Unterschiedenes begreift. Der wahre Wille ist eine Bewußtseinsstufe, in der der Mensch seine Handlungen nicht, wie es gerade kommt, beliebig und ohne Reflexion aneinanderreiht und damit wie ein Blättchen im Wind der Geschehnisse flattert, sondern die bewußte Handlung, die aus einem in sich konzentrierten und reflektierten Menschen hervorgeht. »Jeder Mann und jede Frau ist ein Stern«, sagt Crowley und meint damit, daß in jedem Menschen die Göttlichkeit als Anlage vorhanden ist, nämlich die Möglichkeit, seinen wahren Willen zu finden und auf diese Weise ein leuchtender Stern, ein leuchtendes Kraftfeld zu werden.

Aleister Crowley gründete auf Sizilien die Abtei von Thelema, wo Männer und Frauen gemeinsam lebten und sich der Suche nach ihrem wahren Willen widmeten. Ihr Bestreben war es, jenseits der Strukturen, Gesetze und Ablenkungen, die den Alltag auch in den 20er Jahren in den Metropolen wie London, Paris und Rom beherrschten, zu sich selbst zu finden. Es gab in Thelema kein anderes Gesetz als das »Tu was Du willst«: man schlief, arbeitete, träumte und meditierte nicht nach einem vorgegebenen Zeitrhythmus, sondern geleitet von den individuellen Bedürfnissen. Crowley hatte mit Thelema eine Idee wieder zum Leben erweckt, die vor ihm der Vorsokratiker Pythagoras in Süditalien versucht hatte zu realisieren. Pythagoras hatte ein ›Institut‹ gegründet, in dem Männer und Frauen zusammenlebten und an der Vervollkommnung ihrer Seele arbeiteten.

Ungefähr tausend Jahre später hatte der französische Humanist François Rabelais im 16. Jahrhundert in seinem Roman ›Gargantua und Pantagruel‹ eine ähnliche Konzeption eines ›Antiklosters‹ entwickelt:

»Hier sollte eine Ordensregel eingeführt werden, die das Gegenteil wäre von allem, was bisher bestand. Also müßte man keine Mauern darumbauen«, sagte Gargantua, »denn die anderen Abteien sind alle mit solchen Mau-

Aleister Crowley, das Tier 666

ern umgeben« – »Ganz gewiß«, sagte der Mönch, »und zwar aus guten Gründen; denn wo hinten und vorn solche Mauern sind, gibt es viel Murren, Verdruß und Verschwörung.« – »Und weil es in den Klöstern sonst üblich ist, den Ort, den eine Frau, ich meine eine anständige, züchtige, betreten hat, sogleich zu reinigen, so müßte bestimmt werden, daß in dieser Abtei jede Stelle sorgfältig gereinigt werden soll, die etwa ein Mönch oder eine Nonne betreten hätte. Und weil nach den bestehenden Ordensregeln alles begrenzt, abgemessen und nach Stunden eingeteilt ist, so dürfte es in dieser Abtei weder Uhr noch Sonnenuhr geben, sondern alles müßte nach Umständen und Bedürfnis getan werden. »Denn«, sagte Gargantua, »es gibt keine größere Zeitverschwendung, als die Stunden zu zählen. Wozu soll das nützen? Und auch nichts

Törichteres gibt es, als sich vom Schlag der Glocke, statt von Verstand und Überlegung leiten zu lassen.

Ferner: Weil die Frauen derzeit nur ins Kloster gesteckt werden, wenn sie bucklig, einäugig, lahm, häßlich, mißgestaltet, blödsinnig, geistesschwach, unförmig sind oder sonst Schaden gelitten haben, die Männer aber nur, wenn sie verschleimt mißgeboren, blöd und eine Familienlast sind...« – »Apropos«, sagte der Mönch, »wenn eine Frau nicht hübsch und nicht gut ist, wozu taugt sie dann immer noch?« – »Zur Nonne«, sagte Gargantua. »Und zum Hemdennähen«, sagte der Mönch.

»... So müßte die Regel sein, daß nur schöne, wohlgebildete, gutartige Leute beiderlei Geschlechts aufgenommen werden.

Ferner: Weil den Männern das Betreten der Frauenklöster verboten ist und sie sich nur heimlich und verstohlen dort einschleichen können, müßten eigentlich überall dort, wo Männer wären, auch Frauen sein, und wo Frauen sind, auch Männer.

Ferner: Weil Männer und Frauen, sobald sie nach abgelegter Probezeit einmal aufgenommen sind, ihr ganzes Leben lang im Orden verbleiben müssen, sollte bestimmt werden, daß Männer wie Frauen die Abtei zu jeder Zeit und nach freiem Willen verlassen können.«

Crowleys Konzeption war allerdings um einiges raffinierter als die von Rabelais: Er teilte die Menschen nicht ein in einerseits häßliche und unnütze und andererseits in schöne und gütige, sondern sah beide Seiten in allen Menschen angelegt. Folgerichtig suchte er per Zeitungsannonce in New York nach buckligen, verkrüppelten, einäugigen und lahmen Frauengestalten, die sich in Thelema in schöne, wohlgebildete, sehende Frauen verwandeln müßten. Wirklich fand er auf diesem Wege einige seiner hoffnungsvollsten Geliebten, seine ›scarlet women‹, wie er sie nannte, mit deren Hilfe er die mächtigste aller Naturkräfte, die Liebe, einzusetzen lernte für die alchimistische Transformation des Bewußtseins.

Das Prinzip der Liebe, neben dem des ›Wahren Willen‹ die zweite zentrale Formel bei Crowley, faßt er in dem Zauberspruch »Love under will«, also Liebe unter der Kontrolle des Willens oder »Liebe mit Bewußtsein« zusam-

Seine eigenwillige Unterschrift

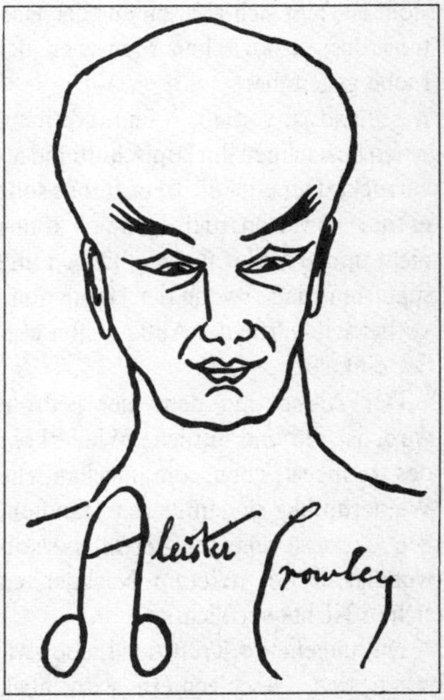

men. Crowley entdeckte damit, wie so viele seiner magischen und mystischen Ahnherren, die älteste Urkraft der Welt, die Vereinigung der Gegensätze als alchimistisches Prinzip in der Vereinigung der Gegensätze von Mann und Frau. Der alchimistische Hexenkessel steht bei Crowley nicht in einem Laboratorium, sondern ist der menschliche Körper selber. Ähnlich wie für gewisse tantristische, taoistische Schulen in China und Tibet ist für Crowley die Herstellung von Gold ein Prozeß, der nichts geringeres als die Gewinnung der Unsterblichkeit im Auge hat und keineswegs im Zusammenmischen von Metallen und anderen materiellen Substanzen besteht.

Wie es um das Wissen um den großartigsten Prozeß der menschlichen Erfahrungsdimensionen im Abendland bestellt ist, läßt sich ablesen aus der Haltung des europäischen Menschen der Liebe gegenüber:

Jemand ist verliebt – seine Mitmenschen bezeichnen ihn kopfschüttelnd als verrückt. Der oder die Betreffende solle es nur abwarten, der Himmel könne nicht immer voller Geigen hängen und spätestens dann, wenn der Honigmond vorbei sei, würde der Alltag schon wieder einkehren.

Der Alltag, mit dem hier gedroht wird, ist die unerbittliche Wiederkehr des Immergleichen, die mechanische Wiederholung sinnentleerter Handlungen, deren so vehement vertretene Notwendigkeit bei tieferem Nachdenken sich in Nichts verflüchtigt.

Die ungeheure Kraft der Liebe zwischen den Geschlechtern wird noch deutlich in den Anstrengungen, die christliche ›Kirchenväter‹ auch heute noch darauf verwenden, gegen die ›Erbsünde‹ der Geschlechtlichkeit ins Feld zu ziehen. Zigeuner, Nomaden und bestimmte asiatische Kulturen dagegen bewahrten das Wissen um die großen Mysterien der Liebe als tiefstes ihrer Geheimnisse.

Die Crowleysche Zauberformel »Liebe mit Bewußtsein« umfaßt die Vereinigung zweier Dualitätspaare: zum einen die Aufhebung des Widerspruches von Körper und Seele, zum anderen die Vereinigung von Mann und Frau. Die mittelalterliche, alchimistische Vorstellung der ›conjunctio oppositorum‹ wird realisiert in der Phiole des menschlichen Geistkörpers: Der Geist produziert bestimmte Bilder (in der asiatischen Tradition werden dazu Mandalas benutzt), deren Funktion es ist, den Körper zu einem Vehikel, einem Sternenschiff zu machen, um unbekannte Dimensionen eines als universell gedachten Bewußtseins zu erkunden. Der ›Treibstoff‹ für diese Reise in die Galaxien besteht aus der Liebe zwischen Mann und Frau, die die Körper in einen anderen energetischen Zustand versetzt. Der bewußt erlebte Orgasmus, der Vollzug des ›Liebe mit Bewußtsein‹, fällt zusammen mit dem Erlebnis der Erleuchtung, das den verborgenen Gott im Menschen enthüllt.

Ähnlich wie bestimmte Schulen im indischen Tantrismus nahm Crowley an, daß diese Form der Erleuchtung im Menschen eine Kraft freisetzt, der nichts auf dieser Welt und nichts jenseits derselben einen Widerstand entgegensetzen könne. Der enthüllte Gott hat den Zustand des von der Welt Getrenntseins überwunden und damit die Zerrissenheit in sich selber aufgehoben, er ist eins geworden mit sich und der Welt. Alles ist ein Teil von ihm, und er ist ein Teil von Allem; insofern gibt es nichts, was ihm Widerstand leisten könnte.

Auch Crowley sah in seiner Schau der Welt den Menschen nur allzuoft im Griff von übermächtigen Dämonen

Ungefähr zur selben Zeit wie Crowley hatte Sigmund Freud die zentrale Bedeutung mit der sexuellen Triebkraft hinter allen menschlichen Handlungen entdeckt. Freud, der im übrigen den Einsatz bestimmter Drogen, vorzugsweise des Kokains, bei der Arbeit zu schätzen wußte, hatte allerdings eher die negative Seite der immer wieder enttäuschten Liebe und der aus ihr hervorgehenden Probleme erforscht. Crowley dagegen sah in der Liebe die Möglichkeit, neue Welten zu entdekken. Beiden gemeinsam ist die Annahme, daß der Motor der menschlichen Entwicklung im Spannungsverhältnis der Geschlechter liegt.

Dokumentierte Freud mit wissenschaftlicher Akribie die Symptome einer untergehenden Kultur, deren Exitus er nichts entgegenzusetzen hatte, so richtete Aleister Crowley seine Energie auf die Schaffung eines neuen Zeitalters, des ›neuen Aions‹. Crowley datierte den Beginn des neuen Aions auf das Jahr 1904. Gurdjieff, einer der ganz wenigen Männer des 20. Jahrhunderts, der seine Kräfte mit Crowley hätte messen können (ein Spiel, das beide vermutlich aus gutem Grund vermieden), setzte den Beginn des neuen Aions auf das Jahr 1940 an.

Kabbalistisch aufgeschlüsselt ergibt sich derselbe Gesamtwert der Zahlen, so daß es sich hier möglicherweise um ein Interpretationsproblem gehandelt haben mag.

Die Schaffung des neuen Aions sieht Crowley als einen Prozeß, innerhalb dessen das universelle Bewußtsein eine bestimmte Stufe seiner Ausprägung zerstört, um eine neue schaffen zu können. Die Untergangsstimmung, die den beiden Weltkriegen des 20. Jahrhunderts vorausging, interpretiert Crowley genau in diesem Sinne (diese Haltung hat man Crowley häufig als schwarzmagische, satanische Lust an der Zerstörung angekreidet). Fantasyschreiber wie Lovecraft, Machen und Blackwood, die dieselbe apokalyptische Stimmung in ihren Geschichten auszudrücken versuchten, entwickelten die Vorstellung, außerirdische Intelligenzen könnten die auf der Erde erreichte Evolutionsstufe zerstören.

Crowley dagegen sieht Zerstörung als ein Moment im Prozeß der Erweiterung des Bewußtseins selbst, das die Energie der Sterne in sich aufnimmt und so auf einer höheren Ebene Teil des kosmischen Prozesses wird.

Dem abendländischen Dogma des sterbenden Gottes Jesus Christus setzt Crowley die Formel des verborgenen Gottes entgegen. In Anlehnung an die ägyptische Mythologie findet jeden Tag aufs neue die Wiederauferstehung des sterbenden Gottes Osiris, der Abendsonne, statt in der Form des Horus, der Morgensonne. Das Auge des Horus wählte Crowley als sein Zeichen, wie er sich überhaupt als ägyptischer Sonnenpriester fühlte. Es ging ihm aber nicht nur um die Auferstehung einer Individualexistenz, sondern um die Auferstehung einer ganzen Kultur. Den Zustand der Welt zu Beginn des 20. Jahrhunderts verglich Crowley mit dem der Verfallsepoche des Römischen Reiches, das sich so weit ausgedehnt hatte, daß es die Kontrolle über sich selbst verloren hatte: »Wir spielen ein Schachspiel, in dem niemand mehr als zwei oder drei Felder auf einmal übersehen kann, und so ist es unmöglich geworden, einen einheitlichen Plan zu entwerfen.«

In Thelema versuchte Crowley bestimmte ausgewählte Menschen so weit zu vervollkommnen, daß sie als eine Art ›Gehirn der Welt‹ agieren können im gegenwärtigen Zustand der Welt, der mit einem Nervenzusammenbruch zu vergleichen ist.

Zeitweise scheint der Zusammenbruch des zentralen Nervensystems dieser Welt jedoch auch den unerschütterlichen Optimisten Crowley erschreckt zu haben: Sein Humor, so sagte er, bewahre ihn davor, vor Entsetzen wahnsinnig zu werden angesichts der Misere, in die die Menschheit sich selbst gebracht habe.

Er sah sich und die Seinen als »Pioniere der Menschheit, die ein verzweifeltes Experiment unternehmen zum Wohle der menschlichen Rasse«.

Nichtsdestotrotz teilte er die Auffassung Gurdjieffs, daß der Mensch es schließlich in der Hand habe, was aus ihm wird. »Wenn du dein wahres Wesen entwickelst«, lehrte Gurdjieff analog zur Crowleyschen Vorstellung der Suche nach dem wahren Willen, »wirst du ein wirkliches Individuum, anstatt nur eines der tausend Blätter an einem Baum zu sein. Du wirst ein Samenkorn« (d. h. die ganze Welt mit allen Möglichkeiten schlummert in dir wie in einem Samenkorn).

Der Weg, den Crowley seinen Schülern auf der Suche nach ihrem wahren Willen empfahl, umfaßte die emotionslose Selbstbetrachtung (eine Methode, die mit der Freudschen Psychoanalyse einige Ähnlichkeiten hat) und die Ablehnung aller überkommenen Gesetze und Moralvorstellungen. »Tu was Du willst, soll sein das ganze Gesetz«, predigte er den Seinen unaufhörlich zum Mißfallen einer Gesellschaft, die die Übertretung ihrer Gesetze unerbittlich verfolgt und folgerichtig in der Crowleyschen Gestalt einen amoralischen Umstürzler sah. Indem der Mensch die Fiktion seiner ganz besonderen Persönlichkeit überwindet, seine Eitelkeit und seine Egospiele aufgibt, findet er sein Zentrum, er wird »alles in einem, Pan, er wird die Null«.

Die Null im System der Tarotkarten ist der Narr, den Crowley in der für ihn bezeichnenden Denkweise des Umkehrverfahrens von der geringsten Karte der großen Arcanen zur höchsten erhob: Alle Möglichkeiten liegen in dem, was nicht festgelegt ist.

Dem Mann, der den Narren zum Gott und den Gott zum Narren machte, setzten die Beatles auf ihrem Album ›Sgt. Peppers Lonely Heart's Club Band‹ ein Denkmal, das sicher die Zustimmung des Sternenfahrers gefunden hätte, der im zutiefst rationalistisch verzweifelten 20. Jahrhundert die Kraft hatte, wieder an den Weg der Helden aus dem Märchen zu glauben, die in ihren unzähligen Abenteuern doch immer nach sich selbst gesucht haben.

Die Entdeckung des wahren Willens ist dann auch bei Crowley so einfach wie die Lösung in den Märchen. Ein englischer Aristokrat z. B., der vor lauter Langeweile die Öde seines Lebens mit Hilfe einer Heroinsucht auszufüllen versuchte, gelangte mit Crowleys Hilfe schließlich zu der Einsicht, daß sein wahrer Wille seit frühester Kindheit darin bestanden hatte, einen Helikopter zu bauen. Indem er eins wurde mit der Idee des Helikopters, fand er sich selbst und gab, zumindest temporär, all die Schrullen eines englischen Lords auf (sein Leben hatte einen Sinn bekommen, wie der weise Volksmund es ausdrücken würde).

Das »Tu was Du willst« ist aber auch eine dynamische Formel, die die unendliche Bewegung des Bewußtseins symbolisiert.

Am Ende kann kein Bewußtsein bleiben, was es ist (deshalb heißt die Formel auch nicht »Sei der, der du bist«), sondern befindet sich in einem unaufhörlichen Wandlungsprozeß.

»Alles fließt«, so lehrte Crowley mit dem griechischen Vorsokratiker Heraklit, »und alles das, das versucht, diesem Gesetz zu entkommen, das auf seiner Stärke besteht, wird starr. Das, was bestrebt ist, einen Stillstand zu erwirken, wird gebrochen von den unaufhaltsamen Wellen der Zeit.« Es gibt keine bleibende Wahrheit. »Seid nicht niedergeschlagen«, flüsterte Meister Crowley seinen Schülern zu, »euer Problem ist, daß ihr die Ewigkeit am falschen Platz sucht.«

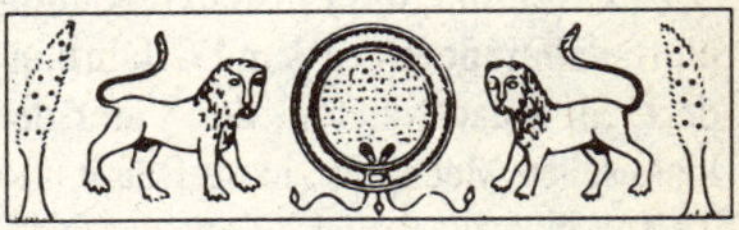

Literatur

Aleister Crowley, The Book of Lies, New York 1974

The Book of Thoth, New York 1974

Gems from the Equinox, Minnesota 1974

François Rabelais, Gargantua und Pantagruel, Frankfurt 1977

Jürgen vom Scheidt, Freud und das Kokain, 1975

John Symonds: The Great Beest. The Life and Magick of Aleister Crowley, Great Britain 1971

Albert Einstein: Materie ist nur eine andere Erscheinungsform von Energie (und umgekehrt)

Albert Einstein (1879–1955) nahm der Wissenschaft mit einem 30 Seiten langen Artikel in den ›Annalen der Physik‹ 1908 zwei ihrer bewährtesten Stützen aus der Hand: die Vorstellung der absoluten Zeit und die des absoluten Raumes. Die Einsicht in die Unhaltbarkeit der klassischen Raum- und Zeitvorstellung enthüllte sich Einstein, während er im Berner Patentamt, dazumalen noch ›Amt für geistiges Eigentum‹ genannt, Urkunden für Patente auszufertigen hatte.

Zwischen der Konzeption der Idee der speziellen Relativitätstheorie und der Beendigung der betreffenden Publikation seien fünf oder sechs Wochen vergangen, teilt Einstein später einem Biographen mit – einem Freund erzählt er, die Idee sei ihm eines schönen Morgens beim Aufwachen in den Sinn gekommen.

Das Weltbild, das Einstein revolutioniert, datiert noch aus dem 17. Jahrhundert; Sir Isaac Newton, der Vater der klassischen Mechanik, hatte Raum und Zeit als unveränderliche Konstanten gesetzt:

»... Zeit verfließt an sich und vermöge ihrer Natur gleichförmig, und ohne Beziehung auf irgendeinen äußeren Gegenstand...« und »... der absolute Raum bleibt vermöge seiner Natur ohne Beziehung auf einen äußeren Gegenstand, stets gleich und unbeweglich.«

Einstein bewies, daß die Annahme einer gleichförmig ablaufenden Zeit, die für jedes beliebige Bezugssystem

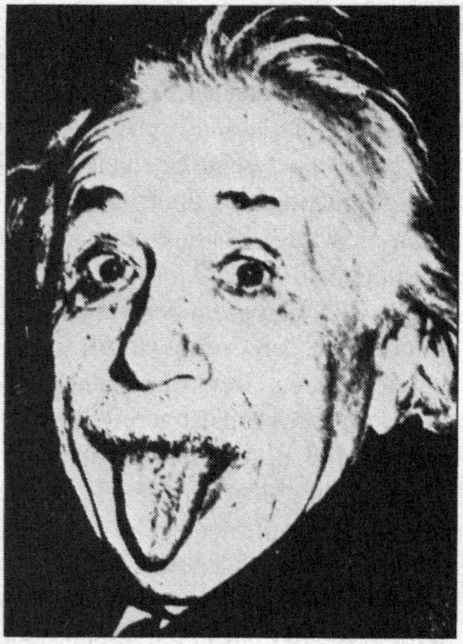

Einstein auf einer Karte, die er 1951 zu seinem 55. Geburtstag verschickte

dieselbe sein müsse, nicht zu halten sei. Damit fiel z. B. auch die Annahme, daß ein Ereignis A auf der Erde zur gleichen Zeit stattfinden könne wie ein Ereignis B auf dem Mond.

Jedes System besitzt nach Einstein eine ›Eigenzeit‹, die verschieden ist zu der eines relativ zu ihm bewegten Systems. Auch die Bestimmung eines beliebigen Raumes ist nach Einstein nur möglich in Beziehung zu einem anderen Raum, nicht aber aus sich selbst heraus, wie Newton es gefordert hatte und woran sich die Wissenschaft bar jedes Zweifels bis ins 20. Jahrhundert gehalten hatte.

Die sogenannte Relativitätstheorie beurteile Max Planck 1909 als eine neue Raum-Zeit-Lehre, die »an die Abstraktionsfähigkeit und an die Einbildungskraft des Physikers die allerhöchsten Anforderungen stellt«. Wie Einstein zur Infragestellung eines jahrhundertelang unwidersprochenen Weltbildes sowie dessen wissenschaftlicher Sturz gelangte, darüber schreibt er in einem Brief an James Franck folgendes: »Wenn ich mich frage, woher es kommt, daß gerade ich die Relativitätstheorie gefunden habe, so scheint es an folgendem Umstand zu liegen: Der normale Erwachsene denkt nicht über die Raum-Zeit-Probleme nach. Alles, was darüber nachzudenken ist, hat er nach seiner Meinung bereits in der frühen Kindheit getan. Ich dagegen habe mich derart langsam entwickelt, daß ich erst anfing, mich über Raum und Zeit zu wundern, als ich bereits erwachsen war. Naturgemäß bin ich dann tiefer in die Problematik eingedrungen als ein gewöhnliches Kind.«

1939 griff Albert Einstein ein zweites Mal in den Lauf der Weltgeschichte ein, diesmal allerdings mit tragischen Folgen, die er selbst zutiefst bedauerte. Er schrieb einen Brief an den amerikanischen Präsidenten Roosevelt, in dem er die Notwendigkeit betonte, »Experimente im Großen anzustellen zur Untersuchung der Möglichkeit der Herstellung einer Atombombe«, da er mit einiger Wahrscheinlichkeit annahm, »daß die Deutschen an demselben Problem mit Aussichten auf Erfolg arbeiten dürften«. Roosevelt eröffnete den sogenannten Wettlauf um die Atombombe, der in Wirklickkeit ein Alleingang der USA war und der im August 1945, drei Monate nach Beendigung des Krieges mit Deutschland, über Hiroshima und Nagasaki sein fürchterliches Ende fand.

Unter dem Schock dieser Katastrophe entwickelte Einstein die Idee einer Weltregierung, die, verbindlich für alle Nationen, internationale Konflikte auf friedliche Weise zu entscheiden hätte. Diesmal jedoch gelingt es Einstein nicht, den Lauf der Weltgeschichte zu beeinflussen, obwohl die Gründung der UNO mit auf seine Initiative zurückgeht. Nichtsdestotrotz scheint er sich bis ins Alter die Freiheit des Geistes bewahrt zu haben, die die Basis seiner umwälzenden Erkenntnisse darstellte. Der Stein des Weisen ist für Einstein das Sich-Wundern:

»Das Schönste, was wir erleben können, ist das Geheimnisvolle. Es ist das Grundgefühl, das an der Wiege von wahrer Kunst und Wissenschaft steht. Wer es nicht kennt und sich nicht mehr wundern, nicht mehr staunen kann, der ist sozusagen tot und sein Auge erloschen.«

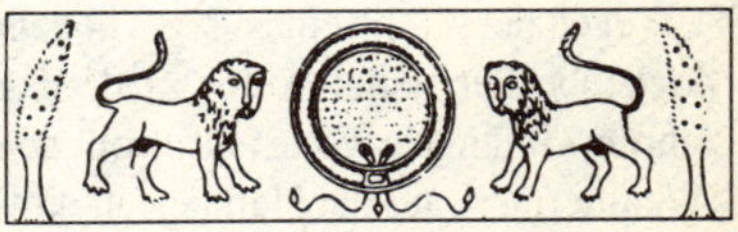

Literatur

Albert Einstein, Mein Weltbild, Frankfurt am Main, Berlin 1968
Helle Zeit – Dunkle Zeit. In Memoriam Albert Einstein, Hg. von *Carl Seelig*. Zürich, Stuttgart, Wien 1956
Sir Isaac Newton: Mathematische Prinzipien der Naturlehre, Darmstadt 1963
Max Planck, Acht Vorlesungen über theoretische Physik, Leipzig 1909

Timothy Leary:
Du kannst in diesem Spiel alles sein, was du willst!

Durch Thesen wie

– daß »unser Erziehungsprozeß unserem Nervensystem direkt physischen Schaden zufügt«

– daß »Bücher aus der Bibliothek gefährliche, suchterregende Substanzen« sind

– daß die weißen Männer in den Wechseljahren, die diesen Planeten regieren, auf jede Weise versuchen, eine mechanische Uniformität zu erzwingen und die Vielfalt, Individualität und Unabhängigkeit der Gedanken zerstören,

und durch seine, weltweites Aufsehen erregenden Forschungen mit der bewußtseinserweiternden Droge LSD wurde der damalige Harvardprofessor für die Jugend der westlichen Welt zum Lehrer, Propheten und Anreger einer neuen Lebensweise. Das Establishment dagegen sah in ihm bald den Erzfeind Nr. 1.

Wegen der Asche eines Joints in dem Aschenbecher seines Autos zu dreißig Jahren Gefängnis verurteilt, von den ›Weathermen‹ aus der Haft befreit, kidnappte der CIA Leary wieder bei einem Aufenthalt in Nepal.

Seit dem Sturz des Nixonregimes wieder auf freiem Fuß, widmet sich Leary gänzlich Forschungen auf dem Gebiet der Intelligenz- und Bewußtseinssteigerung sowie Projekten zur Kolonialisierung des Weltraumes.

Leary sieht die Möglichkeiten, die unser Gehirn zur Schaffung der verschiedensten Realitäten besitzt, noch als in keiner Weise von uns erschlossen.

Timothy Leary mit dem ›dritten Auge‹ gesehen von Allen Atwell

Nach Learys Analyse sind wir – hirnkapazitätsmäßig – im Stadium einer Raupe, die ihre Fähigkeiten als späterer Schmetterling in keiner Weise ahnt. Zwar klingt das, was Leary an Möglichkeiten sieht, auf den ersten Blick phantastisch, in gleicher Weise mögen aber auch Prophezeiungen von der Erfindung von Unterseebooten, Telefonen, Fernsehen, Autos, Flugzeugen und Raumschiffen zum Ende des 20. Jahrhunderts auf damalige Zeitgenossen gewirkt haben.

Nach Leary wird es möglich sein, die gegenwärtigen Konditionierungen, die uns zu 99%igen, biomechanischen Robotern machen, aufzulösen, indem wir das zellulare Wissen in den DNS-Archiven unserer Zellen anzapfen. Einmal soweit, wird der Mensch die Zeit meistern und damit unsterblich werden können, um dann – im nächsten Schritt – auch die atomaren und subatomaren Archive zu ›knacken‹. So Meister von Zeit und Raum, von Struktur und Nicht-Struktur, wird es dem menschlichen Bewußtsein tatsächlich gelingen, wo und wann auch immer das- bzw. derjenige zu sein, wie es gerade Spaß macht.

Anerkennung von akademischer Seite findet Leary heute eher schon in Europa, wo jüngere Psychologen sich doch mehr und mehr von deskriptiven Behaviorismus alten Schlags und all seinen Derivaten zu lösen versuchen. So schrieb z. B. dieser Tage der Psychologe Wulf-Rüdiger Lutz, Mitarbeiter des Berliner ›Instituts für Zukunftsforschung‹, über Leary:

»Timothy Leary wird leider sehr oft und gerne mißverstanden. Er ist keineswegs der ›Flippie‹, als der er oft hingestellt wird. Seine Schriften und Reden drücken ein ganz eigenes Verständnis von Evolution und Emanzipation aus. Nicht Hedonismus, sondern Intelligenz- und Bewußtseinserweiterung sind seine vorrangigen Ziele. Angefangen mit den Forschungen über psychedelische Substanzen bis hin zu seinem jetzigen Engagement für die Kolonisierung des Weltraums bleibt er seiner Linie treu, ein Pionier der Bewußtseinsentwicklung zu sein.«

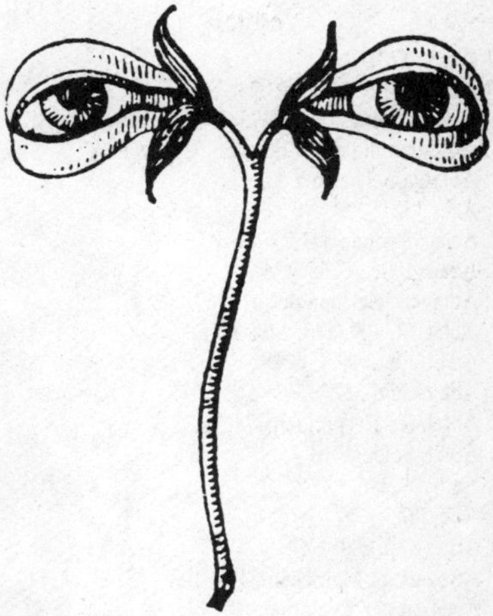

Literatur

Werke von *Timothy Leary:*
Exopsychology: A Manual of the Use of the Nervous System, Los Angeles 1977
Politik der Ekstase, Berlin o. J.
Neuropolitics, Los Angeles 1977
Was die Frau will, Basel 1980
W. R. Lutz: Die Revolution des Bewußtseins entläßt ihre Kinder, in: Psychologie Heute, 1979

Register